Anja Bettenworth

„HOC SATIS IN TITULO …"

Studien zu den Inschriften in der römischen Elegie

Aschendorff
Verlag

Orbis Antiquus

Herausgegeben von
Alexander H. Arweiler, Christian Pietsch und Christine Schmitz

Band 44

Gedruckt mit Unterstützung der Deutschen Forschungsgemeinschaft

Umschlagbild:
Museo Nazionale Romano – Terme di Diocleziano, Inv.Nr. 30834,
Abdruck mit freundlicher Genehmigung des Ministero dei beni e delle attività culturali e del turismo – Soprintendenza Speciale per il Colosseo, il Museo Nazionale Romano e l'Area archeologica di Roma

Bibliografische Information der Deutschen Bibliothek Die Deutsche Bibliothek verzeichnet diese Publikation in der Deutschen Nationalbibliografie; detaillierte bibliografische Daten sind im Internet über ⟨http://dnb.ddb.de⟩ abrufbar.

Gedruckt auf säurefreiem, alterungsbeständigen Papier ♾

www.aschendorff-buchverlag.de

Printed in Germany

Satz: Rhema – Tim Doherty, Münster

ISBN 978-3-402-14446-6
ISBN 978-3-402-14454-1 (E-Book-PDF)

Vorwort

Bei der vorliegenden Studie handelt es sich um die teilweise überarbeitete und um aktuelle Literatur erweiterte Fassung meiner Habilitationsschrift, die im Sommer 2009 vom Fachbereich Geschichte/ Philosophie der Westfälischen Wilhelms-Universität Münster angenommen wurde. Die Aktualisierung des Manuskripts wurde im Sommer 2015 abgeschlossen. Später erschienene Literatur konnte nicht mehr berücksichtigt werden.

Mein herzlicher Dank gilt Frau Prof. Dr. Christine Schmitz für die Betreuung des Verfahrens und die Aufnahme der Schrift in die Reihe Orbis Antiquus sowie den Gutachtern Prof. Dr. Wilhelm Blümer, Prof. Dr. Adolf Köhnken und Prof. Dr. Ulrich Schmitzer für die Anfertigung der Stellungnahmen und für nützliche Hinweise.

Beim Korrekturlesen unterstützten mich Marcel Fickenzer, Angela Jöne, Tim Leiendecker, Konstantin Ketteler, Marina Maximeyko, Isabel Raschik und Lukas Schneider. Die Indices wurden von Tim Leiendecker, Kostantin Ketteler und Sebastian Rödder erstellt.

Den Mitarbeitern des Verlags Aschendorff, insbesonders Herrn Dirk Paßmann, Herrn Tim Doherty und Herrn Burkhard Beyer, danke ich für die Drucklegung, für ihre Geduld und die gute Zusammenarbeit.

Zahlreiche Personen haben das Entstehen und die Fertigstellung dieser Arbeit mit ihrem fachlichen Rat und durch persönliche Gespräche begleitet und gefördert. Mein Dank gilt vor allem Prof. Dr. Adolf Köhnken für seine unermüdliche Unterstützung; außerdem Carolin Axer, Dr. Claudia Glanemann, Beryl Köhnken, Hubert Loeser, Dr. Judith Schepers, Prof. Dr. Claudia Schindler, Prof. Dr. Ruth Scodel, Elisabeth Serafim, Eva Splett, Prof. Dr. Jochen Splett, PD Dr. Antje von Ungern-Sternberg, Dr. Maria Vrysa, Dr. Jochen Walter und Roswitha Wethkamp.

Vor allem aber danke ich meiner Familie, die jederzeit für mich da war.

Köln, im Frühjahr 2016

Inhalt

1. Einleitung

In den Elegien des Properz, Tibull und Ovid werden auffällig häufig Inschriften erwähnt. Die Bemerkungen reichen von kurzen Andeutungen über Formulierungen, die aus der Epigraphik bekannte Formeln aufnehmen oder variieren, bis hin zu Versen und Versgruppen, die als wörtliche Wiedergabe einer Inschrift gedacht sind. Die Vorliebe der drei Elegiker für Epigraphisches ist in der philologischen und der althistorischen Forschung oft bemerkt worden. ALFÖLDY (1991) bringt das Phänomen mit dem Bauprogramm des Augustus in Verbindung: Die zahlreichen neuen Monumente im augusteischen Rom, die oft an prominenter Stelle Inschriften zeigten, könnten die Dichter auf die in den epigraphischen Texten liegenden Möglichkeiten aufmerksam gemacht und sie angeregt haben, in ihren Elegien damit zu experimentieren.[1] Philologische Kommentare zu den Stellen, an denen die Elegiker Inschriften erwähnen, verzeichnen oft eine Reihe von Parallelen, betrachten das Phänomen allerdings gewöhnlich als elegisches ‚Motiv', das nicht näher erläutert wird.[2] Die Inschriften stünden damit auf einer Ebene mit dem ebenfalls als ‚typisch elegisch' etikettierten Paraklausithyron oder der ‚typisch elegischen' Klagerede an Amor. Meist richtet sich das Augenmerk des Kommentators auch nur auf eine Inschriftenklasse, d.h. als Parallelen für ein Epitaph werden z.B. andere elegische Grabinschriften betrachtet, nicht aber die in die Elegien eingefügten Inschriften insgesamt. Im Unterschied dazu verfolgt die vorliegende Studie einen umfassenden Ansatz, der alle in den Elegien vorkommenden Inschriftentypen einbezieht. Welche Funktion haben sie im Kontext der Elegie und welche Vorzüge bieten sie den Dichtern?

[1] Siehe dazu auch NELIS-CLÉMENT/NELIS (2013) 317–48.

[2] S. z.B. SMITH (1913) 375: „The votive inscription, like the epitaph [...], is a regular motif of the elegy", fast wortgleich PUTNAM (1973) 145; und MURGATROYD (1980) 277: „The votive inscription was a common elegiac motif", ähnlich auch MALTBY (2002) 339 und PERRELLI (2002) 285, vgl. PIAZZI (2007) 304 (zum Autoepitaph der Dido in Ov. epist. 7).

Grundvoraussetzung für die Einbeziehung aller in den Elegien vorkommenden Inschriftentypen ist die allen gemeinsame Orientierung an einer (im Einzelfall unterschiedlich definierten) ‚Öffentlichkeit'. Wer eine Inschrift anbringen läßt, stellt die darin enthaltenen Informationen einem prinzipiell ‚offenen' Leserkreis zur Verfügung, der sich nur schwer kontrollieren läßt: Jeder, der Zutritt zu dem Gegenstand oder Monument hat oder haben soll, ist ein potentieller Leser, und die Aufstellungspraxis bei historischen Monumenten zeigt, daß viele römische Auftraggeber ein möglichst großes Publikum in Gegenwart und Zukunft für ihre Inschriften anstrebten.[3] Dies belegt schon die häufige Verwendung von verallgemeinernden Leseranreden wie *quisquis* oder *viator*.

Die Bedeutung der Öffentlichkeit und Offenheit für Inschriften zeigt sich gut im Vergleich mit Briefen, die oft nur an einen einzelnen Adressaten gerichtet sind und bei denen der Absender gelegentlich ausdrücklich um Geheimhaltung des Inhalts bittet. Da viele römische Elegien als Privatbriefe stilisiert sind, in denen die Schreiber(innen) die Anbringung einer Inschrift planen, ergibt sich hier eine produktive Spannung zwischen dem ‚privaten' Rahmen und der auf Öffentlichkeit ausgerichteten Inschrift. Das Verhältnis von Individuum und Gruppe läßt sich hier ebenso verfolgen wie die Spannung zwischen der gegenwärtigen, oft konfliktreichen Situation des elegischen Ich und der für die Zukunft erhofften Lösung, für die das Ereignis mit Hilfe von Monumenten und Inschriften festgehalten werden soll. Da das Medium, mit dessen Hilfe die geplante Inschrift abgebildet wird, aber eine Elegie, also wiederum ein literarisches Werk ist, besteht für den Leser zugleich eine Spannung zwischen Literatur und Monument: Während die in den Elegien vorkommenden Personen ihre Situation in einem monumentalen Kontext dokumentieren oder dokumentieren wollen, bezieht der Leser der Elegie seine Kenntnisse gerade nicht aus einer Inschrift oder einem Denkmal, sondern aus dem Gedicht, das er in Händen hält. Damit ist zugleich die Frage nach der effektivsten Form der Selbstdarstellung angesprochen, die in der lateinischen Literatur so oft eine Rolle spielt und in Horazens berühmtem *carmen* 3,30 (*exegi monumentum* ...) einen prägnanten Ausdruck gefunden hat.

[3] ‚Geheime' Inschriften wie die Fluchtäfelchen, die magischen Zwecken dienen und nur der angerufenen Gottheit zugänglich sein sollen, sind ein Sonderfall, der in der römischen Elegie nicht vorkommt. Zu den Fluchtäfelchen und der darin verwendeten Sprache s. Kropp (2008).

Die vorliegende Arbeit ist Inschriften gewidmet, die in den Elegien wörtlich zitiert werden. Dies schließt auch Verse ein, bei denen der Kontext eine Interpretation als Inschrift nahelegt, ohne daß dies explizit gesagt würde. Nicht Teil der Untersuchung sind dagegen Textabschnitte in den Elegien, die allgemein durch ihren Inhalt, ihre Formulierung oder ihre Pointierung auf die griechische und römische Epigrammatik anspielen[4] und deshalb in der Forschung gelegentlich als ‚Epigramme' oder als ‚epigrammatisch' bezeichnet werden (s. u. S. 7 und S. 14–5).[5] Solche Stellen werden in der vorliegenden Studie nur zum Vergleich herangezogen.

1.1 Zum Textkorpus dieser Studie

Über die Schwierigkeit, die Elegie von anderen Gattungen, insbesondere dem Epigramm, abzugrenzen, ist viel geschrieben worden.[6] Schon die berühmte Auseinandersetzung zwischen Leo (1900) und Jacoby (1905) über die Ursprünge der römischen Elegie trug dazu bei, den Blick für Gemeinsamkeiten und Unterschiede zu schärfen. Die enge Beziehung zwischen beiden zeigt sich schon äußerlich darin, daß das für die Elegie typische und daher im heutigen Sprachgebrauch nach ihr benannte ‚elegische Distichon' zugleich das häufigste Versmaß für Epigramme ist. Im antiken

[4] Vgl. z. B. Ov. Pont. 4,3,45–8 (*ille Iugurthino clarus Cimbroque triumpho, / quo victrix totiens consule Roma fuit, / in caeno Marius iacuit cannaque palustri, / pertulit et tanto multa pudenda viro*), wo möglicherweise eine Anspielung auf ILS 59 (eines der *eulogia* auf dem Augustusforum) vorliegt, dazu Claassen (1996) 577–8.

[5] Eine unscharfe Terminologie verwendet Papaioannou (2008)a 273 im Zusammenhang mit den Begräbnisdarstellungen in Ovids ‚kleiner Ilias' (met. 12,1–13,622), die sie als „significant, though unorthodox, *sêmata*, memorial tombstones" bezeichnet, obwohl Grabsteine gerade nicht erwähnt werden. Dieselbe (irreführende) Terminologie übernimmt Ziogas (2008) in seiner Rezension des Buchs. Er verwendet den Begriff ‚Grab' als literarische Metapher und spricht von „cenotaphs, the narrative monuments that immortalize the absent presence of the deceased" (BMCR 2008, http://www.bmcreview.org/2008/10/20081033.html). An den betreffenden Stellen handelt es sich aber weder um Kenotaphe noch überhaupt um Grabbeschreibungen, so daß die Grabmetaphorik besser vermieden werden sollte.

[6] Zu den umstrittenen Beziehungen zwischen griechischer archaischer Elegie und hellenistischem sympotischem Epigramm s. Bowie (2007) und Gentili (1967). Vgl. auch den Überblick über die Entstehungsgeschichte der Elegie bei Holzberg (2015) 4–17 und hier besonders S. 6 zur Elegiensammlung des Theognis: „Diese Elegien [. . .] haben nur den Umfang von Epigrammen."

Sprachgebrauch bezeichnete ἐλεγεῖον allgemein die alternierende Verbindung von Hexameter und Pentameter (s. dazu LAUSBERG [1982] 11). So berichtet Thukydides (1,132) über den spartanischen König Pausanias, ‚daß er es zum Mißfallen der Lakedaemonier für gut befunden habe, auf einem Dreifuß aus der Perserbeute, den die Griechen dem Delphischen Apoll geweiht hatten, aus eigenen Mitteln eine Inschrift anzubringen': ὅτι ἐπὶ τὸν τρίποδά ποτε τὸν ἐν Δελφοῖς ὃν ἀνέθεσαν οἱ Ἕλληνες ἀπὸ τῶν Μήδων ἀκροθίνιον, ἠξίωσεν ἐπιγράψασθαι αὐτὸς ἰδίᾳ τὸ ἐλεγεῖον τόδε·

Ἑλλήνων ἀρχηγὸς ἐπεὶ στρατὸν ὤλεσε Μήδων,
Παυσανίας Φοίβῳ μνῆμ' ἀνέθηκε τόδε.

Das Versmaß wird hier durch das Substantiv ἐλεγεῖον beschrieben, der inschriftliche Charakter der Verse dagegen kommt in dem Infinitiv ἐπιγράψασθαι zum Ausdruck. Das dazugehörige Substantiv ἐπίγραμμα / *epigramma* bezeichnet in der Antike allerdings nicht nur In- und Aufschriften, sondern auch selbständige literarische Texte, denen oft ein gewisses *acumen* zugeschrieben wird:[7] Martial stellt sich selbst als *totus notus in orbe Martialis / argutis epigrammaton libellis* (Mart. 1,1,2–3) vor. Im 5. Jahrhundert n. Chr. greift Sidonius Apollinaris in seiner Definition des Epigramms das *acumen* als charakteristische Eigenschaft auf und verbindet diese mit einer Längenbestimmung (ein *epigramma* dürfe nicht kürzer als ein Distichon und nicht länger als ein Tetrastichon sein),[8] die aber z. B. auf Martials *epigrammata* nicht zutrifft: Etliche Gedichte Martials umfassen deutlich mehr als vier Verse. Andererseits befinden sich unter den Werken des Properz, der von Quintilian zusammen mit Gallus, Tibull und Ovid als Elegiker bezeichnet wird,[9] auch Gedichte, die mit zehn Versen kürzer sind als einige von Martials Epigrammen (Prop. 1,21 und 1,22). Trotzdem bleibt die ‚Kürze' eine charakteristische Eigenschaft des Epigramms, die, weil sie so schwer faßbar

[7] Zum antiken Epigrammbegriff s. PUELMA (1996).

[8] Sidon. epist. 8,11,7: *praeterea quod ad epigrammata spectat, non copia sed acumine placens, quae nec brevius disticho neque longius tetrasticho finiebantur, eademque cum non pauca piperata, mellea multa conspiceres, omnia tamen salsa cernebas.*

[9] Quint. inst. 10,1,93: *Elegia quoque Graecos provocamus, cuius mihi tersus atque elegans maxime videtur auctor Tibullus. sunt qui Propertium malint. Ovidius utroque lascivior, sicut durior Gallus.* Diomedes (GLK 1, p. 484,17) erwähnt Ovid in seiner Aufzählung nicht ausdrücklich, nennt dafür aber das charakteristische Versmaß der Elegie, das auch Ovid in den meisten seiner Werke verwendet: *elegia est carmen compositum hexametro versu pentametroque* [...] *quod genus carminis praecipue scripserunt apud Romanos Propertius et Tibullus et Gallus, imitati Graecos Callimachum et Euphoriona.*

ist, noch in der Barock- und Aufklärungszeit und bis in die Moderne immer wieder heftig diskutiert wird.[10] Auch die römischen Elegiker, die Inschriften in ihre Gedichte einlegen, zeigen ein Bewußtsein für die typische *brevitas*: Immer wieder heben sie die Kürze der eingefügten Inschriften hervor (s. dazu unten S. 53–4).

Auch thematisch sind Elegie und Epigramm eng verwandt: Liebes- und Todesthematik spielen bei beiden eine große Rolle, und humorvolle Elemente können ebenfalls bei beiden erscheinen.[11] Vor diesem Hintergrund ist es nicht verwunderlich, daß die Forschungsdiskussion um die genaue Definition eines Epigramms, die in der Vergangenheit wichtige Impulse u.a. von Lessing und Herder empfing, ebensowenig abgeschlossen ist wie die um die Elegie.[12] Die metrische und thematische Nähe zwischen beiden Gattungen erklärt, warum eingelegte Inschriften (vor allem Epitaphe) gerade in den Elegien so oft erscheinen.[13]

Da weder Versmaß noch Themenwahl einen sicheren Anhaltspunkt geben, und auch die Verszahl der Elegien im Vergleich zum Epigramm nur ein relatives Kriterium liefert, verfolgt diese Arbeit einen pragmatischen Ansatz. Es werden hauptsächlich jene lateinischen Werke betrachtet, die in der Antike als ‚Elegien' bezeichnet wurden, das heißt das in elegischem Versmaß verfaßte Corpus Tibullianum, die Gedichte des Properz sowie die entsprechenden kleineren Werke Ovids. Außerdem wird die Ars amatoria einbezogen, die sich zwar als fortlaufendes didaktisches Werk präsentiert und damit dem epischen Lehrgedicht nahesteht, zugleich aber durch die Wahl des Themas, die Art seiner Behandlung und durch das ele-

[10] S. dazu die Diskussion bei Hess (1989) 1–19, besonders 10–2 und die Hinweise bei Pfohl (1969) 3–4. Auf humorvolle Weise knüpft Kästner (1965) in seiner Epigrammsammlung mit dem Titel „Kurz und bündig" an die Debatte an.

[11] Die volksetymologische Deutung des Namens ‚Elegie' als ‚Klagegesang' (von ἒ ἒ λέγειν) ergab sich möglicherweise aus der Häufigkeit des elegischen Distichons auf griechischen Grabinschriften. Die frühe griechische Elegie war jedenfalls, soweit wir wissen, kein Klagegesang, s. Holzberg (2015) 5. Zum Humor im griechischen Epigramm s. z.B. Luck (1967).

[12] Einen Überblick über die Entwicklung des griechischen Epigramms und die damit verbundene komplexe Forschungsdiskussion, die im Rahmen dieser Studie nicht im einzelnen nachgezeichnet werden kann, bieten Bing/Bruss (2007) 1–26.

[13] S. dazu z.B. Piazzi (2007) 304: „Il motivo dell'autoepitafio si inserisce nel più generale tema patetico del vagheggiamento della propria morte, frequente nell' elegia, dove l'io poetante, con il tipico atteggiamento vittimistico e compiaciuto del suo dolore, rappresenta il proprio sepolcro o le proprie esequie."

gische Versmaß viele Berührungen zur Liebeselegie aufweist. Ähnliches gilt für die Metamorphosen Ovids, die trotz ihres epischen Versmaßes und der vom Dichter selbst verwendeten Bezeichnung *carmen perpetuum* (Ov. met. 1,2–4: *di* [...] *ad mea perpetuum deducite tempora carmen*) viele elegische Züge zeigen.[14] Die in den Metamorphosen ganz oder teilweise wörtlich angeführten Inschriften sollen daher zusammen mit den in den Elegien anzutreffenden Beispielen betrachtet werden. Mögliche Unterschiede in ihrer Verwendung werden in der jeweiligen Interpretation besprochen. Die Werke Catulls werden in Fällen herangezogen, in denen dies für die Beurteilung der eingefügten Inschriften bei Tibull, Properz und Ovid aufschlußreich ist.

1.2 Die Begriffe ‚Inschrift‘ und ‚Epigramm‘

Der Begriff ‚Inschrift‘ steht im Folgenden für Worte oder Texte, die (historisch oder in der literarischen Fiktion) auf einem Gegenstand angebracht sind oder angebracht werden sollen, bzw. zu einem Gegenstand gehören. Die metrische Form, die Länge oder das Beschreibmaterial spielen dabei keine Rolle. Der *titulus* an einer Buchrolle gilt danach für diese Untersuchung ebenso als ‚Inschrift‘ wie ein in Marmor gemeißelter Text.

Als ‚Epigramm‘ werden dagegen nur relativ kurze Inschriften in metrischer Form (meist im elegischen Distichon) bezeichnet, die für sich genommen oder als Teil eines umfangreicheren Textes im Wortlaut zitiert werden, aus vollständigen Versen bestehen und wenigstens ein Distichon – die traditionelle Mindestlänge bei selbständigen Epigrammen – füllen.[15]

Die Begriffe ‚eingebettete Inschrift‘, ‚eingelegte Inschrift‘ oder ‚eingefügte Inschrift‘ bezeichnen in dieser Studie die Teile einer Elegie, die durch den Kontext als wörtlich zitierte Inschrift darge-

[14] Anklänge an elegische Dichtungen zeigen sich z.B. in der Häufung von Liebesabenteuern der Götter im ersten und zweiten Buch. Vgl. auch Otis (1970) 70 über den Stil der Metamorphosen: „while it can approximate the high epic or Virgilian manner, it can also approach the neoteric, idyllic and even elegiac manners.“ Zur unterschiedlichen Erzählweise von Elegie und Epos s. Heinzes einflußreiche Studie über „Ovids elegische Erzählung“ (1919). Für (zuweilen polemische) Kritik an Heinze s. Rohde (1929) 15 Anm. 17.

[15] Im antiken Sprachgebrauch bezeichnet das Adjektiv δίστιχος ein zweizeiliges Gedicht (z.B. in der Wendung δίστιχος ποίημα), s. Lausberg (1982) 11.

stellt werden.[16] Der entsprechende Abschnitt kann als vollständiges oder als Teilzitat gekennzeichnet, oder er kann – z. B. durch das Pronomen *talis* – als Entwurf für eine Inschrift markiert sein. Die Begriffe bedeuten nicht, daß der als Inschrift gekennzeichnete Text ein Fremdkörper innerhalb der Elegie sei, sondern dienen dazu, die als wörtliches Zitat dargestellten Teile der Elegie begrifflich von solchen zu trennen, die z. B. Berührungspunkte mit selbständigen Epigrammen aufweisen, ohne daß der Sprecher der Elegie einen inschriftlichen Kontext suggeriert. In der Forschung werden die beiden Phänomene oft nicht deutlich auseinandergehalten: So bezeichnen Ramsby (2007) 57 und Keith (2011) 109 den Satz *cinis hic docta puella fuit* in Prop. 2,11,6 als „epitaph", obwohl es sich nicht um eine Grabinschrift, sondern um einen Ausruf handelt, den ein am Grab der *puella* vorbeigehender Wanderer *nicht* aussprechen werde (Prop. 2,11,5–6: *et tua transibit contemnens ossa viator / nec dicet ‚Cinis hic docta puella fuit.'*).[17]

Innerhalb der recht weitgefaßten Kategorie der ‚eingelegten Inschriften' lassen sich verschiedene Untergruppen bilden, von denen die Einteilung nach der Zweckbestimmung (zum Beispiel Grabinschriften, Weihinschriften, Bauinschriften) am ehesten einen Vergleich zwischen den einzelnen Elegikern und ihrem Umgang mit Inschriften ermöglicht. Sie wird deshalb bei der Gliederung des Materials zugrundegelegt.[18]

Aufschlußreich ist die Klassifizierung nach dem ‚Realitätsgrad' der eingelegten Inschriften. So nennt Ovid in den Fasti einen zentralen Begriff aus einer Inschrift (am Mars Ultor-Tempel auf dem Augustusforum), die sich archäologisch nachweisen läßt, und gibt

[16] In der angelsächsischen Forschung ist der Begriff „embedded inscription" für das Phänomen gebräuchlich, s. z. B. Ramsby (2007).

[17] Sorgfältig verfährt Schulz-Vanheyden (1970) in seiner Untersuchung „Properz und das griechische Epigramm". Er bildet die Untergruppen „Epigrammatisches in der Form und im Aufbau ganzer Gedichte", „Die in ein Gedicht eingelegten Epigramme", „Ein epigrammatisch strukturierter Teil eines Gedichts", „Epigrammatisches in den Gedichtanfängen" und „Epigrammatisches in den Gedichtschlüssen". Da sein Anliegen der Vergleich mit selbständigen griechischen Epigrammen ist, behandelt er sehr kurze eingelegte ‚Inschriften' (wie das nur aus dem Namen *Cynthia* bestehende Graffito in Prop. 1,18,22) nicht. Helm (1952) 273 stellt in seiner Besprechung von Prop. 1,21 (ein schwerverwundeter Soldat bittet in einer an Grabepigramme erinnernden Rede einen Vorübergehenden um Mitteilung an seine Schwester) fest, das kurze Gedicht habe die „Form eines Grabepigramms, das in origineller Weise umgemodelt ist".

[18] Zu weiteren Einteilungsmöglichkeiten s. u. S. 34–7.

den möglichen Wortlaut einer weiteren (der Bauinschrift des Sulla auf dem Tempel des Hercules Custos) wieder, die vermutlich ebenfalls ein außerliterarisches Gegenstück hatte. Solche Inschriften, die ein Pendant außerhalb der literarischen Überlieferung besitzen oder besaßen, oder für die die Existenz eines solchen Pendants wahrscheinlich gemacht werden kann, werden im Folgenden als ‚historisierend' bezeichnet. Solche Inschriften finden sich nur in Ovids Fasti. Der Begriff ‚historisch' oder ‚außerliterarisch' wird in dieser Studie für Inschriften verwendet, die der außerliterarischen Welt angehören, die also z.B. durch archäologische Funde belegt sind oder deren Existenz auf Monumenten aus den Quellen sicher erschlossen werden kann.[19]

Die Mehrzahl der in Elegien eingebetteten Inschriften (31 von 33) sind nicht historisierend, d.h. sie besitzen kein außerliterarisches Pendant. Nicht-historisierende Inschriften, die in der erzählten Welt als existent bezeichnet werden (wie z.B. der Name der Oenone, den Paris in Ov. epist. 5 in die Rinde der Bäume ritzt), werden im Folgenden als ‚fiktiv' bezeichnet.[20]

Eine recht große Zahl der in den Elegien wörtlich zitierten Inschriften gehört zu einer Untergruppe dieser fiktiven Inschriften. Sie haben kein Pendant in der außerliterarischen Realität und existieren in der erzählten Welt nur in der Imagination der Figuren: Der elegische Sprecher in Tibull 1,3 plant z.B. seine eigene Grabinschrift, und ein Liebhaber malt sich in Ov. am. 1,11 die Weihung von Schreibtäfelchen im Venustempel aus, wenn eine Verabredung mit der Geliebten gelinge. Die Aufstellung dieser Inschriften wird aber in der Elegie nicht behandelt: Sie liegt außerhalb der Zielsetzung des Textes.[21] Diese fiktiv-imaginierten Inschriften werden

[19] Solche ‚historischen' Inschriften werden in der angelsächsischen Forschung auch als „non literary inscriptions" bezeichnet, s. z.B. CAIRNS (2000) 66 zu Grabinschriften.

[20] Im Unterschied dazu verwendet SUERBAUM (2007) 68–9 den Begriff „fiktives Grabepigramm" für selbständige Epitaphe, die nicht auf dem Grab der entsprechenden historischen Person gestanden haben, sondern nachträglich verfaßt wurden, wie z.B. die Nachahmungen von Vergils (in der Donatvita überlieferter) Grabinschrift durch spätantike Schulmeister. Die in der Donatvita zitierte Grabinschrift, die er als Autoepitaph ansieht, bezeichnet SUERBAUM dagegen als „originales Grabepigramm" (ebd.).

[21] Einen Sonderfall bildet das Epitaph für Dido: Dieses wird in Ov. epist. 7 als eine von Dido imaginierte Inschrift präsentiert, während dasselbe Epitaph in den Fasti noch einmal als in der erzählten Welt existent vorgestellt wird: Es ist dort auf dem Grab der Dido angebracht.

im Folgenden der Einfachheit halber mit dem Begriff ‚imaginiert' bezeichnet.[22] Die Einteilung nach Inschriftenklassen und Realitätsgrad ergibt für die drei römischen Elegiker Tibull, Properz und Ovid folgendes Ergebnis:

	Tibull	Properz	Ovid	Gesamt[23]
Inschriften gesamt	3	6 (+3)	24 (+1)	33 (+4)
Grabinschriften gesamt[24]	2	2 (+1)	8	12 (+1)
historisierend	–	– (+1)	–	(+1)
fiktiv	–	–	4 (davon 2 met.)	4
imaginiert	2	2	4	8
Weihinschriften gesamt[25]	1	3	7	11
historisierend	–	–	–	–
fiktiv	–	–	1 (met.)	1
imaginiert	1	3	6	10

22 Cairns (2000) 69 gebraucht den Begriff „imaginary" dagegen in seiner Besprechung von Tib. 2,6,27–40, um ein Ereignis, das unter Rückgriff auf die epigrammatische Tradition dargestellt wird (der Tod von Nemesis' Schwester), als nicht-historisch zu kennzeichnen.

23 In der Übersicht sind nur Inschriften berücksichtigt, die im Text (ganz oder teilweise) wörtlich wiedergegeben werden. Fälle, bei denen in der Forschung umstritten ist, ob die Elegie oder Teile daraus als ‚Inschrift' verstanden werden sollen, sind in Klammern hinzugefügt. Eingelegte Inschriften aus den Metamorphosen werden durch den Zusatz ‚met.' gekennzeichnet.

24 Die 8 imaginierten Epitaphe verteilen sich auf alle drei Elegiker: Tib. 1,3,55–6 (Autoepitaph des Tibullus); Tib. 3,2,29–30 (Autoepitaph des Lygdamus); Prop. 2,13,35–6 (Autoepitaph des Propertius); Prop. 4,7,85–6 (Autoepitaph der Cynthia); Ov. epist. 2,147–8 (Autoepitaph der Phyllis); Ov. epist 7,195–6 (Autoepitaph der Dido); Ov. epist. 14,129–30 (Autoepitaph der Hypermestra); Ov. trist. 3,3,73–6 (Autoepitaph des Naso). Fiktive Epitaphe finden sich nur bei Ovid (4 Beispiele): Ov. am. 2,6,61–2 (Epitaph für den Papagei); Ov. fast. 3,549–50 (Autoepitaph der Dido); Ov. met. 2,327–8 (Epitaph für Phaethon); Ov. met. 14,443–4 (Epitaph für Caieta). Als Sonderfall wird in dieser Studie Prop. 4,11 (die Cornelia-Elegie) besprochen, bei der umstritten ist, ob sie als historisierende Grabinschrift anzusehen ist.

25 10 imaginierte Weihinschriften: Tib. 1,9,83–4 (für die Rettung aus trügerischer Liebe); Prop. 2,14,27–8 (für die Gunst der *puella*); Prop. 2,28,44 (für die Rettung Cynthias); Prop. 4,3,72 (Arethusas Weihinschrift für die Rettung des Lycotas); Ov. am. 1,11,27–8 (für Corinnas Gunst); Ov. am. 2,13,25 (für die Rettung Corinnas); Ov. ars 2,744 und 3,182 (Inschrift auf den von den Liebesschülern erbeuteten Spolien; hier handelt es sich um eine Mischform zwischen einer Weih- und einer Ehreninschrift); Ov. epist. 15,183–4 (Sapphos Weihung ihrer Lyra); Ov. epist. 20,239–40 (Weihinschrift des Acontius für die Vermählung mit Cydippe); 1 fiktive Weihinschrift: met. 9,794 (Iphis).

Bauinschriften gesamt[26]	–	–	2	2
historisierend	–	–	2	2
fiktiv	–	–	–	–
imaginiert	–	–	–	–
Ehreninschriften gesamt[27]	–	–	1	1
historisierend	–	–	–	–
fiktiv	–	–	–	–
imaginiert	–	–	1	1
Andere Inschriften				
Graffiti/Dipinti gesamt[28]	–	1	4 (+1 met.)	5 (+1)
historisierend	–	–	–	–
fiktiv	–	1	4 (+1 met.)	5 (+1)
imaginiert	–	–	–	–
Einleitungsepigramme ges.[29]	–	–	2	2
historisierend	–	–	–	–
fiktiv	–	–	2	2
imaginiert	–	–	–	–
sonstige gesamt[30]	–	– (+2)	–	– (+2)
historisierend	–	–	–	–
fiktiv	–	– (+2)	–	– (+2)
imaginiert	–	–	–	–

26 2 historisierende Bauinschriften: Ov. fast. 5,567–8 (Mars Ultor-Tempel); und Ov. fast. 6,212 (Hercules Custos-Tempel).

27 1 imaginierte Ehreninschrift: Ov. epist. 2,74 (Inschrift auf der Statue des Demophoon).

28 5 fiktive Graffiti und Dipinti: Prop. 1,18,22 (Sprecher hat den Schriftzug *Cynthia* in Baumrinde geritzt); Ov. epist. 5,22 (Paris hat den Namen *Oenone* in Baumrinde geritzt); Ov. epist. 5,29–30 (Liebesschwur des Paris auf Baumrinde); Ov. epist. 17,87–8 (mit Wein geschriebener Liebesschwur des Paris); Ov. fast. 2,665 (mit Blut geschriebene Siegesinschrift des Othryades). Einen Sonderfall stellt die von Apoll geschaffene Blattzeichnung der *hyacinthus*-Pflanze dar (Ov. met. 214–6), die als griechischer Schriftzug gedeutet wird. Mit den Buchstaben ‚schreibt' der Gott zunächst seine Trauer um den Knaben Hyacinthus in die Blume ein, die seinen Namen trägt. Fortan gehört die Schrift aber zum Wesen der Pflanze, die sich bei späteren Exemplaren der Blume wiederholt. In diesem Stadium ist sie also kein Graffito oder Dipinto im engeren Sinn mehr, da sie nicht mehr eigens ‚aufgetragen' werden muß, sondern sich selbst reproduziert. Die unterschiedlichen Deutungen, die ihr in den Metamorphosen beigelegt werden (s. dazu unten die Interpretation S. 363) zeigen, daß sich der Zusammenhang der Buchstaben mit der ursprünglichen Situation gelockert hat.

29 Ov. am. 1,1,1–4 (Einleitungsepigramm der Amores); Ov. trist. 1,7,35–40 (Einleitungsepigramm für die Metamorphosen).

30 Prop. 3,13,42–6 (mögliche Inschrift auf einem ländlichen Altar); Prop. 4,2 (Vertumnuselegie). Bei der Vertumnuselegie, die Anklänge an epigraphische Traditionen enthält, ist umstritten, ob sie ganz oder teilweise als Inschrift auf der Statue des Gottes im *vicus Tuscus* in Rom zu denken ist.

Wie sich zeigt, besitzt die Gruppe der Weihinschriften den höchsten Grad an Fiktionalität: Alle 10 in Elegien eingebetteten Weihinschriften existieren nur in der Imagination des elegischen Sprechers (eine fiktive Weihinschrift erscheint nur in met. 9,794 [Iphis]), gegenüber 8 von 12 Epitaphen und einer der 10 übrigen Inschriften. Den höchsten Grad von Realität besitzen Bauinschriften: Beide Beispiele (fast. 5,567–8: Mars Ultor-Tempel; und fast. 6,212: Hercules Custos-Tempel) sind historisierend, beziehen sich also tatsächlich oder mit großer Wahrscheinlichkeit auf ein historisches Original. In der Mitte zwischen den Extremen bewegen sich Graffiti und Dipinti: Alle 5 Beispiele dieser Gruppe sind fiktiv. Diese Verteilung erklärt sich aus der unterschiedlichen Funktion der Inschriften. Weihinschriften werden meist in Erfüllung eines Gelöbnisses aufgestellt: Der Augenblick, in dem ein Sprecher beschließt, der Gottheit eine Gabe zu opfern, ist daher ebenso wichtig wie die Umsetzung der Inschrift. Die römischen Elegiker jedenfalls stellen bevorzugt den Moment der Freude oder häufiger der Verzweiflung dar, der den Sprecher dazu bewegt, eine Inschrift zu geloben, und zeigen wenig Interesse an einer bereits vollendeten Inschrift. Szenen wie im vierten Mimiambos des Herondas, in dem zwei Frauen mit ihrer Begleitung den Asklepiostempel besuchen und dabei die Votivgaben bewundern, sucht man in der römischen Liebeselegie vergeblich. Die einzige Ausnahme in unserem Textkorpus stammt aus den Metamorphosen und beschreibt nicht eine bereits geweihte Votivinschrift, sondern den Vorgang der Weihung (Votivgabe des Iphis, met. 9,792–3: *dant munera templis, / addunt et titulum*). Für die Pointe der Inschrift ist es in diesem Fall entscheidend, daß die Gottheit bereits helfend eingegriffen hat (dazu unten S. 285–6).

Falls auch die Vertumnuselegie (Prop. 4,2) ganz oder teilweise als Inschrift gedacht werden soll, wäre sie, da sie zu einer Götterstatue gehört, im weitesten Sinne zu den *tituli sacri* zu rechnen, jedoch aufgrund des andersartigen Inhalts nicht zu den Weihinschriften. Deshalb wird sie in dieser Studie getrennt aufgeführt. Ähnliches gilt für die Verse Prop. 3,13,42–6. Die Elegie weist große textkritische Schwierigkeiten auf, so daß umstritten ist, ob sich der Leser die Verse als Inschrift (auf einem Altar in einem Waldheiligtum) vorstellen soll. Wegen der Verbindung mit dem Heiligtum wären diese Verse wie die Vertumnuselegie am ehesten den *tituli sacri* zuzurechnen, allerdings kann es sich auch hier nicht um eine Weihinschrift handeln.

Graffiti und Dipinti sind dagegen durch ihre Spontaneität gekennzeichnet: Die Schreiber improvisieren mit dem gerade verfügbaren Material (Wein, Blut, Baumrinde, Tischplatte, Rüstungsteile), um einer bestimmten Person oder einem Personenkreis in einer konkreten, oft kritischen Situation ihre Botschaft zu übermitteln. Dauerhaftigkeit und Öffentlichkeitswirksamkeit stehen nicht im Vordergrund. Graffiti und Dipinti werden in den Elegien immer erst im Rückblick vorgestellt. Dies unterstreicht den Eindruck der Spontaneität: Eine Planungsphase, in der das Graffito antizipiert wird, kommt nicht vor.

Von den Grabinschriften werden dagegen zwei Drittel (8 von 12, davon alle in den Elegien und keine in den Metamorphosen) nur imaginiert; das letzte Drittel (4 von 12, davon 2 in den Metamorphosen) ist fiktiv. In allen Fällen wird die Inschrift eben angebracht oder ist in der erzählten Welt erst vor kurzer Zeit angebracht worden (im dritten Buch der Fasti, wo die Anna Perenna-Erzählung mit Didos Beisetzung, dem Zitat ihrer Grabinschrift und der Invasion des Iarbas beginnt, wird z.B. die zeitliche Nähe zwischen dem Begräbnis und dem Überfall durch das unmittelbar auf die Inschrift folgende, betont am Versanfang stehende *protinus* gekennzeichnet: *‚Praebuit Aeneas et causam mortis et ensem: / ipsa sua Dido concidit usa manu.‘ / protinus invadunt Numidae sine vindice regnum*, fast. 3,549–51). Dagegen gibt es in den Elegien keinen Fall, in dem etwa ein Wanderer ein schon länger existierendes Grab passiert und dabei dessen Inschrift liest.

Die Tendenz zu imaginierten Inschriften wird noch deutlicher, wenn man die Metamorphosen getrennt von den Elegien betrachtet. Alle in den Metamorphosen wörtlich zitierten Inschriften gehören in die Kategorie ‚fiktiv‘,[31] dagegen nur 7 von 30 Inschriften in

[31] Ov. met. 2,327–8 (Epitaph für Phaethon); Ov. met. 9,794 (Weihinschrift des Iphis); Ov. met. 14,443–4 (Grabinschrift der Caieta). Als Sonderfall kommt Ov. met. 10,214–6 (Blattzeichnung der *hyacinthus*-Blume) hinzu. Diese ist einerseits fiktiv (Apoll bringt in der Darstellung der Metamorphosen einen Schriftzug auf den Blättern an), doch die ‚Inschrift‘ besitzt zugleich ein außerliterarisches Pendant auf jeder *hyacinthus*-Blume, so daß sie zugleich als ‚historisierend‘ bezeichnet werden müßte: Beide Bezeichnungen sind in diesem Sonderfall unbefriedigend. Die auffällige Blattzeichnung des *hyacinthus* (den man heute nicht mehr zuverlässig identifizieren kann, an dessen Existenz es aber keinen Zweifel gibt) wurde in der Antike mehrfach beobachtet und mit griechischen Buchstaben verglichen (s. dazu unten S. 359 die Interpretation der Inschrift). Der aitiologische Zug der Metamorphosenerzählung führt hier zu einem Mischfall zwischen einer ‚fiktiven‘ und einer ‚historisierenden‘ Inschrift.

den Elegien (nicht eingerechnet zwei historisierende Bauinschriften in den Fasti). Mit anderen Worten: In den Elegien existieren mehr als zwei Drittel der wörtlich zitierten Inschriften nur in der Vorstellungswelt der Figuren (d.h. sie sind ‚imaginiert'), in den Metamorphosen dagegen sind alle Inschriften in der erzählten Welt existent (d.h. ‚fiktiv'). Die Elegiker bevorzugen demnach die Perspektive des wirklichen oder künftigen Auftraggebers und die Darstellung der Entschlüsse und Handlungen, die mit der Umsetzung einer Inschrift verbunden sind.

Als ‚Momentaufnahme' einer fernen Vergangenheit erscheinen eingebettete Inschriften in der römischen Elegie nur ausnahmsweise. Am weitesten von der Gegenwart des elegischen Sprechers entfernt ist (wenn die Verse als Inschrift verstanden werden sollen) der Text auf einem ländlichen Altar in Prop. 3,13,42–6, der möglicherweise auf das goldene Zeitalter verweist. Auch die Inschrift, die Othryades auf den erbeuteten Waffen anbringt, ist alt (Ov. fast. 2,665, die Legende spielt in griechischer Zeit), allerdings ist die Inschrift zur Zeit des elegischen Sprechers nicht mehr erhalten. Auf die römische Frühzeit ginge der Text auf der Basis der Vertumnusstatue zurück (Prop. 4,2, vorausgesetzt, daß die Elegie oder Teile daraus als Inschrift verstanden werden sollen; allerdings ist dies in der Forschung umstritten). Die älteste offenbar als zur Erzählzeit noch vorhanden gedachte Inschrift ist der von Sulla angebrachte *titulus* an einem stadtrömischen Herculestempel (fast. 6,212). Die Inschrift am Tempel des Mars Ultor (fast. 5,567–8) ist dagegen in der erzählten Welt der Elegie gerade erst angebracht worden, und auch die Graffiti, die Paris in Ov. epist. 5 in die Baumrinde geschnitten hat, können noch nicht sehr alt sein, da Oenone darauf hofft, die Bäume würden größer werden, als sie zu dem Zeitpunkt waren, als Paris die Schrift einritzte (Ov. epist. 5,23–4). Ähnliches gilt für seine mit Wein geschriebene Liebeserklärung an Helena (Ov. epist. 17,87–8). Auch die Grabinschrift für den Papagei in Amores 2,6 kann in der erzählten Welt erst kurz vor dem in der Elegie geschilderten Zeitpunkt angebracht worden sein, da der Sprecher die Vögel am Beginn des Gedichts zum Leichenzug auffordert.

Auffällig ist, daß Ovid zwar achtmal eingebettete Grabinschriften verwendet, davon aber (abgesehen von am. 2,6,61–2) keine in den Liebesdichtungen. Bei der Ausnahme handelt es sich um ein Epitaph für den verstorbenen Papagei der Corinna, das zu einer insgesamt humorvoll gehaltenen Elegie gehört. Anders als in den Werken des Properz und Tibull malt sich der elegische Sprecher in den Amores (und der Liebeslehrer in der Ars amatoria) seinen eigenen Tod nicht aus. Dies tun nur drei mythische Sprecherinnen in den Heroides, bei denen entweder der Tod (bei Phyllis und Dido) oder eine lebensbedrohliche Situation (bei Hypermestra) durch die Sage vorgegeben ist. Auch die Grabinschriften der Metamorphosen betreffen zwei mythische Personen (Phaethon und Caieta). Die einzige nicht-mythische Gestalt (außer dem in vielerlei Hinsicht auffälligen *psittacus*), deren (imaginierte) Grabinschrift wiedergegeben wird, ist Ovids *alter ego*, der verbannte Dichter in trist. 3,3. Die Verteilung der eingebetteten Inschriften in den römischen Elegien stützt damit die in der Forschung seit langem bekannte Beobachtung, daß der elegische Sprecher in Ovids Exildichtungen sich und sein Schicksal in die Nähe mythischer Gestalten rückt, s. dazu z.B. Seibert (2014) 163–250. Dieses Ergebnis läßt erwarten, daß ein genauer Überblick über die Verwendung eingelegter Inschriften durch die Elegiker auch für andere Fragestellungen hilfreich sein kann.

1.3 Forschungsansätze und Forschungsstand

Wenn in der Forschung von den Beziehungen zwischen Elegie und Epigramm oder (seltener) zwischen Elegie und Inschriften die Rede ist, so werden darunter oft allgemein Berührungspunkte zwischen Elegien und selbständigen Epigrammen verstanden. Dazu zählen zum Beispiel literarische ‚Motive', die in beiden Gattungen vorkommen (z.B. das Paraklausithyron), aber auch stilistische Ähnlichkeiten (z.B. eine mit einer pointierten Wendung schließende Versgruppe). Oft richtet sich das Augenmerk auf mögliche Vorbilder der römischen Liebeselegie, die unter anderem in der griechischen Epigrammatik vermutet werden. Dabei werden zuweilen bestimmte Abschnitte einer Elegie, die Berührungspunkte mit Epigrammen aufweisen, als ‚epigrammatisch' bezeichnet.[32] Die Benennung erklärt sich aus dem Untersuchungsansatz, ist aber unter

[32] S. z.B. Krókowski (1965) 143 über Prop. 2,12: „Die Ekphrasis [...] des geflügelten Amors und der Preis seiner Macht [...] ist entschieden in der Art des Epigramms gehalten." Pinotti (2004) 47 bemerkt über die Vertumnuselegie (Prop. 4,2): „Properzio [...], prendendo da Callimaco e dagli epigrammisti lo spunto per la forma dell'elegia, ne fa un monologo elaborato." S. auch La Penna (1950) und Dinter (2013) 306–7 zum Konzept der „Systemreferenz", durch die innerhalb einer Gattung Elemente der anderen aufgerufen werden.

methodischen Gesichtspunkten problematisch. Die ‚epigrammatisch' genannten Verse sind nämlich meist weder durch den elegischen Sprecher noch sonst durch den Kontext als Inschrift oder Epigramm gekennzeichnet und weisen nur eine allgemeine Ähnlichkeit zu (meist griechischen) selbständigen Epigrammen auf. Nur selten ist es möglich, ein bestimmtes Epigramm als Vorbild einer bestimmten Versgruppe zu identifizieren.[33] Die in die Elegien eingelegten Inschriften lassen sich dagegen vergleichsweise gut erfassen und mit mindestens zwei verschiedenen Ansätzen analysieren:

1) Sie können einerseits primär als Teil der literarischen Welt aufgefaßt werden: Ein solcher Interpretationsansatz konzentriert sich auf die Funktion der Inschriften innerhalb der Elegie, auf die verschiedenen Erzählebenen, auf denen sie erscheinen, auf ihre Bezüge zu anderen Texten, darunter ihre literarischen Vorbilder, und auf die Techniken, mit denen die erzählte Welt und in ihr die Inschriften konstruiert werden. Im extremen Fall würde bei einer solchen Untersuchung jeder Bezug zur außerliterarischen Wirklichkeit ausgeschlossen: Der Text würde als eine sich selbst konstituierende Größe aufgefaßt, die keinen Rückbezug auf die reale Welt des Autors gestattet und sich bei jedem Lesen neu schafft. Solche Forschungsansätze sind in der Klassischen Philologie (im Vergleich zu den modernen Philologien) relativ jung (s. dazu Schmitz [2006]). Bei der Analyse der in die Elegien eingebetteten Inschriften ergibt sich eine zusätzliche Komplikation. Selbst wer darauf besteht, diese eingelegten Inschriften ausschließlich als literarische Texte innerhalb literarischer Texte zu betrachten, wird naturgemäß rasch mit der Frage konfrontiert, wie die deutlichen Parallelen zu historischen metrischen Inschriften zu beurteilen sind.

Dies wird dadurch verstärkt, daß das Phänomen ‚Inschrift' den meisten Lesern aus ihrer eigenen Umwelt vertraut ist: selbst wer noch nie eine Steininschrift gesehen hat, kennt doch aus seiner eigenen Umwelt eine Fülle von Aufschriften auf anderen Materialien. Während nur ein Teil der Leser eine typisch elegische Paraklausithyron-Situation durchlebt haben dürfte, haben wohl die meisten Rezipienten der Elegien schon einmal Inschriften oder Graffiti gelesen oder gar selbst solche verfaßt. Die Versuchung, die in die Elegie eingelegten Inschriften mit den selbst gesehenen in

[33] Zu dieser Problematik s. u. a. Cairns (2011) 43–8. Zu sentenzenhaften Versen und ihren möglichen Vorbildern im hellenistischen Epigramm vgl. Schulz-Vanheyden (1970) 140–1 und die knappen Bemerkungen bei Fedeli (1989) 79–80.

Verbindung zu setzen oder die Motivation der literarischen Figuren, die Inschriften anbringen lassen, mit eigenen Überlegungen zu vergleichen, ist daher groß. Sie wird durch die gängige Praxis der Herausgeber verstärkt, in den Textausgaben eingelegte Inschriften in Kapitälchen oder Großbuchstaben zu setzen und so vom umgebenden Text abzuheben.[34] Ohne daß dies in Worte gefaßt würde, wird dem Leser damit suggeriert, die Inschriften seien etwas qualitativ anderes als die rahmende Elegie. Es gibt jedoch keinen zwingenden Grund, warum ausgerechnet die Inschriften durch den Druck hervorgehoben werden sollten. Anders als z.B. die Ausschnitte aus den Briefen des Augustus, die Sueton in seinen Kaiserviten wörtlich anführt, und die z.B. IHM in seiner Suetonausgabe durch Fettdruck als Zitat kenntlich macht, sind die Inschriften in den Elegien gerade keine Übernahmen aus einem fremden Werk, sondern Teil der Elegie. Die Herausgeberentscheidung erwächst offenbar aus der Ansicht, daß die in die Elegie eingefügten Inschriften in enger Beziehung zu monumentalen Inschriften stehen.[35]

2) Ein zweiter Forschungsansatz stellt diese in den Textausgaben nur angedeuteten außerliterarischen Bezüge in den Mittelpunkt. Er betrachtet die eingebetteten Inschriften nur unter dem Gesichtspunkt, ob sie Parallelen in der außerliterarischen Realität haben. Im Extremfall kann eine literarisch überlieferte Inschrift für den Altertumsforscher das verlorene Original ‚ersetzen'. Andererseits zeigt aber gerade der Vergleich von literarisch und außerliterarisch überlieferten Inschriften oft genug, daß in literarische Texte eingefügte Inschriften keine getreue Kopie eines historischen Pendants sein müssen, selbst wenn sie dies vorgeben und wenn sie tatsächlich ein Korrelat in der außerliterarischen Wirklichkeit besitzen.

In der Praxis werden der rein literaturwissenschaftliche und der rein historische Ansatz daher auch selten vertreten. Die Litera-

[34] Diese Konvention befolgen auch schon frühneuzeitliche Herausgeber, vgl. z.B. den Punica-Kommentar des Claudius Dausqueius Sanctomarius (Paris 1618), der die im Epos wörtlich zitierte Inschrift *fuge proelia Varro* (Sil. 9,175) typograpisch vom übrigen Text abhebt (Blatt Ccciij a des heute in der Forschungsbibliothek Gotha unter der Signatur P 4° 169 geführten Exemplars). Eine Ausnahme bildet die Properzausgabe von GIARDINA (1977), der die eingelegten Inschriften nicht durch den Schriftsatz hervorhebt.

[35] S. zu der Frage der Kapitälchen für eingefügte Inschriften in den modernen Textausgaben HUTCHINSON (2006) 115: „Printing such inscriptions in capitals, as is usual practice, artificially exaggerates the difference of inscriptions from other kinds of writing."

turwissenschaft hat verschiedene Theorien entwickelt, mit denen dem Einfluß der außerliterarischen Realität auf einen Text Rechnung getragen werden kann (auch wenn sie nicht zu den zentralen Erkenntnisinteressen zählt) und die historische Forschung bezieht zunehmend literaturwissenschaftliche Ergebnisse ein, um sich vor zu kurz gegriffenen Schlüssen zu schützen (auch wenn die literarische Gestalt des Textes für den Historiker nicht im Vordergrund steht). Bedeutung hat in der Forschungsdiskussion vor allem das von KRISTEVA (1980) entwickelte Konzept der Intertextualität erlangt, das den Begriff ‚Text' auch auf kulturelle Systeme und Strukturen erweitert, so daß er nicht leicht als Ausgangspunkt für eine präzise Definition des Untersuchungsgegenstands verwendet werden kann. Praktikabler sind die Gedanken RAJEWSKYS (2002) 15–7, die drei Bereiche unterscheidet: 1. „Medienkombinationen", bei denen zwei unterschiedliche Medien zu einem verbunden werden (z.B. bei einem Fotoroman); 2. „Medienwechsel", bei dem ein bestimmter Inhalt in einem neuen Medium wiedergegeben wird (z.B. bei der Verfilmung eines Buchs) und 3. „intermediale Bezüge", bei denen in einem Medium auf ein anderes angespielt wird. Die drei Bereiche schließen sich, wie RAJEWSKY selbst betont, nicht gegenseitig aus. So weisen die eingebetteten Inschriften in der römischen Elegie insgesamt ‚intermediale' Bezüge auf, da sie zumindest in der Vorstellung von Sprecher oder Erzähler auf eine andere als literarische Weise umgesetzt werden sollen oder bereits umgesetzt sind. Damit gehören sie primär in die Kategorie 3. Zugleich besitzen wir in der römischen Elegie mindestens 2 (hier als ‚historisierend' bezeichnete) Inschriften, bei denen auch für uns erkennbar eine literarische Anverwandlung eines bestimmten, archäologisch bezeugten Vorbilds stattgefunden hat, und die daher in Kategorie 2 einzuordnen wären. Für weitere Inschriften läßt sich, wie oben gezeigt, nicht sicher klären, ob sie auf eine spezifische außerliterarische Vorlage verweisen.[36]

Die Schwierigkeiten bei der Wahl der Forschungsmethoden lassen sich am Textkorpus dieser Arbeit veranschaulichen. Das eine Extrem wird von den Heroides markiert, die wegen ihrer besonderen Thematik und Erzähltechnik in der Forschung primär mit literaturwissenschaftlichen Methoden untersucht werden. So läßt sich zeigen, daß die Themen der Briefe so aufeinander abgestimmt sind,

[36] Zur Anwendbarkeit von RAJEWSKYS Theorien speziell auf inschriftliche Elemente in der römischen Elegie s. auch die Diskussion bei DINTER (2011), bes. 7–12.

daß der Eindruck entsteht, als hätten die jeweiligen Schreiberinnen die Korrespondenz der anderen Heroinen gelesen.[37] Zudem stehen die einzelnen Briefe in variantenreicher Beziehung zu anderen Werken der griechischen und lateinischen Literatur, auf die sie anspielen, die sie ergänzen oder modifizieren. Schließlich sind die schreibenden Heroinen und ihre Briefpartner selbst – mit Ausnahme Sapphos, deren Brief (epist. 15) allerdings möglicherweise nicht von Ovid stammt[38] – Figuren aus der Mythologie und damit ‚Zitate' aus anderen Texten. Während die Analyse dieser komplexen Darstellungsweise für Literaturwissenschaftler ein breites und aufschlußreiches Forschungsfeld eröffnet, bei dessen Bearbeitung sie oft ohne jegliche historische Fragestellung auskommen (wie es von einigen Strömungen der modernen Literaturwissenschaft verlangt wird), sind die Heroides für die Forschungsinteressen von Historikern viel schwerer zugänglich.

Im Gegensatz dazu werden Ovids Fasti, die wie die Heroides im elegischen Distichon geschrieben sind und viele Erzählungen mit elegischer Färbung enthalten,[39] oft als Quelle für die Religions- und Kulturgeschichte Roms herangezogen. Bei einer an historischen Fragestellungen orientierten Auswertung der in dem Werk enthaltenen Informationen über (Fest-)Zeiten im römischen Jahreskreis und die dazugehörigen heiligen Bräuche spielen literarische Eigenheiten meist eine untergeordnete Rolle.

Die Studien zu den meisten anderen der hier berücksichtigten Elegien bewegen sich zwischen diesen Extremen. Je nach ihrer Thematik werden ganze Werke oder einzelne Gedichte des Tibull, des Properz und des Ovid traditionell eher unter dem einen oder dem anderen Aspekt betrachtet.[40]

[37] S. Fulkerson (2005).

[38] Zu den Problemen s. Dörrie (1975) und vgl. unten S. 273 mit Anm. 395.

[39] S. dazu Herber (1994).

[40] Die Tristien und die Epistulae ex Ponto werden zum Beispiel einerseits als Quelle für das Leben in der Schwarzmeerregion im 1. Jahrhundert n. Chr. ausgewertet, s. z. B. Lambrino (1958) und Podossinov (1987). Andererseits hat man die beiden Gedichtsammlungen als frühes Beispiel für Exilliteratur betrachtet und sie unter literarischer Fragestellung mit Gedichten und Romanen moderner Exilanten verglichen, s. Doblhofer (1978) und von Albrecht (1988). Eine extreme Forschungsrichtung hält Ovids Exil für eine literarische Fiktion, da wir außerhalb seines Œuvres keine Zeugnisse für einen Aufenthalt des Dichters am Schwarzen Meer besitzen.

In der philologischen Forschung stand zunächst die Frage nach den Ursprüngen und der Abgrenzung der Gattungen ‚Elegie‘ und ‚Epigramm‘ im Vordergrund.[41] Seit den siebziger und achtziger Jahren wandte sich das Interesse zunehmend Fragen der Gattungskreuzung zu, wobei die Aufmerksamkeit vor allem den Einflüssen der hellenistischen Epigrammatik auf die römische Elegie galt. Die Wurzeln des literarischen Kunstgriffs, eingebettete (Grab-)Inschriften in erotischem Kontext zu verwenden, werden gelegentlich in der Bukolik vermutet. Als Indiz für eine solche Verbindung läßt sich das in Vergils 5. Ekloge eingebettete Grabepigramm auf den am Liebesleid zugrundegegangenen Daphnis anführen, das seinerseits auf inhaltlich ähnliche, wenn auch nicht als Inschrift gestaltete Verse in Theokrits Idyll 1 zurückgeht.[42] Nicht ausgeschlossen werden kann, daß eine solche Technik auch bei Gallus anzutreffen war, dessen Einfluß auf Vergils Eklogen und auf seine elegischen Nachfolger durch den Neufund aus Qaṣr Ibrîm wieder verstärkt Aufmerksamkeit gefunden hat.[43] So wurde die Textanordnung auf dem Galluspapyrus, bei dem die Elegie in Blöcke von je 4 Versen aufgeteilt ist, als Hinweis gedeutet, daß die Trennung von Elegie und Epigramm zumindest in dieser Zeit nicht streng gewesen sein muß (fr. 2 Courtney = 145 Hollis).[44]

[41] S. z.B. Reitzenstein, E.: Epigramm oder Elegie? In: Eisenhut, W.: Properz. Darmstadt 1975 (WdF 237) 68–83. (Ursprünglich in: Wirklichkeitsbild und Gefühlsentwicklung bei Properz. Philologus. Suppl. 29,2 [1936] 3–16.); Gentili, B.: Epigramma ed elegia. In: L'épigramme grecque. Genf 1967 (= Entretiens de la Fondation Hardt sur l'antiquité classique. Tome XIV); Puelma, M.: Epigramma – epigramma: Aspekte einer Wortgeschichte. MH 53 (1996) 123–39; Ders.: Epigramma: osservazioni sulla storia di un termine greco-latino. Maia 49 (1997) 189–213; Diaz de Cerio Diez, M.: La evolucion de un genero: elementos estructurales de los epigramas dedicados a animales de Anite de Tegea. Emerita 66 (1998) 119–49; Dies.: Estructura discursiva en el epigrama funerario: la evolucion de un genero. Habis 30 (1999) 189–204.

[42] Verg. ecl. 5,40–4 (Mopsus singt): *spargite humum foliis, inducite fontibus umbras, / pastores, mandat fieri sibi talia Daphnis, / et tumulum facite, et tumulo super addite carmen: / Daphnis ego in silvis, hinc usque ad sidera notus, / formosi pecoris custos, formosior ipse*, vgl. Theokr. 1,120–1: Δάφνις ἐγὼν ὅδε τῆνος ὁ τὰς βόας ὧδε νομεύων, / Δάφνις ὁ τὼς ταύρως καὶ πόρτιας ὧδε ποτίσδων (hier handelt es sich allerdings nicht um eine eingelegte Inschrift).

[43] S. dazu Maltby (2011) 91.

[44] S. Hollis (2007) 250: „lines 2–5 [...] make quite a satisfactory epigram; similarly lines 6–9.“ Daneben wird die Möglichkeit in Erwägung gezogen, daß es sich bei den Versgruppen um Ausschnitte oder eine Epitome vollständiger Elegien handelt, doch hat sich diese Auffassung nicht durchsetzen können. Für eine Beschrei-

Auf ihre Beziehungen zur griechischen Epigrammatik wurden besonders die Gedichte des Properz untersucht, der sich mehrfach eng an Meleager anlehnt (vgl. z.B. Prop. 1,1,1–4 und A.P. 12,101; Prop. 2,12,13–6 und A.P. 5,179. sowie A.P. 212,5–6).[45] Weniger häufig wurden epigrammatische Züge im Werk Tibulls berücksichtigt.[46] Die bisher umfangreichste Studie zu Properz stellt die Dissertation von SCHULZ-VANHEYDEN aus dem Jahre 1970 dar.[47] Ihr Ziel ist es, den „Einfluß griechischer Epigramme, nicht nur der Liebesepigramme, auf die Dichtung des Properz" zu erhellen (S. 13). Ein Ausblick auf die Beziehungen zwischen Properz und Paulus Silentiarius (S. 156–69) rundet die Arbeit ab. SCHULZ-VANHEYDEN konnte unter

bung des Papyrus s. ANDERSON/PARSONS/NISBET (1979) und CAPASSO (2003), zur Einteilung der Verse, die durch Leerzeilen, Randzeichen und größere Initialen hervorgehoben wird, ebd. 129–31. S. auch CAIRNS (2011) 43: „No certainty is possible, but the few surviving lines of Gallus in the Qaṣr Ibrîm papyrus include sharply discriminated quatrains. These are not, in my view, extracts or epigrams: the correspondences between the different quatrains rule this out. But Gallus' lines are certainly composed in a mode evocative of epigram." Träfen diese Überlegungen über eine enge Verbindung von Elegie und Epigramm bei Gallus zu, so ermöglichen sie einen neuen Blick auf etliche weitere römische Elegien insbesondere der Sulpicia und des Properz, die wegen ihrer inhaltlich scheinbar nur lockeren Verbindung diskutiert und nicht selten emendiert wurden, vgl. dazu THOMAS (2011).

45 Dazu LEVIN, D.N.: Hellenistic Echoes in Propertius' First Elegy. GB 3 (1975) 215–21.

46 Zu epigrammatischen Einflüssen auf Tibull s. GRONDONA, M.: Gli epigrammi di Tibullo e il congedo delle elegie (su Properzio e Virgilio). Latomus 36 (1977) 3–29; MCGANN, M.J.: The Marathus Elegies of Tibullus. In: ANRW 30,3 (1983), S. 1970–99; MALTBY, R.: The Influence of Hellenistic Epigram on Tibullus. In: Keith, Alison (Hrsg.): Latin Elegy and Hellenistic Epigram. Cambridge 2011. 87–97.

47 SCHULZ-VANHEYDEN, E.: Properz und das griechische Epigramm. Diss. Münster 1970. Vgl. an kürzeren Untersuchungen CICERALE, M.G.: Struttra oratoria forense nella IV,11 di Properzio. FLB 21 (1978) 19–38; FEDELI, P.: Properzio 1,3. Interpretazione e proposte sull'origine dell'elegia latina. MH 31 (1974) 23–41; PELLEGRINO, C.: Per l'interpretazione di Properzio I,21. Latomus 54 (1995) 613–24; HÖSCHELE, R.: Inscribing Epigrammatists' Names: Meleager in Propertius and Philodemus in Horace. In: Keith, Alison (Hrsg.): Latin Elegy and Hellenistic Epigram. Cambridge 2011. 19–26; CAIRNS, F.: Philodemus AP 5.123, the Epigrammatic Tradition, and Propertius 1.3. In: Keith, Alison (Hrsg.): Latin Elegy and Hellenistic Epigram. Cambridge 2011. 33–50. THOMAS, R.: Propertius and Propertian Elegy's Epigram Riffs: Radical Poet/Radical Critics. In: Keith, Alison (Hrsg.): Latin Elegy and Hellenistic Epigram. Cambridge 2011. 67–85 (mit bedenkenswerten Überlegungen zu dem der Oxfordausgabe von HEYWORTH zugrundeliegenden Properzbild).

anderem auf eine Studie von HEZEL zurückgreifen, der mit einem ähnlichen Ansatz die Einflüsse der griechischen Epigrammatik auf die Dichtungen des Catull untersucht hatte[48] und seinerseits als Vorbild für eine 1975 erschienene Studie zu epigrammatischen Einflüssen auf Horaz diente.[49]

Während also die Bedeutung der griechischen Epigrammatik für die genannten lateinischen Elegiker und für die kleinen Dichtungen des Catull und Horaz mehrfach untersucht wurde, ist ihr Einfluß auf die elegischen (und epischen) Dichtungen Ovids nur am Rande gewürdigt worden. Zwar bieten die Kommentatoren der Liebeselegien, insbesondere BRANDT (1911 [1965]) und MCKEOWN (1989 und 1998), eine Reihe von Hinweisen auf epigrammatische Züge bei Ovid, doch werden sie dort nicht systematisch analysiert und mit seinem Gesamtwerk in Beziehung gesetzt. Dabei existieren zu einzelnen Textstellen durchaus vielversprechende Ansätze, so bei WILLIAMS, der den Einfluß eines Kallimachos-Epigramms auf Ovid untersucht,[50] bei GÓMEZ PALLARÈS, der Züge des typischen Grabepigramms in den Tristien ausmacht und bei TRYPANIS, der Bezüge zwischen den Epigrammen der Anyte und den Metamorphosen feststellt.[51] Die geringe Aufmerksamkeit, die der ‚Epigram-

48 HEZEL, O.: Catull und das griechische Epigramm. Stuttgart 1932. (= Tübinger Beiträge zur Altertumswissenschaft 17). Zum selben Thema s. PARATORE, E.: Osservazioni sui rapporti fra Catullo e gli epigrammisti dell' Antologia. In: Miscellanea di studi alessandrini in memoria di Augusto Rostagni. Turin 1963. 562–87; HUTCHINSON, G.O.: The Catullian Corpus, Greek Epigram, and the Poetry of Objects. CQ 53.1 (2003) 206–21 und HARTZ, C.: Catulls Epigramme im Kontext hellenistischer Dichtung. Berlin 2007 (= BzA 246).

49 BUCHMANN, J.: Untersuchungen zur Rezeption hellenistischer Epigrammatik in der Lyrik des Horaz. Diss. Konstanz 1975. Zur Auseinandersetzung des Horaz mit Kallimachos s. neben WIMMEL, W.: Kallimachos in Rom. Die Nachfolge seines apologetischen Dichtens in der Augusteerzeit. Wiesbaden 1960 (= Hermes EZ 16) z.B. SCODEL, R.: Horace, Lucilius, and Callimachean Polemic. HSPh 91 (1987) 199–215. Nützliche Bemerkungen auch in HÖSCHELE, R.: Inscribing Epigrammatists' Names: Meleager in Propertius and Philodemus in Horace. In: Keith, Alison (Hrsg.): Latin Elegy and Hellenistic Epigram. Cambridge 2011. 26–31.

50 WILLIAMS, GARETH D.: Conversing After Sunset: A Callimachean Echo in Ovid's Exile Poetry. CQ 41,1 (1991) 169–77. Vgl. auch DUE, O.: Changing Forms. Copenhagen 1974 und BOOTH, J.: Negotiating with the Epigram in Latin Love Elegy. In: Keith, Alison (Hrsg.): Latin Elegy and Hellenistic Epigram. Cambridge 2011. 51–65, zu den epigrammatischen Bezügen in Amores 1,5.

51 GÓMEZ PALLARÈS, J.: Ovidius Epigraphicus: Tristia, Lib. 1, con excursus a 3,3 y 4,10. In: W. Schubert (Hrsg.): Ovid, Werk und Wirkung. FS M. v. Albrecht. Frankfurt u.a. 1999 (= Studien zur Klassischen Philologie 100). 755–73; TRYPANIS, C.A.:

matiker' Ovid insgesamt gefunden hat, ist umso erstaunlicher, als M. LAUSBERG schon Anfang der achtziger Jahre eine entsprechende Untersuchung der Amores als Desiderat bezeichnet hatte,[52] und der ‚epigrammatische' Stil des Dichters[53] sowie seine gute Kenntnis der griechischen Epigrammdichtung in der Forschung anerkannt sind.[54] Überdies haben zahlreiche Untersuchungen gezeigt, daß Ovids Werk eine Vorlage für Martials Gedichte bildete und auch auf spätantike Epigrammatiker wirkte.[55]

In neuerer Zeit standen bei der Analyse der römischen Elegiker poetologische und intertextuelle Fragen im Vordergrund. Dies zeigt sich z.B. in einem 2008 erschienenen Sammelband zum Verhältnis von ‚lateinischer' (gemeint ist, wie aus dem Inhalt hervorgeht, ‚römischer') Elegie und Narratologie.[56] Die Verteilung der Beiträge (sieben gelten Ovid, zwei Properz, einer Tibull und zwei weitere

Ovid and Anyte. CPh 65 (1970) 52. Allgemein mit den Beziehungen zwischen römischer Elegie und Grabepigrammen befaßt sich YARDLEY, J.C.: Roman Elegy and Funerary Epigram. EMC 15 (1996) 267–72. Er nimmt an, daß die Gemeinsamkeiten zwischen Grabepigrammen und römischen Elegien nicht durch Imitation der einen Gattung durch die andere zustandekommen, sondern durch die gemeinsame Tradition von Begräbnisbräuchen bedingt sind, die beiden zugrundeliegt.

52 LAUSBRG, M.: Ein epigrammatisches Motiv in Ovids Metamorphosen. GB 10 (1981) 184 Anm. 12: „Die Beziehungen der Amores zur Epigrammdichtung bedürfen einer eingehenderen Untersuchung, die ich an anderer Stelle durchzuführen gedenke." Das Vorhaben ist m.W. nie verwirklicht worden.

53 S. z.B. KENNEY (2002) 48–50: „From earliest times the elegiac couplet has been the vehicle par excellence for epigram; and [. . .] the limitations imposed on the couplet form by the Roman elegists, and by Ovid in particular, enhanced its tendency to lend itself [. . .] to crisp, pointed, and sententious expression. For the didactic and admonitory mode in which much of Ovid's amatory poetry is couched it was tailor-made."

54 LAUSBERG (1981) 183: „Vor allem aber ist für Ovid allgemein eine gute Kenntnis griechischer Epigrammdichtung anzunehmen."

55 S. zu Ovids Einfluß auf Martial z.B. NADEAU, Y.: Catullus' Sparrow, Martial, Juvenal and Ovid. Latomus 43 (1984) 861–8; PITCHER, R.A.: Martial's Debt to Ovid. In: F. Grewing (Hrsg.): Toto notus in orbe. Perspektiven der Martial-Interpretation. Stuttgart 1998 (= Palingenesia 65). 59–76; SIEDSCHLAG, E.: Ovidisches bei Martial. RFIC 100 (1972) 156–61; SZELEST, H.: Ovid und Martial. In: W. Schubert (Hrsg): Ovid, Werk und Wirkung. FS M. v. Albrecht. Frankfurt u.a. 1999 (= Studien zur Klassischen Philologie 100). 861–4. ZINGERLE, A.: Martials Ovidstudien. Innsbruck 1877. Seine Wirkung auf spätantike Epigrammatiker ist weniger ausführlich untersucht, vgl. aber die Hinweise bei LAUSBERG (1981) 369.

56 LIVELEY, Genevieve; SALZMAN-MITCHELL, Patricia (Hrsgg.): Latin Elegy and Narratology. Fragments of Story. Columbus 2008.

– in einem „Elegy and Reception" betitelten Kapitel – Prudentius' Gedicht Peristephanon 11 und den Sulpiciagedichten) spiegelt die Vorrangstellung wieder, die Ovid auch sonst in dieser Forschungsrichtung genießt. Dies liegt nicht nur an dem im Vergleich zu Tibull und Properz umfangreicheren Werk des Dichters, sondern an den komplexen Verbindungen, die sich einerseits zwischen den Elegien derselben Gedichtsammlung und zwischen ganzen Werken beobachten lassen. Auffällig sind z.B. die oben erwähnten Beziehungen der Heroidesbriefe untereinander.[57] Als Paris (unter anderem durch ein mit Wein geschriebenes Liebesgeständnis) in den Heroides mit Helena Kontakt aufnimmt, verhält er sich zudem so, als habe er die Anweisungen der Ars amatoria studiert. Anspielungen und förmliche Selbstzitate, die auch die eingelegten Inschriften einbeziehen, verknüpfen unter anderem die Ars amatoria, die Heroides und die Fasti (vgl. die Verse auf den Tod der Dido in ars 3,39–40; epist. 7,195–6 und fast. 3,549–50). Auch wenn Ovid aufgrund dieser Besonderheiten im Vordergrund steht, so sind die Fragestellungen, die Liveley und Salzman-Mitchell in ihrer Einleitung entwickeln, doch für alle drei Elegiker bedeutsam. Auch können sie Anregungen für das Studium der in die Elegien eingebetteten Inschriften geben, obwohl die Autorinnen nicht an dieses spezielle Phänomen, sondern an die Elegien insgesamt denken. Indirekt bestätigt sich so, daß die Untersuchung der eingelegten Inschriften ins Zentrum einer für die jeweilige Elegie interessanten Problemstellung führt.[58] Es ist daher auch nicht überraschend, daß drei der Beiträge, obwohl sie eigentlich anderen Themen gewidmet sind, auch auf eingefügte Inschriften zu sprechen kommen. Einige der von Liveley und Salzman-Mitchell gestellten Fragen lauten (S. 2):

> „Can the inset narratives of elegy, with their distinctive narrative strategies, provide the key to a poetics of elegiac storytelling? How, as readers of erotic elegy, should we respond when we find ourselves positioned as eavesdroppers or voyeurs? [...] In what ways does elegy renegotiate the linearity and teleology of narrative? Does the idea of death in elegy work to fix or destabilize its narratives and supply or deny closure? How do the concepts of time and space shape the way we read Roman elegy? In

[57] Fulkerson, Laurel: The Ovidian Heroine as Author: Reading, Writing, and Community in the „Heroides". Cambridge, New York 2005.

[58] Diese Beobachtung ist in der Forschung auch bei der Interpretation einzelner Elegien gemacht worden, s. z.B. Cairns (1979) 46 zum Autoepitaph des Tibullus in Tib. 1,3: „Its contents make it the center piece of the elegy."

what ways does elegy use the dynamics of narrative to manipulate the relationship between reader, poet, character, and text?"

Einige dieser Fragen haben in der neueren Forschung bereits reges Interesse gefunden. So enthalten BARCHIESIS Arbeiten zahlreiche Hinweise zu den komplexen Beziehungen zwischen Leser, Dichter und Text sowie zum Phänomen der Zeit in der erzählten Welt.[59]

Die Frage nach Raum und Zeit in den Elegien, die für die eingelegten Inschriften wegen ihrer Beziehung zu historischen, fiktiven oder fiktiv-imaginierten Monumenten bedeutsam ist, hat in jüngster Zeit durch BOYLES Analyse von Ovids Darstellung römischer Bauwerke und WELCHS Untersuchung zum ‚elegischen Stadtbild' bei Properz neue Impulse erhalten.[60] WELCH greift ein in der archäologischen und althistorischen Forschung seit längerer Zeit erkennbares und wesentlich von den Arbeiten WALLACE-HADRILLS mitgeprägtes Interesse an der Unterscheidung von ‚öffentlichem' und ‚privatem' Raum auf und verbindet es mit der Frage nach dem Verhältnis des Elegikers zum augusteischen Rom, das auch in der früheren Forschung eine Rolle spielte. Diese Überlegungen sind für die Interpretation eingefügter Inschriften relevant, da zahlreiche von ihnen im oder in der Nähe des augusteischen Rom zu denken sind, oder sogar bestimmten Gebäuden zugeordnet werden.

Speziell mit den in die römischen Elegien eingelegten Inschriften hat sich kürzlich T. R. RAMSBY befaßt. In ihrer Monographie „Textual Permanence: Roman Elegists and the Epigraphic Tradition" (2007) und einem thematisch eng verwandten Aufsatz zu den Grabinschriften bei Ovid (2004/2005) betrachtet sie die Beziehungen zwischen den Werken des Catull, Properz, Tibull und Ovid (unter Einschluß der Metamorphosen) und der römischen ‚epi-

[59] S. beispielhaft BARCHIESI, A.: Future Reflexive: Two Modes of Allusion and Ovid's Heroides. HSCPh 95 (1993) 333–65 und DERS.: Vers une histoire à rebours de l'élégie latine: les Héroïdes ‚doubles' (16–21). Electronic Antiquity 5 (1999) ohne Paginierung.

[60] WELCH, T. S.: The Elegiac Cityscape. Propertius and the Meaning of Roman Monuments. Columbus 2005; BOYLE, J. A.: Ovid and the Monuments. A Poet's Rome. Bendigo 2003 (= Ramus Monographs 4). Eine Analyse der Darstellung von Lesen und Schreiben (unter Berücksichtigung eingelegter Inschriften) in Vergils Eklogen bietet BREED, B. W.: Pastoral Inscriptions. Reading and Writing in Virgil's Eclogues. London 2006. Die Untersuchung ist für die vorliegende Studie vor allem wegen der Parallelen zwischen dem bukolischen Rahmen von Prop. 1,18 und Verg. ecl. 5 interessant.

graphischen Tradition', die sie auch als „epigraphic habit"[61] oder „epigraphic consciousness" (Ramsby [2007] 1) bezeichnet. Den Ausgangspunkt bildet die aus historischen und archäologischen Funden abgeleitete Beobachtung, daß „in far flung places, where Romans once comprised a small percentage of the population their inscriptions make up the largest percentage of recorded data" (ebd.). Die ‚Dauerhaftigkeit' („durability") der Inschriften, die sie zu einer der wichtigsten Quellen in der historischen Forschung mache, sei für die römischen Auftraggeber von zentraler Bedeutung gewesen. Inschriften seien ein Mittel der Selbstdarstellung, und die Beständigkeit des Materials, auf dem sie angebracht wurden, habe ihren Urhebern die Aussicht geboten, daß die darin enthaltenen Informationen von möglichst vielen Personen in Gegenwart und Zukunft gelesen würden (ebd.).[62]

Von diesen Überlegungen leitet Ramsby zu literarischen Texten über. Da die Literatur ebenfalls ein Mittel der Selbstdarstellung sei, sei das Verhältnis von Elegie und darin erwähnter Inschrift mit dem Verhältnis zwischen einem historischen Monument und darauf angebrachter Inschrift vergleichbar: „If the inscription in real life is, in its most distilled form, an expression considered worthy of preservation, then perhaps the inscription inserted into a poem is meant to stand out from the surrounding verses as well" (Ramsby [2004/2005] 1). Diese These berücksichtigt jedoch nicht, daß, wie oben gezeigt, die meisten der in die römischen Elegien eingefügten Inschriften von den Charakteren nur imaginiert werden, sie also nicht auf derselben ‚Realitätsebene' stehen wie der Kontext, in dem sie erscheinen. Ohne diesen Kontext sind sie oft unvoll-

61 Denselben Begriff verwendet schon MacMullen (1982).

62 Eine ähnliche Theorie findet sich unter anderem bei Aloni, der mit Blick auf die griechische Literatur eine vergleichbare Funktion von Elegie und inschriftlichem Epigramm postuliert. Aloni (2009) 183 nimmt für die griechische Elegie drei Funktionen an, die sich überschneiden oder gleichzeitig erfüllt werden können: „a) Telling" (die Elegie berichtet über vergangene Ereignisse), „b) Making" (die Elegie schafft ein bleibendes Denkmal) und „c) Causing action" (die Elegie treibt die Hörer zu bestimmten Handlungen an). Zum Begriff „Making" bemerkt er: „Elegy builds a monument out of the memory of brave men and glorious acts past and present, a mnêma to be looked at as much as listened to, both by the immediate addressees and by those who will enjoy the poem in the future. Performance and inscription on physical objects converge in accomplishing this function which characterizes poems like Simonides' Plataea poem or the long poems about wars and the foundation of cities like Mimnermus' Smyrneis; this is also the primary function of the inscribed epigram."

ständig. Es ist zudem nicht erklärlich, warum gerade die eingefügten Inschriften als hervorgehobene Elemente empfunden werden sollten, die Dauerhaftigkeit vermitteln, nicht aber andere Versgruppen, die vom Kontext abgesetzt sind, wie Briefzitate oder wörtliche Reden.

Deshalb ist fraglich, ob die für RAMSBYS Ansatz zentrale Gleichsetzung von Elegie und historischem Monument, die sie durch Einführung des Mimesis-Begriffs zu stützen sucht,[63] dem Phänomen der eingefügten Inschriften wirklich gerecht werden kann: Wenn Dauer oder, wie RAMSBY in ihrem Aufsatz von 2004/2005 postuliert,[64] eine durch die Dauerhaftigkeit und die Anlehnung an offizielle Monumente erreichte ‚Autorität' von Inschriften zentrale Motive für ihre Verwendung in den Elegien sind, wie ist dann die hohe Zahl imaginierter Inschriften, über deren „durability" und „authority" wir nichts erfahren, zu erklären? Wie paßt ferner die Beobachtung ins Bild, daß die meisten in die Elegien eingelegten Inschriften, anders als Inschriften in der griechischen und römischen Geschichtsschreibung, gerade nicht als historische Zeugnisse zitiert werden?

Diese Schwierigkeiten werden in RAMSBYS Monographie dadurch verwischt, daß sie nicht scharf zwischen Versen unterscheidet, die zwar Ähnlichkeiten zu historischen Inschriften oder zu selbständigen literarischen Epigrammen aufweisen, aber im Kontext der Elegie nicht als Inschrift gedacht sind, und solchen, die den Text einer Inschrift wörtlich wiedergeben sollen; vgl. neben dem oben (S. 7) angeführten Beispiel ihre Analyse von Prop. 2,1,71–8, in der sie den Vers *hoc misero fatum dura puella fuit* als „inscription" deutet, obwohl es sich, wie der Kontext zeigt, um mitleidige Worte handelt, die Maecenas am Grab des Dichters ausrufen soll.[65]

Auch die von ihr zugrundegelegten Inschriftenkategorien bleiben teilweise unklar. Dies gilt zum Beispiel für ihre Definition der Gruppe der „votive inscriptions" (S. 34): „Into this category I place all dedicatory inscriptions made to a god to serve as thanks, the ful-

[63] Zum vieldiskutierten Begriff der Mimesis vgl. E. AUERBACHS einflußreiche Studie: Mimesis. Dargestellte Wirklichkeit in der abendländischen Literatur. Bern 1946, die Diskussion des Begriffs bei STANZEL (2008) 93–4 und A. SCHMITT: Aristoteles, Poetik, übersetzt und erläutert. Berlin 2008.

[64] RAMSBY, T. R.: Striving for Permanence: Ovid's Funerary Inscriptions. CJ 100 (2004–2005) 365–91.

[65] Prop. 2,1,77–8: *taliaque illacrimans mutae iace verba favillae: / hoc misero fatum dura puella fuit.*

filment of a promise, or prayer." Der Begriff „dedicatory inscriptions" (‚Weihinschriften') wird jedoch nicht definiert. Er erscheint später (S. 63 und 64) als Bezeichnung für die Verse Prop. 4,2,59–64 (die letzten sechs Verse der Vertumnuselegie), bei denen es sich aber nicht um eine Weihung handelt, und bei denen überdies umstritten ist, ob sie überhaupt als Inschrift verstanden werden sollen. Die damit zusammenhängenden Probleme werden nicht diskutiert.

Die Interpretation leidet zudem an zahlreichen Stellen darunter, daß der lateinische Text von Ramsby mißverstanden wird. Viele ihrer Übersetzungen sind sinnentstellend, so z.B. von Prop. 2,13, 37–8: *nec minus haec nostri notescet fama sepulcri / quam fuerant Pthii busta cruenta viri* (Ramsby [2007] 59: „The fame of my tomb will become known no less than had the grave mound of Achilles been stained with gore" statt ‚... known no less than the grave of Achilles stained with gore') und Ov. am. 2,14,9–12 (über Abtreibungen): *si mos antiquis placuisset matribus idem, / gens hominum vitio deperitura fuit, / quique iterum iaceret generis primordia nostri / in vacuo lapides orbe, parandus erat* (Ramsby [2007] 100: „If mothers of old had chosen the same practice, the race of men would long have perished because of their shortsightedness, and those conceived to provide the beginnings of our race would lie, repeatedly, as stones in an empty earth" statt ‚... the race of men would have been doomed because of their misdeed, and it would have been necessary to provide a man [sc. a second Deucalion] to throw once again stones in an empty earth as a beginning of our race'). Die Beispiele lassen sich vermehren und zeigen, daß die Interpretationen oft keine Grundlage im Text haben. Überdies bietet die Properzüberlieferung zahlreiche textkritische Schwierigkeiten, die in Ramsbys Analyse nur selten (z.B. S. 58 Anm. 70 zu Prop. 2,34,93 und S. 64 Anm. 85 zu Prop. 4,3,8) erwähnt, aber nicht weiter besprochen werden. Ein Teil dieser Schwierigkeiten hätte durch stärkere Berücksichtigung der nicht-englischsprachigen Forschung vermieden werden können – so wird zwar Fedelis Properzausgabe von 1984 angeführt, sein Kommentar zu Buch IV von 1965 dagegen nicht berücksichtigt (Fedelis 2005 erschienenen Kommentar zu Buch II kannte Ramsby aufgrund des Erscheinungsdatums möglicherweise noch nicht). Aussichtsreicher ist ihr Versuch, das literarische Phänomen der Anspielungen auf Inschriften durch eine Vielzahl von Interpretationsansätzen mit der materiellen Kultur des augusteischen Rom sowie seiner Sozial- und Kulturgeschichte zu verbinden.

Insgesamt führen die skizzierten Schwierigkeiten dazu, daß Ramsbys Monographie in der vorliegenden Studie nur bedingt herangezogen werden kann.[66] Sie zeigen außerdem, daß weiterführende Fragestellungen, wie die nach sozial- und kulturgeschichtlichen Implikationen, stets auf einer gründlichen Analyse des Textes fußen müssen.

Hilfreicher ist der Ansatz von Houghton, der in den eingelegten Inschriften den Wesenskern des jeweiligen Gedichts zusammengefaßt sieht.[67] Tatsächlich verweist die Mehrzahl der hier untersuchten eingelegten Inschriften direkt auf das zentrale Thema der Elegie, nur in einigen Fällen (insbesondere bei den Bauinschriften der Fasti) scheint der Zusammenhang eher ein lockerer zu sein. In der vorliegenden Studie werden die in die Elegien eingelegten Inschriften daher primär als Teile eines literarischen Textes behandelt, der wiederum durch literarische Vorbilder verschiedenster Art beeinflußt ist. Historische Inschriften bieten einen weiteren Vergleichspunkt, der Gemeinsamkeiten und Unterschiede zwischen literarischen und außerliterarischen Inschriften deutlicher hervortreten läßt.

1.4 Erzähltechnische Voraussetzungen

Im Umgang mit den römischen Elegikern sollte man sich einige narratologische Forschungsansätze vor Augen halten, die für eine differenzierte Betrachtung der komplexen Beziehungen zwischen literarischer Fiktion und außerliterarischer Tradition nützlich sind.[68] Diese gehen oft von der Kommunikationsfunktion der

[66] Vgl. zu den hier angesprochenen Problemen auch die Rezension von Houghton (2009).

[67] Houghton (2013) 349–50 sieht zwei Funktionen von eingelegten Grab- und Weihinschriften: „The first of these is the use of epitaphs (primarily those imagined by the first-person speaker for his own tomb, although the *amator* is by no means the only inhabitant of the elegiac world to receive an epitaphic tribute) and votive inscriptions to summarize or encapsulate the particular passage, the entire poem, or even the wider collection in which they are found; the second is the undercutting of these monuments' claims to independent immortality by the elegists' repeated insistence on the textuality of these incorporated inscriptions, and on their reliance on the surrounding elegiac text as a guarantee of survival, rather than the other way round."

[68] In der Forschung werden narratologische Ansätze traditionell vor allem auf ‚erzählende' Gattungen wie Geschichtsschreibung, Epos und Roman angewendet.

Literatur aus, die auch bei der Untersuchung von griechischen und lateinischen Inschriften und Epigrammen seit jeher eine besondere Rolle spielt. Schon LESSING legt seiner einflußreichen, im wesentlichen an Martial entwickelten Epigrammtheorie die (von ihm allerdings nicht so bezeichnete) Kommunikationsfunktion zugrunde. Ein Monument erweckt die Neugier eines Betrachters, der sich daraufhin nähert und aus der Inschrift ‚Aufschluß' über Sinn und Zweck des Monuments erhält. Analog dazu muß ein Buchepigramm nach LESSING zunächst die „Erwartung" eines Lesers wecken, „um sie danach in eins zu befriedigen".[69] Der Epigrammatiker hat daher, wenn er Erfolg haben will, immer schon die mögliche Leserreaktion einzukalkulieren.

Im Prinzip gilt diese Forderung natürlich für alle Literaturformen. Die Besonderheit der antiken Epigrammdichtung besteht jedoch darin, daß sie regelmäßig Gesprächssituationen (d.h. kommunikative Strukturen) abbildet: Der Leser wird – besonders häufig in Grabinschriften – oft direkt angeredet. Gelegentlich wird er um ein bestimmtes Verhalten gebeten, z.B. um ein Gebet für den Verstorbenen oder um ein ehrendes Andenken. Diese für die Gattung charakteristischen Appelle werfen narratologisch betrachtet eine Reihe von Fragen auf, mit denen sich unter anderem D. MEYER (2005) in ihrer Studie zu Kallimachos' Epigrammen beschäftigt hat. Oft sind die mahnenden oder bittenden Worte auf dem Grabstein aus der Sicht des Verstorbenen gesprochen, der jedoch, wie der am Grab stehende Leser weiß, nicht selbst zu den Lebenden reden kann. Die Gesprächssituation, die in hellenistischen Epigrammen ebenso wie in der römischen Elegie erscheint (s. z.B. die Rede der verstorbenen Cornelia an den vor ihrem Grab weinenden Paullus, Prop. 4,11), leitet sich aus der traditionellen Vorstellung ab, daß die Seele des Verstorbenen in dem Grab wohne (dazu GALLETIER [1922] 20–43) und von dort mit den Lebenden in Verbindung trete. Indem die Dichtung ein faktisch unmögliches Gespräch zwischen dem Bewohner des Grabs und dem Passanten abbildet, lenkt sie die Aufmerksamkeit des Lesers auf die Frage der Kommunikation. Dadurch tritt auch die Problematik von ‚Autor' und ‚Leser' ins Blickfeld. Dem Leser eines Epigramms oder einer Elegie mit ein-

Die Diskussion, ob und in welchem Umfang sie auch für die Elegie nutzbar gemacht werden können, hat erst in jüngster Zeit verstärkt Interesse gefunden, s. LIVELEY/SALZMAN-MITCHELL (2008) 1–13.

[69] LESSING (1771 [1956]) 523–4.

gefügter Inschrift kann leichter als bei anderen Gattungen bewußt werden, daß ein literarischer Text entgegen dem ersten Eindruck ebenfalls keine direkte Kommunikation zwischen der historischen Person, die den Text verfaßt hat, und dem Rezipienten ermöglicht. Das literarische Werk enthält eine Reihe von Zwischeninstanzen, die bei Grabepigrammen zum Beispiel durch die *persona* des Verstorbenen, durch das Grab selbst, oder durch auf dem Grab angebrachte Figuren repräsentiert sein können.

Unter welchen Umständen und von wem die Inschrift angebracht wurde, kann der Leser oft nur aus dem Text des Epigramms bzw. aus der Beschaffenheit des Monuments erschließen. Gelegentlich findet sich bei historischen Inschriften aber auch ein Zusatz *extra metrum*, der auf den Auftraggeber und weitere Umstände hindeutet. Die Funktion solcher Zusätze wird in den in dieser Studie behandelten Texten oft von der rahmenden Elegie übernommen, die Hintergrundinformationen über die eingefügte Inschrift enthält.

Ebenso deutlich ist einem Leser, der auf eine Inschrift trifft, daß deren Urheber bei der Abfassung noch nicht wissen konnte, wer eines Tages die Inschrift betrachten und damit als Rezipient des darin enthaltenen Appells auftreten würde. Der Verfasser muß vielmehr mit einem abstrakten Publikum rechnen, das er nur durch den Aufstellungsort (oder ggf. die gewählte Sprache) eingrenzen kann. In der Sprache der Epigramme spiegelt sich diese Unsicherheit in allgemeinen Anreden wie ‚Wanderer' wider, die aus dem Aufstellungsort eines Monuments am Wegesrand sein wahrscheinliches Publikum ableitet, ohne dies jedoch näher bestimmen zu können.

Die räumliche und zeitliche Trennung von Autor und Rezipient, die für Inschriften so charakteristisch ist, wird in der Narratologie als ‚Zerdehnung' bezeichnet (zu diesem Begriff s. Meyer [2005] 20). Sie ist nicht nur ein Nachteil (etwa weil dem Leser durch die zeitliche Distanz wichtige Hintergrundinformationen aus der Entstehungszeit des Gedichts fehlen können), sondern gehört zu den notwendigen Nebeneffekten eines auf Dauer angelegten Monuments oder literarischen Werks: Zugespitzt läßt sich formulieren: je größer die zeitliche Distanz zwischen Urheber und Rezipient, desto eher haben Monument und Inschrift ihre Funktion erfüllt, den Nachruhm einer Person oder eines Ereignisses zu sichern.

Um den Erfolg einer Inschrift zu gewährleisten, ist außerdem eine geschickte Leserlenkung erforderlich. Nur wenn die Inschrift das Interesse eines potentiellen Rezipienten zu wecken vermag, kann der darin enthaltene Appell sein Ziel erreichen. Da sie nicht an ein bestimmtes Individuum gerichtet sein können, orientieren sich die Darstellungsstrategien an einem abstrakten Leser, dessen Eigenschaften aus dem Text selbst erschlossen werden können, und der in der Narratologie das Gegenstück zum ‚abstrakten Autor' bildet (s. dazu SCHMID [2005] 64). Wie die Art der Darstellung Rückschlüsse auf die postulierte Adressatengruppe zuläßt, so spiegelt sich umgekehrt im Text auch das Wirken des Autors wider (z.B. in der Wahl der Motive, der Szenerie, der Erzählperspektive), ohne daß die Person des Autors von diesen als ‚Textfunktionen' bezeichneten Eigenheiten ganz erfaßt würde. Der Ich-Sprecher im Grabepigramm des Kallimachos (ep. 35 PF. = 30 GOW/PAGE) ist zum Beispiel nicht deckungsgleich mit dem historischen Dichter und Gelehrten Kallimachos von Kyrene.

Noch komplexer gestaltet sich die Situation bei den in eine Elegie eingefügten Inschriften: Die in selbständigen literarischen Epigrammen nachgeahmte Kommunikationssituation zwischen dem ‚Verfasser' und dem ‚Leser' einer Inschrift wird hier von einer weiteren Erzählebene überlagert: Der Sprecher der Elegie kann als Verfasser einer eingefügten Inschrift dargestellt werden. Wenn er als ‚Verfasser' in Erscheinung tritt, kann er, muß er aber nicht notwendigerweise auch der Sprecher der eingefügten Inschrift sein: In Tib. 1,3 imaginiert der auf Kerkyra erkrankte *Tibullus*, der seine Gedanken aus der Ich-Perspektive schildert, seine eigene Grabinschrift. Im Text des Epitaphs erscheint er aber nur in der dritten Person (Tib. 1,3,55: *Hic iacet* [...] *Tibullus*). Der verbannte Dichter in trist. 3,3 dagegen spricht sowohl in der rahmenden Elegie als auch in dem eingefügten, von ihm imaginierten Autoepitaph in eigener Sache (Ov. trist. 3,3,73–4: *Hic ego qui iaceo* [...] *Naso poeta*).[70] Als weitere Komplikation tritt in den Heroides, aber auch in Prop. 4,3 (Arethusa an Lycotas) die Briefform der rahmenden Elegie hinzu: Die Gedanken der Heroinen, die Inschriften imaginieren, richten sich in der literarischen Fiktion nicht an einen abstrakten Leser, sondern an den in der fiktiven Welt angesiedelten Adressaten des Briefs (z.B. an Lynceus oder an Aeneas). Diese sind aber in der Regel nicht die Adressaten der in dem Brief enthaltenen imaginierten Inschrift: Phyllis macht in ihrem Brief an Demo-

[70] Die *persona* des Dichters in Ovids Exilpoesie untersucht SEIBERT (2014). Sie erwähnt zwar die Grabinschriften in der Elegie als einen Sonderfall (S. 149 Anm. 73), geht aber nicht näher auf die Problematik ein.

phoon (Ov. epist. 2) klar, daß sie als Leser der Inschrift ‚die Athener' voraussieht. In anderen Fällen können die Adressaten nur aus dem Kontext erschlossen werden. Für Didos Epitaph kommen z. B. die Einwohner Karthagos in Frage, doch ergibt sich dies nur aus Didos Rolle als karthagische Königin. Über den imaginierten Aufstellungsort und den Adressatenkreis der Inschrift erfahren wir aus dem Heroidesbrief selbst nichts. Dies bedeutet, daß wir auch auf der Erzählebene mit einem abstrakten Leser (der Inschrift) rechnen müssen, der sich vom abstrakten Leser der Elegie (von dem wir z. B. in Ov. epist. 7 sagen können, daß er Vergils Aeneis kennen muß) unterscheidet. Auch müssen die Heroinen, die die Inschriften imaginieren, sich nicht selbst als deren Verfasserinnen darstellen. In epist. 2 entfaltet die von Phyllis angeführte Inschrift ihre Wirkung gerade dadurch, daß die Sprecherin vorgibt, eine später von den Athenern gesetzte Inschrift zu antizipieren.

Für die Darstellung dieser komplexen Verhältnisse sind die in der Literaturtheorie üblichen Unterscheidungen von ‚homodiegetischem' und ‚heterodiegetischem' Erzähler (Genette [1972] 253) oder ‚diegetischem' bzw. ‚nicht-diegetischem' Erzähler mit den entsprechenden Stufungen (‚extradiegetisch-heterodiegetischer Erzähler', ‚intradiegetisch-heterodiegetischer Erzähler', ‚metadiegetisch-homodiegetischer Erzähler') vor allem wegen ihrer Unübersichtlichkeit nur bedingt geeignet. In der vorliegenden Studie wird deshalb darauf verzichtet, die sehr unterschiedlichen eingelegten Inschriften in ein einheitliches erzähltheoretisches System zu pressen. In erster Linie soll die Funktion der eingefügten Inschriften im Blickpunkt der Aufmerksamkeit stehen, wobei die Literaturtheorie das Bewußtsein für die verschiedenen Erzählebenen und den „Grad der Rahmung, d. h. die Primarität, Sekundarität und Tertiarität des Erzählens" schärfen kann (Schmid [2005] 88).

Die Literaturtheorie bietet auch Anhaltspunkte für die Analyse des oben angesprochenen Verhältnisses von Autor und Leser. Während der Text einerseits Rückschlüsse sowohl auf den abstrakten, d. h. intendierten Leser und auf den abstrakten Autor zuläßt, enthält er andererseits doch auch eine Reihe weiterer Informationen oder Anspielungen, die kein Leser vollständig erfassen kann, z. B. weil er durch die eigene Vorbildung oder die eigenen Interessen bei der Deutung eines Gedichts an Grenzen stößt. Ein Rezipient, der in der Lage wäre, alle im Text enthaltenen Informationen und Anspielungen zu erfassen und auszuwerten, wird in der narratologischen Forschung als ‚idealer Leser' oder ‚idealer Rezipient'

(Schmid [2005] 69) bezeichnet. Diese fiktive Größe dient dazu, die in der Dichtung liegenden Deutungsmöglichkeiten zu erfassen, ohne z.B. auf die konkrete Leserschaft einer bestimmten Epoche Rücksicht nehmen zu müssen. Ein Leser von Kallimachos' Epigrammen wird z.B. nicht ohne Hilfsmittel alle darin enthaltenen Anspielungen und Feinheiten erkennen können. Der ideale Leser dagegen besitzt alle Hintergrundinformationen, hat alle Werke gelesen, die auch Kallimachos in Alexandria zur Verfügung standen, und besitzt einen umfassenden Überblick über die Gattungsgeschichte und die Stilformen, die auf die Gedichte einwirken. Nur bei einem solchen idealen Leser wäre das Gelingen der Kommunikation zwischen Autor und Rezipient vollkommen sichergestellt.

Alternativ zu dem Modell vom abstrakten Autor und abstrakten Leser wird in der Erzähltheorie auch das Sender-Empfänger-Modell verwendet, das den Kommunikationsaspekt stärker in den Vordergrund rückt und davor bewahren soll, den abstrakten Autor leichtfertig mit der Person des realen Autors gleichzusetzen. Für die hier vorgelegte Untersuchung sind jedoch die Begriffe ‚Sender' und ‚Empfänger' potentiell mißverständlich, da etliche der besprochenen Inschriften in Briefe eingelegt sind, die in der dichterischen Fiktion ebenfalls einen ‚Sender' und einen ‚Empfänger' haben. Aus diesem Grund soll hier primär mit dem Konzept des ‚abstrakten Autors' und des ‚abstrakten Lesers' gearbeitet werden. Wenn im Folgenden der Lesbarkeit halber vom ‚Dichter' bzw. von ‚Ovid', ‚Tibull' und ‚Properz' die Rede ist, so ist darunter der abstrakte Autor zu verstehen.

2. Inschriftentypen

Da Inschriften zu sehr unterschiedlichen Zwecken eingesetzt werden können, ist es zur besseren Beurteilung der Texte sinnvoll, sich vor einer Detailanalyse über Klassifizierungsmöglichkeiten und Besonderheiten einzelner Gruppen klarzuwerden.

Natürliche Vergleichspunkte für die in die Elegien eingefügten Inschriften, die bei ihrer Einteilung und Interpretation herangezogen werden können, sind einerseits literarisch überlieferte, selbständige Epigramme, wie sie z.B. in der Anthologia Palatina und der Anthologia Latina vorliegen, andererseits historische Inschriften, die auf Monumenten angebracht waren und in großer Zahl auf solchen gefunden worden sind. Die Grenze zwischen beiden Gruppen ist fließend. In Stein gemeißelte Inschriften sind nachweislich in literarische Sammlungen aufgenommen worden, und literarische Epigramme wurden wahrscheinlich von begeisterten Lesern auf Monumente kopiert.[1] Daneben gibt es in und zwischen beiden Klassen eine Fülle von Imitationen, Adaptionen und Parodien, die es geraten scheinen lassen, die Kategorien nicht zu eng und schematisch zu fassen.[2] Wenn im Folgenden eine knappe Klassifizierung

[1] Zahlreiche Hinweise auf die Bezüge zwischen inschriftlichen und literarischen Epigrammen bieten die Erläuterungen in Merkelbachs umfangreicher Sammlung der Steinepigramme aus dem griechischen Osten. Vgl. auch Bettenworth (2007) und Cugusi (2007) sowie Petrovic (2013) zu Zitaten möglicherweise ursprünglich inschriftlicher Epigramme, die sich bei den griechischen Rednern finden und wahrscheinlich über Epigrammsammlungen vermittelt sind.

[2] S. als ein den römischen Elegikern zeitlich nahestehendes Beispiel die beiden Distichen auf Atia, die 43 v.Chr. verstorbene Mutter des Augustus, die u.a. in den Epigrammata Bobbiensia überliefert sind und dort durch ein Superskript dem Domitius Marsus zugeschrieben werden (Epigrammata Bobbiensia 39–40 = fr. 181–2 Hollis = 8–9 Blänsdorf, Courtney: *ante omnes alias felix tamen hoc ego dicor. / sive hominem peperi femina sive deum* und *hic Atiae cinis est; genetrix hic Caesaris, hospes, / condita; Romani, sic voluere patres*). Obwohl die beiden Distichen offenbar in einen Grabkontext gehören und vor allem das zweite eine Reihe typisch epigrapischer Elemente enthält, die sich auch in inschriftlich überlieferten Epitaphen finden (so die Wendungen *hic cinis est*; *hic condita* sowie die Anrede an den *hospes*), so ist es doch unwahrscheinlich, daß es sich um eine wirkliche Grab-

und Beschreibung der verschiedenen auf historischen Monumenten und in der Literatur bezeugten Inschriften versucht wird, so ist diese als Orientierungshilfe zu verstehen, die die Interpretation der in die Elegien eingelegten Inschriften erleichtern soll und gelegentliche Sonder- und Mischformen nicht ausschließt.

Inschriften lassen sich unter anderem nach ihrer Zweckbestimmung (z.B. Grab-, Bau- oder Weihinschriften), ihrem Beschreibstoff (z.B. Steinepigramme, Inschriften auf Ostraka), ihrer Herstellungsweise (z.B. Graffiti oder Dipinti), ihrem Auftraggeber (öffentliche Institutionen, Amtsträger, Privatpersonen)[3] oder ihrer äußeren Form (metrische oder prosaische Inschriften, Einzeldistichon oder längeres Gedicht) klassifizieren. In der Praxis sind Überschneidungen möglich: Die Bauinschrift auf einem den Göttern gelobten Tempel kann zugleich als Weihinschrift dienen; zahlreiche Inschriften sind sowohl auf Monumenten als auch in Handschriften überliefert, und die Inschrift auf einem Grabstein kann aus einem Prosateil und einem metrischen Teil bestehen. Die verschiedenen Inschriftenklassen dienen in erster Linie dazu, den Befund in möglichst übersichtlicher Weise unter bestimmten Aspekten zu ordnen.

Die Klassifizierung nach der Zweckbestimmung gehört zu den ältesten Einteilungskriterien. Sie lag schon einigen antiken Epi-

inschrift handelt. Einerseits scheint die poetische Aktivität des Marsus, soweit wir dies aus den Quellen erschließen können, erst einige Jahre nach 43 v.Chr. eingesetzt zu haben, andererseits ist es kaum denkbar, daß ein Dichter schon im Jahr 43 auf eine mögliche Göttlichkeit des damaligen Octavian hätte anspielen können. Das zweite Argument verfängt allerdings nur, wenn die beiden Distichen tatsächlich zusammengehören, was keineswegs sicher ist. Zur Diskussion um die beiden Fragmente s. Hollis (2007) 304–5 und 312. Ebenso ist es denkbar, daß es sich hier um ein Beispiel der auch sonst beliebten Gattung der fiktiven Epitaphe auf berühmte Persönlichkeiten handelt, s. z.B. zu den Grabepigrammen auf Dichter Suerbaum (2007). In jedem Fall mahnt der Befund zur Vorsicht bei dem Versuch, einen überlieferten Text eindeutig als ‚literarisch' oder ‚historisch' qualifizieren zu wollen.

[3] Diese Gliederung bevorzugt z.B. Walser (1993), der „Inschriften der Kaiser und des Kaiserhauses", „Inschriften von Senatoren und Rittern", „Inschriften von Provinz- und Koloniebeamten", „Inschriften von Vereinen und Berufen", „Militärinschriften" und „Inschriften von Privatpersonen" unterscheidet (Daneben nimmt er allerdings auch eine adressatenbezogene und eine inhaltliche Kategorie auf: „Inschriften für Götter und Kulte" bzw. „Inschriften über private und öffentliche Bauten"). Da wir in den meisten hier behandelten Elegien nichts über den gesellschaftlichen Rang der Charaktere erfahren, die für die Aufstellung der fiktiven oder imaginierten Inschriften verantwortlich sind, bietet sich eine solche Einteilung für die vorliegende Studie nicht an.

grammsammlungen zugrunde (z.B. der vier Bücher umfassenden Anthologie des Meleager) und ist noch in der heutigen Form der Anthologia Palatina erkennbar, auch wenn sie dort nicht stringent durchgehalten wird.[4] In der modernen Forschung hat sie sich weitgehend durchgesetzt, weil sie einen raschen Überblick über Konventionalität und Besonderheit einer bestimmten Inschrift ermöglicht und der Aussageabsicht des Autors bzw. Auftraggebers, die wir nicht sicher bestimmen können, am ehesten Rechnung trägt. Sie ist daher sowohl für philologisch-literarisch interessierte Leser als auch für Historiker und Archäologen bequem.

Neben den üblichen, nach dem Zweck benannten Gruppen der Grabinschriften (auf Grabmonumenten, Sarkophagen, Grabaltären, etc.), Weihinschriften (auf oder neben Votivgaben), Ehreninschriften (z.B. auf Statuenbasen) und Bauinschriften (auf öffentlichen und privaten Gebäuden) wird traditionell auch eine weniger scharf umrissene Klasse von Inschriften angesetzt, die allgemein auf einen Gegenstand oder einen Sachverhalt hinweisen und daher als ‚epideiktische' Inschriften bezeichnet werden.[5] Es kann sich dabei z.B. um Beischriften (z.B. Namensangaben auf Mosaiken und auf Keramik mit figürlicher Darstellung) oder um eine Erläuterung zu einem Geschenk handeln, oder auch allgemein um ‚beschreibende' Texte. Wegen ihrer Uneinheitlichkeit ist diese Kategorie als Analyseinstrument nicht befriedigend. In dieser Studie sollen daher die Gruppen ‚Grabinschriften', ‚Weihinschriften', ‚Ehreninschriften' und ‚Bauinschriften' zugrundegelegt werden, die weiter nach

[4] Zur Einteilung der antiken Epigrammsammlungen und zum Verhältnis zur Anthologia Palatina s. Gutzwiller (1998). Die Sammlung des Philip dagegen war alphabetisch nach dem Anfangsbuchstaben der Epigramme geordnet, innerhalb einer Buchstabengruppe jedoch ebenfalls nach thematischen Gesichtspunkten, s. Krevans (2007) 140. Über die genauen Organisationsprinzipien der Sammlung im 2001 publizierten Mailänder Epigrammpapyrus herrscht noch keine Klarheit: es handelt sich offenbar um eine Mischung aus pragmatischen und ästhetischen Gesichtspunkten, s. Krevans (2007) 141 mit weiteren bibliographischen Angaben. Daneben besitzen wir zahlreiche Zeugnisse für Ausgaben einzelner Epigrammatiker, z.B. von Kallimachos (s. Frr. 393–402 Pf) und Poseidippos (Gow/Page [1965] 2,483), dazu Krevans (2007) 133. Für die Frage nach der Klassifizierung von Inschriften tragen solche Autorenausgaben nur dann etwas bei, wenn auch ihre Gliederung bekannt ist. Bei vielen Ausgaben läßt sich diese jedoch nicht mehr erschließen.

[5] Der Begriff erscheint z.B. in der Überschrift des 827 Epigramme umfassenden Buchs 9 der Anthologia Palatina (Ἀρχὴ τῶν ΕΠΙΔΕΙΚΤΙΚΩΝ ΕΠΙΓΡΑΜΜΑΤΩΝ).

sachlichen Gesichtspunkten aufgeschlüsselt werden, um eine aussagekräftige Klassifizierung zu erreichen. Alle diese Inschriften sind dadurch verbunden, daß man sie sich als ‚offiziell' vorzustellen hat oder daß sie als ‚offizielle' Inschriften imaginiert werden. Der Kontext der Elegie läßt zudem erkennen, daß bei ihnen mit einer gewissen Vorausplanung zu rechnen ist. Daneben findet sich in den Elegien aber auch eine kleine Zahl von Inschriften, die einen improvisierten und oft auch privaten Charakter tragen. Als Provisorium sind sie vor allem durch die Wahl eines ungewöhnlichen, gerade zur Verfügung stehenden Schreibmaterials und Beschreibstoffs zu erkennen. Diese Inschriften werden deshalb nach der Art ihrer Anbringung unter dem Oberbegriff ‚Graffiti und Dipinti' zusammengefaßt. Hinzu kommen in der vorliegenden Studie Einleitungsepigramme, die als erläuternder Zusatz zu einem literarischen Werk markiert sind sowie eine Reihe von Sonderfällen, die sich keiner der hier genannten Gruppen sicher zuordnen lassen.

Die größte Gruppe der in die Gedichte lateinischer Elegiker eingefügten Inschriften bilden, wie oben gesehen, die Epitaphe mit 12 Beispielen (eins im ersten Buch des Tibull, eins in den Lygdamus-Elegien, 2 bei Properz und 8 bei Ovid, dazu kommt ein im Corpus Tibullianum überliefertes, aber einzeln stehendes und daher nicht zum Untersuchungsgegenstand gehörendes Epitaph, das dem Domitius Marsus zugeschrieben wird).[6] Es folgen Weihinschriften mit 11 Beispielen (eins bei Tibull, 3 bei Properz, 7 bei Ovid, die Inschrift in dem in seiner Echtheit umstrittenen Sapphobrief [epist. 15,183–4] ist eingerechnet), Bauinschriften (2 Beispiele, beide in Ovids Fasti) und Ehreninschriften (1 Beispiel). Daneben finden sich 5 Beispiele für Graffiti und Dipinti (1 bei Properz, 4 bei Ovid). Drei davon sind in Baumrinde geritzt und daher Graffiti im engeren Sinn, die beiden anderen sind mit Wein auf eine Tischplatte bzw. mit Blut auf Waffen geschrieben.[7] Zwei nur bei Ovid vorkommende Beispiele für Einleitungsepigramme bewegen sich auf der Grenze zwischen Inschrift und literarischem Epigramm. Eins von beiden, das Einleitungsepigramm für die Tristien

[6] Dies entspricht der Verteilung außerliterarischer Inschriften, bei denen Epitaphe ebenfalls die größte Gruppe bilden. Zum Epigramm Kese (1950) 122–4.

[7] Hinzu kommen als Sonderfall die von Apoll angebrachten Buchstaben *AI AI* auf den Blättern einer Blume, Ov. met. 10,214–6, vgl. dazu Ov. met. 13,395–7 und Ov. fast. 2,529–60, wo die Buchstaben auf den Blättern erwähnt, aber nicht eigens wiedergegeben werden.

(trist. 1,7,35–40) ist in eine Elegie eingebettet, ist aber nach Aussage des rahmenden Gedichts dazu bestimmt, herausgelöst und an den Anfang der Sammlung gestellt zu werden (trist. 1,7,33–4: *hos quoque sex versus in primi fronte libelli, / si praeponendos esse putabis, habe*). Das Einleitungsepigramm für die Amores steht bereits am Anfang der Sammlung (und wird in den maßgeblichen Textausgaben bei der Verszählung separat gerechnet). Anders als das einzeln stehende, dem Domitius Marsus zugeschriebene Epitaph im Corpus Tibullianum ist es aber ausdrücklich auf die folgenden Elegien bezogen und wird deshalb in dieser Untersuchung berücksichtigt. Die Einleitungsepigramme informieren den Leser darüber, daß es sich bei den drei Büchern Amores um eine gekürzte Neuauflage handelt, und daß die Tristien nicht vom Autor selbst herausgegeben wurden. Solche ‚technischen' Informationen waren gelegentlich auf den *tituli* genannten Beischriften vermerkt, die außen an einer Buchrolle angebracht wurden und den Titel und Verfasser des Werks nannten. Bei zwei Properzstellen ist aus textkritischen bzw. sachlichen Erwägungen umstritten, ob sie als Inschriften gedacht werden sollen (Prop. 3,13,42–6, möglicherweise eine auf einem ländlichen Altar gedachte Inschrift) oder welche Verse die mögliche Inschrift umfaßt (Prop. 4,2: möglicherweise Inschrift auf einer Vertumnusstatue). Da sie sich keiner der angeführten Gruppen mit Sicherheit zuordnen lassen, werden sie gesondert besprochen. Im Folgenden soll ein kurzer Überblick über die außerliterarische epigraphische Tradition gegeben werden, die die Besonderheit der in die Elegien eingefügten Inschriften deutlicher hervortreten läßt.

2.1 *Grabinschriften (tituli sepulcrales)*

Sarkophage mit poetischen Inschriften wurden in Rom zuerst von Angehörigen der Oberschicht (d.h. der politischen Elite) verwendet, die damit ihre Familiengräber schmückten.[8] Diese übernahmen zahlreiche Anregungen aus der älteren, bereits zur Literaturform gewordenen griechischen Epigrammtradition.[9] Griechischer

[8] Staatliche Ehrengräber wie in Griechenland gab es in Rom nicht, s. dazu und zu den aristokratischen Grabbauten als Memorialorten Walter (2004) 112–8.

[9] Dazu Lier (1903) 445–77, 563–603 und ders. (1904) 54–65. Generell ist die Tradition, Inschriften (vor allem Grabinschriften) anzubringen, in römischen und romanisierten Bevölkerungsgruppen stärker ausgeprägt als in griechischen.

Einfluß macht sich vor allem bei der Wahl des elegischen Distichons statt des im lateinischen Raum älteren Saturniers bemerkbar – eine Entwicklung, die dazu führte, daß Elegie und Epigramm wegen des identischen Versmaßes leicht miteinander verknüpft werden konnten. Ähnlichkeiten bestehen auch in Wortwahl und Metapherngebrauch. Daneben wird in der Forschung ein Einfluß der römischen *laudatio funebris* auf die frühsten lateinischen Grabgedichte angenommen, vor allem bei der Darstellung der Verdienste des Verstorbenen (MORELLI [2007] 525–6). Die ältesten Beispiele sind die Elogien auf den Scipionensarkophagen.[10] Da sich die Sarkophage in der Familiengruft an der Via Appia befanden, waren sie für die Öffentlichkeit nicht sichtbar, doch die Berühmtheit des Scipionengrabs selbst[11] und die nachweisliche Bekanntheit der Elogien auf dem benachbarten Grab der Calathi machen es wahrscheinlich, daß auch der Inhalt der Scipioneninschriften in Rom bekannt war. Die Inschrift für L. Cornelius Barbati f. Scipio (entstanden zwischen ca. 230 und 150 v.Chr.[12]) rechnet jedenfalls – möglicherweise in Anlehnung an die *laudatio funebris* – mit einem Leser aus der römischen Öffentlichkeit, wenn es bei der Darstellung der Ämterlaufbahn heißt: *aidilis hic fuet a*[*pud vos*].

Während der Ruhm der prominenten Grabstätten an der Via Appia und der mit ihnen verbundenen Inschriften noch zu Ciceros Zeit lebendig war,[13] verloren die römischen Adelsfamilien selbst offenbar im ersten Jahrhundert v.Chr. das Interesse an poetischen Grabinschriften: Das letzte Grabgedicht in der Scipionengruft (CIL

Eine Stadt mit signifikantem griechischen Bevölkerungsanteil weist daher durchschnittlich eine geringere Zahl von Inschriften auf als eine Siedlung mit überwiegend römischen oder romanisierten Einwohnern, s. dazu MACMULLEN (1982) 239–40 unter Berufung auf die Studien von ERY (1969) 60 und MOCSY (1966).

[10] Eine ausführliche Besprechung der Scipioneninschriften bei KRUSCHWITZ (2002) 33–107.

[11] Vgl. dazu die zahlreichen Erwähnungen, z.B. Cic. Arch. 22: *Carus fuit Africano superiori noster Ennius; itaque etiam in sepulcro Scipionum putatur is esse constitutus ex marmore*; Liv. 38,56,4: *Romae extra portam Capenam in Scipionum monumento tres statuae sunt, quarum duae P. et L. Scipionum dicuntur esse, tertia poetae Q. Enni*, vgl. Plin. nat. 7,114. Offenbar kursierten Spekulationen über die Ausstattung der Scipionengruft. Die bei Hieronymus chron. a. 1849 überlieferte Tradition, nach der auch Ennius' Urne in der Scipionengruft bestattet gewesen sei, ist möglicherweise aus solchen Spekulationen erwachsen, s. WALTER (2004) 112.

[12] Dazu KRUSCHWITZ (2002) 59.

[13] Cic. Tusc. 1,13: *an tu egressus porta Capena cum Calatini Scipionum Metellorum sepulcra vides, miseros putas illos?* Vgl. zum Scipionengrab auch Cic. fin. 2,116.

I² 15) stammt ungefähr aus dem Jahr 135 v.Chr. (s. Morelli [2007] 525).[14]

In der späten Republik und der frühen Kaiserzeit begannen auch Mitglieder der römischen Mittelschicht sowie Freigelassene und Sklaven, ihre eigenen und die Gräber ihrer Familien mit Grabgedichten zu schmücken. In dieser Zeit bildet sich durch die massenhafte Verbreitung solcher Inschriften eine für uns erkennbare lateinischsprachige epigraphische Tradition heraus, die, wie schon die ersten Grabgedichte der Adligen, aus griechischen Vorbildern und aus einheimischen Gepflogenheiten schöpft. Von Anfang an liegen daher mindestens zwei, teils miteinander verbundene Traditionsstränge vor, an denen sich ein römischer Elegiker bei der Abfassung eingefügter Inschriften orientieren konnte: Er konnte sich an literarische Vorbilder vor allem aus der hellenistischen Dichtung halten, die eine Blüte der Epigrammpoesie hervorgebracht und die zeitgenössische römische Literatur insgesamt stark beeinflußt hatte. Er konnte jedoch auch die in Rom etablierten materiellen Grabgedichte berücksichtigen, die neben griechischen Vorbildern auch römische Traditionen aufgriffen.

Die häufige Verwendung von eingefügten Grabinschriften in römischen Elegien kann also einerseits mit der allgemeinen Vorliebe der augusteischen Dichter für die griechisch-hellenistische Dichtung erklärt werden. Sie wäre damit ähnlich zu beurteilen wie der Einschub aitiologischer Exkurse in der Aeneis (z.B. in Anleh-

[14] Jedenfalls soll P. Cornelius Scipio Aemilianus Africanus, der Sieger über Karthago im dritten punischen Krieg, eine Marmorstatue des Dichters Ennius in der Familiengruft aufgestellt haben, wenn wir einer entsprechenden Nachricht, die sich zuerst bei Cic. Arch. 22 findet (und später auch bei Ov. ars 3,409, Val. Max. 8,14,1s und Plin nat. 7,114 erscheint) glauben können, s. dazu Anm. 11. Ennius wiederum hatte den berühmten P. Cornelius Scipio Africanus, Feldherr im zweiten punischen Krieg, in seinem heute verlorenen Werk Scipio verewigt. Die Portraits wurden möglicherweise in der Zeit zwischen 146 und 133 hinzugefügt, obwohl vermutlich weder Ennius noch Scipio Africanus in der Gruft bestattet waren, s. Dion (2006) 384. Die unsichere antike Überlieferung über den Begräbnisplatz des Ennius (in der Scipionengruft oder in seinem Heimatort Rudinae?) und für Scipio Africanus (in der Scipionengruft oder in Liternum?) ist möglicherweise aus der Nachricht über die drei in der Grabkammer an der Via Appia befindlichen Statuen des Ennius und des Publius und des Lucius Scipio hervorgegangen, die Liv. 38,56,4 überliefert und die als glaubwürdig eingeschätzt wird, s. dazu Zevi LTUR 3 (1999) s.v. *Sepulcrum (Corneliorum) Scipionum* 283. Die Leistung des epischen Dichters für die *memoria* tritt hier im Empfinden des Auftraggebers offenbar ebenbürtig neben die durch das Grabmonument gewährleistete Erinnerung an die Vorfahren.

nung an die Argonautika des Apollonios Rhodios) oder die Rezeption und römische Umdeutung von Kallimachos' Aitia im vierten Elegienbuch des Properz. Andererseits dürfte die Beliebtheit von Grabgedichten in allen Schichten der augusteischen Gesellschaft die Einbettung solcher Inschriften in die Elegien erleichtert haben. Besonders die römische Liebeselegie hat oft ein ausgeprägtes römisches Lokalkolorit, handelt aber von Personen, die weder ein politisches Amt innehaben, noch sich den Idealen der römischen Oberschicht verpflichtet fühlen.

Unabhängig von ihrer Form werden die eingefügten Grabinschriften in den Elegien als *carmen,*[15] *versus* (Prop. 2,13,35; Tib. 3,2,28 Ov. trist. 3,371), *titulus* (Ov. trist. 3,3,77 und Ov. epist. 14,128, hier mit dem Zusatz *brevis*), *littera* (Tib. 3,2,27)[16] oder *notae* (Tib. 1,3, 54; Ov. trist. 3,3,72, in beiden Fällen bezieht sich der Ausdruck auf die eingemeißelten Buchstaben) bezeichnet.[17] Während *carmen* und *versus* eindeutig auf die poetische Gestalt der Grabinschrift verweisen, betont *nota* den schriftlichen Charakter. *Titulus* hebt dagegen die Eigenschaft als ‚Auf'-schrift hervor.[18]

Als Verben, die das Anbringen einer Inschrift bezeichnen, erscheinen neben *inscribere* (Tib. 1,3,54; Ov. epist. 2,145; Ov. epist. 7,193; Ov. ars 2,744; Ov. ars 3,812; Ov. met. 10,215; Ov. met. 13,398) und *subscribere* (Prop. 4,3,72; Ov. am. 1,11,27) auch das Simplex *scribere* (Prop. 1,18,22; Prop. 2,28,44; Prop. 4,7,83; Ov. epist. 20,238) sowie die Ausdrücke *caedere* (Ov. trist. 3,3,72), *signare* (Ov. epist. 2,73; Ov. met. 2,326), *sculpere* (Ov. epist. 14,128), *notare* (Tib. 1,9,79–

[15] Insgesamt acht Beispiele: Prop. 4,7,83; Tib. 3,2,28; Ov. epist. 2,146; Ov. epist. 7,194; Ov. am. 2,6,60; Ov. fast. 3,547; Ov. met. 2,326; Ov. met. 14,442; vier davon (Prop. 4,7,83; Ov. am. 2,6,60; Ov. fast. 3,547; Ov. met. 14,442) mit dem Zusatz *breve* bzw. *exiguum.*

[16] *Littera* wird auch sonst in der lateinischen Literatur und in historischen Inschriften in der Bedeutung ‚Epitaph' gebraucht, vgl. CIL XIV 2852: *cuius nec taceat memorandum littera nomen.*

[17] In einigen Fällen finden sich mehrere Bezeichnungen für dasselbe Epitaph.

[18] Das Wort *titulus* hängt sprachgeschichtlich wohl mit einer Bezeichnung für eine glatte Fläche oder eine Platte zusammen, vgl. griech. τηλία und dt. ‚Diele' (André [1978] 79). In der römischen Literatur kann es für Inhaltsangaben auf Amphoren verwendet werden (für Beispiele s. Curtis [1983]), aber ebenso für Bauinschriften, Verkaufsankündigungen (Tib. 2,4,54, mit Anklängen an den Verkauf von Sklaven) oder für die Informationstafeln, die zum Verkauf stehende Sklaven um den Hals trugen (so z.B. Prop. 4,5,51). Auch kurze Gedichte, die Abbildungen begleiteten, wurden als *tituli* bezeichnet (s. z.B. die nur literarisch überlieferten, im fünften Jahrhundert entstandenen *tituli* aus der Martinsbasilika in Tours).

82; Tib. 3,2,28; Ov. epist. 5,22), *deducere* (Ov. epist. 17,88, für eine mit Wein gezogene Aufschrift), *adicere* (Ov. am. 2,13,25, über ein Weihgeschenk, das von einer Inschrift begleitet wird), *praeponere* (Ov. trist. 1,7,34, über das Einleitungsepigramm, das den Metamorphosen vorangestellt werden soll), *praetexere* (Ov. fast. 5,567, für eine Inschrift an der Tempelfront) oder, mit Betonung auf dem Resultat statt auf der Herstellung der Inschrift, einfaches *habere* (Ov. epist. 5,28; Ov. am. 2,6,60; Ov. met. 14,442) bzw. *esse* (Prop. 2,13,35; Prop. 2,14,26; Ov. epist. 3,548; Ov. epist. 7,194; Ov. epist. 15,182; Ov. met. 9,793).[19] Eine Differenzierung nach Materialien ist am Wort allein nicht abzulesen. Die meisten Begriffe können für eine Inschrift auf Stein verwendet werden; und mit *deducere*, das einmal für eine mit Wein geschriebene Botschaft verwendet wird, könnten in anderem Kontext auch sonstige Flüssigkeiten bezeichnet sein, die als ‚Tinte' dienen.

Die Länge der eingebetteten Epitaphe beträgt gewöhnlich zwei Verse (10 Belege), gelegentlich sind es eineinhalb; in sechs Fällen sind es ein Vers oder weniger, in einem Fall (Ov. trist. 3,3,73–6) umfaßt die Inschrift zwei Distichen.

Um einschätzen zu können, welche Funktion die eingefügten Epitaphe in der Elegie erfüllen, ist ein Blick auf die griechische und römische Tradition der inschriftlichen Grabdichtung erforderlich. Deren Konventionen, die aus den auf Steinen und in literarischen Sammlungen überlieferten Epitaphen abstrahiert wurden, sind in der Forschung oft beschrieben worden.[20]

Die einfachsten außerliterarischen lateinischen Grabinschriften bestehen nur aus dem Namen des Verstorbenen (und manchmal dem Vatersnamen), der in der Republik normalerweise im Nominativ, gelegentlich auch im Genitiv steht (s. z. B. ILS 7818^a ff.), während in der Kaiserzeit der Dativ bevorzugt wird. Kaiserzeitliche Grabinschriften enthalten durchschnittlich mehr Informationen als frühere Epitaphe. Bei Vollbürgern werden alle drei Nomina angegeben, daneben die Filiation und Tribusangabe, sowie der Beruf und

[19] Zu den für das Anbringen von Inschriften verwendeten Verben vgl. auch KRUSCHWITZ (2010) 54.

[20] Zu den neueren Veröffentlichungen zählt KOLB/FUGMANN (2008). Dort S. 23–5 eine (sehr knappe) Zusammenfassung der Konventionen von Grabinschriften.

eventuelle Titel und Ämter.[21] Ab dem ersten Jh. v. Chr. wird manchmal *hic situs/a est* ergänzt, das auch in den elegischen Grabinschriften gelegentlich erscheint.[22] Zusätzlich zum Namen werden (oft in Form eines Relativsatzes angeschlossene) Angaben zum Alter gemacht, die manchmal auf den Tag genau gehalten sind. Daß es sich bei etlichen dieser Angaben trotz ihrer scheinbaren Genauigkeit um Schätzwerte gehandelt haben dürfte, ergibt sich aus statistischen Untersuchungen, s. dazu Mócsy (1966) unten Anm. 43. Auch Informationen zur Todesursache, die schon auf griechischen Inschriften oft erscheinen,[23] sind häufig zu finden. Starb eine Person in der Fremde, so wurde oft ihre *patria* bzw. ihr *domicilium* hinzugesetzt.

Eine Widmung des Grabmals an die *di manes* läßt sich in Italien zuerst in der Mitte des ersten Jh. v. Chr. nachweisen, formelhaft erscheint die Widmung Ende des ersten Jh. v. Chr. auch in Germanien und der Gallia Transalpina.[24] Die später sehr gebräuchliche Abkürzung *DM* (oder *DMS*: *Dis Manibus Sacrum*) wird dagegen erst im 2. Jh. n. Chr. üblich. Seit dem 1. Jh. n. Chr. wird auf Grabsteinen auch die Formel *DM et memoriae* verwendet, ein Hinweis auf den Zweck des Gedenksteins.

Häufig sind Wünsche für den Verstorbenen wie *sit tibi terra levis* (abgekürzt *STTL*) oder *ossa tibi* (oder *tua*) *bene quiescant* (abgekürzt *OTBQ*).[25] Solche Wünsche sind schon in der griechischen Epigrammatik üblich und erscheinen auch bei den römischen Elegikern.[26] Sehr verbreitet ist die Anrede an einen ‚Wanderer' oder einen ‚Fremden' (ξένος, ὁδίτης, ὁδοιπόρος, bzw. *viator*), die sich schon im

[21] Ein frühes Beispiel für die Kombination von Name und Amt (ohne weitere Zusätze) bietet eine auf das 3. Jh. v. Chr. datierte Inschrift aus Rom, ILLRP^2 1274: P(ublios) Cornelio(s) P(ubli) f(ilios) Scapola pont(i)fex max(imus).

[22] Die Abkürzung *HSE* setzt sich erst in der Kaiserzeit durch.

[23] Zur Beschreibung der Todesursache auf griechischen metrischen Inschriften s. z. B. Fohlen (1949).

[24] Vgl. Almar (1990) 112.

[25] Für *sit tibi terra levis* s. z. B. CIL VI 20462 = ILS 7984. Diese Variante ist besonders auf afrikanischen Inschriften anzutreffen, Schmidt (2004) 68.

[26] Innerhalb einer eingebetteten Inschrift erscheint der Wunsch *molliter ossa cubent* in Ov. trist. 3,3,76. Als mündlich geäußerter Wunsch am Grabe kommt derselbe Gedanke in Tib. 2,4,49–50 vor (über einen greisen Liebhaber, der das Grab seiner verstorbenen Freundin besucht): *et ‚bene' discedens dicet ‚placideque quiescas / terraque securae sit super ossa levis'.*

griechischen Kulturkreis großer Beliebtheit erfreut. Im römischen Bereich ist das Epitaph des Marcus Caecilius (CIL I 1006 = I^2 1202; wohl aus dem dritten Viertel des 2. Jh. v. Chr.) die älteste erhaltene Grabinschrift, in der ein Passant angesprochen wird.[27] Der Wanderer kann auf diese Weise zum ‚Gesprächspartner' des Verstorbenen werden, etwa wenn der Tote ihn zu einem Segenswunsch auffordert. Da in der Antike gewöhnlich laut gelesen wurde, hat der Wanderer in diesen Fällen den Wunsch, sobald er die entsprechende Aufforderung entziffert hat, auch schon erfüllt und ist in das Geschehen um den Verstorbenen einbezogen.

Zu den besonders beklagten Todesfällen gehören zu früh (*ante diem suum*) Verstorbene. Als *mors immatura* gilt:

1) der Tod von Kindern vor, während und kurz nach der Geburt;
2) der Tod von älteren Kindern und Jugendlichen und von unverheirateten oder kinderlosen Erwachsenen;
3) der Tod von Frauen bei der Geburt oder im Kindbett;
4) der Tod unter ungewöhnlichen oder tragischen Umständen.[28]

In den in die römischen Elegien eingelegten Grabinschriften ist von einer *mors immatura* nicht ausdrücklich die Rede. Auch Alter und Familienstand, wichtige Kriterien für einen ‚zu frühen' Tod, werden in den eingefügten Inschriften nicht genannt. Daß sie als *immatura* in die Unterwelt gelangt sei, hebt nur Cornelia in Prop. 4,11 hervor, die aus dem Grab zu ihrem weinenden Ehemann spricht (Prop. 4,11,17: *immatura licet, tamen huc non noxia veni*). Die Frage, ob diese Elegie (die vor allem im ersten Teil Ähnlichkeiten mit Grabinschriften aufweist) ganz oder teilweise als Epitaph zu deuten sei, ist allerdings umstritten und wird unten in der Einzelinterpretation diskutiert. Überhaupt sind ausdrückliche Klagen über den Tod in den in die Elegien eingefügten Inschriften selten: Nur im imaginierten Autoepitaph des *Tibullus* wird der Tod als *immitis* bezeichnet. Der Sprecher, der seinen Tod nahe wähnt, weist sodann auf eine Reise mit Messala hin, auf der er sich befinde (Tib. 1,3,55–6).

[27] S. Kruschwitz (2002) 166–7 und Courtney (1995) 214. Die Inschrift wurde 1851 an der Via Appia entdeckt.

[28] S. dazu Martin-Kilcher (2000) 63 und allgemein zur *mors immatura* Waszink (1949)a und Griessmair (1966). Speziell zur *mors immatura* junger Frauen und Kinder Strubbe (1998) und Kotlińska-Toma (2012) 107–10.

Der gewaltsame Abbruch einer wichtigen Aktivität läßt den Tod hier als ‚verfrüht' erscheinen.

In den anderen eingelegten Grabinschriften wird das vorzeitige Ende des Lebens nicht direkt thematisiert: selbst die Epitaphe für die Selbstmörderinnen Phyllis und Dido (Ov. epist. 2,147–8 und Ov. epist. 7,195–6), die den Tod von eigener Hand ausdrücklich erwähnen, weisen nicht darauf hin, daß das Leben der Betroffenen dadurch zu früh zu Ende gegangen sei. Der Tod wird hier, wie die rahmenden Elegien zeigen, nicht so sehr als Abbruch eines jungen Lebens, sondern vielmehr als folgerichtiges Ende einer unerträglich gewordenen Situation dargestellt.[29]

Indirekt spielt der Gedanke der *mors immatura* für die Epitaphe der Phyllis und der Dido allerdings eine wichtige Rolle: Es handelt sich um imaginierte Inschriften, die in Briefe an den jeweiligen Geliebten und Verursacher ihres Leids eingefügt sind. Die Ankündigung eines ‚unnatürlichen' Todes durch eigene Hand stellt Demophoon bzw. Aeneas die Schuld vor Augen, die sie nach Meinung der Heroinen auf sich geladen haben und mit der ihre Namen in Zukunft verbunden sein werden. Die Nachwelt, die die Grabinschrift liest, wird demnach die beiden ‚untreuen' Geliebten als Vernichter eines Menschenlebens im Gedächtnis behalten und damit den Tod der Dido und der Phyllis als *mors immatura* werten, ohne daß dieser Begriff ausdrücklich fallen muß. In ähnlicher Weise übt Hypermestra Druck auf Lynceus aus, der sie vor der Hinrichtung bewahren und so einen unverdienten (und damit ebenfalls verfrühten) Tod abwenden solle (Ov. epist. 14,129–30).

Andere Grabinschriften, wie die des Lygdamus (Tib. 3,2,29–30) und des Phaethon (Ov. met. 2,327–8) enthalten ebenfalls einen Hinweis auf die ungewöhnliche oder tragische Todesursache (Trauer über den Verlust der Geliebten; Unfall). Beide können damit formal der vierten Gruppe der als *mors immatura* bezeichneten Sterbefälle zugeordnet werden. In Cynthias imaginierter Grabinschrift (Prop. 4,7,85–6) dagegen ist von den Todesumständen

[29] Allerdings wird bei den Lesern des Didobriefs die Kenntnis der Aeneis vorausgesetzt, in der Didos Sterben ausdrücklich als verfrüht bezeichnet wird. Verg. Aen. 4,696–9 (Iuno schickt Iris, um die mit dem Tode ringende Dido zu erlösen): *nam quia nec fato merita nec morte peribat, / sed misera ante diem subitoque accensa furore, / nondum illi flavum Proserpina vertice crinem / abstulerat Stygioque caput damnaverat Orco.* Ein Klassifizierungsversuch der literarischen Selbstmorde bei Navarro-Antolín (1997).

keine Rede. Der Gedanke des ‚frühen Todes' ist für die Inschrift nicht zentral.

Eines natürlichen Todes im hohen Alter stirbt in dem hier behandelten Textkorpus (außer dem Papagei der Corinna in der humorvoll gestalteten Elegie Ov. am. 2,6, die nicht direkt vergleichbar ist) nur Caieta, die greise Amme des Aeneas. Ihr Epitaph (Ov. met. 14,443–4) verweist jedoch nicht auf ihr (nur aus der Situation und aus dem Vergleich mit der Aeneis erschließbares) Lebensalter, sondern auf die *pietas* ihres Zöglings Aeneas.

Eine drohende *mors immatura* ist dagegen das Thema von Ov. am. 2,13 und 2,14. In beiden Gedichten setzt sich der Sprecher mit dem Abtreibungsversuch auseinander, den die *puella* unternommen und der sie in Lebensgefahr gebracht hat. Falls sie an ihren Verletzungen sterbe, werde die Nachwelt diesen ‚unnatürlichen' Tod nicht betrauern, sondern ihn vielmehr als gerechte Strafe empfinden (Ov. am. 2,14,30–40). Nur hier ist ausdrücklich die Rede davon, daß der gewaltsame Tod (hier eines Ungeborenen) ein schreckliches Ereignis sei, das nicht nur die nächsten Angehörigen (hier die Mutter und den Sprecher der Elegie) betreffe, sondern die Gesellschaft insgesamt: Wenn dieses Beispiel Schule mache, müsse das Menschengeschlecht aussterben. Der entsprechende Gedanke wird aber nicht in einem Epitaph verewigt, sondern in der Elegie entfaltet.

Dieser Befund läßt ein Charakteristikum der in Elegien eingeschobenen Grabinschriften erkennen, das sich auch in der Einzelinterpretation bestätigt. Obwohl in den Elegien die meisten Sterbefälle, für die Grabinschriften geplant oder aufgestellt werden, junge Personen betreffen, von denen wiederum die meisten unter unglücklichen Umständen ums Leben kommen (oder umzukommen drohen), spielt der Verlust, den ihr Tod für die Familie oder ‚die Gesellschaft' bedeuten könnte, in der Regel keine Rolle. Zentral ist für die in die Elegien eingelegten Inschriften dagegen die Beziehung zum bzw. zur jeweiligen Geliebten. Diese auf die elegische Liebe fokussierte Sichtweise verdrängt andere Aspekte des ‚frühzeitigen Todes', die auf historischen Inschriften oft zur Sprache kommen.

Wie das Beispiel der *mors immatura* zeigt, ist also auch ein Blick auf das, was wir aus den Elegien und den darin eingebetteten Grabinschriften nicht erfahren, für die Analyse hilfreich. Die Grenzen der im Text enthaltenen Informationen sind einerseits für die Einschätzung der römischen Elegie als historische und archäologische

Quelle von Bedeutung,[30] betreffen aber natürlich auch die philologische Interpretation und die Frage nach den Vorbildern der eingelegten Inschriften. Welche Informationen über die Inschrift und ihren Kontext kann der Leser erwarten, welche sind selten und welche fehlen?

Die Elegiker verwenden meist keine Mühe auf die Beschreibung des Grabs, auf dem die Inschrift gedacht ist. Dies fällt besonders bei den Epitaphen ins Auge, die von den Sprechern in Auftrag gegeben werden. Hier könnte man detaillierte Anweisungen an den Erben erwarten, wie sie z.B. Trimalchio in den Satyrica tatsächlich gibt.[31] In seiner Rede an Habinnas bestimmt er die Länge und Breite des gewünschten Begräbnisplatzes, den Bilder- und Statuenschmuck, die Ausstattung mit einer Sonnenuhr und die Inschriften, die im Wortlaut wiedergegeben werden (nur eine davon, das eigentliche Epitaph, wird im Text als *inscriptio* bezeichnet, während der auch auf historischen Inschriften häufig bezeugte ‚technische' Hinweis *hoc monumentum heredem non sequatur*[32] keine eigene Bezeichnung trägt). Ebenso geht er auf die Bepflanzung der Umgebung ein und begründet einige seiner Entscheidungen. Für die meisten Anordnungen lassen sich Parallelen aus dem römischen Bestattungswesen finden. Der Text lautet (Petron. 71,5–12):

> *respiciens deinde Habinnam ‚quid dicis' inquit ‚amice carissime? aedificas monumentum meum, quemadmodum te iussi?* 6 *valde te rogo ut secundum pedes statuae meae catellam pingas et coronas et unguenta et Petraitis omnes pugnas, ut mihi contingat tuo beneficio post mortem vivere; praeterea ut sint in fronte pedes centum, in agrum pedes ducenti.* 7 *omne genus enim poma volo sint circa cineres meos, et vinearum largiter. valde enim falsum est vivo quidem domos cultas esse, non curari eas, ubi diutius nobis habitandum est. et ideo ante omnia adici volo: „hoc monumentum heredem non sequatur".* [...] 9 *te rogo ut naves etiam* [*monumenti mei*] *facias plenis velis euntes, et me in tribunali sedentem*

[30] So ist z.B. die Elegie Ov. fast. 5,545–98 (zum 12. Mai) die wichtigste literarische Quelle für den von Augustus errichteten Mars Ultor-Tempel mit der (allerdings nur kurz erwähnten) Bauinschrift. Die knappe Bemerkung in fast. 6,209–12 ist das wichtigste literarische Zeugnis für den archäologisch nicht nachgewiesenen Hercules Custos-Tempel, s. Viscogliosi LTUR 3 (1996) 13 s.v. *Hercules Custos, Aedes.*

[31] Zu den Inschriften in den Satyrica s. Nelis-Clément/Nelis (2005), zur Grabinschrift des Petron bes. 14–6.

[32] Vgl. dazu auch Hor. sat. 1,8,13: *heredes monumentum ne sequeretur.*

> *praetextatum cum anulis aureis quinque et nummos in publico de sacculo effundentem; scis enim quod epulum dedi binos denarios.* 10 *faciantur, si tibi videtur, et triclinia. facias et totum populum sibi suaviter facientem.* 11 *ad dexteram meam ponas statuam Fortunatae meae columbam tenentem: et catellam cingulo alligatam ducat: et cicaronem meum, et amphoras copiosas gypsatas, ne effluant vinum. et unam licet fractam sculpas, et super eam puerum plorantem. horologium in medio, ut quisquis horas inspiciet, velit nolit, nomen meum legat.* 12 *inscriptio quoque vide diligenter si haec satis idonea tibi videtur: C. Pompeius Trimalchio Maecenatianus hic requiescit. huic seviratus absenti decretus est. cum posset in omnibus decuriis Romae esse, tamen noluit. pius, fortis, fidelis, ex parvo crevit; sestertium reliquit trecenties, nec umquam philosophum audivit. vale: et tu*'.

Die Länge und Ausführlichkeit der Grabbeschreibung hängt unter anderem mit der satirischen Charakterisierung des neureichen Trimalchio zusammen, dessen Monument sein übersteigertes Selbstgefühl widerspiegelt. Der Vergleich illustriert die Besonderheit der elegischen Darstellung. Nur das Material, auf dem die eingefügte Inschrift gedacht ist (und das Trimalchio in seiner Rede ausläßt), wird in den Elegien mehrfach erwähnt. Allerdings geben nur drei Stellen (alle bei Ovid) einen Hinweis auf ein spezifisches Beschreibmaterial (Marmor), wobei sich zwei davon auf dasselbe Grabmal beziehen (Grabmal der Dido: Ov. epist. 7,194 und fast. 3,547, hinzu kommt Ovids eigenes Grabmal: trist. 3,3,72). An allen drei Stellen wird der Marmor jedoch nur beiläufig erwähnt. In den übrigen Fällen wird das Material entweder gar nicht definiert (2×) oder mit *lapis* (2×) bzw. *saxum* (1×) umschrieben,[33] das unterschiedliche Gesteinssorten bezeichnen kann.[34] Die äußere Form des Grabes wird nur summarisch als *tumulus* (6×), *sepulcrum* (4×)

[33] *Lapis*: Tib. 1,3, 54; Ov. am. 2,6,60; *saxum*: Ov. met. 2,326; keine Angabe des Materials: Prop. 2,13 und Prop. 4,7.

[34] *Lapis* kann allgemein den Felsstein (*lapis silex*) bezeichnen, daneben aber auch für Feuersteine und Marmor verwendet werden. *Saxum* kann ebenfalls allgemein einen Felsstein bezeichnen, wird aber auch zur Bezeichnung von Marmor (Cic. ac. 2,101: *Non e saxo sculptus*; *canis eodem fabricatus saxo*) oder von Walkererde (einer Kreidesorte) gebraucht, Plin. nat. 35,196. In Analogie zu den Stellen, an denen ausdrücklich von *marmor* die Rede ist, dürften also auch *lapis* und *saxum* den (für römische Grabmäler beliebten) Marmor bezeichnen. Ob der Sprecher die Bedeutung ‚Marmor' wegen seiner weiten Verbreitung im Bestattungswesen als selbstverständlich voraussetzt, oder ob ihm die genaue Gesteinsart nicht wichtig erscheint, läßt sich aus dem Text nicht erschließen.

oder *bustum* (1 ×) wiedergegeben.[35] Einmal wird das Grab poetisch als *marmorea domus* umschrieben (Tib. 3,2,22). *Tumulus, sepulcrum* und *bustum* können in der Dichtung als Synonyme verwendet werden und müssen nicht auf einen bestimmten Grabtyp oder eine bestimmte Bestattungsform hinweisen.[36] Einmal wünscht sich Cynthia eine Grabinschrift auf einer nicht näher bestimmten *columna*[37] und legt die Umgebung von Tibur als Bestattungsort fest. Ein anderes Mal soll die Inschrift *in celebri fronte* (Tib. 3,2,28) angebracht werden, aber wir erfahren auch hier nicht, wie das Monument aussehen soll. *Frons* bezieht sich auf die Stirnseite des Begräbnisplatzes, dessen Maße auf Inschriften oft mit den Worten *in fronte pedes X in agrum* (oder *agro*) *pedes X* angegeben werden (dieselbe Formulierung verwendet Trimalchio, s.o. Petron. 71,6).[38] Dafür spricht auch das Adjektiv *celeber*. Die Stirnseite des Grabes liegt in der Regel zur Straße hin und wird daher auch am meisten von Besuchern frequentiert.[39] Auf welchem Untergrund die Inschrift angebracht

[35] Mehrfachbezeichnungen desselben Grabs kommen vor, s. für *tumulus*: Ov. am. 2,6,59; Ov. epist. 7,194; Ov. fast. 3,547; Ov. trist. 3,3,72; Ov. met. 2,326; Ov. met. 14,442; *sepulcrum*: Prop. 2,13,37; Ov. am. 2,6,61; Ov. epist. 2,145 Ov. epist. 14,128; *bustum*: Prop. 2,13,33. *Sepulcrum* (eig. ‚Begräbnisort‘) ist in literarischen Texten allgemein die bevorzugte Bezeichnung für ‚Grab‘, während *monumentum* (eig. ‚Erinnerungsmal‘) auf historischen Inschriften bevorzugt erwähnt wird. S. Lupaş (1963) 112. In den römischen Elegien erscheint *monimentum* (in der Bedeutung ‚Denkmal‘) bei einem Vergleich zwischen der zuvor zitierten, imaginierten Grabinschrift und den literarischen Werken des Sprechers (trist. 3,3,77–8: *hoc satis in titulo est: etenim maiora libelli / et diuturna magis sunt monimenta mihi*).

[36] S. z.B. Prop. 3,16,23–4 (bei der Beschreibung desselben Grabes): *sertisque sepulcrum / ornabit custos ad mea busta sedens* und die Mehrfachbezeichnungen in der Aufstellung Anm. 35. *Bustum* erscheint auch bei Lukrez einmal als Synonym von *sepulcrum*, Lucr. 5,991: *viva videns vivo sepeliri viscera busto* (gesagt vom Magen eines Raubtieres), und in Cic. Tusc. 5,101 als Synonym von *monumentum*: *qui* (scil. *Sardanapallus*) *incidi iussit in busto ‚haec habeo quae edi‘*.

[37] Tempelförmige, mit Säulen versehene Mausoleen sind bezeugt, aber die Inschrift befindet sich normalerweise nicht auf der Säule. Hutchinson (2006) 186 nimmt daher (und aufgrund der Textgliederung) an, daß es sich bei der Inschrift nicht um ein Epitaph, sondern um eine Variante auf einer vom Grab räumlich getrennten Säule handele, s. aber unten S. 158f. mit Anm. 146 die Interpretation der Stelle.

[38] S. z.B. einen Grabstein an der Via Nomentana mit der Aufschrift *IN FR P X IN AGR P XII* (CIL VI 8109) und vgl. Hor. sat. 1,8,12–3: *mille pedes in fronte, trecentos cippus in agrum / hic dabat.*

[39] Vgl. mit der hier gebrauchten Formulierung [Verg.] Cul. 411–2: *fronte locatur / elogium, tacita firmat quod littera voce.*

war, erfahren wir daraus nicht.[40] Grundsätzlich ist aber nicht auszuschließen, daß der elegische Sprecher an die Stirnseite eines Grabbaus oder eines Sarkophags gedacht hat, den er mit einer Inschrift versehen lassen wollte. Es kommt ihm nicht darauf an, die Gestalt des Grabes genau festzulegen, sondern sicherzustellen, daß die Inschrift an einer vielbesuchten Stelle angebracht wird.

Unvollständig sind in den in die Elegien eingefügten Epitaphen auch die Namensangaben, die den Kern historischer Grabinschriften bilden und deren Reihenfolge, wenn es sich um mehrere Personen handelt, offenbar sorgfältig nach deren familiärem und rechtlichem Status festgelegt wurde.[41] In den elegischen Inschriften dagegen erscheint entweder gar kein Eigenname, oder er ist unvollständig (Tibull und Ovid verwenden in ihren selbstentworfenen Grabinschriften ihr *cognomen Tibullus* bzw. *Naso* [Tib. 1,3,55 und Ov. trist. 3,3,76]; Properz dagegen läßt seinen Eigennamen in seinem imaginierten Autoepitaph aus [Prop. 2,13,35]). Die Gründe dafür sind nur teilweise metrischer Natur: Der Gentilname *Ovidius* läßt sich z.B. nicht in einen Hexameter oder Pentameter einfügen. Bei *Propertius* hingegen ist eine Nennung möglich, und der Sprecher erwähnt seinen Namen auch in einer imaginierten Weihinschrift (Prop. 2,14,27). Die Auslassung des Namens ist in Properz' Epitaph erstaunlich, weil der Sprecher im gleichen Atemzug voraussagt, daß sein Grab an Berühmtheit dem Grab des Achill gleichkommen werde. Eine Erklärungsmöglichkeit scheint der Kontext zu bieten: Der Sprecher der Elegie bezeichnet die imaginierte Grabinschrift in Prop. 2,13,35 als *duo versus*, obwohl die Inschrift nur etwa einen halben Hexameter und einen Pentameter füllt. Der Leser wird so darauf hingewiesen, daß es sich bei dem Text nicht um die endgültige Fassung des Epitaphs handeln kann.[42]

Filiation und Tribusangabe fehlen in allen in den Elegien vorkommenden Grabinschriften, ebenso Angaben über den Heimatort. Durchgehend fehlt in den eingelegten Epitaphen auch die in historischen Grabinschriften sehr häufige Altersangabe, die oft sorgfältig nach Jahren, Monaten und Tagen (gelegentlich sogar

[40] Navarro Antolín (1996) 186 geht von einer Grabstele aus, ohne dies am Text zu belegen.

[41] S. Flory (1984).

[42] Dies mag der Grund sein, warum Viarre (2005) dieses Epitaph (im Gegensatz zur Grabinschrift der Cynthia in 4,7) nicht in Kapitälchen, sondern nur in Anführungszeichen setzt.

Stunden) aufgeschlüsselt wird.[43] Der Verzicht auf Alters- und Datumsangaben hängt offenbar mit dem literarischen Charakter der eingefügten Inschriften zusammen. Sie erfüllen eine Funktion innerhalb der Elegie, für die eine Datierung nach Tag und Jahr nicht hilfreich ist. Statt möglichst viele Informationen in den Epitaphen unterzubringen, konzentrieren sich die Dichter – den Verfassern selbständiger literarischer Epigramme nicht unähnlich – auf Details, die für das jeweilige Thema von unmittelbarer Bedeutung sind.

Nicht erstaunlich ist naturgemäß in einem literarischen Text das Fehlen von Sonderzeichen wie z.B. dem C-inversa-Symbol, das auf historischen Grabinschriften gelegentlich zur Kennzeichnung von weiblichen Personen verwendet wird (s. z.B. CIL VI 11357 = ILS 8404) oder von Θ zur Bezeichnung von verstorbenen bzw. *V* zur Bezeichnung von lebenden Personen in einer Inschrift.[44] Es kann aber daran erinnern, daß wir es bei einer eingefügten Inschrift nicht mit einer von der Elegie gerahmten ‚Abbildung' eines epigraphischen Textes zu tun haben, sondern mit einer poetischen Ausdrucksform, die sich literarische und außerliterarische Traditionen zunutze macht.

Wer die Bestattung des Verstorbenen und die Errichtung des Grabsteins veranlaßt hat bzw. veranlassen soll, erfahren wir oft aus der rahmenden Elegie, doch wird dies nur in einem Fall (dem Epitaph für die Amme des Aeneas) auch auf dem Grabstein selbst vermerkt. Bei den historischen Grabinschriften sind solche Angaben dagegen oft anzutreffen. Gängig sind die Formeln *V F* (*vivus/a fecit*), *S V F* (*sibi vivus/a fecit*), *T F I* (*testamento fieri iussit*), *H P C* (*heres ponendum curavit*), *C* (*UR*) *A* (*curam agente*), *F C* (*faciendum curavit*). Diese stehen jedoch gewöhnlich von der metrischen Inschrift getrennt. Nur wenige Formeln treffen auf die Erzählsitua-

43 Mócsy (1966) weist allerdings nach, daß bei der Angabe der Lebensjahre durch zehn teilbare Werte häufiger sind, als sie es statistisch gesehen sein dürften. Er folgert daraus, daß das Alter der Verstorbenen bei einem Teil der Angaben nur geschätzt war. Der Zusatz *p*(*lus*) *m*(*inus*), der ungefähre Altersangaben kennzeichnet, erscheint aber erst in der Spätantike, s. Schmidt (2004) 69. Daß es viele Auftraggeber eines Epitaphs vorzogen, das unbekannte Alter des Verstorbenen zu schätzen, statt es auszulassen, weist auf die Bedeutung hin, die solchen Angaben beigemessen wurde.

44 Einige Beispiele für das Kürzel Θ (von θανών, lat. *obitus/defunctus*) stammen schon aus republikanischer Zeit (vor allem aus Gallia und Noricum), s. Almar (1990) 114–5.

tion der Elegien zu. Die elegischen Sprecher entwerfen zwar oft ihre eigene Grabinschrift, aber keiner errichtet sich schon zu Lebzeiten das eigentliche Monument, wie es die Abkürzung *S V F* voraussetzt. Auch ein Testament, wie es in der Formel *T F I* erscheint, wird in den römischen Elegien nicht erwähnt. Die Formeln *H P C*, C (*UR*) *A* und *F C* sind erst nach der Bestattung sinnvoll: Die meisten elegischen Epitaphe werden jedoch schon vor dem Tod der betreffenden Person eingeführt, so daß auch diese hier nicht in Frage kommen. In den wenigen Fällen, in denen die Beisetzung gerade stattfindet oder sogar einige Zeit zurückliegt (dies trifft in den Elegien nur auf das Epitaph für Cynthia in Prop. 4,7 und das Epitaph für den Papagei in am. 2,6 zu), konzentrieren sich die Inschriften auf die verstorbene Person, nicht auf die Hinterbliebenen: Auch hier wirkt sich der literarische Charakter der elegischen Grabinschriften aus.[45]

Anweisungen über die Nutzung des Grabs, die in außerliterarischen Grabinschriften so häufig sind, daß sie abgekürzt werden können, fehlen in den in eine Elegie eingefügten Inschriften. Solche Vermerke waren bei historischen Gräbern normalerweise nicht Teil des metrischen Epitaphs, sondern wurden getrennt davon auf dem Grabstein angebracht. Sie geben die Personengruppe an, die auf dem Begräbnisplatz bestattet werden darf (z.B. die Angehöri-

[45] Das Epitaph für Caieta, die Amme des Aeneas, dessen Text in den Metamorphosen erscheint, ist dagegen auf Aeneas (der die Bestattung durchgeführt hatte) ausgerichtet. An diesem Beispiel zeigt sich der Unterschied zwischen der elegischen und der epischen Erzählsituation. Der Sprecher der Metamorphosen blickt, wie sich schon aus den Anfangsversen des Werks ergibt, auf eine ferne Vergangenheit zurück, deren Ereignisse er von der Entstehung der Welt bis in seine Gegenwart hinein schildern will (Ov. met. 1,3–4). Caietas Bestattung liegt also zum Erzählzeitpunkt, anders als die Beisetzung der Cynthia in Prop. 4,7, bereits in grauer Vorzeit. Die Formulierung der eingelegten Inschrift trägt dem Rechnung, indem sie neben Caieta vor allem die *pietas* des für das augusteische Publikum wichtigen Aeneas hervorhebt. Die Tradition der Aeneassage beeinflußt hier die Inschrift, ohne daß versucht wird, den auffälligen Inhalt innerhalb der Erzählung zu motivieren. In den Elegien, in die zuweilen ebenfalls inhaltlich auffällige Inschriften eingebettet sind, haben die Besonderheiten dagegen immer eine Motivation im Erzählzusammenhang. Das von Dido imaginierte Autoepitaph zeigt z.B. eine ungewöhnliche Gliederung; die von Phyllis imaginierte ‚Ehren'-Inschrift für Demophoon zeigt eine auffällige inhaltliche Beschränkung. In beiden Fällen wird beim Leser die Kenntnis der literarischen Tradition für das volle Verständnis vorausgesetzt, doch sind die Auffälligkeiten auch innerhalb der Handlung (durch Didos vorwurfsvolle Haltung gegenüber Aeneas und Phyllis' Haß auf Demophoon) motiviert.

gen und Freigelassenen der Familie),[46] oder schließen die Übergabe an die Erben aus, meist mit einer Formel wie *hoc monumentum (sive sepulcrum) heredem non sequetur* (oder *sequitur*), abgekürzt *H M* (*S S*) *H N S.* Ebenso fehlen andere Zusätze, wie die manchmal anzutreffende Warnung an den Totengräber: *fossor parce. Hic iam cubat* (CIL VI 7543) oder *fossor vide ne fodias* (CIL VI 34635a) oder an potentielle Grabräuber.[47] Auch eine Widmung an die Manen, die auf historischen Grabinschriften häufig ist und in ihrer traditionellen Form keine metrischen Hindernisse bot, fehlt in den Elegien.[48]

Die äußere Form der Inschriften wird in den Elegien selten festgelegt. Nur Ovid wünscht einmal (für sein eigenes Grabmonument) ausdrücklich große Buchstaben, damit die Inschrift von Passanten leicht gelesen werden könne (Ov. trist. 3,3,71–2: *Quosque legat versus oculo properante viator / grandibus in tumuli marmore caede notis*), und Cynthia legt aus demselben Grund Wert auf eine kurze Inschrift (Prop. 4,7,83–4: *hic carmen media* [...] *scribe columna, / sed breve, quod currens vector ab urbe legat*). Auch bei anderen Epitaphen wird gelegentlich erwähnt, daß es sich um eine kurze Inschrift handelt, aber praktische Erwägungen spielen dort keine erkennbare Rolle (z.B. Prop. 2,13,35–6: *et duo sint versus*; Ov. epist. 14,128: *sculptaque sint titulo nostra sepulcra brevi* u.ö.). Die Hervorhebung der *brevitas* kann außerdem, wie schon im griechischen Epigramm, für Pointen und für Anspielungen auf das hellenistische Ideal der λεπτότης genutzt

[46] In Prop. 4,7,93–4 sagt Cynthias Geist ihrem Geliebten voraus, daß er bald bei ihr bestattet sein werde. Dieser Gedanke steht aber nicht in Zusammenhang mit der Beschreibung des Grabes und der Grabinschrift, die wenige Verse vorher gegeben wurde, sondern hebt hervor, daß die durch Cynthias Tod bewirkte Trennung der Liebenden nur vorübergehend sei: *nunc te possideant aliae: mox sola tenebo: / mecum eris et mixtis ossibus ossa teram.* Eine gemeinsame Bestattung des Paares malt sich auch der Sprecher von Prop. 2,13,39–40 aus, aber auch hier steht der Gedanke nicht in direktem Zusammenhang mit seinem vorher zitierten Autoepitaph. Zu dem Motiv s. Fleischmann/Schmitzer (2006).

[47] Die Segensformel *sit tibi terra levis* wird in dem Epitaph CIL VI 7579 in der Abwandlung *sit ei terra gravis* gegen Grabräuber gekehrt.

[48] Die Manen erscheinen einmal in den Aufforderungen, die der elegische Sprecher von Prop. 2,13 an Cynthia richtet, die ihn bestatten soll. Wenn das Feuer ihn zu Asche verbrannt habe, solle ein kleines Tongefäß seine Manen aufnehmen (Prop. 2,13,32: *accipiat Manes parvula testa meos*). *Manes* ist hier im Sinne von ‚sterbliche Überreste' gebraucht (eine ähnliche Verwendung z.B. bei Plinius nat. 11,148: *ea causa est, ut pleraeque alitum e manibus hominum oculos potissimum appetant*, vgl. auch OLD s.v. *manes*) und steht nicht mit der üblichen Weihung des Grabes an die *Di Manes* in Verbindung.

werden (s. z.B. Ov. am. 2,6,59–60 auf den verstorbenen Papagei der Corinna: *ossa tegit tumulus, tumulus pro corpore magnus, / quo lapis exiguus, par sibi carmen habet*). In allen Fällen gehört die Ankündigung der Kürze zur rahmenden Elegie, nicht zur eingebetteten Inschrift. Die Elegiker vermeiden so ein von LAUSBERG (1982) 65–6 treffend beschriebenes Paradoxon:

> „Das Versprechen der Kürze am Anfang eines Textes mit der Absicht, die Aufmerksamkeit des Publikums wachzuhalten, entspricht der literarischen Praxis und rhetorischen Theorie. [...] Mit der verbalen Ankündigung, er werde sich kurz fassen, kann der Redner den Zuhörer psychologisch beeinflussen und ihn glauben machen, die Ausführungen würden kurz sein, auch und gerade wenn sie tatsächlich relativ lang sind. Bei einer Inschrift dagegen sind einer solchen Beeinflussung Grenzen gesetzt, da der Betrachter die ungefähre tatsächliche Länge des Textes mit einem Blick visuell erfassen kann. [...] Wenn man tatsächlich durch Kürze die Aufmerksamkeit des Betrachters zu wecken wünschte, so wäre es wirkungsvoller, gleich eine wirklich kurze Inschrift hinzusetzen, als sie durch die Ankündigung von Kürze faktisch zu verlängern."

Bei in die Elegien eingelegten Inschriften ist die Ankündigung der Kürze im rahmenden Gedicht dagegen doppelt effektvoll. Sie hält einerseits die eingebettete Inschrift knapp (und trägt damit zugleich dem hellenistischen Ideal der *brevitas* Rechnung, das unabhängig von praktischen Erwägungen das kleine, fein ausgearbeitete Gedicht bevorzugt). Andererseits kann der Leser bei einer in eine Elegie eingelegten Inschrift, anders als bei einem selbständigen Epigramm, zu Beginn noch nicht erkennen, wie lang diese ausfallen wird. Äußerlich unterscheidet sich die Inschrift nämlich nicht von der rahmenden Elegie (dies wird erst in manchen Editionen durch die Verwendung von Kapitälchen erreicht), so daß die Ankündigung, die Inschrift werde kurz sein, hier tatsächlich einen Informationswert für den Leser besitzt.

Ornamentale oder bildliche Darstellungen, die viele römische Sarkophage und Grabaltäre schmücken, werden von den römischen Elegikern nie erwähnt. Römische Grabreliefs zeigen oft Mann und Frau oder mythologische Szenen,[49] daneben kommen pflanzliche Motive (z.B. Efeu) häufig vor. Da der größte Teil der elegischen Grabinschriften in Verbindung zu Liebesbeziehungen steht, und

[49] Zum ‚Handschlag' von Mann und Frau in der römischen Grabkunst s. DAVIES (1985); zu den mythologischen Darstellungen auf römischen Sarkophagen s. ZANKER/EWALD (2004).

sich die Sprecher oft mit mythischen Personen vergleichen, wäre es leicht möglich gewesen, die Beschreibung eines solchen Bildes in die Elegie zu integrieren. Bei Properz erwähnt der elegische Sprecher bzw. die Sprecherin außerdem an zwei Stellen die am Grab wachsenden Pflanzen (es handelt sich um Lorbeer bzw. Efeu, s. dazu unten S. 102 und 155–8), so daß die Einführung eines Blattmotivs auf dem Stein zumindest denkbar gewesen wäre. Warum die Elegiker dies nicht tun, läßt sich nur erahnen: So scheinen die Erwähnungen von Lorbeer und Efeu an den beiden Properzstellen mit dem (Nach-)Leben der bzw. des Verstorbenen verknüpft zu sein, weshalb eine lebende Pflanze in diesem Zusammenhang eine größere Symbolkraft besitzt als ihre Abbildung auf Stein. Archäologische Untersuchungen zeigen überdies, daß Bild und Inschrift bei römischen Gräbern nur gelegentlich in einem für uns erkennbaren Zusammenhang stehen. In anderen Fällen dagegen scheinen Bild und Epitaph unverbunden nebeneinander angebracht zu sein oder sich sogar zu widersprechen. Gelegentlich hat man daraus den Schluß gezogen, daß das römische Publikum Bild und Inschrift als getrennte Einheiten wahrgenommen habe: Das Bild könne ein schmückendes Detail gewesen sein, das aus einem Vorrat gängiger Motive ausgewählt wurde und nicht unbedingt auf die Inschrift abgestimmt werden mußte. Der archäologische Befund ist jedoch nicht eindeutig. Es ist nicht auszuschließen, daß der römische Auftraggeber einen Zusammenhang zwischen Inschrift und Bild gesehen hat, der uns heute entgeht.[50]

Hinweise auf die Grabbepflanzung finden sich in den Elegien nur an den eben erwähnten Properzstellen. In Prop. 2,13,33–4 wünscht der Sprecher einen Lorbeerbaum, der dem Platz Schatten spenden solle (*et sit in exiguo laurus super addita busto, / quae tegat exstincti funeris umbra locum*); und die Rede der verstorbenen Cynthia setzt in Prop. 4,7,79 (je nach Lesart) entweder voraus, daß ihr Grab mit Efeu bewachsen ist oder mahnt eine Bepflanzung mit Efeu an.[51]

Insgesamt zeigt sich, daß die römischen Elegiker die über die metrische Inschrift hinausgehenden Details des Grabes kaum ausmalen. Dies liegt nicht etwa daran, daß eine wörtlich zitierte Inschrift die übrigen Details des Grabes gleichsam verdrängte: Auch in Elegien, in denen keine wörtlich zitierte Inschrift vorkommt, fällt

[50] Zu dieser Problematik s. Davies (2007) 59.

[51] Die textkritisch schwierige Stelle wird unten 155–58 besprochen.

die Grabbeschreibung so knapp aus, daß wir uns kein Bild von seiner Anlage machen können (s. z.B. Prop. 2,1,71–8, wo der Sprecher seinen eigenen Tod imaginiert, aber nur angibt, daß man seinen Namen auf dem ‚kleinen' Marmorstein des Grabes werde lesen können und daß sich der Begräbnisplatz in der Nähe einer Straße befinden werde, V. 71–2: *quandocumque igitur vitam mea fata reposcent / et breve in exiguo marmore nomen ero* und V. 75: *si te forte meo ducet via proxima busto* [...]). Dies deutet darauf hin, daß die eingelegten Epitaphe vor allem als ein Teil des Gedankengangs der Elegie (d.h. eines literarischen Werks) gesehen werden müssen, und nicht etwa als Versuch, die außerliterarische Wirklichkeit abzubilden. Dazu paßt die seit langem bekannte Vorliebe der Elegiker für Anspielungen auf selbständige literarische Epigramme, die sie auch an Stellen verwenden, an denen in der Elegie nicht von Inschriften die Rede ist.[52] Bei der Analyse der eingelegten Epitaphe müssen daher die literarischen Vorbilder besonders berücksichtigt werden.

Eine bei allen Elegikern wiederkehrende Untergruppe von Grabinschriften, die an eine lange Tradition anknüpfen kann, sind die Epitaphe für Dichter. Diese sind schon in der griechischen Epigrammatik beliebt[53] und finden eine Fortsetzung in der lateinischen Literatur.[54] Ein weit verbreiteter Typ, zu dem z.B. das berühmte, angeblich von ihm selbst diktierte Grabepigramm Vergils gehört,[55] nennt nur stichwortartig seine wichtigsten Werke. Manchmal wird die Kunst des verstorbenen Poeten aber auch direkt als Garant für sein Nachleben genannt, die sogar die Totenklage überflüssig mache. Dies geschieht z.B. in dem Grabgedicht für Ennius,

[52] S. dazu Schulz-Vanheyden (1970).

[53] S. die entsprechenden Beispiele im 7. Buch der Anthologia Palatina, z.B. AP 7,713 (Antipatros von Sidon auf Erinna); AP 7,715 (Leonidas von Tarent auf sich selbst); AP 7,716 (Dionysios v. Rhodos auf Phainokritis); AP 7,718 (Nossis auf sich selbst). Eine raffinierte Abwandlung dieses Themas bieten die vielbesprochenen Grabepigramme des Kallimachos auf sich selbst und auf seinen Vater, die erst zusammengenommen verständlich sind. S. dazu z.B. Köhnken (1993) und Meyer (2005) 171 mit Literatur. Zu Theokrits Epigrammen auf Dichterstatuen s. Bing (1988)a und Rossi (2001) 92–3.

[54] S. dazu Suerbaum (2007).

[55] *Mantua me genuit, Calabri rapuere, tenet nunc / Parthenope; cecini pascua, rura, duces.* S. dazu Frings (1998). Ob Vergil das Epitaph wirklich selbst kurz vor seinem Tod verfaßt hat, wie die Vita und Hieronymus behaupten, ist allerdings umstritten, s. die kritischen Anmerkungen von Suerbaum (2007) 68 Anm. 3 mit weiterer Literatur. Jedenfalls scheint das Epigramm nach VSD § 36 und Hier. Chron. ad Olymp. 190,3 und Vita Vergilii Probi Z. 18–21 wirklich auf Vergils Grab gestanden zu haben.

das uns aus Zitaten bei Cicero (Tusc. 1,34 und 1,117, Cato 73) und durch Anspielungen in Vergil georg. 3,9 und Properz 3,1,24 bekannt ist:[56]

Nemo me dacrumis decoret nec funera fletu
Faxit. Cur? Volito vivos per ora hominum.

Die mündliche Überlieferung, nicht etwa das Grabmonument, sichert dem Dichter in dieser Vorstellung ein wirkliches Nach‚leben': Lebend fliegt er durch die Münder der Menschen, wobei das Intensivum die dynamische Bewegung unterstreicht, die einen impliziten Gegensatz zu dem starren Leichnam (und wohl auch dem ortsfesten Grabmonument) bildet.[57] In den in die Elegien eingefügten Autoepitaphen für Dichter gibt sich nur Ovid unter Auslassung seiner übrigen Werke als Liebesdichter (*tenerorum lusor amorum, poeta*) zu erkennen und führt auch sein *cognomen Naso* an, mit dem er schon in der Ars amatoria in Erscheinung getreten war (Ov. trist. 3,3,73–4). Tibull dagegen nennt in seinem imaginierten Autoepitaph nur seinen Namen, gibt aber keinen Hinweis auf seine Dichtkunst (Tib. 1,3,55–6). Properz verzichtet in einer vergleichbaren Erzählsituation (auch hier wird das Autoepitaph imaginiert) ganz auf die Nennung seines Namens und seiner Eigenschaft als Dichter, spricht dafür aber das *servitium amoris* an, das in seinen Werken eine zentrale Rolle spielt (Prop. 2,13,35–6). Welche Funktion die unterschiedliche Auswahl der Informationen jeweils hat, muß die Einzelinterpretation klären.

2.2 *Weihinschriften (tituli sacri)*

Die Gruppe der *tituli sacri* umfaßt streng genommen nicht nur Weihinschriften, die eine Votivgabe begleiten, sondern alle Arten von religiös motivierten Inschriften. Votivinschriften bilden aber die größte Gruppe der außerliterarisch überlieferten *tituli sacri* und sind auch in den Elegien am häufigsten anzutreffen (10 Fälle,

[56] Vgl. zu diesem Epitaph Suerbaum (2007) 88, der annimmt, daß die Verse zwar von Ennius selbst verfaßt, aber nicht an seinem Grabmal angebracht wurden. Die (umstrittene) literarische Überlieferung, die das Grab des Ennius mit der Gruft der Scipionen an der Via Appia verbindet, erwähnt jedenfalls die Inschrift nicht. Zum Scipionengrab s. o. S. 39f.

[57] Zu dem Epitaph s. Dion (2006) 385–6 und Suerbaum (1968) 159–75 mit einer Diskussion der Parallelen bei Horaz (carm. 2,20) und Vergil (georg. 3,1–48).

außerdem ein Beleg in den Metamorphosen).[58] Hinzu kommen zwei Fälle, die möglicherweise zu den *tituli sacri* zu rechnen sind, bei denen aber aufgrund textkritischer und inhaltlicher Probleme nicht sicher ist, ob es sich um eine Inschrift handelt (Prop. 3,13,42–6: möglicherweise Inschrift auf einem ländlichen Altar) oder welcher Teil des Gedichts als Inschrift anzusehen ist und welchen Charakter sie demnach trägt (Prop. 4,2: Statue des Vertumnus). Die mit diesen Inschriften verbundenen Fragen werden unten im Textzusammenhang besprochen. Hier sollen kurz die charakteristischen Eigenschaften historischer Votiv- bzw. Weihinschriften in Erinnerung gerufen werden.

Das zentrale Element der römischen (wie auch der griechischen) Votivinschrift ist der Name der Gottheit, der die Gabe gewidmet ist. Durch die Nennung des Empfängers geht das Geschenk gleichsam in den Besitz der Gottheit über, wodurch in der Regel ein Gelübde abgegolten wird. Die frühsten römischen Votivinschriften beschränken sich oft auf den Götternamen, der entweder im Nominativ oder im Dativ (manchmal auch im Genitiv) stehen kann. Früh kommt auch der Name des oder der Weihenden hinzu, oft abgeschlossen durch die Formel *donum* (oder *dono*) *dedit* (bzw. *dat*), oft abgekürzt durch *D D*.

Seit der spätrepublikanischen Zeit beginnt das Inschriftenformular gewöhnlich mit dem Namen der Gottheit im Dativ (der Genitiv ist selten), oft mit dem Zusatz *sacrum* (abgekürzt *S*). Es folgen die Namen der weihenden Person(en) und ein Verb oder ein Verbalausdruck, oft in abgekürzter Form; außer den oben genannten Varianten z.B. *dedicavit* (*DD* oder *D* bzw. *DED*), *poni iussit* (*P I*), *faciendum curavit* (*F C* oder *FAC CUR*), *donum dedit dedicavit* (*D D D*), *votum solvit* (*V S*), *votum solvit libens merito* (*V S L M*), *testamento fieri iussit* (*T F I*) oder *ex voto* (*E V*).[59] Dazu können weitere Informationen treten, z.B. über Personen, die sich an der Weihgabe beteiligt haben, über den Anlaß der Weihung und über weitere Umstände der Widmung. Manchmal wird auch der geweihte Gegenstand (im Akkusativ) hinzugefügt, sowie eine Angabe über die Kosten und die Herkunft des Geldes. Eine Datierung der Inschrift kann ebenfalls gegeben werden, in Rom meist durch die Angabe der Konsuln, manch-

[58] Horaz stellt in ars 75–6 eine enge Verbindung zwischen Elegie und Weihinschrift fest: *versibus impariter iunctis querimonia primum, / post etiam inclusa est voti sententia compos.*

[59] S. ALMAR (1990) 140–50.

mal näher bestimmt durch Monat und Tag; oder durch Angaben der Kaisertitulatur. Auch andere Zeitangaben (*ab urbe condita*, oder durch die Angabe von Provinzmagistraten) kommen vor. Zusätzlich kann der Weihende Angaben über das Grundstück machen, auf dem das geweihte Monument errichtet wurde, sowie über Personen, die die Weihung erlaubt haben (ALMAR [1990] 150–67).

Die in die Elegien eingelegten Weihinschriften enthalten dagegen – wie schon die eingefügten Epitaphe – vergleichsweise wenige Informationen. ‚Technische' Angaben zu der Weihung, etwa zu einem dafür erworbenen Grundstück oder zur Datierung, werden nicht gemacht. Während einige dieser Informationen schon aus sachlichen Gründen nicht zu erwarten sind (so weit sich aus dem Text erkennen läßt, erfordert z. B. keine der elegischen Weihgaben ein eigenes Grundstück), so sind andere, wie die Datierung, für den Inhalt der meisten Elegien nicht relevant, selbst wenn sie ein stadtrömisches Flair haben und die beschriebenen Orte zum Teil genau lokalisiert werden können. An den Stellen, an denen die Dichter ausnahmsweise ein historisches Datum erwähnen, ist die Zeitangabe jedenfalls nicht oder nicht unmittelbar mit einer eingelegten Inschrift verbunden: Ovid nennt z. B. in seiner Biographie Tag und Jahr seiner Geburt (trist. 1,10,5–6 und 11–4) und umschreibt in den Fasti oft den Tag, dem der jeweilige Eintrag gewidmet ist. Andererseits verzichtet er in seinem Geburtstagsgedicht trist. 3,13 auf die genaue Angabe des Tages, um sich statt dessen auf den Gegensatz zwischen ‚Geburtsfest' und ‚Todesnähe' zu konzentrieren, die sein Leben im Exil prägt. Für die eingebetteten Weihinschriften ist das genaue Datum in keinem Fall von inhaltlicher Bedeutung. Auffälliger ist das Fehlen anderer, zentraler Informationen. So läßt sich nicht in allen Fällen erkennen, welcher Gottheit die Weihgabe gewidmet sein soll.

Von den 10 elegischen Weihinschriften gelten drei der Venus (Tib. 1,9,83–4; Prop. 2,14,27–8; Ov. am. 1,11,27–8), eine dem Phoebus Apollo (Ov. epist. 15,183–4), eine der Ilithyia (Ov. am. 2,13,25), eine der Diana (Ov. epist. 20,239–40) und eine, wenn es sich um eine Inschrift handelt, dem Jupiter (Prop. 2,28,44). Eine eingefügte Weihinschrift wird keiner bestimmten Gottheit zugeordnet (Prop. 4,3,72) und bei zwei weiteren handelt es sich um eine metaphorische Ausdrucksweise, bei der weder an einen konkreten Gott noch an ein Heiligtum gedacht ist (Ov. ars 2,744; Ov. ars 3,812). In den Metamorphosen wird außerdem eine Weihinschrift für Isis gestiftet (Ov. met. 9,794). Daß die Inschriften in einem Heiligtum angebracht werden oder werden sollen, wird nur in vier Fällen ausdrücklich gesagt (Ov. epist. 20,239–40; Ov. am. 1,11; Ov. am. 2,13; Ov. met. 9,792) und in einem weiteren spricht das elegische Ich von der ‚Säule der Cytherea', bei der es sich möglicherweise um ein *pars pro toto* für einen Venustempel handelt (Prop. 2,14,25). In Prop. 4,3,71 wird die Porta Capena als Weihort für die Waffen des Lycotas angegeben; möglicherweise ist jedoch nicht an das Stadttor selbst gedacht, was nach antiker Praxis ein ungewöhnlicher Platz für eine solche Votivgabe wäre, sondern an einen nahegelegenen Tempel (s. dazu unten S. 248). Nur aus einer der Elegien (dem Brief des Acontius, der seine Weihgabe mit Inschrift im Heiligtum der Diana/Artemis auf Delos stiften will, Ov. epist. 20) geht hervor, welches Heiligtum der jeweiligen Gottheit gemeint ist – auch dies eine Auffälligkeit, wenn man bedenkt, daß die Weihung an einen Gott unterschiedliche Akzente erhalten kann, je nachdem, in welchem seiner Tempel sie stattfindet.

Auch die Weihgeschenke, das zentrale Element bei einer Stiftung, werden nicht immer genau bezeichnet. Bei historischen, *in situ* befindlichen Weihinschriften ist dies nicht verwunderlich, weil der Betrachter die entsprechende Weihgabe vor Augen hat. Der Leser einer Elegie braucht dagegen eine entsprechende Angabe, um sich die Situation ausmalen zu können: Je nach Anlaß wurden in der Antike sehr unterschiedliche Gaben geweiht, und schon die hellenistischen Epigrammatiker hatten Gefallen an Inschriften für seltene und seltsame Weihgeschenke gefunden, so daß eine Identifikation der Votivgabe für den Leser der Elegie kaum möglich ist, wenn sie nicht näher bestimmt wird. Trotzdem erhält der Leser nur in 7 Fällen aus der eingelegten Inschrift oder aus der Elegie Informationen über die Art der Weihgeschenke (*aurea palma*, Tib. 1,9,82; *arma votiva*, Prop. 4,3,71; *chelys/lyra*, Ov. epist. 15,181/183; *effigies pomi*, Ov. epist. 20,239; mit Lorbeer bekränzte *tabellae*, Ov. am. 1,11,25; *spolia* [metaphorisch gebraucht], Ov. ars 2,744 und Ov. ars 3,812). In drei Fällen wird die Weihgabe nur mit *magna dona* (Prop. 2,14,25); *munera vota* (Ov. am. 2,13,24) und *munera* (Ov. met. 9,792) wiedergegeben, in einem weiteren Fall ist umstritten, ob die Inschrift zugleich auch die Weihgabe ist (Prop. 2,28,43–4, dazu unten S. 257–8). Das Material, auf dem die Inschrift angebracht werden soll, ist nur bei dem goldenen Palmzweig ausdrücklich genannt. Weitere Eigenschaften der Weihgaben fehlen und lassen sich auch aus der rahmenden Elegie nicht erschließen. Der Akt der Weihung, nicht die Gabe, steht damit im Vordergrund. Was wie ein Mangel an Klarheit und Eindeutigkeit erscheinen könnte, zeigt zugleich den Vorteil der Literatur gegenüber außerliterarischen Weihungen und von eingelegten Weihinschriften gegenüber selbständigen Weihepigrammen: Während die außerliterarische Weihinschrift immer den Zustand nach dem Eingreifen der Gottheit abbildet und deren erfreuliche Folgen für die Nachwelt festhält (eine Konstellation, die auch in selbständigen literarischen Epigrammen nachgeahmt wird), können die Elegien und die darin eingelegten Inschriften auch die Vorgeschichte der Weihung und damit das Wechselspiel zwischen der Gottheit und dem Menschen abbilden. In den Fällen, in denen der Sprecher eine Weihung nur verspricht, sie aber noch nicht vollzogen hat, ergibt sich die Konzentration auf die zu der Weihung führenden Handlungen von selbst: sie kann durch die Ankündigung einer bestimmten Weihgabe unterstützt werden (s. z. B. im Acontius-Brief [Ov. epist. 20] das Versprechen, bei einer erfolgreichen Liebesbeziehung zu Cydippe ein Abbild jenes Apfels zu weihen, mit dem Acontius den Kontakt und den unabsichtlichen Schwur des Mädchens provoziert hatte).

In dem einzigen Beispiel unseres Textkorpus, bei dem die Weihung selbst und nicht nur das Gelöbnis dargestellt wird (die Votivgabe des Iphis in Ov. met. 9,794 für seine Geschlechtsmetamorphose), wird die Gabe weder in der Inschrift noch im rahmenden Text beschrieben. Dabei hätte der Dichter gerade die Verwandlung einer Frau in einen Mann durch die Darstellung einer typisch weiblichen Weihgabe gut illustrieren können. Eine solche Votivgabe hätte auf Vorbilder in der hellenistischen Epigrammdichtung zurückgreifen können, wo z. B. Hetären einen Spiegel oder andere weibliche Utensilien weihen, um den Abschied von ihrem Beruf anzuzeigen (s. z. B. A.P. 6,1 [Platon]). Statt dessen entscheidet sich Ovid dafür, den Kontrast zwischen dem früheren Geschlecht des Iphis und seiner neuen Gestalt durch eine knapp gehaltene Weihinschrift zum Ausdruck zu bringen: *dona puer solvit quae femina voverat Iphis.* Diese Wahl zeigt die auch sonst zu beobachtende Vorliebe Ovids für pointierte Formulierungen und überraschende Wendungen. Die Analyse der eingefügten Inschriften kann so dazu beitragen, den persönlichen Stil eines Dichters besser zu erfassen.

2.3 *Bauinschriften (tituli operis publici et privati)*

Historische römische Bauinschriften finden sich auf öffentlichen und privaten Gebäuden wie Häusern, Tempeln, Brücken, Triumphbögen, Aquädukten oder Theatern. Sie sind oft in besonders sorgfältiger Schrift ausgeführt und können Ähnlichkeiten zu Weihinschriften oder, besonders in der Kaiserzeit, zu Ehreninschriften aufweisen. Sie nennen den „Namen des Erbauers oder Stifters“ (Meyer [1973] 59), oder verweisen auf eine Reparatur von Gebäuden und Gebäudeteilen oder auf sonstige Instandsetzungsvorhaben (Schmidt [2004] 57). Bauinschriften wurden auf dem Gebäude selbst, z.B. am Architrav, oder auf Tafeln angebracht, die am Gebäude befestigt wurden. Ein festes Inschriftenformular läßt sich wegen der großen Vielfalt der Bauwerke und Tätigkeiten kaum feststellen. Der Bauherr erscheint im Nominativ, der durch ein passendes Verb (*fecit, exstruxit, exornavit* etc.) ergänzt wird. Ältere Inschriften zeigen auch die Form *dedit* (Schmidt [2004] 59–60). Die Abnahme eines Gebäudes (*probatio*) durch den Bauherrn kann in der Wendung *faciundum curavit idemque probavit* wiedergegeben werden. Öfter findet sich der Hinweis, daß der Bauträger die Kosten aus eigenem Vermögen bestritten habe (*sumptu suo, pecunia sua, de suo*), der durch die Angabe der konkreten Summe ergänzt werden kann. Von öffentlicher Hand errichtete Bauten werden durch den Vermerk *pecunia publica* gekennzeichnet. Die Gründe für einen Bau können genannt werden und sind oft durch eine Partizipialkonstruktion wie *vetustate corruptum, terrae motibus collapsum* an die Gebäudebezeichnung angeschlossen. Häufig genannte Gründe für eine Restaurierung oder einen Neubau (*a solo*) sind Schäden durch Alter, Feuer und Erdbeben (Schmidt [2004] 61).

In den römischen Elegien sind Bauinschriften nur in den Fasti mit zwei Beispielen vertreten. Beide gehören zu Tempeln und sind – außer der in verschiedener Hinsicht problematischen Vertumnus-Inschrift – die beiden einzigen eingelegten Inschriften, die ein außerliterarisches Pendant besitzen bzw. sehr wahrscheinlich besessen haben: Die in Ov. fast. 5,567–8 erwähnte Inschrift am Mars Ultor-Tempel wurde in Fragmenten gefunden und konnte weitgehend rekonstruiert werden (dazu unten S. 295f.), während die Identität des in fast. 6,209–12 erwähnten, mit einer Bauinschrift Sullas versehenen Herculestempels umstritten ist, ohne daß jedoch die Existenz des Heiligtums selbst in Zweifel gezogen wird (es handelt sich entweder um einen eigenen, archäologisch bisher nicht nachgewiesenen Hercules Custos-Tempel, oder es ist der Tempel des Hercules Musagetes gemeint, s. dazu unten S. 310–1).

2.4 Ehreninschriften (tituli honorarii)

Die Bezeichnung ‚Ehreninschriften' im engeren Sinn wird traditionell für Inschriften auf den Basen von Statuen oder auf Ehrenmalen verwendet, die von einem Gemeinwesen, einem Regenten oder einer Vereinigung von Personen für verdiente Individuen aufgestellt wurden.[60] Die Bezeichnung ‚Ehreninschriften' ist allerdings nicht recht befriedigend, da auch auf Bau- oder Grabinschriften die Ehrung der genannten Personen ein zentrales Anliegen sein kann.[61] Die Bezeichnung wird hier dennoch beibehalten, weil sie eine Trennung nach dem primären Anliegen (Bezeichnung des Grabes vs. Ehrung einer Person) und eine Trennung nach dem primären Kontext erlaubt (bei Grabinschriften primär Anbindung an die Familie und Freunde, bei Ehreninschriften primär Anbindung an das Gemeinwesen und die Öffentlichkeit).

Die römische Ehreninschrift beginnt gewöhnlich mit der Nennung der geehrten Person (im Nominativ oder Dativ), sodann werden die Ämter (*cursus honorum*, ggf. in Auswahl) und die Taten (*res gestae*) aufgeführt.

Eine eingelegte ‚Ehreninschrift' findet sich in den Elegien nur einmal, und dabei handelt es sich um einen Sonderfall. Im zweiten Heroidesbrief stellt Phyllis ihrem untreuen Geliebten Demophoon vor Augen, wie kurz und beschämend die Inschrift auf der Ehrenstatue ausfallen werde, die ihm die Athener einst im Zentrum der Stadt errichten würden: sie werde als einzige ‚Heldentat' die betrügerische ‚Überwindung' seiner Geliebten verzeichnen. Die Inschrift, die außer dem deiktischen *Hic est* keine Ähnlichkeit zu historischen Ehreninschriften auf Statuenbasen zeigt, kontrastiert in Phyllis' Imagination unvorteilhaft mit den Elogien der benachbarten Standbilder für andere Mitglieder der Herrscherfamilie. Von

[60] Zu den Ehrenstatuen der römischen Republik s. SEHLMEYER (1999).

[61] Plinius berichtet, man habe Ehrenstatuen aufgestellt, damit das Andenken und die Ehrenämter der Personen nicht nur auf Grabsteinen gelesen würden, Plin. nat. 34,17: *Et in omnium municipiorum foris statuae ornamentum esse coepere prorogarique memoria hominum et honores legendi aevo basibus inscribi, ne in sepulcris tantum legerentur.*

diesen wird exemplarisch die Inschrift für die Statue von Demophoons Vater Theseus zusammengefaßt, allerdings ohne wörtlich zitiert zu werden.

Ehreninschriften erscheinen sonst nur noch in den Fasti, werden aber ebenfalls nicht wörtlich zitiert. Bei der Beschreibung des Augustusforums streift Ovid kurz die Elogien,[62] die dort auf den Basen der Ehrenstatuen berühmter Männer angebracht waren. Fragmente einiger dieser Inschriften sind bei Ausgrabungen auf dem Augustusforum gefunden worden, so daß wir uns ein Bild von ihrem Aufbau und Inhalt machen können. Die Elogien gehören nicht zum primären Gegenstand dieser Untersuchung, da sie in der Elegie nicht wörtlich wiedergegeben werden. Sie kommen aber im Zusammenhang mit der Bauinschrift am Mars Ultor-Tempel kurz zur Sprache, weil dessen Bauprogramm eng mit dem ihn umgebenden Augustusforum verknüpft ist.

2.5 *Graffiti und Dipinti (tituli scarifati, tituli picti)*

Die Begriffe ‚Graffiti' und ‚Dipinti' bezeichnen eine disparate Gruppe von Inschriften. Graffiti sind Inschriften, die spontan in ein gerade zur Verfügung stehendes Material eingeritzt werden. Die Mehrzahl der heute bekannten römischen Graffiti stammt aus den Vesuvstädten und reicht von einfachen Beischriften zu Ritzzeichnungen bis zu (mehr oder weniger gelungenen) metrischen Inschriften. Ein bekanntes Beispiel ist z.B. das pompejanische Epigramm über den Siegelring, das einen auch bei Ovid vorkommenden Gedanken ausdrückt.[63] Dipinti ist demgegenüber eine Sammelbezeichnung für Inschriften, die nicht eingeritzt oder eingemeißelt, sondern auf eine Oberfläche gemalt werden. Dazu können spontane Äußerungen ebenso gehören wie sorgfältig geplante Nachrichten (ein bekanntes Beispiel sind die mit Farbe auf die Hauswände aufgetragenen Wahlaufrufe in Pompeji, als *tituli picti* werden aber auch gemalte Inschriften auf Amphoren u.ä. bezeichnet). In den römischen Elegien erscheinen nur Beispiele für spontan ange-

[62] Der Begriff *elogium* wurde in der Antike nur für Grabinschriften auf Ehrengräbern verwendet. In der modernen Epigraphik bezeichnet er eine eigene Klasse von posthum angebrachten Ehreninschriften auf Statuen oder anderen Ehrenmalen.

[63] CIL IV 1698: *Vellem essem gemma hora nona, melius una, / ut tibi signanti oscula missa darem.* Vgl. Ov. am. 2,15,9–18.

brachte Dipinti. Sie werden in dieser Studie mit den Graffiti zusammengefaßt.

Für diese Inschriftengruppen besitzen wir in den Elegien fünf wenigstens teilweise wörtlich zitierte Beispiele. Eines stammt aus dem Werk des Properz, die anderen vier von Ovid (drei davon aus den Heroides, eines aus den Fasti).[64] Alle gehören nach der oben eingeführten Klassifikation zu den fiktiven Inschriften. Dies erklärt sich aus der typischen Spontaneität: Die elegischen Sprecher malen sich diese Inschriften (im Gegensatz etwa zu den aus einem Gelöbnis hervorgegangenen Weihinschriften) nicht im Vorfeld aus.

[64] Die Stellen sind oben S. 10 Anm. 28 aufgeführt.

3. Die eingelegten Inschriften und die Frage des ‚Gedächnisses'

3.1 *Forschungsansätze*

In den bisher vorgestellten Forschungsansätzen sowie den literarischen und außerliterarischen Zeugnissen ist bereits der Gedanke der Öffentlichkeit von Inschriften sowie ihre Funktion als Nachrichtenträger zur Sprache gekommen. Inschriften, die bewußt auf dauerhaftem Material angebracht werden, bezeugen die Hoffnung der Auftraggeber, daß die darin enthaltene Botschaft bei der Nachwelt nicht in Vergessenheit geraten werde.[1] Wenn dem Text, wie es bei den in die Elegien eingelegten Inschriften häufig vorkommt, ein raffiniertes intertextuelles Spiel zugrundeliegt, setzt die Lektüre zudem beim Leser literarische Kenntnisse und damit eine präzise Erinnerungsfähigkeit voraus. Um ein literarisches Spiel sinnvoll einsetzen zu können, muß der Dichter darauf vertrauen, daß nicht nur einzelne Personen, sondern ein substantieller Teil seiner Leserschaft diese literarische Vorbildung besitzt, zum Beispiel, weil die betreffenden Vorlagen (wie Vergils Aeneis) in der Gesellschaft breites Ansehen genießen und/oder in institutionalisierter Form (z.B. im Schulunterricht) weitergegeben werden. Die Inschrift kann also nicht nur dazu beitragen, daß bestimmte Inhalte in das individuelle Gedächtnis des Lesers übernommen werden, sondern sie kann unter bestimmten Voraussetzungen und bei entsprechender Gestal-

[1] Dieses Denken zeigt sich besonders gut bei Inschriften, die die lokale Geschichte einer Stadt oder eines Ortes festhalten und dabei je nach Anbringungsort auf verschiedene Leserschaften zielen können, s. z.B. Chiai (2013) zu Inschriften aus hellenistischer und römischer Zeit, die entweder für alle Passanten sichtbar die lokalen Traditionen verewigen, oder, als religiöse Inschriften im Tempelbezirk, die Geschichte des Kults für seine Anhänger festhalten. Gelegentlich äußern sich die Verfasser von Inschriften ausdrücklich zu ihren Motiven, so etwa Diogenes von Oinoanda, der die Lehren Epikurs in die Wand einer öffentlichen Stoa eingraben ließ, um seinen Mitbürgern und auch späteren Zeitgenossen dadurch zu nützen. Dazu Hammerstaedt (2006) 7–11 (mit einer Diskussion der umstrittenen Reihenfolge der Fragmente) und Grilli (2005).

tung auch gezielt bereits vorhandene Gedächtnisinhalte beim Leser aktivieren, die dann die Lektüre beeinflussen. Wegen der großen Bedeutung, die Fragen des Gedächtnisses gerade für Inschriften besitzen, soll dieser Themenkomplex in der vorliegenden Studie in angemessener Form berücksichtigt werden. Aus den Besonderheiten des Untersuchungsgegenstands ergibt sich allerdings, daß dieser Ansatz nicht für alle in die Elegien eingefügten Inschriften gleichermaßen aussichtsreich ist. Der Text der Elegien geht selten direkt auf Fragen des Gedächtnisses (*memoria*) ein. Bei den imaginierten Inschriften läßt sich oft nur aufgrund der Tatsache, daß die entsprechende Person überhaupt an eine Inschrift denkt, darauf schließen, daß eine Form des Gedächtnisses erwünscht ist, doch muß erst die Analyse in jedem Einzelfall zeigen, wie spezifisch diese Vorstellungen sind. Im Folgenden sollen kurz einige wichtige Aspekte der Fragestellung vorgestellt werden, die die philologische Untersuchung der eingefügten Inschriften bereichern können.

Die Weitergabe von Erinnerungen und ihre identitätsstiftende Wirkung hat in den vergangenen Jahren sowohl in der Forschung als auch in der breiten Öffentlichkeit verstärkt Interesse gefunden. Verschiedene Faktoren scheinen dabei eine Rolle zu spielen:[2]

[2] Die neueren Studien zur *memoria* allgemein und speziell zur römischen Erinnerungskultur sind sehr zahlreich und können hier nicht einzeln aufgeführt werden. Einen Überblick über die Forschungsrichtungen und die verschiedenen Theorien bieten Oesterle (2005) und Šubrt/Pfeiferová (2013). Von althistorischer Seite untersucht z.B. Walter (2004) die „Geschichtskultur" des republikanischen Rom, während Gowing (2005) dasselbe Thema und dieselbe Epoche aus philologischer Perspektive beleuchtet. Archäologisch ausgerichtet ist die Studie von Corbier (2006), s. dort bes. die Einleitung „Le monument et la mémoire", S. 9–50. Häufig untersucht wird in jüngerer Zeit die an sogenannte „Erinnerungsräume" gebundene oder durch sie aktualisierte *memoria*, vgl. die von Stein-Hölkeskamp/Hölkeskamp herausgegebenen Sammelbände zu Erinnerungsorten der römischen (2006) und der griechischen Welt (2010) sowie die von Behrwald/Witschel (2012) besorgten Kolloquiumsakten zur Erinnerung im städtischen Raum des spätantike Rom. Zu Inschriften und Gedächtnis bei Homer s. Scodel (1992). Auch zahlreiche andere geisteswissenschaftliche Disziplinen (auch solche, die nicht primär altertumskundlich oder historisch ausgerichtet sind) zeigen Interesse an Fragen des Gedächtnisses. So widmet das Anthropological Yearbook of European Cultures den Jahrgang 2006 ausschließlich dem Thema „Anthropological Perspectives on Social Memory". Soziologische Perspektiven von Erinnern und Vergessen betrachtet der von R. Lehmann, F. Ochsner und G. Sebald (2013) herausgegebene Sammelband „Formen und Funktionen sozialen Erinnerns". Eine Zusammenfassung möglicher Faktoren für diese weitverbreitete Aufmerksamkeit mit weiterführender Literatur bei Erll (2011) 3–4.

- Neue Medien: Die veränderte Medientechnik erlaubt die Speicherung von Daten und historischen Zeugnissen in einem bisher ungekannten Ausmaß. Ihre Auswertung und Filterung ist ein Problem, auf das neue Antworten gefunden werden müssen. Zudem haben relativ neue Medien wie der Film dazu beigetragen, daß eine bestimmte Darstellung historischer Ereignisse von einem Massenpublikum rezipiert und bewertet wird. Die Diskussionen z.B. um die Präsentation der jüngeren Geschichte im Spielfilm haben einer breiten Öffentlichkeit bewußt gemacht, daß auch scheinbar der ‚historischen Wahrheit‘ verpflichtete Geschichtsdarstellungen stets vom Autor gefärbt sind.
- Historische Umbrüche: In Europa und den USA haben sich in den vergangenen Jahren durch das Ende des Kalten Krieges, die zunehmende Konfrontation mit dem arabischen Kulturraum und das Verschwinden der Zeitzeugen des Zweiten Weltkriegs historische Umbrüche ereignet, die zur Reflexion über das eigene Geschichtsbild auffordern.

Auch die Erinnerungen von Einzelpersonen spielen gegenwärtig eine besondere Rolle in der Gedächtnisdebatte. In Deutschland und den USA wird, um ein prominentes Beispiel zu nennen, gegenwärtig mit zunehmender Dringlichkeit die Frage gestellt, wie die Erinnerung an den Nationalsozialismus und den Zweiten Weltkrieg weitergegeben werden kann, wenn in absehbarer Zeit keine Augenzeugen mehr leben werden. Gleichzeitig haben sich sowohl in Deutschland wie in den USA nichtstaatliche Organisationen um die Errichtung von markanten Denkmälern bemüht: In Deutschland wurde das Holocaustmahnmal im politischen Zentrum Berlins eingeweiht. In Washington erhielten die Veteranen des Zweiten Weltkriegs im Jahr 2004 an einem hervorgehobenen Platz auf der National Mall, wo zuvor schon die Veteranen des Korea- und des Vietnamkriegs verewigt worden waren, ein aufwendiges Denkmal. In beiden Fällen war die Planung und Verwirklichung von langwierigen Diskussionen begleitet, die sich an der Darstellung der Ereignisse, den Auftraggebern, der intendierten Zielgruppe und der Effektivität bei der Weitergabe der Erinnerungen entzündeten.[3] Die relativ späte Errichtung dieser offiziellen, jeweils an das politische Zentrum des Staates und an andere zentrale Erinnerungsorte

[3] Die Initiative zum Bau des amerikanischen Veteranendenkmals begann 1987. Die Ratifizierung durch den Kongreß dauerte sechs, die Planung weitere sieben Jahre.

des Landes angebundenen Mahnmale läßt auf die Komplexität und die Brisanz schließen, die das Denkmal in der deutschen bzw. amerikanischen Öffentlichkeit besitzt.

Die moderne geisteswissenschaftliche Erforschung des Gedächtnisses und der Erinnerung (sowie des Vergessens) bemüht sich, die unterschiedlichen Erinnerungsformen, von denen hier nur einige Beispiele genannt werden konnten, zu beschreiben und in ihren sozialen und kulturellen Kontext einzuordnen. Die Grundlagen für diese Forschungsrichtung wurden durch M. Halbwachs und A. Warburg gelegt. In seiner 1925 erschienen Studie „Les cadres sociaux de la mémoire" („Das Gedächtnis und seine sozialen Bedingungen") prägte Halbwachs den Begriff „mémoire collective", den er in der 1950 (posthum und unvollständig erschienenen) Monographie „La mémoire collective" verfeinerte. In Abgrenzung von Freud, der persönliche Erinnerungen als ein individuelles Phänomen ansah, definierte Halbwachs auch private Gedächtnisinhalte als kollektive Erscheinung. Ohne Rückgriff auf den sozialen Bezugsrahmen (d.h. auf andere Menschen, denen wir unsere Sprachfertigkeiten und soziale Kompetenz verdanken, und mit denen wir uns austauschen) sind demnach keine individuellen Erinnerungen möglich. Der soziale Rahmen vermittelt dem Individuum auch eine Raum- und Zeitvorstellung, die es mit anderen Menschen seiner Umgebung teilt, und etabliert Denkschemata, die ihm helfen, persönliche Erlebnisse in Bezug zu diesen Raum- und Zeitvorstellungen zu setzen. „All jene Vorgänge organischer, medialer und institutioneller Art, denen Bedeutung bei der wechselseitigen Beeinflussung von Vergangenem und Gegenwärtigem in soziokulturellen Kontexten zukommt" (Erll, [2011] 6) werden als ‚kollektives Gedächtnis' bezeichnet. Individuell sind danach die Inhalte der Erinnerung, kollektiv ist die Art und Weise, in der das Individuum diese Inhalte – bedingt durch seine Gruppenzugehörigkeit – kombiniert und bewahrt. Wenn mehrere Gruppen zusammenleben, können daher auch unterschiedliche Formen kollektiven Gedächtnisses zeitgleich nebeneinander existieren.[4] Individuelles Gedächtnis und kollektives Gedächtnis stehen miteinander in Wechselwirkung:[5] Das kollektive Gedächtnis existiert nicht unabhängig von Einzelpersonen,

[4] S. Halbwachs (1947 [1996]) 46.

[5] Fentress/Wickham bezeichnen in ihrer 1992 erschienenen einflußreichen Studie „Social Memory" das kollektive Gedächtnis als „cluster of mental acts" (S. 15).

sondern muß erst aus den Äußerungen von Individuen erschlossen werden.[6]

Nach HALBWACHS gibt es verschiedene Spielarten des kollektiven Gedächtnisses (z.B. das Familiengedächtnis, das Gedächtnis von Religionsgemeinschaften oder sozialen Schichten). Relevant sind für diese Gedächtnisse nicht nur die Ereignisse der Vergangenheit (d.h. die ‚Geschichte'), sondern auch die gegenwärtigen Bedürfnisse der Gruppe. Gruppengedächtnisse können z.B. identitätsstiftend wirken.[7] Zur Vermittlung dieser Gedächtnisinhalte dienen neben der alltäglichen Kommunikation und der ritualisierten Kommunikation auch Monumente, denen sich HALBWACHS in einer späteren Schaffensphase zuwandte (vgl. z.B. die 1941 veröffentlichte Studie „La topographie légendaire des Évangelies en Terre Sainte").

Einen anderen Ansatz verfolgt der Kunsthistoriker A. WARBURG, ein Zeitgenosse von M. HALBWACHS, mit seiner Theorie der Mnemosyne. WARBURG beobachtete die Wiederkehr künstlerischer Formen, z.B. eine besondere Darstellung emotionaler Gebärden, in der bildenden Kunst der Antike und der Renaissance. Diese Darstellungsform von Emotionen bezeichnet WARBURG als „Pathosformeln" und deutet sie als kulturelle „Engramme", die bestimmte Gedächtnisinhalte aufbewahren und sie unter anderen historischen Umständen wieder freisetzen (wie dies z.B. in der Antikenrezeption der Renaissance sichtbar wird).[8] Um mit dem Erbe der Vergangenheit verantwortlich umgehen zu können, muß der Künstler nach WARBURG „künstlerische Sophrosyne" besitzen, die es ihm ermöglicht, seinen Gegenstand anzunehmen und zugleich eine gesunde Distanz zu ihm zu wahren. WARBURG stellt nicht Sprache und Text, sondern die bildliche Darstellung in den Mittelpunkt seiner Untersuchungen und spricht deshalb speziell von einem „kollektiven Bildgedächtnis", das er gelegentlich auch als „soziales Gedächtnis" bezeichnet.

WARBURGS Theorie besitzt zwar den Vorteil, daß sie sich stark an Monumenten und bildlichen Darstellungen orientiert, die auch im Umfeld einiger hier behandelter Inschriften eine Rolle spielen.

[6] S. HALBWACHS (1939), bes. 818.

[7] Diese Beobachtung ist ein Vorläufer des Schlagworts vom „Konstruieren der Wirklichkeit" aus dem radikalen Konstruktivismus der siebziger Jahre. S. ERLL (2011) 16f.

[8] S. dazu die Einleitung zu WARBURGS „Bilderatlas Mnemosyne" (^{4}2012).

Die meisten in die Elegie eingefügten Inschriften kommen allerdings ohne eine nähere Beschreibung des Denkmals aus, so daß eine primär auf Bilder gestützte Theorie keinen vielversprechenden Interpretationsansatz bietet. Außerdem gilt sein Augenmerk in erster Linie der Aneignung bereits vorhandener Kunstwerke durch die Menschen späterer Zeiten, während die in Elegien eingelegten Inschriften sich mit wenigen Ausnahmen auf (in der erzählten Welt) gerade erst errichtete oder gar nur imaginierte Monumente beziehen.

Vielversprechender ist der kulturwissenschaftliche Ansatz von Jan und Aleida Assmann, der die von Halbwachs geprägte Begrifflichkeit präzisiert und ausbaut. J. Assmann unterscheidet zwischen „kommunikativem Gedächtnis“ und „kulturellem Gedächtnis“.[9] Das kommunikative Gedächtnis wird durch den alltäglichen Gedankenaustausch von Menschen bestimmt. Es enthält die geschichtlichen Erfahrungen der Zeitgenossen, ist wenig geformt und veränderlich. Das kulturelle Gedächtnis dagegen betrifft die „mythische Urgeschichte“ einer Gruppe, die in einer „absoluten Vergangenheit“ liegt. Die Weitergabe dieser Überlieferung ist stark geformt bzw. ritualisiert (ein von Assmann zitiertes Beispiel ist die Erinnerung an den Auszug aus Ägypten, die im Rahmen des ritualisierten jüdischen Sedermahls weitergegeben wird). Assmann (1988) 15 selbst gibt folgende Definition:

[9] Assmann (1992) bes. 50–56. In der angelsächsischen Forschung werden für dasselbe Phänomen auch die Begriffe „social memory“ (Fentress/Wickham [1992]) und, als älterer Terminus, im Anschluß an Halbwachs, „collective memory“ (Thomas [1989]) verwendet. Eine kritische Analyse von Assmanns Theorien, insbesondere von deren Anwendung auf die deutsche Nachkriegsgeschichte, bei Siebeck (2013). Zu ihren Kritikpunkten gehört, daß die von Assmann angenommenen „Wir-Gruppen“ postuliert werden, ohne daß empirisch erwiesen sei, um wen es sich konkret handle (ebd. S. 80). Zudem sei der für Assmann zentrale Begriff der ‚Stadt‘ „von Beginn an [...] nicht als polyvalenter und multifunktionaler Raum mit einer jeweils spezifischen Geschichte sozialer und kultureller Aushandlungsprozesse begriffen, sondern als immer schon kollektiv identitärer und seinem Wesen nach transhistorischer, wenn nicht metaphysischer (‚kosmischer‘) Raum definiert“ (ebd. S. 60). Insgesamt führten Assmanns Theorien zu einer „diskursiven Stillegung“ (ebd. S. 75). Für die Analyse der *memoria* in der lateinischen Literatur ist die von Assmann entwickelte Begrifflichkeit dennoch – mit der gebotenen Vorsicht – durchaus nützlich, da hier gerade Begriffe wie ‚Stadt‘ (*urbs*) und *memoria* unzweifelhaft mit einer Bedeutung aufgeladen sind, die es zu erkennen und zu berücksichtigen gilt.

„Unter dem Begriff kulturelles Gedächtnis fassen wir den jeder Gesellschaft und jeder Epoche eigentümlichen Bestand an Wiedergebrauchs-Texten, -Bildern und -Riten zusammen, in deren ‚Pflege' sie ihr Selbstbild stabilisiert und vermittelt, ein kollektiv geteiltes Wissen vorzugsweise (aber nicht ausschließlich) über die Vergangenheit, auf das eine Gruppe ihr Bewußtsein von Einheit und Eigenart stützt."

Das Augenmerk liegt bei dieser Auffassung vom kulturellen Gedächtnis auf den gruppendynamischen Funktionen der Erinnerungen. Zwei Kriterien sind für die Definition des kulturellen Gedächtnisses entscheidend:

1) seine Inhalte werden durch Kommunikation von Mensch zu Mensch weitergegeben;
2) seine Inhalte besitzen Bedeutung für das Selbstbild der jeweiligen Gruppe.

Wie groß und anhaltend diese Bedeutung ist, zeigt sich oft erst in einigem zeitlichen Abstand zu dem erinnerten Ereignis und wird von den politischen und historischen Umständen mitbestimmt.

Da die Herausbildung des kulturellen Gedächtnisses ein langsamer Prozeß ist, untersuchen die meisten Studien zum Thema keine gegenwärtigen Ereignisse und deren mögliche Auswirkungen in der Zukunft, sondern das Bild, das sich eine bestimmte Gruppe von einem in der Vergangenheit liegenden Ereignis macht, d.h. Fälle, bei denen bereits ein ausgebildetes kulturelles Gedächtnis vorliegt. Aus diesem Grund sind diese Ansätze für die in die römischen Liebeselegien eingelegten Inschriften nur bedingt geeignet. Mit wenigen Ausnahmen sind diese Inschriften in der erzählten Welt keine Zeugnisse der Vergangenheit, sondern beziehen sich auf Gegenwart oder Zukunft. Der Wunsch nach Öffentlichkeitswirkung und damit nach Gedenken läßt sich in den meisten Fällen nur daraus erschließen, daß der elegische Charakter gerade eine Inschrift zur Mitteilung des Ereignisses wählt. Die Öffentlichkeit einer Inschrift impliziert auch eine ‚soziale' Komponente (sie ist auf ein lesendes Publikum ausgerichtet) und erfüllt daher das erste Kriterium für die Definition des ‚kulturellen Gedächtnisses'. Oft ist aber nicht einmal sicher, wie weit die Inschrift tatsächlich ‚öffentlich' sein soll. In den Heroides beispielsweise sind die Texte der von den Schreiberinnen imaginierten Epitaphe in einen privaten Brief eingelegt – der primäre Adressat ist hier also nicht ‚die Öffentlichkeit' der erzählten Welt, sondern der Geliebte, an den der Brief gerichtet ist. Gruppendynamische Prozesse lassen sich in diesen Fällen oft nicht in der erzählten Welt beobachten, in der es sich um die private Kommunikation eines Paares handelt, sondern auf der Ebene des zeitgenössischen römischen Lesepublikums, zum Beispiel wenn die Inschrift – wie im Fall des Didoepitaphs – eine Geschichtssicht vermittelt, die das Selbstbild der augusteischen Gesellschaft stützt. Wir benötigen daher eine Terminologie, die es ermöglicht, zwischen den ‚Erinnerungen' einer Einzelperson und dem kulturellen Gedächtnis zu unterscheiden.

Einen Ansatz bietet A. Assmanns Terminologie. Assmann (2002) unterscheidet vier Formen des Gedächtnisses:

1. Das „individuelle Gedächtnis" umfaßt die Erinnerungen einer Einzelperson. Nach Assmann sind folgende Eigenschaften für diese Ebene des Gedächtnisses charakteristisch:
   Die Erinnerungen sind perspektivisch. Sie lassen sich nicht austauschen und nicht auf andere Personen übertragen.
   Die Erinnerungen sind fragmentarisch und beziehen sich auf unverbundene Momente, die erst nachträglich durch eine Erzählung zu einem Ganzen verbunden werden.
   Die Erinnerungen sind flüchtig und können im Laufe des Lebens verblassen oder verlorengehen. Am besten werden solche Erinnerungen bewahrt, die in Erzählungen eingebettet sind und mehrfach wiederholt werden.
   Obwohl individuelle Erinnerungen auf eine Einzelperson bezogen sind, sind sie mit den Erinnerungen anderer Personen verbunden. Individuelle Erinnerungen können einander bestätigen und so gemeinschaftsbildend wirken.
   Das individuelle Gedächtnis ist auf einen Zeitraum von ungefähr 80–100 Jahren beschränkt – den Zeitraum, in dem maximal drei bis fünf Generationen gleichzeitig existieren und durch Erfahrungen und Erzählungen eine lebendige Erfahrungs-, Erinnerungs- und Erzählgemeinschaft bilden. Später löst sich der lebendige Erinnerungsbezug auf, auch wenn materielle Andenken an frühere Ereignisse vorhanden sind.
2. Das „soziale Gedächtnis" beschreibt in Assmanns Terminologie die Erinnerungsinhalte aus eigenem Erleben, die ein Individuum mit anderen Menschen seiner näheren Umgebung (z. B. seiner Stadt) und seiner Altersgruppe teilt. Diese Erinnerungsinhalte verschieben sich von Generation zu Generation und können gleichsam als ‚Kurzzeitgedächtnis' einer Gesellschaft betrachtet werden.

3. Das „kollektive Gedächtnis" bezeichnet Erinnerungen, die von Institutionen und Körperschaften mit Hilfe institutionalisierter ‚Hilfsmittel' (z.B. Texte, Bilder, Denkmäler) gepflegt und an künftige Generationen weitergegeben werden und zur Identitätsstiftung dieser Institutionen dienen. Da Institutionen kein Gedächtnis im biologischen Sinn besitzen, müssen solche Erinnerungen erst geschaffen werden: Es handelt sich in ASSMANNS Terminologie um ein „Gedächtnis des Willens". Einzelne Mitglieder der Gruppe werden auf die so festgelegten Gedächtnisinhalte eingeschworen und dadurch zu Trägern des kollektiven Gedächtnisses gemacht.
4. Das „kulturelle Gedächtnis" ist in ASSMANNS Theorie oberhalb des kollektiven Gedächtnisses angesiedelt und bezieht sich auf das Wissen, die Erfahrungen und Erlebnisse einer Gesellschaft, die mit Hilfe externer Datenträger systematisch gesammelt und gespeichert werden. In der Regel fällt diese Aufgabe Museen und Archiven zu. Es handelt sich gleichsam um einen ‚passiven' Vorrat von Gedächtnisinhalten.

Das kulturelle Gedächtnis läßt sich in das Speicher- und das Funktionsgedächtnis unterteilen. Während der erste Begriff Inhalte bezeichnet, die für eine spätere Nutzung ‚ausgelagert' wurden und (dauerhaft oder vorübergehend) im allgemeinen Bewußtsein nicht mehr präsent sind, bezieht sich das Funktionsgedächtnis auf Inhalte, die durch Kanonisierung gegen das Fremdwerden und Vergessen besonders geschützt sind. Solche Gedächtnisinhalte schlagen sich z.B. in den Lehrplänen der Schulen oder den Spielplänen von Theatern nieder.

Die Übergänge zwischen dem Speicher- und dem Funktionsgedächtnis sind durchlässig. Inhalte des Speichergedächtnisses können reaktiviert und in das Funktionsgedächtnis übernommen werden, wenn sie als relevant empfunden und von einer ausreichend großen Bevölkerungsgruppe rezipiert werden. So löste z.B. die von Felix Mendelssohn-Bartholdy angeregte Wiederaufführung der Matthäuspassion im Jahre 1829 eine Bach-Renaissance aus, die bis heute anhält. Umgekehrt können Gedächtnisinhalte in das Speichergedächtnis absinken, wenn sie als irrelevant eingestuft werden. Dies geschah z.B. mit dem Sophonisba-Stoff, einem über Jahrhunderte in Literatur, Theater und Malerei beliebten Thema, das heute aus dem Funktionsgedächtnis verschwunden ist, so daß in der Regel nur Fachleute den Namen Sophonisba einordnen können.

3.2 Elegie, Inschrift und Gedächtnis

Die römische Elegie bewegt sich im Spannungsfeld zwischen Privatsphäre und Öffentlichkeit. Während im Epos das Streben nach Ruhm (*gloria*, κλέος) das zentrale Anliegen des Dichters bildet, der die von ihm beschriebenen Personen und Ereignisse mit Hilfe des Gedichts möglichst über die Grenzen der eigenen Heimat und der eigenen Lebenszeit hinaus bekanntmachen möchte, so gibt der elegische Schreiber oftmals vor, eine private Unterredung mit seinem Adressaten zu führen, die nicht an die Ohren der Außenwelt dringen dürfe. In Ov. trist. 1,7,5 rät der verbannte Dichter z.B. einem Freund in Rom, sich nicht anmerken zu lassen, daß die in Briefform gehaltene Elegie an ihn gerichtet sei. Wie bei den meisten Exilgedichten fehlt hier der Name der angeredeten Person: „By withholding the name Ovid draws attention to the double nature of his poems as at once public documents and private or even covert communications" (Oliensis [1997] 174).

In der Ars amatoria, einer neuartigen Mischung aus Elegie und Lehrgedicht, wird dieser Gegensatz spielerisch so weit getrieben, daß der Sprecher einerseits die Liebeswerbung mit der Fallenstellerei vergleicht:[10] Geheimhaltung der entsprechenden Künste, so scheint es, ist eine Voraussetzung für den Erfolg. Andererseits setzt die Präsentation der Ars als ‚Lehrgedicht' allgemeine Zugänglichkeit und Bekanntheit des Werks voraus. Der Liebeslehrer verlangt sogar am Ende des zweiten und dritten Buchs, seine Schüler und Schülerinnen sollten ihre künftigen Erfolge mit der Inschrift *Naso magister erat* kennzeichnen: Hier steht die öffentliche Ehrung des Lehrers und seines Werks im Vordergrund.[11]

In der Tat hindert die vorgebliche Intimität den elegischen Sprecher nicht, dem Adressaten, gleichsam als ein Beiprodukt seines Gedichts, Ruhm durch seine Lieder zu versprechen. Typischerweise ist dieses Versprechen jedoch nicht auf das gerade vorliegende Gedicht bezogen, so daß wenigstens innerhalb der einzelnen Elegie die Fiktion der Intimität gewahrt bleibt. Wenn Ovid seiner Frau in trist. 5,14 verspricht, sie werde durch seine Werke Ruhm erlangen, so spricht er allgemein von *libelli*, die die vorliegende Elegie einschließen, sie aber nicht besonders hervorheben. Anders als epische

[10] S. z.B. Ov. ars 1,45: *scit bene venator cervis ubi retia tendat.*

[11] S. auch Ov. ars 2,734–5: *Me vatem celebrate, viri, mihi dicite laudes, / cantetur toto nomen in orbe meum!*

Erzähler definieren die elegischen Sprecher ihre Tätigkeit auch in diesem Zusammenhang nicht als ein ‚Besingen', d.h. ‚Beschreiben' von Personen oder Ereignissen, und sie erheben auch nicht den Anspruch, den Adressaten in göttlich inspirierter Weise zu verherrlichen, wie es die Epiker durch den Musenanruf tun. Dadurch erhält der Ruhm, der einer in den Elegien gefeierten Person zuteilwird, eine subjektive Färbung. Diese müßte sich folgerichtig auch auf die Inschriften erstrecken, die die elegischen Sprecher für ihre Geliebten errichten oder errichten wollen.

Dies wird durch einen kurzen Blick auf die griechische und römische Geschichtsschreibung bestätigt: Für die Historiker gehören Inschriften zu den wichtigen Zeugnissen der Vergangenheit. Thukydides überliefert Gesetzesbeschlüsse, die in Form einer Inschrift veröffentlicht wurden, um den mühsam erreichten Status quo für die Nachwelt zu sichern.[12] Pausanias notiert in seiner Beschreibung Griechenlands ebenfalls Inschriften auf Gebäuden, Gräbern, Denkmälern und Weihgaben, die er wenigstens zum Teil selbst gesehen habe.[13] Livius entscheidet sich in der umstrittenen Frage, ob A. Cornelius Cossus, als er die *spolia opima* im Tempel des Jupiter Feretrius weihte, Militärtribun oder Konsul gewesen sei, in Anlehnung an andere Autoren für die erste Lösung, berichtet aber, daß Augustus unter Berufung auf die Weihinschrift im Jupitertempel die zweite Theorie favorisierte (Liv. 4,20,5–7).[14] Tacitus führt eine Überlieferung an, nach der Odysseus auf seinen Irrfahrten nach Germanien gekommen sei, wo man einen mit seinem und dem Namen des Laertes beschrifteten Altar gefunden habe. Im Grenzgebiet zwischen Rätien und Germanien existierten zudem Denkmäler und Gräber mit griechischer Aufschrift. Obwohl Tacitus das Urteil über solche Berichte ausdrücklich seinem Leser überläßt, so wird doch deutlich, daß sie zumindest für einige Zeitgenossen Glaubwürdigkeit besaßen (Germ. 3). Sueton verweist auf erhaltene Bauinschriften aus der Zeit des Claudius, die (ebenso wie Bücher und Akten aus derselben Zeit) noch drei von dem Kaiser neu eingeführte Schriftzeichen ent-

[12] Zu den Inschriften bei Thukydides s. Bearzot (2003), zu Inschriften bei Herodot s. Fabiani (2003).

[13] Zu den Inschriften bei Pausanias vgl. Tzifopoulos (2013), Zizza (2006) und Wittaker (1991). Einige griechische Epigramme mit historischem Inhalt (insbesondere auf den Tod von Tyrannen) und ihren möglichen monumentalen Kontext diskutiert z.B. Friedländer (1938) 89–120.

[14] S. dazu Hartmann (2013) 46–7.

hielten, die sich aber nach dem Tod des Claudius nicht durchsetzen konnten.[15] Auch Quintilian verweist in seiner Institutio oratoria auf Inschriften, um die eine Zeitlang übliche, in seiner Gegenwart aber nicht mehr gebräuchliche übermäßige Verwendung des Hauchlautes ‚h' zu belegen (Quint. inst. 1,5,20: *erupit brevi tempore nimius usus, ut ‚choronae chenturiones praechones' adhuc quibusdam inscriptionibus maneant, qua de re Catulli nobile epigramma est*). In allen Fällen blickt der Erzähler auf ein historisches Geschehen zurück, das als vergangen gekennzeichnet ist und als dessen Zeugen Inschriften (neben anderen Belegen wie bildlichen Darstellungen, Schriftstücken und dem Augenzeugenbericht) dienen. Diese Funktion als Nachrichten aus der Vergangenheit bleibt auch dann erhalten, wenn der Wahrheitsgehalt oder zumindest die Deutung der Inschrift angezweifelt werden, etwa wenn Sueton die Angaben Plinius des Älteren zum Geburtsort Caligulas zurückweist und sie auf die fehlerhafte Deutung der von ihm zitierten Altarinschrift *ob Agrippiniae puerperium* zurückführt, die in der Nähe von Koblenz zu finden sei, Suet. Cal. 8,1,3: *nec Plini opinionem inscriptio arae quicquam adiuuerit, cum Agrippina bis in ea regione filias enixa sit, et qualiscumque partus sine ullo sexus discrimine puerperium uocetur, quod antiqui etiam puellas pueras, sicut et pueros puellos dictitarent.*[16] Zahlreich sind darüber hinaus die antiken und spätantiken Berichte über die Auffindung von Inschriften aus alter Zeit, die aus einem Orakelkontext stammen oder denen eine solche prophetische Qualität zugeschrieben wurde. Mit Hilfe eines solchen (wirklichen oder als wirklich ausgegebenen) Fundes, der in den Berichten nicht selten durch hinweisende Träume ermöglicht wird, konnte beispielsweise die Etablierung neuer Kulte legitimiert werden, wie es nach Cicero mit dem Fortuna-Orakel in Praeneste geschah (Cic. div. 2,85–6). Die Inschriften sind in diesen Fällen nicht nur Zeugen einer fernen Vergangenheit, sondern werden als auf die eigene Zeit bezogene Botschaften verstanden, die es zu deuten und mit entsprechenden Handlungen zu beantworten gilt. Auch in diesen Fällen ist jedoch das Alter der Inschrift der entscheidende Faktor: Erst dadurch, daß die Botschaft aus einer ande-

[15] Suet. Claud. 41,3: *novas etiam commentus est litteras tres* [. . .]. *de quarum ratione cum privatus adhuc volumen edidisset, mox princeps non difficulter optinuit ut in usu quoque promiscuo essent. extat talis scriptura in plerisque libris ac diurnis titulisque operum.*

[16] Zu Inschriften, deren Glaubwürdigkeit von antiken Autoren angezweifelt wird, s. Zadorojnyi (2013) 369–70; zu den Erwähnungen von Inschriften als Zeugnisse der Vergangenheit s. Langslow (2013).

ren Zeit stammt, kann sie etwa die Einrichtung neuer Kulte in der Gegenwart gleichsam in einen historischen, noch dazu durch die Auffindesituation religiös aufgeladenen Kontext stellen und ihnen damit die bedrohliche Neuartigkeit nehmen.[17]

In abgewandelter Form gilt diese Trennung zwischen der Gegenwart des Schreibers einerseits und der durch die Inschrift bezeugten Vergangenheit andererseits auch für Epigramme, die ohne rahmenden Text in Gedichtsammlungen überliefert sind. Wenn diese auf einen monumentalen Kontext hinweisen (z.B. durch Demonstrativpronomina in Weihinschriften oder durch typische Formeln in Epitaphen), so wird dem Leser der Sammlung damit suggeriert, daß das Gedicht ursprünglich nicht in seiner gegenwärtigen Form als Buchepigramm überliefert worden sei, sondern zu einem Gegenstand oder Denkmal gehört habe. Ob es sich bei diesen Hinweisen um glaubwürdige Informationen oder um eine literarische Spielerei handelt, ist für diesen Effekt zeitlicher Distanz nicht entscheidend: In beiden Fällen soll der Leser sich vorstellen, daß das ihm vorliegende Gedicht das Produkt einer anderen Zeit und eines anderen Ortes sei, und sich als Rezipient, nicht als Teil des im Epigramm beschriebenen Geschehens fühlen. Ein aufschlußreiches Beispiel für das oft komplexe Verhältnis zwischen einer Inschrift, ihrem monumentalen und literarischen Kontext und den Rezipienten bietet Ciceros Hinweis, er habe als junger Quaestor im Jahr 75 v.Chr. das Grab des Archimedes in der Nähe von Syrakus, dessen Existenz die Einwohner der Stadt längst vergessen hatten, dadurch wiederentdeckt, daß er die in dem (offenbar unabhängig von dem Monument überlieferten) Epitaph erwähnten Gegenstände – eine als Grabschmuck dienende Kugel und einen Zylinder – bei einer Inspektion der Nekropole gesucht und tatsächlich vorgefunden habe. Als das Grab von Gestrüpp befreit wurde, sei dann als endgültiger Beweis auch das Epigramm selbst zum Vorschein gekommen, bei dem allerdings die Versenden fast bis zur Hälfte verwittert gewesen seien (Cic. Tusc. 5,64–6). Cicero zitiert das Epigramm nicht wörtlich, läßt aber keinen Zweifel daran, daß die unabhängig vom Monument erfolgte Überlieferung der Verse für die Wiederentdeckung des Grabs (und für die Möglichkeit einer Restauration der Inschrift) entscheidende Bedeutung besaß. Die separat bewahrte Inschrift überbrückt hier die durch das Erlöschen der Lokalüberlie-

[17] Zum Phänomen solcher Inschriftenfunde s. Busine (2012).

ferung eingetretene Kluft zwischen Vergangenheit und Gegenwart und gibt der griechischen Stadt Syrakus einen sichtbaren Beweis ihrer Geschichte zurück.[18]

In den Elegien des Properz, Tibull und Ovid dagegen sind die meisten Inschriften nicht Zeugen einer fernen Vergangenheit, sondern wurden eben erst angebracht oder gehören sogar zu den Zukunftsplänen des Sprechers. Obwohl wir in zahlreichen Fällen Einblick in das Denken des Auftraggebers erhalten, gibt es kaum direkte Aussagen über die Gründe, die einen elegischen Charakter dazu bewegen, eine Inschrift anbringen zu lassen. Wenn die verstorbene Cynthia bei Properz oder der verbannte Dichter in Ovids Tristien, wie oben gezeigt, eine leicht lesbare Inschrift planen,[19] so geht daraus zwar der Wunsch nach einer Rezeption der Inschrift hervor, doch kann dieses Bestreben auch bei zahlreichen anderen Inschriften vorausgesetzt werden, vor allem, wenn sie an öffentlichen Plätzen angebracht werden. Über die tieferen Gründe (geht es *Naso* in seiner Grabinschrift z.B. mehr um den eigenen Nachruhm oder eher um eine Anklage gegen Augustus?) sagen solche Äußerungen letztlich wenig aus.

Einer der seltenen Fälle in der römischen Dichtung, in denen ein Charakter seine Beweggründe für die gewünschte Inschrift ausdrücklich nennt, stammt nicht aus einer Elegie, sondern aus dem Epos. Im zweiten Buch von Lucans Pharsalia eilt Marcia unmittelbar nach dem Tod ihres Ehemannes Hortensius in das Haus Catos zurück, mit dem sie in erster Ehe verheiratet gewesen war. Nachdem sie ihm mehrere Kinder geboren hatte, hatte Cato sie jedoch an den kinderlosen Hortensius gegeben, um ihm auf diesem Weg Nachkommen zu verschaffen. Nun sucht Marcia Cato auf, um ihn dazu zu bewegen, sie wieder als Ehefrau anzunehmen, selbst wenn dies bedeuten sollte, daß sie nur eine platonische Beziehung führen würden.[20] Recht unvermittelt kommt sie sodann auf ihre künftige

[18] Zugleich dient die Digression innerhalb der Tusculanen dazu, Ciceros eigene Vergangenheit als junger Quaestor mit der Erzählgegenwart zu verknüpfen (Tusc. 5,66: *Ita nobilissima Graeciae civitas, quondam vero etiam doctissima, sui civis unius acutissimi monumentum ignorasset, nisi ab homine Arpinate didicisset. Sed redeat, unde aberravit oratio*). Zur Funktion der Archimedeserzählung s. Jaeger (2002).

[19] Prop. 4,7,83–4: *hic carmen media dignum me scribe columna, / sed breve quod currens vector ab urbe legat*; Ov. trist. 3,3,71–2: *quosque legat versus oculo properante viator, / grandibus in tumuli marmore caede notis.*

[20] Lucan komprimiert an dieser Stelle den Ablauf der Ereignisse, um Pathos zu erzeugen. In Wirklichkeit war Hortensius bei Marcias Rückkehr zu Cato schon

Grabinschrift zu sprechen: Es möge erlaubt sein, auf ihren Grabstein die Worte *Catonis Marcia* zu schreiben, damit in ferner Zeit kein Zweifel darüber bestehen könne, ob sie ihren ersten Ehebund verlassen habe, weil sie verstoßen worden sei, oder weil man sie weitergegeben habe (Lucan. 2,343–5: *liceat tumulo scripsisse ‚Catonis / Marcia' nec dubium longo quaeratur in aevo / mutarim primas expulsa an tradita taedas*). Marcia betrachtet demnach die Grabinschrift als ein wirksames Mittel zur Selbstdarstellung, das seine Beweiskraft auch in späteren Generationen nicht einbüßen wird. Die dahinterstehende Logik ist zunächst einleuchtend: Wenn Cato, an den sich die Bitte richtet, bereit ist, seinen Namen auf dem Grabstein dauerhaft mit ihrem zu verbinden, so setzt dies voraus, daß er ihr wohlgesonnen ist und sie folglich auch nicht verstoßen hat. Für die Beweiskraft der Inschrift ist damit entscheidend, daß sie von Cato in Auftrag gegeben oder zumindest bewilligt wird. Für den künftigen Leser der Inschrift müßte Cato als Auftraggeber folglich erkennbar sein, auch wenn er in Marcias knapper, auf das Wesentliche konzentrierter Formulierung *Catonis Marcia* nicht ausdrücklich als solcher genannt wird. FANTHAM (1992) 139–43 hat auf die elegischen Züge dieses Szenarios aufmerksam gemacht, das u.a. Parallelen zu Didos Heroidesbrief aufweist. Wie Dido steht auch Marcia zwischen zwei Männern, von denen der eine bereits verstorben ist, und wie Dido reagiert sie auf das Dilemma, indem sie ihre persönliche Grabinschrift entwirft. Auch hier muß die Einzelanalyse zeigen, welche Erwägungen dabei jeweils eine Rolle spielen.

Besonders eng ist der Bezug zwischen Inschrift, Elegie und (kollektivem) Gedächtnis in Ovids Fasti. Der Dichter benennt sein Werk nach den *fasti*, dem römischen Kalender, der seit dem Ende des 2. Jahrhunderts v.Chr. in dem von M. Fulvius Nobilior erbauten Tempel des Hercules Musagetes inschriftlich angebracht war.[21] Im

mehrere Monate verstorben. Zum historischen Hintergrund der Wiederheirat, bei der auch politische Erwägungen eine Rolle gespielt haben dürften (Marcias Vater Philippus war mit Caesars Nichte Atia verheiratet und daher ein wertvoller Verbündeter für Cato, falls Caesar den Bürgerkrieg gewinnen sollte), s. CANTARELLA (2002), FANTHAM (1992) 140 und HARICH (1990).

[21] S. dazu Macrobius Sat. 1,12,16: *Fulvius Nobilior in fastis quos in aede Herculis Musarum posuit.* Zur Entwicklung der römischen Fasti allgemein vgl. RÜPKE (1995), zum Bezug zwischen Ovids Fasti und den archäologischen Zeugnissen SCHEID (1992/1993) und RÜPKE (1994), der darauf hinweist, daß Ovid in seinem Werk nicht die knappen Kalendereinträge der inschriftlichen Fasti, sondern die römischen Kalenderkommentare adaptiere.

Vergleich zu früheren Fassungen, die erstmals Ende des 4. Jh. v. Chr. nach der Reform des Flavius veröffentlicht worden waren, um den Zeitplan der Gerichtstage transparent zu machen (s. dazu Cic. Mur. 25; Liv. 9,46; Plin. nat. 33,17), bedeutete die neue Version eine Resakralisierung des Kalenders. Römische Generäle und später die Mitglieder des Kaiserhauses ließen die Weihdaten der von ihnen gestifteten Tempel ebenso eintragen wie die Jahrestage bedeutender politischer Ereignisse. Die *fasti* konnten so zusammen mit dem Bauprogramm zu einem Instrument der augusteischen Renaissance werden.[22]

In dem an Germanicus gerichteten Proöm zum ersten Buch der Fasti[23] hebt Ovid folgerichtig den Ruhm hervor, den ein Eintrag in diesen inschriftlichen Festkalender für ihn und seine Nachfahren bedeuten werde. Tatsächlich eignet sich die inschriftliche Fassung des römischen Kalenders jedoch nicht als Vorlage für eine Sammlung aitiologischer Erzählungen, wie sie Ovids Fasti darstellen. Die Einträge bestanden meist nur aus den Nundialbuchstaben, den Angaben zum Tagescharakter und gelegentlich einem Kürzel zur Bezeichnung spezifischer Ereignisse und Festtage, die so knapp gehalten waren, daß sich heute oft noch nicht einmal entscheiden läßt, welchem Gott der Feiertag gewidmet war.

Die Kürze der offiziellen *fasti* bietet Ovid zugleich einen eleganten Anlaß für seine Schilderung der aitiologischen Hintergründe der Feste und der damit verbundenen Riten. Weil verschiedene Erklärungen im Umlauf seien (was voraussetzt, daß die offizielle Kalenderversion entweder keinen Aufschluß gibt oder sich nicht als normatives Zeugnis durchsetzen kann), bestehe Bedarf an einer klärenden Darstellung. Dieser Zusammenhang wird allerdings nur vorsichtig angedeutet. Der Dichter hebt zwar oft hervor, daß die Ursprünge oder die Bedeutung eines Brauchs im Dunkeln liegen, doch geht er nicht direkt auf die hermetische Kürze des offiziellen Kalenders ein. Auf diese Weise vermeidet er den Eindruck, als wolle er mit seinem Gedicht auf die Unzulänglichkeiten der offiziellen *fasti* hinweisen. Die widerstreitenden Fassungen werden vielmehr der unzuverlässigen mündlichen Überlieferung oder dem unzureichenden Gedächtnis der Menschen zugeschrieben. Diese Diskrepanzen verspricht der Dichter in seiner Darstellung aufzulösen und

[22] S. dazu z. B. Rüpke (1995) und Pfaff-Reydellet (2009) 158.

[23] Zur Problematik der Umarbeitung der Fasti und speziell der Frage nach den Prooemien zu Buch 1 und 2 s. Green (2004) 15–25.

damit die Grundlage für ein einheitliches, kollektives Gedächtnis zu schaffen.

Warum die Klärung der Überlieferung – abgesehen von allgemeinem antiquarischem Interesse – erstrebenswert sei, sagt Ovid nicht. Die Fragestellung paßt jedoch in das Klima der augusteischen Epoche, in der das Kaiserhaus unter anderem darauf bedacht war, eine Version der römischen Vorgeschichte zu entwerfen, die die Herrschaft der eigenen Familie (als Nachfahren des Aeneas und damit der Göttin Venus) legitimierte. Im Rahmen dieses politisch-kulturellen Programms kam es sogar zur Neuschaffung von Sagenelementen entgegen einer bestehenden Tradition, wie z. B. der Vorstellung von einer Freundschaft zwischen Herakles und König Euander (außer Ovid bei Livius 1,7,10; Strabo 5,3,3; Dionys von Halikarnaß 1,42 und Vergil, Aen. 8,102–4).[24]

Daß er Teile seiner Erzählungen erfunden haben könnte, gesteht Ovid nicht ein. Doch fällt auf, daß die schriftliche Überlieferung bei der Darstellung der Feste eine untergeordnete Rolle spielt, obwohl der Dichter mehrfach das Quellenstudium erwähnt, das die Abfassung der Fasti begleitete (z. B. Ov. fast. 1,7–8 und 4,11–2). Statt dessen werden oft Gesprächspartner, vielfach Götter, eingeführt, die aus eigener Erinnerung über Details des fraglichen Festes Auskunft geben: Das individuelle Erleben und damit das individuelle Gedächtnis erlangen so in dem eigentlich antiquarisch ausgerichteten Werk einen hohen Stellenwert. Vor allem Götter können aufgrund ihres hohen Alters und ihres überlegenen Wissens auch solche Ereignisse als individuelles Erleben präsentieren, die sich in grauer Vorzeit abgespielt haben sollen. Schon die Beschreibung des Neujahrs wird durch ein Wechselgespräch mit dem Gott Janus legitimiert (fast. 1,89–281), wobei die Götterepiphanie eindrucksvoll das Buchstudium ablöst. Aber auch wenn der Gewährsmann eine menschliche Person ist, wird die Gültigkeit seiner Auskünfte selten in Frage gestellt, selbst wenn es sich um einen gänzlich Unbekannten handelt.

Der Dichter vermeidet so den Eindruck, als erwecke er künstlich einige längst aus dem allgemeinen Bewußtsein ‚ausgelagerte', allenfalls in Handbüchern ‚gespeicherte' kulturelle Gedächtnisinhalte zum Leben. Statt dessen suggeriert die Gesprächssituation die zeitliche Nähe der berichteten Aitia zum Publikum sowie ihre sach-

[24] S. dazu Bettenworth (2009).

liche Relevanz: Die Götter überbrücken in ihrer Person die Jahrhunderte. Statt (in ASSMANNS Terminologie) die Aitia aus dem „kulturellen Speichergedächtnis“ in das „kulturelle Funktionsgedächtnis“ zu überführen (d.h. Handbuchwissen wieder ins Bewußtsein zu heben), stellt der Dichter seine Arbeit als einen Dienst am kollektiven Gedächtnis dar: mit Hilfe eines Textes wird die lebendige Erinnerung des individuellen Gesprächspartners festgehalten und in Form eines poetischen Kommentars zum institutionalisierten, inschriftlichen Kalender an künftige Generationen weitergegeben. Wenn den meisten Lesern die dargestellten Inhalte neu seien, so suggeriert die Darstellungsform, liege dies nicht daran, daß das Wissen über die Feste und Riten vollständig aus dem Gedächtnis der Römer ‚ausgelagert‘ wurde, sondern daran, daß dem Leser die noch existierende lebendige Tradition nicht bewußt war. Es geht darum, die Zahl der gut informierten Römer zu erhöhen, nicht darum, totes Wissen neu zu beleben. Damit wird eine ungebrochene römische Überlieferung suggeriert, an die jeder, der dies wünscht, leicht anknüpfen kann. Dieser Ansatz fügt sich gut in die augusteische Ideologie ein, nach der zwischen der gegenwärtigen römischen Gesellschaft und ihren in mythischer Vorzeit liegenden Wurzeln ebenfalls eine lebendige, nie abgerissene Verbindung besteht, die sich vor allem in der Kaiserfamilie manifestiert.

Lassen sich die inhaltlichen Aussagen gut in die Gedankenwelt des Prinzipats einordnen, so steht die dialogische Darstellungsform in der Tradition der kallimacheischen Aitia, in denen ein Traumgespräch mit den Musen den Rahmen der ersten beiden Bücher bildet. Mit dem Vorbild ist zugleich der Ton der Gedichtsammlung abgesteckt.

3.3 Die Adressaten der eingelegten Inschriften

Mit der Frage des ‚Gedächtnisses‘ ist unmittelbar das Problem der Adressaten der eingefügten Inschriften verbunden: Erst dadurch, daß der als Inschrift gedachte Text gelesen wird, kann er zum Gedächtnisinhalt werden und seine Wirksamkeit entfalten. Über die Leserschaft der in die Elegien eingelegten Inschriften lassen sich jedoch nur bedingt Aussagen treffen, da nur wenige Gedichte auf die intendierten Rezipienten eingehen. Bei den imaginierten Inschriften äußert der Sprecher zuweilen den allgemeinen Wunsch, daß auch ‚ein Wanderer‘ (Ov. trist. 3,3,71) oder ‚ein eilender Fahrgast' (in einer Kutsche, Prop. 4,7,84) in der Lage sein möge, die Inschrift zu lesen, aber wir erfahren nicht, ob der Wunsch jemals in Erfüllung geht. Bei den fiktiven Inschriften erhalten wir gelegentlich Auskunft über einen bestimmten Rezipienten und seine Reaktion: In ihrem Brief an Paris (Ov. epist. 5) erwähnt Oenone, daß Paris einst ihren Namen in die Rinde der Bäume geritzt habe, und begründet daraus ihren Anspruch auf den Geliebten. Sie legt der Inschrift damit eine bindende Kraft bei, die sie für den mittlerweile mit Helena zusammenlebenden Paris offenbar nicht besitzt. Oenone scheint dennoch zu hoffen, daß die schriftliche Liebesbeteuerung ihren Anspruch auf lange Zeit bezeugen und ihm Nachdruck verleihen könne. Wie genau dies geschehen soll, wird allerdings nicht gesagt.

Vorsichtiger ist Helena, die behauptet, sie habe die Liebesbeteuerung, die ihr Paris beim Mahl mit Wein auf den Tisch zeichnete, anfangs nicht ernst genommen (Ov. epist. 17,87–90: *orbe quoque in mensae legi sub nomine nostro / quod deducta mero littera fecit, ‚amo'; / credere me tamen hoc oculo renuente negavi: / ei mihi, iam didici sic ego posse loqui*). Die schriftliche Form des Liebesschwurs wird hier gewählt, weil unter den gegebenen Umständen (Menelaus ist bei dem Gastmahl anwesend) eine offene Kommunikation nicht möglich ist. Außerdem verständigt sich Paris mit Helena durch Augenkontakt, Gesten und Seufzer, die nach Helenas Einschätzung dem mit Wein geschriebenen Liebesschwur gleichwertig sind. Die Vergänglichkeit und Geheimhaltung unterscheidet das Graffito auf dem Tisch von den meisten anderen elegischen Inschriften, die implizit oder explizit auf Öffentlichkeit angelegt sind. Es demonstriert die List und den Erfindungsreichtum des Paris, steht aber ansonsten auf einer Ebene mit einer mündlichen Kommunikation.

Die List des Graffitoschreibers steht auch in der Geschichte von Acontius und Cydippe im Vordergrund, in der Acontius ein Heiratsversprechen in einen Apfel ritzt und diesen der ahnungslosen Cydippe zuspielt.[25] Indem Cydippe die Inschrift nach antikem Brauch laut liest, bindet sie sich ungewollt an Acontius. Die bindende Kraft geht aber nicht von der Inschrift selbst aus, sondern vom gesprochenen Wort der Cydippe. Jedes andere Mittel, das sie dazu brächte, das Heiratsversprechen laut zu äußern (z.B. ein Brief

[25] Eine einfallsreiche Variante des Motivs ‚Apfel als Träger von Liebesbotschaften', bei der eine List durch das Arrangement ausgeschlossen wird, findet sich in Philostrats 62. Brief, dazu unten S. 232 mit Anm. 311 und Rosenmeyer (2001).

oder die Aufforderung einer anderen Person), würde dieselbe Wirkung haben. Die Besonderheit besteht nur darin, daß die inschriftliche Form es dem Acontius ermöglicht, sein Ziel ohne äußeren Zwang und unter Zeugen zu erreichen, und Cydippe zugleich durch die Wahl eines Apfels – des typischen Liebesgeschenks – seine Zuneigung zu signalisieren. Die Liebesbeteuerung des Schreibers wird hier anders als bei den Graffiti des Paris nicht durch den Inhalt der Inschrift, sondern durch das gewählte Medium übermittelt – ein in der römischen Liebeselegie einzigartiger Fall.

Eine öffentlich und auf Dauer angebrachte Inschrift studiert dagegen der Gott Mars bei seiner Besichtigung des ihm gewidmeten Tempels auf dem Augustusforum (Ov. fast. 5,567–8). Sie übt eine starke Wirkung auf ihn aus und prägt seine Wahrnehmung des gesamten Gebäudes, das ihm nun noch eindrucksvoller erscheint. Entscheidend ist dafür der in der Inschrift genannte Stiftername, der einzige Bestandteil, der wörtlich zitiert wird. Er ruft dem lesenden Gott gleichsam die ganze Person des Weihenden vor Augen. Die Vergegenwärtigung des Stifters und damit die Sicherung seines Andenkens ist das oft bezeugte Anliegen zahlreicher Inschriften. Hier jedoch zeigt die Reaktion des lesenden Gottes, daß beim Mars Ultor-Tempel nicht das Bauwerk und seine Inschrift den Ruhm des weihenden Kaisers erhöhen, sondern daß umgekehrt die Person des Augustus die Bedeutung des Bauwerks steigert. Die Darstellung der Leserreaktion dient dazu, diesen ungewöhnlichen Sachverhalt zu verdeutlichen.

Die Reaktion auf Grabinschriften wird in den untersuchten Texten nur einmal direkt und einmal indirekt angesprochen. In den Metamorphosen weinen die Mutter und die Schwestern des Phaethon über dem Grab des Verunglückten. Die Tränen der Mutter, die lange nach Phaethon gesucht hatte, fallen dabei auf den in den Grabstein gemeißelten Namen des Verstorbenen, und die Schwestern werfen sich in ihrer Trauer über das Grabmal (Ov. met. 2,338–43). Ihr Verhalten ähnelt den Gesten, die sonst bei der Totenklage vor der Bestattung üblich sind. Die Elegiker sprechen mehrfach davon, daß die Geliebte bzw. die Angehörigen ihren Leichnam mit Tränen benetzen sollen, und das Bild der Trauernden, die sich über einen Sterbenden oder Verstorbenen werfen, erscheint seit Homer häufig in der antiken Literatur. Bei Phaethon konnten diese Trauergesten nicht ausgeführt werden, weil er fern von der Heimat zur Erde gestürzt und von den hesperischen Nymphen bestattet worden war, ehe seine Angehörigen ihn erreichen konnten (Ov. met. 2,336–7, über Phaethons Mutter Clymene: *exanimesque artus primo, mox ossa requirens / repperit, ossa tamen peregrina condita ripa*). Der Name ersetzt in diesem Fall die nicht mehr erreichbare Person. Insofern kommt hier der Dauerhaftigkeit der Inschrift Bedeutung zu: Nur sie, nicht aber die sterblichen Überreste des Phaethon, bleibt bis zur Ankunft von Mutter und Schwestern erhalten.

Nur indirekt wird dagegen die Rezeption von Didos Grabinschrift im dritten Buch der Fasti wiedergeben. Vor ihrer Flucht zu König Battus besucht Didos Schwester Anna das Grab, dessen aus den Heroides bekannte Inschrift noch einmal zitiert wird. Der Kontext legt nahe, daß Anna bei dieser Gelegenheit das Epitaph noch einmal zur Kenntnis genommen hat, aber der Erzähler der Fasti beschreibt die Lektüre nicht ausdrücklich. Ihre spätere Begegnung mit Aeneas, bei der Anna angesichts des Schicksals ihrer Schwester Schlimmes für sich selbst befürchtet, deutet aber darauf hin, daß Anna sich wenigstens den Inhalt des Epitaphs zu eigen gemacht hat, das Aeneas die Schuld an Didos Tod gab. Da der Erzähler nicht ausdrücklich auf Annas Lektüre eingeht, ist die wörtlich zitierte Inschrift hier mindestens ebenso an den Leser der Fasti gerichtet, der unmittelbar auf die Heroides verwiesen wird. Die Leseerfahrung des Publikums und der intertextuelle Bezug zwischen zwei literarischen Werken steht im Vordergrund und läßt die Darstellung der lesenden Anna zurücktreten.

Eine besondere Betrachterreaktion zeigt Ovids Elegie auf den verstorbenen Papagei der Corinna: Der verstorbene Vogel selbst kommentiert sein Grabmal. Anders als bei der Epiphanie des Mars in den Fasti, der seinen eigenen Tempel besichtigt, ist die Inschrift dabei aber nicht Objekt der Betrachtung, sondern Mittel zur Darstellung der positiven Betrachterreaktion: *Colligor ex ipso dominae placuisse sepulcro* (Ov. am. 2,6,61). Diese wird hier durch ein kunstvolles mise-en-abyme hervorgehoben, indem der Empfänger der Inschrift zugleich als deren Sprecher gedacht ist.

Der Überblick über die Angaben zur Leserschaft bestätigt die Beobachtung, daß die Inschriften in der römischen Liebeselegie keine Zeugen einer fernen Vergangenheit sind. Mit einer Ausnahme handelt es sich bei allen Lesern, die ausdrücklich genannt werden, um die primären Rezipienten (Oenone, Helena, Cydippe) oder um unmittelbar betroffene Personen, z. B. die nächsten Angehörigen von Verstorbenen (wie die Mutter und Schwestern des Phaethon oder die Schwester der Dido) bzw. um die Gottheit, der ein neugeweihter Tempel gewidmet ist (wie bei der Beschreibung des Mars Ultor-Tempels in fast. 5). Nur die Inschrift am Hercules Custos-Tempel wird im sechsten Buch der Fasti als Zeuge einer fernen Vergangenheit angeführt, allerdings wird hier nicht die Lektüre der Inschrift selbst geschildert, sondern einem unbestimmten Adressaten ihr Studium empfohlen und die Autopsie zugleich durch das wörtliche Zitat der Inschrift unnötig gemacht. Die Literatur ersetzt hier die historische Inschrift, die Ovids Zeitgenossen auf dem Marsfeld in Augenschein nehmen konnten.

Wie stellt sich nun die Funktion der eingelegten Inschriften im Kontext der jeweiligen Elegie dar?

4. Interpretationen: Eingelegte Inschriften in der römischen Elegie

4.1 Grabinschriften

4.1.1 Selbstentworfene Grabinschriften (Autoepitaphe)

4.1.1.1 Autoepitaphe von Dichtern

Die lateinischen Grabinschriften auf Dichter lassen sich nach ihrem Inhalt in zwei Gruppen einteilen. Zur ersten Gruppe gehören solche, die Leben und Werk eines Dichters als Ganzes betrachten und die wichtigsten Informationen knapp zusammenfassen, zur zweiten Inschriften, die sich auf Einzelaspekte seines Lebens und Wirkens konzentrieren. Das wohl berühmteste Beispiel für Epitaphe der ersten Kategorie ist das unter anderem in den Vergilviten überlieferte, sehr alte Grabgedicht auf Vergil, das den Geburtsort, den Sterbeort und den Begräbnisplatz nennt und dann stichwortartig die Themen seiner Werke (Eclogen, Georgica, Aeneis) umschreibt.[1] Während diese Form bei anderen bekannten Persönlichkeiten, z.B. bei Politikern, oft gewählt wurde und dort die häufigste Variante eines Epitaphs bildet, ist sie bei Schriftstellern trotz des vergilischen Vorbilds eher selten. In der Regel erhalten verstorbene Literaten Inschriften, die Einzelaspekte ihres Wirkens hervorheben (s. HERESCU [1958] 421–2). Auch die drei in die römischen Liebeselegien eingelegten Grabinschriften auf Dichter geben, im Gegensatz zu dem Vergilepitaph, keinen Überblick über Leben und Werk des Vestorbenen, sondern konzentrieren sich auf einzelne Details. Zwei von ihnen (Prop. 2,13,35–6 und Tib. 1,3,55–6) lassen noch nicht einmal erkennen, daß es sich bei dem Verstorbenen um einen Dichter handelt.

[1] Das Epitaph ist oben in der Einleitung S. 56, Anm. 55 zitiert. Es handelt sich, anders als die antike Überlieferung wissen will, nicht um ein Autoepitaph, sondern um das Werk eines unbekannten Dichters, s. dazu die oben zitierte Literatur sowie BETTINI (1976/77).

Tibull 1,3,55–6 (Tibullus)

Das erste Beispiel stammt aus dem dritten Gedicht des Tibull und ist der frühste erhaltene Beleg für eine in eine römische Elegie eingebettete Grabinschrift. Der Kontext lautet (V. 53–8):

Quodsi fatales iam nunc explevimus annos,
fac lapis inscriptis stet super ossa notis:
‚Hic iacet immiti consumptus morte Tibullus,
Messallam terra dum sequiturque mari.'
Sed me, quod facilis tenero sum semper Amori,
ipsa Venus campos ducet in Elysios.

Die Elegie ist an Messala und seinen Kreis gerichtet. Der Sprecher Tibull beklagt darin eine plötzliche Krankheit, die ihn auf Corcyra festhalte und daran hindere, zusammen mit Messalla und seinen Begleitern die Weiterreise über die Ägäis anzutreten. Falls diese Reise dieselbe ist, auf die der Dichter in 1,7,1–16 anspielt, dürfte es sich um eine Fahrt handeln, die Messalla im Auftrag Octavians einige Zeit nach dem Sieg bei Actium (September 31 v. Chr.) unternahm.[2]

Der Text gibt keinen Aufschluß über die historischen Hintergründe oder den Anlaß der Fahrt. Obwohl der kurze Gruß an Messalla am Anfang der Elegie an den Beginn eines Propemptikons erinnert,[3] steht im Folgenden nicht das Schicksal der Reisenden im Vordergrund, wie es bei einem Propemptikon der Fall wäre, sondern das des auf Corcyra zurückbleibenden Sprechers, der um sein Leben fürchtet und seine Grabinschrift entwirft.[4] Diese ist durch

[2] Es handelte sich wahrscheinlich um eine Expedition, die Messalla, wohl seit 29 v. Chr. Statthalter von Syrien, nach Kilikien unternahm. Das einzige Quellenzeugnis bietet Cassius Dio (51,7,7). Danach ließ Messalla eine Gruppe von antoniusfreundlichen Gladiatoren aus Cyzicus mit List umbringen, die sich zunächst Messallas Vorgänger ergeben hatte und von ihm südlich von Antiochia in Syrien angesiedelt worden war. S. dazu Della Corte (1980) 119.

[3] Dazu Murgatroyd (1980) 99.

[4] Bei der Beschreibung seiner Lage werden ebenfalls aus dem Propemptikon bekannte Gedanken verwendet, die aber in origineller Weise auf den an Land verbleibenden Kranken bezogen sind (dies gilt z. B. für die Verwünschung der Seefahrt, die Erinnerung an das Goldene Zeitalter und die Sorge um eine angemessene Bestattung).

die aus historischen Epitaphen geläufige Formel *hic iacet* plus Eigenname klar als solche gekennzeichnet.[5]

Durch die Bezeichnung *ignotis* [...] *Phaeacia terris* (1,3,3) für Corcyra werden die folgenden Gedanken, wie oft bemerkt wurde, in einen odysseischen, d.h. literarischen Kontext gestellt.[6] Immer wieder streut der Autor Anspielungen auf unterschiedliche Ereignisse in der Odyssee ein und verbindet sie in lockerer Weise. Während die Verse 1–2 den Verlust Messallas und der *cohors* (sc. *amicorum*) beklagen und so an die Situation des Odysseus nach dem Verlust seiner Gefährten erinnern, verweist die Erwähnung des Phäakenlandes auf eine spätere Station der Irrfahrten, den Übergang von der Märchenwelt in die Welt Ithakas, zu der die Phäaken Odysseus schließlich zurückbringen. Die Gegensätze, durch die sein Aufenthalt auf Scheria geprägt ist, zeigen sich nicht nur in der geographischen „Grenzlage" des Landes, sondern auch in dem zwiespältigen Wesen seiner Bewohner. Die Bewirtung, die Odysseus am Königshof erhält, gehört zu den prächtigsten in der Odyssee, und doch sind die Phäaken nach der Schilderung Nausikaas Fremden gegenüber potentiell feindlich gesonnen (Hom. Od. 7,32–3, s. dazu Rose [1969]). Das Volk gilt als götternah, hat darin aber auch Ähnlichkeit mit den gefährlichen Kyklopen (Hom. Od. 7,201–6). Der Garten des Königspalastes mit seinen stets reifenden Früchten bietet ein Bild der Fruchtbarkeit und Fülle (Hom. Od. 7,112–32), aber die für die Phäaken typischen, geisterhaft schnellen Schiffe besitzen Eigenschaften, die sie in die Nähe des Totenreichs rücken.[7]

Die Wahl dieses Subtextes stimmt zu der zwiespältigen Stimmung der Elegie, in der Todesgedanken und Hoffnung miteinander abwechseln. Gedanken an sein mögliches Sterben bringt der Sprecher erstmals in den Versen 4–10 zum Ausdruck, in denen er den personifizierten Tod beschwört, ihn zu verschonen, da er fern von Familie und Freunden kein reguläres Begräbnis erwarten könne. Diese Sorge ähnelt den verzweifelten Gedanken des

[5] Die Belege für diese Formel sind überaus zahlreich, vgl. z.B. CE 425, 430, 442, 508 u.ö.

[6] Maltby (2002) 185–6, zurückhaltender Murgatroyd (1980) 100. Die Bezeichnung *Phaeacia* für *Corcyra* war in Tibulls Zeit nicht gebräuchlich, aber aus der Literatur wohlbekannt, s. Kall. Ait. Frr. 13–4 Pf., Thuc. 1,25, Diod. Sic. 4,72; cf. Plin. nat. 4,52. Corcyra, das moderne Korfu, war nur einer von mehreren Vorschlägen für die Lokalisierung des Phäakenlandes.

[7] Zu den Verbindungen des Phäakenlandes mit dem Totenreich der Odyssee vgl. Bright (1978) 18 Anm. 9.

schiffbrüchigen Odysseus, welcher, auf seinem Floß dahintreibend, wünscht, er wäre in Troja gefallen, wo ihm wenigstens eine ehrenvolle Bestattung durch die Gefährten zuteilgeworden wäre (Hom. Od. 5,308–12).[8] Die Parallele wird allerdings nicht auf die Spitze getrieben. Statt über die Gefährten zu klagen, welche ihn krank auf der Insel zurücklassen, erwähnt der elegische Sprecher nur seine daheimgebliebenen weiblichen Angehörigen (seine Mutter, seine Schwester und seine Geliebte Delia), die ihm nun das letzte Geleit nicht geben können.

Der Gedanke an Delia führt zu einer längeren Darstellung der Omina, die ihm vor seinem Abschied von Rom eine glückliche Heimkehr verheißen hatten (1,3,11–4), und seiner Versuche, unter Verweis auf andere, ungünstige Vorzeichen, die Trennung von der Geliebten hinauszuzögern (1,3,15–20). Aus der Perspektive seiner Krankheit wünscht er, er wäre dieser Neigung gefolgt, und warnt andere Liebhaber davor, ähnlich töricht zu handeln (*audeat invito ne quis discedere Amore, / aut sciat*[9] *egressum se prohibente deo,* Tib. 1,3,21–2), denn nun nützten ihm auch die Riten der Isis nichts, die Delia vor seiner Abreise ausgeführt habe.

Diese trüben Gedanken werden abgelöst von einem Hilferuf an die Göttin, deren Heilkraft durch zahlreiche Votivtafeln im Tempel bezeugt werde (Tib. 1,3,27–8: *nunc, dea, nunc succurre mihi, nam posse mederi / picta docet templis multa tabella tuis*). Delia werde seine Rettung mit einer Teilnahme an den Isisriten danken. Der *ut*-Satz (*ut mea votivas persolvens Delia noctes*[10] */ ante sacras lino tecta fores sedeat,*

[8] Vgl. dazu auch Verg. Aen. 1,94–101 (Todeswunsch des Aeneas) und die Kontrastimitation bei Catull, der den in der Nähe von Troja gestorbenen Bruder beklagt, weil er nicht unter bekannten Gräbern und bei den Verwandten bestattet sei, Catull. 68,97–100: *quem nunc tam longe non inter nota sepulcra / nec prope cognatos compositum cineres, / sed Troia obscena, Troia infelice sepultum / detinet extremo terra aliena solo.*

[9] Luck (^{2}1998) setzt an dieser Stelle *sciet* in den Text: in diesem Fall würde der drohende Zorn Amors gegen den Frevler nicht als bloßer Wunsch des elegischen Sprechers, sondern als unausweichliche Folge der Übertretung dargestellt.

[10] *Votivas noctes* wurde an Stelle des einheitlich überlieferten *votivas voces* von Scaliger konjiziert und von Maltby (2002) in den Text seiner kommentierten Ausgabe übernommen. Normalerweise bezeichnet das Adjektiv *votivus* die einem Gott versprochene Handlung, so daß *votivas voces* ‚gelobte Gebete' heißen müßte. Für diese Verwendung gibt es keine Parallele. Zudem werden die der Isis geschuldeten Gebete in den unmittelbar folgenden Versen eigens genannt, so daß diese Textfassung eine Tautologie ergäbe. Die Sitte, der Isis Nachtwachen zum Dank für eine Heilung zu geloben, ist dagegen durch Prop. 2,28,61–2. bezeugt. Die Proper-

Tib. 1,3,29–30) impliziert, daß das öffentlich sichtbare Ritual eine für die Gottheit erstrebenswerte Gegenleistung für die Rettung aus Krankheit darstellt.

Während Delia ihren Dank an einem öffentlichen Platz abstatten soll, wünscht der Sprecher selbst, daß es ihm vergönnt sein möge, die heimischen Penaten zu ehren und dem Lar (seines Hauses) das monatliche Weihrauchopfer darzubringen.[11] Penaten und Lar stehen in diesem Zusammenhang repräsentativ für die häusliche Geborgenheit, in die der Sprecher sich zurückwünscht. Sie sind typisch römische Gottheiten, die sich von der von Delia verehrten ägyptischen Isis abheben (s. V. 33: *at mihi*).[12] Die Sehnsucht des Sprechers nach den Göttern des Haushalts und speziell des Herdes nimmt erneut einen aus der Odyssee bekannten Gedanken auf: Odysseus wünscht sich, ‚auch nur den Rauch' aus dem heimatlichen Herd aufsteigen zu sehen (s. z.B. Hom. Od. 1,57–9).

Die Anspielung bleibt jedoch oberflächlich und wird im Folgenden nicht fortgeführt. Stattdessen geht der Sprecher zu einer Beschreibung des saturnischen Zeitalters über, in welchem es noch keine Seefahrt, keinen Ackerbau und keine Abgrenzungen für Haus und Felder gab, Honig und Milch ohne menschliches Zutun zur Verfügung standen und das Kriegshandwerk unbekannt war (1,3,35–48).[13]

Unter der Herrschaft Jupiters dagegen herrsche beständiges Morden, die Seefahrt sei erfunden worden und es gebe tausend Wege, eines plötzlichen Todes zu sterben (1,3,49–50). An diese düstere Vorstellung schließt der Dichter eine durch Alliteration hervorgehobene Bitte an den Göttervater um Schonung an: Er sei verängs-

zelegie bildet eine genaue Parallele zu der hier besprochenen Stelle. Der Dichter bittet seine aus einer lebensgefährlichen Krankheit errettete Geliebte: *redde etiam excubias divae nunc, ante iuvencae; / votivas noctes, ei mihi, solve decem.*

[11] V. 33–4: *At mihi contingat patrios celebrare Penates / reddereque antiquo menstrua tura Lari.*

[12] Die Kommentatoren haben oft auf die Verflechtung gegenläufiger Bewegungen hingewiesen, die sich daraus ergibt, daß Delia, die sich offenbar in Rom aufhält (s. Tib. 1,3,9: *Delia* [...] *quae me* [...] *mitteret urbe*), eine orientalische Gottheit verehrt, deren Kult in Alexandria (wo sie unter dem Namen Isis Pharia verehrt wurde, vgl. V. 32: *turba* [...] *Pharia*) relativ neu war, während der im Osten erkrankte Sprecher sich mit den althergebrachten Göttern des römischen Haushalts verbunden fühlt (s. V. 34: *antiquo* [...] *Lari*). S. dazu Maltby (2002) 193–4, Wimmel (1968) 197–9 und Cairns (1979) 47.

[13] S. zu den antiken Darstellungen des Goldenen Zeitalters Gatz (1967) und Goerdt (2000).

tigt, doch seine Furcht rühre nicht etwa von blasphemischen Taten her. Wenn er die ihm bestimmten Lebensjahre vollendet habe, so möge man dafür sorgen, daß über seinem Grab ein Stein mit Inschrift errichtet werde (*quod si fatales iam nunc explevimus annos, / fac lapis inscriptis*[14] *stet super ossa notis,* Tib. 1,3,53–4). Es folgt das Epitaph, das mit der charakteristischen Formel *hic iacet* eingeleitet wird, und anschließend eine längere Beschreibung der Unterwelt, besonders des Elysiums, in das die Liebesgöttin den Sprecher (als Anhänger Amors) geleiten solle. Mahnungen an Delia, ein keusches Leben zu führen, und die Aussicht auf eine Wiedervereinigung, deren Schilderung Züge einer Epiphanie trägt, beschließen das Gedicht.

Das imaginierte Epitaph führt die Anspielungen auf die Odyssee durch die Verbindung *terra marique* fort: Wie Odysseus (und später Aeneas) mit seinen Gefährten ist Tibull mit Messalla und seinen Gefährten über Land und Meer gereist (vgl. Hom. Od. 1,1–5; Verg. Aen. 1,3).[15] Der erste Vers des Epitaphs legt Nachdruck auf den untadeligen Charakter des Verstorbenen. Der Gedanke der *immitis mors,* der durch die Sperrung des Begriffs und die Stellung des Adjektivs vor der Penthemimeres Gewicht erhält, wird auch sonst auf römischen Grabsteinen verwendet.[16] Er impliziert die Rechtschaffenheit des Verstorbenen. Der Tod tritt nicht als gerechte Strafe ein, sondern als erbarmungsloses Schicksal. Der Begriff führt damit einen Gedanken fort, den Tibull schon in seinem Anruf an Jupiter geäußert hatte (1,3,51–2: *parce, pater: Timidum non me periuria terrent, / non dicta in sanctos impia verba deos*).[17] Die Betonung der eigenen Unschuld ist von Bedeutung, da es sich um ein Grab in der Fremde handelt, dessen Pflege und Ehrung durch die Angehörigen nicht sichergestellt ist.[18] Ein solcher Tod, der als *mors imma-*

[14] Luck (^{2}1998) liest *his scriptis.* Auf die Interpretation der Inschrift hat dies jedoch keinen Einfluß.

[15] Zugleich ist *terra marique* ein Ausdruck aus dem Kriegswesen, der gut zu dem militärischen Kommando Messallas paßt.

[16] S. z.B. CE 2125,2 (1.Jh. n.Chr.): *consumpta inmiti morte sepulta iacet;* CE 1064,1 (nicht nach dem 2.Jh. n.Chr.): *Felicla* [sic] *hic misera consumptast morte puella,* dazu Cugusi (2007) 44.

[17] Es handelt sich um eine abbildende Wortstellung, bei der die gegen die heiligen Götter gerichteten frevelhaften Worte innerhalb der Junktur *in sanctos deos* stehen.

[18] Dieser Gedanke wird von Ovid in seinem Nachruf auf Tibull aufgegriffen: Der Tod des Tibull in Rom ist zwar ein Unglück, das Menschen und Götter beklagen, *sed tamen hoc melius, quam si Phaeacia tellus / ignotum vili supposuisset humo* (Ov.

tura einen jungen Menschen trifft, könnte sonst als Zeichen für eine Schuld des Verstorbenen gelten, die den Zorn der Götter erregt hat.[19]

Der zweite Vers, der die Treue des Verstorbenen zu Messalla betont, zielt in dieselbe Richtung. Das Grab in der Fremde ist nicht Zeugnis für ein Außenseiterdasein, sondern belegt im Gegenteil, daß der Verstorbene in der Erfüllung seiner Pflichten kein Risiko gescheut hat.[20] Die enge Verbindung zu Messalla spiegelt sich auch in der Iuxtaposition der Eigennamen *Tibullus* und *Messalla* am Versende und am Versanfang. Zugleich wirkt der Hinweis auf die Reisegemeinschaft dem Vorwurf der Leichtfertigkeit oder gar der frevelhaften Gesinnung entgegen, der sich bei einem Begräbnis von Schiffsreisenden leicht einstellen kann. Da die Seefahrt oft als fre-

am. 3,9,47–8). Die Sorge, anonym und daher ohne Nachruhm begraben zu werden, ist auch hier ein wichtiger Gesichtspunkt für den Sprecher dazu Kese (1950) 121.

[19] Vgl. z.B. die Cornelia-Elegie Prop. 4,11, in der die Verstorbene selbst zur Unterwelt und ihren Bewohnern spricht und ausdrücklich betont, daß ihre *mors immatura* kein Zeichen für eine persönliche Schuld sei, Prop. 4,11,15–8: *damnatae noctes et vos, vada lenta, paludes, / et quaecumque meos implicat unda pedes, / immatura licet, tamen huc non noxia veni: / det Pater hic umbrae mollia iura meae* (dazu unten S. 180–1). Der Gedanke ist auch sonst in der Literatur verbreitet, vgl. z.B. die von Sueton berichtete Klage des Kaisers Titus über seinen frühen Tod, der ihn unverdient treffe, da er – mit einer Ausnahme – keine seiner Taten bereuen müsse, Suet. Tit. 10. Lee-Stecum (1998) 117–8 meint unter Verweis auf V. 21–2, daß die Trennung von Delia gegen den Willen Amors erfolgt sei, der Sprecher sich also sehr wohl schuldig gemacht habe. Dies geht aus dem Text jedoch nicht hervor. Die Vorzeichen waren bei der Abreise günstig (V. 13: *cuncta dabant reditus*); die Verzögerungen durch unglückverheißende *omina* dagegen vom Sprecher selbst gesucht (V. 15–20, bes. V. 16: *quaerebam* [...] *moras*). Erst nachträglich scheint er seine Krankheit als Strafe Amors zu interpretieren (V. 21–2). Es ist daher nicht verwunderlich, daß er die Bitte um einen Grabstein nicht an Amor, sondern an Jupiter richtet, nach dessen Herrschaftsbeginn Krieg und Seefahrt ihren Anfang nahmen (V. 49–50).

[20] Dazu stimmt Lausbergs (1982) 286 Hinweis, daß ein *dum*-Satz, wie er hier die Pflichterfüllung des Sprechers gegenüber Messalla beschreibt, von Cicero verwendet wird, um das griechische Partizip πειθόμενοι in dem bei Hdt. 7,228 zitierten und dem Simonides zugeschriebenen Thermopylenepitaph zu übersetzen, in dem die Gefallenen von ihrer treuen Pflichterfüllung sprechen: *dum sanctae patriae legibus obsequimur* (Cic. Fr. 39 Morel). Eine Anspielung auf das Thermopylenepigramm würde die Selbstaufopferung des Sprechers, auf der seine Verteidigung gegenüber Jupiter fußt, noch besser hervortreten lassen. Namen militärischer Befehlshaber erscheinen auch sonst zuweilen auf Grabinschriften ihrer Untergebenen, so z.B. CIL I^2 708,4–5 (Grabstein für den im Jahr 90 v.Chr. unter Caespio gefallenen und in der Nähe des Schlachtortes begrabenen C. Sergius.)

velhaft dargestellt wird, können die auf dem Meer Umgekommenen als Opfer ihrer eigenen Hybris erscheinen. Der Verstorbene hat daher Interesse daran, nicht als rücksichtsloser Seefahrer in Erinnerung zu bleiben. Dafür sorgt die Inschrift, indem sie ihn nicht als Organisator der Fahrt, sondern als treuen Begleiter seines Förderers in Erinnerung hält.[21]

Wer den Grabstein für den Verstorbenen errichten soll, ist in der Forschung umstritten, da der Adressat von V. 54: *fac lapis inscriptis stet super ossa notis* nicht eindeutig benannt wird. Die meisten Kommentatoren nehmen an, daß sich die Aufforderung an Messalla richte, der sich zum Erzählzeitpunkt offenbar noch auf der Insel befindet (s. V. 1 das Futur *ibitis*).[22] Außerdem ist die einzige auf dem Grabstein erwähnte ‚Leistung' des Verstorbenen seine Treue zu Messalla, so daß dieser auch deshalb als Stifter in Frage kommt. Der Grabstein mit dem Epitaph wäre in diesem Fall ein Ausdruck persönlicher Dankbarkeit für die erwiesene Treue. Andererseits folgt die Bitte um den Grabstein nicht auf die Anrede an den Förderer, sondern direkt auf das Gebet an Jupiter. Murgatroyd (1980) ad loc. nimmt daher (wie Lee-Stecum [1998] 118 Anm. 37) Jupiter als Adressaten der Bitte an, „although it may be intended for Messalla".

Diese Deutung verknüpft die Bitte um den Grabstein organisch mit den vorhergehenden Versen, in denen der Sprecher den Gott um Schonung gebeten und seinen frommen Lebenswandel herausgestellt hatte. Der Grabstein sichert hier das „Fortleben" der verstorbenen Person im Gedächtnis der Nachwelt und kann so als Gegengabe für ein zu früh beendetes, frommes Leben erscheinen. In diesem Fall ist Jupiter der passende Adressat. Dazu stimmt auch die Formulierung *fac stet*: Die angeredete Person soll den Grabstein nicht unbedingt eigenhändig errichten, sondern veranlassen, daß er aufgestellt wird. Eine Anrede an Jupiter schließt damit die Mitwirkung von Menschen (wie z.B. Messalla und seinen Begleiter) nicht aus.[23]

[21] Die Sperrung des idiomatischen Ausdrucks *terra marique*, bei der zudem die Konjunktion *-que* nicht an das Substantiv, sondern an das Verb *sequitur* angehängt ist, hebt hervor, daß Tibullus seinem Förderer tatsächlich „überallhin" zu folgen bereit war, dazu Lausberg (1982) 286.

[22] S. z.B. Putnam (1973), Wimmel (1968) 176.

[23] Ball (1983) 56–7 dagegen weist unter Berufung auf Schneider (1872) sowohl Messalla als auch Jupiter als Adressaten zurück, nennt allerdings nur subjektive Gründe für seine Entscheidung („I do not believe that the poet would have had the audacity to ask the king of the gods to erect a tombstone or that he would ask

Die Rolle des Sprechers als *comes* Messallas verdrängt in der Inschrift sogar die Beziehung des Dichters zu Delia und den Liebesgottheiten. Dies fällt besonders auf, weil Venus in den unmittelbar folgenden Versen der Elegie angesprochen wird (*sed me, quod facilis tenero sum semper Amori / ipsa Venus campos ducet in Elysios*, Tib. 1,3,57–8). Properz und Ovid dagegen erwähnen in den Epitaphen für sich selbst auch die Liebesthematik (vgl. Prop. 2,13a,35–6: ‚*qui nunc iacet horrida pulvis / unius hic quondam servus amoris erat.*' Ov. trist. 3,3,73–4: ‚*Hic ego qui iaceo tenerorum lusor amorum / ingenio perii Naso poeta meo*', s. dazu unten die Einzelinterpretationen der Stellen).

Lee-Stecum (1998) 118 erwägt drei Erklärungen: 1. Der Sprecher könne sich an die traditionelle römische Wertschätzung des Militärdienstes erinnert haben; 2. seine Liebe zu Delia sei nicht so tief, wie Tib. 1,1 vermuten ließ; 3. der Sprecher habe Messalla die Schuld an seinem Tod geben wollen. Alle drei Theorien sind aus dem Text schwer zu begründen. Davon, daß Messalla die Schuld am Tod des Sprechers trage, ist keine Rede, und die Verse 1–2 implizieren eher ein positives Verhältnis der beiden. Bedeutsam ist dagegen, daß Tibulls Eigenschaft als elegischer Liebhaber für die Einwohner der griechischen Insel Kerkyra, wo der Grabstein offenbar errichtet werden soll, nicht von Interesse ist, da es sich um ein typisch römisches Phänomen handelt. Dagegen steigen seine Aussichten auf rühmliche Erinnerung, wenn er sich mit dem illustren Politiker Messalla in Verbindung bringt, der im griechischen Osten wohlbe-

him to have someone else erect it." und ebd. „I cannot believe that the poet would presume to ask a general about to depart for the East to postpone his expedition in order to build him a gravestone"). Stattdessen nimmt er Delia als Adressatin der Bitte an, da der Dichter sie auch sonst mit seiner Bestattung in Verbindung bringe (s. Tib. 1,1,59–68 und 1,3,5–10), wie es auch andere Elegiker mit ihren Geliebten täten (z.B. Prop. 1,7,23–4 und Prop. 2,13b,35–6). Er folgert daraus: „Just as Tibull pictures Delia in mourning at his funeral, so he pictures her arranging for the construction of his gravestone – two activities with which he associates her quite fittingly" (S. 57). Abgesehen davon, daß in Elegie 1,3 gerade nicht Delia, sondern die Mutter und die Schwester des Sprechers bei spezifischen Begräbnisritualen vorgestellt werden (V. 5–8, von Delia heißt es in diesem Zusammenhang nur, daß sie, bevor sie den Sprecher aus Rom entließ, alle Götter befragt und trotz der Rückkehr verheißenden Omen Tränen vergossen habe, V. 9–14), sind die letzte Erwähnung Delias in V. 30 und die nächstfolgende in V. 83–92 von der Bitte um einen Grabstein in den Versen 53–4 inhaltlich und sprachlich so weit getrennt, daß der Leser keine Veranlassung hat, die Stellen aufeinander zu beziehen. Schneider (1872) hatte daher die an Delia gerichteten Verse 83–92 vor 51–2 gestellt, um V. 53–4 ebenfalls auf sie beziehen zu können. Für diese Umstellung gibt es jedoch keine zwingenden formalen oder sachlichen Gründe.

kannt war. Die in der Inschrift gebotenen Informationen sind also im Hinblick auf die potentiellen einheimischen Leser des Epitaphs geschickt ausgewählt. Ähnliches gilt für Tibulls Rolle als Dichter, die in dem Epitaph nicht erwähnt wird, möglicherweise, weil sie in der gegenwärtigen Situation keine Rolle spielt. Selbst in der folgenden Elysiumsbeschreibung erscheint Tibull nur als Liebender, nicht jedoch als Liebesdichter.[24]

Auffällig ist die Stellung des Epitaphs, das sich ungefähr im Zentrum der Elegie (V. 55–6 von insgesamt 95 Versen), und nicht, wie in vielen anderen Fällen, am Ende findet. Das Grabepigramm beschließt hier nur das den melancholischen Todesgedanken gewidmete Teilstück der Elegie und leitet zugleich den hoffnungsvoll gehaltenen Abschnitt über das glückliche Fortleben des Dichters ein.[25] Der Neuansatz ist durch *sed me* im folgenden Vers (1,3,57)

[24] Lausberg (1982) 286 verweist auf Vorbilder für das Verschweigen der Dichterrolle im griechischen Dichterepigramm, z. B. im Epitaph des Diodorus auf Aischylos (A.P. 7,40). Vgl. dazu auch Gabathuler (1937). Als Tragiker wird Aischylos dagegen in einem Epigramm des Antipater von Thessaloniki bezeichnet (A.P. 7,39). In Ovids Grabgedicht (trist. 3,3,73–6) fällt die Angabe des Dichterberufs mit den traditionellen Informationen über die Todesursache zusammen: Ovid sieht sich als Opfer seines dichterischen *ingenium*.

[25] S. zu dieser Funktion eingelegter Inschriften Houghton (2013), zum Autoepitaph des Tibullus speziell 353–4. Keith (2011) verweist darauf, daß auch innerhalb eines Elegienbuchs epigrammatische Bezüge (neben eingelegten Inschriften zählt sie dazu auch Anspielungen auf konkrete literarische Epigramme oder auf eine für Inschriften typische Sprache) bevorzugt in den Einleitungs- und den Schlußgedichten zu finden seien. Dies trifft (mit Ausnahme von Tibulls erstem Buch, dazu Keith [2011] 114–115 mit Rückgriff auf Maltbys Kommentar [2002]) auch zu, wenn man alle denkbaren Anspielungen auf die epigrammatische Tradition berücksichtigt. Betrachtet man nur die eingelegten Inschriften, so läßt sich diese Tendenz jedoch nicht bestätigen. Nur eine der eingelegten Inschriften befindet sich direkt am Buchschluß (Ov. ars 3,182: Weihung durch Liebesschülerinnen); hinzu kommt ein Beispiel, bei der die Inschrift zumindest sehr nah am Buchende steht und damit einen inhaltlichen Abschluß hervorhebt (Ov. ars 2,744: Weihung durch Liebesschüler; hier folgen noch zwei Überleitungsverse zu Buch 3, die erkennen lassen, daß die Liebeslehren insgesamt eben noch nicht beendet sind) sowie ein Beispiel (Ovids Heroides), bei dem eine eingelegte Inschrift in der Schlußelegie des Buches gestanden haben könnte, wenn die ursprüngliche Ausgabe der Heroides nur die Einzelbriefe umfaßte. Die Echtheitsfrage des Sapphobriefs Ov. epist. 15, der heute die Reihe der Einzelbriefe abschließt, kann dabei unberücksichtigt bleiben, da sowohl ep. 15 als auch ep. 14 eine eingelegte Inschrift enthalten (Ov. epist. 14,129–130: Grabinschrift der Hypermestra und Ov. epist. 15,183–184: Weihung durch Sappho). Die Cornelia-Elegie (Prop. 4,11), die das vierte Elegienbuch des Properz abschließt, weist zwar insgesamt Ähnlichkeiten zu Grabinschriften auf, enthält aber keine einge-

gekennzeichnet. Er äußert sich auch in dem Gegensatz zwischen dem statischen Grabstein mit den darunter bestatteten sterblichen Überresten und dem dynamischen Eintritt ins Elysium, den der Dichter für sich erhofft (vgl. 1,3,54: *lapis* [...] *stet super ossa* und 1,3,55: *hic iacet* [...] *Tibullus* mit 1,3,57–8: *sed me* [...] *ipsa Venus campos ducet in Elysios*). Wie die Seele des verstorbenen Dichters das Grab zurückläßt, so läßt der geschickt gelenkte Leser der Elegie das Epitaph hinter sich, um sich auf die Schilderung der jenseitigen Welt und die erhoffte Vereinigung mit Delia zu konzentrieren.

Das Streben nach dichterischem Nachruhm und literarischer Unsterblichkeit spielt bei diesem Gedankengang nur eine untergeordnete Rolle. Er ist allenfalls indirekt in dem Wunsch nach einer Grabinschrift zu fassen, die den Namen des Verstorbenen nennt (der Eigenname Tibull erscheint in den sicher echten Gedichten nur hier und im Rahmen einer Weihinschrift, Tib. 1,9,83). Allerdings zeigt der Sprecher kein erkennbares Interesse an einer prominenten Lage des Grabes, noch denkt er an die Dauerhaftigkeit des Steins oder an potentielle Besucher. Auch der Gegensatz zwischen dem Monument einerseits und dem aus seinen Dichtungen bestehenden Denkmal andererseits, der bei den anderen Elegikern und bei Horaz eine wichtige Rolle spielt,[26] ist nicht erkennbar. Der Spre-

legte Inschrift, so daß sie für die vorliegende Untersuchung wiederum einen Sonderfall darstellt. Am Anfang einer Buchsammlung erscheint nur in Ovids Amores ein *extra ordinem* gestelltes, d.h. nicht in eine Elegie eingebettetes Einleitungsepigramm. Innerhalb der ersten Elegie eines Buchs oder einer Gedichtsammlung finden sich dagegen überhaupt keine eingelegten Inschriften. Dieser Befund stärkt die These, daß die eingebetteten Inschriften eng mit dem Kontext ihrer jeweiligen Elegie verbunden sind, wo sie den (wirklichen oder imaginierten) Schlußpunkt einer Entwicklung markieren können. Sie werden aber nur von Ovid und auch hier nur in seltenen Fällen zur Markierung von Buchgrenzen verwendet. Es ist daher auch nicht verwunderlich, daß die einzig sicheren Fälle in der Ars amatoria erscheinen, deren Bücher keine Einzelelegien enthalten, sondern ein Thema zusammenhängend behandeln. Hier kann die eingebettete Inschrift einen mit dem Buchende zusammenfallenden Sinnabschnitt markieren (in diesem Fall das Ende der Anweisungen an Liebesschüler, für die zugleich ein zukünftiges, glückliches Ende ihrer Bemühungen in Aussicht gestellt wird). Die Weihinschrift erfüllt hier eine ähnliche Funktion für das gesamte Buch, wie sonst eingebettete Inschriften für Einzelelegien einer Sammlung. In Tibull 1,9 beendet die eingebettete Weihinschrift nicht nur die Elegie, sondern zugleich den Marathus-Zyklus, dazu Maltby (2011) 95.

[26] Das bekannteste Beispiel ist Horazens Carmen 3,30: *Exegi monumentum aere perennius* etc. In Ov. trist. 1,7,5–12 liegt der Akzent auf der Zuverlässigkeit des Bildes, das seine literarischen Werke vom Dichter vermitteln, im Gegensatz zu der unge-

cher erhofft sich zwar mit Hilfe der Venus ein Leben im Elysium, da er ‚dem zärtlichen Amor stets aufgeschlossen sei' (V. 57), aber der Gedanke ist so formuliert, daß er nicht unbedingt auf die Liebesdichtung des Verstorbenen bezogen werden muß: die Formulierung könnte auch allgemein die Aufgeschlossenheit des Sprechers für neue Liebesabenteuer bezeichnen.[27]

Die Aufforderung, ihn nicht zu vergessen, erscheint dagegen am Beginn und am Ende der Elegie: Im zweiten Vers hatte der Sprecher gewünscht, der abreisende Messala und seine Begleiter möchten sich an ihn erinnern (Tib. 1,3,2: *o utinam memores ipse cohorsque mei*). Am Ende der Elegie bittet der Dichter, Delia möge, wenn er ins Jenseits eingehe, keusch bleiben und stets eine alte Frau als Wächterin bei sich haben. Die odysseische Konnotation ist auch hier unverkennbar: Während Odysseus auf seiner Heimreise unerwartet aufgehalten wird, in Todesgefahr gerät und sogar in die Unterwelt hinabsteigt, hofft Penelope unablässig auf seine Rückkehr und weigert sich, unterstützt von ihrer alten Amme Eurykleia, einen anderen Ehemann zu wählen. Die Wendung *sedula anus* (Tib. 1,3,84), die auch bei den späteren Elegikern erscheint, erinnert in diesem Kontext an die αἰ δοίη ταμίη der Odyssee. Parallelen bestehen ferner zu den Schilderungen von Elysium und Hades in der Odyssee: Beide Unterweltsreisen werden aus der Ich-Perspektive dargestellt und in beiden Fällen erblickt der Sprecher neben den glücklichen Bewohnern des Elysiums eine Reihe mythischer Frevler, die in der Unterwelt gequält werden (Tib. 1,3,69–70 und 73–80, vgl. Hom. Od. 11,576–600). Cerberus wird in beiden Schilderungen als Wächter der Unterwelt erwähnt (Tib. 1,3,71–2, vgl. Hom. Od. 11,623–6: hier berichtet die Seele des Herakles im Rückblick von der Entführung des Cerberus). Ebenso entspricht der Wunsch, daß jeder in den Tartarus geworfen werden solle, der die Liebschaften des Sprechers verletzt und ihm einen langwierigen Kriegsdienst gewünscht habe, dem Racheschwur des Odysseus gegen die Freier (Tib. 1,3,81–2: *illic sit, quicumque meos violavit amores, / optavit lentas et mihi militias*, vgl. Hom. Od. 22,35–41).

naueren bildlichen Darstellung auf einer Gemme. In der Bitte, daß die Gedichte ‚leben' mögen (trist. 1,7,25: *nunc precor ut vivant*), spiegelt sich die dynamische Komponente des personifiziert gedachten literarischen Werks, das ein Monument oder ein Kunstobjekt wie die Gemme nicht bieten kann.

[27] S. den ähnlich formulierten Gedanken in Ov. am. 2,4,10: *centum sunt causae cur ego semper amem.*

Die Parallelen zur Odyssee legen nahe, daß die in der Forschung umstrittene Wiedervereinigung mit Delia als ein in der erzählten Welt tatsächlich eintretendes Ereignis erscheinen soll. Die Mischung aus wunderbaren, an eine Epiphanie erinnernden Elementen (s. V. 89–90: *tunc veniam subito, nec quisquam nuntiet ante, / sed videar caelo missus adesse tibi*) und solchen, die zeigen, daß der Sprecher offenbar an eine tatsächliche Rückkehr denkt (s. den Wunsch in V. 93–4: *Hoc precor; hunc illum nobis Aurora nitentem / Luciferum roseis candida portet equis*), entspricht der Situation in der Odyssee, in der die Heimkehr des Odysseus ebenfalls Züge einer Epiphanie aufweist (vgl. etwa den Traum der Penelope, in dem sie Odysseus bereits nahe glaubt, Hom. Od. 20,87–90, oder Penelopes Reaktion auf den Bericht der Eurykleia über den Freiermord, den sie entgegen den Beteuerungen der Dienerin für das Werk eines Gottes hält, Hom. Od. 23,63–4, dazu Eisenberger [1973] 303–4, und die Rückverwandlung des ‚Bettlers' Odysseus in seine wahre Gestalt, in der er einem der Götter gleicht, Hom. Od. 23,156–63).[28]

Die odysseischen Bezüge bieten eine Erklärung dafür, warum die Grabinschrift oder der Gedanke an Nachruhm durch die eigene Dichtung in dieser Elegie keine zentrale Rolle spielen. Der Dichter versetzt sich über weite Strecken in die Rolle des Odysseus, dessen Ruhm ebenfalls weder durch einen Grabstein, noch durch eigene Dichtkünste gesichert wurde, obwohl er, jedenfalls nach der Aussage des Alkinoos (Hom. Od. 11,367–9) ein atemberaubender Erzähler war. Dauerhafte Berühmtheit erlangt er aber nicht durch seine mündlich auf Scheria vorgetragenen Apologe, sondern erst durch die homerische Dichtung, die sie für die Nachwelt festhält. Indem der Sprecher der Elegie 1,3 seine Situation an die des auf Scheria berichtenden Odysseus angleicht, nimmt er sich einerseits die Möglichkeit, direkt auf sein Schaffen als elegischer Dichter hinzuweisen. Andererseits erscheint aber nun die Elegie selbst, die die Erzählungen enthält und bewahrt, als ein Pendant zur homerischen Odyssee. Die Gleichsetzung verstärkt den Appell an Delia, die sich an Penelope messen lassen muß, und verringert zugleich die Bedeutung der Grabinschrift: Wenn die Gleichung aufgeht, bleibt das Epitaph nur ein flüchtiger Gedanke, der nicht verwirklicht werden

[28] Zu den einer Theophanie gleichenden Details in der Heimkehr des Odysseus s. Kearns (1982), Murnaghan (1987) 11–4 und de Jong (2001) 550 und 332 mit weiterer Literatur.

muß. Der wahre Nachruhm entsteht dann durch rühmliches Verhalten und eine Dichtung, die dieses in angemessener Form feiert.

Prop. 2,13,35–6 (Propertius)

Auch das zweite Autoepitaph eines Dichters läßt nicht erkennen, daß es sich um einen Literaten handelt. Der Sprecher verzichtet sogar darauf, seinen Namen zu nennen. Mit dem Liebesmotiv führt er ein elegisches Thema in die Inschrift ein, das bei Tibull nur im übrigen Teil der Elegie, nicht dagegen in dem Autoepitaph erscheint. Die eineinhalb Verse lauten:

‚*Qui nunc iacet horrida pulvis*
unius hic quondam servus amoris erat.‘

Der Beginn *qui nunc iacet* erinnert an die typischen Anfangsworte griechischer und lateinischer Epitaphe. Auch für den Gedanken, daß der ‚schauerliche Staub‘, der vor dem Betrachter liege, einst ein Mensch gewesen sei, lassen sich zahllose Parallelen in griechischen und lateinischen Grabinschriften finden.[29] Allerdings wird dieser Gegensatz auch in anderen Literaturgattungen angesprochen, so daß die Epigrammatik nicht die einzige Quelle für den Gedanken sein muß.[30]

Erst der durch die Elegie[31] gelieferte Kontext macht klar, daß es sich bei Prop. 2,13,35–6 tatsächlich um eine Grabinschrift handelt: Der Sprecher, offenbar ein Mann (s. den Vergleich des eigenen Grabes mit dem des Achill, Prop. 2,13,37–8), malt sich den eige-

[29] Dazu Cugusi (2007) 45 mit Beispielen wie CE 111,7 (Rom, 1.Jh. n.Chr.): *gratus eram populo quondam notusque favore, / nunc sum defleti parva favilla rogi* und CE 2001,1 (Phrygien, Datierung unsicher): [*ho*]*c iacet tumul*[*o*] *Lamyrianus qu*[*ond*]*am iuvenciulus*. Vgl. auch als Beispiel *ex negativo* Prop. 2,11,5–6: *et tua transibit contemnens ossa viator / nec dicet ‚Cinis hic docta puella fuit*‘. Die in Prop. 2,13,35 verwendete Verbindung *horrida pulvis* wird von Charisius zitiert (GLK 1, p. 89,22).

[30] Als konkretes Vorbild der Inschrift nimmt Fedeli (2005) 395 Theocr. id. 23,46–8 an: γράφον καὶ τόδε γράμμα τὸ σοῖς τοίχοισι χαράσσω· / „τοῦτον ἔρως ἔκτεινεν· ὁδοιπόρε, μὴ παροδεύσῃς, / ἀλλὰ στὰς τόδε λέξον· ἀπηνέα εἶχεν ἑταῖρον.“
Allerdings ist der Tenor in beiden Gedichten doch sehr unterschiedlich: Der Sprecher des Theokritepigramms steht kurz vor seinem Selbstmord aus unerwiderter Liebe, während die Properzelegie nicht von Selbstmord spricht. Außerdem klagt die theokriteische Grabinschrift den grausamen Liebhaber an, während das eingelegte Epitaph bei Properz die Treue des Verstorbenen betont.

[31] Die Elegie wird seit Broukhusius von den meisten Herausgebern in 13a (V. 1–16) und 13b (17–58) unterteilt. Dagegen Enk II (2,185).

nen Tod aus und erteilt seiner Geliebten Anweisungen, wie sie die Beisetzung zu gestalten habe. Dabei distanziert er sich ausdrücklich von aufwendigen Bestattungsriten, wie sie für das spätrepublikanische und augusteische Rom bezeugt sind: Er wünscht keine lange Trauerprozession, bei der sein Bild mitgeführt würde, keine Tubaklänge, wie sie bei vornehmen Personen üblich waren, und kein kostbares Bett, auf dem der Leichnam sonst aufgebahrt wurde.[32] Diesen negativen Anordnungen setzt der Sprecher eine Reihe von Wünschen entgegen, die durch die Wendung *plebei parvae funeris exsequiae* (Prop. 2,13,24) eingeleitet und zugleich zusammengefaßt werden: Als Trauergeleit seien die drei Bücher, die der Sprecher verfaßt habe, genug,[33] außerdem möge die Geliebte mit entblößter und zerkratzter Brust folgen, unablässig seinen Namen rufen und ihm letzte Küsse auf die Lippen drücken. Nach der Einäscherung des Leichnams möge sie die sterblichen Überreste in einer kleinen und einfach gehaltenen Urne bergen und diese in einem von einem Lorbeerbaum beschatteten Grab beisetzen lassen. Auf dem Grab solle – in einer nicht näher definierten Weise – eine Inschrift angebracht werden, die der Dichter selbst mit der Wendung *duo versus* bezeichnet (Prop. 2,13,35). Die Anweisungen für die Bestattung enden mit der selbstsicheren Feststellung, der Ruhm seines Grabes werde nicht weniger bekannt werden als das blutbefleckte Grab Achills (Prop. 2,13,37–8: *nec minus haec nostri notescet fama sepulcri, / quam fuerant Phthii busta cruenta viri*). Es folgen der Wunsch, auch die Geliebte möge einst, wenn sie in hohem Alter gestorben sei, hier bestattet werden, sowie Anweisungen für die Grabpflege.

Der Hinweis auf das berühmte Grab Achills, das der Sprecher an *fama* noch zu übertreffen hofft, kommt nach der wiederhol-

[32] S. zur Aufbahrung Schrumpf (2006) 28 und zur *pompa funebris* ebd. (2006) 38–59 sowie Engels (1998) 155–87.

[33] An dieser Stelle identifiziert sich der Sprecher zum ersten Mal als Verfasser der vorliegenden Gedichte, d.h. er spricht aus der Sicht des *Propertius*. Eine Sphragis mit namentlicher Nennung erfolgt allerdings erst im nächsten Gedicht im Rahmen einer Weihinschrift. S. unten zu Prop. 2,14,27. Die Personifizierung der Bücher, die ihrem Erzeuger hier selbst das Geleit geben sollen, wie es sonst Kinder für ihren verstorbenen Vater tun, findet sich ausgeprägt bei Ovid (z.B. trist. 1,7,35–40: *orba parente suo quicumque volumina tangis, / his saltem vestra detur in urbe locus. / quoque magis faveas, non sunt haec edita ab ipso, / sed quasi de domini funere rapta sui. / quidquid in his igitur vitii rude carmen habebit, / emendaturus, si licuisset, erat.* S. dazu unten S. 384–387). In trist. 1,1 vertritt das Buch seinen verbannten *dominus* in Rom. Der Gedanke ist auch sonst verbreitet und wird später z.B. von Martial (ep. 1,70) aufgegriffen, dazu Iodice di Martino (1996).

ten Zurückweisung jeglichen Pomps, wie er für die Begräbnisse hochgestellter römischer Persönlichkeiten typisch war,[34] unerwartet. Achills Bestattung war besonders aufwendig und erhielt durch die Opferung der Polyxena, auf die das Adjektiv *cruenta* hinweist, eine sinistre Note (z.B. Eur. Hec. 518 und Ov. met. 13,452: *ducitur* [sc. *Polyxena*] *ad tumulum diroque fit hostia busto*).[35] Der Begräbnisort lag der Überlieferung nach in Sigeion, wo in der Antike mehrere auf einem Vorgebirge der Troas gelegene Hügel mit den in Hom. Od. 24,76–84 beschriebenen Gräbern des Achill, des Patroklos und des Antilochos identifiziert wurden. In der Odyssee bezeichnet Agamemnon das große, vom Meer aus gut sichtbare Grabmal des Achill als Garant für dessen Nachruhm (Hom. Od. 24,80–4: ἀμφ' αὐ τοῖσι δ' ἔ πειτα μέγαν καὶ ἀμύ μονα τύ μβον / χεύ αμεν Ἀργείων ἱερὸς στρατὸς αἰ χμητάων / ἀ κτῇ ἔ πι πλατεῖ Ἑλλησπόντῳ, / ὥ ς κεν τηλεφανὴς ἐκ ποντόφιν ἀνδράσιν εἴ η / τοῖσ', οἳ νῦ ν γεγάασι καὶ οἳ μετόπισθεν ἔσονται.). Von der Opferung der Polyxena, auf die Properz anspielt, ist an dieser Stelle keine Rede, ebensowenig in einem anonymen Epitaph auf Achill in der Anthologia Palatina, das nur von der Lage des Grabes am Strand und von seiner furchterregenden Wirkung selbst auf die künftigen Troer spricht (A.P. 7,142). Auch Alexander, der das Grab im Jahr 334 besucht und Achill um seinen fortdauernden Ruhm beneidet haben soll, erwähnte dabei – jedenfalls in der Version Ciceros – nicht die spektakuläre Tötung des Mädchens, sondern führte Achills Ruhm auf die überragenden Fähigkeiten Homers zurück, der Achills Taten in seinen Werken verewigte.[36]

[34] S. dazu Engels (1998) 176–88.

[35] Die Opferung der Polyxena wurde auch in der bildenden Kunst der Antike oft dargestellt, s. Touchefeu-Meynier, O.: LIMC VII 1 (1994) 433–4 s.v. *Polyxene.*

[36] Cic. Arch. 24: *quam multos scriptores rerum suarum Magnus ille Alexander secum habuisse dicitur! atque is tamen, cum in Sigeo ad Achillis tumulum astitisset: „O fortunate" inquit „adulescens, qui tuae virtutis Homerum praeconem inveneris!" et vere. nam nisi Ilias illa exstitisset, idem tumulus, qui corpus eius contexerat, nomen etiam obruisset.* Der von Alexander geäußerte Gedanke wird auch in einem griechischen Epigramm aus dem Codex Bodl. Grabianus 30 ausgedrückt, das ursprünglich Hadrian zugeschrieben wurde, aber möglicherweise erst aus der Zeit nach Nonnos stammt. S. für den Text Bühler (1978) und vgl. die Ergänzung von Skutsch (1979), der eine inhaltliche Verbindung zu Alexanders Besuch an Achills Grab herstellt. Das Epigramm ist ein weiteres Zeugnis für die Auffassung, nach der nicht die Taten (bzw. das Grabmonument), sondern erst ihre literarische Gestaltung für dauerhaften Nachruhm sorgt. Vgl. dazu auch Sall. Iug. 4,5–6 über die inspirierende Wirkung der memoria, die durch den Anblick von Ahnenbildern gestützt werde:

Properz dagegen spricht bei dem Vergleich zwischen seinem Grab und dem des Achill nur von der Opferung des Mädchens und geht über die prominente Lage von Achills Grab und die Bedeutung Homers für seinen Nachruhm hinweg. Der Leser wird so dazu angeregt, zunächst die Beziehung zwischen den beiden Verstorbenen und den jeweiligen Frauen, die ihnen in den Tod folgen, zu vergleichen. Während Achill mehrere Geliebte hatte, die er sich teils mit Gewalt erwarb, war Properz, wenn man der Inschrift glauben darf, sein Leben lang nur einer Geliebten verbunden. Diese, so hofft er, werde erst in hohem Alter sterben und dann neben ihm bestattet werden.[37] Die Beziehung zwischen beiden ist in dieser Darstellung so eng, daß sie auch Jahre der Trennung überdauert. Polyxena dagegen starb eines gewaltsamen Todes, entweder, nach der häufigsten Sagenversion, weil Achill ihre Opferung auf dem Grab verlangte, oder, nach Philostrat, Heroika 737, weil sie sich in Achill verliebt hatte und sich aus Verzweiflung über seinen Tod an seinem Grabmal selbst tötete.[38]

Die treue Liebe zu einer einzigen Geliebten wird also durch die Elegie als wertvoller eingestuft als der Ruhm selbst der größten homerischen Helden. Die Vorhersage einer nur auf die elegische Liebe gegründeten Berühmtheit setzt voraus, daß die elegische Lebensweise und Weltsicht weithin Akzeptanz genießen und

nam saepe ego audivi Q. Maxumum, P. Scipionem, praeterea civitatis nostrae praeclaros viros solitos ita dicere, quom maiorum imagines intuerentur, vehementissume sibi animum ad virtutem adcendi. Scilicet non ceram illam neque figuram tantam vim in sese habere, sed memoria rerum gestarum eam flammam egregiis viris in pectore crescere neque prius sedari, quam virtus eorum famam atque gloriam adaequaverit.

[37] Derselbe Gedanke taucht mit umgekehrten Vorzeichen auch in der Rede der verstorbenen Cynthia (Prop. 4,7) auf, in der sie ankündigt, sie werde den Geliebten bald allein besitzen, wenn ihre Gebeine gemeinsam bestattet seien. In derselben Rede wirft Cynthia ihrem Geliebten seine Seitensprünge und sein mangelndes Interesse an ihrer Bestattung vor und betont ihre eigene Treue zu ihm. Auch in dieser Hinsicht wird die Situation also in beiden Elegien umgekehrt.

[38] Die erotische Komponente scheint erst von den hellenistischen Dichtern in die Erzählung eingefügt worden zu sein (s. Roscher [1884–90] 49 s.v. *Achilleus*). Dagegen Escher, J.: RE I,1 (1893) 238–9 s.v. *Achilleus*, der die Sage von der Liebe zwischen Achill und Polyxena als „möglicherweise alt und schon in den Kyprien enthalten" betrachtet. Nach anderen Sagenversionen droht der Geist Achills, die Griechen an der Heimfahrt zu hindern und fordert als letzte Ehre die Opferung der Polyxena (Eur. Hek. 37 und 106, vgl. Ov. met. 13,439–48). Nach einer dritten Variante ist die Forderung Achills unbestimmt (er verlangt ‚einen Teil der trojanischen Beute' oder ‚eine Trojanerin') und erst die Griechen wählen Polyxena als Opfer aus (Hyg. fab. 110).

diese Akzeptanz auch in Zukunft bestehen bleiben wird. Schon in der ersten Elegie des Buches hatte sich der elegische Sprecher ganz ähnlich geäußert: Liebe sei ruhmvoll, und weiteren Ruhm bringe es, wenn sie nur einer Person gelte: Prop. 2,1,47–8: *laus in amore mori; laus altera si datur uno / posse frui.* Träger der *memoria* sind in der Darstellung des elegischen Sprechers von Prop. 2,13 die ‚die Erinnerung bewahrenden Steine' des Grabes (V. 40 *lapides* [...] *memores*).

Der elegische Ruhm des Sprechers und der kriegerische Ruhm Achills werden, so suggeriert die Elegie, jeweils auf charakteristische Weise vermittelt. Bei Achill sind das Menschenopfer und seine Spuren für die Berühmtheit des Grabs bedeutsam.[39] Bei Properz dagegen spielt zunächst die Grabinschrift eine hervorgehobene Rolle. Durch das Stichwort *amor* und durch das Metrum wird sie von der Welt der Heroen abgesetzt, für welche der stichische Hexameter das typische Versmaß darstellt.[40] Die in die Elegie eingelegte Inschrift dagegen besteht aus einem unvollständigen ‚heroischen' Hexameter, während der für die Elegie typische Pentameter vollständig wiedergegeben wird. Hier zeigt sich der literarisch-spielerische Charakter der elegischen Inschrift: Der Sprecher selbst hatte ausdrücklich zwei Verse gewünscht (V. 35: *et duo sint versus*), während er dann

[39] In Ovids Fassung klagt der Geist Achills darüber, daß die Griechen seine Heldentaten bereits vergessen hätten und verlangt das Opfer der Polyxena als Beweis, daß sie ihn weiterhin ehren, Ov. met. 13,445–8: *„immemores"que „mei disceditis", inquit, „Achivi, / obrutaque est mecum virtutis gratia nostrae? / ne facite! Utque meum non sit sine honore sepulcrum, / placet Achilleos mactata Polyxena manes".*

[40] Aufschlußreich ist auch die Verwendung des Plusquamperfekts *fuerant* (V. 38) für das Grab des Achill, das den homerischen Helden als Teil der fernen Vergangenheit kennzeichnet. Dazu Fedeli (2005) 397 mit weiterer Literatur. In Assmanns (2002) Terminologie ist Achill damit bereits Teil des kollektiven Gedächtnisses geworden, das u.a. mit Hilfe von Texten (z.B. durch die homerischen Epen) gepflegt wird, das aber auch, da es sich nicht aus eigenem Erleben der Zeitgenossen speist, sondern ein „Gedächtnis des Willens" darstellt, stets vom Vergessen bedroht ist. Für das Grab des Properz dagegen, das der Sprecher der Elegie nur imaginiert, steht eine allgemeine Bekanntheit noch aus (s. das Futur *notescet*, V. 87). Es muß, wenn es erst einmal realisiert ist, den Weg vom individuellen Gedächtnis des Betrachters über das soziale Gedächtnis einer Menschengruppe, die die Erinnerung an das Grab teilt, bis zur Aufnahme in das kulturelle Gedächtnis, das bewußt mit Hilfe von Texten o.ä. gepflegt wird, noch durchlaufen. Der Sprecher zeigt sich allerdings, wie die Wahl des Futurs zeigt, zuversichtlich, daß dieser Prozeß gelingen werde. Wie dies genau geschehen soll, wird nicht gesagt, doch ist es wohl kein Zufall, daß die zuversichtliche Aussage gerade in einem literarischen Text getroffen wird, der auch die imaginierte Inschrift festhält.

nur eineinhalb Verse zitiert. Die Inschrift erfüllt damit die eben vom Sprecher aufgestellten Kriterien nicht. Im Kontext der Elegie dagegen erhält die Unvollkommenheit des Hexameters als implizite Absage an das Epos ihre Berechtigung. Vollständig ist nur der Pentameter, also der Teil des elegischen Distichons, durch das sich die Elegie vom Epos unterscheidet.[41] Der pointierte Gegensatz zu dem (von Achill, dem im ersten Vers der Ilias genannten Helden, verkörperten) Epos verbindet die Elegie mit dem hellenistischen, „kleinen" Dichtungsideal. Dem entspricht auch der zuvor geäußerte Wunsch, in einer ‚kleinen Urne' (*exiguo* [...] *busto*, V. 33) bestattet zu werden.[42]

Auffällig ist das Fehlen des Namens des Verstorbenen, der auf historischen Epitaphen das wichtigste Element darstellt: Die einfachsten Grabinschriften bestehen sogar nur aus dem Namen, der auf dem Grab notiert wird. Auch in einem inhaltlich verwandten Epitaph aus den Carmina Epigraphica stellt der Name die wichtigste Information dar (CE 215,2–3: *si quaeris quae sim, cinis en et tosta favilla, / ante obitus tristeis Helvia Prima fui*). Das Verschweigen des Namens in der in die Elegie eingelegten Inschrift unterstützt den Eindruck, daß für den Verfasser nicht seine Individualität, sondern nur seine Treue zu einer einzigen Liebe zählen: An die Stelle des Namens tritt die allgemeine Bezeichnung *servus amoris*. Tatsächlich gehört Selbstverleugnung im Dienste der *puella* zu den Kennzeichen des für die römische Liebeselegie typischen *servitium amoris*. Im Gegensatz dazu steht das durch Achill repräsentierte epische Heldenideal, das Kampfkraft und Durchsetzungsfähigkeit einschließt und dem Heros individuellen Nachruhm beschert.

Auch die Wortwahl der Inschrift weist also darauf hin, daß sich der Sprecher einer elegischen Weltsicht verbunden weiß. In die glei-

[41] Vgl. den berühmten Beginn von Ov. am. 1,1, s. dazu unten S. 377–83. Butler/Barber (1933) 213 machen „exigencies of space" für die Unvollständigkeit der Inschrift verantwortlich und schlagen „in case of an actual inscription" eine Ergänzung durch *siste viator iter* o. ä. vor. Diese Deutung wird aber der Rolle des Epitaphs innerhalb der Elegie nicht gerecht.

[42] Vgl. Prop. 2,1,71–2 (in einer Anrede an Maecenas): *quandocumque igitur vitam mea fata reposcent / et breve in exiguo marmore nomen ero*. Dazu Fedeli (2005) 393–4. In ähnlicher Weise wünscht sich Ovid in trist. 3,3,65 eine *parva urna*. Dort korrespondiert der Wunsch mit der Selbstbezeichnung *tenerorum lusor amorum* in dem kurz darauf folgenden imaginierten Autoepitaph (trist. 3,3,73), das den Dichter nur als Verfasser ‚kleiner' Liebesdichtungen nennt und seine zu den erhabenen Gattungen zählende Medeatragödie sowie die Metamorphosen ausblendet.

che Richtung deuten die folgenden Verse, in denen der Sprecher unter Berufung auf den epischen Helden Nestor, der den Tod des Antilochos habe mit ansehen müssen, ein langes Leben ablehnt und sich sogar wünscht, schon in der Wiege seinen Geist ausgehaucht zu haben (V. 43–50). Für die Geliebte dagegen hält der Sprecher ein langes Leben für erstrebenswert: Erst mit weißem Haar möge sie dann ‚zu den Gedenksteinen kommen', d.h. bei ihm bestattet werden (V. 40: *ad lapides cana veni memores*).[43] Es handelt sich um eine der wenigen Stellen, an denen ausdrücklich von einer (zumindest mittelfristigen) Dauerhaftigkeit des Grabsteins die Rede ist. Auch diese ist aber in einer für die Elegien typischen Weise an eine dem Sprecher nahestehende Adressatin gebunden und damit personalisiert: er malt sich aus, daß die Grabsteine noch vorhanden sein werden, wenn seine Geliebte ein hohes Alter erreicht hat. Ob sie dagegen nach ihrem Tod weiter erhalten bleiben, ist für die Elegie nicht bedeutsam. Im Gegensatz zu dieser elegischen Perspektive hat Marcia, die Frau Catos, in Lucans Bürgerkriegsepos eine anonyme, ferne Nachwelt als Adressaten ihrer Grabinschrift vor Augen (Lucan. 2,343–5, s. auch unten Anm. 96).

Der Sprecher zeigt sich zudem davon überzeugt, daß seine Geliebte dauerhaft um ihn trauern werde, V. 51–2: *tu tamen amisso non numquam flebis amico: / fas est praeteritos semper amare viros.* Als Beweis für diese Auffassung führt er die Trauer der Venus um den toten Adonis an; einen Stoff also, der nicht zum epischen Sagenkreis gehört (V. 53–6). Auch hier zeigt sich – diesmal indirekt – die Distanz zum epischen Lebensideal, das im Vergleich des Grabes des *Propertius* mit dem des Achill deutlich geworden war. Mit ihrer lebenslangen Trauer, die sich der Sprecher ausmalt, entspräche die

[43] FEDELI (2005) 398 paraphrasiert: „Quando anche la sua vita sarà giunta alla fine, Cinzia dovrà percorrere la stessa via che conduce al sepolcro di Properzio." Daß es sich nicht um einen einfachen Besuch am Grab handeln kann, zeigt der folgende Vers (V. 41: *interea cave sis nos aspernata sepultos*). Cynthia soll den Verstorbenen ‚in der Zwischenzeit' (d.h. zwischen dem Tod des *Propertius* und ihrem eigenen Lebensende) in Ehren halten, und ihm dann auf das Gräberfeld folgen, vgl. auch FEDELI (2005) 400. FLACH (2011) 55 möchte *memento* auf das folgende *hoc iter* beziehen: „Denkt sie noch an diesen Gang, wenn sie schon ergraut und ihre Todesstunde nahegerückt ist, zeigt sie ihm ihre unverbrüchliche Treue". Dabei ist jedoch zu bedenken, daß das zu *memento* gehörige Subjekt *tu quoque* eine enge gedankliche Verbindung zu dem vorher erwähnten Grab Achills schafft. Dort war aber nicht von einem Weg, sondern nur allgemein von der Berühmtheit der Grabstätte die Rede, der Properzens Bestattungsplatz nicht nachstehen werde. Aus diesem Grund ist eine Interpunktion vor *hoc iter* vorzuziehen.

Geliebte dem elegischen Ideal der lebenslangen, nur einer Person geltenden Liebe. Ihr Verhalten korrespondierte zugleich mit dem Resümee seines eigenen Lebens, das der Sprecher mit der Wendung *servus unius amoris* zusammenfaßt und auf seiner Grabinschrift verewigen lassen will. Wenn die ewige Trauer der Geliebten die angemessene Reaktion (s. V. 52 *fas est*) auf die Treue des Verstorbenen darstellt, so erhielte auch die Wendung *lapides memores* für die Grabsteine eine präzise Bedeutung: Die Steine sind allgemein Träger der Erinnerung und in dieser Funktion durch das Adjektiv *memor* gleichsam personifiziert. Das Grabmal des *servus amoris* hält speziell die Erinnerung an seine Treue wach und provoziert, so hofft der Sprecher, die gewünschte Antwort der Geliebten. Die darauf festgehaltene Erinnerung ist damit wesentlich eine Erinnerung der Frau: Der beschriftete Stein vertritt ihren verstorbenen *amator*, der seine Treue nicht mehr selbst ausdrücken kann.[44] Für alle anderen Leser handelt es sich dagegen um ein anonymes Zeugnis, das zwar generisch auf die elegische Lebensform verweist, auf individuelle Züge und Namensnennungen dagegen verzichtet.

Daraus ergibt sich die Frage, worin die oben besprochene Hoffnung auf fortdauernde, sogar das Grabmal Achills übertreffende Berühmtheit der Begräbnisstätte begründet ist. Für beide Fälle gibt der Sprecher ein äußeres Merkmal des Monuments an (die Blutspuren bzw. die Inschrift), die auf die Beziehung des Toten zu einer Frau hindeuten: Beide erhalten erst ihre volle Bedeutung, wenn sie mit den konkreten Personen in Zusammenhang gebracht werden. In Achills Fall ist diese Verbindung wegen seines bereits bestehenden Ruhms leicht herzustellen. Seine Bekanntheit beruht aber nicht auf dem Grab, sondern auf der literarischen Tradition, die dann auch den Ort seiner Bestattung zu einer berühmten Stätte macht. Auch der Sprecher von Prop. 2,13 hält den Ruhm seines Grabes für ausgemacht: Warum das Grab und das auf der Inschrift vermerkte Leben als *servus unius amoris* jedoch den berühmten epischen Helden in den Schatten stellen sollten, ist zunächst nicht klar. Das Leben mit einem einzigen Ehepartner wird auf histori-

[44] Goolds (1990) Übersetzung von *lapides memores* (V. 40) als „the tombstone that remembers you" weist auf die Bedeutsamkeit der Erinnerung für die Elegie hin, ist aber nicht ganz präzise: das Adjektiv *memores* legt nicht fest, an wen die Grabsteine erinnern sollen, das Epitaph dagegen verweist mit den Pronomen *hic* und *qui* sowie die Bezeichnung *servus* ausdrücklich auf den Mann. Sein Eigenname wird allerdings nicht genannt.

schen römischen Grabinschriften mehrfach erwähnt und kann deshalb kaum den Grund für eine singuläre Berühmtheit des Grabes liefern.[45] Die Grundlage müßten vielmehr heldenhafte Leistungen sein, die denen des Trojakämpfers Achill ebenbürtig sind. Von solchen heroischen Taten aber erfährt der Betrachter nicht aus der Inschrift, sondern aus den Elegien: Die elegischen *puellae* – und Cynthia im Besonderen – sind schwierige und hartherzige Persönlichkeiten, die dem Liebhaber in der *militia amoris* alles abverlangen. Einer solchen Frau ein Leben lang treu zu bleiben, stellt selbst die Abenteuer epischer Helden in den Schatten. Die Elegien übernehmen damit für den elegischen *amator* und seinen Nachruhm eine ähnliche Rolle wie die homerischen Epen für Achill – ja, sie werden, wie der Sprecher selbstbewußt feststellt, diese sogar übertreffen.

Die eingebettete Inschrift erfüllt in der Elegie also mehrere Funktionen. Indem sie den Schlüsselbegriff *servus amoris* nennt, den Eigennamen des Verstorbenen aber verschweigt, stellt sie ihn als exemplarischen elegischen Liebhaber dar, der auch von der Öffentlichkeit als solcher wahrgenommen und geschätzt werden kann. Gleichzeitig bildet sie für die *puella* eine ständige Erinnerung und Mahnung, ihrem verstorbenen Geliebten die Treue zu halten und damit seine lebenslange Liebe zu erwidern.[46] Auf erzähltechnischer Ebene verdeutlicht die Inschrift durch die Formulierung *ser-*

[45] Besonders bei Frauen wird der Status als *univira* auf historischen Grabinschriften hervorgehoben, s. z.B. CIL VI 2318; VI 19838. Fedeli (2005) 397 weist daher auf eine für die Liebeselegie typische Umkehrung des Verhältnisses von Mann und Frau in dem Autoepitaph hin: „Qui, nel rovesciamento tipico del mondo elegiaco, Properzio attribuisce a se stesso l'elogio che tradizionalmente è riservato alle matrone *univirae*". Allerdings wird in Epitaphen für *univirae* gelegentlich auch die entsprechende Treue des Ehemanns gelobt, s. z.B. CE 491: *Digna fui merito meo rara sodali / unus amor mansit, par quoque vita fidelis.* Der Hinweis auf die Treue des Mannes zu einer Liebe ist also an sich nicht einzigartig – auffällig ist im Kontext der Gedichtsammlung vielmehr, daß der Sprecher seine Treue bewahrt, obwohl Cynthia ihn hart behandelt, die lebenslange Liebe hier also nicht wie in CE 491 auf Gegenseitigkeit beruht. In diesem asymmetrischen *servitium amoris* liegt der typisch elegische Zug der Inschrift.

[46] Ähnlich Fedeli (2005) 399 in seinem Kommentar zu V. 40: „C'é chi vede in *memores*, riferito a *lapides*, un banale riferimento all' iscrizione funebre, che però nel caso di Properzio non ricorda neppure il suo nome [...]. Qui *memores* richiama, anche per la sua collocazione in fine di verso, il sollenne *memento*, collocato in fine d'esametro, ed esalta l'importanza della memoria in un rapporto d'amore che, secondo Properzio, non si esaurisce con la morte."

vus amoris und die Kombination aus einem unvollständigen Hexameter und einem vollständigen Pentameter in prägnanter Weise die Ablehnung der epischen und die Konzentration auf elegische Ideale (vgl. aber unten die Ausführungen zur Grabinschrift der Cynthia in Prop. 4,7).

Ov. trist. 3,3,73–6 (Naso)

Im dritten Buch der Tristien gibt der verbannte Dichter einen Entwurf seines eigenen Epitaphs (trist. 3,3,73–6), das seine Frau auf seinen Grabstein meißeln lassen soll. Anders als bei den Inschriften auf Tibull und Properz ist hier durch die Bezeichnung *poeta* klar, daß es sich bei dem Verstorbenen um einen Dichter handelt. Außerdem nennt der Sprecher, anders als Properz, seinen Eigennamen und verweist, anders als Tibull, durch die Wendung *tenerorum lusor amorum* ausdrücklich auf die von ihm verfaßte Liebesdichtung. Der Kontext lautet (V. 65–80):[47]

ossa tamen facito parva referantur in urna:
sic ego non etiam mortuus exsul ero –
nec vetet hoc quisquam: fratrem Thebana peremptum
supposuit tumulo rege vetante soror –
atque ea cum foliis et amomi pulvere misce,
inque suburbano condita pone solo;
quosque legat uersus oculo properante uiator,
grandibus in tumuli[48] *marmore caede notis:*

[47] Klein (1826) rechnet die Verse 75–6 nicht zur Inschrift, sondern zur rahmenden Elegie. Diese Auffassung ist allerdings aus sprachlichen und sachlichen Erwägungen nicht haltbar: Während in der gesamten übrigen Elegie die in Rom weilende Frau Ovids angesprochen wird, richten sich die fraglichen Verse an den zukünftigen Betrachter der fiktiven Inschrift. Gehörte das Distichon zur rahmenden Elegie (was schon wegen des ungewöhnlichen Adressatenwechsels fraglich erscheint) so wäre folgerichtig ein Futur (*at tibi, qui transibis* ...) zu erwarten. Auch der ausdrückliche Hinweis *hoc satis in titulo est* (trist. 3,3,77) deutet darauf hin, daß die beiden vorhergehenden Distichen zusammen als Epitaph intendiert sind. In dieser Weise werden sie auch von den neueren Herausgebern und Kommentatoren verstanden, s. Helzle (1989) 186.

[48] *Tumuli* ist in V2*ul* und anderen von Hall (1995) zugrundegelegten Handschriften überliefert, während FMQV2 *tituli* bieten. Parallelen aus den Heroides und den Metamorphosen (s. Ov. epist. 7,194: *hoc tantum in tumuli marmore carmen erit* und Ov. met. 14,442) stützen die Lesart *tumuli.* Aus V. 77–8 (*hoc satis in titulo etenim maiora libelli / et diuturna magis sunt monimenta mihi*) geht zudem hervor, daß „der

‚Hic ego qui iaceo tenerorum lusor amorum
ingenio perii Naso poeta meo.
At tibi qui transis ne sit grave quisquis[49] *amasti*
dicere Nasonis molliter ossa cubent.'
hoc satis in titulo est: etenim maiora libelli
et diuturna magis sunt monimenta mihi;
quos ego confido, quamvis nocuere, daturos
nomen et auctori tempora longa suo.

Im Unterschied zu den anderen Epitaphen, die wir in den Werken Ovids finden, ist dieses Epigramm auch ohne die rahmende Elegie als Grabaufschrift erkennbar: Die Themen Tod (V. 74: *perii*; V. 76: *molliter ossa cubent*), Grab (V. 73: *iaceo*; V. 76: *ossa cubent*) und Gebet für den Toten (V. 75–6: *ne sit grave* [...] *dicere*) werden hier ausnahmsweise direkt angesprochen und in eine auch in archäologisch bezeugten Inschriften häufig anzutreffende Form gekleidet.[50] Der Verstorbene spricht einen Vorübergehenden in wörtlicher Rede an, nennt seinen Namen, seinen Beruf (der zugleich seine Todesursache ist) und bittet um ein Gebet. Die Orientierung an historischen Grabinschriften, die das vorliegende Epitaph von den *tituli* mythischer Personen in Ovids Werk trennt, ist auffällig, weil der Dichter sonst den Vergleich mit den großen Sagengestalten nicht scheut. Bei allem Insistieren auf der Authentizität seiner Erlebnisse[51] erwähnt er mehrfach berühmte mythische Vorläufer und vergleicht und identifiziert sich mit ihnen. Zu den Gestalten, die er nennt, gehört neben Odysseus (z.B. trist. 1,5,7–84), Jason

Stein mit der Inschrift als *titulus* gedacht" ist (Luck [1977] II 182). Für V. 72 ist daher die Variante *tumuli marmore* vorzuziehen: Die Inschrift wird in den Marmor des Grabes geschnitten und bildet so den *titulus*.

49 Hall (1995) nimmt Heinsius' Konjektur *si quid* in den Haupttext.

50 S. dazu Cugusi (2007) 45–6 und Lascu (1972) 336.

51 Die Verbannung Ovids ans Schwarze Meer ist in der jüngeren Forschung u.a. von Hofmann (1987) bestritten worden. Anlaß zum Zweifel bot die Tatsache, daß wir außerhalb der Werke Ovids keine Zeugnisse für dieses Ereignis besitzen. Während dieser Mangel jedoch durch die Überlieferungslage und möglicherweise durch gezielte Maßnahmen des Kaiserhauses bedingt sein kann, fällt es schwer, sich einen Dichter auszumalen, der über fünf Bücher Tristien und vier Bücher Ex Ponto die Fiktion des ans Ende der Welt Verbannten aufrechterhält, ohne sich tatsächlich im Exil zu befinden. Die Zeitgenossen, die die wahren Verhältnisse gekannt haben müssen, dürfte ein solches Spiel, für das die antike Literatur keine Parallelen bietet, bald ermüdet und damit den literarischen Erfolg des Dichters gefährdet haben.

(trist. 2,439–40) und Orest (z.B. trist. 4,4,87–8) auch der römische Nationalheld Aeneas (trist. 1,2,7–8).[52] Wenn sich der Dichter zur Veranschaulichung seiner Lage also mit großen mythischen Helden gleichsetzt, warum orientiert er sich gerade in seiner Grabinschrift nicht an den von ihm selbst gestalteten Epitaphen mythischer Personen?

Die Frage stellt sich um so mehr, als der Brief trist. 3,3 an die (hier durch äußere Umstände) vom Schreiber getrennte Ehefrau eine Anknüpfung an die imaginierten Grabinschriften der Heroides leicht ermöglicht hätte. Auch in den Heroides ringen die Schreiberinnen mit der Entfernung und der drohenden Entfremdung des Geliebten.[53] Warum gestaltet Ovid das imaginierte Epitaph in den Tristien dennoch ganz anders als die eingefügten Grabinschriften in den Heroides?[54]

Die Unterschiede zwischen beiden zeigen sich nicht nur in der Verwendung oder Meidung traditioneller Formeln: Die Inschriften, die jeweils zur Erläuterung des Grabes dienen sollen, antworten auch auf sehr unterschiedliche Fragen. Während sich die von Dido und Phyllis entworfenen Epitaphe auf den Verursacher des Todes konzentrieren (gedachte Frage: *quis Phyllida leto dedit?* Antwort: *Phyllida Demophoon leto dedit, hospes amantem* bzw. gedachte Frage: *quis causam mortis praebuit?* Antwort: *Praebuit Aeneas et causam mortis et ensem*), klärt die Grabinschrift der Tristien den Wanderer zunächst über die Identität des Verstorbenen auf (gedachte Frage: *quis hic*

[52] S. dazu allgemein Broege (1972), zum Odysseusvergleich Rahn (1958) 115–8 = (1968) 492–8 und Evans (1983) 40.

[53] In trist. 3,3 besteht die Hauptsorge des von seiner Krankheit berichtenden Sprechers darin, allein zu sterben. Der Gedanke, seine Frau könne nicht nur räumlich entfernt sein, sondern vielleicht ein angenehmes Leben führen, während er dem Tode nahe sei, wird jedoch nur kurz angesprochen und gleich wieder zurückgewiesen (trist. 3,3,25–7: *ergo ego sum dubius vitae, tu forsitan illic / iucundum nostri nescia tempus agis? / non agis, adfirmo*). S. dazu Evans (1983) 55. Die Möglichkeit, seine Frau könne eine neue Liebschaft eingehen, erwägt der Sprecher nicht ausdrücklich. Hierin unterscheidet sich das Gedicht von Tibulls Elegie 1,3, in der ebenfalls ein in der Fremde erkrankter Mann an seine in Rom wartende Geliebte denkt. Der Sprecher in Tib. 1,3 bittet Delia ausdrücklich (mit einer Anspielung auf Penelope), ihm treu zu bleiben. Zu den Berührungen zwischen trist. 3,3 und dem Brief der Hypermestra s. unten Anm. 127.

[54] Rahn (1958) 112 betont die Parallelen zwischen Ovids eigenem Epitaph und den von Phyllis und Dido entworfenen Grabinschriften. Auf die unterschiedliche Erzählperspektive in den Epitaphen (1. vs. 3. Person) geht er nicht ein. Zu Parallelen zwischen den Tristia und den Heroides vgl. auch Rosenmeyer (1997).

iacet? Antwort: *hic ego* [...] *iaceo* [...] *Naso poeta*). Über die genaue Todesursache wie überhaupt über die näheren Umstände schweigt die Inschrift dagegen. Die allgemein gehaltene Formulierung *ingenio perii* [...] *meo* läßt für sich genommen viele Deutungen zu und ist noch nicht einmal für das literarische Publikum, das die in den Tristien geschilderten Umstände kennt, eindeutig (in der Elegie stehen das ungesunde Klima, schlechte Ernährung, mangelnde medizinische Versorgung und Sehnsucht nach seiner Frau als Faktoren im Vordergrund; an anderer Stelle malt sich der Dichter auch einen gewaltsamen Tod durch die Hand der Barbaren aus). Gerade durch ihre Unbestimmtheit erweckt die Inschrift so die Aufmerksamkeit des Lesers und reiht das Sterben Ovids in die Gruppe jener ungewöhnlichen Todesfälle ein, die bevorzugt auf Grabinschriften verewigt wurden.[55]

Indem der Dichter nicht näher auf die physische Todesursache eingeht, sondern sich nur allgemein auf sein *ingenium* beruft, das ihm zum Verhängnis geworden sei, knüpft er zugleich an die glücklichere Zeit in Rom an, die er schon durch die Selbstbezeichnung *tenerorum lusor amorum* evoziert hatte.[56] Sein literarisches Schaffen, so wird damit suggeriert, besaß eine unbestreitbare Qualität (*ingenium* galt gerade für hellenistische Dichter, in deren Nachfolge Ovid sich mehr als einmal stellt, als erstrebenswert), die gewöhnlich nicht zum Verderben, sondern zu Ruhm und Ansehen führt. Der erste Teil der Inschrift wirft daher, indem es die eine Frage beantwortet, zugleich eine zweite auf, deren Antwort der Betrachter jenseits des Grabmonuments suchen muß: Wie hat man sich das *ingenium* als Todesursache vorzustellen?

[55] Diese Tendenz zeigt sich sowohl in historischen wie in literarischen Inschriften aus dem griechischen und dem römischen Kulturraum. Zu den historischen Epitaphen vgl. LATTIMORE (1942) 142 und 151, für ungewöhnliche Todesfälle in den Epigrammen der Anthologia Palatina s. z.B. die zahlreichen Variationen des Themas „Schiffbruch“, A.P. 7,263–79 und 7,282–90 u.ö., daneben Epigramme auf Unglücksfälle A.P. 7,298 (anonym; Brautleute werden von einer Mauer erschlagen); A.P. 7,323 (anonym; Zwillingsbrüder sterben am selben Tag) und andere seltsame Todesumstände.

[56] Dieselbe Bezeichnung noch einmal trist. 4,10,1. Eine unbestimmte Angabe, die die allgemeine Ursache, aber nicht die genauen Umstände, durch die sie zum Tod führte, nennt, findet sich in Prop. 2,1,78, wo der elegische Sprecher Maecenas bittet, einst an seinem Grab anzuhalten und seiner Asche die Worte zuzurufen: *Huic misero fatum dura puella fuit.* Hier handelt es sich zwar nicht um eine Grabinschrift, aber die Ähnlichkeit des Ausrufs zu Epitaphen ist in der Forschung oft bemerkt worden, s. FEDELI (2005) 103–4.

Auf historischen Grabinschriften werden die Todesumstände normalerweise nur genannt, wenn es sich um ungewöhnliche Ereignisse (Unglücke, Tod in der Schlacht, Tod im Kindbett) handelt, nicht aber, wenn der Verstorbene einer Krankheit oder Altersschwäche erlag.[57] Properz und Tibull greifen diese Tradition auf, indem sie in den für sich selbst verfaßten Epitaphen jeweils die Liebe zu ihrer *puella* thematisieren, die einerseits zum frühen Tod beigetragen habe, andererseits aber über diesen hinaus andauere. Von dieser Form der elegischen Grabinschrift setzt sich Ovid ab. Zwar deutet schon die Tatsache, daß er seine Todesumstände erwähnt, auf ein auffälliges Ereignis hin, doch ist es offenbar nicht im typisch elegischen Umfeld zu suchen: Von einer *puella* ist in den Tristien nirgends die Rede, und die Liebe zu seiner Frau, an die der Brief aus Tomi gerichtet ist, fügt sich nicht in den traditionellen Rahmen der römischen Elegie.[58] Ovid selbst deutet die Unzulänglichkeit der Inschrift in den folgenden Versen der Elegie an, wenn er fortfährt: *Hoc satis in titulo est; etenim maiora libelli / et diuturna magis sunt monimenta mei* (trist. 3,3,77–8), und damit einen auch sonst verbreiteten Gedanken aufgreift, nach dem die Literatur einen dauerhafteren Nachruhm garantiert als Denkmäler. Die Abwertung, die die Inschrift dadurch erfährt, wird freilich in dem von Ovid entworfenen *titulus* nicht unmittelbar zum Ausdruck gebracht. Vielmehr beschränkt sich der Dichter auf eine Erwähnung seines Dichterberufs und die von ihm behandelte Thematik (*tenerorum lusor amorum*). Die Reduktion seines Œuvres auf die ‚sanften Liebschaften', die bekanntlich nicht den wirklichen Verhältnissen entspricht (mit den Metamorphosen und der verlore-

[57] Lattimore (1942) 151.

[58] Allenfalls die wiederholt betonte Sehnsucht nach der geliebten Frau stellt ein verbindendes Element dar, doch wird diese jeweils in andere Worte gekleidet. Der Sprecher der Tristien fühlt sich zwar von der tatkräftigen Hilfe seiner Frau abhängig, doch besteht zwischen den Eheleuten kein *servitium amoris*. Vielmehr betont der Dichter die glückliche Zweisamkeit, die durch das Verbannungsurteil abrupt unterbrochen wurde und in Kontrast zur unerfüllten Liebe eines typisch elegischen Liebhabers steht. Vgl. dazu Helzle (1989), bes. 188: „Instead of viewing Fabia [aufgrund vereinzelter Hinweise in den Tristien nimmt Helzle an, daß Ovids Frau zur *gens Fabia* gehörte] as a development of an elegiac *domina*, I want to propose a completely different picture of Ovid's relationship towards his wife [...], namely that he talks to her in the same way as he talks to his patrons and friends. From the very beginning Ovid uses some of the standard terms of patronage when writing to his wife, words like *fides, officium, munus, debere, tutela, meritum, gratia* and *memoria*." Anders Nagle (1980) 43.

nen Medea-Tragödie hatte sich Ovid auch in anderen Gattungen hervorgetan und die noch unvollendeten Fasti führten ebenfalls von der Liebesdichtung fort), ist für die Wirkung der Inschrift entscheidend. Sie schränkt das nicht näher bestimmte *ingenium* (trist. 3,3,74) auf die Liebesdichtung ein und wiederholt damit in raffinierter Form die schon früher geäußerte Klage, daß seine erotische Dichtung zusammen mit einem nicht weiter definierten *error* zu seinem Untergang geführt habe.[59] Da der *error* jedoch im Epitaph nicht erwähnt wird, bleibt nur die Liebesdichtung als Todesursache übrig – eine Zuspitzung, die die folgende Aufforderung an den Wanderer besonders wirkungsvoll erscheinen läßt. Wer auch immer (jemals) Liebe gefühlt habe, möge es nicht als lästig empfinden, den Wunsch *molliter ossa cubent* auszusprechen (V. 75–6). Die Anrede an einen Wanderer ist bei historischen ebenso wie bei literarisch überlieferten Inschriften und Epigrammen sehr häufig und sowohl im griechischen wie im lateinischen Sprachraum verbreitet.[60] Das frühste bekannte lateinische Beispiel ist eine im saturnischen Versmaß verfaßte Inschrift.[61]

Indem der Sprecher des Epitaphs den Kreis derjenigen, die mit dem traditionellen Grabspruch ihr Bedauern über seinen Tod aussprechen sollen, möglichst allgemein hält – angesprochen sind nicht nur Passanten, die seine Werke gelesen haben, sondern alle, die je geliebt haben, und damit gleichsam alle Betrachter der Inschrift – zielt er auf eine große Trauergemeinde und damit auf einen eindrucksvollen Kreis potentiell an seinem Schicksal interessierter Personen: es geht nicht allein um das „individuelle Gedächtnis" (Assmann [2002]), sondern mehr noch um die Tatsache, daß mehrere Individuen die Inschrift wahrnehmen, sie in ähnlicher Weise beurteilen und damit die Erinnerung an den *exsul poeta* bewahren. Dieser hat damit gute Aussichten, in das „soziale Gedächtnis" seiner Zeitgenossen einzugehen. Dabei ist ausdrücklich an römische Anhänger gedacht, wie die römische Form der

[59] Herescu (1958) 420–42 betont den Unterschied zur Grabinschrift des Aischylos, die die dichterischen Erfolge des Verstorbenen verschweigt und nur seine militärischen Leistungen in den Perserkriegen hervorhebt. Das Epitaph auf Aischylos ist u.a. in seiner Vita überliefert.

[60] S. Cugusi (2007) 45; Bettenworth (2007). Ovid verwendet die Formulierung *molliter ossa cubent* noch einmal in epist. 7,162, dazu Cugusi (1996) 357. Sie läßt mit dem Adjektiv *mollis* zugleich eine typische Eigenschaft der Liebeselegie anklingen, s. Houghton (2013) 356.

[61] Kruschwitz (2002) 166–7.

Inschrift und die konkreten Anweisungen in der rahmenden Elegie belegen (trist. 3,3,69–70: *Atque ea* [sc. *ossa*] [...] *in* [...] *suburbano condita pone solo*).

Damit erhält die Inschrift Brisanz für die aktuelle Auseinandersetzung mit Augustus. Das Exil, aus dem der Kaiser den Dichter trotz wiederholter Bittbriefe nicht heimkehren lassen will, wird, so die Aussage der rahmenden Elegie, spätestens mit dem Tod des Dichters enden (s. trist. 3,3,65–6: *Ossa tamen facito parva referantur in urna / sic ego non etiam mortuus exsul ero*). Nach der Rückkehr seiner sterblichen Überreste nach Rom jedoch wird er, so der Tenor der Inschrift, einen Anhängerkreis besitzen, der über den seiner Leser hinausreicht: Die meisten Passanten werden, da sie in die Kategorie *quisquis amasti* fallen, nach Ovids Vorstellung nicht umhin können, ihre guten Wünsche für den Verstorbenen zu äußern und auf seine rätselhafte Todesursache aufmerksam zu werden. Der Wunsch nach einem großen Rezipientenkreis zeigt sich auch äußerlich in der Anweisung, für das Epitaph große Buchstaben zu wählen (V. 72).

Ginge dieses Kalkül auf, so gewänne der Dichter nach seinem Ableben außer seinen Lesern eine Reihe von potentiellen Sympathisanten oder wenigstens interessierten Personen hinzu, die sich aufgrund der Inschrift bemüßigt fühlen könnten, dem Schicksal des Verstorbenen auf den Grund zu gehen. Die Absicht des Augustus, den unliebsamen Dichter in Vergessenheit geraten zu lassen, wäre damit gescheitert.

Zu diesem Effekt paßt auch die äußere Form der Inschrift. Sie ist das einzige auf den eigenen Tod verfaßte Epitaph in Ovids Werken, in dem der Verstorbene auch selbst als Sprecher in Erscheinung tritt.[62] Dem Kaiser, so suggeriert die Formulierung, werde es nicht gelingen, den Dichter durch seine Exilierung dauerhaft mundtot zu machen: Noch aus dem Grab werde er die Stimme in eigener Sache

[62] Bei den beiden anderen Grabinschriften in Ovids Œuvre, in denen der Tote selbst zu Wort kommt, ist aus dem Kontext nicht erkennbar, wer sie geplant hat: der Papagei in am. 2,6,61–2 wird als Sprecher der Inschrift dargestellt, ohne daß wir erfahren, wer ihm die Worte in den Mund gelegt hat, und bei der Grabinschrift für Caieta, die Amme des Aeneas (met. 14,443), die die Verstorbene als Sprecherin zeigt, erhalten wir aus dem rahmenden Text keinen Hinweis darauf, daß sie die Aufschrift selbst in Auftrag gegeben habe. Der Akzent liegt im Text jedenfalls ganz auf Aeneas, der ihre Bestattung durchführte. Die in der Inschrift erwähnte Tatsache, daß gerade er seine Amme in traditioneller Weise verbrannt habe, konnte Caieta vor ihrem Tod jedoch nicht sicher wissen, sondern allenfalls wünschen.

erheben, wie er es zu Lebzeiten durch die Tristien und die Epistulae ex Ponto tat.[63]

Das dauerhafte Gedenken, das sich Ovid im Falle seines Todes im Exil bei allen Liebenden schaffen wird, und das für Augustus als den Verursacher seines Unglücks denkbar unangenehm sein dürfte,[64] kann allenfalls dadurch verhindert werden, daß er den Dichter rechtzeitig zurückberuft und damit die kompromittierende Aussage der imaginierten Inschrift überflüssig macht. Die Inschrift stellt damit ein weiteres Mittel in der propagandistischen Auseinandersetzung mit Augustus dar, durch die Ovid eine Verbesserung seiner Lage zu erlangen hofft.[65] In dieser Hinsicht ist sie also nicht mit den von Phyllis und Dido verfaßten Inschriften vergleichbar, bei denen die Schuld des treulosen Geliebten im Mittelpunkt steht, der durch die Inschrift beschämt werden soll (s. dazu unten).[66]

[63] So auch HERESCU (1958) 427.

[64] Ovid erwähnt indirekt sogar die Befürchtung, daß seine Bestattung in der Heimat vom Kaiser vereitelt werden könnte; allerdings nur, um sie sofort zu entkräften: ‚Niemand' werde ein solches Verbot aussprechen, da selbst Antigone ihren Bruder trotz Kreons Widerstand begraben habe (trist. 3,3,65–8: *ossa tamen facito parva referantur in urna: / sic ego non etiam mortuus exsul ero. / nec vetet hoc quisquam: fratrem Thebana peremptum / supposuit tumulo rege vetante soror*). Wollte Augustus das Begräbnis untersagen, würde er sich demnach so verhalten wie der berüchtigte mythische Tyrann. Allerdings deutet schon die Tatsache, daß Ovid die Notwendigkeit sieht, einem solchen Einwand zu begegnen, darauf hin, daß er nicht ganz aus der Luft gegriffen ist.

[65] S. dazu MARCOVICH (1960) 409, der den propagandistischen Aspekt stark betont und die Verwendung als tatsächliches Grabepigramm ausschließt: „A mi modo de ver, el tetrástico de Ovidio no se puede tomar muy en serio. No es ésta una auténtica y sincera inscriptión sepulcral. Es tan sólo una artimaña más de parte del poeta lamentoso, con el fin de conmover a Augusto o a espíritus influyentes en Roma, de despertar la compasión y así lograr su regreso a la patria." Allerdings hat die Analyse ergeben, daß die Inschrift zahlreiche Elemente des archäologisch bezeugten Epitaphformulars enthält. Bei MARCOVICHS Feststellung „‚El epitafio' de Ovidio no pertenece a ningún género tradicional de las inscriptiones sepulcrales literarias latinas, por la simple razón de que no fue pensado por su autor como un verdadero epitafio" (S. 412) handelt es sich daher um eine *petitio principii*. Nicht die wirklichen oder vermeintlichen Absichten des Autors, über die wir keine sicheren Angaben machen können, sondern die nachprüfbare Form und Gestalt einer eingebetteten Inschrift können zur Grundlage seiner Zuordnung zu einer traditionellen Inschriftengruppe gemacht werden. Der Verismus einer fiktiven oder imaginierten Inschrift erhöht in jedem Fall deren Glaubwürdigkeit für den Leser.

[66] Ov. ep. 2,147: *Phyllida Demophoon leto dedit hospes amantem*; Ov. ep. 7,195: *praebuit Aeneas et causam mortis et ensem.*

Der Unterschied zeigt sich schon äußerlich darin, daß der Kontrahent in den Grabgedichten der Dido und der Phyllis jeweils mit Namen genannt, als Verursacher des Todes bezeichnet und so zum alles beherrschenden Subjekt gemacht wird, während Ovid nur von sich selbst spricht und den Kaiser, der ihn verbannt hatte, mit keinem Wort erwähnt. Wer der Verantwortliche für Ovids Unglück ist, erschließt sich nur demjenigen, der die in der Inschrift nicht beschriebenen Hintergründe kennt, und selbst dann können noch Zweifel an der Rolle der Beteiligten bleiben. Zwar hat der Kaiser die *relegatio* verhängt, doch sucht der Dichter die Gründe für diese Entscheidung manchmal in der Unkenntnis des Augustus über den wahren Inhalt seiner Gedichte, dann wieder in seiner eigenen Unbesonnenheit oder ungünstigen äußeren Umständen.[67] Mag Ovid auch Bitterkeit gegen den Kaiser empfinden – zu dem Plan, eine direkte, abschließende Verurteilung in Stein meißeln zu lassen, wie es Phyllis und Dido tun, kann er sich nicht durchringen. Diese Zurückhaltung ist inhaltlich nur verständlich, wenn der Dichter, anders als die beiden Heroinen, die unmittelbar vor dem Selbstmord stehen, durch eine schonungslose Formulierung des Epitaphs noch etwas zu verlieren hätte.[68] In der Tat scheint er noch nicht alle Hoffnung auf Besserung seiner Lage aufgegeben zu haben. Mehrfach betont er die Ungewissheit seines Zustandes (V. 2–4: *aeger eram / aeger in extremis ignoti partibus orbis, / incertusque meae nempe salutis eram*; V. 25: *ergo ego sum dubius vitae*) und malt sich eine plötzliche, durch die Ankunft der Ehefrau bewirkte Besserung aus, V. 23–4: *nuntiet huc aliquis dominam venisse, resurgam, / spesque tui nobis causa vigoris erit.*[69] Daß hier die Anwesenheit der Ehefrau als Ursache für eine Besserung und für Hoffnung auf Gesundheit und geradezu eine „Auferstehung" genannt wird, zeigt, daß der Sprecher hier, wie auch sonst in den Tristien, das Exil selbst als todes-

[67] S. z.B. Ov. trist. 2,237–8: *Mirer in hoc igitur tantarum pondere rerum / te numquam nostros euoluisse iocos?* Ov. trist. 2,103–4: *Cur aliquid vidi? Cur noxia lumina feci? / Cur imprudenti cognita culpa mihi?*

[68] Erzähltechnisch handelt es sich um ein bewußtes Verschweigen wichtiger Informationen, das Schmid (2008) 270 als „aufzuhebende Negation" bezeichnet: „Der Leser muß hierbei die vom Autor vorgenommene Negation aufheben und nach den im Text mehr oder weniger latent enthaltenen Anweisungen Nicht-Gewähltes für die Geschichte ‚reaktivieren' ".

[69] Ohne nähere Begründung nimmt auch Marcovich (1960) 412 an, daß Ovid, als er sein Epitaph verfaßte, noch nicht alle Hoffnung auf eine Rückkehr nach Rom (was eine Gesundung voraussetzt) aufgegeben habe.

ähnlichen Zustand betrachtet.[70] Daher kann das dichterische *ingenium*, das ihn in diese Lage gebracht hat, mit Recht als „Todesursache" auf dem imaginierten Grabstein erscheinen. Eine „Auferstehung" wäre demnach durch eine Rückberufung nach Rom, um die der *exsul poeta* in der Exildichtung beständig bittet, jederzeit denkbar. Im Gegensatz dazu sind die Heroinen entschlossen, ihr Lebensende selbst herbeizuführen und sich daran nicht hindern zu lassen. Die an vielen Stellen der Elegie spürbare Hoffnung des Kranken, daß der drohende Tod ihn doch verschonen werde, spiegelt sich auch in der Stellung der Inschrift innerhalb der rahmenden Elegie. Anders als in den Briefen der Dido und der Phyllis, die mit dem selbstverfaßten Epitaph abbrechen, setzt Ovid nach der Formulierung seiner Grabinschrift den Brief an seine Frau fort, um ihn erst einige Distichen später mit einer kunstvollen Variation des üblichen Briefschlusses zu beenden.[71]

Die wichtigste Aussage der Inschrift ist aus dieser Perspektive also der Hauptsatz *ingenio perii Naso poeta meo.* Dies ergibt sich jedoch vor allem aus dem Kontext der Elegie und Ovids Exildichtung insgesamt, nicht aus der Inschrift selbst. Dies kann der Vergleich mit der vor dem archäologischen Museum von Constanza (dem antiken Tomi) aufgestellten Ovidstatue zeigen, auf deren Sockel die vier Verse der Grabinschrift zu lesen sind.[72] Obwohl der Text derselbe ist, tritt durch die Lage des Denkmals am Verbannungs- und Sterbeort Ovids das Pronomen *hic* in den Vordergrund, während die „Todesursache" für die lokalen Interessen weniger entscheidend ist. Das Beispiel illustriert erneut die Notwendigkeit, die in einer Elegie zitierte Inschrift als Teil des literarischen Kunstwerks zu betrachten.

[70] Z.B. trist. 1,3,21–3 (Abschied des Dichters aus Rom): *quocumque aspiceres, luctus gemitusque sonabant, / formaque non taciti funeris intus erat. / femina virque meo, pueri quoque funere maerent.* Zum „Exil als Tod" an dieser Stelle s. Houghton (2013) 356 und vgl. Claassens (1996) vergleichende Studie zu Ovid, Cicero und Seneca. Speziell zu den Korsika-Epigrammen Senecas (ep. 2 und 3 Dingel), die sich an Ovids Exildichtung orientieren, s. Dingel (2007) 21–2 und seinen Kommentar 107 und 11–2.

[71] Trist. 3,3,87–8: *accipe* [...] / *quod, tibi qui mittit, non habet ipse, ‚vale'.*

[72] S. dazu Marcovich (1960) 407 und Harzer (1997) 68–9. Bilder der Statue bietet Giebel (1991) 113 und 115.

4.1.1.2 Autoepitaphe von anderen Personen

Die in die Elegien eingebetteten Autoepitaphe von Personen, die keine Dichter sind, werden mit einer Ausnahme (Lygdamus, Tib. 3,2,29–30) von Sprecherinnen entworfen. Alle sind Teil einer Mitteilung an den Geliebten/die Geliebte, erscheinen aber in sehr unterschiedlichen Situationen.

Ov. epist. 7,195–6 (Dido)

Für die Frage nach der Funktion der eingefügten Inschriften ist besonders das Autoepitaph der Dido von Interesse, das den siebten Heroidesbrief beschließt (epist. 7,195–6).[73] Als einzige eingefügte Inschrift in Ovids Werken wird es vom Dichter noch einmal in anderem Zusammenhang wörtlich zitiert (fast. 3,549–50).[74] Zudem gleicht der Text der Inschrift einem Distichon aus der Ars amatoria, wo der Sprecher bei der Aufzählung einer Reihe treuloser Liebhaber Aeneas mit den Worten umschreibt: *et famam pietatis habet tamen hospes et ensem / praebuit et causam mortis Elissa, tuae* (ars 3,39–40), dazu Frings (2005) 140–1.

Sowohl in den Heroides als auch in den Fasti wird das Epitaph als Dichtung der Dido dargestellt, die den Text kurz vor ihrem Selbstmord entwirft.[75] In den Heroides bestimmt die Königin in ihrem

[73] Döpp (1968) 51 und Pöschl (1964) 147 nehmen an, daß die Anregung zu der Grabinschrift aus den von Dido gesprochenen Versen Verg. Aen. 4,653–8 stammt (*vixi et quem dederat cursum Fortuna peregi / et nunc magna mei sub terras ibit imago. / urbem praeclaram statui, mea moenia vidi, / ulta virum poenas inimico a fratre recepi / felix, heu nimium felix, si litora tantum / numquam Dardaniae tetigissent nostra carinae*). Die Vorbildfunktion kann sich jedoch nur allgemein auf den Gedanken an eine prägnante Würdigung Didos beziehen, da die Heroides- und die Aeneisstelle in Inhalt und Form stark voneinander abweichen.

[74] Die Erwähnung der Weihinschrift *Naso magister erat* am Ende des zweiten und dritten Buches der Ars amatoria (ars 2,744 und ars 3,811–2) ist nicht direkt vergleichbar. Hier sollen zwei unterschiedliche Personengruppen (Männer bzw. Frauen) zu unterschiedlichen Zeitpunkten eine gleichlautende Inschrift weihen, während es sich bei dem zweimal erwähnten Grabgedicht der Dido ausdrücklich um dasselbe Epitaph handelt. Zu den Selbstzitaten bei Ovid allgemein vgl. Lueneburg (1888). Knoche (zurückhaltend zitiert bei Bömer [1959] 287) hält die Inschrift in den Fasti für interpoliert. Dagegen wendet sich Döpp (1968) 60 Anm. 18 mit dem Hinweis, daß der Grabspruch in beiden Fällen vom Kontext gefordert sei.

[75] Die meisten Interpreten nehmen an, daß der Brief geschrieben werde, während Aeneas die Vorbereitungen zur Abfahrt trifft und Dido einen Aufschub zu erlangen sucht, s. Palmer (1898) 339: „If we should be asked to indicate the exact

Brief an Aeneas das *carmen* ausdrücklich für die marmorne Tafel auf ihrem Grab (epist. 7,194). In den Fasti dagegen berichtet der auktoriale Erzähler, als er die Verehrung der Anna Perenna in Rom erläutert, aus der Rückschau über die Ereignisse. Dabei bestätigt er durch wörtliche Bezüge und mit der Autorität der olympischen Perspektive die Ernsthaftigkeit der von Dido in den Heroides vorgebrachten Ankündigungen:[76] Sie wird tatsächlich vom Feuer des Scheiterhaufens verzehrt (epist. 7,193: *consumpta rogis*; fast. 3,546: *arserat* [...] *rogis*), und die Inschrift wird in den Marmor der Grabplatte gemeißelt (epist. 7,194: *in tumuli marmore carmen erit*, fast. 3,547–8: *tumulique in marmore carmen* / [...] *erat*). Daß Dido dieses Gedicht bei ihrem Tod hinterließ, wird vom Erzähler der Fasti ausdrücklich angemerkt (fast. 3,547–8: *carmen* / [...] *quod moriens ipsa reliquit*). Damit können die Bemerkungen in den Fasti zugleich als Kommentar zu der Heroidesstelle verstanden werden.[77] Betrachtet man beide Stellen zusammen, so könnte zunächst der Eindruck entstehen, daß in Ovids literarischer Fiktion eine andere Person den Brief, der mit der imaginierten Inschrift endet, gelesen und die darin enthaltene Bestimmung über das Grab umgesetzt hat. Wer diese Person gewesen sein könnte, ist aus der Fastistelle jedoch nicht zu entnehmen: Anna, deren aktive Teilnahme an Didos Bestattung in epist. 7 unmittelbar vor dem Zitat des Epitaphs in einer emotionalen Anrede vorausgesehen wird,[78] und deren enge Beziehung zu

moment in the Virgilian narrative at which this epistle might be supposed to have been written, it might be placed at ver. 415 of the fourth book, where Dido sends Anna to Aeneas asking for a brief delay."

[76] Diese wird gelegentlich bezweifelt, so von Lausberg (1982) 287 und Adamietz (1984) 123–4. Einen von Anfang an festen Entschluß zum Selbstmord vermutet dagegen u.a. Knox (1995) 202–3: „As O.[vid] himself makes clear in his characterization of this poem at Am. 2,18,25, Dido is already intent on suicide as she writes this poem, sword in hand." Auf den Zeitpunkt unmittelbar vor dem Selbstmord verweist auch die Umschreibung des 7. Heroidesbriefs in am. 2,18,25–6. Der Brief schildere *quod* [...] *tenens strictum Dido miserabilis ensem* / *dicat*. Der Konjunktiv *dicat* deutet die spekulative Komponente des Gedichts an.

[77] So schon Döpp (1968) 60. Die Grabinschrift der Dido bildet ein gutes Beispiel dafür, daß intertextuelle Referenzen in beide Richtungen wirksam sein können. Wie die Fastistelle den Heroidesbrief in einem bestimmten Licht erscheinen läßt, indem sie den Ernst der von Dido geäußerten Todessehnsucht bestätigt, so liefert epist. 7 seinerseits die Vorgeschichte, die es erlaubt, die Inschrift in den Fasti richtig einzuordnen.

[78] Ov. epist. 7,191–2: *Anna soror, soror Anna, meae male conscia culpae, / iam dabis in cineres ultima dona meos.*

Dido in der Aeneis vorgebildet ist,[79] erscheint in fast. 3 nicht als Finderin oder Vollstreckerin des ‚Testaments'. Aeneas dagegen, der Adressat des Heroidesbriefes, weiß in Vergils Version, die der Heroidesbrief voraussetzt, zunächst nichts von Didos Tod, da er schon auf dem Meer segelt (Verg. Aen. 5,1–7). Erst bei der Begegnung in der Unterwelt wendet er sich mit dem Ausruf: *funeris heu tibi causa fui?* (Verg. Aen. 6,458) an die Königin – eine Frage, auf die Ovid bei der Formulierung des Epitaphs anspielt. Auch das in den Amores erwähnte, von Sabinus verfaßte Antwortschreiben des Aeneas an Dido setzt voraus, daß er vom Tod der Königin keine Kenntnis hat.[80] Die Frage, wie das in dem Heroidesbrief imaginierte Epitaph seinen Weg auf den in den Fasti erwähnten Grabstein gefunden hat, d.h. für welchen der Charaktere also Dido ihr Epitaph „sterbend selbst hinterlassen" habe, läßt sich also auch aus einer Kombination der verschiedenen Texte nicht beantworten und ist damit falsch gestellt. An das von Dido ‚hinterlassene' Epitaph erinnert sich in erster Linie der Leser der Fasti: Von ihm wird angenommen, daß er auch die Heroides kennt. Eine solche Erzähltechnik, bei der der Sprecher eines Werks auf andere Texte rekurriert, als gehörten sie selbstverständlich zum Gedächtnisinhalt des Lesers (oder auch der Figuren), ist bei Ovid und anderen römischen Dichtern häufig anzutreffen. Gerade die Heroides zeigen eine hohe Zahl solcher intertextueller Referenzen, bei denen teilweise sogar die Schreiberin die Briefe der übrigen Heroinen zu kennen scheint, s. dazu Fulkerson (2005).

Im Werk Ovids finden wir also zwei unterschiedliche dichterische Konzeptionen für den Umgang mit der Didogeschichte: Die eine strebt durch die wörtliche Wiederholung des Epitaphs aus auktorialer Perspektive danach, das in den Heroides dargestellte Geschehen, an das sich der Leser erinnern soll, nachträglich zu bestätigen und damit werkübergreifend eine geschlossene dichterische Welt zu erzeugen. Dagegen durchbricht die Bemerkung in am. 2,18,31, die voraussetzt, daß der Didobrief kein „Abschiedsbrief" gewesen sei,

[79] In der Aeneis wirft Anna, die auf das Klagegeschrei der *comites* zu der sterbenden Dido eilt, ihrer Schwester vor, daß sie sie nicht mit in den Tod genommen habe und faßt ihre Gefühle in dem Satz zusammen: *exstinxti te meque soror* (Verg. Aen. 4,682).

[80] Am. 2,18,31: *iam pius Aeneas miserae rescripsit Elissae.* Über Sabinus ist wenig bekannt. Er wird noch einmal im vierten Buch der Epistulae ex Ponto erwähnt. Zu den angeblich von Sabinus verfaßten Briefen s. Heldmann (1994) und Rosati (1996).

sondern abgeschickt wurde und Aeneas erreicht hat, diese Fiktion. In der programmatischen Elegie am. 2,18 blickt Ovid von außen auf sein Schaffen als elegischer Dichter, indem er sein Werk, für das die aufgezählten Heroidesbriefe beispielhaft stehen, mit dem (durch Macer repräsentierten) Epos vergleicht. Auf die Briefe berühmter Frauen antwortet sein Freund Sabinus unter anderem in der Rolle des Aeneas,[81] während Macer einige der in den Heroides handelnden Personen in epischer Form darstellt. Die Wahl dieses Themas lasse hoffen, daß er dabei sei, in das Lager der elegischen Dichtung zu wechseln, am. 2,18,39–40: *si bene te novi, non bella libentius istis / dicis, et a vestris in mea castra venis.* Die Plausibilität der Rahmenhandlung spielt in diesem metaliterarischen Zusammenhang eine untergeordnete Rolle. Wie Aeneas den Brief, den Dido bereits *tenens strictum* [...] *ensem* (am. 2,18,25) verfaßte, bekommen haben oder gar beantwortet haben sollte, ist ebensowenig von Interesse wie z.B. die Frage, auf welchem Weg das Schreiben der verlassenen Ariadne den davonsegelnden Theseus erreichen konnte.[82] Bedeutsam ist hier allein die Vorstellung, was eine bestimmte mythische Person in einer vorgegebenen Situation hätte sagen können, und wie der Adressat auf die Äußerung reagieren würde.[83]

Die bisher vorgebrachten Überlegungen beruhen ausschließlich auf Informationen, die aus der rahmenden Elegie, nicht aber aus dem wörtlich zitierten Text des Epitaphs stammen. Betrachtet man nur das Distichon allein, so zeigt sich sogleich dessen besonderer Charakter: Besäße man nur die beiden Verse, so wäre nicht einmal zweifelsfrei erkennbar, daß es sich um eine Grabinschrift handelt. Das Distichon enthält keine typische Formulierung wie *hic sita est*, die archäologisch für römische Grabinschriften gut bezeugt ist,[84]

[81] Für unpassend hält die Antwortbriefe SPOTH (1992) 219 Anm. 19: „Wenn Sabinus zu den (unbeantwortbar) monologischen Briefen der Heroinen so eilfertig Repliken beibringt, so handelt es sich freilich um ein – produktives – Mißverständnis.“ Ähnlich FRÄNKEL (1945) 52; einen scherzhaften Bruch mit der eigentlichen Intention Ovids vermutet BARCHIESI (1997) 63 Anm. 1.

[82] S. zur Problematik der Briefübermittlung in den Heroides allgemein MAURER (1990) 22–4.

[83] SPOTH (1992) 86–7. Vgl. dazu am. 2,18,21–26, bes.: 2,18,25: (*scribimus*) *quodque tenens strictum Dido miserabilis ensem / dicat.*

[84] S. z.B. CIL III 2722 (H.S.E.); vgl. zu anderen typischen Formeln wie *sit tibi terra levis* LATTIMORE (1942) 65–74. Das Fehlen solcher Redewendungen unterscheidet die in die Heroides eingefügten Grabinschriften von Ovids selbstentworfenem Epitaph, das mit der Aufforderung endet: *at tibi qui transis ne sit grave quisquis amasti / dicere, Nasonis molliter ossa cubent* (trist. 3,3,75–6), vgl. dazu die heute ver-

und auch in den Fasti, wo der *titulus* bereits am Grab angebracht ist, erscheint kein Zusatz, in dem sich nach römischer Sitte gelegentlich die Stifter des Grabes oder trauernde Angehörige nennen.[85] Indem so die näheren Umstände der Bestattung aus der Inschrift ausgeklammert werden, liegt der Akzent auf der Aussage: ‚Was Dido angekündigt hatte, trat wirklich ein' und unterstreicht den Ernst der in den Heroides vorgestellten Situation. Zugleich benötigt der Betrachter das Monument, um die Inschrift korrekt als Grabgedicht einordnen zu können. In dieser Hinsicht gleicht das von Dido gewünschte Epitaph den historischen Inschriften, in denen Informationen fehlen können, die aus dem monumentalen Kontext ersichtlich sind. In der Forschung wird eine „Über- bzw. Unterinformation" daher oft als Kriterium eingeführt, um historische von literarischen Epigrammen zu unterscheiden: Im Gegensatz zu Inschriften, die in einem monumentalen Kontext stehen, muß ein literarisches Epigramm dem Leser alle notwendigen Details im Text liefern.[86] Auf dieser Beobachtung fußt auch Lessings Epigrammtheorie, die für literarische Epigramme eine Zweiteiligkeit postuliert.

lorene Inschrift CE 1458 (Rom): *molliter ossa cubent dicat, rogo, quisque viator / sic tibi defuncto dicere di iubeant.* Ovid selbst spricht einen solchen Wunsch in seinem Nachruf auf Tibull aus, am. 3,9,67–8: *ossa quieta, precor, tuta requiescite in urna, / et sit humus cineri non onerosa tuo.* Tibull verwendet eine ähnliche Segensformel, als er auf den langen Nachruhm einer guten, d.h. vor allem nicht habgierigen Person hinweist. Ihr Liebhaber werde noch lange ihr Grab schmücken, *et ‚bene' discedens dicet ‚placideque quiescas, / terraque securae sit super ossa levis'* (Tib. 2,4,49–50).

85 S. z.B. CIL I² 2139; V 4113 (Mutter setzt einen Grabstein für ihren Sohn); CIL VI 10731 (Vater setzt einen Grabstein für seinen Sohn); CIL V 1939; CIL VIII, Suppl. 20288 (Ehemann setzt einen Grabstein für seine Ehefrau); CIL III 2722 (Freund setzt einen Grabstein für ein verstorbenes Kind); CIL III 6384 (Eltern setzen einen Grabstein für ihren Sohn und ihre Freigelassenen).

86 S. dazu z.B. Köhnken (1993) 120: „Das inschriftliche Epigramm setzt gewöhnlich das Denkmal voraus, für das es bestimmt ist. Daher enthält es über die Art dieses Denkmals oder Gegenstandes (z.B. des Grabmals oder der Weihgabe) eher zu wenige als zu viele Angaben. [...] Ein nicht inschriftlich überliefertes Epigramm ist vor allem dann als eine ursprünglich für einen Gegenstand gedachte ‚Aufschrift' im eigentlichen Sinn anzusehen, wenn das Verständnis durch die Unvollständigkeit der Angabe beeinträchtigt wird. Umgekehrt muß ein nur literarisch überliefertes Grab- oder Weihepigramm dann als fiktive ‚Aufschrift' gelten, wenn es, ohne daß ein besonderer Anlaß vorliegt, zu viele Angaben über den Weihgegenstand oder das Grabmonument aufweist, wenn also der Verfasser offensichtlich davon ausgegangen ist, daß der Leser den Gegenstand, auf den das Epigramm sich beziehen soll, nicht vor Augen hat." In der Praxis sind allerdings solche besonderen Anlässe nicht immer klar zu erkennen, s. z.B. die in Messene gefundene Dedikationsinschrift auf der Basis einer der Artemis Ortheia geweih-

Der erste, von ihm „Erwartung" genannte Teil ersetzt gleichsam das Monument, indem er im Leser Spannung erzeugt, die durch den zweiten Teil („Aufschluß") „mit eins" befriedigt wird.[87]

Die Auffälligkeit des von Dido entworfenen Epitaphs liegt darin, daß dem Leser in den Versen zwar eine zentrale Information (nämlich, daß es sich überhaupt um eine Grabinschrift handelt) vorenthalten wird, daß ihm aber dieser Mangel durch die Inschrift nicht bewußt gemacht wird. Unvollständige Angaben, die durch ein Monument ergänzt werden könnten, sind in Didos Epitaph nicht zu erkennen, und ebenso fehlen Demonstrativpronomen, die in historischen Inschriften oft auf den Gegenstand verweisen, auf den sich der Text bezieht. Das Gedicht weist sogar eine auffällige Zweiteilung auf, die Lessing als Eigenheit literarischer Epigramme bezeichnet: Im ersten Vers wird mit dem Satz *praebuit Aeneas et causam mortis et ensem* eine Erwartung geweckt („um wessen Tod geht es?"), die die zweite Gedichthälfte befriedigt: Die Ankündigung bezieht sich auf die Affäre des Aeneas mit Dido, die durch ihn zum Selbstmord getrieben wurde. Die beiden Teile lassen sich unschwer als „Erwartung" und „Aufschluß" identifizieren, so daß das Epitaph, wenn es ohne die rahmende Elegie etwa in eine Epigrammsammlung geriete, nach Lessings Theorie als literarisches, nicht an ein Monument gebundenes Gedicht betrachtet werden müßte. Die Tatsache, daß sich Didos Epitaph auf der Ebene der literarischen Fiktion der Heroides sehr wohl auf ein Monument bezieht (es wird ausdrücklich als ‚Inschrift' entworfen und in den Fasti auch als solche dargestellt), zeigt, daß sich die von Lessing für selbständige Epigramme entwickelte Theorie nicht ohne weiteres auf solche übertragen läßt, die innerhalb von Gedichten erscheinen.[88] Allerdings können Lessings Beobachtungen auch in diesen Fällen den Blick für Besonderheiten einer Inschrift schärfen.

„Erwartung" und „Aufschluß", die das Epigramm nach Lessing in charakteristischer Weise gliedern, sind nämlich beim Epitaph der Dido, gemessen an der am Beispiel eines Monuments entwickelten

ten Statue, die Einzelheiten des Denkmals beschreibt, zu dem sie gehört, obwohl der Betrachter dieses vor Augen hat, dazu Bettenworth (2007) 74.

[87] Lessing (1771 [1956]) 523–4.

[88] Vorsicht ist somit vor allem geboten, wenn der Verdacht besteht, daß in Epigrammsammlungen auch Stücke aufgenommen wurden, die ursprünglich zu einem umfassenderen Text gehörten. Die Entscheidung hierfür dürfte freilich nur in Fällen möglich sein, in denen externe Indizien vorliegen.

Theorie, ungewöhnlich gestaltet. Der Betrachter, so führt LESSING aus, werde auf ein Denkmal aufmerksam, das sein Interesse wecke, und über dessen Bedeutung er sich beim Näherkommen mit Hilfe der Inschrift Klarheit verschaffe. Infolgedessen wäre bei der Grabinschrift der Dido statt ‚Aeneas lieferte den Grund und ein Schwert – Dido brachte sich um' eigentlich die Reihenfolge ‚Hier liegt die Selbstmörderin Dido – Grund und Gelegenheit zum Tod lieferte ihr Aeneas' zu erwarten. Vor allem die späte Nennung der Verstorbenen ist bei einer Grabinschrift auffällig. Gewöhnlich nämlich „wird zunächst das Grundlegende und Wichtigste, der Name des Toten mitgeteilt. Erst dann erfolgt, gleichsam als besondere Zugabe, in Form eines syntaktischen Nachtrags die speziellere Information".[89]

Die besondere Anordnung der beiden Teile ist durch den Kontext bedingt: In der literarischen Fiktion bildet die Inschrift einen Teil des Briefs, in dem Dido Aeneas auf die fatale Doppelrolle aufmerksam macht, die er in ihrem Leben spielt: Das Schwert, das er in Karthago getragen und bei seiner Abreise zurückgelassen hatte, wird jetzt für Dido zur tödlichen Waffe.[90] Die Gliederung des Distichons spiegelt also Didos Einschätzung der Lage wider: Auf den im Hexameter beschriebenen Anstoß, den ihr Aeneas liefert, antwortet

[89] LAUSBERG (1982) 104.

[90] In der Aeneis wird das Schwert, mit dem Dido sich tötet, als *ensis Dardanius* (Verg. Aen. 4,646–7) bezeichnet, eine Waffe, die Aeneas bei seinem Abschied im Königspalast zurückgelassen hatte (Verg. Aen. 4,507: *ensis relictus*), und die möglicherweise zu den *arma* gehört, die Anna in Didos Auftrag herbeiholen soll (Verg. Aen. 4,495–7). Offenbar hatte sich Dido das Schwert als Abschiedsgeschenk erbeten, s. Verg. Aen. 4,646–7: *ensemque recludit / Dardanium, non hos quaesitum munus in usus* (dazu AUSTIN [1955] ad loc.), vgl. auch Sil. 8,149 (bei der gerafften Wiedergabe der Didogeschichte): *ensem Dardanii quaesitum in pignus amoris* (vgl. PEASE [1967] zu Verg. Aen. 4,467). Da sich unter den Gaben, die Aeneas beim Gastmahl in den Palast bringen läßt (Verg. Aen. 1,648–55) kein Schwert befindet, neigt KNOX (1995) zu Ov. epist. 7,187 hingegen dazu, *munus* ironisch aufzufassen. Ein – offenbar nicht mit dem *ensis Dardanius* identisches – Schwert erscheint in der Aeneis noch einmal an prominenter Stelle als Bestandteil der von dem trojanischen Helden zeitweilig bevorzugten punischen Kleidung, die Merkur erblickt, als er Aeneas an seinen eigentlichen Auftrag erinnern soll (Verg. Aen. 4,261–2: *atque illi stellatus iaspide fulva / ensis erat Tyrioque ardebat murice laena*). Das wiederholte Motiv ‚Schwert' scheint hier als erzähltechnischer Kunstgriff eingesetzt zu werden, wie er auch aus Homer bekannt ist (vgl. z.B. in der Odyssee die wiederholte Hervorhebung von ‚Olivenholz' [aus dieser Holzart besteht der Griff jener Axt, mit der Odysseus sein Floß baut, Hom. Od. 5,235–6 ebenso wie die Keule des Kyklopen, Hom. Od. 9,319–20 und schließlich der als Erkennungszeichen dienende Pfosten von Odysseus' und Penelopes Ehebett, Hom. Od. 23,190–204]).

sie mit dem im korrespondierenden Pentameter wiedergegebenen Selbstmord. Obwohl der eigene Anteil durch die starke Sperrung von *ipsa* [...] *manu* hervorgehoben wird, handelt es sich doch nur um eine Reaktion auf das Verhalten des Aeneas: Dieses lenkt, so suggeriert die Inschrift, Didos Tatkraft in eine bestimmte Richtung, aus der es kein Entkommen mehr gibt.

Diese subjektive Deutung der Ereignisse ist freilich auf dem Grabstein nicht als solche erkennbar: Anders als in historischen Inschriften, die gelegentlich den Zusatz *vivus fecit* tragen,[91] und anders als z.B. in der Grabinschrift des Naso, in der das elegische Ich in der ersten Person spricht (trist. 3,3,73–4: *Hic ego qui iaceo tenerorum lusor amorum / ingenio perii Naso poeta meo*), ist Didos Grabinschrift in der dritten Person und ohne solche Zusätze formuliert. Nur durch die rahmende Elegie weiß der Leser, daß der auf der Inschrift als bereits vollzogene Handlung erscheinende Selbstmord zum Zeitpunkt der Abfassung noch gar nicht geschehen ist, und daß nicht etwa ein neutraler Dritter, sondern die Königin selbst die Entsprechung *praebuit Aeneas causam mortis – concidit Dido* formuliert hat.[92] Ein Besucher des Grabes, der über keine zusätzlichen Informationen verfügt, nimmt das Geschehen daher in einer einseitigen Perspektive wahr, ohne daß ihm dieser Umstand bewußt gemacht würde. Indem Dido darauf verzichtet, die Grabinschrift als ihr eigenes Werk zu kennzeichnen und so die darin liegende Aussage zu relativieren, wie es historische Personen oft tun,[93] setzt sie die in der Elegie vorherrschende Neigung, die eigene Perspektive absolut zu setzen, fort und verewigt sie: Ihr Unverständnis gegenüber Aeneas' göttlichem Auftrag läßt den Geliebten als undankbar und

[91] S. z.B. CIL V 2934.

[92] Dies stellt ein potentielles Problem bei allen selbstentworfenen Grabinschriften dar, in denen der Verfasser auf künftige Ereignisse eingehen muß, ohne sie sicher vorhersagen zu können. Es wird um so drängender, je konkretere Aussagen der Text enthalten soll. Wenn Properz für seinen *titulus* die Aufschrift *unius hic quondam servus amoris erat* (Prop. 2,13,35) wünscht, so handelt es sich vorerst nur um ein Versprechen, dessen Gültigkeit erst am Ende des Lebens festgestellt werden kann. Bei Ovids eigener Grabinschrift, die er in den Tristien entwirft, ist die Schwierigkeit dadurch gemildert, daß die Aussage recht allgemein gehalten ist (*ingenio perii Naso poeta meo*, trist. 3,3,74), und die Inschrift nur unter der Bedingung in Auftrag gegeben wird, daß der Dichter wirklich im Exil sterben sollte, trist. 3,3,29: *si tamen implevit mea sors, quos debuit, annos* [...].

[93] S. z.B. CIL V 2934 u.ö.

sie selbst als sein Opfer erscheinen.[94] Diese Auffassung, später wirkungsvoll in Stein gemeißelt, trägt schließlich zum Selbstmordplan und seiner Durchführung bei.

Instruktiv ist hier der Vergleich mit den Abschiedsworten der Dido in Vergils Aeneis, die in der Forschung gelegentlich als ihr „Epitaph“ bezeichnet werden[95] (Verg. Aen. 4,655–8):

urbem praeclaram statui, mea moenia vidi,
ulta virum poenas inimico a fratre recepi,
felix, heu nimium felix, si litora tantum
numquam Dardaniae tetigissent nostra carinae.

Während die Aeneisverse die politischen Leistungen der Königin hervorheben, die sie bis zur Ankunft der trojanischen Schiffe glücklich sein ließen, behandelt das elegische Epitaph nur den Tod der Dido und macht ihn damit zur *Akme* ihres Lebens. Die Perspektive ist außerdem auf Dido und ihre Beziehung zu Aeneas verengt, während Didos Einfluß auf das Gemeinwesen, der in Vergils Versen durch die betonte Stellung von *urbem* am Versanfang hervorgehoben wird, keine Rolle spielt. Die Verknappung und die Verengung der Perspektive tragen zum elegischen Kolorit der Inschrift bei.

Daß es sich – unabhängig von archäologischen Zeugnissen – auch in der literarischen Fiktion um kein gewöhnliches Epitaph handelt, läßt die Sprecherin Dido in den Heroides selbst anklingen, wenn sie, ehe sie den Text formuliert, eine Alternative andeutet: *Nec consumpta rogis inscribar Elissa Sychaei, / hoc tantum in tumuli marmore carmen erit* (epist. 7,193–4). Unter anderen Umständen wäre die Grabinschrift also nicht „nur“ so kurz ausgefallen, und vor allem hätte sie als ‚Elissa, die Frau des Sychaeus‘, ihre letzte Ruhestätte

[94] Der hier implizierte Gedanke, daß derjenige, der den Anlaß für den Tod eines Menschen liefere, sogar schuldiger sei als der, durch dessen Hand er schließlich eintrete, findet sich ähnlich auch in met. 11,780–1, wo sich Aesacus, dessen Geliebte auf der Flucht vor ihm von einer Giftschlange gebissen wurde, selbst anklagt: *perdidimus miseram nos te duo: vulnus ab angue, / a me causa data est. Ego sum sceleratior illo.* Um der Toten Genugtuung zu leisten, stürzt er sich schließlich von einer Klippe, wird allerdings gegen seinen Willen von Thetis vor dem sicheren Tod bewahrt (met. 11,783–6).

[95] Herescu (1958) 425 glaubt, daß „la reine pronoce, à ses derniers moments, pour sa tombe prochaine [...] son curriculum, complet pour l'essentiel.“ Im Text wird Didos Ausspruch aber nicht als Entwurf für eine Grabinschrift gekennzeichnet, selbst wenn sich die Verse dafür eignen würden.

gefunden.[96] Diese Aussage ist, je nach der Einschätzung des Heroidesbriefes insgesamt, in der Forschung verschieden gedeutet worden. ADAMIETZ (1984) 131, der das Schreiben als einen letzten Versuch Didos wertet, Aeneas zurückzugewinnen, versteht das Epitaph als eine Drohung der Königin: „Aeneas soll in der Inschrift als Ursache ihres Todes bezeichnet werden, und dies wird, wie die Worte der Phyllis 2,145–8 bestätigen, *invidia* erregen und den Geliebten der Kritik preisgeben [...]. Das heißt, Aeneas kann die drohende Schande abwenden – wenn er in Karthago bleibt."[97] Diese Auslegung setzt voraus, daß der Brief, wie gelegentlich angenommen, tatsächlich noch vor der Abreise des Geliebten geschrieben und Didos Schicksal noch offen ist. Die Annahme steht freilich im Gegensatz zur eigenen Aussage der Königin in epist. 7,3–4: *Nec quia te nostra sperem prece posse moveri, / alloquor: adverso movimus ista deo.* Nimmt man diese Verse ernst, so steht für Dido die Erfolglosigkeit ihres Schreibens schon von Beginn an fest. Der Eindruck wird dadurch verstärkt, daß der Aussage mindestens eine Todesankündigung unmittelbar vorausgeht (epist. 7,1–2): *Sic, ubi fata vocant,*

[96] Zum Wechsel der Namen *Dido* und *Elissa* vgl. RUPPRECHT (1959). Aufschlußreich ist der Vergleich mit der Situation, die Lucan im zweiten Buch der Pharsalia entwirft. Dort kehrt Catos Frau Marcia, die Cato selbst zu einer Heirat mit Hortensius gedrängt hatte, um diesem Nachkommen zu verschaffen, zu Cato zurück und bittet darum, sie wieder in den früheren Ehebund aufzunehmen. Ihre größte Sorge besteht darin, die Nachwelt könne bezweifeln, daß sie die erste Ehe mit Cato unter Zwang aufgelöst habe. Um dieser üblen Nachrede zu entgehen, bittet sie darum, auf ihrem Grabstein als Catos Ehefrau verewigt zu werden, Lucan. 2,343–5: *liceat tumulo scripsisse ‚Catonis / Marcia', nec dubium longo quaeratur in aevo / mutarim primas expulsa an tradita taedas.* Dazu FANTHAM (1992) 139–43.

[97] Vgl. auch LAUSBERG (1982) 287: „Anklagend und drohend sind auch die Grabinschriften in Ovids Heroides; durch die Angabe der Todesursache auf dem Grab für den Fall, daß der Geliebte die Heroine wirklich und endgültig verläßt, soll er bewogen werden, es doch nicht so weit kommen zu lassen." Dagegen deutet PIAZZI (2007) 86–8 die Vorwürfe gegen Aeneas als Teil eines von Dido bewußt gepflegten „vittimismo": Die Opferrolle verleihe ihr ironischerweise die stärkere Position, s. ebd. 87: „Strettamente connessa all'atteggiamento vittimistico è anche la continua ricerca della ‚posizione debole' rispetto al interlocutore. Ai vv. 61 ss. ad esempio, più che il *fair play* o la generosità nei confronti dell' ‚avversario', si avverte il timore di perdere, nel caso che Enea anneghi in mare, il ruolo di vittima: ruolo debole ma retoricamente forte."

udis abiectus in herbis / ad vada Maeandri concinit albus olor.[98] Weitere Todesankündigungen folgen in späteren Versen,[99] bis die Elegie schließlich mit der Grabinschrift abbricht. Dieser Abschluß ist in mehrfacher Hinsicht ungewöhnlich. Die meisten Heroidesbriefe enden entweder mit einem dringenden Appell an den Geliebten, der die vorausgehenden Bitten prägnant zusammenfaßt, oder sie enthalten einen Abschiedsgruß. In den sieben ersten Gedichten, deren Authentizität nie umstritten war, bilden Bitten an den Geliebten, abgesehen von den beiden Epitaphen der Phyllis und der Dido, sogar die einzige Form des Briefschlusses.[100] Von diesem Prinzip

[98] In den Handschriften Ew findet sich vor dem ersten Vers ein Distichon, das von den meisten Herausgebern als mittelalterlicher Zusatz betrachtet wird und zwei noch deutlichere Hinweise auf den bevorstehenden Tod enthält: *Accipe, Dardanide, moriturae carmen Elissae; / quae legis a nobis ultima verba legis.*

[99] V. 64: *tu potius leti causa ferere mei*; V. 68: *Phrygida Dido fraude coacta mori*; V. 76: *te satis est titulum mortis habere meae*; V. 97b–8: *vosque mei manes animaeque cinisque Sychaei / ad quas, me miseram, plena pudoris eo*; V. 103 (zum verstorbenen Sychaeus gesprochen): *Nulla mora est; venio, venio tibi debita coniunx*; V. 111–2: *Durat in extremum vitaeque novissimae nostrae / prosequitur fati, qui fuit ante, tenor*; V. 135–7: *accedet fatis matris miserabilis infans / et nondum nati funeris auctor eris; / cumque parente sua frater morietur Iuli*; V. 181: *est animus nobis effundere vitam*; V. 185–6: *lacrimae strictum labuntur in ensem / qui iam pro lacrimis sanguine tinctus erit*; V. 188: *instruis impensa nostra sepulcra brevi*; V. 192: *iam dabis in cineres ultima dona meos.* VIARRE (2002) 218 hält Didos Tod für sicher und bemerkt: „L'épître VII, dans tout le recueil, est celle qui recèle le plus grand nombre d'annonces d'un mort auto-infligée."

[100] Am häufigsten (in 13 der 21 heute überlieferten Heroides, davon in fünf der sieben nie in ihrer Echtheit umstrittenen Briefe, das Schreiben der Penelope eingerechnet) schließen Bitten und Aufforderungen die Elegien ab, s. 3,153–4 (Briseis).: *Me modo, sive paras impellere remige classem, / sive manes, domini iure venire iube!*; 4,175–6 (Phaedra): *Addimus his precibus lacrimas quoque; verba precantis / qui legis, et lacrimas finge videre meas*; 5,157–8 (Oenone): *sed tua sum tecumque fui puerilibus annis / et tua, quod superest temporis, esse precor*; 6,163–4 (Hypsipyle): *Haec ego coniugio fraudata Thoantias oro: / vivite devoto nuptaque virque toro!*; 10,149–50 (Ariadne): *flecte ratem, Theseu, versoque relabere velo; / si prius occidero, tu tamen ossa feres;* 11,127–8 (Canace): *Tu, rogo, dilectae nimium mandata sororis / perfer; mandatum persequar ipsa patris*; 13,166 (Laodamia): *si tibi cura mei, sit tibi cura tui*; 15,219–20 (Sappho): *hoc saltem miserae crudelis epistula dicat: / ut mihi Leucadiae fata petantur aquae*; 16,378 (Paris): *exige cum plena munera pacta fide*; 17,267–8 (Helena): *Cetera per socias Clymenen Aethramque loquamur, / quae mihi sunt comites consiliumque duae*; 18,217–8 (Leander): *interea pro me pernoctet epistula tecum, / quam precor ut minima prosequar ipse mora*; 19,210 (Hero): *leniat invisas littera missa moras.* In epist. 1,110–6 (Penelope) stehen die eigentlichen Bitten *venias* und *respice* zwar nicht am Ende, bereiten aber das Schlußdistichon vor: Dieses unterstreicht durch den Hinweis auf das drohende Alter die lange Dauer der Trennung von Odysseus. Daneben sind Abschiedsgrüße zu finden (in drei der 21 Briefe, allerdings nicht in den sie-

weichen nur die Briefe der Hermione (epist. 8) und der Medea (epist. 12) ab, die sich nicht mehr aufs Bitten verlegen, sondern zu aktivem Handeln entschlossen scheinen.[101]

Wenn es sich bei der auffälligen Endstellung der Grabinschrift im Didobrief um einen literarischen Kunstgriff Ovids handelt, so müßte sich dessen Sinn aus einem Vergleich mit der wörtlichen Wiederholung des Epitaphs in den Fasti und mit dem Schreiben der Phyllis (epist. 2) erklären lassen, das in einer ähnlichen Situation verfaßt ist.

Ov. fast. 3,549–50: (Didos Autoepitaph als Selbstzitat)

Die Fasti, die als einziges Werk Ovids nach einer Inschriftengattung benannt sind,[102] enthalten nur eine eingefügte Grabinschrift. Es

ben unumstrittenenen Schreiben): epist. 9,168 (Deianeira): *virque* [...] *et puer Hylle, vale*; 20, 241–2 (Acontius): *Longior infirmum ne lasset epistula corpus / clausaque consueto sit sibi fine: vale*; 21,247–8 (Cydippe): *Quid nisi, quod cupio mihi iam contingere tecum, / restat ut adscribat littera nostra? Vale.* Zwei Briefe, allerdings keiner in den sieben als sicher authentisch geltenden Schreiben, enden mit allgemeinen Zukunftsvorstellungen: 8,121–2 (Hermione): *aut ego praemoriar primoque exstinguar in aevo, / aut ego Tantalidae Tantalis uxor ero*; 12,212 (Medea): *nescio quid certe mens mea maius agit.*

101 Während bei Medea die Aussage *viderit ista deus qui nunc mea pectora versat / nescio quid certe mens mea maius agit* (epist. 12,211–2) im Kontext der allgemein bekannten Sage als düstere Vorausdeutung auf den kommenden Kindermord verstanden werden kann, ist der Sachverhalt bei Hermione weniger klar. Nach den in verschiedenen Quellen enthaltenen Sagenfragmenten war sie durch Vermittlung ihres Großvaters Tyndareus mit Orest verlobt, wurde aber zugleich von ihrem Vater Menelaos vor Troja dem Neoptolemos versprochen. Nach der in der Aeneis angedeuteten Sagenversion raubte sie Neoptolemos bei seiner Rückkehr dem Orest und wurde später bei Delphi von diesem in einen Hinterhalt gelockt und erschlagen, s. Verg. Aen. 3,330–332, ebenso Velleius Paterculus 1,1,3. Daneben deutet Euripides (Andromache 964–7) eine alternative Überlieferung an, wonach Hermiones Trennung von Orest in wechselseitigem Einvernehmen erfolgt sei. Fornaro (1999) 193 schließt daher nicht aus, daß es sich bei dem Heroidesbrief um ein raffiniertes Rollenspiel handeln könne: „Fra tragedia e eroide interagenti si può sospettare un gioco delle parti [...] Insomma: si tratta di sposi che si ricongiungono o di adùlteri che preparano l'assassinio?" Zu der komplexen Sagentradition um den Tod des Neoptolemos in Delphi, die unter anderem bei Pherekydes fr. 64a (= schol. [MTAB] Eur. Or. 1655 = i 239,17 Schwartz) in einer allerdings schon seit dem 16. Jahrhundert umstrittenen Variante überliefert ist und auch in der Hermione-Tragödie des Sophokles eine Rolle spielte, s. Fowler (2014).

102 Der Titel ‚Fasti' wurde schon von Ovid selbst verwendet, der in trist. 2,549 (in einer Aufzählung seiner ernsten Werke) feststellt: *sex ego Fastorum scripsi totidemque*

handelt sich um das Epitaph der Dido, dessen Entstehung in Heroides 7 geschildert wurde (s. dazu oben) und das nun mit identischem Wortlaut als Inschrift auf dem *tumulus* der Königin erscheint. Das Zitat findet sich im Eintrag zum Fest der Anna Perenna, das in Rom an den Iden des März gefeiert wurde und dessen Bedeutung schon zu Ovids Zeit unklar war. In der modernen Forschung sind verschiedene Theorien vorgebracht worden, darunter die, daß es sich bei Anna Perenna um eine Muttergottheit handele (RADKE [1993] 134–6). Möglicherweise galt das Fest aber auch ursprünglich einer Wassernymphe, die später mit der gleichnamigen Schwester der Dido identifiziert wurde.[103] Diese sei nach dem Tod der Königin vor dem anrückenden Iarbas, einem der von Dido zurückgewiesenen einheimischen Fürsten, geflohen und nach abenteuerlicher Fahrt in Latium gestrandet, wo sie von Aeneas zunächst freundlich aufgenommen worden sei. Der Haß der Lavinia, die eine Nebenbuhlerin befürchtete, habe sie dann jedoch zur Flucht an den Fluß bewogen, in dessen ‚immerwährendem Strom' (*amnis perennis*) sie sich verborgen habe und so zur Wassernymphe ‚Anna Perenna' geworden sei.[104]

Anders als bei den oben besprochenen Inschriften und anders als bei seiner ersten Erwähnung im Heroidesbrief ist das Epitaph der Dido hier auf den ersten Blick nur locker mit der Haupthandlung des Gedichtes verknüpft. Weder gilt es der Hauptperson des Kalendereintrags (Anna Perenna), noch scheint es für das Aition ihres Festes relevant zu sein. In der Tat wird Didos unglückliche Liebe zu Aeneas und ihr daraus resultierender Tod nicht erst durch die Inschrift, sondern schon durch die vorhergehenden Verse in

libellos. Zur Frage der Entstehungs- und Überlieferungsgeschichte (von den zwölf Büchern, die der Dichter hier als abgeschlossenes Werk präsentiert, besitzen wir nur die ersten sechs) vgl. BÖMER (1957) I, 11–22, GREEN (2004) 15–25 und VOLK (2010) 13–14.

103 Die Erzählung Ovids ist der früheste Beleg für die Gleichsetzung der Wassernymphe mit Didos Schwester. S. PETER (1907) 149: „Alter, Herkunft und Vorgeschichte dieser Erzählung sind völlig rätselhaft. [...] Alles [...] hängt davon ab, wie man sich historisch die Entwicklung des Verhältnisses der Dido zu Aeneas vorstellt." MURGIA (1987) 151 neigt zu der Ansicht, daß Ovid eine Vorgängerquelle benutzte, allerdings ohne dem Gedanken weiter nachzugehen. BRUGNOLI (1991) hält den Anna Perenna-Mythos dagegen für eine Erfindung Ovids. Auf Ovid greift Silius Italicus zurück, der in den Punica von Anna Perenna berichtet (Sil. 8,50–202), dazu unten S. 136–138.

104 Zum Namen der Gottheit s. RADKE (1963) und LATTE (1960) 138, zur Entwicklung des Festes PEREA (1998).

Erinnerung gerufen (fast. 3,545–6: *arserat Aeneae Dido miserabilis igne, / arserat exstructis in sua fata rogis*). Sodann schildert der elegische Sprecher knapp das Begräbnis der Königin und erwähnt dabei das selbstverfaßte Epitaph, das den Lesern aus den früher veröffentlichten Heroides bekannt sein konnte (fast. 3,547–8: *compositusque cinis, tumulique in marmore carmen / hoc breve, quod moriens ipsa reliquit, erat*). Eine wörtliche Wiedergabe scheint daher in doppelter Hinsicht überflüssig. Welchen Zweck erfüllt also das (in allen Handschriften einheitlich überlieferte) Zitat? Handelt es sich wirklich nur um eine selbstgefällige Spielerei Ovids, der nicht von einem gelungenen Zweizeiler lassen konnte?

Die kurze Rekapitulation der unglücklichen Liebe Didos und ihres Untergangs steht in den Fasti am Anfang einer neuen Erzählung, die das Schicksal der Anna nach den in der Aeneis und dem Heroidesbrief geschilderten Ereignissen beleuchtet. Sie dient als Anknüpfungspunkt für den Leser, der ihn vom allgemein bekannten Teil der Dido-Aeneas-Sage zu ihrer unbekannteren Fortsetzung führt.[105] Die wörtlich zitierte Grabinschrift bildet so zugleich einen markanten Abschluß für den ersten Teil der Geschichte. Allerdings dürfte dies kaum der Hauptgrund für ihre Einführung sein, da der ausdrückliche Hinweis auf die Heroides, in denen Didos Epitaph bereits verewigt war, allein dasselbe hätte leisten können. Auch kommt die berühmteste Version der Didosage, die Aeneis Vergils, ohne eine solche Inschrift aus, so daß es sich bei dem Epitaph auch nicht um eine durch die Tradition vorgegebene Abschlußformel dieses Sagenteils handeln kann.

Der Grund für die Einführung der Inschrift scheint daher eher in ihrem Inhalt zu liegen, den Ovid seinem Publikum zu Beginn der Anna Perenna-Geschichte noch einmal vor Augen stellen wollte. Der Text demonstriert die Unversöhnlichkeit, mit der Dido kurz vor ihrem Tod auf das Liebesverhältnis zu Aeneas zurückblickt, und die, wenn Aeneas in ähnlicher Weise empfände, eine Gefahr für die nach Latium verschlagene Anna bildete. Annas enge Beziehung zu ihrer toten Schwester wird im Folgenden immer wieder hervor-

[105] Die Obskurität der Anna Perenna-Geschichte deutet Ovid selbst an, wenn er nach der Beschreibung des Volksfestes am Tiberufer seine aitiologische Erzählung mit den Worten beginnt: *Quae tamen haec dea sit quoniam rumoribus errat, / fabula proposito nulla tegenda meo* (fast. 3,543–4). Die ungewöhnliche Formulierung *rumoribus errare* scheint singulär zu sein. Peter (1909) ad loc. umschreibt sie mit „*dubia, incerta est*“ (sc. *dea*), s. Bömer (1958) zu 4,669.

gehoben: Die Mauern Karthagos, aus denen sie vertrieben wird, bzw. auf die sie vom Schiff aus zurückblickt, heißen *sororia moenia* (fast. 3,559–60) bzw. *dulce sororis opus* (fast. 3,566), und ein Salb- und Haaropfer an Didos Grab, bei dem sie Tränen vergießt und die Aschen(-urne) der Toten dreimal an ihr Gesicht drückt, da ihr Dido unter der Gestalt der *cineres* anwesend scheint (fast. 3,560–4), ist Annas letzte Handlung vor der Flucht zu König Battus. Ihm berichtet sie von ihrem eigenen Schicksal und dem ihrer Schwester und erlangt so seine Hilfe (fast. 3,571–2: *qui* [sc. *Battus*] *postquam didicit casus utriusque sororis, / ‚haec', inquit ‚tellus quantulacumque tua est.'*), die ihr jedoch nur bis zur Ankunft Pygmalions Ruhe verschafft (fast. 3,573–8). Während des Seesturms, in den Anna auf der erneuten Flucht gerät, preist sie erstmals ihre Schwester glücklich, die diese Gefahr nicht durchleben mußte, weil sie an Land starb (fast. 3,597–8: *tum primum Dido felix est dicta sorori / et quaecumque aliquam corpore pressit humum*).[106]

Als sie schließlich den Strand von Latium erreicht hat, begegnen ihr als erstes Aeneas und Achates, die sie, wenn auch mit Erstaunen, sogleich wiedererkennen. Anna reagiert mit Furcht, die der auktoriale Erzähler mit dem Gedanken an das Schicksal ihrer Schwester motiviert: *heu, quid agat? fugiat? quos terrae quaerat hiatus? / ante oculos miserae fata sororis erant* (fast. 3,609–10). Auch als Aeneas sie anspricht, zittert sie noch (fast. 3,611: *adloquitur trepidam Cythereius heros*). Betrachtet man die in der Aeneis beschriebene berühmte Sagenversion, so fällt auf, daß Aeneas in den dort beschriebenen Reaktionen der Anna auf Didos Tod keine prominente Rolle spielt. Die Äußerungen der Schwester konzentrieren sich auf Trauer und Vorwürfe an Dido, die sie getäuscht und mit sich selbst auch ihr Volk und ihre Schwester ausgelöscht habe.[107] Auch weiß der Leser, daß Aeneas nach Vergils Version den Tod der Dido nicht absichtlich herbeigeführt hat. Die Furcht, die Anna beim Gedanken an

[106] Das frühste Vorbild für dieses Detail sind die Gedanken des Odysseus, der sich, im Sturm auf seinem Floß dahintreibend, den Tod wünscht (Hom. Od. 5,306–7: τρὶς μάκαρες Δαναοὶ καὶ τετράκις οἳ τότ' ὄλοντο / Τροίῃ ἐν εὐρείῃ). Vergil greift den Gedanken in der Seesturmschilderung der Aeneis auf, wo Aeneas seine an Land gefallenen Kameraden beneidet (Verg. Aen. 1,94–101). Obwohl Annas Gedanken ihrer Schwester gelten, befindet sie sich also in einer (unbewußten) Übereinstimmung mit Aeneas.

[107] Verg. Aen. 4,675–92, bes. 4,675: *me fraude petebas?* Der Satz *exstinxti te meque soror* (Aen. 4,682) hat zu Spekulationen über das Verhältnis der vergilischen Darstellung zu Ovids Fastenerzählung Anlaß gegeben. S. MURGIA (1987).

Didos Tod vor Aeneas empfindet, und die voraussetzt, daß er aktiv am Untergang der Schwester beteiligt war und ihr selbst ein ähnliches Schicksal bereiten könnte, beruht also auf einer subjektiven Einschätzung der Lage, die jedenfalls in der Aeneis, auf die Ovid oft zurückgreift, keinen Rückhalt findet.

Sie wird aber plausibel, wenn man sich Didos Interpretation der Ereignisse vor Augen hält, die, ausgehend von ihren bei Vergil geschilderten Überlegungen, ausführlich von Ovid im siebten Heroidesbrief ausgemalt wird. Dort wirft die Königin ihrem Geliebten vor, sie absichtlich in den Tod zu treiben, und verewigt diese Aeneas belastende und seiner Selbsteinschätzung widersprechende Deutung der Ereignisse schließlich in dem Epitaph, das auf ihrem Grab angebracht wird. Pointiert stellt sie hier der Öffentlichkeit die vermeintliche Heimtücke des Trojaners vor Augen, der ihr erst einen Grund für den Selbstmord lieferte und dann durch das Schwert, das er ihr überreichte, dafür sorgte, daß sie den einmal gefaßten Plan leicht ausführen konnte.

Macht man sich diese Sichtweise zu eigen, so erscheint Aeneas in der Tat als furchteinflößender Gegner. Es ist daher kein Zufall, daß von allen Gedanken und Überlegungen aus dem Heroidesbrief der Dido nur die Grabinschrift noch einmal wörtlich zitiert wird. Sie faßt nicht nur Didos Einstellung gegenüber Aeneas am knappsten zusammen, sondern sie ist, da Anna unmittelbar vor ihrer Flucht aus Karthago noch einmal das Grab ihrer Schwester besucht, zugleich das Leitwort, unter dem ihr letzter direkter Kontakt mit Didos sterblichen Überresten steht. Wie sehr sich Anna mit Dido identifiziert, zeigt die weitere Geschichte ihrer Flucht, in der ihre Gedanken stets um die Verstorbene kreisen. Die Grabinschrift illustriert also die Haltung, die sich Anna, Dido folgend, gegenüber Aeneas zu eigen gemacht hat, und motiviert so die starke Furcht, die sie bei der Begegnung mit ihm am Strand von Latium empfindet. Der Gedanke, daß Aeneas den Tod der Schwester nicht willentlich herbeigeführt haben könnte, ist ihr offenbar bis zu diesem Zeitpunkt noch nicht gekommen.

Diese Deutung wird durch die Reaktion des Aeneas bestätigt, der den Grund für Annas Furcht spürt[108] und ihr noch vor der eigentlichen Begrüßung mit einem feierlichen Schwur versichert, daß er an Didos Tod, von dem er durch seine Unterweltsfahrt erfahren hat

[108] Fast. 3,609–11 (über Anna): *Heu, quid agat? fugiat? Quos terrae quaerat hiatus? / ante oculos miserae fata sororis erant. / sensit, et adloquitur trepidam Cythereius heros ...*

(fast. 3,619–20), keine Schuld trage (fast. 3,613–8, bes. 617–8: *nec timui de morte tamen: metus abfuit iste. / ei mihi, credibili fortior illa fuit*). Erst dann lädt er Anna ein, die Annehmlichkeiten seines Reiches zu genießen und verweist darauf, daß er sowohl Dido als auch Anna selbst viel verdanke, so daß sie ihm aus doppeltem Grund willkommen sei. Anna bleibt daraufhin keine Wahl, als ihm zu glauben und ihm in sein Haus zu folgen.

Der Vergleich mit der Sagenfassung im achten Buch der Punica des Silius Italicus, in der Didos Grabinschrift keine Rolle spielt, läßt die Besonderheiten von Ovids Darstellung deutlich werden. Silius führt die Anna Perenna-Geschichte als Hintergrund für ein Göttergespräch ein, in dem Iuno, die Schutzgottheit der Karthager, vor der Schlacht bei Cannae versucht, die nun in Italien heimische Nymphe Anna Perenna zur Unterstützung Hannibals zu gewinnen. Ihr wichtigstes Argument ist die Verwandtschaft mit dem karthagischen Feldherrn, an der auch die Verehrung, die die Römer der Anna Perenna entgegenbringen, nichts ändern könne (Sil. 8,41–3: *sit fas, sit tantum, quaeso, retinere favorem / antiquae patriae mandataque magna sororis, / quamquam inter Latios Annae stet numen honores*). Auch bei Silius ist Annas Flucht durch die Usurpation des Iarbas bedingt, durch die sie gezwungen wird, unmittelbar von dem noch warmen Scheiterhaufen der Dido zu flüchten (Sil. 8,54–6: *despectus taedae regnis se imponit Iarbas, / et tepido fugit Anna rogo. quis rebus egenis / ferret opem, Nomadum late terrente tyranno?*). Vorübergehenden Unterschlupf findet Anna auch in Silius' Version bei König Battus, der aber nicht auf Malta (wie in Ov. fast. 3,567–89), sondern in Cyrene regiert (Sil. 8,57–8).[109] Während Battus bei Ovid vom Mitleid mit ‚dem Schicksal der Schwestern' zu der gastlichen Aufnahme bewegt wird, treibt ihn bei Silius der Gedanke an ‚die Wechselfälle des Menschenlebens' und an ‚das Ende von Königen' an: An die Stelle des Mitleids mit dem beklagenswerten Schicksal zweier Privatpersonen tritt hier ein der epischen Gattung angemessenes allgemeines Mitleid mit ‚den Menschen' und Furcht vor den Wechselfällen, die ein

[109] Silius denkt hier offenbar an den berühmten gleichnamigen Gründer von Cyrene (Hdt. 4,150–63). Zu diesem Anachronismus s. FRAZER (1929) III 116; BÖMER (1958) 186 und SPALTENSTEIN (1986) 502–3, der auch auf die unterschiedliche Länge von Annas Aufenthalt bei Battus eingeht.

hoher Status mit sich bringen kann.[110] Wie in den Fasti wird Anna schließlich auch in den Punica vom herannahenden Pygmalion zur erneuten Flucht gezwungen (Sil. 8,62–4). Ovids und Silius' Darstellungen der folgenden stürmischen Seereise nach Italien zeigen eine ähnliche Tendenz wie ihre Beschreibung des Aufenthalts bei Battus. Beide Sturmschilderungen enthalten Anklänge an die Odyssee und die Aeneis,[111] und in beiden Beschreibungen hält die vom Schiffbruch bedrohte Anna Didos Schicksal für glücklicher als das eigene (Ov. fast. 3,597–8: *tum primum Dido felix*[112] *est dicta sorori / et quaecumque aliquam corpore pressit humum*; Sil. 8,65–8: *ergo agitur pelago, divis inimica sibique / quod se non dederit comitem in suprema sorori. / donec iactatam laceris, miserabile, velis / fatalis turbo in Laurentis expulit oras*). Bei Silius richten sich Annas Gedanken auf Didos Todeszeitpunkt: Sie wünscht sich, sie hätte sich zusammen mit Dido das Leben genommen, d.h. im Zentrum der Überlegungen steht nicht so sehr Didos, als vielmehr ihr eigenes Sterben, das nun unter

[110] Vgl. die oben zitierten Verse Ov. fast. 3,570–2 mit Sil. 8,58–60: *mitis Battus lacrimasque dedisse / casibus humanis facilis. Qui, suppplice visa, / intremuit regum eventus dextramque tetendit.* Wie Spaltenstein (1986) 503 zu Recht hervorhebt, ist der Gedanke, daß selbst Könige die Wechselfälle des Schicksals zu fürchten haben, in der antiken Literatur weit verbreitet. Spaltenstein begründet seine Einführung an dieser Stelle mit dem Streben des Silius nach allgemeinen Aussagen. Dies zeige sich auch an dem Ausdruck *regum* für Dido und Anna. Im Vergleich dazu sei die von Ovid gewählte Wendung *utriusque sororis* „plus précis". *Utriusque sororis* ist als Beschreibung aber nicht in erster Linie präziser, sondern vor allem persönlicher, weil es statt der gesellschaftlichen Stellung die Verwandtschaftsbeziehung zwischen Anna und Dido in den Vordergrund stellt. Die Konzentration auf die persönlichen Implikationen des Geschehens ist für elegische Erzählungen typisch. Zum elegischen Ton der Stelle stimmt auch der Gebrauch des Diminutivs *quantulacumque* in Ov. fast. 3,572.

[111] S. z.B. Hom. Od. 1,4: πολλὰ δ' ὅ γ' ἐν πόντῳ πά θεν ἄλγεα; Verg. Aen. 1,3: *multum ille et terris iactatus et alto* (vgl. fast. 3,595: *iactatur tumidas exsul Phoenissa per undas,* Sil. 8,67: *iactatam*); Hom. Od. 5,295: νότος; Verg. Aen. 1,108: *Notus* (vgl. Ov. fast. 3,588: *Noto*); s. ebenso den Hinweis auf den Götterzorn in Sil. 8,65, der den Zorn des Poseidon auf Odysseus und der Iuno auf Aeneas anklingen läßt.

[112] Die Bemerkung, nun, nach ihrem Tod, sei Dido erstmals *felix* genannt worden, spielt auf die *infelix Dido* der Aeneis an (S. z.B. Verg. Aen. 1,748–9: *nec non et vario noctem sermone trahebat / infelix Dido longumque bibebat amorem*; Verg. Aen. 4,68–9: *uritur infelix Dido totaque vagatur / urbe furens qualis coniecta cerva sagitta*; Verg. Aen. 6,456–7: ‚*infelix Dido, verus mihi nuntius ergo / venerat extinctam ferroque extrema secutam?*'). Die Erzählung in den Fasti wird so geschickt als Fortführung und Weiterentwicklung der Aeneis markiert.

noch unglücklicheren Umständen erfolge.[113] Dies entspricht den oben (S. 91) erwähnten berühmten Todesgedanken des Odysseus und des Aeneas, die, als sie in Seenot geraten, die vor Troja Gefallenen beneiden. In Ovids Erzählung bezieht sich dagegen der Makarismos, den Anna „damals zum ersten Mal" für ihre Schwester ausbringt, nicht nur auf deren Tod, sondern kontrastiert überhaupt mit Annas früherer negativer Bewertung von Didos Schicksal. Dies bezieht auch ihre Trauer nach Didos Tod mit ein. Die Erinnerung an das unglückliche Leben und Sterben der Schwester und an dessen Eindruck auf Anna, der sich am dramatischsten in der Abschiedsszene an dem mit der Inschrift geschmückten Grab zeigte, wird also in Ovids Erzählung bis zu Annas Ankunft in Italien präsent gehalten.

Tatsächlich erweist sich die Furcht, die Anna bei ihrer Begegnung mit Aeneas am Strand empfindet, kurze Zeit später als begründet: Lavinia, die die Vertriebene als Dank für die frühere gute Aufnahme des Aeneas in Libyen bewirten soll, wird von plötzlicher Eifersucht ergriffen, so daß sie haßerfüllt Pläne gegen die vermeintliche Nebenbuhlerin schmiedet. Ihre Gefühle werden mit Worten beschrieben, die auffällig an Didos Liebesrasen erinnern: Auch Lavinia leidet an einer heimlichen (wenn auch unbegründeten) Liebeswunde (fast. 3,633–4: *falsumque Lavinia volnus / mente premit tacita*; vgl. Verg. Aen. 4,1–2: *At regina gravi iamdudum saucia cura / vulnus alit venis*), und auch sie faßt schließlich den Entschluß zu sterben, allerdings nicht, ohne sich an Anna gerächt zu haben (fast. 3,638: *cupit ulta mori*). Erst die Traumerscheinung der Dido, die ihre Schwester eindringlich auffordert, das *maestum tectum* des Aeneas zu verlassen, rettet Anna, die auf ihrer kopflosen Flucht vom Flußgott Numicius ergriffen und zu der Wassernymphe Anna Perenna gemacht wird, die die Römer an den Iden des März feiern (fast. 3,639–56).

Diese dramatische Entwicklung, bei der Aeneas erneut unwissentlich den Tod einer ihn liebenden Frau zu verursachen droht, wird durch Didos Epitaph zu Beginn der Erzählung effektvoll vorbereitet. Die Verewigung auf der marmornen Grabplatte erklärt

[113] In der Aeneis klagt Anna, Dido habe ihrer beider Leben mit dem Selbstmord ausgelöscht (s. oben S. 122 mit Anm. 79). Auch dort steht der Todeszeitpunkt, nicht das ganze Leben der *infelix Dido* im Mittelpunkt.

einerseits, warum Anna Aeneas offenbar als Schuldigen am Tod ihrer Schwester auffaßt, obwohl in der Aeneis davon keine Rede ist, und sie den in den Heroides geschilderten Abschiedsmonolog anscheinend nicht als Ohrenzeugin mitgehört hat, andererseits verleiht die in die Elegie eingefügte Inschrift den letzten Worten der Dido Gewicht und erklärt so ihre bleibende Wirkung auf Anna, die sich auch durch die Beteuerungen des Aeneas am Strand von Latium offenbar nicht völlig von seiner Ungefährlichkeit überzeugen läßt. Die Art der Darstellung scheint Dido schließlich in einer für den durch Vergils Sagenversion von Aeneas' Unschuld überzeugten Leser unerwarteten Weise Recht zu geben: Die Liebe zu Aeneas bietet der Lavinia tatsächlich eine potentielle *causa mortis*, und auch Annas irdisches Leben ist kurz nach ihrer Aufnahme bei Aeneas beendet.

Ein und dieselbe Inschrift erfüllt also in den Heroides und in den Fasti entgegengesetzte Funktionen. Während sie im Brief der Dido einen markanten Schlußpunkt setzt, der einen Teil der Handlung (den Selbstmord) überbrückt und den letzten Stand ihrer Beziehung zu Aeneas prägnant zusammenfaßt, dient sie in den Fasti als Motivation für Annas Verhalten gegenüber Aeneas und zugleich als Vorausdeutung auf das kommende Geschehen. Dido hat damit erfolgreich eine „Vergangenheit" geschaffen, die die Wahrnehmung und das Verhalten der Beteiligten beeinflußt. Wer sich, wie Anna, einmal die in der Inschrift postulierte Idee von der Gefährlichkeit des Aeneas zu eigen gemacht hat, wird zum Beispiel dazu neigen, die Todesgedanken der Lavinia auf diesen gefährlichen Einfluß und nicht etwa auf Lavinias charakterliche Neigung zur Eifersucht zurückzuführen. Die von Ovid präsentierte Sagenversion bietet damit Potential für eine dem Aeneas und damit Rom feindlich gesinnte Geschichtsauffassung, bei der Frauen im Allgemeinen und Karthager im Besonderen als Opfer des römischen Ahnherrn erscheinen. Eine solche Interpretation der Ereignisse kann allerdings ihre Wirkung nur entfalten, wenn sie in interessierten Kreisen (z. B. unter den Karthagern) verbreitet ist und ausreichend Akzeptanz findet. Der Aspekt der Öffentlichkeit steht für Ovid allerdings nicht im Vordergrund. Annas Besuch am Grab der Dido erscheint als Akt privater Pietät gegenüber einer engen Verwandten, und wir erfahren nichts über eine mögliche karthagische Öffentlichkeit und darüber, ob sie in Ovids Fiktion die Ereignisse ähnlich beurteilt haben würde wie die beiden königlichen Schwestern. Im Mittelpunkt des Interesses steht das individuelle Gedächtnis einer Figur, nicht das soziale Gedächtnis, das die fiktiven Einwohner Karthagos miteinander teilen. Welches Interesse aber konnte ein römischer Autor wie Ovid daran haben, die (soweit wir wissen) römische Sagengestalt der Lavinia so zu verändern, daß sie der karthagischen Königin Dido ähnelt und deren Einschätzung des Aeneas gleichsam zu unterstützen scheint?[114]

Die wichtigste Parallele zwischen den drei Frauengestalten Dido, Anna und Lavinia besteht darin, daß alle drei Aeneas böswillige Absichten unterstellen. Dido wirft ihm vor, sie ohne Grund im Stich gelassen zu haben, Anna, unter ihrem Einfluß stehend, befürchtet eine schlechte Aufnahme in Latium und Lavinia argwöhnt, Aeneas könne sich zugunsten Annas von ihr abwenden. Dieses Mißtrauen führt schließlich für die karthagischen Schwestern zum Ende ihres irdischen Lebens durch Tod oder Apotheose, ohne daß Aeneas etwas dagegen unternehmen kann. Das darin liegende antirömische Potential wird jedoch durch die göttliche Verehrung entschärft, die Anna Perenna von den Römern erfährt. Anstatt die karthagerfreundliche Version der Ereignisse übelzunehmen und mit Gegenvorwürfen zu beantworten, beugen sich die Römer in Ovids Erzählung dem Willen des Flußgottes Numicius und etablieren ein jährliches Fest zu Ehren der Nymphe. Die *pietas* – ein zentrales Thema in den Fasti – bestimmt in dieser Vorstellung das Handeln des Aeneas und seiner Nachkommen bis in Ovids Zeit.

Ovids aitiologische Erzählung erhält ihren Wert unter anderem durch ihre vom Autor selbst hervorgehobene Obskurität. Die Römer sind sich über den Ursprung ihres eigenen Festes im Unklaren und verlassen sich auf verschiedene Gerüchte, die nun durch die Darstellung in den Fasti ersetzt werden. Die Grundlage für das kollektive Gedächtnis wird hier also erst mit Hilfe der elegischen Erzählung geschaffen und zugleich dem imaginären Gedächtnis der „anderen“, d.h. der Dido und der von ihr beeinflußten Personen gegenübergestellt. Dido besaß und verewigte eine verfälschte Sicht der Ereignisse, wobei der Autor sie allerdings dadurch entlastet, daß in seiner Version selbst Lavinia an Aeneas' Treue zu zweifeln beginnt. Der eigentliche und dauerhafte Beweis für die Unschuld des Ahnherrn ergibt sich nicht aus den äußeren Umständen der

[114] In den vorvergilischen Sagenfassungen nimmt Lavinias Schicksal eine tragische Wendung, als sie sich mit Aeneas' Sohn Ascanius/Iulus entzweit und zur Flucht gezwungen wird, s. SCHUR, W.: RE XII,1 (1923) 1002–3 s.v. *Lavinia.*

Ereignisse – diese können selbst nahestehende Personen wie Lavinia irreführen –, sondern aus der Einrichtung und Bewahrung des Kultes für Anna Perenna durch seine Nachfahren, obwohl deren Schwester dem Aeneas Unrecht getan hatte.

Zugleich postuliert Ovid eindrucksvoll die Macht der literarischen Darstellung gegenüber inschriftlicher und kultureller Überlieferung. Wie oben gezeigt, wird mithilfe der Literatur zunächst ein vermeintliches karthagisches Geschichtsbild – repräsentiert durch Didos Epitaph – aufgebaut, nur um gleich darauf wirkungsvoll durch die römische literarische Überlieferung (Vergils Aeneis, Ovids Anna Perenna-Elegie) widerlegt zu werden. Aber auch römische Inschriften wie die inschriftlichen Fasti selbst sind in dieser Darstellung keineswegs geeignet, eine gemeinsame Erinnerung zu bewahren, selbst wenn die darin verzeichneten Feste von beliebten Bräuchen (wie hier dem Volksfest am Tiber) begleitet werden. Erst die literarischen Fasti vermögen den Sinn der Überlieferung zu erhellen und ein kollektives Gedächtnis zu stiften.

Eine besondere Form der „Nachwirkung" des Epitaphs auf Dido findet sich in der Ars amatoria, wo Aeneas bei der Aufzählung treuloser Liebhaber mit den Worten *et famam pietatis habet tamen hospes et ensem / praebuit et causam mortis, Elissa, tuae* (ars 3,39–40) umschrieben wird. Die Bemerkung gehört zu der Rechtfertigung des Liebeslehrers, der nach zwei der Unterweisung von Männern gewidmeten Büchern nun sein Vorhaben verteidigt, auch den Frauen entsprechende Ratschläge an die Hand zu geben. Gegen die Vorwürfe der Männer wendet er ein, die Frauen seien keineswegs, wie böse Zungen behaupteten, von Natur aus treulos und trügerisch, sondern würden im Gegenteil oft das Opfer rücksichtsloser Liebhaber wie Jason und Aeneas. Diese Sicht ist, jedenfalls im Fall des Aeneas, einseitig. Daß der Liebeslehrer hier nicht neutral, sondern aus der Sicht der Frauen spricht, ergibt sich unter anderem aus den wörtlichen Anklängen an Didos Epitaph in den Heroides. Der Sprecher „erinnert" an die von Dido entworfene, ebenfalls einseitige Grabinschrift und übernimmt sie für seine eigene Argumentation. Da es sich offenbar um einen römischen Sprecher handelt, der für ein stadtrömisches Publikum schreibt, ist allerdings nicht daran zu denken, daß er in der literarischen Fiktion seine Kenntnisse aus einem Besuch an Didos Grab bezogen haben könnte. Statt dessen beruft er sich offenbar auf die Formulierung der Inschrift, die in den Heroides verewigt ist. Solche intertextuellen Erinnerungen sind bei Ovid nicht selten: Literarische Figuren denken mehrfach an Ereignisse zurück, die ihnen oder anderen in früheren Texten zugestoßen sind.[115]

Ov. epist. 2,147–8 (Phyllis)

Auch in der Liebesbeziehung zwischen Phyllis und Demophoon, dem Sohn des Theseus, die Ovid im zweiten Heroidesbrief aufgreift, spielt die (vermeintliche) Untreue des geliebten Mannes eine zentrale Rolle. Wie der Brief der Dido endet das Schreiben der Phyllis mit einem imaginierten Autoepitaph. Läßt sich aus dem Vergleich der beiden Fälle eine Antwort auf die oben gestellte Frage finden, warum der Dichter für die Inschriften jeweils die auffällige Endstellung gewählt hat?

Demophoon war von Phyllis, der Tochter des Königs Sithon von Thrakien, auf seiner Rückreise von Troja freundlich aufgenommen worden. Die beiden verliebten sich ineinander, und als Demophoon in seine Heimat Athen weitersegelte, versprach er ihr, bald nach Thrakien zurückzukehren. Nachdem Phyllis lange Zeit vergeblich gewartet hatte, nahm sie sich aus Kummer das Leben. Von der späteren Rückkehr des Demophoon erfuhr sie daher nichts mehr. Die Sage ist mit kleineren Varianten auch aus anderen Quellen bekannt.[116]

In dem an Demophoon adressierten Brief zeigt Ovid das Mädchen kurz vor dem Entschluß zum Selbstmord. Am Ende des von Todesgedanken beherrschten Schreibens bestimmt Phyllis für ihren Grabstein eine Inschrift. Der Kontext lautet (epist. 2,131–48):

[115] S. dazu Fulkerson (2005) 14.

[116] S. Plin. nat. 16,108; Hygin fab. 59 und 243 und zu weiteren Quellen unten S. 328–30. Die Todesart ist durch die Sagentradition nicht genau festgelegt. Ovid greift in dem Heroidesbrief die uneinheitliche Überlieferung auf, indem er Phyllis verschiedene Möglichkeiten erwägen läßt. Da der Selbstmord aber in dem aus der Perspektive des Mädchens geschriebenen Brief nicht direkt geschildert werden kann, bleibt offen, für welche Variante sie sich schließlich entscheidet. Mit derselben Unsicherheit spielt der Dichter auch in den Remedia amoris, als er den von Liebeskummer Geplagten rät, die Einsamkeit zu meiden, und den Tod der Phyllis als warnendes Beispiel anführt, rem. 592: *Certa necis causa est: incomitata fuit.* Vgl. dazu auch Döpp (1968) 51–4, der auf enge sachliche und sprachliche Parallelen zwischen dem Phyllisbrief und Verg. Aen. 4 hinweist, die Ovid zum Teil offenbar selbst eingeführt hat.

Est sinus, adductos modice falcatus in arcus;
ultima praerupta cornua mole rigent:
Hinc mihi suppositas inmittere corpus in undas
mens fuit et, quoniam fallere pergis, erit.
Ad tua me fluctus proiectam litora portent,
occurramque oculis intumulata tuis,
duritia ferrum ut superes adamantaque teque,
,non tibi sic' dices ,Phylli, sequendus eram'.
Saepe venenorum sitis est mihi, saepe cruenta
traiectam gladio morte perire iuvat;
colla quoque, infidis quia se nectenda lacertis
praebuerunt, laqueis inplicuisse iuvat.
Stat nece matura tenerum pensare pudorem;
in necis electu parva futura mora est.
Inscribere meo causa invidiosa sepulcro;
aut hoc aut simili carmine notus eris:
,Phyllida Demophoon leto dedit, hospes amantem;
ille necis causam praebuit, ipsa manum.'

Die Parallele zwischen dem Epitaph der Dido und dem der Phyllis wird dadurch unterstrichen, daß wir auch aus dem Phyllisepitaph keinen Hinweis darauf erhalten, daß das Gedicht als Inschrift intendiert ist,[117] da die Informationen äußerlich vollständig scheinen und nicht durch ein Monument ergänzt werden müssen. Auch weist das Distichon eine klar erkennbare Zweiteilung auf, bei der eine Erwartung geweckt und schließlich befriedigt wird – nach Lessing ein Kennzeichen literarischer Epigramme.[118]

[117] Ob der Grabspruch in der Vorstellung des Dichters auch auf dem Denkmal für Phyllis eingemeißelt wurde, läßt sich, anders als beim Begräbnis der Dido, nicht bestimmen, da Ovid in seinen späteren Werken nicht auf das Epitaph zurückkommt. Die Intention, mit der Phyllis die Grabinschrift entwirft, ist jedoch mit der Didos vergleichbar. In beiden Fällen setzen die Sprecherinnen voraus, daß das Epitaph von der Nachwelt in Verbindung mit einem Monument gelesen wird.

[118] Die überraschende Wendung, die Lessing als Kennzeichen des Epigramms hervorhebt, tritt im Epitaph der Phyllis noch deutlicher hervor als bei dem der Dido. Während der erste Vers vermuten läßt, daß Demophoon das Mädchen eigenhändig umgebracht habe (*leto dedit*) und die so geweckte Erwartung dadurch gesteigert wird, daß hier offenbar ein Gastfreund die Hand gegen seine Geliebte erhoben hat, obwohl sowohl das Gastrecht als auch eine Liebesbeziehung jede Gewalttätigkeit verbieten, so zeigt der in den Pentameter gefaßte ,Aufschluß', daß Demophoon gar nicht im wörtlichen Sinn der Mörder der Phyllis geworden ist. Vielmehr hat sich das Mädchen mit eigener Hand getötet.

Jeweils finden wir auch eine für Grabinschriften ungewöhnliche Präsentation des Geschehens. Zwar steht der Name der Verstorbenen in der Grabinschrift, anders als im Epitaph der Dido, an erster Stelle, doch ist weder sie noch der Stifter des Grabsteins das Subjekt des Satzes, wie es das Formular historischer Grabinschriften erwarten ließe. Stattdessen steht der verschwundene Geliebte im Mittelpunkt, der in Phyllis' Vorstellung an der Setzung des Grabsteins in keiner Weise beteiligt ist. Die enge Verbindung, die durch die auch in historischen Grabinschriften gelegentlich anzutreffende Iuxtaposition der Eigennamen (*Phyllida Demophoon*)[119] und durch die Stellung der übrigen Satzteile suggeriert wird, bei der die Junktur *Phyllida amantem* den Begriff *Demophoon hospes* einschließt (abba: *Phyllida Demophoon* [...] *hospes amantem*), existiert also auf der Erzählebene nicht mehr. Die beiden chiastisch gestellten Begriffsgruppen werden durch *leto dedit* getrennt: Der für die Elegie insgesamt zentrale Vorwurf, daß Demophoon den Tod der Pyllis verursacht habe,[120] nimmt auch in dem eingelegten Epitaph die zentrale Stellung ein. Die Position zwischen Penthemimeres und bukolischer Dihärese hebt die Junktur zusätzlich hervor. Auch hier beeinflußt also die in der Elegie gezeichnete Ausgangssituation (die Gedanken der Verfasserin drehen sich um Demophoon) die Form der Grabinschrift stärker als die Typik historischer Epitaphe. Der freie Umgang mit der epigraphischen Tradition macht, ebenso wie in dem von Dido verfaßten Gedicht, eine sichere Identifizierung des Distichons als

[119] Bei historischen Grabinschriften handelt es sich allerdings typischerweise um die Kombination Nominativ plus Dativ plus evtl. eine Form von *facere* oder *ponere*, durch die der Stifter des Grabsteins sowie der Verstorbene, für den das Grab bestimmt ist, angegeben werden. S. z.B. CIL XII 1128 *D M. G. Lucilia G. Severiano filio pientessimo* [sic] *posuit, quem libertus suus hoccidit* [sic] u.ö. In Ovids Metamorphosen betrachtet Alcyone die nebeneinanderstehenden Namen auf dem Gedenkstein gleichsam als Ersatz für das gemeinsame Begräbnis: Ov. met. 11,705–7: *et tibi nunc saltem veniam comes, inque sepulcro / si non urna, tamen iunget nos littera, si non / ossibus ossa meis, at nomen nomine tangam.* Den Gedanken, daß die Gebeine des Paares sich im Grab berühren werden, legt schon Properz der Cynthia in den Mund (Prop. 4,7,93–4), s. dazu unten S. 159. Zur Wirkung nebeneinanderstehender Eigennamen vgl. auch LAUSBERG (1982) 286 zu Tib. 1,3,55–6.

[120] Vgl. dazu auch die hyperbolische Ausdrucksweise *ut superes* [...] *adamantaque teque* (V. 127–138, mit der Phyllis das Mitleid des Demophoon beschwört: selbst wenn sein Herz härter sei als Diamant und er sich gleichsam selbst in Gefühllosigkeit überträfe, müsse er doch ihren Tod als beklagenswertes Übel empfinden). Zu der auffälligen Hyperbole BARCHIESI (1992) 175.

Epitaph unmöglich, sobald man es aus dem Kontext des Heroidesbriefs löst.

Der Brief wird in beiden Fällen zu einem Zeitpunkt verfaßt, der dem durch die literarische Tradition vorgegebenen Selbstmord der Schreiberin unmittelbar vorausgeht, und in beiden Fällen wird der Tod durch eigene Hand von der Schreiberin schon länger in Erwägung gezogen.[121] Dies spricht dafür, daß es sich bei den eingefügten Grabinschriften am Schluß des Phyllis- und des Dido-Briefes um einen erzähltechnischen Kunstgriff handelt, der der besonderen Situation dieser Schreiben Rechnung trägt. Da Phyllis und Dido sie eigenhändig verfassen, kann ihr bevorstehender Selbstmord nicht in der ersten Person geschildert werden. Andererseits legt der Dichter, wie auch die Wiederholung von Didos Grabinschrift in den Fasti zeigt, Wert darauf, den Ernst ihrer Todesgedanken zu unterstreichen. Dies gelingt ihm, indem er das Epitaph pointiert an den Schluß der Elegie setzt. Mit ihm endet nicht nur der Heroidesbrief, sondern auch das Leben der Heroinen, deren Grab der Leser am Ende des Gedichts vor Augen hat. Die Gefühlsschwankungen, die sich im vorhergehenden Gedichtteil finden, sind damit in den „gleichmäßig fortschreitenden" Zustand des Todes übergegangen.[122] Die gelegentlich vertretene These, daß sich der Gedankengang der Heroides in einem Vakuum ohne Dramatik und ohne Zeit und Raum abspiele,[123] läßt sich damit für die Briefe 2 und 7 in dieser Form nicht halten. Durch die Schlußstellung der imaginierten Autoepitaphe gelingt es dem Dichter, dem Leser wenigstens durch einen erzähltechnischen Kunstgriff den Schlußpunkt einer

[121] S. epist. 2,131–42 (Phyllis berichtet, daß sie sich schon länger mit Todesgedanken trägt); und epist. 7,1–2 (es handelt sich hier um die erste von zahlreichen Todesankündigungen, vgl. oben Anm. 99): *sic ubi fata vocant udis abiectus in herbis / ad vada Maeandri concinit albus olor.*

[122] Die Feststellung Maurers (1990) 22 mit dem Epitaph der Phyllis werde „die Situation, die typischerweise den Briefen zugrunde liegt, am Ende, also an ganz pointierter Stelle, noch einmal betont", greift zu kurz: Während der „Tod als zentrales Motiv" (ebd. 22) im vorhergehenden Briefteil nur als ein Ereignis der Zukunft angedeutet wird, stellt die Grabinschrift dem Leser die Heroine wie eine bereits Verstorbene vor Augen.

[123] S. Spoth (1992) 187: „Die Heroides bewegen sich in einem eigentümlichen Zeit-Raum. Ihre Gegenwart ist nahezu handlungsleer, ein dramatisches Vakuum, das Vergangenheit und Zukunft interpretierend, argumentativ und voluntativ verformend in sich einsaugt und die Wirklichkeit in einen schwindelerregenden Wirbel aus Irrealität und Potentialität zu verwandeln scheint. [...] Gerade die Dimension der (dramatischen) Gegenwart existiert für die Heroinen nicht."

verhängnisvollen Entwicklung – den Selbstmord der Heroine – vor Augen zu stellen, den er aus naheliegenden Gründen nicht die Schreiberin selbst schildern lassen kann.

Ein solches „Überspringen“ eines zentralen Punktes der Erzählung ist aus anderen Dichtungsgattungen gut bekannt. Noch Claudian greift darauf zurück, der einen Krieg zunächst breit ankündigt, dann aber im nächsten Vers bereits zu dessen siegreichem Abschluß übergeht.[124] Im Zusammenhang mit eingebetteten Grabinschriften ist das Verfahren auffällig. Dies zeigt der Vergleich mit dem dritten in die Heroides eingelegten Epitaph (14,129–30), das, ebenso wie die Gedichte auf Phyllis und Dido, von der Schreiberin Hypermestra für ihr eigenes Grab verfaßt wird.

Ov. epist. 14,129–30 (Hypermestra)

Der 14. Heroidesbrief beleuchtet die in der antiken Literatur und Kunst häufig dargestellte Danaidensage aus der Sicht der Hypermestra, die an ihren dem Tod entronnenen Ehemann Lynceus schreibt.[125] Nach der häufigsten Version des Mythos stritten Danaus und Aegyptus, die Söhne des ägyptischen Königs Belus, um die Macht. Aegyptus gelang es schließlich, eine Hochzeit zwischen seinen fünfzig Söhnen und den fünfzig Töchtern des Danaus durchzusetzen, die ihm faktisch die Herrschaft gesichert hätte. Um dies doch noch abzuwenden, befahl Danaus, der inzwischen mit seinen Töchtern nach Argos geflüchtet war, den jungen Frauen, jeweils ihren Bräutigam in der Hochzeitsnacht zu töten. Alle bis auf Hypermestra, die mit Lynceus vermählt werden sollte, gehorchten dem Befehl. Während Lynceus entkam, wurde Hypermestra von ihrem

[124] Zu dieser Erzähltechnik allgemein SCHINDLER (2009) 170.

[125] Eine ausführliche Zusammenstellung der Zeugnisse für die Danaidensage bei REESON (2001) 211–2 mit weiterführender Literatur. Sie erscheint schon bei den griechischen Tragikern. Aischylos widmete ihr eine Trilogie, von der jedoch nur das erste Stück (die Hiketiden) erhalten sind (zu den Hiketiden und ihrer Bearbeitung des Mythos s. FÖLLINGER [2003] bes. 187–94 und RÖSLER [1993]). In der römischen Dichtung sind die Anspielungen auf die Danaiden ebenfalls zahlreich, aber mit Ausnahme des Heroidesbriefs nicht sehr detailliert, s. z.B. Hor. carm. 3,11; Lucr. 3,1008; Prop. 4,7,63–8. Die Vorlagen Ovids sind wegen der fragmentarischen Überlieferungslage nicht sicher zu bestimmen, s. KIESSLING/HEINZE (1960) 309. In der bildenden Kunst zählt die Danaidenhalle, die zu dem 28 v.Chr. eingeweihten Apollotempel auf dem Palatin gehörte, zu den berühmtesten Darstellungen, dazu BALENSIEFEN (1995). Von der Einweihung des Tempels handelt Prop. 2,31, wo in V. 4 auch kurz die Statuen der Danaiden erwähnt werden.

Vater eingekerkert. In dieser Situation ist der Brief an Lynceus verfaßt. Er gleicht den Briefen der Phyllis und der Dido darin, daß die Schreiberin ihren gewaltsamen Tod vor Augen hat, für den sie den männlichen Adressaten (mit-)verantwortlich macht. Ein wichtiger Unterschied liegt jedoch darin, daß zwischen Hypermestra und Lynceus keine Liebesbeziehung besteht (die Schreiberin hebt ihre *pietas* mehrfach hervor, s. V. 4, 14, 49, 123, spricht aber nicht von *amor*), und daß Hypermestra keinen Selbstmord plant, sondern von außen, durch ihren Vater, mit dem Tode bedroht wird. Auch Lynceus' Flucht beruhte nicht auf seiner Entscheidung, sondern war durch die Gewalttätigkeit des Danaus erzwungen worden. Anders als Phyllis und Dido, die die (wirkliche oder vermeintliche) Untreue ihres Geliebten beklagen, sich von ihm aber nichts erhoffen, enthält der Brief der Hypermestra eine konkrete Bitte um Hilfe und Rettung. In der Überlieferung nehmen die Ereignisse je nach Sagenversion ein höchst unterschiedliches Ende. Nach Pausanias 2,19,6 stellt Danaos Hypermestra in Argos vor Gericht, von dem sie freigesprochen wird. Die anderen Schwestern werden nach Pindar Pyth. 9,111–6 und Pausanias 3,12,2 bei Wettkämpfen als Siegespreise ausgesetzt. Apollodor 2,22 berichtet im Anschluß an Aischylos' Hiketiden, daß die Danaiden schließlich ihre Männer begraben hätten und dananch von Athene und Hermes von ihrer Blutschuld befreit worden seien. In Ovids Metamorphosen dagegen werden die Mörderinnen von Lynceus getötet und müssen in der Unterwelt zur Strafe Wasser in ein durchlöchertes Faß schöpfen (Ov. met. 4,462).[126]

Zu Beginn ihres Schreibens erinnert Hypermestra Lynceus daran, daß er als einziger von so vielen Brüdern übriggeblieben sei und schildert ihre bedrückende Situation als Gefangene. Einen Selbstmord, für den man sie unter diesen Umständen hätte loben müssen, habe sie jedoch nicht gewagt. Sie bereue nicht, daß sie sich dem grausamen Befehl ihres Vaters widersetzt habe (V. 1–16). Sie fürchte sich sogar, das Blutbad, an dem sie nicht teilgenommen habe, auch nur zu beschreiben. Es folgt eine Schilderung der mörderischen Hochzeitsnacht: Zunächst wurden die Danaiden im Haus des künftigen Schwiegervaters empfangen. Doch Hymenaeus und Juno, die Schutzgottheiten der Hochzeit, seien vor den Feierlichkeiten geflohen. Schließlich hätten sich die Bräutigame froh in das

[126] Von einer bildlichen Darstellung dieser Szene berichtet Pausanias 10,31,9.

Brautgemach begeben und sich auf das Hochzeitsbett gelegt, das eher eines Begräbnisses würdig gewesen sei (V. 17–32). Nachdem die Männer in Schlaf gefallen seien, hätten die anderen Danaiden den Mordplan ausgeführt und sie, Hypermestra, habe ringsum das Stöhnen der Sterbenden gehört. Beim Gedanken an den Befehl ihres Vaters sei sie in Furcht geraten. Sie habe, während Lynceus schlief, mit zitternder Hand den Dolch ergriffen und ihm die Waffe an die Kehle gesetzt. Furcht und *pietas* hätten sie jedoch gehindert, die grausame Tat auszuführen (V. 33–50). In einem Monolog habe sie das Für und Wider des heimtückischen Mordens erwogen und über dem schlafenden Lynceus geweint (V. 51–70). Aus Furcht vor dem Tagesanbruch, bei dem der Vater und seine Diener erscheinen würden, habe sie ihn schließlich geweckt und zur Flucht aufgefordert. Am Morgen habe Danaus die Opfer gezählt und Lynceus' Fehlen bemerkt. Daraufhin sei sie, Hypermestra, in den Kerker geschleift worden. Dies sei offenbar eine Folge des alten Zorns der Juno gegen ihr Geschlecht, der sich an Io entzündet habe (V. 71–86). Es folgt eine knappe Darstellung der Io-Sage (V. 87–108). Dann besinnt sich Hypermestra auf ihr gegenwärtiges Leid: Sie weine über die Mörderinnen und über die Getöteten (V. 109–18). Weil er, Lynceus, am Leben geblieben sei, werde sie für eine qualvolle Strafe aufgespart. Wenn er irgendeine Sorge für seine der *pietas* verpflichtete ‚Schwester' (d.h. Cousine, s. Anm. 131) habe, und ihm sein Leben zu Recht geschenkt worden sei, so möge er sie entweder retten oder sie dem Tod überantworten; sie dann aber heimlich bestatten. Ihr Grab solle mit diesem kurzen *titulus* beschriftet sein. Es folgt der wörtlich zitierte Text des von Hypermestra imaginierten Epitaphs. Ein Hinweis auf ihre Erschöpfung und Furcht, die es ihr verböten weiterzuschreiben, beendet die Elegie (V. 119–32). Der Kontext des Epitaphs lautet (epist. 14,123–32):

At tu, siqua piae, Lynceu, tibi cura sororis,
quaeque tibi tribui munera, dignus habes,
vel fer opem, vel dede neci defunctaque vita
corpora furtivis insuper adde rogis
et sepeli lacrimis perfusa fidelibus ossa,
sculptaque sint titulo nostra sepulcra brevi:
‚Exsul Hypermestra pretium pietatis iniquum,
quam mortem fratri depulit ipsa tulit.'
Scribere plura libet, sed pondere lassa catenae
est manus, et vires subtrahit ipse timor.

Auch diese Inschrift findet sich gegen Ende des Briefes, doch folgen darauf noch zwei weitere Verse, in denen die von der Gefangenschaft erschöpfte Heroine den frühen Abbruch des Briefes entschuldigt.[127] Eigentlich, so gibt Hypermestra ihrem Adressaten Lynceus zu verstehen, habe sie noch weitere Ausführungen geplant, durch die auch die Inschrift weiter vom Gedichtende abgerückt wäre.[128] In der Tat steht der Tod Hypermestras nicht unmittelbar bevor. Anders als Dido und Phyllis begeht sie, wie wir aus den anderen Sagenfassungen wissen, keinen Selbstmord,[129] sondern befindet sich in einer äußeren Zwangslage, von der sie Lynceus benachrichtigt. Der vorherrschende Gedanke dieses Abschnitts ist die von Hypermestra bewiesene *pietas*, die Lynceus das Leben gerettet habe,

[127] Mit zwei ähnlichen Distichen beendet Ovid die Elegie, in der er seine Frau um Hilfe bittet und sein eigenes Epitaph imaginiert (trist. 3,3,85–9): *scribere plura libet, sed vox mihi fessa loquendo / dictandi vires siccaque lingua negat. / accipe supremo dictum mihi forsitan ore, / quod, tibi qui mittit, non habet ipse: ‚vale'.* Das Schicksal des *exsul poeta* nähert sich dort gleichsam dem der *exsul Hypermestra* an, ähnlich wie der Dichter sich auch an anderer Stelle mit den unter Verlassenheit, Verbannung oder Irrfahrten leidenden Protagonisten seiner Dichtungen identifiziert, dazu oben S. 111. Reeson (2001) 314 weist in seinem Kommentar zum Hypermestrabrief darauf hin, daß Ovid seinen Gedichten auch sonst öfter im letzten Distichon eine überraschende Wende gibt. Als Beispiele nennt er am. 1,7; 1,10; 1,14; 2,3. Die Parallelen zu trist. 3,3 nimmt er allerdings nicht wahr.

[128] Das letzte Distichon wurde in der Forschung gelegentlich als Interpolation betrachtet, so von Dilthey (1863) 147 und Goold (1974) 479, die das Epitaph an seiner üblichen Position am Gedichtende erwarteten. Dagegen Fischer (1969) 172.

[129] Der Gedanke an Selbstmord taucht nur als ein nicht weiter verfolgter Gedanke auf, der noch dazu im Irrealis formuliert ist, s. epist. 14,59–60: *Si manus haec aliquam posset committere caedem, / morte foret dominae sanguinolenta suae.* Er dient dazu, die Ungeheuerlichkeit zu veranschaulichen, die der vom Vater verlangte Mord am Bräutigam für Hypermestra bedeutet. Als Ausweg aus der Gefangenschaft spielt die Selbsttötung dagegen keine Rolle. Daher geht Reesons (2001) 312 Erläuterung des Epitaphs „The *manus*, which played so important a role in Hypermestra's narrative, is here conspicuous by its absence [...] both Dido and Phyllis mention their *manus* [...]. Hypermestra's epitaph is to assign the credit for the brave deed it describes not to the *manus*, but to Hypermestra herself" am Inhalt vorbei. In den imaginierten Epitaphen der Phyllis und der Dido wird die Hand als Instrument des Selbstmords geschildert. Es ist daher nicht verwunderlich, daß sie in der von Hypermestra entworfenen Grabinschrift fehlt und nur in der rahmenden Elegie erscheint: Die Hand ist dort nicht Instrument für die Selbsttötung, sondern das Mittel, mit dem Hypermestra ihre Bitte um Rettung zu Papier bringt, bevor sie durch das Gewicht der Kette am Weiterschreiben gehindert wird (V. 131–2). Daß Hypermestra auf ihr Überleben hofft, bemerkt Reeson richtig in seinem Kommentar zu V. 131–2.

und die dieser nun mit *fides* beantworten solle, indem er ihr entweder die Freiheit oder ein würdiges Begräbnis verschaffe. Der wiederholte Hinweis auf die lebensrettende Tat und die Aufforderung, sich dieser Gabe würdig zu erweisen (z. B. V. 123–4: *At tu siqua piae, Lynceu, tibi cura sororis / quaeque tibi tribui munera dignus habes* ...), deuten zugleich darauf hin, daß Hypermestra auf eine positive Wendung hofft. Ihr Tod wäre nicht, wie bei Phyllis oder Dido, ein Akt der Verzweiflung aus enttäuschter Liebe,[130] sondern ein von außen zugefügtes, eklatantes Unrecht: Die Lebensretterin wird als „Lohn" für ihre Tat selbst umgebracht. Die Inschrift erfüllt also trotz scheinbarer Ähnlichkeit einen ganz anderen Zweck als die Grabgedichte auf Phyllis und Dido. Sie gibt nicht dem Adressaten die Schuld am bevorstehenden gewaltsamen Tod der Sprecherin, sondern verdeutlicht allgemein die Ungerechtigkeit, die in der vom Vater angedrohten Hinrichtung einer Lebensretterin liegen würde (V. 129–30: *pretium pietatis iniquum / quam mortem fratri depulit, ipsa tulit*; vgl. dagegen epist. 2,147: *Phyllida Demophoon leto dedit*; epist. 7,195: *praebuit Aeneas et causam mortis et ensem*).

Indem Hypermestra, anders als Phyllis und Dido, nicht den Eigennamen des Adressaten, sondern die allgemeine Bezeichnung *frater* in ihrer Grabinschrift wünscht, lenkt sie die Aufmerksamkeit des Lesers vom konkreten Einzelfall ab und auf die allgemeingültige Vorbildlichkeit ihres Handelns. Die in der Bezeichnung hervorgehobene Verwandtschaft[131] verpflichtet zur gegenseitigen Hilfeleistung und macht einen heimtückischen Mord, wie ihn der Vater von ihr verlangt, aus rechtlicher und moralischer Sicht besonders verwerflich. Eine wichtige Aufgabe der Inschrift besteht also darin, Pathos zu wecken und nicht etwa einen sonst nur schwer wiederzu-

[130] Von (erotischer) Liebe spricht Hypermestra, wie oft bemerkt wurde, in ihrem Brief nirgends, s. z. B. Rosati (1998) 267. Vor allem die Bezeichnungen *frater* für den Adressaten und *soror* für sich selbst unterscheiden den Brief von den übrigen Heroides. Aus Hypermestra spricht eher ein von erotischer Anziehungskraft unbeeinflußtes Pflichtgefühl. S. dazu Oppel (1968) 75: „Das auffällige Fehlen des aischyleischen Motives des ἵμερος in der Begründung der Untätigkeit ist wohl durch die dichterische Absicht bestimmt, die Reinheit der Motivation zu erreichen (nur pietas!)."

[131] Streng genommen sind Hypermestra und Lynceus keine Geschwister, sondern Cousin und Cousine. Doch kann der Begriff *frater* durchaus in diesem Sinne gebraucht werden, s. dazu Vollmer, F.: ThLL VI,1 (1921) 1254 s. v. *frater*. Ovid selbst benutzt in met. 4,462, wo er die Danaidensage kurz erwähnt, das genauere *patruelis*.

gebenden Handlungsteil zu überbrücken. Sie gehört in den Rahmen jenes *locus misericordiae*, den schon Cicero als probates Mittel erwähnt, um das Mitleid des Publikums zu erregen.[132] Anders als in den eingefügten Grabinschriften auf Phyllis und Dido lassen sich hier ‚Erwartung' und ‚Aufschluß' nicht leicht voneinander trennen. Der Gedankengang: ‚Hypermestra geschah Unrecht – sie erlitt selbst den Tod, den sie von ihrem Verwandten abwendete' ist hier durch die relativische Verschränkung so kompakt zusammengefaßt, daß der Leser das Distichon stärker als Einheit wahrnimmt. Das zu dem für die ‚Erwartung' zentralen Ausdruck *pretium iniquum* gehörige Verb (*tulit*) erscheint sogar erst am Schluß des Distichons, noch nach den entscheidenden Sinnträgern *mortem* und *ipsa*. Indem der Dichter das entscheidende Verb so weit hinauszögert, verzichtet er zwar auf eine syntaktisch klare Zweiteilung der Inschrift,[133] erreicht aber eine pointierte Endstellung der Kernaussage *ipsa tulit*, die dem Leser im Gedächtnis bleibt.

Das Streben nach dauerndem Andenken wird in der Elegie allerdings nicht direkt ausgedrückt. Es ergibt sich allenfalls aus der Wahl einer marmornen und damit dauerhaften Grabplatte. Allerdings ist Marmor ein so häufiges Material für *tituli*, daß seine Erwähnung allein nicht weiter auffällt. Während Phyllis ihre Grabinschrift mit warnendem Unterton niederschreibt und dem in der Ferne weilenden Demophoon ausdrücklich *invidia* und unrühmliche Bekanntheit voraussagt,[134] legt Hypermestra den Nachdruck darauf, daß Lynceus selbst die inkriminierende Inschrift werde anbringen müssen: Da der Vater ihr feindlich gesonnen sei, komme nur eine heimliche Bestattung und als Ausführender nur Lynceus in Frage (V. 125–6). Anders als Phyllis und Dido kann Hypermestra in dem Epitaph deshalb sogar auf die Nennung des Eigennamens ihres männlichen Adressaten verzichten: Wie sie zuvor hervorgehoben hatte (V. 121–2), sind von den hundert Enkeln des Belus nur sie selbst und Lynceus übrig. Die Bezeichnung ‚*frater* der Hypermestra' reicht also als Umschreibung für Lynceus aus.

[132] Cic. inv. 1,109: *Undecimus* [sc. *locus misericordiae*] *per quem liberorum aut parentum aut sui corporis sepeliundi aut alicuius eiusmodi rei commendatio fit.*

[133] Diese ist sonst das Übliche, s. Lausberg (1982) 104 zu Epigrammen, die als erklärende Aufschriften auf Gegenständen dienen: „Für die angeführten Epigramme ist außerdem charakteristisch, daß der erste Teil in Syntax und Sinn zunächst in sich abgeschlossen ist."

[134] Ov. epist. 2,145–6: *Inscribere meo causa invidiosa sepulcro, / aut hoc aut simili carmine notus eris.*

Zugleich legt die Tatsache, daß die imaginierte Grabinschrift eben nicht den Abschluß der Elegie bildet, dem Leser nahe, daß der gewaltsame Tod auch in der von Ovid vertretenen Version nicht am Ende der Erzählung stehen soll. Hypermestras briefliche Bitte um Hilfe wird auch durch die Position des Epitaphs implizit als aussichtsreich dargestellt – ein entscheidendes Detail, das sie von den Briefen der Phyllis und der Dido trennt.

* * *

Faßt man die in den Heroides vorkommenden Grabinschriften der Dido und Phyllis als einen erzähltechnischen Kunstgriff auf, der einen aus der Ich-Perspektive der Heroinen nicht darstellbaren Teil der Handlung überbrückt, so ergeben sich Fragen für den auch in anderer Hinsicht umstrittenen Brief der Deianira an Hercules (epist. 9, vgl. dazu unten Anm. 136). Hier ist der Selbstmord der Schreiberin ebenfalls von der Sagentradition fest vorgegeben,[135] und ebenso wie in den Briefen der Phyllis und der Dido scheint seine Durchführung unmittelbar bevorzustehen (epist. 9,146 = 152 = 158 = 164: *impia quid dubitas Deianira mori?*; 9,150: *coniugii mors mea pignus erit*; 9,165 und 168: *vale*). Auch ist mit Deianiras Sohn Hyllus noch mindestens ein naher Verwandter am Leben (vgl. Ov. epist. 9,168: *puer Hylle, vale*), dem sie die Durchführung der testamentarischen Bestimmungen anvertrauen könnte. Warum also verzichtet Ovid in diesem Fall auf ein eingefügtes Epitaph als markanten Briefschluß?

Da sich die äußeren Umstände der Handlung (Selbsttötung als Reaktion auf den Verlust des geliebten Mannes) in allen drei Briefen ähneln, muß sich die Suche nach der Ursache auf die innere Motivation der Heroinen konzentrieren. Hier zeigen sich tatsächlich Unterschiede zwischen Deianira und ihren Schicksalsgefährtinnen. Während Phyllis und Dido sich das Leben nehmen, sobald sie sicher sind, daß ihr Geliebter sie (wirklich oder scheinbar) grund-

[135] Deianira tötet sich in den Trachinierinnen des Sophokles und im Hercules Oetaeus des Ps-Seneca, nachdem sie von der todbringenden Wirkung ihres Geschenks an Herakles erfahren hat. Allerdings versuchen bei Ps-Seneca die Amme und Hyllos vergeblich, sie von diesem Gedanken abzubringen (V. 832–1030), so daß hier eine Alternative zum Selbstmord angedeutet wird. Eine solche besteht in den uns bekannten Sagenversionen für Phyllis und Dido nicht. S. zum Deianira-Brief auch CASALI (1995).

los verlassen hat, reagiert Deianira auf die Nachricht von Hercules' Untreue zunächst mit einem offensiven Plan: ein vermeintlicher Liebeszauber, den ihr der Kentaur Nessus einst geschenkt hat, und mit dem sie ein Festgewand für Hercules bestreicht, soll den Helden wieder für sie einnehmen. Erst die Nachricht, daß die wundersame Salbe in Wahrheit ein todbringendes Gift enthielt, dem Hercules zum Opfer gefallen ist, weckt in Deianira den Wunsch, auch selbst zu sterben (epist. 9,143–6: *scribenti nuntia venit / fama, virum tunicae tabe perire meae. / Ei mihi! Quid feci? Quo me furor egit amantem? / impia quid dubitas Deianira mori?*).[136] Der Selbstmord, mit dem Phyllis und Dido ihrer unerfüllten Sehnsucht nach dem treulosen Geliebten ein Ende machen, erscheint bei Deianira als Sühne für ihre eigene *impietas* und zugleich als Beweis dafür, daß sie nicht willentlich den Tod des Hercules verschuldet hat.[137] Da ihr Augenmerk auf dem ermordeten Ehemann liegt, demgegenüber sie keinen Vorteil haben will (epist. 9,147–8: *An tuus in media coniunx lacerabitur Oeta, / tu sceleris tanti causa superstes eris?*), wäre der Entwurf einer Grabinschrift für die eigene Person an dieser Stelle unpassend.

Während die trauernde Deianira danach strebt, sich als treue Ehefrau des Hercules zu erweisen, indem sie ihrem Mann in den Tod folgt, dient die Selbsttötung bei Phyllis und Dido dazu, einen als unerträglich empfundenen Zustand (die Liebesqualen, unter denen beide leiden) zu beenden. Im ersten Fall ist eine bestätigende Grabinschrift unnötig: Deianira ist unumstritten die rechtmäßige Frau des Helden, und als solche wird sie, wenn sie durch ihren freiwilligen Tod beweist, daß sie seinen Untergang unabsichtlich herbeigeführt hat, im Gedächtnis der Öffentlichkeit weiterleben. Phyllis und Dido dagegen fühlen sich als unschuldige Opfer ihrer Geliebten. Ihr Tod dient nicht wie bei Deianira dazu, einen Vorwurf zu entkräften, sondern die Selbsttötung könnte im Gegen-

[136] Die Tatsache, daß die Schreiberin, noch während sie den Brief verfaßt, eine wichtige neue Information erhält, ist in den Heroides einzigartig und hat, zusammen mit anderen Besonderheiten, wie der Verwendung eines Refrains im Schlußteil, Zweifel an der Echtheit des Gedichts aufkommen lassen. S. dazu ROSATI (1989) und CASALI (1995). Für die Frage der eingefügten Grabinschriften ist das Problem der Echtheit von Brief 9, da er nur als Vergleich dient, jedoch weniger bedeutsam.

[137] Epist. 9,149–50: *Ecquid adhuc habeo facti, cur Herculis uxor / credar? Coniugii mors mea pignus erit*; und V. 159–60: *deprecor hoc unum per iura sacerrima lecti, / ne videar fatis insidiata tuis.*

teil ihnen selbst zum Vorwurf gemacht werden.[138] Dem beugen die Schreiberinnen vor, indem sie die gewünschte Interpretation durch das Epitaph mitliefern: Die Schuld für den Selbstmord wird darin nicht ihnen selbst, sondern dem treulosen Geliebten zugeschrieben.

Prop. 4,7,85–6 (Cynthia)

Auf ungewöhnliche Weise wird ein wörtlich zitiertes Autoepitaph in Prop. 4,7 eingeführt. Die Auftraggeberin Cynthia ist bereits verstorben und teilt ihrem Liebhaber den Wortlaut in einer Erscheinung mit. Die rahmende Elegie weist Beziehungen sowohl zur Grabepigrammatik als auch zu elegischen Traditionen außerhalb der Liebesdichtung auf (s. dazu Hutchinson [2006] 170, der die Elegie als „an expanded ‚sepulcral' epigram [...] or as a contracted *epicedion*" charakterisiert).

Nach einer kurzen Einführung, die das Erscheinungsbild des Gespenstes beschreibt (V. 1–12), wendet sich das Mädchen in direkter Rede an den Geliebten: Sie klagt über seinen sorglosen Schlaf, der darauf schließen lasse, daß er sie und ihre gemeinsamen Liebesabenteuer bereits vergessen habe. Während er sich ausruhe, habe sie von ihm nicht einmal das letzte Geleit erhalten: Er habe nicht die übliche *conclamatio* vollzogen, habe an ihrer Beerdigung nicht teilgenommen und nicht einmal darum gebeten, daß ihre Totenbahre an seinem Haus langsamer vorbeigetragen werde (V. 13–34). Die Folter solle an den Tag bringen, welcher der Sklaven sie vergiftet habe. Aber in der Zwischenzeit habe schon ihre Rivalin, eben noch verachtet, die Herrschaft im Haus übernommen und bestrafe nun die Sklavinnen, wenn sie es wagten, von der Verstorbenen zu sprechen. Sie habe sogar ihr, Cynthias, Bildnis eingeschmolzen (V. 35–48).

Obwohl er es verdiene, sei sie jedoch nicht gekommen, um Properz zu verfolgen – sie habe schließlich lange seine Bücher

[138] Eine solche negative Beurteilung besitzen wir für Dido aus der Aeneis, wo Anna den heimlichen Tod ihrer Schwester als Täuschung und Verrat verurteilt (Verg. Aen. 4,675: *hoc illud, germana, fuit? Me fraude petebas?* Verg. Aen. 4,682–3: *exstinxti te meque, soror, populumque patresque / Sidonios urbemque tuam*), und später in der Unterweltsszene (Verg. Aen. 6,434–437), wo es von den Selbstmördern heißt: *proxima deinde tenent maesti loca, qui sibi letum / insontes peperere manu lucemque perosi / proiecere animas. Quam vellent aethere in alto / nunc et pauperiem et duros perferre labores!*

beherrscht –, sondern um zu schwören, daß sie ihm die Treue gehalten habe. Wenn sie lüge, möge eine Schlange auf ihrem Grab zischen und auf den Gebeinen ruhen (V. 49–54). Es folgt eine kurze Beschreibung der Unterwelt, in der die treulosen Liebhaber von ihren treuen *puellae* getrennt seien (V. 55–70).

Schließlich fügt Cynthia einige Aufträge an ihren Liebhaber an: Er möge sich um ihre Amme Parthenie kümmern und dafür sorgen, daß ihre Lieblingssklavin Latris keiner neuen Herrin dienen müsse (V. 71–6). Alle Verse aber, die er ‚in ihrem Namen' (*meo nomine*, V. 77) gedichtet habe, möge er verbrennen und die Lobgedichte auf sie nicht mehr in Anspruch nehmen. Auf dem Grab möge er sich um den Efeu kümmern (V. 77–80). Dann folgt die von Cynthia gewünschte Inschrift, der eine knappe Charakterisierung der Umgebung des Grabes und nähere Angaben zur Umsetzung der Inschrift vorausgehen (V. 81–6). Das Epitaph soll auf einer *columna* angebracht werden (V. 83). Eine Mahnung, dieses Traumbild nicht zu mißachten, schließt die Rede ab, ehe das Gespenst verschwindet (V. 87–96).

Was mit dem Efeu auf dem Grab geschehen soll, ist in der Forschung umstritten. Die Handschriftengruppe v überliefert für V. 79–80 *pelle hederam tumulo mihi quae pugnante corymbo / molli contortis alligat ossa comis* (‚entferne den Efeu von meinem Grab, der mir mit kämpfender, weicher Fruchtstaude die Gebeine mit seinen verschlungenen Haaren anbindet'). Während weitgehend Einigkeit herrscht, daß sich das Adjektiv *mollis* auf die Gebeine der Geliebten beziehen müsse und deshalb statt des überlieferten *molli* oder *mollis*[139] ein Neutrum Plural *mollia* zu lesen sei (diese Konjektur wurde schon vor dem Jahr 1600 von einem unbekannten Textkritiker vorgebracht),[140] gibt das Hauptverb in V. 79 Anlaß zur Diskussion. Gegen das überlieferte *pelle* wurde von SANDBACH (1962) Einspruch

[139] *Molli* ist in der Handschriftengruppe ς überliefert, wurde aber zu *mollis* korrigiert. *Mollis* bieten auch die codices Burmanni. Diese Lesart wurde von CAMPS (1965) in den Haupttext übernommen.

[140] So ROTHSTEIN (1898), BUTLER/BARBER (1933), FEDELI (1965 und 1984), HUTCHINSON (2006), HEYWORTH (2007). SANDBACH (1962) 273 hegt Zweifel an dieser Bezugsmöglichkeit und erwägt allenfalls, *ossa* im Sinne von „the dead person's spirit" zu verstehen. Diese Deutung setzt allerdings voraus, daß gleichzeitig auch der Efeu als reine Metapher für die Dichtkunst zu verstehen ist. Obwohl Properz auch sonst gelegentlich Kombinationen von uneigentlichen Ausdrücken verwendet, ist diese gewundene Interpretationen an dieser Stelle nicht erforderlich, da *mollis* bei den Elegikern generell dazu dienen kann, die in die elegische

erhoben, der *pone* konjizierte, d.h. ‚setze Efeu auf mein Grab, der mir die Gebeine [...] anbindet'. CAMPS (1965) 123, GOOLD (1967) 98 und HEYWORTH (2007) 471–2 schließen sich dieser Auffassung unter Verweis auf die positiven Konnotationen von Efeu in antiken Texten an. Auch FEDELI, der sich in seinem Kommentar zu Buch 4 (1965) noch für *pelle* entschieden hatte, übernimmt die Konjektur *pone* später in seiner Teubnerausgabe (1984) und in seinem neuen und erheblich erweiterten Kommentar zu Buch 4 (2015). Ihm folgt RIESENWEBER (2007). HUTCHINSON (2006) und FLACH (2011) dagegen plädieren für *pelle*. Auch die Junktur *quae alliget* und das Partizip *pugnante* sind textkritisch diskutiert worden, doch sind die damit verbundenen Probleme bis heute nicht befriedigend gelöst.[141]

Für das hier behandelte Thema ist in erster Linie die Frage interessant, ob sich Cynthia für oder gegen Efeu auf ihrem Grab ausspricht, und welche Implikationen dies für die Gestaltung des Grabes und die kurz darauf erwähnte Inschrift hat. Efeu als Grabbepflanzung ist auch sonst in der Antike gut bezeugt, s. in der Anthologia Palatina z.B. 7,22,1–2 (Simias), 7,708 (Dioskorides), 7,714 (Anonym) u.ö., dazu FEDELI/DIMUNDO/CICCARELLI (2015) mit weiteren Parallelen. In jedem Fall spielt die Fähigkeit des Efeus, die Gebeine der Verstorbenen zu umschlingen, in der Darstellung Cynthias eine zentrale Rolle. Da ausdrücklich von den Fruchtstauden (*corymbi*) des Efeus, also seinen oberirdischen Teilen, die Rede ist, kann hier nicht an ein Erdgrab gedacht sein, auf dem der Efeu gepflanzt würde.[142] Möglich wäre dagegen eine oberirdische Beiset-

Welt gehörenden Menschen oder Dinge zu bezeichnen, s. z.B. Prop. 2,1,2: *mollis liber* als Bezeichnung für das Elegienbuch.

141 S. z.B. SHACKLETON BAILEY (1956) 253–4, der sich für *pelle* entscheidet und statt *quae alliget* mit einiger Vorsicht *non alliget* vorschlägt. FLACH (2011) nimmt das einheitlich überlieferte *pugnante* in den Text und kommentiert ad loc.: „Mit den Blütenblättern ringt die Dolde des Efeus im Frühjahr, wenn sich ihre Beeren zum Sonnenlicht vorkämpfen. Darauf spielt das anschauliche Sprachbild an. [...] Jan Jacob Cornelissen opferte es ohne Not, als er *pugnante* zu *praegnante* verwässerte." Praegnante nimmt KATZ (2004) 391 in seinen Text auf, übersetzt allerdings „striving". S. auch FEDELI/DIMUNDO/CICCARELLI (2015) 990.

142 DIMUNDO (1990) 18 dagegen nimmt an, daß die Wurzeln der Pflanze bei Properz im Gegensatz zu den epigrammatischen Vorbildern der Anthologia Graeca (z.B. A.P. 7,21 [Simias Thebanus] und 7,23,30 [Antipatros von Sidon]) in das Grab eindringen: „se nel modello epigrammatico l'edera cresceva sulla tomba, nei versi properziani la pianta affonda le sue radici nella tomba (tumulo), quasi a sottolineare un legame più profondo e inscindibile tra l'edera, o ciò che essa simboleggia, e il corpo lì sepolto." So wortgleich wiederholt in FEDELI/DIMUNDO/CIC-

zung in einer Urne, die nach römischer Sitte oft in einer dafür vorgesehenen Nischenwand plaziert wurde. Auch eine Verzierung solcher Grabbauten mit Säulen ist belegt.[143] Hier wäre eine Umschlingung der Urne durch Efeuranken theoretisch möglich.[144] Bei der Entscheidung, ob Cynthia eine solche wünsche oder gerade vermeiden wolle, haben die Kommentatoren auf ihr erst kurz zurückliegendes Begräbnis hingewiesen (s. V. 4: *nuper humata*). In dieser kurzen Zeit könne auf dem Grab noch kein Efeu gewachsen sein, der nun entfernt werden müsse, weshalb die Lesart *pone* vorzuziehen sei.

Efeu als dionysisches Symbol wird öfter mit Dichtern verbunden. Properz selbst bittet den Gott Bacchus, er möge ihn, den römischen Kallimachos, mit Efeu bekränzen: Prop. 4,1,62–4: *mi folia ex hedera porrige, Bacche, tua, / ut nostris tumefacta superbiat Umbria libris, / Umbria Romani patria Callimachi.* Im selben Sinn erscheint Efeu als Schmuck auf den Gräbern von Dichtern (s. z.B. im griechischen Bereich A.P. 7,22; 7,23 und 7,36). Efeu auf dem Grab der Cynthia würde daher die enge und bleibende Verbindung mit dem *poeta* bezeugen. In dieser Weise deutet auch Thurneysen (ThLL [1908] 1081,37 s.v. *corymbus* die Stelle, indem er sie unter der Rubrik *in imagine: de laude poetica* aufführt. Sandbach (1962) 273 verweist auf diesen Gebrauch bei Properz selbst, s. Prop. 2,30,39 und 4,6,3. Dieser Wunsch käme jedoch nach dem vorhergehenden Distichon (V. 79–80), in dem Cynthia die Verbrennung der in ihrem Namen geschriebenen Gedichte verlangt hatte, unerwartet. Andererseits legt sie ihrem Liebhaber in den folgenden Versen eine metrische Inschrift vor, die dieser in der Nähe des Flusses Anio aufstellen soll, wünscht also gerade ein Gedicht als Medium der Erinnerung.

Die beiden scheinbar widersprüchlichen Tendenzen lassen sich vereinbaren, wenn man auf die oben besprochenen Grabinschriften

carelli (2015) 988. *Corymbus* kann aber nicht ‚Wurzel' bedeuten, wie Dimundo (1990) 190 selbst unter Verweis auf Wulff, C.: ThLL IV (1908) 1081,20–1 s.v. *corymbus* („*corymbus*: de fructu herbarum in formam orbis vel uvae dispositio; praecipue de hedera" mit Verweis auf die Erläuterung bei Plin. nat. 14,146) feststellt.

143 S. von Hesberg (1992) 160. Säulen als Träger von Statuen Verstorbener wurden dagegen in der Republik gemieden, weil sie nach römischer Vorstellung mit königlichem Machtanspruch verbunden waren, ebd. mit Verweis auf Ennius ann. frg. 16.

144 Auf Parallelen in den carmina latina epigraphica verweisen Shackleton Bailey (1956) 254 (1064,4: *cingant suaves ossa sepulta rosae*) und Sandbach (1962) 273 (1135: *serta quod et tumulum florida saepe ligant*).

zurückblickt. Diese markieren nicht nur allgemein den Abschluß des Lebens, sondern bezeichnen, besonders, wenn es sich um unglückliche Liebesbeziehungen handelt, oft auch einen bestimmten Lebensabschnitt, der mit dem Tod zu Ende geht. Dido nennt in ihrer selbstentworfenen Grabinschrift gerade nicht den Namen des Sychaeus, mit dem sie glücklich verheiratet war (und mit dem sie zumindest in der vergilischen Version auch im Jenseits wieder verbunden sein wird, Verg. Aen. 6,473–4), sondern den des Aeneas, der sie verlassen hat und den sie in der Aeneis bei ihrer Begegnung in der Unterwelt keines Wortes würdigt (Verg. Aen. 6,469–71).[145] Die Tatsache, daß sich Cynthia ein Epitaph im elegischen Versmaß wünscht, muß daher nicht im Widerspruch zu ihrer Bitte stehen, die von ihr handelnden Elegien zu verbrennen. Die eingefügte Grabinschrift wäre damit das letzte elegische Gedicht, in dem Cynthias Name erscheint. Die Beseitigung des Efeus spiegelte den Trennungswunsch wider und machte auch einem zufälligen Betrachter deutlich, daß die Verstorbene kein enges Verhältnis zur Poesie (mehr) hat. Die Lesart *pelle* ergibt daher guten Sinn.

Der genaue Hintergrund ergibt sich jedoch nur aus der rahmenden Elegie, nicht aus dem darin enthaltenen Epitaph. Das rahmende Gedicht kommentiert und ergänzt die Inschrift in einem wichtigen Punkt. Der Text des Epitaphs selbst legt dagegen den Nachdruck auf einen anderen Aspekt von Cynthias Tod und Bestattung. Worin liegt nun die Pointe des Distichons?

Das Grabgedicht, das Cynthia ihrem Liebhaber präsentiert, ist nach ihren eigenen Worten ihrer würdig. Es solle mitten auf einer *columna* angebracht werden[146] und kurz genug sein, daß auch ein

[145] Die Anweisungen Didos lauten (Ov. epist. 7,193–6): *nec consumpta rogis inscribar Elissa Sychaei, / hoc tantum in tumuli marmore carmen erit: / praebuit Aeneas et causam mortis et ensem, / ipsa sua Dido concidit usa manu.*

[146] *Columna* kann sowohl ‚Säule' im architektonischen Sinn als auch ‚Stele' bedeuten. Der Ausdruck *media columna* wurde von Rothstein (1898) z. St. als „mitten unter den Säulen, die zu den Grabdenkmälern am Wege gehören" verstanden. Angesichts des Zielpublikums, eines eiligen Reisenden, ist es jedoch wahrscheinlicher, daß sich Cynthia hier um eine möglichst leserfreundliche Plazierung der Inschrift auf dem Stein Gedanken macht: Wenn die Inschrift ‚mitten' auf dem Stein steht, ist sie leichter zu entziffern als die zahlreichen historisch bezeugten Beispiele, bei denen der Text relativ weit unten angebracht ist und den Passanten zwingt, sich zur Lektüre herabzubeugen. Für diese Deutung plädieren auch Camps (1965) 124 und Lausberg (1982) 526 Anm. 8, die von einer Grabstele ausgehen (Lausberg bezeichnet diese zwar als „Säule", der Kontext zeigt jedoch, daß sie damit einen Grabstein meint). Vgl. zum Problem der Lesbarkeit und der

eiliger Reiter (oder im Wagen reisender Passant) es lesen könne. Dann folgt das Gedicht, ehe Cynthia ihre Rede mit weiteren Mahnungen beschließt: Ihr Liebhaber möge die Mahnungen des Traumgesichts nicht mißachten. Möchten ihn auch jetzt andere Frauen besitzen, so werde doch bald sie allein ihn umfangen halten, er werde bei ihr sein und sie werde ihr Gebein an seinem reiben. Mit dieser Klage und Ermahnung entschwindet der Schatten nach einer Umarmung.

Die eingebettete imaginierte Inschrift und Cynthias Anweisungen dazu lauten in FEDELIS Teubnerausgabe (Prop. 4,7,81–6):

Ramosis Anio qua pomifer incubat arvis,
et numquam Herculeo numine pallet ebur,
hic carmen media dignum me scribe columna,
sed breve, quod currens vector ab urbe legat:
‚Hic Tiburtina iacet aurea Cynthia terra:
accessit ripae laus, Aniene, tuae.'

Der erste Vers der Grabinschrift (V. 85) ist wegen seiner textkritischen Schwierigkeiten oft diskutiert worden. Unbestritten ist, daß er die Verbform *iacet* und ein auf Tibur bezogenes Adjektiv enthalten haben muß. Die Handschrift F bietet *sed tiburtina iacet hic*; ND enthalten das metrisch unmögliche *sed tiburna iacet hic*, V liest *tiburina iacet hic* (in ras.). Verdächtig ist an der in F überlieferten Lesart vor allem der für Grabinschriften ungewöhnliche Beginn mit *sed* und die späte Stellung des für historische Epitaphe typischen Anfangsworts *hic*. Diese Schwierigkeit beseitigt die von FEDELI (1984) und BUTLER/BARBER in den Haupttext genommene Textfassung *hic Tiburtina iacet*. Dabei handelt es sich um eine Korrektur aus dem 15. Jahrhundert, deren Ursprung nicht feststeht (dazu HEYWORTH [2007] 473). HUTCHINSON (2006) setzt die Junktur *hic Tiburtina iacet* daher in *cruces*. HEYWORTH dagegen übernimmt in seiner Textausgabe von 2007 PALMERS Konjektur *hic sita Tiburna iacet*, für die sich auch FEDELI in seinem Kommentar von 2015 entscheidet, und führt in seinem Kommentar (2007) 473 als Parallele CE 1996,12 *hoc sita nunc iaceo Iunia Paulla rogo* an. Die Konjektur

Rezeption von Inschriften, deren Lektüre oft durch äußere Umstände wie die Art der Anbringung behindert wurde, BING (2002), der die griechische Situation untersucht und das seit dem 3. Jh. v. Chr. erkennbare gesteigerte Interesse an inschriftlichem Material unter anderem auf die Verbreitung literarischer hellenistischer Epigramme zurückführt.

bietet außerdem den Vorzug, daß die Form *Tiburna* (statt des in der lateinischen Literatur häufigeren, in der Dichtung allerdings nicht vor Martial bezeugten *Tiburtina*) auch an einer anderen Stelle im Properztext erscheint. (Prop. 3,22,23: *hic, Anio Tiburne, fluis*). Das Wort ist dort einheitlich überliefert. *Tiburtinus* findet sich dagegen bei Properz sonst nicht, s. dazu auch FEDELI/DIMUNDO/CICCARELLI (2015) 995.

Sowohl die von HEYWORTH als auch die von FEDELI gewählte Textfassung lehnt sich an historische Grabinschriften an, die oft mit der Wendung *hic iacet* in Verbindung mit dem Eigennamen der Verstorbenen beginnen.[147] Seltener ist dagegen die Nennung des Begräbnisortes, den der Betrachter eines historischen Grabsteins ohnehin vor Augen hat. Er wird vor allem dann genannt, wenn es sich um die Bestattung eines Fremden handelt, dessen Heimatferne betont werden soll. Gewöhnlich tritt, um diesen Aspekt hervorzuheben, auch eine Herkunftsbezeichnung zu dem Eigennamen, s. dazu oben S. 43.

Wie der Leser der Elegien aus dem Kontext weiß, liegt Cynthias Begräbnisplatz in Tibur jedoch nicht fern der Heimat, sondern im Gegenteil in der Region, in der sie sich vor ihrem Tod gern und oft aufhielt.[148] An die Stelle der Herkunftsbezeichnung tritt hier das Adjektiv *aurea,* das in der lateinischen Literatur schon seit Plautus zur Bezeichnung von besonders schönen oder geliebten Personen gebraucht wird.[149] Im Zusammenhang mit Cynthia und den zahlreichen homerischen Anspielungen gegen Ende der Elegie erinnert der Ausdruck vor allem an die ‚goldene' Aphrodite der griechischen Dichtung.[150]

Der implizite Gegensatz besteht hier nicht in der geographischen Distanz zwischen dem Heimatort und dem tatsächlichen

[147] Für die Wendung *hic iacet* s. oben Anm. 5. Das Epigramm hat Parallelen in der griechischen Anthologie, dazu SCHULZ-VANHEYDEN (1970) 90–1.

[148] S. Prop. 3,16,1–4: *Nox media, et dominae mihi venit epistula nostrae: / Tibure me missa iussit adesse mora, / candida qua geminas ostendunt culmina turris / et cadit in patulos nympha Aniena lacus* und Prop. 2,32,5 (Anrede an Cynthia): *cur ita te Herculeum deportat esseda Tibur?*

[149] Plaut. Asin 691: *mi Libane, ocellus aureus, donum decusque amoris.* Vgl. BICKEL, E.: ThLL II (1904) 491,61 s.v. *aureus*: „summa pulchritudo, suavitas, virtus", mit Belegen. ROTHSTEIN (1898) 273 dagegen nimmt an, *aurea* sei „hier nicht liebkosend, sondern bewundernd gemeint, vgl. Hor. Od. IV 2,22 *vires animumque moresque aureos educit in astra*".

[150] Dies erwägt auch DIMUNDO (1990) 195.

Begräbnisplatz, sondern in der Diskrepanz zwischen der ‚goldenen', d.h. attraktiven und begehrenswerten Frau, die Cynthia zu Lebzeiten war, und ihren sterblichen Überresten, die an diesem Ort bestattet sind. Zugleich liegt, wie CUGUSI (1980/81) plausibel gemacht hat, eine Modifikation des epigraphisch gut bezeugten Gedankens des *aureus titulus* vor.[151]

Die Bitte der Cynthia, ein Epitaph anbringen zu lassen, schließt sich an eine kurze Beschreibung der Landschaft an, in der das Grab zu finden ist: Der Anio, ein Nebenfluß des Tiber, wird als ein ‚fruchtbringender', inmitten ‚astreicher', d.h. baumbestandener Fluren gelegener Fluß beschrieben. In dieser Landschaft verliere das Elfenbein durch die Einwirkung des Hercules nie seine ursprüngliche Farbe.[152] Fruchtbarkeit, besonders die zahlreichen Obstbäume und der günstige Einfluß des Klimas auf die Konservierung von Elfenbein gehören zu den auch sonst in der römischen Literatur gepriesenen Vorzügen Tiburs.[153] Der Ort war bei den Einwohnern Roms als Sommerfrische beliebt, und Cynthia selbst war oft dorthin gereist. Dies in Erinnerung zu rufen, ist nach ROTHSTEIN (1898) 272 die Funktion der kurzen Landschaftsbeschreibung: „Einer Ortsbestimmung bedarf es für den angeredeten Dichter nicht, aber der Leser soll wissen, dass Cynthia an ihrem Lieblingsplatze bestattet ist, und deshalb legt der Dichter ihr hier eine kurze Schilderung in den Mund." Da der Leser bereits aus früheren Elegien von Cynthias Vorliebe für Tibur weiß, ist aber auch für ihn eine Beschreibung des Ortes nicht erforderlich. HUTCHINSON (2006) 186 betrachtet die Darstellung des Flußlaufs in V. 81–2 daher

[151] Mit dem Begriff *aureus titulus* bezeichnet CUGUSI den Gedanken, daß die Qualitäten und Verdienste des Verstorbenen ein goldenes Denkmal (bzw. Grabmal) oder eine aus goldenen Buchstaben bestehende Inschrift verdienten. Vgl. dazu auch HERNÁNDEZ PÉREZ (2001) 185–6.

[152] Für die Wirkung Tiburs auf Elfenbein vgl. Mart. 4,62,1–2: *Tibur in Herculeum migravit nigra Lycoris / omnia dum fieri candida credit ibi*; 7,13,1–2; *dum Tiburtinis albescere solibus audit / antiqui dentis fusca Lycoris ebur*; 8,28,12: *Tiburtino monte quod albet ebur* (*albet* w : *alget* b); Sil. 12,229–30: *quale micat semperque novum est quod Tiburis aura / pascit ebur.* Der besondere Effekt geht wohl auf die nahegelegenen, schon von Vitruv arch. 8,3,2 beschriebenen Schwefelquellen zurück, s. MERLI (1996) zu Mart. 4,62. Möglicherweise hat die klangliche Ähnlichkeit von Tibur und *ebur* zu der Betonung der besonderen Wirkung des Ortes auf Elfenbein in der antiken Literatur beigetragen.

[153] Vom großen Baumbestand Tivolis spricht Properz an anderer Stelle selbst (Prop. 4,4,5). Den Obstreichtum erwähnen u.a. Horaz, carm. 1,7,13 und Ovid, am. 3,6,45.

als einen Einschub, der die auf das Grab bezogenen Ermahnungen von dem Auftrag, eine Inschrift für die Verstorbene aufzustellen, trenne.[154] Die von Cynthia gewünschte Aufschrift auf einer *columna* könne deshalb nicht mit ihrer Grabinschrift identisch sein: „This is unlikely to be an inscription on the tomb, rather, the graffito is a distorted version of such an inscription. Since 81–2 come after the mention of the tomb, they are not defining the tomb's location; they separate the writing from the tomb [...]. They denote the city, which is where the conspicuous pillar would be."[155] Diese These hat jedoch keinen Rückhalt im Text. Der Relativsatz *ramosis qua pomifer incubat arvis* (‚wo der fruchtbegünstigende Anio in den baumreichen Ufern liegt') erwähnt die Stadt Tibur nicht, und auch die im folgenden Vers beschriebene Wirkung Tiburs auf Elfenbein ist nicht nur innerhalb der Ortsgrenzen, sondern auch in der Umgebung spürbar. Gegen die These von einer Trennung zwischen Grab und Inschrift spricht überdies, daß als potentieller Leser ein von Rom kommender Reisender genannt wird. Wäre es Cynthias Ziel gewesen, „a visible notice in Tibur" zu erlangen, wie HUTCHINSON (2006) 186 meint, so müßte man dessen Bürger als potentielle Leser erwarten, nicht einen Fremden.[156]

Auch sprachlich ist die Beschreibung des *locus amoenus* in V. 81–2 nicht von der Erwähnung des Grabes in V. 79–80 abgesetzt: Der Hinweis auf den fruchtbegünstigenden Anio und die bewaldeten Fluren werden weder durch eine adversative noch durch eine beiordnende Konjunktion als Neuansatz gekennzeichnet. Die Sprecherin intendiert hier offenbar keinen Gegensatz zwischen dem Begräbnisplatz und der lieblichen Landschaft, in der die Inschrift stehen soll.[157]

[154] Schon früher hatte POSTGATE (1905) und ihm folgend GOOLD (1967) 98 angenommen, daß das Distichon ursprünglich hinter Vers 4 gestanden habe und umgestellt worden sei, um die „geographischen" Angaben zu Cynthias Grab zusammenzuführen. Diese Hypothese macht allerdings eine weitere Änderung von *hic* in V. 83 zu *et* erforderlich.

[155] Zuvor hatte HUTCHINSON (2006) 170 vorsichtiger formuliert: „The poem gives the origin, probably not even of C.'s tomb, but of a graffito to be written on a pillar [...], not much of a monument."

[156] Auch LANGE (1979) 339 und LAUSBERG (1982) 64 nehmen an, daß sich das Grabmal und die Inschrift „on the road to Tibur" bzw. „bei Tibur" befinden.

[157] FLACH (2011) 260 glaubt einen Gegensatz zwischen der „lauten Straße", an der Cynthia begraben liegt, und dem durch Obstanbau geprägten Flußtal des Anio zu erkennen. Die Straße wird aber nur als Verbindung zu Rom, nicht im Hinblick auf ihren Lärm erwähnt. Sie bildet daher einen integralen Bestandteil der nahe der Hauptstadt gelegenen Region.

Auch deutet das Pronomen *hic* (*iacet*), dessen Stellung im Vers zwar textkritisch umstritten ist, an dessen Verwendung in dem Hexameter aber kein Zweifel besteht, unmittelbar auf die Begräbnisstätte: Es ist schwer vorstellbar, daß eine so formulierte Inschrift in räumlicher Entfernung vom Grab oder gar innerhalb der Stadt angebracht sein sollte.

Für die Frage nach dem Sinn der eingeschobenen Landschaftsbeschreibung ist die Wortwahl aufschlußreich, mit der Tiburs günstige Wirkung auf das Elfenbein beschrieben wird. Andere Autoren (s.o. Anm. 152) sprechen davon, daß dunkel angelaufenes Elfenbein in seinem Klima wieder ‚weiß werde' (*albescere, candida fieri, albere*), oder ‚strahlend und neu' bleibe (*micat semperque novum est*). Ovid beschreibt in anderem Zusammenhang den charakteristischen Dunklungsprozeß des Elfenbeins als *flavescere* (Ov. am. 2,5,39–40: *aut quod, ne longis flavescere possit ab annis / Maeonis Assyrium femina tinxit ebur*). Properz dagegen gibt den Prozeß mit *numquam* [...] *pallet ebur* wieder. *Pallere* ist hier in der Bedeutung ‚gelblich werden' gebraucht.[158]

Während das Verb einerseits die charakteristische Tönung des Materials ausdrückt, läßt es andererseits den Gedanken an eine ungesunde Blässe anklingen: In der Bedeutung ‚bleich sein' wird *pallere* vor allem von der Gesichtsfarbe Kranker und Verstorbener verwendet.[159] Durch die Wortwahl bringt die Sprecherin das altersbedingte Nachdunkeln des Elfenbeins mit dem Verfall und der Vergänglichkeit von Menschen in Verbindung. Diese Assoziation wird durch *ebur* unterstützt, das in der Dichtung gelegentlich zur Bezeichnung der Gesichtsfarbe verwendet wird: Es handelt sich dann um einen gesunden, weder kränklich blassen noch rötlich gefärbten Teint. Die oben zitierten Verse aus den Amores verglei-

[158] Ähnlich wird *pallere* in Ov. met. 1,373–4 verwendet (*fastigia turpi / pallebant musco*).

[159] S. Verg. Aen. 8,709: *pallentem morte futura*; Ov. met. 2,824: *pallent amisso sanguine venae*. Cynthia bezeichnet ihr Geistwesen als *lurida* [...] *umbra* (Prop. 4,7,2). *Luridus* ist einerseits ein häufiges Attribut für eine leichenblasse Gesichtsfarbe und die Unterwelt im Allgemeinen, wird aber auch für das altersbedingte Nachdunkeln von organischem Material verwendet – eben den Prozeß, den die Gegend von Tibur beim Elfenbein aufhält (vgl. z.B. Hor. carm. 4,13,9–12 über Cupidos Abscheu gegenüber einer alten Frau: *importunus enim transvolat aridas / quercus et refugit te, quia luridi / dentes, te quia rugae / turpant et capitis nives*). *Luridus* und *pallere* können auch synonym verwendet werden, s. Lucan. 5,549–50 über den Mondaufgang: *tum* [sc. *luna*] *lurida pallens / ora tulit vultu sub nubem tristis ituro.*

chen das Erröten einer Frau mit dem Färben von Elfenbein: Ov. am. 2,5,33–40: *illi / conscia purpureus venit in ora pudor, / quale coloratum Tithoni coniuge caelum / subrubet* [...] / *aut quod, ne longis flavescere possit ab annis / Maeonis Assyrium femina tinxit ebur.* Die Darstellung der berühmten Fähigkeit Tiburs, den Alterungsprozeß von Elfenbein zu verhindern, weckt so Assoziationen an eine allgemein lebensfördernde Wirkung.

Auffällig ist überdies, daß alle anderen antiken Autoren die besondere Wirkung dieses Ortes auf das Elfenbein der Sonneneinstrahlung oder der Bergluft von Tibur zuschreiben, während die Sprecherin in Prop. 4,7 darin das *numen* des Hercules zu erkennen meint. Zu den Taten des Hercules, der in Tibur einen berühmten Tempel besaß,[160] gehört die Rettung von Menschen in Todesgefahr und sogar die Rückführung Verstorbener aus der Unterwelt, so daß er in der Sepulkralkunst der Kaiserzeit als Sinnbild der Apotheose galt.[161]

Fruchtbarkeit und Leben prägen auch das äußere Erscheinungsbild der Gegend: In der Nähe fließt der Anio, der für Obsternten sorgt und in üppige Vegetation eingebettet ist. Früchte gehören in der antiken Literatur und Kunst zu den Symbolen von Reichtum und Wohlstand (etwa im Bild des Füllhorns), und speziell Äpfel gelten in der griechischen und lateinischen Dichtung als Liebesgeschenke. Auch Properz erwähnt sie in diesem Sinne.[162]

Die Verse 81–2 stellen also die für Tibur typische Dauerhaftigkeit dem natürlichen Alterungsprozeß an anderen Orten gegenüber. Sie führen damit den Gedanken der Vergänglichkeit weiter, der den ersten Teil der Elegie prägt und im Bild des Grabes in V. 79 gipfelt. Zugleich bereiten sie den Übergang zu der von Cynthia gewünschten Inschrift vor. Diese soll ihren Nachruhm lebendig halten, indem sie so angebracht wird, daß sie selbst aus einer fah-

[160] Zum Herculestempel in Tibur s. Strabo 5,3,11 und zum archäologischen Befund Giuliani (2004). Das ‚Herculische Tibur' wird auch sonst in der antiken Literatur erwähnt, vgl. Anm. 152. Über Tibur gelangte der Kult des Hercules wohl nach Rom.

[161] Malherbe (1988) 566. Mari (1983) 63 ordnet eine 1927 in Tivoli gefundene Herculesdarstellung diesem Typus zu. Wegen des fragmentarischen Erhaltungszustands ist diese Deutung jedoch nicht sicher.

[162] Das berühmteste Beispiel ist die Sage von Acontius und Cydippe, s. Kall. Ait. Frr. 67–75 Pf. und Ov. epist. 20 und 21. Aber auch in der griechischen Epigrammatik ist dieses Geschenk häufig, s. A.P. 5,79, 80 (Platon), 290 und 291 (Paulus Silentiarius) vgl. außerdem Prop. 1,3 und 2,34.

renden Kutsche gelesen werden kann (Prop. 4,7,83–4: *hic carmen media dignum me scribe columna, / sed breve quod currens vector ab urbe legat*). Cynthia wünscht sich hier für ihr Grab eine ähnliche Rezeption, wie sie Properz selbst in Elegie 2,1 für seinen Begräbnisplatz imaginiert hatte. Dort hatte der Dichter den Maecenas aufgefordert, falls er nahe an dem Grabmal vorbeikomme, seinen Wagen anzuhalten und der Asche des Verstorbenen weinend zuzurufen: ‚Für diesen Unglücklichen bedeutete ein hartherziges Mädchen das Todeslos.‘[163] Der Ausruf wird von Fedeli (2005) 104 als möglicher Ersatz für die Grabinschrift gewertet, die der Sprecher nicht wörtlich zitiert. Der Form des Verses nach ist diese Auffassung einleuchtend (vgl. die charakteristische Verwendung des Demonstrativpronomens *huic*), doch läßt der Sprecher bei genauerem Hinsehen offen, wie Maecenas die Todesursache des Verstorbenen erfahren hat. Außer durch eine Inschrift kann er auch auf andere Weise informiert sein, da in der Elegie ein persönlicher Kontakt zu *Propertius* impliziert ist. Anders als der Sprecher von Prop. 2,1 legt sich Cynthia nicht darauf fest, daß der Reisende über dem Grab bestimmte Worte äußern solle, und ihre wörtlich zitierte Grabinschrift enthält keinen Hinweis auf ihre Todesursache. Die Aufmerksamkeit des Lesers wird dadurch auf die Rezeption der Inschrift und die durch sie gewährleistete Erinnerung an Cynthia gelenkt. Anders als bei Maecenas, wo, in der Terminologie Assmanns (2002), das „individuelle Gedächtnis“ im Vordergrund steht (die Erinnerung, die Maecenas mit dem Verstorbenen verbindet), bezieht sich Cynthias Rede nur äußerlich auf eine Einzelperson. Zwar ist nur von einem *vector* die Rede, aber dieser nimmt keine individuellen Züge an, sondern vertritt eine beliebige Zahl aus Rom kommender Passanten. Damit besteht Aussicht, daß das Grabmal Cynthia im „sozialen Gedächtnis“ der Zeitgenossen verankern wird: Das mit einer Inschrift versehene Grab, das ihr Andenken aufrecht hält, wird im Idealfall zu den Erinnerungsinhalten aus eigenem Erleben gehören, die ein Individuum mit anderen Menschen seiner näheren Umgebung (z.B. seiner Stadt) teilt. Eine solche, von mehreren Personen geteilte Erinnerung hat, wenn sie als ausreichend relevant erachtet wird, Aussichten, in das kulturelle, mit Hilfe von Texten wachgehaltene kollektive Gedächtnis überzugehen. So weit geht Cynthia in ihrer Rede

[163] Prop. 2,1,75–8: *si te forte meo ducet via proxima busto, / esseda caelatis siste Britanna iugis, / taliaque illacrimans mutae iace verba favillae: / ‚Huic misero fatum dura puella fuit‘.*

freilich nicht: Ihr scheint die Wahrnehmung des Grabmals durch die Reisenden zu genügen.

Die Landschaftsbeschreibung kennzeichnet Tibur als angemessenen Platz für ein solches Monument: Eine Inschrift, die den Prozeß des Vergessens verhindern soll, fügt sich gut in eine Landschaft ein, die für ihre Tod und Vergänglichkeit aufhaltenden Qualitäten bekannt ist und von einem vergöttlichten Heroen beschützt wird, welcher schon zu Lebzeiten den Tod erfolgreich bekämpfte, indem er Alkestis und Theseus aus der Unterwelt zurückholte und den Kerberos entführte. Hutchinsons (2006) 186 Annahme, die Landschaftsbeschreibung, die die Darstellung des Grabes von der Inschrift trenne, deute zugleich auf eine räumliche Distanz von Grab und Inschrift hin, ist daher fragwürdig. Zugleich zeigt der Gedankengang *carmen me dignum – sed breve*, daß die Sprecherin nicht die Länge, sondern den Inhalt als Kriterium für die Angemessenheit der Inschrift betrachtet: Auch zwei Zeilen können für eine Würdigung genügen (s. dazu Lausberg [1982] 67).[164]

Dies ist von Bedeutung, da sie gleichzeitig fordert, ihr (d.h. ‚ihr zuliebe', Dat. commodi) die Gedichte zu verbrennen, die ihren Namen enthielten, V. 77–8: *et quoscumque meo fecisti nomine versus, / ure mihi: laudes desine habere meas.* Der Auftrag erscheint direkt vor den Anweisungen über die Grabpflege und die Grabinschrift und fordert den Leser so zum Vergleich der beiden Formen von Erinnerung auf. *Laudes habere* kann hier entweder als ‚loben, das Lob im Munde führen' oder als ‚das Lob in Anspruch nehmen' aufgefaßt werden.[165] In beiden Fällen fordert die Verstorbene den Dichter auf, keine Gedichte mehr über sie zu verfassen und die bereits vorhandenen zu vernichten.[166] Im ersten Fall liegt der Akzent auf dem

[164] Einen Hinweis auf die Person, die die Inschrift aufgestellt hat, enthält das Distichon nicht, so daß die Aufmerksamkeit des Lesers ganz auf die Tote gelenkt wird.

[165] Für die erste Bedeutung besitzen wir eine Parallele bei Cic. Att. 13,38,1 (Cicero beschwert sich über einen ungehörigen Brief von Atticus' Neffen): *Bruti nostri cotidianis adsiduisque laudibus quas ab eo de nobis haberi permulti mihi renuntiaverunt commotum istum aliquando scripsisse aliquid ad me credo*, s. auch Bulhart, V.: ThLL VI,3 (1936) 2442,1–2443,5 s.v. *habeo.* Die Formulierung entspricht dem prosaischeren *orationem habere.* S. dazu Stroh (1971) 182 und für die zweite Deutung Hutchinson (2006) 185, vgl. ThLL VI,3 (1936) 2430,72–84 s.v. *habeo.*

[166] So auch Lévy (2009) 208–9. Helmbold (1949) 333–43 bezieht die Aufforderung nur auf die letzte Elegie des dritten Buches (Prop. 3,24), die von der endgültigen Trennung der Liebenden handelt, s. dazu u.a. Heyworth/Morwood (2011) 331. Baker (1973) 286–9 dagegen nimmt an, daß Cynthia, die als *puella docta* die neue (aitiologische) Thematik des vierten Buchs erkannt habe, die Vernichtung

Ende seiner Tätigkeit als Liebesdichter, im zweiten darauf, daß er nicht länger den Ruhm in Anspruch nehmen solle, den die Cynthiagedichte genießen und der folglich ihr gehöre. Beide Auffassungen implizieren eine Lösung von Cynthia, und beide sind in der Forschung vertreten worden.[167]

Tatsächlich ist in der von Cynthia entworfenen Grabinschrift von ihrem Liebhaber keine Rede. Stattdessen wird der Fluß Anio angeredet, der durch die Bestattung Cynthias zusätzlichen Ruhm erlangt habe: *accessit ripae laus, Aniene, tuae.* Die Entsprechung von *desine laudes habere meas* und *accessit ripae laus, Aniene, tuae* legt nahe, daß in beiden Fällen der Ruhm von Cynthia verliehen wird und auf denjenigen übergeht, dem sie nahesteht. Mit ihrem Tod ist dieses Lob auf das Ufer des Anio übergegangen, so daß der Dichter es nicht mehr für sich beanspruchen kann und daher die entsprechenden Gedichte vernichten soll. Zugleich kann aber auch das Lob Cynthias nicht mehr in der früheren Form gesungen werden: Alles, was ihr zuvor an *laudes* zugekommen ist, müßte nun der Landschaft zuteil werden. Aus dieser Perspektive ergänzen sich die beiden Bedeutungen von *laudes habere*: Der Geliebte singt Cynthias Lob, doch Cynthia selbst verleiht ebenfalls *laudes* und sie bestimmt, welche Art des Lobes angemessen ist und auf wen dessen Glanz fällt. Dies kehrt den üblichen Gedankengang um: Die Verstorbene sorgt sich äußerlich nicht darum, welches Denkmal ihr das längste Nachleben gewähr-

aller Elegien fordere, die nicht aitiologisch ausgerichtet seien, sondern das elegische Ideal der *vita iners* darstellten. Beide Interpretationen lassen sich (in dieser extremen Form) durch den Text von Prop. 4,7 nicht stützen.

[167] Für die erste Deutung s. Stroh (1971) 182 und Lange (1979) 341, die *laudes* allerdings unscharf als „the source of inspiration" auffaßt; für die zweite Deutung Hutchinson (2006) 185. Hutchinson (2006) 185 betont allgemein die Ungewöhnlichkeit des Wunsches: „burning would be naturally motivated by the woman's horror at abuse or the poet's disgust at his praise. Cf. Catullus 36 (Lesbia), Hor. C. 1.16.1–4 (palinode); Tib. 1.9.47–50 (praise of boy regretted)." Die Wendung *versus ure mihi* (V. 77–78), mit der Cynthia zur Verbrennung der Dichtungen auffordert, wird von Butler/Barber (1933) 364 als eine Anspielung auf die römischen Totenopfer interpretiert, bei denen man den Manen am Grab unter anderem Speisen verbrannte. Da die Aufforderung im Zusammenhang mit den Vorkehrungen für das Grab und der Trennung vom Dichter steht, wäre als Parallele allerdings weniger an die Speiseopfer zu denken, mit denen man den Kontakt zu den Verstorbenen aufrechtzuerhalten suchte, sondern an die beim Begräbnis selbst übliche Verbrennung persönlicher Gegenstände des Toten, bei Frauen insbesondere von Kleidung und Schmuck, die die Trennung von der Welt der Lebenden ausdrückt.

leisten wird, sondern darum, wie die Ehre, die ihre Gegenwart verleiht, gebührend festgehalten werden kann. Wie die Perfektform *accessit* zeigt, schafft die Inschrift nach dieser Auffassung keinen Nachruhm für Cynthia, sondern bezeugt die Ehre, die der Anio schon vor der Aufstellung der Inschrift erhalten hat und die durch das Begräbnis der Cynthia gesteigert wurde.[168] Daß dieser Anspruch erst durch die Inschrift verewigt und an künftige Generationen weitergegeben wird, tritt darüber fast zurück.[169] Diese Denkweise zeigt das Selbstbewußtsein der Cynthia, das sie schon zu Lebzeiten kennzeichnete und das sie auch in ihrer Traumgestalt nicht verlassen hat. Dies stimmt zu der Rollenverteilung in einer elegischen Liebesbeziehung. Auch dort hat in der poetischen Fiktion nicht der Liebhaber die Oberhand, sondern die *puella*, die ihm Bedingungen stellt, ihm Mühsal auferlegt und dabei seine Hingabe selbstverständlich voraussetzt.

Erst die Anweisungen, die Cynthia dem Dichter gibt, lassen erkennen, daß es ihr auch um das Gedächtnis bei der Nachwelt, insbesondere beim stadtrömischen Publikum geht: Das Epitaph soll so angebracht werden, daß es ein mit dem Reisewagen von Rom kommender Passant auch in schneller Fahrt lesen kann. Der Gedanke, daß auch ein eiliger Reisender eine kurze Inschrift bequem werde entziffern können, hat eine lange epigrammatische Tradition.[170] Mit Blick auf die hier angesprochene Zielgruppe ist

[168] Lausberg (1982) 156: „Weiterhin heißt es nicht einfach, daß Cynthia dem Lande Ruhm bringt, sondern *accessit* meint gewiß, daß sie zusätzlichen Ruhm gebracht hat. Damit wird Cynthia als würdig dargestellt, etwas ohnehin Berühmtes noch berühmter zu machen." Diese Auffassung unterscheidet sich von der üblichen Ansicht, daß das Grab einer Person die Landschaft, in der es liegt, bekannt machen könne, s. z.B. Verg. Aen. 6,234–5 über den Tod des Misenus, eines Gefährten des Aeneas, und sein Grab in einem Hügel (*mons*), *qui nunc Misenus ab illo / dicitur aeternumque tenet per saecula nomen*; und Verg. Aen. 7,1–2 über seine in Latium verstorbene Amme Caieta: *Tu quoque litoribus nostris, Aeneia nutrix / aeternam moriens famam, Caieta, dedisti.*

[169] Langes (1979) 340 Paraphrase „Her epitaph need only say Aurea Cynthia and her burial will bring glory to the region around the Anio river" setzt voraus, daß erst die Inschrift zentrales Mittel für den Ruhm der Gegend ist, d.h. die Bestattung Cynthias allein nicht ausreiche. Dies entspricht nicht genau dem Wortlaut des Epitaphs: Die Inschrift bezeugt in Cynthias Darstellung nur die ohnehin schon vorhandene *laus.*

[170] Zum Versprechen der Kürze vgl. auch oben S. 53–4. Eine Alternative – nämlich der Wunsch, daß der Wanderer seinen Schritt verlangsamen möge, um die Inschrift ganz zu lesen – bietet CE 55,1–2 *heus oculo errante quei aspicis leti domus, / morare gressum et titulum nostrum perlege.* S. auch Lattimore (1942) 230–4.

die Wahl einer Inschrift im Gebiet von Tibur statt in Rom auffällig. Zugleich verwundert die Bevorzugung einer Inschrift gegenüber den Gedichten ihres Liebhabers: Nach gängiger römischer Auffassung ist eine Inschrift dem Zahn der Zeit weit mehr ausgesetzt als ein literarisches Denkmal.[171] Wenn Dichter bei ihrem Streben nach Nachruhm Inschriften (oder Monumente) mit Gedichten im Hinblick auf ihre Wirksamkeit vergleichen, bevorzugen sie jedenfalls stets die literarische Form. Dies gilt z.B. für Ovid, der in trist. 3,3,71–80 seine Gedichte für bedeutsamer und langlebiger hält als die eben von ihm in Auftrag gegebene Grabinschrift. Die allgemeine Wertschätzung eines literarischen Denkmals zeigt sich z.B. auch in Ciceros bekanntem (wenn auch vergeblichen) Bemühen, sein Konsulat in einem Epos verewigen zu lassen.[172] Dem Künstler Mamurrius schließlich wurde – in legendarischer Form – nachgesagt, er habe die namentliche Nennung im Saliergesang einem Standbild vorgezogen (zu Mamurrius vgl. auch unten S. 323–4).

Die auffälligen Wünsche Cynthias scheinen mit den besonderen Eigenschaften Tiburs einerseits und ihrer turbulenten Beziehung zu Properz andererseits in Verbindung zu stehen. Die Grabinschrift ist an die fruchtbare, mit Leben und Prosperität assoziierte Umgebung Tiburs gebunden. Die Wahl des Ortes spiegelt damit das Streben nach einem bleibenden, lebendigen Andenken wider, während Cynthia die literarischen Zeugnisse über sich als entbehrlich einstuft: Sie sollen verbrannt werden.

Die Gedichtbücher, die der Leser in Händen hält, hätten demnach eigentlich zu großen Teilen vernichtet werden und der Leser von Cynthias Wünschen nichts erfahren sollen. Die dramatische Ironie der Elegie liegt darin, daß der bleibende Ruhm Cynthias, ihr Selbstbewußtsein, das sich in der Grabinschrift ausdrückt, und ihr Einfluß auf den elegischen Sprecher sich gerade darin zei-

[171] Das berühmteste Beispiel für diese Ansicht ist Hor. carm. 3,30. Seltener ist eine Argumentation wie die Ciceros, der die Unverbrüchlichkeit der Senatsbeschlüsse über König Deiotarus unter anderem dadurch gewährleistet sieht, daß sie in öffentlichen Inschriften verewigt und so dauerhaft dem Vergessen entrissen seien: Cic. Deiot. 37: *senatus vero iudicia de illo* [sc. *rege Deiotaro*] *tam multa tamque honorifica quae publicis populi Romani litteris monimentisque consignata sunt, quae umquam vetustas obruet aut quae tanta delebit oblivio?*

[172] Cic. Arch. 28, vgl. seine Begründung für die Bevorzugung der literarischen Würdigung (Arch. 30): *An statuas et imagines, non animorum simulacra, sed corporum, studiose multi summi homines reliquerunt; consiliorum relinquere ac virtutum nostrarum effigiem nonne multo malle debemus summis ingeniis expressam et politam?*

gen, daß dieser ihren postumen Wunsch nicht erfüllt. Während er sich Cynthia zu ihren Lebzeiten gemäß dem elegischen *servitium amoris* unterordnet, hat er nun offenbar eine größere Unabhängigkeit gewonnen und sichert gerade dadurch das Fortleben Cynthias als einer dominanten elegischen Geliebten. Während er sich ihren Wünschen in Bezug auf seine Gedichte widersetzt, erfüllt er jedoch andererseits ihre Bitten um eine Inschrift auf überraschende Weise: Das entsprechende Epitaph wird in der Elegie wörtlich zitiert und damit verewigt. Gleichzeitig entspricht die Anordnung der Gedichte im Elegienbuch Cynthias Bitte, ihr Grabgedicht möge kurz sein, so daß es ‚von einem aus der Stadt Rom dahereilenden Reisenden gelesen werden könne'. Die vorhergehende Elegie 4,6 behandelt nämlich die Vorgeschichte des Apollotempels auf dem Palatin, der zu den wichtigsten stadtrömischen Sakralbauten augusteischer Zeit gehört. Er war 28 v. Chr. geweiht worden und wird in Elegie 4,6 mit der Schlacht bei Actium in Verbindung gebracht, bei der Apoll seinem Schützling Octavian zur Seite gestanden haben soll. Der Tempel selbst wird nicht ausführlich beschrieben, doch war die Tempelanlage bereits Gegenstand einer früheren Elegie (2,31), bei der der Sprecher und sein Adressat in Rom gedacht sind (Prop. 2,31,1–2: *quaeris, cur veniam tibi tardior? Aurea Phoebi / porticus a magno Caesare aperta fuit.*).[173] Der Leser des Gedichtbuchs kommt also bei der Lektüre von Cynthias kurzem Epitaph in Elegie 4,7 tatsächlich „aus Rom": Der Wunsch Cynthias ist damit auf einfallsreiche Weise erfüllt.[174] Ihre Inschrift ist zugleich das einzige Monument im vierten Buch, das ausdrücklich außerhalb Roms, im Einzugsbereich einer anderen Ortschaft liegt.[175] Andere Städte wer-

[173] Zum Tempel des Apollo Palatinus und der Darstellung des Raums in Prop. 4,6 und 2,31 s. Welch (2005) 81–111.

[174] Dieser Aspekt ist in der Forschung bislang nicht beachtet worden, möglicherweise weil bei den Versuchen, die Struktur des vierten Buchs aufzudecken, viel Wert auf den Gegensatz zwischen aitiologischen Gedichten und solchen mit Liebesthematik gelegt wurde. In den von Grimal (1952), Nethercut (1968) und Hallett (1972) vorgeschlagenen Gliederungen wird Elegie 4,7 z.B. als Gegenstück zu 4,5 eingestuft, während Lange (1979) die Beziehungen zu 4,11 in den Mittelpunkt stellt. Weeber (1977) 258 betont die enge Zusammengehörigkeit von Elegie 4,7 und 4,8. Diese motivischen und stilistischen Beobachtungen sind richtig, schließen aber einen metaliterarischen Bezug zwischen 4,7 und 4,6 nicht aus.

[175] Das Grabmal der Cornelia in Elegie 4,11 wird im Unterschied zu Cynthias Grab nicht lokalisiert, doch lassen sich die fehlenden Angaben aus der sonstigen Überlieferung ergänzen. Die bekannte Familiengruft der Scipionen (als deren Ange-

den gelegentlich erwähnt, sie erscheinen aber nur in allgemeiner Form und werden nicht mit einem einzelnen Monument verbunden.

Damit vertreten die Elegien 4,6 und 4,7 in gewissem Sinn den Platz, den sie beschreiben, so daß sich der Leser in dieser fiktiven Landschaft bewegen kann. Er übernimmt dabei die Rolle des Reisenden oder Wanderers, der in Inschriften so oft angeredet wird und den auch Cynthia als Publikum für ihr Epitaph voraussetzt. Die Gleichsetzung von ‚Leser' und ‚Wanderer' wird schon im ersten Vers des vierten Elegienbuchs vorbereitet, in dem *Propertius* (der Name des Sprechers wird Prop. 4,1,71 erwähnt) den Gastfreund anredet: *Hoc quodcumque vides, hospes, qua*[*m*] *maxima Roma est / ante Phrygem Aenean collis et herba fuit.* Es folgt eine Beschreibung der römischen Frühgeschichte, deren Schauplätze mit Hilfe der gegenwärtig sichtbaren Monumente lokalisiert werden: Der Leser ist damit gehalten, sich wie ein Besucher den Schauplatz des Geschehens vor Augen zu führen.[176] Gleichzeitig erinnert die Anrede *hospes* an gleichlautende Apostrophen aus historischen und literarischen Inschriften, mit denen der Adressat ebenfalls aufgefordert wird, einem bestimmten Monument oder einem bestimmten Gedicht seine Aufmerksamkeit zu schenken.[177] Die Vorstellung, daß sich der Leser einem Wanderer vergleichbar durch die Gedichtsammlung bewege, ist bereits bei der Organisation von Epigrammbüchern beobachtet worden, in denen der Leser ebenfalls ähnlich

hörige sich Cornelia in der Elegie präsentiert; die Behauptung ist allerdings umstritten, s. Hutchinson [2006] 230–1) lag an der Via Appia unweit der Porta Capena und damit wie die Gräber anderer adliger Familien an einer der Ausfallstraßen in unmittelbarer Nähe Roms. Zur Entdeckung der Scipionengruft s. Wölfflin (1890) und Scamuzzi (1957), zu den Scipioneninschriften Kruschwitz (2002) 33–107.

176 Aus den erwähnten Landmarken hat Stahl (1985) 255 geschlossen, daß sich der Sprecher auf dem Palatin befinden müsse, möglicherweise in der Nähe des Apollotempels. Daß der Adressat (auch) der Gott Horus ist, der ab V. 4,1,71 auf die Rede des *Propertius* antwortet, ist an dieser Stelle noch nicht erkennbar. Zu dieser Form der literarischen Stadtführung aus der Perspektive eines Fremden s. Schmitzer (2001), darin 526 zu Properz 4,1. Schmitzer hebt zu Recht hervor, daß der Dichter eher an den mit den Monumenten verbundenen historischen Ereignissen als an dem genauen Standpunkt des Sprechers interessiert ist.

177 Z.B. CE 52 (Ende 2. Jh. v. Chr.): *Hospes, quod deico paullum est, asta ac pellege.* Dazu und zum Gedanken der Kürze, die auch einem eiligen Wanderer die Lektüre erlaubt s. Lausberg (1982) 64–5 mit weiteren Beispielen.

dem Monumente und Inschriften studierenden ‚Besucher' durch ein Labyrinth von Gedichten geführt wird.[178]

Indem die Literatur hier die Monumente abbildet und sie deutet, übernimmt sie eine wichtige Funktion bei der Gestaltung römischer Erinnerung. Dies zeigt sich besonders in der Auswahl der im 4. Buch dargestellten Monumente. Das Rom, aus dem der Leser „kommt", ist ein dezidiert augusteisches Rom: Wichtige von Augustus errichtete oder instandgesetzte Gebäude werden erwähnt und mit entscheidenden politischen Ereignissen der Bürgerkriegs- und Prinzipatszeit verknüpft.[179] Cynthia setzt sich daher mit ihrer Bindung an das ländliche Tivoli nicht nur vom Großstadtleben allgemein ab (etwa in der Form, in der Tibull in Elegie 1,1 das Landleben preist), sondern speziell von der durch augusteische Propaganda geprägten Hauptstadt. Dafür spricht auch, daß der von Cynthia imaginierte Leser des Epitaphs „aus Rom" kommt und nicht etwa auf derselben Straße „nach Rom" geht. Die Abkehr von der Stadt kann damit zugleich die Abkehr von Propertius bedeuten, dessen Dichtung so eng mit dem augusteischen Rom verbunden ist.

Bei aller Distanz zeigen sich aber auch Gemeinsamkeiten zwischen Cynthia und ihrem Geliebten: Die Grabinschrift, die sie entwirft, erwähnt ausdrücklich die in Tibur spürbare göttliche Macht des Hercules, und unter den Schutz des Hercules stellt sich auch der *poeta* in Elegie 4,9.[180] Cynthia tritt hier selbst als Verfasserin eines elegischen Distichons in Erscheinung, allerdings ohne darin

[178] S. zum „reisenden Leser" von Epigrammbüchern HÖSCHELE (2007). Frühere Beobachtungen zu diesem Phänomen stammen von BING (1988)b 63 und HUNTER (1992) 116.

[179] S. dazu z.B. WELCH (2005) 8: „Propertius' poetic engagement with local monuments and places responds to and reshapes their ‚metaphysical topography,' making his poetry a unique and fruitful locus for understanding Roman identity in the Augustan age."

[180] Gelegentlich hat man versucht, die Erwähnungen des Hercules bei Properz (z.B. 4,9,71–2 der Anruf des Dichters an den Heros: *sancte pater salve, cui iam favet aspera Iuno: / Sanc[t]e, velis libro dexter inesse meo*) mit der Auseinandersetzung zwischen Octavian/Augustus und Antonius in Verbindung zu bringen. Antonius führte seine Familie auf Hercules zurück, während Octavian seinen entscheidenden Sieg bei Actium dem Apoll zuschrieb. Die strenge Zuordnung des Hercules zu Antonius und des Apoll zu Augustus ist jedoch umstritten (die Friese am Marstempel in Rom deuten jedenfalls daraufhin, daß Augustus eine Balance zwischen der Verehrung des Apoll und des Hercules suchte) und läßt sich auch für die Deutung von Grab und Grabinschrift in Prop. 4,7 nicht heranziehen.

ihre Liebesbeziehung zu thematisieren.[181] Stattdessen liefert das Epitaph ein Aition für den von Cynthia postulierten neuen Ruhm des Flusses Anio. Dies entspricht der Tendenz des gesamten vierten Buchs, in dem die Liebesbeziehung zugunsten aitiologischer und mythologischer Erzählungen zurücktritt.

Da Cynthia ihre Anweisungen einschließlich der gewünschten Inschrift aus dem Jenseits erteilt, entsteht hier noch stärker als bei den von lebenden Personen imaginierten Epitaphen der Eindruck, daß mit der Grabinschrift ein markanter Schlußpunkt unter die Existenz der Sprecherin gesetzt werden soll. Dieser wird durch die fünf auf die Inschrift folgenden Distichen verstärkt, mit denen die Elegie endet. Cynthia drängt darin ihren Geliebten, die Traumerscheinung ernst zu nehmen und kündigt ihm an, er werde, auch wenn er jetzt andere Geliebte habe, bald ihr allein gehören, und sie werde ‚mit ihren Gebeinen, die (mit seinen) vermischt seien, seine Gebeine reiben' (Prop. 4,7,93–4: *nunc te possideant aliae, mox sola tenebo. / mecum eris, et mixtis ossibus ossa teram*). Offenbar soll nach ihrer Vorstellung auch der Geliebte in ihrem Grab in Tivoli bestattet werden.[182] Eine ähnliche Vorstellung hatte der Sprecher von Prop. 2,13,40 geäußert, als er sich seinen Tod ausmalte und Cynthia mahnte, sie möge ‚mit weißem Haar zu den Gedenksteinen kommen', d.h. bei ihm bestattet werden. Allerdings ist auffällig, daß Cynthia ihre Liebesbeziehung, anders als der Sprecher von Prop. 2,13, der sich in seinem imaginierten Autoepitaph als *servus unius amoris* bezeichnet, nicht in ihrer Grabinschrift verewigen lassen will.[183] Für den Augenblick steht die Trennung des Paares im

[181] Yardleys (1996) 269 Annahme, daß Cynthia den Dichter auffordere, ein Grabgedicht für sie zu entwerfen, hat keinen Rückhalt im Text. Der Wortlaut der Inschrift wird dem Träumenden von Cynthias Geist in wörtlicher Rede mitgeteilt, und die Aufforderung *hic carmen media dignum me scribe columna* (V. 83) bezieht sich auf das Anbringen der Inschrift am Grab, nicht auf das Dichten. Richtig Shackleton Bailey (1956) 254.

[182] Der Hinweis auf *ossa mixta* ist in historischen Inschriften häufig, z.B. CE 1136,1–2 *quid sibi volt, quaeris, tellus congesta, viator? / ossibus hic uxor miscuit ossa meis* und Lissberger (1934) 96 mit Beispielen. Camps (1965) 125 weist darauf hin, daß der Ausdruck nicht zu wörtlich genommen werden dürfe: In Prop. 4,7,19 wird der Ausdruck *pectore mixto* von einer Umarmung gebraucht, und *terere* erscheint in dem Wunsch für den verstorbenen Mamurrius (Prop. 4,2,62) im Sinne von ‚drücken'.

[183] Instruktiv ist der Kontrast zur Rede der verstorbenen Cornelia in Prop. 4,11, die ausdrücklich als *univira* auf dem Grabstein verewigt werden möchte (Prop. 4,11,36: *in lapide hoc uni nupta fuisse legar*).

Vordergrund, die erst später, wenn der Tod des Überlebenden die wechselnden Liebschaften beendet und eine dauerhafte Bindung schafft, aufgehoben werden wird.

Überraschend folgt der Auftritt einer lebenden Cynthia in der folgenden Elegie 4,8. Dort befindet sie sich zu einem religiösen Ritual in Lanuvium, während der elegische Sprecher in Rom von zwei Hetären unterhalten wird. In Gedanken weilt er jedoch bei Cynthia, so daß er sich auf die Reize der Frauen nicht konzentrieren kann. Früher als erwartet kehrt Cynthia nach Rom zurück, ertappt ihren Geliebten in flagranti und hält ihm eine flammende Scheltrede, in der sie seine Untreue beklagt. Die überraschende Anordnung der Elegien 4,7 und 4,8 ist in der Forschung zuweilen als Indiz für einen späteren Herausgeber betrachtet worden, der die ursprünglich chronologische Reihenfolge umgekehrt habe (so z.B. Postgate [1885] lxiv). Andererseits werden auch andere Ereignisse im vierten Elegienbuch entgegen ihrer chronologischen Abfolge dargestellt. In Prop. 4,6 wird unter Anspielung auf die Schildbeschreibung in Verg. Aen. 8,626–728 die Schlacht von Actium erwähnt, und erst in Prop. 4,9 folgt die Cacusgeschichte und die Gründung der Ara maxima, die schon zu Beginn des achten Aeneisbuchs von Euander erzählt wird (Verg. Aen. 8,185–272) und die damit gleich in doppelter Hinsicht „vor" der Schlacht von Actium liegt.[184]

Die nicht-chronologische Anordnung von 4,7 und 4,8 führt dazu, daß der Leser den Konflikt zwischen der lebenden Cynthia und dem elegischen Sprecher in 4,8 schon vor dem Hintergrund von Cynthias Geistererscheinung, ihrer Klage und der imaginierten Grabinschrift beurteilt: Der Leser kann sich durch diesen Kunstgriff an eine Inschrift ‚erinnern', noch ehe sie in der erzählten Welt überhaupt ins Spiel kommt. So wird er aufgrund der Klage der toten Cynthia aus 4,7 die Treueschwüre des elegischen Sprechers in 4,8 relativieren. Gleichzeitig „weiß" er aus der Grabinschrift, daß Cynthia nicht dauerhaft mit dem städtischen Leben in Rom verbunden werden will, zu dem sie in 4,8 zurückkehrt, und daß sie auch für ihren Liebhaber zumindest im Tod eine Trennung von Rom und schließlich auch von seiner (durch römische Konventionen geprägten) Dichtung voraussagt.

[184] Zu der nicht-chronologischen Anordnung der Gedichte im vierten Elegienbuch vgl. auch Hutchinson (2006) 189–90.

Die Inschrift deutet hier durch ihre Form (ein elegisches Distichon) auf Cynthias Verbundenheit mit der elegischen Welt hin. Zugleich verweist ihr Inhalt auf das Ende dieser Beziehung: Der Ort des Grabmals ist nicht das für die römische Elegie typische städtische Ambiente, sondern das ländliche Ufer des Anio, dessen Ruhm nun durch Cynthias Grab und das darauf angebrachte, von ihr selbst verfaßte Distichon erhöht wird. Von dem Geliebten, der seinerseits Cynthias Lob durch seine Gedichte gesteigert hatte, ist keine Rede: Cynthia übernimmt nach ihrem Tod selbst Funktionen, die zuvor *Propertius* innehatte: Sie ist, so suggeriert das Epitaph, auch in dieser Hinsicht von ihm unabhängig. Die Stellung der eingelegten Inschrift in der Elegie deutet allerdings darauf hin, daß das Grab nicht den Endpunkt von Cynthias Existenz bedeutet. Anders als bei vielen anderen in die Elegien eingelegten Epitaphen steht die Inschrift hier zwar im Schlußteil, aber nicht am Ende des Gedichts. Dies entspricht der Erzählsituation, in der die verstorbene Cynthia auch nach ihrer Bestattung noch zu ihrem Geliebten spricht und ihm Aufträge erteilt. Es zeigt sich, daß Form, Inhalt und Stellung in dieser Inschrift in glücklicher Weise zusammentreffen und so die Aussage der rahmenden Elegie stützen und bestätigen.

Ein Sonderfall: Prop. 4,11 (Cornelia)

Elegie 4,11 (das von Scaliger als *regina elegiarum* bezeichnete Gedicht auf den Tod der Cornelia) zeigt eine Variante der in 4,7 eingeführten Rede einer Verstorbenen an ihren Ehemann. Sie enthält keine wörtlich zitierte Inschrift, weist jedoch Anklänge an Epitaphe auf, die in der Forschung gelegentlich zu der Ansicht geführt haben, daß die ganze, 102 Verse umfassende Elegie als Grabinschrift aufzufassen sei.[185]

Das Gedicht nimmt im Werk des Properz auch in anderer Hinsicht eine Sonderstellung ein.[186] Als Sprecherin erscheint nicht ein unbestimmtes ‚Ich' bzw. das *alter ego* des Dichters, sondern die wohl im Jahre 16 v. Chr. verstorbene Cornelia, eine Tochter des P. Cornelius Scipio (Konsul des Jahres 38 v. Chr.) und der Scribonia, der

[185] S. z.B. Weeber (1977) 217: Die Cornelia-Elegie „erscheint von vornherein als literarisches Kunstgebilde, das zum Genos der Grabepigramme gehört."

[186] S. dazu ausführlich Dimundo (1990).

späteren Frau Octavians.[187] Cornelia war mit L. Aemilius Paullus Lepidus (Suffektkonsul des Jahres 34 v. Chr.) verheiratet, der zu Beginn der Elegie mit Namen angesprochen wird. Ihre Rede, die nach den Prinzipien der antiken Rhetorik aufgebaut ist,[188] hält Cornelia, wie der erste Vers zeigt, gleichsam „aus dem Grab heraus" (s. Prop. 4,11,1: *Desine, Paulle, meum lacrimis urgere sepulcrum*),[189] ohne daß eine Rahmenhandlung (wie bei der Ansprache der verstorbenen Cynthia in Prop. 4,7, bei der es sich um ein Traumgesicht handelt) die Situation erläutert.[190] Diese Unmittelbarkeit rückt den Anfang der Elegie in die Nähe von selbständigen Grabinschriften, bei denen eine Rede des Verstorbenen an die Angehörigen ebenfalls oft vorkommt.[191] Der folgende Abschnitt (V. 15–26) macht mit der knappen Beschreibung der Unterweltsbewohner

[187] Das Gedicht wird daher von Hubbard (1974) 116–8 als Auftragswerk gedeutet. Dafür gibt es im Text selbst jedoch keinen Hinweis.

[188] Lange (1979) 336 gliedert die Elegie im Anschluß an Day (1938) 74 folgendermaßen: 1–14: *exordium*, 15–26: Appell an die Unterweltsgeister, 27–62: Anrede an die Hinterbliebenen, eingeteilt in a) Lob der Familie b) ihr Charakter; 63–72: *consolatio*, 73–98: *mandata suprema*. Die letzten vier Verse der Elegie erhalten in der Untersuchung keine eigene Umschreibung.

[189] S. Weeber (1977) 219: „Das erste Distichon macht die äußere Situation deutlich: Paullus steht trauernd am Grabe Cornelias." Die Darstellung der Szene weist Parallelen zum Paraklausithyron auf, s. Copley (1956). Vorsichtiger Lowrie (2008) 170 über den Aufenthaltsort von Paullus und Cornelia: „Neither he nor she has to be at the tomb. He could be dreaming or daydreaming her words." Für diese Theorie spricht im Text allerdings nichts. Cornelias Rede wird nicht durch eine Rahmenhandlung ergänzt und im Text gibt es keinen Hinweis auf einen Tagtraum des Paullus, so daß der Leser keine Veranlassung hat, sich eine solche Situation auszumalen.

[190] Auf die Ähnlichkeit der Situation der verstorbenen Cynthia und der verstorbenen Cornelia, die beide aus dem Jenseits heraus den geliebten Mann anreden, verweist Lévy (2009), bes. 218–9, die darin einen anti-augusteischen Zug in der scheinbar so patriotischen Elegie 4,11 sehen will.

[191] Zu dieser sehr alten Form der Grabinschrift s. Pfohl (1953) 136. Beispiele aus dem lateinischen Bereich bieten z. B. CIL XI 5357 *hic iacet, at viridi requiesce, viator, in herba / neu fuge, si tecum coeperit umbra loqui*; CE 963 *desiste lamentis me exciere*; CE 965,7–8 *quid lacrumis opus est Rusticelli carissima coniunx / extinctos cineres sollicitare meos*; CE 1198, 11–2: *manes / parcite iam luctu sollicitare meos*. Der Gedanke erscheint auch in der griechischen Epigrammatik häufig, s. Fedeli (1965) 244–5 und Yardley (1996) 270 mit zahlreichen Parallelstellen. Nicht direkt vergleichbar ist das ebenfalls dort aufgeführte Distichon Tib. 1,1,67–8 (*tu manes ne laede meos, sed parce solutis / crinibus et teneris, Delia parce genis*). Zwar bittet der Sprecher seine Geliebte darum, nicht zu sehr um ihn zu trauern, doch ist er zu diesem Zeitpunkt noch am Leben und malt sich seine künftige Bestattung aus. Von einer Grabinschrift ist an dieser Stelle keine Rede.

Anleihen beim Epos.[192] Der letzte und längste Teil des Gedichts, in dem sich Cornelia möglichen Vorbehalten der Unterweltsrichter stellt und auf ihr sittenstrenges Leben pocht, das eine Aufnahme ins Elysium verdiene, gleicht dagegen einer juristischen Verteidigungsrede (V. 27–102).[193] Besonders deutlich wird dies in den beiden Schlußdistichen, die mit der Feststellung *causa perorata est. Flentes me surgite, testes / dum pretium vitae grata rependit humus* (V. 99–100) auf die Situation vor dem Totengericht zurückweisen.[194] Mit dem Schlußplädoyer für eine ehrenvolle Aufnahme im Jenseits (V. 101–2: *moribus et caelum patuit: sim digna merendo / cuius honoratis ossa vehantur avis*) endet die Elegie.[195]

Die wechselnden Themen haben in der Forschung seit langem eine Diskussion um die der Elegie zugrundeliegende Situation hervorgerufen. Umstritten ist vor allem, ob das Gedicht „als eine Ansprache an die Hinterbliebenen aufgefaßt werden muß, oder als eine Verteidigungsrede vor den Unterweltsrichtern, oder als eine Mischung aus beiden, sei es mit wechselnder Situation, sei es, daß gleichzeitig die Angehörigen und das Forum der Unterwelt mithö-

192 Die von Cornelia erwähnten Details werden auch sonst in Literatur und bildender Kunst dargestellt. Der Vergleich mit den Unterweltsschilderungen der Odyssee und vor allem der Aeneis zeigt eine Häufung von Parallelen, die aber bei aller Ähnlichkeit auch auf einen entscheidenden Unterschied hinweisen: anders als Odysseus und Aeneas berichtet Cornelia nicht als Besucherin der Unterwelt, sondern als Verstorbene. Die bekannten Details erhalten durch diese Perspektive eine neue Dramatik. Zu den Gemeinsamkeiten zwischen den drei Schilderungen gehören der Acheron (V. 15, vgl. Verg. Aen. 6,295), die *urna* als Ausrüstungsgegenstand der Totenrichter (V. 19, vgl. Verg. Aen. 6,432), der Totenrichter Minos (V. 21, vgl. Hom. Od. 568–9; Verg. Aen. 6,432), die Eumeniden (V. 11, vgl. Verg. Aen. 6,375), der Hund Cerberus (V. 25, vgl. Verg. Aen. 6,417–19), Tantalus (V. 24, vgl. Hom. Od. 11,582–92), Sisyphus (V. 23, vgl. Hom. Od. 593–600), Ixion (V. 23, vgl. Verg. Aen. 6,601). In den römischen Elegien ist am ehesten die Unterweltsbeschreibung in Tib. 1,3,67–80 zu vergleichen, wo die Unterweltsflüsse (ohne Namen), außerdem Tisiphone, Cerberus, Ixion, Tantalus und die Danaiden (vgl. Prop. 4,11,27–8) genannt werden.

193 S. dazu und zur Struktur der Elegie Cicerale (1978).

194 *Perorare* ist Terminus Technicus für die Schlußerörterung, d.h. die Darlegungen des letzten Redners in einem Prozeß, s. Cic. Brut. 190: *Tum Brutus: quid tu, inquit, quaeris alios? de te ipso nonne quid optarent rei, quid ipse Hortensius iudicaret videbamus? qui cum partiretur tecum causas – saepe enim interfui – perorandi locum, ubi plurimum pollet oratio, semper tibi relinquebat.*

195 *Avis* ist eine Konjektur für das überlieferte *aquis* bzw. *equis.* S. dazu unten S. 185–8.

ren".[196] Für eine Mischform plädiert u.a. ROTHSTEIN (1898) 344, der davon ausgeht, daß der Leser bewußt über die Situation im Unklaren gelassen werde.

Große Unterschiede bestehen auch bei der inhaltlichen Bewertung der Elegie: Zeichnet sie ein positives Bild einer römischen *matrona* und ihrer Beziehungen zu Ehemann und Familie und damit auch der traditionellen römischen Werte, oder handelt es sich im Gegenteil um ein düsteres Portrait konventioneller Enge und Lieblosigkeit?[197] Wie sind in diesem Zusammenhang die Anklänge an die römische Epigraphik zu verstehen und welche Funktion erfüllen sie in der Elegie? Ist die Elegie selbst als Inschrift gedacht?

[196] EISENHUT (1949/50) 53; dort auch eine Zusammenfassung der frühen Forschungsdiskussion. EISENHUT (1949–50) 55 selbst vertritt die Auffassung, daß das Totengericht nicht real, sondern als Vorstellung im Geist der Cornelia zu denken sei. Die neuste Diskussion bei LOWRIE (2008) 169–70.

[197] RICHARDSON (1977) 482 glaubt in der Elegie Zeichen für die mangelnde Liebe der Cornelia zu Paullus zu erkennen: „Nowhere [...] is there a single word of love or affection, or even sympathy, for Paullus." Dagegen HUTCHINSON (2006) 232: „Particularly hidden, but implied, is C[ornelia]'s deep affection for Paullus." Die beiden Stellungnahmen stehen exemplarisch für die extremen Deutungen, die die Elegie in der Forschung erfahren hat, s. dazu den Überblick bei JANAN (2001) 147–8. Der Vergleich mit historischen und literarischen Grabinschriften kann hier Hinweise geben. So erscheint etwa eine Aufforderung an die Hinterbliebenen, nicht länger zu trauern bzw. nicht länger am Grab zu weinen, die Cornelia in V. 1 vorbringt, oft in griechischen und römischen Epitaphen. Sie wird dort z.B. auch in einem fiktiven Dialog zwischen einem verstorbenen Kind und seinem trauernden Vater verwendet (A.P. 7,481 [Philetas] s. dazu BETTENWORTH [2007] 77–8). Dort wird, da erotische Verwicklungen keine Rolle spielen, der Trostcharakter der Mahnung besonders deutlich. Der Text von Prop. 4,11 läßt nicht erkennen, daß es bei der Anrede an Paullus anders sein sollte. Auch der Wunsch, daß Cornelias Kinder das Greisenalter des Paullus angenehm gestalten sollten (V. 96: *prole mea Paullum sic iuvet esse senem*), weist, wie auch Paullus' Tränen, auf ein gutes Verhältnis des Paares hin. Zu den unterschiedlichen Auffassungen über die sozialen Implikationen der Elegie s. RICHARDSON (1977) 481: Prop. 4,11 sei „an indictment of the life Rome required of the women of its nobility. Euripides' Alcestis shows us the horrors the code to which Admetus and the Athenians subscribed imposed upon their women, the hollows of that society and the meanness and selfishness under its stylish manners; it took P[ropertius] to do the same for Rome." Dagegen WEEBER (1977) 239: „Der gewaltige Spannungsbogen zwischen tiefer Verzweiflung am Anfang der Elegie und endgültiger Gewißheit über den für sie offenstehenden Himmel wird überbrückt durch die Rückschau der römischen Aristokratin auf ihr Leben. In der Vergegenwärtigung ihrer untadeligen Lebensführung, in der Bewußtwerdung darüber, das einer Frau ihres Standes gesteckte Lebensziel erreicht zu haben [...] vollzieht sich der Umschwung der Gefühle."

Den deutlichsten Hinweis auf einen epigraphischen Kontext liefert Cornelias Aussage, sie werde ‚auf diesem Stein hier' als *univira* verewigt werden (Prop. 4,11,35–6, Cornelia erinnert an ihre Hochzeit: *iungor, Paulle, tuo sic discessura cubili: / in lapide hoc uni nupta fuisse legar*). Das Demonstrativpronomen *hoc* in V. 36 wird von Reitzenstein (1970) 31–2 als Hinweis auf das Grab gedeutet, vor dem sich Paullus aufhält: „Man muß deshalb wohl an ein Erbbegräbnis denken, in dem die großen Familien ihre Angehörigen beisetzten, wo auf dem Stein noch Platz für weitere Eintragungen gelassen war."[198] Diese Interpretation ist mit Blick auf das typische Inschriftenformular, in dem die Demonstrativa dazu dienen, den Betrachter auf das Objekt zu verweisen, auf das sich die Inschrift bezieht, naheliegend. Sie hat aber in der Forschung zu Unbehagen geführt, weil der Gedanke an die Inschrift in der Elegie nicht weiter ausgestaltet wird. Rothstein (1898) schlägt vor, *hoc* nicht als Ablativ (mit Bezugswort *lapide*), sondern als Nominativ zu lesen, da der Grabstein nicht ohne Inschrift errichtet worden sein könne. *Hoc* müßte dann unpersönlich als Verweis auf *uni nupta fuisse* bezogen werden, was allerdings wegen des einheitlich überlieferten Hauptverbs in der ersten Person Singular (*legar*) unwahrscheinlich erscheint. Marcilius konjizierte *huic uni nupta fuisse legar* (‚auf dem Grabstein wird man von mir lesen, daß ich mit diesem einen [Mann] verheiratet war'). Die Konjektur hält die umstrittene Frage, ob Grabstein und Inschrift zum Zeitpunkt von Cornelias Rede bereits vorhanden sind, offen, da das Demonstrativpronomen nun nicht mehr auf den Stein, sondern auf *uni* bezogen ist; sie erfordert aber einen abrupten Wechsel von der direkten Anrede an Paullus in V. 35 zu der unpersönlichen Nennung *huic uni*, die sich aus dem Kontext nicht rechtfertigen läßt. Butler/Barber (1933) und Camps (1965) z.St. erwägen die Möglichkeit, daß nicht nur Cornelias Eigenschaft als *univira*, sondern die gesamte, 102 Verse umfassende Elegie auf dem Grabstein eingemeißelt zu denken sei.[199] Fedeli (2005) und

[198] Lowrie (2008) 170 spekuliert bei ihrer Untersuchung der Erzählsituation: „Well, maybe her ghost is in the underworld, and Paullus is off moping at home, and the poem's readers are the ones to be imagined at the tomb, poring over the inscription." Diese Überlegung hat keinen Rückhalt im Text. Der Leser soll sich natürlich die Inschrift vor Augen halten, aber es gibt keinen Hinweis darauf, daß Paullus nicht am Grab stehend vorgestellt wird.

[199] Ebenso schon Hübner (1872) 98–113, Mehringer (1924) 380–2 und in neuerer Zeit Hutchinson (2006) 231.

Lowrie (2008) 170 dagegen halten diese Hypothese trotz der Ähnlichkeiten zu historischen Grabgedichten nicht für plausibel.[200]

Wenn die Elegie selbst die Inschrift bildete, könnte sich das Hauptverb *legar* nur auf die Rezeption durch den Leser beziehen (d.h. die Aussage würde lauten: ‚diese Inschrift wird nicht unbeachtet bleiben, sondern tatsächlich gelesen werden'). Aus der epigraphischen Tradition sind sowohl Fälle bekannt, in denen der beschriftete Grabstein ‚spricht' und damit den Verstorbenen vertritt, als auch solche, in denen der Verstorbene als Sprecher gedacht ist, gleichsam als sei er selbst am bzw. im Grab anwesend. Die Grenzen zwischen beiden Fällen sind fließend.[201] Auch finden sich zahlreiche in der Elegie angesprochene Themen in ähnlicher Form auf historischen Grabinschriften, so die Aufforderung, nicht länger zu weinen, die Erwähnung von Ehegatten und Kindern und der guten Familie, aus der die Frau stammt, der Hinweis, daß keins der Kinder vor der Mutter starb, der Tod der Verstorbenen in den Armen der Kinder und die Sorge der Mutter um den Ehemann und die Nachkommen.[202] Zu den typisch epigraphischen Elementen gehört auch die *mors immatura*, der vorzeitige Tod, den Cornelia in Vers 17

[200] Fedeli (1965) 244: „Chiara è l'affinità della 4,11 con i carmi funerari, anche se non bisogna pensare che l'elegia fosse destinata a venire iscritta sulla tomba di Cornelia." und Ders. (2015) 1271–2, bes. 1272 mit Bezug auf den sich immer mehr erweiternden Adressatenkreis der Rede Cornelias, die erst am Schluß zu ihren nächsten Angehörigen zurückkehrt: „Una tale complessità è ignota agli epigrammi sepolcrali, sia che essi abbiano un carattere letterario sia che si tratti di iscrizioni sulla tomba. [...] Il discorso di Cornelia, dunque, è un vera e propria *laudatio funebris*." Allerdings wurde eine *laudatio funebris*, die später durchaus in einer Inschrift aufgenommen oder anderweitig publiziert werden kann, gewöhnlich nicht aus der Perspektive des Verstorbenen gehalten. Zur Veröffentlichung einer *laudatio funebris* in Form einer Inschrift vgl. die *Laudatio Turiae* (ILS 8394 = CIL 14,3579), für eine offenbar in literarischer Form überlieferte Rede die *laudatio funebris* auf Marcellus, die Livius 27,27,13 als Quelle benutzt. Eine feierliche Form der *laudatio funebris* ist seit ca. 100 v.Chr. auch für Frauen aus senatorischen Familien nachweisbar, s. dazu Cic. de orat. 2,44 über die Rede des Q. Lutatius Catulus auf seine Mutter Popilia.

[201] Dazu Meyer (2005) 70; Fantuzzi/Hunter (2004) 294.

[202] Eine Zusammenstellung der in Prop. 2,11 erwähnten Gedanken mit Parallelen aus der Epigraphik und der Epigrammatik bei Schulz-Vanheyden (1970) 71–2.

erwähnt.[203] Zwar sei sie vorzeitig in die Unterwelt gekommen, doch deute dies nicht auf eine persönliche Schuld hin.[204]

Die Rede der Cornelia läßt sich daher sowohl an die epigraphische Tradition anbinden, wenn die gesamte Elegie als (auffällig lange) Grabinschrift aufgefaßt wird, als auch dann, wenn es sich um die Rede der Verstorbenen „aus dem Grab" handelt, die sich ihre inschriftliche Verewigung als *univira* erst wünscht. Die Interpretation hängt unter anderem davon ab, ob die einheitlich überlieferte, auf die Zukunft verweisende Lesart *legar* auf die künftige Realisierung einer Grabinschrift bezogen ist oder auf die künftige Rezeption eines als bereits vorhanden gedachten Epitaphs. Das Verb ergibt sowohl als Futur wie auch als Optativ einen guten Sinn. Die futurische Lesart unterstreicht die Zuversicht der Cornelia, die fest mit einer Rezeption der Inschrift durch die Nachwelt rechnet.[205] Eine solche selbstsichere Haltung stimmt mit dem Tenor der gesamten Elegie überein. Nach einer kurzen Klage über die *immitis mors*, gegen die auch ihre (vorbildliche) Ehe mit Paullus, ihre vornehmen Ahnen und so viele Garanten ihres Ruhms nichts genützt hätten (V. 11–14), geht Cornelia zu einer selbstbewußten Rede an das Totengericht über (V. 27: *ipsa loquor pro me*), bei dem sie sich sogar, wie Richardson (1977) bemerkt, dem Urteil von Feinden ihrer Familie stellen will.[206] Sodann zählt sie die militärischen Erfolge

[203] Zur Rolle der *mors immatura* in dieser Elegie und im Allgemeinen s. Waszink (1949)a, vgl. Griessmair (1966).

[204] Ein ähnlicher Gedanke läßt sich auch auf historischen Grabinschriften nachweisen, s. z. B. CE 1253,4–5 *testor nunc superos: non hoc meruisse videbar, / in volnus genoris quot subito occidimus.* (dazu Bücheler [1887] 589: „*genoris* pro genuis genus ut penoris penus"). Auch in der historischen Inschrift liegt die Vorstellung einer Selbstverteidigung zugrunde, bei der Zeugen zur Entlastung des früh Verstorbenen herangezogen werden. Das Verb *testor* (‚zum Zeugen anrufen') gehört ebenfalls zu den für die Elegie typischen juristischen Fachausdrücken.

[205] Als Futur versteht auch Lowrie (2008) 170 das Verb. Später verwendet Ovid im 7. Heroidesbrief ebenfalls das Futur, als er Dido ihre eigene Grabinschrift planen läßt: *Nec consumpta rogis inscribar Elissa Sychaei, / hoc tantum in tumuli marmore carmen erit* (Ov. epist. 7,193–4).

[206] Der in V. 19 erwähnte Aeacus galt als Gründer der Dynastie, über die Cornelias Familie einen Sieg errungen hatte, „his examination of her case might be expected to be the most severe" (Richardson [1977] 483). Die *urna*, die bei der Urteilsfindung verwendet wird (V. 19–20: *aut si quis posita iudex sedet Aeacus urna, / in mea sortita iudicet ossa pila*), wird gewöhnlich mit Minos assoziiert, dazu Hutchinson (2006) 235. Daß die entscheidende Rolle hier ausgerechnet Aeacus zugesprochen wird, zeugt von Cornelias Selbstbewußtsein. Richardsons (1997) 482 Ansicht, daß Cornelia „begs for mercy", hat dagegen im Text keinen Rück-

ihrer Familie auf und betont, daß die *gens* sich ihrer nicht habe schämen müssen, sondern daß sie im Gegenteil ein nachahmenswertes Mitglied des Hauses gewesen sei.[207] Sie gleiche den Vorfahren: Zu diesen zähle die Vestalin Claudia, die einst das Schiff, das die Göttin Cybele nach Rom bringen sollte und nur von einer Jungfrau aus einer Untiefe befreit werden konnte, vom Tibergrund gelöst und so ihre Keuschheit gegen alle Zweifler unter Beweis gestellt habe. Ebenso sei sie mit der Vestalischen Jungfrau Aemilia verbunden (die aus der Familie des Paullus stammte), und die, als das Erlöschen des heiligen Feuers auf ihre vermeintliche Unkeuschheit zurückgeführt wurde, hingerichtet werden sollte, aber durch das Eingreifen der Göttin Vesta gerettet und rehabilitiert wurde (V. 29–54).[208] Die Hinweise gerade auf zwei Frauen, deren Keuschheit in Frage gestellt wurde, hat in der Forschung Spekulationen über Cornelias eigene Keuschheit angeregt. Tatsächlich kommt Cornelia auffallend oft auf dieses Thema zurück, so daß Janan (2001) 158 sogar von „hysterically insistent claims of chastity" spricht. Richardson (1977) 481 hegt den Verdacht, „that her own fidelity was not entirely assured". Viarre (2005) 228 merkt an, daß Cornelia eine Halbschwester von Augustus' Tochter Julia war und fügt hinzu: „On peut se demander sans mauvaise foi si elles se ressemblaient." Diese Spekulationen haben jedoch keinen Rückhalt im Text der Elegie. Die Argumentation der Cornelia ist überlegt gegliedert und zeigt keine Spuren von Hysterie, und die Anekdoten um Julia (die in der Elegie nicht genannt wird), erlauben keine Rückschlüsse auf das Verhalten der historischen Cornelia und erst recht nicht auf die Zielrichtung des Gedichts, in dem sie in literarischer Brechung dar-

halt. In den Versen 15–8, die er als Beleg heranzieht, wünscht Cornelia zwar, ihr möge in der Unterwelt ein mildes Urteil zuteil werden, doch ist dies nicht als Gnadenerweis, sondern als Folge ihrer Unschuld dargestellt, V. 17–8: *immatura licet, tamen huc non noxia veni: / det Pater hic umbrae mollia iura meae.*

[207] Zur Bedeutung der Ahnen in Prop. 4,11 s. Reitzenstein (1970) 463. Wyke (1987) 171 hebt hervor, daß die militärischen Erfolge der *gens* hier dazu dienen, Cornelias Ansehen in der Unterwelt zu erhöhen. Im Gegensatz dazu hatte etwa der männliche *amator* in 2,34,55–8 militärische Siege im Vergleich zu erotischen Erfolgen als wenig bedeutend betrachtet.

[208] Die Sage über die Vestalin Claudia findet sich u.a. bei Ovid, fast. 4,297–348. Über die Vestalin Aemilia berichtet Dionysios von Halikarnassos (Ant. 2,68,3–5) und in einer anderen Variante Val. Max. 1,17, s. dazu Hutchinson (2006) 341.

gestellt wird.[209] Die Diskussion über die Bedeutung, die Cornelias Keuschheit in der Elegie zukommt, kann durch einen Blick auf die literarischen Vorbilder neue Impulse erhalten. Die vergilische Färbung der Unterweltsbeschreibung in Prop. 4,11, die oft hervorgehoben wurde, kann dem Leser nämlich zugleich das Schicksal Didos in Erinnerung rufen, die in der Aeneis zuletzt in der Unterweltsbeschreibung erscheint. Dieser Aspekt ist in der Forschung bisher nicht berücksichtigt worden. Wie Cornelia gehört die karthagische Königin zu den vorzeitig zu Tode Gekommenen (ἄωροι), wenn auch in eine andere Untergruppe.[210] Während Dido sich weigert, mit dem eigens in die Unterwelt hinabgestiegenen Aeneas zu sprechen,[211] richtet Cornelia sogar aus dem Grab eine Rede an ihren Mann. Auch ihre Aussage *in lapide hoc uni nupta fuisse legar* stellt eine Gegenposition zu Dido dar, die noch in der Unterwelt zwischen zwei Männern steht: Sie flüchtet grollend vor Aeneas und wendet sich wieder ihrem Ehemann Sychaeus zu, der ihre Liebe erwidert (Verg. Aen. 6,472–4). Der Kontrast zu Dido erhöht das römische Kolorit der Elegie. Cornelia wird auch dadurch als typische *matrona* gekennzeichnet, daß sie sich in einer „vergilischen" Umgebung nicht wie die berühmte karthagische Königin verhält. Während Dido nur auf ihr irdisches Leben stolz zurückblicken kann (s. die Zusammenfassung ihrer Leistungen, die sie in Verg. Aen. 4,655–8 gibt, zitiert oben S. 128), während ihr Tod von Unsicherheit und Groll gekennzeichnet ist,[212] präsentiert sich Cornelia nicht nur im Hinblick auf ihr irdisches Leben, sondern auch in Bezug auf ihr jenseitiges Schicksal selbstbewußt.

[209] Die Unterscheidung zwischen der historischen Person und ihrer literarischen Brechung schärft Wyke (1987) 170 in ihrer Diskussion von Prop. 4,11 zu Recht ein.

[210] Verg. Aen. 6,442–4 (über die *Lugentes Campi*, wo sich Didos Geist aufhält): *hic quos durus amor crudeli tabe peredit / secreti celant calles et myrtea circum / silva tegit; curae non ipsa in morte relinquunt.* Als vorzeitig wird Didos Tod ausdrücklich in der Irisszene bezeichnet, in der die Götterbotin der Sterbenden zu Hilfe eilt. Die Königin verscheidet *misera ante diem*, Verg. Aen. 4,697.

[211] Verg. Aen. 6,469–71: *illa solo fixos oculos aversa tenebat / nec magis incepto vultum sermone movetur / quam si dura silex aut stet Marpesia cautes.*

[212] Durch den Selbstmord geht Didos Leben vorzeitig zu Ende. Deshalb kann sie in der Aeneis zunächst nicht sterben, sondern muß durch die eigens von Juno geschickte Götterbotin Iris von ihrem Todeskampf erlöst werden (Verg. Aen. 4,693–705). Erst dann kann sie in die Unterwelt eingehen, wo sie jedoch ihren Haß gegen Aeneas beibehält.

Ihre zuversichtliche Haltung, die sich in der erwarteten Rezeption der Inschrift (s. das Futur *legar*) ausdrückt, zeigt sich auch im „Schlußplädoyer" ihrer Rede, in dem sie die indikativische Aussage *moribus et caelum patuit* mit dem Wunsch *sim digna merendo / cuius honoratis ossa vehantur avis* koppelt (V. 101–2) und so noch einmal auf ihren tadellosen Charakter verweist, dem der verdiente Lohn nicht versagt bleiben solle.[213] Eine konjunktivische Lesart von *legar* entspräche allerdings auf den ersten Blick eher den übrigen in die Elegien eingepaßten Grabinschriften, von denen die Verfasser(innen) zuweilen ausdrücklich wünschen, daß sie von der Nachwelt gelesen werden mögen, s. z.B. Prop. 4,7,83–4 (Cynthias Geist spricht): *hic carmen media dignum me scribe columna, / sed breve quod currens vector ab urbe legat*; Ov. trist. 3,3,71–2 (der Verbannte bittet seine Frau um ein Grab mit Inschrift): *quosque legat versus oculo properante viator, / grandibus in tumuli marmore caede notis.*[214] Allerdings handelt es sich dort jeweils um eine andere Situation. Die Sprecherin Cynthia bzw. der *exsul poeta* Ovid befinden sich in einer unsicheren Lage, die ihren Nachruhm und selbst die Errichtung eines Grabsteins gefährdet erscheinen läßt. Cynthias Geist bedrängt ihren Geliebten nicht nur mit Bitten, sondern auch mit Vorwürfen, die die durch Krisen gekennzeichnete Beziehung der beiden deutlich werden lassen (s. z.B. Prop. 4,7,49: *non tamen insector, quamvis mereare, Properti*). Der ans Schwarze Meer verbannte Dichter muß fürchten, daß der ihm feindlich gesonnene Kaiser versuchen werde, seinen Nachruhm zu schmälern und ihn so nicht nur physisch, sondern auch als Literat auszuschalten.[215] Beide haben daher guten Grund, die Hoffnung auf ein Epitaph, das von den Passanten gele-

[213] Die Zuversicht der Cornelia betonen auch SCHULZ-VANHEYDEN (1970) 73 und WEEBER (1977) 238: „Im letzten Distichon verdichtet sich diese Hoffnung vollends zur Gewißheit: Der Himmel steht einer Frau von ihrem Charakter, von ihrer Lebensführung (moribus, V. 101) offen, und ebenso der Weg zu ihren Ahnen (Anm. 47). Dies, so wünscht sie zuversichtlich, möge ihr aufgrund ihrer irdischen Verdienste (vgl. merendo, V. 101) vergönnt sein."

[214] Ovids Formulierung ist möglicherweise durch Properz inspiriert s. LAUSBERG (1982) 66.

[215] Als sich der Dichter in trist. 3,3 seinen Tod ausmalt und seine Frau um eine Rückführung seines Leichnams nach Rom bittet, fügt er mit Blick auf ein stadtrömisches Begräbnis hinzu: *non vetat hoc quisquam: fratrem Thebana peremptum / supposuit tumulo rege vetante soror* (trist. 3,3,67–8). Der Hinweis auf Antigone, die ihren gefallenen Bruder gegen den Willen Kreons bestattete, deutet darauf hin, daß der Sprecher damit rechnet, daß seine Bestattung in Rom vom Kaiser untersagt werden könnte.

sen werde, als Wunsch zu formulieren: Der Begräbnisplatz bzw. die unübersehbare Inschrift sind ihnen noch nicht sicher (in beiden Fällen handelt es sich um imaginierte Epitaphe), und der Optativ *legat* kann daher als Mahnung an die Angehörigen verstanden werden, alles in ihrer Macht Stehende zu tun, um den gewünschten Effekt zu erreichen. Cornelia dagegen kann auf einen solchen eindringlichen Appell verzichten. Nur der Einleitungsvers richtet sich ausdrücklich an ihren Ehemann Paullus, und die darin enthaltene Aufforderung, nicht mehr an ihrem Grab zu weinen, zeigt, daß der Hinterbliebene seiner Pflicht zur Bestattung bereits nachgekommen ist und nun eher eine zu große als eine zu geringe Anhänglichkeit an die Verstorbene erkennen läßt.[216] Wenn es sich also um eine Bitte handelte, sie ausdrücklich als *univira* auf dem Grabstein zu verewigen, so setzte dies nicht nur voraus, daß die Inschrift zum Erzählzeitpunkt noch fehlt, sondern auch, daß Paullus daran erinnert werden müßte, eine hervorstechende Eigenschaft seiner verstorbenen Frau gebührend zu würdigen. Dies ist aber nach dem Kontext unwahrscheinlich. Besser läßt sich die Aussage als Teil der Beweiskette verstehen, mit der die Sprecherin ihre ehrenhafte Stellung unter den vornehmen *matronae* Roms (V. 43–6) und unter den eigenen Ahnen (V. 102: *avis*) reklamiert.

Avis ist HEINSIUS' und BAEHRENS' Konjektur für das in N, F, L, P und der zweiten Hand von V überlieferte *aquis*. Die zweite Hand von P bietet *equis*, das von keinem Herausgeber in den Text genommen wurde. Die Lesart würde bedeuten, daß Cornelia darum bäte, daß sie ‚durch ihre Verdienste würdig sein möge, daß ihre Gebeine von geehrten Pferden einhergetragen' würden. Eine solche Bitte könnte sich allenfalls auf einen Teil des Leichenzuges beziehen (so auch die Argumentation von Scaliger), während die Eingangsverse der Elegie voraussetzen, daß sich der Ehemann, an den sich die Rede zunächst richtet, bereits am Grab befindet. Die gut bezeugte Lesart *aquis* hat dagegen in der Forschung seit langem Verfechter gefunden.[217] HEYWORTH (2007) übernimmt sie in den

216 Die Bestattung und die damit verbundenen Bräuche, zu denen auch das Beweinen des Toten gehört, können selbst als ‚Ehrung' verstanden werden, s. Ov. trist. 3,3,45–6 (der Sprecher malt sich seine eigene Bestattung am Schwarzen Meer aus): *sed sine funeribus caput hoc, sine honore sepulcri, / indeploratum barbara terra teget.*

217 Z.B. ROTHSTEIN (1898) 325; WASZINK (1949)b 70; ERNOUT (1955) 73; TAKAHASHI (1984) und FLACH (2011).

Haupttext seiner Ausgabe. Die Aussage: ‚Möge ich aufgrund meiner Verdienste würdig sein, daß meine Gebeine auf den geehrten Wassern einhergefahren werden' müßte sich auf die in V. 15–6 geschilderte Situation zurückbeziehen, in der Cornelia am Ufer eines Unterweltsgewässers vorgestellt wird. Allerdings stimmt die Junktur *honoratis aquis* (‚auf den geehrten Gewässern') nicht gut zu der Bezeichnung *damnatae noctes et* [...] *vada lenta, paludes* (V. 15).[218] In 4,7,55–6 hatte die verstorbene Cynthia den Unterweltsstrom als *turpem amnem* (Prop. 4,7,55) bezeichnet. Diese negative Beschreibung steht, wie die anderen Details der Unterweltsbeschreibung in Prop. 4,11, in vergilischer Tradition, s. Verg. Aen. 6,438–9 über die Selbstmörder, die nun gern an die Oberwelt zurückkehren wollen: *fas obstat, tristique palus inamabilis unda / alligat.* Ernout und Waszink argumentieren daher dafür, den Begriff *honoratis aquis* im Sinne von *aquae honoratorum* und die *damnatae noctes* als *noctes damnatorum* aufzufassen: In dem einem Fall sei von der Überfahrt schuldiger Seelen, im anderen von der Unterweltsreise rechtschaffener Personen die Rede. Für eine solche Deutung gibt es im Text aber keinen Anhaltspunkt. Takahashi (1984) will die Schwierigkeit lösen, indem er *honoratis* als Enallage auffaßt und auf *ossa* bezieht. Cornelia wünschte in diesem Fall also, daß ‚ihre geehrten Gebeine' aufgrund ihrer Verdienste über den Unterweltsfluß gesetzt werden. In V. 15–6 wird das Unterweltsgewässer jedoch nicht eindeutig identifiziert; und auch der Fährmann Charon, der nach traditioneller Vorstellung die Seelen ans andere Ufer bringt, wird weder an dieser Stelle noch sonst in der Elegie erwähnt. Gewöhnlich sind außerdem nicht die Tugenden und Verdienste eines Verstorbenen das Kriterium für die Überfahrt über den Unterweltsstrom, sondern die Frage, ob er nach dem Tod bestattet wurde oder nicht.[219] Cor-

[218] Eine solche Verfluchung der Unterwelt findet sich auch sonst, vgl. z.B. Catull. 3,13–4 (hier allerdings aus dem Mund eines lebenden Sprechers): *At vobis male sit, malae tenebrae / Orci, quae omnia bella devoratis.*

[219] S. dazu Verg. Aen. 6,325–6 (die Sibylle erläutert Aeneas die Szene am diesseitigen Ufer des Acheron): *haec omnis, quam cernis, inops inhumataque turba est; / portitor ille Charon; hi, quos vehit unda, sepulti.* Im gleichen Zusammenhang findet sich auch die Unterscheidung zwischen den Verstorbenen, die von Charon übergesetzt werden, und ihren Gebeinen (*ossa*), deren Bestattung dafür ausschlaggebend ist, Verg. Aen. 6,327–8: *nec ripas datur horrendas et rauca fluenta / transportare prius quam sedibus ossa quierunt.* Die Verstorbenen am Ufer des Stroms werden in Verg. Aen. 6,319 als *animae* bezeichnet, von denen Charon in Verg. Aen. 6,391 die *corpora viva* der Lebenden unterscheidet. Die Bezeichnung *ossa* für die Ver-

nelia hat aber, wie V. 1 zeigt, ein Begräbnis erhalten und muß sich daher um die Überfahrt in Charons Barke nicht sorgen. Tatsächlich spricht sie schon in V. 69–70 davon, daß die *cumba* mit ihrer Zustimmung ablege (*mihi cumba volenti / solvitur*). An dieser Stelle kann nur der Kahn des Charon gemeint sein, und Cornelia scheint keinen Zweifel daran zu haben, daß ihr die Überfahrt gestattet werde. Ein Urteil über das Leben der Verstorbenen und damit über ihr weiteres Schicksal in der Unterwelt fällt erst das Totengericht am jenseitigen Ufer des Acheron, und an das Totengericht wendet sich Cornelia folgerichtig auch mit ihrer Verteidigungrede. Der Wunsch, die Fahrt im Kahn des Charon möge ihr gestattet werden, wie es die Lesart *aquis* nahelegt, ist daher aus inhaltlichen Gründen nicht sinnvoll.[220]

Daher entscheiden sich Butler/Barber (1933), Fedeli (1984 und 2015) und Viarre (2005) sowie die meisten übrigen Herausgeber für die Konjektur *avis*. Cornelias Wunsch wäre es danach, unter die geehrten Ahnen ihrer Familie aufgenommen zu werden. Diese Deutung hat eine Parallele in der Consolatio ad Liviam, die sich auch an anderer Stelle an Prop. 4,11 orientiert.[221] Dort heißt es über den Verstorbenen: *ille pio, si non temere haec creduntur, in arvo / inter honoratos excipietur avos* (Epiced. Drusi 329). Nimmt man *avis* in den Text, so stellt das einheitlich überlieferte *ossa* dennoch eine gewisse Schwierigkeit dar. Der Fährmann Charon setzt nach traditioneller Vorstellung nicht die Gebeine, sondern die Seelen der Verstorbenen über den Unterweltsfluß, und ebenso werden nicht die Knochen, sondern die Seele eines Toten unter die Ahnen aufgenommen. Ein Hinweis auf die Gebeine ergibt aber im Kontext des Grabes, das Cornelia zu Beginn ihrer Rede erwähnt, guten Sinn. Der Transfer ‚unter die geehrten Ahnen' findet im Jenseits durch die Aufnahme ins Elysium statt, die Cornelia in V. 101 als sicher betrachtet (s. das Perfekt *moribus et caelum patuit*);[222] im Diesseits

storbenen am Unterweltsfluß findet sich in der Aeneis dagegen nicht. Zu den im sechsten Buch der Aeneis erwähnten Klassen von Verstorbenen, ihrem Platz in der Unterwelt und den möglichen Vorbildern Vergils s. Norden (1957) 10–6.

[220] Helm (1986) 244–5 nimmt in seiner deutsch-lateinischen Ausgabe zwar *avis* in den Text, übersetzt jedoch „Stand dem Verdienst der Himmel selbst offen, ich bin doch wohl würdig, daß der Erlesenen Strom meine Gebeine jetzt trägt". Für *avis* plädiert auch Foulon (1992) 226.

[221] Zu den Parallelen zwischen Prop. 4,11 und der Consolatio s. Fedeli (1965) 260.

[222] Es handelt sich hier um einen Anklang an das Enniusfragment var. 24 V.[2] = Courtney FLP 44 (wahrscheinlich aus dem Laelius), wo der ältere Scipio, zu

entspricht dem die Aufnahme der Gebeine in die Familiengruft. So ergibt sich eine Ringkomposition, bei der der erste und der letzte Vers der Elegie auf den Grabkontext verweisen. Allerdings stellt sich die Frage, ob sich die Informationen in V. 1 und V. 102 vereinbaren lassen. *Meum* [...] *sepulcrum* in V. 1 setzt voraus, daß Cornelia bereits ein Grab besitzt, V. 102 scheint dagegen anzudeuten, daß die Bestattung der Gebeine erst noch stattfinden soll.[223] Eine Lösung ergibt sich, wenn man den Konjunktiv *sim digna* als Hinweis auf den Eindruck versteht, den Cornelia bei der Nachwelt zu hinterlassen hofft: ‚Möge ich (sc. in den Augen der Lebenden) aufgrund meiner Verdienste der Tatsache würdig sein, daß meine Gebeine zu den geehrten Ahnen gebracht werden.' Die erhoffte positive Reaktion der Lebenden entspräche hier dem bereits gefällten positiven Urteil im Jenseits. Die Aufnahme in den Himmel wird von den Unterweltsrichtern gutgeheißen, die Bestattung bei den Ahnen dagegen von den Lebenden. Dies setzt voraus, daß beide die Verdienste, die Cornelia sich durch ihr vorbildliches Leben erworben hat, wahrnehmen und wertschätzen können. Vor dem Unterweltsgericht geschieht dies aufgrund der mündlichen Verteidigungsrede der Cornelia. Gegenüber den Lebenden ist eine solche mündliche Rede der Verstorbenen nicht ohne weiteres möglich. Derselbe Effekt kann aber durch eine entsprechende Inschrift auf dem Grab gewährleistet werden, in der Verstorbene traditionell als Sprecher auftreten können. Dies bedeutet nicht zwangsläufig, daß die Elegie als Grabinschrift gedacht ist. Im Text spricht nichts dagegen, allerdings legt sich Properz auch nicht darauf fest.

Die Frage, ob die Elegie insgesamt als Grabinschrift zu denken ist, oder ob sie nur auf eine Grabinschrift hinweist, geht daher in

dessen Familie sich Cornelia zählt, von sich selbst sagt: *si fas endo plagas caelestum ascendere cuiquam est, / mi soli caeli maxima porta patet.* Das Perfekt *patuit* in Cornelias Aussage kann sich damit sowohl auf sie selbst als auch auf den berühmten Vorfahren beziehen, dem sie durch ihre Tugenden gleichgekommen ist (Vgl. V. 71: *haec est feminei merces extrema triumphi,* wo ihre Errungenschaften mit dem Sieg eines Feldherrn verglichen werden. Als militärische Befehlshaber erscheinen die Scipionen in V. 29–30). Wie Scipio auf einen Katasterismos hoffen kann, so auch Cornelia, deren Gebeine bestattet, deren Seele aber in mehrfacher Hinsicht ‚unter die Ahnen' aufgenommen werden wird. Das Enniusfragment war in der Antike berühmt. Auch Cicero spielt darauf an, Cic. rep. 6, 24 [26]: *Quae cum dixisset, ‚ego vero' inquam ‚Africane, siquidem bene meritis de patria quasi limes ad caeli aditum patet ...'*

[223] Wohl um diesen scheinbaren Widerspruch aufzulösen, übernimmt HUTCHINSON (2006) FRUTERS Konjektur *sum* in den Haupttext seiner Ausgabe.

diesem Fall am Kern des Gedichts vorbei. Wichtig ist für die Aussage dagegen, daß die Elegie als Grabinschrift verwendet werden *könnte*: Cornelia hat so tugendhaft gelebt, daß, so suggeriert der Text, alle Aspekte ihres Lebens öffentlich gemacht werden können, ohne daß damit ihr eigener oder der Ruf der Familie geschädigt würde. Im Gegenteil: Die Familie hat allen Grund, stolz auf sie zu sein und ihr vorbildliches Leben bekanntzumachen. In welcher Form dies geschieht, ist weniger entscheidend: Cornelias Rede deutet verschiedene Möglichkeiten an, ihren Nachruhm zu sichern, ohne eine davon auszuschließen. Die Anspielungen auf die Tradition der Grabinschriften erfüllt hier den Zweck, Cornelias aufrechten Charakter, der das Licht der Öffentlichkeit nicht zu scheuen braucht, zu unterstreichen. Selbst die potentiell inkriminierende *mors immatura* kann angesichts ihres tadellosen Lebens ihr Bild in der Nachwelt nicht trüben. Zugleich zeigt die Anlehnung an die Grabdichtung, daß die Angehörigen Cornelias die in der Elegie in der ersten Person vorgetragene Einschätzung teilen: Eine Grabinschrift setzt das öffentliche Bekenntnis der *gens* zu der Verstorbenen voraus. Auffällig ist jedoch, daß Cornelia selbst ausdrücklich nur ihren Status als *univira* als Bestandteil einer Inschrift nennt. Es ist die einzige Eigenschaft, deren Bedeutung für die Sprecherin schon durch die dreifache Wiederholung in der Rede (V. 35; V. 46; V. 78) erkennbar ist.[224] Der Stolz gerade auf dieses Detail entspricht römischem Denken, wie zahlreiche rühmende Bemerkungen über nur mit einem Mann verheiratete Frauen in der römischen Literatur und in historischen Inschriften belegen.[225] In Prop. 4,11 ist die Treue zu einem Mann die einzige Eigenschaft, auf die ein Mitglied der folgenden Generation ausdrücklich verpflichtet wird: Die Tochter solle dem Beispiel ihrer Mutter folgen und ebenfalls nur einen Mann heiraten.[226] Die Aussage *in lapide hoc uni nupta fuisse*

[224] Wyke (1987) 172 weist darauf hin, daß „earlier in the corpus the male lover had appropriated such conventional phrases to declare sexual loyalty to a single mistress and, therefore, an ideological unorthodoxy (2.7.19 and 2.13.35–6)".

[225] S. CIL VI 2318,10; 5162, 19838,3–5; für literarische Zeugnisse s. Catull. 111,1–2: *Aufilena, viro contentam vivere solo, / nuptarum est laus e laudibus eximiis*; Stat. Silv. 5,1,53–5: *tibi quamquam et origo niteret / et felix species multumque optanda maritis, / ex te maior honos, unum novisse cubili*; Val. Max. 2,1,3: *quae uno contentae matrimonio fuerant, corona pudicitiae honorabantur.* Dazu Hutchinson (2006) 238.

[226] V. 67–8: *filia, tu specimen censurae nata paternae, / fac teneas unum nos imitata virum.* Die Zensur war im Jahr 22 v. Chr. von Augustus wieder eingeführt worden. Die ersten Amtsinhaber waren Paullus Aemilius Lepidus und L. Munatius Plancus. Ihre

legar, die sich zunächst auf die Wirkung auf eine breite römische Öffentlichkeit zu beziehen scheint, wird dadurch in Verbindung zur eigenen Familie gebracht. Eine auf den Status Cornelias als *univira* verweisende Inschrift ermahnt die Tochter, dem Beispiel der Mutter nachzueifern und stellt so eine öffentliche Verpflichtung der Nachkommen dar. Cornelias Aufforderung an die Tochter, die *gens* durch die Fortsetzung des Geschlechts zu stützen, mündet zunächst in die Hoffnung auf eigenen dauerhaften Nachruhm, geht dann aber in eine allgemeine Formulierung über: *haec est feminei merces extrema triumphi, / laudat ubi emeritum libera fama rogum* (V. 71–2). Diese Aussage kann auf jede Frau angewandt werden, sofern sie sich an Cornelias Beispiel hält. Die Grabinschrift ist daher nur eine von mehreren Möglichkeiten, den Nachruhm zu sichern, die noch dazu im Vergleich zu anderen Wegen, wie eine zahlreiche Nachkommenschaft und die Nachahmung der guten Sitten der Verstorbenen,[227] relativ wenig Gewicht erhält.[228] Da die Sprecherin andere Formen des Nachruhms bevorzugt, ist es nicht verwunderlich, daß kein eingebettetes Epitaph wörtlich zitiert wird und die Elegie auch nicht insgesamt als Grabinschrift gekennzeichnet ist. Auch in dieser Hinsicht unterscheidet sich die Cornelia-Elegie von anderen hier untersuchten Elegien. Die Anspielungen auf die epigraphische Tradition verleihen der Rede der Cornelia die Färbung eines Vermächtnisses, das privat geäußert wird, aber das Licht der Öffentlichkeit nicht

Amsführung wird von Velleius Paterculus (2,95,2) negativ beurteilt, s. ROTHSTEIN (1898) 320. Die Äußerung Cornelias bezieht sich hier nur darauf, daß die Geburt einer ehelichen Tochter den Vorstellungen der augusteischen Moralvorstellungen entspricht, über die die Zensoren wachen sollten. In der Forschung wird eine nordafrikanische Inschrift (CE 1287 *opto meae caste contingat vivere natae, / ut nostro exemplo discat amare virum*) als Parallele angeführt. HALLET (1986) 79–80 weist jedoch darauf hin, daß sich die Sprecherin, anders als Cornelia, nur als Vorbild für ihre Tochter und nicht allgemein als moralische Autorität vorstellt.

[227] Den Gedanken, daß die bessere Form des Nachruhms darin bestehe, daß die Hinterbliebenen die guten Eigenschaften von Verstorbenen nachahmen, äußert Tacitus in seinem Nachruf auf Agricola (Agr. 46,3–4). *filiae quoque uxorique praeceperim, sic patris, sic mariti memoriam venerari, ut omnia facta dictaque eius se cum revolvant, formamque ac figuram animi magis quam corporis complectantur, non quia intercedendum putem imaginibus quae marmore aut aere finguntur, sed, ut vultus hominum, ita simulacra vultus imbecilla ac mortalia sunt, forma mentis aeterna, quam tenere et exprimere non per alienam materiam et artem, sed tuis ipse moribus possis.*

[228] WYKE (1987) 172 betont zu Recht, daß Cornelia am weitesten von der typischen elegischen Geliebten entfernt ist. Dies zeigt sich unter anderem daran, daß die von ihr bevorzugten Wege, Nachruhm zu erlangen, für eine elegische *puella* wegen der Unsicherheit ihrer Liebesbeziehung nicht gangbar sind.

zu scheuen braucht.[229] Vor allem gibt es, anders als LOWRIES Interpretation vermuten läßt, außer dem allgemein gehaltenen Futur *legar*, von dem nicht klar ist, ob es sich auf eine nahe oder eine ferne Zukunft bezieht, keinen Hinweis auf die Dauerhaftigkeit der Inschrift.[230] Der Nachruhm und damit auch das soziale Gedächtnis, das den Ruhm lebendig hält, ist in dieser Präsentation ein dynamischer, an das Verhalten lebender Personen gebundender Prozess, der durch die Tradition der Grabinschriften gestützt werden kann, aber nicht durch den monumentalen Kontext gebremst und versteinert werden darf.

Die Stellung der Elegie am Ende des Buchs ist in dieser Hinsicht ebenfalls signifikant. HUTCHINSON (2006) 230 hat bereits darauf aufmerksam gemacht, daß die Elegie trotz ihrer offensichtlichen Besonderheiten eine Reihe von Motiven aus früheren Büchern wieder aufgreift und so einen pointierten Abschluß der Gedichtsammlung bildet.[231] Der Einfall, die Reihe der Elegienbücher mit einem einerseits mit den früheren Elegien verknüpften, andererseits doch in Stil und Gehalt deutlich von ihnen abgesetzten Gedicht zu beenden, entspricht in gewisser Weise dem Gedanken, eine einzelne Elegie mit einer deutlich abgesetzten, aber doch inhaltlich eng verknüpften Grabinschrift enden zu lassen. Wie diese abschließenden Inschriften oft auf einen gleichmäßigen Zustand (z.B. den Tod) verweisen, der aus der Perspektive von Sprecher oder Sprecherin ihrer gegenwärtigen Unruhe gegenübersteht, so verweist die Cornelia-Elegie auf eine Lebensweise, die in der Konstanz ihrer Liebesbeziehung und dem Selbstbewußtsein der Sprecherin der des römischen Elegikers entgegengesetzt ist. In größerem Maßstab wiederholt sich hier auf der Ebene der Gedichtsammlung ein Kompositionsprin-

[229] Ähnlich SCHULZ-VANHEYDEN (1970) 77, der sich gegen die Auffassung HÜBNERS (1872) wendet: „Die epigrammatischen Elemente sind zwar bei Properz noch erkennbar, aber doch so in die kunstvolle und komplizierte Bewegung dieser Elegie eingeschmolzen, daß ihnen nichts typisch Epigrammatisches mehr anhaftet." Einen Erklärungsversuch, warum Properz gerade diese auch im Vergleich zu seinen übrigen Gedichten auffällige Form gewählt hat, bietet er allerdings nicht.

[230] LOWRIE (2008) 171: „The inscription [...] exists, or is imagined to exist, for all time." Davon ist in der Elegie jedoch keine Rede.

[231] Die Abwesenheit des elegischen Sprechers in Prop. 4,11 korrespondiert nach HUTCHINSON mit seiner Abwesenheit in den Elegien 4,2 (Vertumnus) und 4,3 (Arethusa), die sich an das prologhafte Gedicht 4,1 anschließen. Das in sich kohärente Leben der Cornelia am Ende der Gedichtsammlung kontrastiert andererseits mit dem Lebensmodell des elegischen Sprechers in der die Sammlung einleitenden Cynthia-Elegie Prop. 1,1.

zip, das wir auch auf der Ebene des Einzelgedichts beobachten können. Ein äußerer Unterschied liegt freilich darin, daß die Cornelia-Elegie, anders als die eingelegten Grabinschriften, die sich auf die Hauptpersonen der rahmenden Elegie beziehen, nur einzelne Motive, nicht aber die Protagonisten der Gedichtsammlung wieder aufnimmt, eine Gemeinsamkeit besteht darin, daß die gesamte Cornelia-Elegie so angelegt ist, daß sie gleichsam als eine lange Grabinschrift in hellenistischer Tradition gelesen werden kann.

Tib. 3,2,29–30 (Lygdamus)

Eine Variante einer selbstentworfenen Grabinschrift findet sich in dem zu den Lygdamus-Elegien zählenden Gedicht Tib. 3,2. In den römischen Elegien ist es das einzige Autoepitaph für einen Mann, der – soweit wir beurteilen können – kein Dichter ist.

Allerdings hat man Lygdamus, obwohl sein Name nur in dem eingebetteten Epitaph erscheint, gelegentlich die Verfasserschaft des nach ihm benannten Gedichtzyklus (Tib. 3,1–6) zugeschrieben.[232] In diesen Elegien identifiziert sich Lygdamus jedoch nicht ausdrücklich als Dichter oder auch nur als Liebling Amors, wie dies Tibull, Properz und Ovid tun.[233] Die Grabinschrift auf Lygdamus wird daher in dieser Studie nicht zu den Epitaphen auf Dichter gestellt.

In Elegie 3,2 imaginiert Lygdamus seine eigene Bestattung und gibt detaillierte Anweisungen für die dabei auszuführenden Rituale.

[232] Die Autorschaft der Lygdamus-Elegien, die bis ins frühe neunzehnte Jahrhundert eindeutig Tibull zugerechnet wurden, ist seit Voss' Überlegungen (1810) in der Forschung umstritten. Voss nahm an, daß ein Ovidimitator die Gedichte verfaßt habe. Radford (1927) denkt an Ovid selbst. Smith (1913) 74 betrachtet Lygdamus als „amateur, and one whose character as a man was superior to his genius as a poet", und vermutet, wenn Lygdamus der richtige Name des Verfassers sei, einen Freigelassenen, möglicherweise aus dem Hause Messallas. Innerhalb des Textes gibt es freilich keine Anhaltspunkte für diese Annahme. Zu den Theorien über den Autor s. Dettmer (1983) und Navarro-Antolín (1996) 3–20, zur Struktur des Zyklus Zgoll (2002).

[233] Prop. 2,24c,21: *me modo laudabas et carmina nostra legebas* (s. in V. 35 derselben Elegie die Nennung des Eigennamens *Propertius*), Ov. trist. 3,3,73–4: *Hic ego qui iaceo tenerorum lusor amorum / ingenio perii Naso poeta meo*; Tibull nennt seinen Eigennamen u.a. in 1,3,55, wo er sich als Anhänger Messallas zu erkennen gibt. Auf diese Elegie spielt Ovid in am. 3,9 (dem Grabgedicht auf Tibull) an. Als Dichter und Freund der Familie Messallas bezeichnet sich Tibull ausdrücklich in 2,5,113–5a: *At tu (nam divum servat tutela poetas) / praemoneo, vati parce, puella, sacro / ut Messallinum celebrem.*

Er wünscht die Beisetzung seiner Gebeine in einem ‚marmornen Haus' (V. 22: *in marmorea* [...] *domo*)[234] und bittet darum, daß man über seinem Grab Tränen vergießen möge. Eine Grabinschrift an der Stirnseite solle die Todesursache angeben. Mit der wörtlich wiedergegebenen imaginierten Inschrift endet die Elegie. Das Epitaph lautet im Kontext (Tib. 3,2,25–30):

Et nostri memores lacrimae fundantur eodem:
Sic ego componi versus in ossa velim.
Sed tristem mortis demonstret littera causam
atque haec in celebri carmina fronte notet.
‚Lygdamus hic situs est: dolor huic et cura Neaerae,
coniugis ereptae, causa perire fuit.'

Der Anschluß an historische Grabinschriften ist offenkundig: An erster Stelle im Hexameter wird die wichtigste Information, der Name des Verstorbenen, verbunden mit der weitverbreiteten Formel *hic situs est* wiedergegeben. Dann folgt die Angabe der Todesursache, wie man sie auch auf historischen Grabinschriften findet: Der Verstorbene ist aus Kummer um seine ihm entrissene Gattin Neaera zugrundegegangen. Das Partizip *ereptus* oder *raptus* erscheint auch sonst auf Grabinschriften und bezieht sich dort gewöhnlich auf den Verstorbenen, dessen plötzlichen Verlust die Hinterbliebenen beklagen.[235] Auch die Begriffe *dolor* und *cura* werden gebraucht, um dem Schmerz der Angehörigen Ausdruck zu verleihen.[236]

[234] Die Umschreibung bezieht sich möglicherweise auf eine Marmorurne (*olla ossuaria* oder *cineraria*, s. NAVARRO ANTOLÍN (1996) 178: „Apart from this passage and [Albinov.] *Liv.* 73–74, *claudite iam, Parcae, ... sepulcra ...*; *plus iusto iam domus ista patet*, in no other literary text is the term *domus* applied to a funerary monument (*sepulcrum*)." Die Bezeichnung *domus*, oft in der Wendung *domus aeterna*, findet sich aber häufig auf historischen Grabinschriften, NAVARRO ANTOLÍN (1996) ebd.

[235] Z.B. CE 1109,1 *quum praematura raptum mihi morte nepotem / flerem*; CE 1260,1 *hic situs est Amphion ereptus prima iuventa*, S. dazu NAVARRO ANTOLÍN (1996) 151. In diesem Sinne benutzt Ausonius später die Wendung an gleicher Stelle im Hexameter (Parentalia 9,3–4): *nunc dolor et cruces nec contrectabile fulmen / coniugis ereptae mors memoranda mihi.* Weitere Parallelen aus der lateinischen Literatur bei NAVARRO ANTOLÍN (1996) 154.

[236] Z.B. CE 215,3–4: *sic numquam doleas atque triste suspires, / quantum doloris titulus iste testatur.* Vgl. auch Ov. met. 10,75 (Schmerz des Orpheus über den endgültigen Verlust der Eurydike): *cura dolorque animi lacrimaeque alimenta fuere.* In den Lygdamus-Elegien erscheinen die Begriffe auch sonst als Kennzeichnung der Beziehung zu Neaera, s. HOUGHTON (2013) 354: (*cura*: [Tib.] 3,1,19; *dolor*: 3,2,3; 3,2,6).

Ein Leser, der nur die eingebettete Inschrift betrachtet, kann daher leicht zu der Auffassung gelangen, daß der verstorbene Lygdamus verwitwet gewesen und seiner Frau aus Kummer ins Grab gefolgt sei. Fälle von aus Kummer verstorbenen Personen sind tatsächlich gelegentlich auf historischen Inschriften bezeugt.[237] Erst der Blick auf die gesamte Elegie lehrt, daß Neaera zu dem Zeitpunkt, als der Grabstein für Lygdamus errichtet werden soll, noch am Leben ist: Der Sprecher der Elegie beauftragt sie, gemeinsam mit ihrer Mutter die beim Begräbnis üblichen rituellen Handlungen vorzunehmen und ihrer Trauer öffentlich Ausdruck zu verleihen. Erst der Gedichtzusammenhang macht deutlich, daß *ereptus* hier nicht in seiner durch die Verbindung mit der Grabinschrift suggerierten speziellen Bedeutung ‚entrissen' = ‚gestorben', sondern in seinem allgemeinen Sinn ‚entrissen' = ‚fortgenommen' verstanden werden muß. Auf die Bedeutung des Begriffs macht der Dichter gleich in den ersten beiden Distichen der Elegie aufmerksam, die mit einer mißbilligenden Äußerung über denjenigen beginnen, ‚der als erster ein geliebtes Mädchen einem jungen Mann und einen geliebten jungen Mann einem Mädchen entrissen hat.'[238] Dieser habe ein Herz aus Eisen gehabt, und nicht minder hart sei jener gewesen, der diesen Schmerz habe ertragen und trotz des Verlustes seiner Frau habe weiterleben können.[239] Die Äußerungen sind jedoch so allgemein gehalten, daß die Beziehung zum Sprecher nicht gleich deutlich wird. Diese ergibt sich erst aus den folgenden Versen, in denen das elegische Ich dem Leser gesteht, daß er selbst nicht die Standfestigkeit besitze, den Verlust seiner Geliebten zu ertragen, und daß ihn Lebensüberdruß erfaßt habe. Dann malt sich der Sprecher, ohne seinen Fall näher zu schildern, die eigene Beisetzung aus, erteilt den Hinterbliebenen Anweisungen (V. 9–26) und gibt ein Epitaph in Auftrag, mit dem die Elegie schließt (V. 27–30). Die Grabinschrift, die der Leser am Ende des Gedichts vor Augen hat, ‚vertritt' damit in gewisser Weise den Grabstein, dessen Errichtung den Schlußpunkt der Begräbnisfeierlichkeiten bil-

[237] S. z. B. CE 1076,7–8 (Inschrift aus Cartagena): *nam postquam [fletu] et monumento hoc condecoravit / gnatam, per luctus reddidit ipsa animam*; CIL IX 2229 (Inschrift aus Telesia): *quae ob desiderium P. Lali Gentiani Victoris fili sui piissimi vivere abominavit.*

[238] Tib. 3,2,1–2: *Qui primus caram iuveni carumque puellae / eripuit iuvenem, ferreus ille fuit.* S. dazu Lenaz (2000) 360: „*Eripio* è termine-chiave in questa elegia [...] ma la ripetizione, rispetto al v. 4, può testimoniare anche a una certa inopia lessicale."

[239] Tib. 3,2,3–4: *durus et ille fuit, qui tantum ferre dolorem, / vivere et erepta coniuge qui potuit.*

det. Oben haben wir gesehen, daß diese besondere Stellung eines imaginierten eingebetteten Epitaphs vom Dichter verwendet werden kann, um einen sonst nicht darstellbaren Teil der Handlung (z.B. im siebten Heroidesbrief den Selbstmord der Dido) zu überspringen. Wie stellt sich die Situation in der Lygdamus-Elegie dar?

Die Erzählperspektive des Gedichts entspricht der in anderen Elegien, in denen sich der Sprecher die eigene Bestattung vorstellt. Nah verwandt ist Ov. trist. 3,3 auf den eigenen Tod: Bei Ovid wie bei Lygdamus scheinen es die äußeren Umstände zu sein, die das Leben nicht mehr lebenswert erscheinen lassen und so zum Tode des Sprechers führen. Beide verzichten darauf, einen Schuldigen näher zu bestimmen und machen unvollständige Angaben über die Vorgänge, die ihren Untergang bewirkten. Bei Ovid mag diese Zurückhaltung durch die Rücksicht auf Augustus bedingt sein, während wir für die Lygdamus-Elegie keine Hinweise auf mögliche politische Hintergründe besitzen.

In der Lygdamus-Elegie kommt hinzu, daß der Inhalt des Epitaphs, sollte er ohne weitere Zusätze auf einem Grabstein angebracht werden, die Todesursache zwar ausspricht, sie aber so formuliert, daß der Betrachter leicht falsche Schlüsse daraus ziehen kann. Dies ist auffällig, weil die der eingelegten Inschrift unmittelbar vorausgehenden Verse angekündigt hatten, daß das Epitaph die Todesursache darlegen werde, und in diesem Zusammenhang ausdrücklich die ‚viel frequentierte' Vorderseite des Grabmonuments als Ort der Inschrift genannt wird (V. 3,2,27–8: *Sed tristem mortis demonstret littera causam / atque haec in celebri carmina fronte notet*).[240] Da für das richtige Verständnis des Epitaphs die Kenntnis der gesamten Elegie vorausgesetzt ist, ist die von Lygdamus imaginierte Inschrift offenbar nicht primär für eine anonyme Nachwelt intendiert, sondern für die konkrete elegische Situation verfaßt. An wen die Elegie und die eingebettete Inschrift gerichtet sind, läßt sich aus dem Text nicht erschließen, da das Gedicht als Monolog ohne direkte Anrede gestaltet ist. Die zum Verständnis der imaginierten Inschrift nötigen Vorkenntnisse über das Privatleben des Sprechers können aber auf der Erzählebene nur die ihm nahestehenden Personen besitzen. Durch diesen Kontrast zwischen der „öffentlichen", aber potentiell irreführenden Inschrift und dem aufschlußreichen, aber privaten „Monolog" wird dem Leser suggeriert, daß er – im Gegensatz

[240] Navarro Antolín (1996) 186 paraphrasiert: „Lygdamus expresses a wish that a stele should be placed on his tomb."

zu den zahlreichen künftigen Passanten, die die Inschrift auf dem Grabmonument lesen sollen – zu den Eingeweihten gehört, die den wahren Hintergrund des Epitaphs kennen. Die Fiktion der Privatheit, die zahlreiche Elegien (in erster Linie solche, die als Briefe an die Geliebten stilisiert sind) kennzeichnet, wird hier mithilfe der Inschrift auf den Leser ausgedehnt. Die Deutung der Todesphantasie ist dadurch erschwert, daß der Adressat unbestimmt bleibt: Handelt es sich um eine Klage an Neaera oder an den Rivalen? Ist die Elegie eher als Bitte um Mitleid oder gar als Drohung mit Selbstmord zu verstehen?[241] Gerade dies steigert den Effekt des Gedichts. Jeder Leser kann sich von dem Monolog angesprochen fühlen. Zugleich verliert die oft diskutierte Frage der Dauerhaftigkeit einer Inschrift an Bedeutung: Selbst wenn die Inschrift auf dem Grabmal angebracht würde, wäre sie ohne Kenntnis der Hintergründe wenig aufschlußreich. Die Endstellung der eingefügten Grabinschrift verweist hier auf das (imaginierte) Lebensende des Sprechers und deutet zugleich seine Verzweiflung an: Eine Alternative zu der Todesphantasie wird nicht angeboten, der Tod ist vielmehr der Zeitpunkt, an dem sich die für den Sprecher unangenehme elegische Situation lösen wird. Die Ursache dieses Kummers jedoch erhellt und bewahrt nicht das Monument, sondern die Literatur. Diese Deutung würde gestützt, wenn es sich in V. 27 (*sed tristem mortis demonstret littera causam*), wie NAVARRO ANTOLÍN (1996) 186 vermutet, um eine Anspielung auf das imaginierte Autoepitaph der Dido in Ov. epist. 7 handelt, in dem es heißt, daß ihr Aeneas eine *causa mortis* geliefert habe.[242] In diesem Fall würde die in den Versen liegende versteckte Drohung mit Selbstmord verstärkt; allerdings nur für einen literarisch vorgebildeten Leser. Da die Anspielungen auf den Tod durch eigene Hand in der gesamten Elegie vage gehalten sind und es sich bei Lygdamus, anders als bei Dido, nicht um eine mythische Gestalt handelt, deren Schicksal sich aus anderen Sagenversionen ableiten ließe, kann hier nicht die Rede davon sein, daß das am Ende des Gedichts stehende imaginierte Autoepitaph einen sonst nicht darstellbaren Teil der Handlung ersetze. Ob Lygdamus wie die vergilische Dido Selbstmord begeht, läßt der Text offen. Stattdessen setzt

[241] S. V. 3,2,7–8: *nec mihi vera loqui pudor est vitaeque fateri / tot mala perpessae taedia nata meae.*

[242] Die Abfassungszeit der Lygdamus-Elegien ist umstritten, allerdings geht die *communis opinio* heute davon aus, daß es sich um einen nach-ovidischen Autor handelt, dazu NAVARRO ANTOLÍN (1996) 3–20.

das Epitaph mit der doppeldeutigen Wendung *coniugis ereptae* das Spiel mit den bewußt offen gehaltenen Angaben im Rest der Elegie fort. Die Grabinschrift erhält dadurch Ähnlichkeit mit einem Rätselepigramm, dessen Pointe erst aus der Elegie insgesamt sichtbar wird. Signifikant ist auch das Spiel mit den verschiedenen Funktionen der Inschrift. Zwar verweist der Text der rahmenden Elegie auf eine potentielle Leserschaft, wenn er ausdrücklich verlangt, die Inschrift möge auf seinem Grab *in celebri fronte* angebracht werden, doch wird ein möglicher Nachruhm in der Elegie sonst nicht angesprochen. Die Hälfte der Verse (15 von 30) bezieht sich auf die vom Sprecher erhofften Begräbnisriten, die Neaera ausführen soll, und nur im unmittelbaren Kontext der Bestattung ist einmal vom Gedächtnis an den Toten die Rede (V. 25: *nostri memores lacrimae fundantur*). In der Inschrift dagegen sollen die korrekte Durchführung der Bestattungsriten, die der Sprecher sich zuvor detailliert ausgemalt hatte, ebensowenig erscheinen wie die Namen der Personen, die die Beisetzung veranlaßt bzw. durchgeführt haben. Insofern kann die von Houghton (2013) 350 identifizierte Funktion eingelegter Inschriften „to summarize or encapsulate the particular passage, the entire poem, or even the wider collection in which they are found" in diesem Fall ohne nähere Präzision nicht recht befriedigen. Die Inschrift faßt nicht das Gedicht oder einen seiner Abschnitte zusammen, sondern markiert zunächst den vom Sprecher imaginierten Endpunkt seines elegischen Leidens, das durch die allgemein gehaltenen ersten vier Verse der Elegie und durch die von Houghton (2013) 355 zu recht hervorgehobene Vielzahl ‚elegischer' Begriffe in der Inschrift als typisch für die Gattung markiert wird. Insofern ist die Stellung der Inschrift am Ende der Elegie durchaus signifikant – sollte sie verwirklicht werden, so stünde sie gleichsam für das durch den Tod bewirkte, dauerhafte Ende der belastenden elegischen Situation.

4.1.2 Nicht selbstentworfene Grabinschriften

Eine Grabinschrift, die nicht von der oder dem Verstorbenen selbst in Auftrag gegeben wurde, findet sich in der römischen Elegie nur einmal: Es handelt sich um ein Epitaph für einen Papagei, das in der Forschung gelegentlich als „Parodie" aufgefaßt wurde (dazu unten). Zwei weitere Beispiele stammen aus den Metamorphosen und werden hier herangezogen, weil der Vergleich für die Analyse der in die

Elegien eingelegten Inschriften aufschlußreich ist. Keine der nicht selbstverfaßten Grabinschriften steht in Zusammenhang mit einer Liebesaffaire: Phaethon erhält sein Epitaph von den Naiaden, die ihn nach seinem Sturz begraben, die Amme Caieta wird von ihrem Zögling Aeneas mit einer Grabinschrift geehrt, und die Aufforderung, dem verstorbenen Papagei einen Grabstein mit Inschrift zu setzen, stammt vom anonymen Sprecher von am. 2,6.

Diese Verteilung läßt indirekt die innere Verbindung von Liebes- und Todesthematik in der römischen Elegie erkennen. Zu dem Zeitpunkt, an dem die elegische Erzählung einsetzt, sind die Auftraggeber(innen) eines Epitaphs, mit Ausnahme der als Geist erscheinenden Cynthia, noch nicht verstorben, sondern malen sich angesichts ihrer verzweifelten Liebesqualen ihren bevorstehenden Tod aus. Deutlichster Ausdruck dieser, in der subjektiven Empfindung der Sprecher(innen) existierenden Verknüpfung von Liebe und Tod ist die Inschrift. An Grabinschriften auf bereits Verstorbene, die nicht mehr Teil, sondern, wenn es sich um Autoepitaphe handelt, allenfalls Resultat dieses inneren Erlebens sind, haben die Elegiker dagegen wenig Interesse.

Es stellt sich daher die Frage, worin sich die beiden Grabinschriften in den Metamorphosen, die nicht von den Verstorbenen selbst in Auftrag gegeben werden, von den oben behandelten Autoepitaphen unterscheiden. Die beiden Epitaphe sollen dann mit der durch ihren Gegenstand auffälligen elegischen Grabinschrift auf den Papagei verglichen werden.

Ov. met. 2,327–8 (Phaethon)

Die Phaethonerzählung, die längste Einzelgeschichte der Metamorphosen, findet sich am Ende des ersten und zu Beginn des zweiten Buchs. Sie hebt sich durch ihren epischen Ton von den sie umgebenden Erzählungen über die Affairen zwischen Göttern und Menschen ab, ist aber durch die Herkunft des Phaethon und seines Gegenspielers Epaphus mit diesen verbunden. Phaethon stammt aus der Liebesbeziehung des Sonnengottes mit Clymene, die nun mit dem äthiopischen König Merops verheiratet ist, während Epaphus aus der zuvor geschilderten Verbindung von Zeus und Io hervorgegangen ist. Die Jungen wachsen als Spielgefährten in Ägypten auf. Als Epaphus die Abstammung Phaethons vom Sonnengott bezweifelt und Clymene unterstellt, sie habe mit dieser Erklärung eine schändlichere Affaire vertuschen wollen, erbittet sich

Phaethon einen Beweis für seine göttliche Herkunft (met. 1,747–64). Clymene schickt ihn zum Palast des Sonnengottes, wo ihm Sol die Erfüllung eines Wunsches verspricht (met. 1,765–2,46). Die Bitte des Jungen, für einen Tag den Sonnenwagen lenken zu dürfen, stürzt Sol in Verzweiflung, doch ist er durch sein Versprechen gebunden und stimmt nach einer langen Mahnrede zu (met. 2,47–102). Wie der Gott vorhergesehen hatte, gelingt es Phaethon nicht, den feurigen Sonnenwagen auf dem vom Vater beschriebenen mittleren Weg zwischen Erde und Aether zu halten (met. 2,103–209). Schließlich erschlägt Jupiter, um einen Weltenbrand zu verhindern, den Jungen auf Bitten der Tellus mit einem Blitzstrahl und schleudert ihn zur Erde herab (met. 2,210–322).

Die Grabinschrift des Phaethon wird dem unglücklichen Lenker des Sonnenwagens von den hesperischen Naiaden gesetzt, die den Leichnam im Fluß Eridanus gefunden und in einem Grabhügel (*tumulus*) beigesetzt haben. Der Kontext des Epitaphs lautet (met. 2,325–32):

Naides Hesperiae trifida fumantia flamma
corpora dant tumulo, signant quoque carmine saxum:
‚Hic situs est Phaethon currus auriga paterni
Quem si non tenuit, magnis tamen excidit ausis.‘
nam pater obductos luctu miserabilis aegro
condiderat vultus: et si modo credimus, unum
isse diem sine sole ferunt; incendia lumen
praebebant, aliquisque malo fuit usus in illo.

Gewöhnlich obliegen die Bestattung eines Verstorbenen und die Anbringung einer Grabinschrift den nächsten Verwandten. In Phaethons Fall jedoch befindet sich die Absturzstelle an einem zunächst unbekannten Ort fern seiner Heimat, so daß Mutter und Schwestern den Knaben lange suchen müssen und keine rechtzeitige Beisetzung gewährleisten können. Der Sonnengott dagegen, Phaethons Vater, der die Absturzstelle kennen muß, hält sich aus Trauer für einen Tag verborgen, so daß auch er nicht in der Lage ist, für die Bestattung zu sorgen.[243] Die Ausgangssituation gleicht damit derje-

[243] Nach A.R. 4,603–5 handelt es sich bei den Nymphen, die Phaethons Leiche finden, um die Heliaden, d.h. Töchter des Sol und damit Schwestern des Phaethon, die ihn am Ufer der Rhone beweinen und dabei in Pappeln verwandelt werden. Bei Ovid dagegen sind die Heliostöchter, die aus Schmerz um Phaethon in Bäume verwandelt werden (met. 3,340), nicht an der Bestattung beteiligt.

nigen von Toten, die in einem fremden Land angespült und dort beigesetzt werden. Barchiesi (2005) 263 hebt zu Recht den Hinweis *procul a patria* (V. 323) hervor, der der Inschrift vorausgeht und an Formulierungen erinnert, die auch in historischen Epitaphen auf die Distanz zwischen dem Ort des Todes und der Heimat verweisen.[244] Besonders wenn Personen fern der Heimat verunglücken, ist ihr Andenken im Vergleich zu anderen Verstorbenen gefährdet, falls sich nicht Angehörige oder Freunde finden, die sie identifizieren und ihren Namen auf dem Grab verewigen können. Die Betonung der Entfernung ist gegenüber der fragmentarisch erhaltenen Phaethontragödie des Euripides auffällig, wo der Knabe nahe bei der Residenz der Clymene gefunden und daher auch im Palast betrauert wird (s. dazu Otis [1970] 391). Die Aufmerksamkeit des literarisch bewanderten Lesers wird daher auf die Frage der Herkunft und der Bewahrung der Identität des Verstorbenen gelenkt.

Herkunft und Identität spielen in der Phaethonsage schon vor dem Tod des Protagonisten eine zentrale Rolle. Phaethon hatte sich den Sonnenwagen erbeten, um sich und seinem spottenden Altersgenossen Epaphus seine göttliche Abstammung zu beweisen.[245] Die Inschrift, auch wenn sie nicht von Sol, sondern ‚nur' von den Nymphen gesetzt wird, hebt deshalb den Begriff ‚väterlich' hervor: Das Adjektiv *paterni* steht in betonter Stellung am Versende, während der dazugehörige Genitiv *currus* durch die Position zwischen Penthemimeres und Hephthemimeres unterstrichen wird. Allerdings enthält die Inschrift keinen Hinweis darauf, daß es sich bei dem ‚väterlichen Wagen' um das Gefährt des Sonnengottes handelt. Wenn der Betrachter nicht durch andere Quellen in das Geschehen eingeweiht ist, wird er den Unfall daher eher für einen gewöhnlichen Unglücksfall halten.

Nur der Hinweis auf die *magna ausa* deutet auf ungewöhnliche Umstände hin. Dem Betrachter wird der Eindruck vermittelt, daß es sich bei dem Verstorbenen um eine mutige Persönlichkeit gehandelt habe, doch könnte sich der Ausdruck ebenso

244 S. z.B. CE 1432,1–2 *Helpis dicta fui, Siculae regionis alumna, / quam procul a patria coniugis egit amor.*

245 Die Zweifel des Phaethon an seiner Herkunft sind ebenfalls bei Euripides vorgebildet, vgl. zu den übrigen Quellen Ovids Otis (1970) 389–95, speziell zu hellenistischen Sagenversionen Rudhardt (1997). Die umstrittene Beziehung zwischen der Darstellung der Sage bei Ovid und Nonnos behandelt Knox (1988). Zur Rolle des Epaphus s. Kruschwitz (2005).

auf ein Unglück mit einem irdischen Pferdegespann (etwa auf einem Feldzug oder bei einem sportlichen Wettkampf) beziehen. Der Gedanke, daß der Tod bei einer großen Unternehmung ein edles Versagen sei, wird jedenfalls in der anonymen Schrift „über das Erhabene" (3,3) unter den Allgemeinplätzen eines „grandiosen" Stils aufgeführt und erscheint auch sonst in der Literatur,[246] so daß die Umschreibung des Todes allein nicht die Sonderstellung des Phaethon erkennen läßt. Für die Eingeweihten jedoch, die aus der engen, durch Iuxtaposition hervorgehobenen Verknüpfung des sprechenden Namens Phaethon (‚der Strahlende') mit dem *currus* die Verbindung zum Sonnengott herstellen, bedeutet die das Begräbnis krönende Inschrift die öffentliche Anerkennung des Phaethon durch die Götter und Halbgötter. Die Tatsache, daß keine nähere Erklärung der Umstände erforderlich ist, unterstreicht seine Bekanntheit und die Bekanntheit seiner Herkunft, die dem Jungen selbst zu Lebzeiten zweifelhaft erschienen war.

An der Bestattung des Phaethon sind mehrere Naturgottheiten beteiligt. Zunächst spült der Flußgott Eridanus den Toten ab und vollzieht damit eine der zum regulären Begräbnis gehörenden Waschung vergleichbare Handlung.[247] Die Nymphen errichten ihm schließlich ein Grab und bringen die Inschrift an, die durch die typisch epigraphische Formel *hic situs est* eingeleitet wird und damit die „Regularität" der Bestattung erkennen läßt.[248] Dabei verewigen sie Phaethons Eigenschaft als „Sohn" und „Wagenlenker" und bestätigen damit die beiden Qualitäten, die Phaethon bei der Suche nach seiner Herkunft am wichtigsten waren. Die von ROHDE (1929) 10 und BÖMER (1969) 222 vorgeschlagene Gliederung der

246 Z.B. Plut. Crass. 26, dazu BARCHIESI (2005) 263.

247 In Tib. 2,5,59–60 wird *abluere* vom Sonnengott selbst gebraucht, der täglich seine Pferde reinigt. Das tragische Ende der Fahrt des Phaethon wird so auch durch die Wortwahl hervorgehoben, s. BARCHIESI (2005) 263. Die Lokalisierung des Eridanus und seine mögliche Gleichsetzung mit dem Padus sind in der Überlieferung der Phaethonsage umstritten, vgl. dazu und zu den Implikationen für Ovids Erzähltechnik BARCHIESI (2005) 262. Der Eridanus ist jedenfalls der älteste Schauplatz für Phaethons Sturz, vgl. Eur. Hipp. 737–41; A.R. 4,597–600; Arat. Phaen. 360, s. dazu HILL (1985) 202 und ausführlich DIGGLE (1970) 27–32.

248 Ob darüber hinaus in dem Epitaph eine Anspielung auf historische Grabinschriften für Wagenlenker wie z.B. CE 1279,1–4 (*Hoc rudis aurigae requiescunt ossa sepulcro / nec tamen ignari flectere lora manu, / iam qui quadriiugos auderem scandere currus / et tamen a biugis non removerer equis*) intendiert ist, ist in der Forschung umstritten. CUGUSI (2007) 49 Anm. 261 geht von zufälligen, durch die Sache bedingten Übereinstimmungen aus. Vgl. auch ZARKER (1958) 43.

Phaethon-Erzählung in einen „Sol/Phaethon"-Teil und einen der Fahrt auf dem Sonnenwagen gewidmeten Abschnitt spiegelt diese beiden Pole ebenfalls wider.[249] Die hervorgehobene Stellung von *paternis* und *ausis* jeweils am Versende schafft ein Gegengewicht zu dem tragischen Sturz, der Phaethons Leben beendet: Obwohl er bei der Fahrt auf dem Sonnenwagen ums Leben kam, bleibt er der Sohn des Sol, dessen spektakulärer Sturz nun in der Inschrift als Zeichen des Mutes und nicht etwa als Zeichen des Ungehorsams gegen den Gott gewertet wird.[250] Die Inschrift wäre damit als eine konzise Zusammenfassung der Erzählung zu betrachten, deren Text die Schlüsselwörter beider Erzählteile zusammenfaßt. Diese Funktion ist nicht ungewöhnlich und läßt sich z.B. auch bei der von Iphis angebrachten Weihinschrift (dazu unten) verfolgen. Allerdings stellt sich die Frage, ob die Einführung der Grabinschrift dem Erzähler noch weitere Vorteile bietet.

Epitaphe stehen, wie oben gezeigt, an der Grenze zwischen der persönlichen und der öffentlichen Sphäre: Sie werden in der Regel von Angehörigen des Verstorbenen (oder doch in deren Vertretung) gesetzt, richten sich aber nicht nur an nahestehende Personen, sondern an eine breite Öffentlichkeit. Die Grabinschrift des Phaethon führt damit die Spannung zwischen der privaten und der öffentlichen Identität des Jungen fort, die ihn zu Lebzeiten unglücklich gemacht und seinen Tod mitverschuldet hatte. Im persönlichen Gespräch hatten ihm seine Mutter Clymene und später sein Vater Sol versichert, daß er wirklich vom Sonnengott abstamme. Sein Altersgenosse Epaphus dagegen war nicht bereit, diesen Anspruch zu akzeptieren.

Auch die Fahrt im Sonnenwagen, die Phaethons göttliche Herkunft bestätigen soll, findet nicht vor den Menschen statt, durch die er sich provoziert gefühlt hatte, sondern im Bereich des *aether*, wo er für die Erdenbewohner unsichtbar bleibt. Selbst sein Sturz gleicht von der Erde aus betrachtet nicht dem Sturz eines Menschen, sondern dem Fall eines Kometen (met. 2,321–2), und die

[249] Ein komplexerer Gliederungsvorschlag bei Bass (1977), der auch die Ereignisse am Ende von Buch 1 einbezieht und auf die wichtige vorausdeutende Rolle verweist, die die Beschreibung des Palastes der Sonne am Beginn von Buch 2 für die Erzählung spielt.

[250] Das Verb *excidit* verbindet geschickt die Bereiche „Sturz" und „Tod", dazu Barchiesi (2005) 263. Ramsbys (2007) 132 Übersetzung „here lies Phaëthon, driver of his father's chariot – a task he performed not well, but with great daring" wird dem lateinischen Text nicht gerecht.

ungewöhnlichen Naturerscheinungen, die er durch die mangelnde Beherrschung des Sonnenwagens auslöst (met. 2,210–71), sind für den uneingeweihten Betrachter ebenfalls kaum dem Jungen zuzuordnen. Die flehende Bitte an Jupiter, den drohenden Weltenbrand mit seinem Blitzstrahl zu verhindern, geht daher auch nicht von den bedrohten Menschen, sondern von Tellus aus.

Zu den Personen, die Phaethon leicht identifizieren können, gehören seine Mutter und seine Schwestern, die das Grab nach langer Suche finden und die Inschrift auf dem Stein mit ihren Tränen benetzen.[251] Hier dient das Epitaph nicht allein der Identifizierung des Verstorbenen, sondern der Name, den die Mutter auf dem Stein liest, ersetzt gleichsam die Person des Verstorbenen: An dem beschrifteten Grabstein vollziehen Mutter und Schwestern die Trauerriten, die ihnen beim eigentlichen Begräbnis nicht möglich waren.[252] Die Ersatzfunktion zeigt sich auch daran, daß die Naiaden und der Eridanus, die schon an der eigentlichen Bestattung beteiligt waren, keine Trauerriten mehr über dem eingemeißelten Namen ausführen. Die Rezeption der Inschrift (und damit überhaupt eines Textes) wird hier in ihrer Abhängigkeit von den äußeren Umständen gezeigt. Sie ergibt sich vor allem aus der Beziehung, die der Leser zu den in der Inschrift genannten Personen und Sachverhalten hat. Die Wandelbarkeit der Rezeption verdeutlicht der Dichter, indem er innerhalb weniger Verse (V. 325–39), die eine größere Zeitspanne abdecken (vgl. V. 336: *exanimesque artus primo, mox ossa requirens*), sowohl die Errichtung, als auch die Lektüre des fiktiven Epitaphs durch „Passanten" darstellt. Hierin zeigt sich die typisch epische, lineare Erzählweise. In den römischen Elegien wird eine eingefügte Inschrift dagegen stets nur zu einem bestimmten Zeitpunkt gezeigt: Sie ist entweder imaginiert (in diesen Fällen erfahren wir nicht, ob sie auf der Ebene der Erzählung auch umgesetzt oder gar rezipiert wird) oder sie ist fiktiv, wobei nur die Rezeption, nicht aber der Prozeß der Planung und Errichtung

[251] Ov. met. 2,335–43 (über Clymene): *et laniata sinus totum percensuit orbem / exanimesque artus primo, mox ossa requirens / repperit, ossa tamen peregrina condita ripa; / incubuitque loco nomenque in marmore lectum / perfudit lacrimis et aperto pectore fovit. / Nec minus Heliades lugent et inania morti / munera dant lacrimas* [...] / *non auditurum miseras Phaethonta querellas / nocte dieque vocant adsternunturque sepulcro.*

[252] Ramsbys (2007) 133 Interpretation, die Frauen „succumb to an obsessive desire to continue the process of reading and re-reading the text, mourning not only their loss, but their lost opportunity for choosing their brother's memorial", hat keine Grundlage im Text.

zur Sprache kommen. Diese punktuelle Darstellungsweise, die Prägnanz und perspektivisches Erzählen erfordert, stellt einen der wichtigsten Unterschiede zwischen den in eine Elegie und den in ein Epos eingelegten Inschriften dar.

Ov. met. 14,443–4 (Caieta)

Das zweite Grabgedicht in den Metamorphosen bezieht sich ebenfalls auf eine im fremden Land verstorbene Person. Caieta, die Amme des Aeneas, wurde nach ihrem Tod an der Küste Italiens von Aeneas an dem Ort beigesetzt, der später ihren Namen trug. Die Geschichte des Ortsnamens, der schon in met. 14,156–7 angedeutet wird (*Troius Aeneas* [...] / *litora adit nondum nutricis habentia nomen*), wird jedoch in den Metamorphosen zunächst nicht weiterverfolgt. Stattdessen wendet sich die Erzählung zuerst den Erlebnissen des Macareus zu, eines Gefährten des Odysseus, der sich nach dem Aufenthalt bei Kirke in Caieta niedergelassen hatte, und nun mit Achaemenides, der von Odysseus im Land der Kyklopen zurückgelassen und von Aeneas gerettet wurde, Erlebnisse austauscht (met. 14,158–440). Nach dem Ende der Berichte geht die Erzählung abrupt zu der Grabinschrift der Amme über. Der Kontext lautet (met. 14,441–7):

> *Finierat Macareus, urnaque Aeneia nutrix*
> *condita marmoreo tumulo breve carmen habebat:*
> *‚Hic me Caietam notae pietatis alumnus*
> *ereptam Argolico quo debuit igne cremavit.'*
> *Solvitur herboso religatus ab aggere funis,*
> *et procul insidias infamataeque relinquunt*
> *tecta deae.*

Das Epitaph befindet sich auf einem marmornen *tumulus,* d.h. einem mit einer Marmorplatte bedeckten oder als Mausoleum gestalteten Grab, in dem die Urne der Verstorbenen beigesetzt wurde. Dieser Aufwand ist bemerkenswert, da sich Aeneas und seine Gefährten noch als landfremde Flüchtlinge auf der Suche nach ihrer endgültigen Heimat befinden. Die Inschrift geht allerdings nicht auf diese widrigen Umstände ein: Nicht der Flüchtlingsstatus der Caieta und ihrer Begleiter steht im Mittelpunkt, sondern die *pietas* ihres Zöglings Aeneas, der sie zuerst aus dem von den Griechen gelegten Brand (Trojas) gerettet und ihr nach ihrem Tod die Brandbestattung gegeben habe, die er ihr schuldig war. Damit gibt das Epitaph zugleich Aufschluß über die zuvor aufgeworfene Frage, wie der Hafen den Namen der Amme bekommen habe. In der Aeneis war die Benennung nach der dort verstorbenen Caieta dagegen direkt mitgeteilt und mit dem Begräbnis durch Aeneas verknüpft worden, s. Verg. Aen. 7,1–7:

Tu quoque litoribus nostris, Aeneia nutrix,
aeternam moriens famam, Caieta dedisti;
et nunc servat honos sedem tuus, ossaque nomen
Hesperia in magna, si qua est ea gloria, signat.
At pius exsequiis Aeneas rite solutis,
aggere composito tumuli [...] / *portum* [...] *relinquit.*

Der Vergleich zeigt, daß Ovid zentrale Details der vergilischen Fassung beibehalten hat: Die von Vergil gepriesene *pietas* des Aeneas wird in der in die Metamorphosen eingefügten Inschrift als so bekannt vorausgesetzt, daß der Eigenname des Helden nicht einmal genannt werden muß.[253] Umgekehrt erfahren wir von der Amme nur ihren Eigennamen, aber nichts über ihre persönlichen Eigenschaften. Daß sie ihren Dienst vermutlich treu versehen hat, läßt sich allein daraus schließen, daß Aeneas sie gerettet und sie mit allen Ehren bestattet hat.

In beiden Versionen sind der Name und die Gebeine der Verstorbenen eng verknüpft. Wie man sich diese Verbindung vorzustellen hat, hängt in der Aeneis davon ab, welches Bezugswort man für *nomen* ansetzt.[254] Williams (1973) 166 bezieht den ‚Namen' allein auf die Bezeichnung des Ortes Caieta und erklärt: „‚And now your glory marks the place, and the name commemorates your bones': i.e. her memorial in Virgil's time is the name of the town called after her, cf. Aen. 6.507 *nomen et arma locum servant.*" Dieser Auffassung schließt sich Fordyke (1977) 53 unter Berufung auf Tac. Germ. 28 an, wo der Name allerdings nicht auf ein konkretes Objekt (*ossa*) bezogen ist, sondern ein Abstraktum, die „alte lokale Erinne-

[253] Die Betonung der *pietas* spricht gegen Thompsons (1989) 110 These, die Errichtung eines Grabmonuments für Caieta sei „inappropriate [...]. Surely the type of woman to be a nurse [...] would not want a monument erected to her." Über Caietas Wünsche erfahren wir aus dem Text jedoch nichts. Der Akzent liegt hier auf den Pflichten, die ein Zögling gegenüber seinen Erziehern bzw. allgemein ein *pater familias* gegenüber den Angehörigen seines Haushalts zu erfüllen hat. Dazu gehört auch die Errichtung einer angemessenen Grabstätte. Zu möglichen Bezügen zwischen Caieta und der kallimacheischen Hekale s. Skempis (2010).

[254] Für eine Zusammenfassung der Diskussion vgl. Horsfall (2000) ad loc.

rung“ bezeichnet (*manet adhuc Boihemi nomen signatque loci veterem memoriam*). Die Parallele schließt daher nicht aus, daß sich Vergils Formulierung *ossaque signat*[255] auf eine Beschriftung entweder der (Marmor-)Urne oder, wahrscheinlicher, eines Gedenksteins über dem Grab bezieht. Eine solche konkrete Bedeutung läßt Skempis (2010) 115 anklingen, der übersetzt: „Your name still marks your bones“. Die Bekanntheit der Amme wiederum wird der Umgebung ‚ewigen Ruhm‘ (*aeternam famam*, Verg. Aen. 7,2) bringen, da sie die Gegend fest mit den Irrfahrten des berühmten Ahnherrn verknüpft. Die Verbindung dieser beiden konkret auf das Grab und allgemein auf die Geographie des Ortes bezogenen Aspekte legt auch die Gliederung des Erzählabschnitts nahe. In den durch *et nunc* und *litoribus nostris* auf die Gegenwart des Sprechers bezogenen Versen 1–4 dominieren zunächst Begriffe, die sich auf die Region und den Raum beziehen (V. 1: *litoribus nostris*; V. 3: *sedes*, V. 4: *Hesperia in magna*) und mit der Vorstellung von Dauerhaftigkeit verknüpft sind (V. 2: *aeternam famam*; V. 3: *servat*). In dem folgenden, durch *at* (V. 5) als Neueinsatz gekennzeichneten Erzählabschnitt stehen dagegen die einmaligen, zur konkreten Bestattung gehörigen Handlungen im Vordergrund, die von Aeneas ausgeführt, durch die Verwendung der vorzeitigen Ablativi absoluti *exsequiis solutis* und *aggere composito* aber zugleich als abgeschlossen gekennzeichnet werden. Mit Aeneas' Abreise (V. 7: *relinquit*) ist die Bestattung selbst beendet. Durch diesen Aufbau sind die Verse V. 3–4, die durch *et nunc* [...] *signat* gerahmt werden und den gegenwärtigen Zustand wiedergeben, eng mit den durch Aeneas und Caieta repräsentierten Ereignissen der Vergangenheit verwoben. Die übliche Funktion eines vorschriftsmäßig errichteten Grabes, nämlich das Andenken an die

[255] Die Handschriften M und P bieten *ossaque nomen* [...] *signant* (‚Die Knochen prägen den Namen‘). Die Lesart bietet offenkundige Schwierigkeiten. Sie wird daher von Fordyce (1977), Mynors (1990) und Williams (1973) nicht in den Text übernommen. Mackail z. St. übersetzt „the bones ‚stamped a name‘ “, gesteht aber selbst ein, daß diese Variante kaum einen verständlichen Sinn ergebe. Verteidigt wird sie dagegen von Dyer (1995), der annimmt, mit den Gebeinen der obskuren mythischen Gestalt Caieta seien in Wirklichkeit die des im Hafen von Gaeta ermordeten Cicero angesprochen, „which left an indelible *signum* on this shore.“ Statt die beiden Lesarten gegeneinander abzuwägen, setzt er jedoch mit einem Hinweis auf die bessere Qualität der Handschriften M und P die seiner These günstigere Variante *ossaque signant* (die auch bei Serv. ad Aen. 10,828 aufgeführt wird) voraus und gewinnt daraus Argumente für seine weitergehende Theorie von einem ciceronianischen Subtext. Es handelt sich hier um einen Zirkelschluß.

darin genannte Person zu verewigen, wird durch diese Einbettung um einen Aspekt erweitert: Das Denkmal macht nicht nur die Verstorbene, sondern die ganze Region in einer bestimmten Hinsicht bekannt und wirkt so identitätsstiftend.

Zugleich stellt sich jedoch die Frage, wie dieser Prozeß nach dem Aeneistext vorzustellen ist. Nach Vergils Schilderung verlassen Aeneas und seine Gefährten das Gebiet unmittelbar nach Caietas Bestattung, um ihre Suche nach dem verheißenen Siedlungsplatz fortzusetzen. Wie lange sie sich zuvor in der Region aufgehalten haben, geht aus dem Text nicht hervor, doch erweckt der Dichter den Eindruck, als habe es sich nur um einen kurzen Aufenthalt gehandelt, dessen einziges denkwürdiges Ereignis der Tod der Amme gewesen sei. Weder wird ein Kontakt mit der einheimischen Bevölkerung, noch die Gründung eines Kults oder einer Siedlung erwähnt, aus der sich der nach der Amme benannte Ort entwickelt haben könnte.

Die Etablierung als Ortsname setzt jedoch eine lebendige Tradition voraus. Auch wenn man annimmt, daß die Wendung *ossaque nomen signat* nicht nur auf die Ortsbezeichnung, sondern auch auf eine Kennzeichnung des Grabes verweist, nennt der Vergiltext als Inhalt der Inschrift nur den Namen der Amme. Dieser kann zwar den Anlaß für die Benennung der Stadt oder der umliegenden Region bieten, allerdings nicht ohne Weiteres die *aeterna fama* begründen, die der Tod der Caieta nach Vergils Worten ‚unseren Küsten' gebracht habe. Ohne eine mündliche oder schriftliche Tradition, die den Namen mit Inhalt füllt, ist die Nennung Caietas auf dem Grab allenfalls von etymologischem Interesse.[256] Der Begriff *aeterna fama* setzt vielmehr voraus, daß die Bewohner mit der bezeichnenden Gestalt positive Assoziationen verbinden und diese Einschätzung von anderen geteilt wird. Wie dieser Übergang zustandekam, wird weder von Vergil noch von Ovid ausgeführt, doch verweist die Formulierung der Inschrift in den Metamorphosen auf die Aeneis als Hauptquelle für die Caietasage. Damit aber ist die Überlieferung von einer materiellen auf die literarische Ebene gehoben. Es ist auch und gerade die Literatur, nicht die Inschrift oder das Grab allein, die die Erinnerung an vergangene Ereignisse wachhält

[256] Zu der möglicherweise von Kallimachos beeinflußten etymologischen Deutung des Namens Caieta (von καιέτας, καιετός, das in Kall. Hekale fr. 47,6 im Sinne von „Höhlung", „Wölbung im Stein" gebraucht wird und daher für einen Hafen passend erscheint), s. Skempis (2010) 124–5.

und schließlich den Charakter des Ortes prägt, an dem die Sage lokalisiert wird.

Literarische Überlegungen sind bei Ovid auch auf textimmanenter Ebene für die Gestaltung der Inschrift entscheidend, die von dem Wortspiel um die Begriffe *ignes* und *cremare* dominiert wird. Die Rettung aus den Flammen (des brennenden Troja) wird hier zur wichtigen Voraussetzung für das feierliche Verbrennen des Leichnams in Italien. In beiden Fällen sichert Aeneas die Würde und das (Nach-)Leben seiner Amme. Zugleich evoziert die Betonung des „Verbrennens" eine u.a. von Servius Aen. 7,1 überlieferte Etymologie, die den Ortsnamen Caieta nicht vom Eigennamen Caieta, sondern von καίω ableitete und in dem Vorgebirge den Ort sah, an dem die reisemüden trojanischen Frauen die Flotte des Aeneas verbrannten. Indem Ovid diese Herleitung, die in der Aeneis keinen Platz findet, weil Vergil die Zerstörung der Schiffe schon auf Sizilien ansiedelt, geschickt mit der Brandbestattung der Amme in Verbindung bringt, gelingt es ihm, beide Varianten anzuführen, ohne sie gegeneinander auszuspielen.[257]

Die Inschrift, die Aeneas und seine Gefährten in Ovids Fassung anbringen, dient somit vor allem dazu, ein positives Selbstportrait des Helden zu entwerfen, das dadurch Glaubwürdigkeit erlangt, daß das Lob der Verstorbenen in den Mund gelegt wird. Aus dem Grab, dessen Aufwand Aeneas' Pflichtgefühl bezeugt, bestätigt die Amme gleichsam den vorbildlichen Charakter ihres Zöglings. Die Inschrift stellt damit ein positives Pendant zu dem in den gleichzeitig entstandenen Fasti enthaltenen Epitaph der Dido dar, in dem Aeneas der Beihilfe zum Selbstmord bezichtigt wurde.

Eher als auf die textimmanenten Betrachter (d.h. die einheimische Bevölkerung in der Nähe des Grabes) ist die Inschrift daher

[257] Diese harmonische Verbindung beider Erklärungen ist nicht selbstverständlich. Ps-Aurelius Victor, der ebenfalls beide Herleitungen kennt (orig. 10,3) stellt sich gegen Vergils Version, wenn er berichtet, die an der Küste bestattete Amme des Aeneas habe den Beinamen Caieta erst erhalten, nachdem sie dort die Schiffe verbrannt habe. S. dazu Boas (1938) 27–8 und Barchiesi, Encicl. Virg. I 604 s.v. *Caieta*. Für McKays These, daß „Virgil probably sensed an imaginative link between the meaning of the place-name, and Caieta's cremation site" ([1967] 9), gibt es in der Aeneis keinen Anhaltspunkt. Während er bei der Bestattung des Misenus, der kurz vor der Amme gestorben und von Aeneas ebenfalls in Süditalien bestattet worden war, die Einäscherung des Leichnams ausdrücklich erwähnt (Aen. 6,212–3: *Nec minus interea Misenum in litore Teucri / flebant et cineri ingrato suprema ferebant*), vermeidet er bei er Beisetzung der Caieta alles, was den Leser an die konkurrierende Herleitung von καίω erinnern könnte.

auf die Leser der Metamorphosen und damit auf das literarisch gebildete Publikum der augusteischen Zeit ausgerichtet. Dies zeigt sich auch an der oben zitierten Bemerkung, Aeneas betrete nun ein Gestade, das ‚noch nicht den Namen der Amme trug' (met. 14,157). Der Erzähler der Metamorphosen korrigiert damit einen Anachronismus in Vergils Aeneis, wo der Hafen, in den Aeneas einläuft, schon vor dem Ableben der Amme als *Caietae* [...] *portus* bezeichnet wird (Verg. Aen. 6,900).

Zugleich erfüllt die Inschrift eine wichtige Funktion in der Erzählökonomie. Sie erlaubt es dem Dichter, den Tod der Amme und ihre Bestattung, die in der Aeneis vom auktorialen Erzähler angesprochen werden, zu überspringen und sie nur im Rückblick wiederzugeben. Der Dichter vermeidet so eine längere Schilderung der nur wegen der Namensetymologie interessanten Ereignisse und eine Wiederholung des schon in der Aeneis Gesagten.[258] Stattdessen konzentriert er sich, wie auch sonst in seiner Adaptation des Aeneis-Stoffs, auf die von Vergil nur angedeuteten Details.

Ein Unterschied zwischen Vergils und Ovids Schilderung besteht auch hinsichtlich der Beschaffenheit des Grabes. In der Aeneis handelt es sich um einen *agger* (d.h. um einen hauptsächlich aus Erdreich bestehenden Bau), der als Grabhügel aufgeschüttet wird (Verg. Aen. 7,5–7: *At pius exsequiis Aeneas rite solutis, / aggere composito tumuli / [...] tendit iter*), bei Ovid dagegen um einen mit Marmor bedeckten *tumulus*. Während Vergil die Eile des Aeneas und der Gefährten hervorhebt, die den von den Göttern befohlenen Weg schnell zurücklegen, ohne dabei die *pietas* gegenüber der verstorbenen Amme zu vernachlässigen, hebt Ovid die reguläre Bestattung hervor, indem er auf den für Grabbauten typischen Marmor verweist. Wir haben hier eine Form der *variatio* vor uns, die gegenüber der vergilischen Erzählung eigene Schwerpunkte setzt. Gleichzeitig zeigt sich das bei vielen elegischen Inschriften zu beobachtende Nebeneinander von literarischer und materieller Überlieferung: Während vordergründig die auf haltbarem Material angebrachte Inschrift für den Nachruhm der Person sorgt, ist es bei näherem Hinsehen die Literatur, die die maßgeblichen Ereignisse festhält und deren Kenntnis beim Leser vorausgesetzt wird.

[258] Zu Ovids Rezeption der bei Vergil angeführten Etymologien s. O'Hara (1996a) 95–102 und (1996b) 255–76.

Ov. am. 2,6,61–2 (*psittacus*)

Ovids Elegie auf den Tod des Papageis der Corinna hat wegen seiner humorvollen Bearbeitung des seit hellenistischer Zeit beliebten Themas „Klagereden auf Tiere“ viel Beachtung gefunden.[259] Eine Auswahl historischer und literarischer Zeugnisse ist unter anderem von Herrlinger (1930) zusammengestellt worden. Historische Grabinschriften wurden demnach nur für Hunde und Pferde verfaßt, die eine enge Beziehung zu ihren Besitzern haben, während literarische Epigramme auch anderen, zum Teil exotischen Tieren gewidmet sein können, z.B. einer Zikade (AP 7,200–1), einem Delphin (AP 7,214) oder einem Eichelhäher (AP 7,191). Herrlinger (1930) viii unterteilt die von ihm untersuchten literarischen Beispiele in drei Gruppen: 1. „ernst-sentimentale Epicedien“, 2. „parodistische Epicedien“ (zu denen er auch am. 2,6 rechnet) und 3. „pointierte Epicedien“. Während das ernst-sentimentale Epicedium eine „Neigung zur Idylle und zum Genrebild“ (ebd. 57) aufweise, setze das parodistische Epicedium einen anderen Text als bekannt voraus, indem es zum Beispiel die Gepflogenheiten eines Epicediums für Menschen auf die Tierebene übertrage. Das pointierte Epicedium dagegen ziele darauf ab, „den Verstand des Lesers zu fesseln“ (Herrlinger [1930] 92). Die Grenze zwischen den Gruppen ist, wie Herrlinger (1930) 76 selbst einräumt, fließend. So enthalte Catulls *passer*-Gedicht (Catull. 3) auf den Tod von Lesbias Lieblingsvogel, das als Vorlage für am. 2,6 gedient haben dürfte, allenfalls parodistische Elemente: Dem Tod des Tieres werde „eine übersteigerte Bedeutung zugemessen“, woraus sich „eine leise komische Wirkung“ ergebe:[260] So werden die *Veneres Cupidinesque* (Catull. 3,1) zur Trauer um den toten *passer* aufgerufen, der, wie sonst ein verstorbener Mensch, in die Unterwelt gelangt.[261] Zur Trauer um den verstorbenen Papagei ruft auch der Sprecher von am. 2,6 auf, allerdings gilt sein Appell nicht den Liebesgöttern, sondern den übrigen Vögeln, die elaborierte Trauerfeierlichkeiten abhalten sollen. Auch die Unterwelt, in die der Papagei eingegangen sei, wird erwähnt, allerdings handelt es sich nicht um den dunklen, alles verschlingenden Orcus wie in Catull. 3,

[259] S. die Einführung bei McKeown (1989) 108–11 und James (2006) 1–14.

[260] Herrlinger (1930) 76. Die Berühmtheit von Catull. 3 zeigt sich z.B. an der Imitation durch Martial ep. 1,7. Die *psittacus*-Elegie wiederum diente als Vorbild für Statius' Gedicht auf den Tod eines zahmen Papageis (silv. 2,4).

[261] Catull. 3,11–2: *qui nunc it per iter tenebricosum / illuc, unde negant redire quemquam.*

sondern um ein freudvolles Elysium, in dem der verstorbene Vogel gebannte Zuhörer findet. Am Ende der Elegie wird schließlich die auf dem Grabstein angebrachte fiktive Inschrift zitiert. Das als wörtliche Rede des Verstorbenen gestaltete Epitaph, dessen Sprecher sich erst im zweiten Vers als Vogel zu erkennen gibt, lautet (am. 2,6,61–2):[262]

> ‚*Colligor ex ipso dominae placuisse sepulcro.*
> *Ora fuere mihi plus ave docta loqui.*'

Der Brauch, den Verstorbenen selbst in der Grabaufschrift zu Wort kommen zu lassen, läßt sich schon früh in der griechischen und römischen Sepulkralkunst nachweisen.[263] Besonders verbreitet ist ein fiktiver Dialog mit dem Vorübergehenden, der vom Verstorbenen ermahnt, gewarnt oder zur Anteilnahme an seinem Schicksal aufgefordert wird.[264] Ovid selbst gestaltet, wie oben gesehen, seine eigene fiktive Grabinschrift (trist. 3,3,73–6) nach diesem Muster, indem er sich in wörtlicher Rede als *Naso poeta* vorstellt, in verhüllter Form auf seine Todesursache hinweist und um die guten Wünsche des Vorübergehenden bittet. Damit die Worte auch von einem eiligen Passanten gelesen werden können, sollen sie nach den in der rahmenden Elegie gegebenen Anweisungen in möglichst großen Lettern in das Grabmonument eingemeißelt werden (trist. 3,3,71–2: *quosque legat versus oculo properante viator, / grandibus in tumuli marmore caede notis*).[265]

Im Epitaph für den Papagei steht dagegen nicht die Sorge um den Segenswunsch des Wanderers im Vordergrund, da schon das Grab selbst einen Erfolg darstellt (2,6,61), den der Sprecher auf die Gunst zurückführt, die er offenbar bei seiner Herrin genoß. Betrachtet man die Grabinschrift unabhängig von der rahmenden

[262] Zur Doppeldeutigkeit von *ave* (als Ablativ von *avis* oder, mit Kürzung der zweiten Silbe, als Grußformel *ave*) s. unten. Zu der Papageien-Elegie allgemein Colton (1967) 71–8, Cahoon (1984) 27–35, Boyd (1987) 199–207 (die die Elegie als humorvolle Auseinandersetzung mit dem Problem poetischer Originalität sieht) und Cahoons Antwort (1990/91) 368–78. Houghton (2000) 718–20 stimmt Boyd (1987) zu. S. außerdem Myers (1990) 367–74 (mit Betonung auf der hellenistischen Färbung der Elegie), Schmitzer (1997) und Dietrich (2002) bes. 99–100 (mit einem Vergleich zwischen am. 2,6 und Stat. silv. 2,4). Zur Tradition der Gedichte auf tote Vögel s. Nadeau (1984) 861–8 und Lefèvre (1999).

[263] S. Raubitschek (1968).

[264] Lattimore (1942) 230–5.

[265] S. dazu auch die Interpretation zu trist. 3,3, oben S. 110–9.

Elegie, so muß dieser Beginn die Aufmerksamkeit eines potentiellen Passanten auf sich ziehen: Da die Identität des Sprechers noch nicht feststeht und gewöhnlich jeder Mensch Anrecht auf ein Begräbnis hat,[266] läßt die Formulierung auf einen außergewöhnlichen Hintergrund schließen. Es wird also eine typische „Erwartung" im LESSINGschen Sinne aufgebaut.[267] Der Dichter erreicht dies nicht nur durch die verzögerte Identifikation des Verstorbenen, sondern auch durch die unspezifische Angabe *domina* für die Person, die das – offenbar nicht selbstverständliche – Begräbnis arrangiert hat. Der Begriff wird sowohl im rechtlichen Sinn für die ‚Besitzerin' von Sklaven als auch im persönlichen Bereich als Anrede für die Ehefrau oder Geliebte verwendet,[268] ohne daß der Leser aus dem ersten Vers einen Anhaltspunkt erhält, wie das Wort hier zu verstehen ist. In beiden Fällen wirkt die Aussage *Colligor ex ipso dominae placuisse sepulcro* seltsam unpassend. Sowohl eine Witwe als auch die Besitzerin eines verstorbenen Sklaven ist verpflichtet, für ein Begräbnis zu sorgen, ohne daß dies auf dem Grabstein als besondere Gunst vermerkt werden müßte.[269]

Erst im zweiten Vers klären sich die Auffälligkeiten: Der Sprecher ist kein Mensch, sondern ein Vogel, der sich jedoch durch seine sprachliche Kunstfertigkeit weit über seine Artgenossen erhebt (*Ora*

[266] Unbegraben bleiben in Rom nur die Hingerichteten (s. dazu und zu Ausnahmen von dieser Regel MOMMSEN [1899] 989), während die Verweigerung eines Begräbnisses in allen anderen Fällen als Frevel gewertet wird.

[267] In der Tat geben historische Inschriften, die Stolz über ein Grab ausdrücken, zugleich auch den Grund für die selbstbewußte Haltung an: Das Grabmal ist besonders groß, besonders schön, besonders kostspielig oder befindet sich an einem gut sichtbaren oder viel frequentierten Platz, so daß es den erhofften Nachruhm gewährleistet. S. LATTIMORE (1942) 227–230.

[268] Beide Bedeutungen können in der Sprache der römischen Liebesdichtung ineinander übergehen, s. Ov. am. 1,11,7–8 (der Sprecher trägt der Dienerin seiner Geliebten auf, einen Liebesbrief zu überbringen): *accipe et ad dominam peraratas mane tabellas / perfer.*

[269] Für die Bereitstellung eines Grabplatzes für die Angehörigen der *familia*, zu der auch die Sklaven und Freigelassenen gehören, sorgte der Erblasser oft schon zu Lebzeiten und vermerkte diesen Umstand auch auf den Grabinschriften, s. z.B. [*A*]*fricanus Aug. verna . . .* [*si*]*bi et suis posterisque eorum de suo se vivo fecit* (CIL VI 5306 = ILS 7930); *Seia T. f. sibi et Vibennio Marcellino filio viva posuit* (CIL XI 568 = ILS 8159: Cesena) und *d. m. somno aeternali memoriae dulcissimae Vibiae C. lib. Parthenope, dignissimae et incomparabili feminae, M. Aurelius Aug. lib. Metras coniugi et sibi se vivos fecit* (CIL VI 28875 = ILS 8024).

fuere mihi plus ave docta loqui).[270] Allerdings wird der „Verstorbene" in dem Epitaph nicht direkt als ‚Papagei' bzw. als ‚Vogel' bezeichnet, wie dies oft in selbständigen hellenistischen Grabepigrammen auf Tiere der Fall ist,[271] sondern nur durch den Vergleich *plus ave.*[272] Während die Formulierung in hellenistischen Inschriften oft den Schluß nahelegt, daß als Sprecher ein Relief oder eine Skulptur des Verstorbenen oder auch das Denkmal selbst zu denken ist,[273] bleibt das nähere Aussehen des Grabmals hier unbestimmt. Auch

[270] Als Sprecher in Epitaphen erscheinen verstorbene Tiere schon in hellenistischen Epigrammsammlungen. Die Inschriften auf sie sind im siebten Buch der Anthologia Palatina unter den Nummern 189–216 zusammengefaßt. Vgl. A.P. 9,341, Glaucus III,3; Antipater XX G-P, XXXI G.-P. und Gow zu Theokrit 16,47. Vgl. zur Trauer um tote Tiere außer HERRLINGER (1930) auch SCHNEIDER (1994) und NADEAU (1984), speziell zu verstorbenen Papageien SCHMIDT (1985) und COLTON (1967).

[271] Vgl. speziell für verstorbene Vögel A.P. 7,191 (Elster); 7,199 (Drossel); 7,201 (Drossel); 7,203 (Steinhuhn); 7,204 (Steinhuhn).

[272] Im Pentameter liegt möglicherweise ein Spiel mit dem doppeldeutigen Wort *ave* vor. Neben der Bedeutung ‚Ich besaß einen Schnabel, der gelehrt worden war, mehr als ein Vogel zu sprechen', läßt er den Gedanken ‚Ich besaß eine Schnabel, der gelehrt worden war, mehr als *ave* zu sagen' anklingen. Die Grußformeln *ave* bzw. χαῖρε waren die charakteristischen Worte, die man in der Antike zahmen Papageien beibrachte, s. Poetae Latini Minores 61 (De Philomela) 31,32: *psittacus* [...] / *suo domino chaere sonat vel ave*, vgl. außerdem Mart. 14,73,2: *Caesar, ave*!, Pers. Prol. 8: *chaere*!; Stat. silv. 2,4,24–30: *occidit* [...] *psittacus* [...] *ille salutator regum nomenque locutus / Caesareum* und allgemein Plin nat. 10,117: *super omnia humanas voces reddunt* [sc. *cardueles*], *psittaci quidem etiam sermocinantes. India hanc avem mittit, siptacen vocat, viridem toto corpore, torque tantum miniato in cervice distinctam. imperatores salutat et quae accipit verba pronuntiat, in vino praecipue lasciva.* Eine Kürzung der zweiten Silbe der Grußformel ‚*ave*', wie man sie für das Wortspiel in unserem Pentameter annehmen muß, findet sich auch bei anderen Verben der e-Konjugation (s. z.B. *cave* in Ov. am. 1,8,72, vgl. dazu MCKEOWN [1998] 144). Die Auslassung der Vergleichspartikel *quam* ist sonst allerdings nur nach Quantitätsangaben möglich. (Die von MALTBY (1998) 144 angeführte Parallele Hor. carm. 4,14,13 *plus vice simplici* ist nicht aussagekräftig, weil dort ein Ablativus comparationis vorliegt). Der mögliche Nebensinn sollte daher nicht zu sehr betont werden. Als ‚mehr als ein Vogel' hat den Vers offenbar der Verfasser eines stadtrömischen Epitaphs auf den Schoßhund Margarita (CIL VI 29896 = CE 1175) gelesen, denn seine Imitation der Ovidstelle lautet: *nec plus quam licuit muto canis ore loquebar: / nulli latratus pertimuere meos.* Zu diesem Grabgedicht und seiner Beziehung zur Liebeselegie s. FRINGS (1998) 93–6.

[273] S. z.B. A.P. 7,338 (anonym): Die Grabstele für den Jäger Perikles berichtet in wörtlicher Rede, daß sie Bilder von Pferden, Lanzen, Hunden, Stangen und Netzen zeige. In A.P. 7,394 spricht ein Mühlstein, der auf dem Grab eines Müllers aufgestellt ist.

die rahmende Elegie gibt in dieser Hinsicht keinen Aufschluß.[274] Für die Gestalt des Denkmals und damit für die Funktion der darauf angebrachten Inschrift läßt der Dichter also zwei Möglichkeiten offen. Entweder ist schon aus dem Monument selbst die Natur des Begrabenen erkennbar (z.B. durch ein Relief oder eine Statue des Papageis), so daß das Epitaph auf die Frage „Warum liegt hier ein Vogel begraben?" antwortet (in diesem Fall bildete das Monument die „Erwartung" im LESSINGschen Sinn, die Inschrift dagegen den „Aufschluß"), oder es handelt sich um ein äußerlich neutrales Grab, so daß die Inschrift die Frage „Wer liegt hier begraben?" aufklärt. Da dies in retardierender Form geschieht, diente die Inschrift in diesem Fall dazu, die durch das Monument geweckte Erwartung zunächst hinzuhalten und dann „mit eins" zu befriedigen.

Da die Elegie dem Leser keine genaue Vorstellung vom Aussehen des Grabmals vermittelt und dadurch beide Möglichkeiten offenläßt, kann sie nicht als Ersatz für das Monument intendiert sein, das der Leser der Amores nicht vor Augen hat. Welche Funktion hat sie aber dann? Vergleicht man den Aufbau des Gedichtes mit dem anderer Elegien, in denen der Verstorbene in seiner Grabinschrift selbst zu Wort kommt, so zeigt sich eine Besonderheit: Der Bestattete, dem das Epitaph gilt, ist schon gestorben, bevor die elegische Erzählung einsetzt (am. 2,6,1–2: *Psittacus* [...] *occidit*), und kann daher nicht mit dem (anfangs nicht näher bezeichneten) Sprecher des rahmenden Gedichts identisch sein.[275] Da die Elegie eine Rede für einen Verstorbenen darstellt, hat man sie mit der Tradition der Epicedia in Verbindung gebracht, mit denen sie auch andere Charakteristika teilt. Die meisten der fünf typischen Elemente eines solchen Trauergedichts (Einleitung mit Angabe des Trauerfalls und Anrede der Hinterbliebenen; Lob des Verstorbenen; Klage um ihn; Bericht über die Todesumstände und die Bestattung; Trost für die Trauernden)[276] finden sich auch in der Elegie: Der Sprecher benennt den Trauerfall, ruft die Freunde des Verstorbenen, in diesem Fall die Vögel, zur Bestattung (am. 2,6,2: *exe-*

[274] Als Bezeichnungen für das Grabmonument und seine Bestandteile erscheinen nur die allgemeinen Begriffe *tumulus* (V. 59), *lapis* (V. 60) und *sepulcrum* (V. 61). Die Bezeichnung *tumulus* bezieht sich auf einen Grabhügel, ist aber nicht zwangsläufig mit dem in der modernen Archäologie als Tumulus-Grab bezeichneten Bestattungstyp identisch.

[275] Der Sprecher gibt sich erst in am. 2,6,19 als Geliebter der Corinna zu erkennen: *Quid iuvat, ut datus es, nostrae placuisse puellae?*

[276] In dieser Reihenfolge aufgeführt von MCKEOWN (1998) 109.

quias ite frequenter aves) und zu den üblichen römischen Klageriten auf (am. 2,6,3–5: *plangite pectora* [...] *ungue notate genas* [...] *lanietur pluma*), die ausdrücklich menschliche Bräuche ersetzen sollen (am. 2,6,5–6: *pro maestis lanietur pluma capillis / pro longa resonent carmina vestra tuba*). Der in der Inschrift angedeutete ‚Erfolg', der dem Vogel durch das unerwartete Grabmal zuteil wurde, zeigt sich also auch in den Bestattungsriten selbst: Er erhält ein auf Vogelebene transponiertes, an menschlichen Gepflogenheiten orientiertes Begräbnis. Zu diesem Eindruck trägt auch die folgende Darstellung seines Lebens und seines Charakters bei, in der Eigenschaften hervorgehoben werden, die auch für Menschen als ehrenvoll gelten. Der Papagei bewies seiner Freundin, der Taube, eine an Pylades und Orest gemahnende Treue,[277] er war der Ruhm der Vögel (d.h. ein Musterexemplar seiner Gattung) und zeichnete sich durch Schönheit und Intelligenz aus.

Wir haben in am. 2,6,11 also die auf Tierebene übertragene Darstellung römischer Trauerbräuche vom Tod bis zum Begräbnis vor uns.[278] Der präzise chronologische Aufbau geht über die Tradition des Epicediums hinaus, was sich besonders in der Erwähnung der Grabinschrift zeigt, die nicht zu den traditionellen Bestandteilen des üblichen Trauergedichts gehört: Wie bei der Bestattung als letzte rituelle Handlung schließlich der Grabstein errichtet wird, so füllt hier die Grabinschrift die letzten Verse der Elegie.

Unbestimmt bleiben in dem Epitaph der Adressat (ausgeschlossen ist nur eine Anrede an die Besitzerin des Tieres, da sie in der dritten Person erwähnt wird) sowie die Art des Vogels, die nur durch das Merkmal „Sprachfertigkeit" näher eingegrenzt wird. Die Sprachfertigkeit von Papageien war in der Antike allgemein bekannt, doch wußte man auch von anderen Vögeln, die diese Fähigkeit besas-

[277] Die Kommentatoren weisen darauf hin, daß die *psittacus*-Elegie die einzige Erwähnung von lebenslanger Treue in den Amores bietet.

[278] Zu den Bestattungsbräuchen und dem Ablauf der Beisetzung s. SCHRUMPF (2006) 38–66.

sen.[279] Um was für einen Vogel es sich handelt, ist deshalb aus dem Epitaph allein nicht sicher zu erschließen.

Die in der Inschrift verewigte Selbsteinschätzung, ‚einen Schnabel gehabt zu haben, der klüger sprach als ein Vogel' wird auch indirekt durch die Inschrift bestätigt: Das Tier ist nicht nur in der Lage, vorgesprochene Wörter nachzuahmen, wie es gewöhnliche sprachbegabte Vögel tun, sondern auch die logische Verknüpfung zwischen der Errichtung eines Grabmals und der Zuneigung seiner Herrin herzustellen. Das Epitaph bestätigt also durch seine bloße Existenz das in ihm festgehaltene Lob des verstorbenen Haustiers.

Die Illusion eines klugen, in menschlichen Bahnen reflektierenden Sprechers wird jedoch durch seine Eigenschaft als Vogel gleich wieder eingeschränkt. Während ein Mensch in der Lage ist, seine eigene Grabinschrift zu imaginieren und in den Liebeselegien zahlreiche Sprecher von dieser Möglichkeit Gebrauch machen, ist dieses Verfahren selbst bei dem klügsten aller Vögel ausgeschlossen. Daraus ergibt sich eine bemerkenswerte Konstellation. Grabinschriften, in denen menschliche Verstorbene die Passanten anreden, leben von der Vorstellung, daß der Tote den Text entweder selbst entworfen hat, oder daß er theoretisch in der Lage gewesen wäre, einen solchen zu entwerfen (bzw. sinnverwandte Aussagen zu treffen). Bei der Inschrift auf den Papagei handelt es sich dagegen nicht um ein Autoepitaph, sondern um die Imitation von Epitaphen auf Menschen. Auch im Tod zeigt sich also die besondere Stellung des Vogels: zwar spricht er quantitativ und qualitativ ‚mehr' als seine Artgenossen, aber die Worte, die er ‚äußert', bleiben auch in schriftlicher Form nur eine Imitation. Allerdings gibt die rahmende Elegie diesem Gedanken eine neue und humorvolle Wendung: der erste Vers der Grabinschrift (*colligor ex ipso dominae placuisse sepulcro*) greift zugleich auf V. 19–20 zurück, der vom Erzähler gesprochen wird (*quid iuvat, ut datus es, nostrae placuisse puellae? / infelix avium gloria nempe iaces*), wobei das für die Elegie zentrale Wort *placuisse* an iden-

[279] S. dazu Toynbee (1973) mit Verweis auf Pers. Choliambi 8–11: *Quis expedivit psittaco suum* χαῖρε */ picasque docuit nostra verba conari: / magister artis ingenique largitor / venter, negatas artifex sequi voces* und Mart. 14,73: *Psittacus a vobis aliorum nomina discam. / hoc didici per me dicere ‚Caesar have*'. Zu den in der Antike bekannten sprachbegabten Vögeln gehörten außerdem Elstern bzw. Krähen, s. Petron. 28: *super limen autem cavea pendebat aurea, in qua pica varia intrantes salutabat.* Vgl. A.P. 7,191,1–2: ἁ πάρος ἀντίφθογγον ἀποκλάγξασα νομεῦσι / πολλάκι καὶ δρυτόμοις κίσσα καὶ ἰχθυβόλοις …

tischer Stelle im Hexameter erscheint. Diese in der Forschung bisher nicht berücksichtigte Wiederholung[280] läßt den Papagei noch aus dem Grab heraus ein Wort seiner eigenen *laudatio funebris* aufgreifen. Gleichzeitig beantwortet die Grabinschrift indirekt die in V. 19 gestellte Frage, was die Freude des Mädchens dem Papagei angesichts seines Todes nütze: Der Zuneigung seiner *domina* habe er wohl sein Grab zu verdanken.

Die Bedeutung der *imitatio* zeigt sich in der Elegie auf mehren Ebenen. Die Fähigkeit zur täuschend echten Nachahmung ist einerseits das typische Merkmal des Protagonisten, andererseits bildet die gesamte, einem toten Vogel gewidmete Elegie eine *imitatio* von Trauergedichten auf verstorbene Menschen, die wiederum unter Nachahmung literarischer Vorlagen erreicht wird. Beides – die *imitatio* menschlicher Trauerriten und die Nachahmung literarischer Vorlagen – trifft auch in der Stellung der Grabinschrift zusammen, die das letzte Distichon der Elegie ausfüllt und darin mit den oben besprochenen Heroidesbriefen der Phyllis und der Dido übereinstimmt. Dort diente die Schlußstellung der Grabinschrift dazu, den in wörtlicher Rede nicht darstellbaren Selbstmord der Sprecherin zu überbrücken und dem Leser das Ergebnis des Suizids plastisch vor Augen zu stellen. Diese Erklärung trifft in der *psittacus*-Elegie offensichtlich nicht zu, da hier eine auktoriale Perspektive vorherrscht, aus der sich alle Details – auch solche, die der Protagonist nicht selbst beschreiben kann – leicht darstellen lassen. Das Epitaph, das gewöhnlich nach dem Ende des Begräbnisses angebracht wird, bezeichnet hier wirkungsvoll das Ende der in der Elegie in chronologischer Reihenfolge genannten Trauerrituale zu Ehren des Papageis.

In der Forschung wird seit einiger Zeit die These vertreten, daß sich hinter dem Papagei der verstorbene Dichter Gallus verberge, dem Ovid in Anlehnung an seinen Nachruf auf Tibull Referenz erweise.[281] Die Theorie knüpft an die Vorschläge CAHOONS (1984) und BOYDS (1987) an, die in der Papageienelegie die Dar-

[280] MCKEOWN (1998) 120 erwähnt sachliche Parallelen bei Statius und Martial und kommentiert (ebd. 144): „The garrulous parrot continues to talk, even after death", beachtet aber nicht den Rückgriff auf V. 19, sondern verweist auf andere in Elegien eingebettete Grabinschriften, die aus der Perspektive des Verstorbenen gesprochen sind. Vgl. auch HOUGHTON (2013) 353 mit zutreffenden allgemeinen Überlegungen zu Wortwiederholungen, die eingebettete Inschriften mit dem weiteren Kontext der Elegie verknüpfen.

[281] SCHMITZER (1997) 245–70.

stellung eines poetologischen Programms sehen: Der verstorbene Vogel repräsentiere ein in hellenistischer Tradition stehendes Dichterideal. Tatsächlich lassen sich Parallelen zu gewöhnlich für die alexandrinische Poesie verwendeten Metaphern feststellen.[282] Ob aber auch Verbindungen zu einer konkreten Persönlichkeit angenommen werden können, etwa zu Tibull (zu Parallelen zwischen am. 2,6 und dem Nachruf auf Tibull am. 3,9 s. schon Boyd [1987]) oder zu Gallus, hängt von der grundsätzlichen Frage ab, ob der Vergleich mit einem Papagei tatsächlich ein geeignetes Kompliment für einen Dichter darstellt (immerhin erwähnt Ovid Gallus und Tibull sonst mit Hochachtung).[283] Während die Nachtigall in der antiken Literatur öfter als Metapher für die Dichter verwendet wird, steht der Vergleich eines Poeten mit einem Papagei m. W. allein.[284] Vor allem der Bezug auf die menschliche Stimme, die das

[282] Auffällig ist die Genügsamkeit des Papageis, der sich mit sehr wenig Nahrung zufriedengibt (V. 29: *minimo*; V. 31: *nux, papavera*) und seinen Durst mit „einfachem Wasser" (V. 32) löscht. Selbst sein Grabstein ist klein (V. 60: *lapis exiguus*), wobei der Sprecher mit *exiguus*, das betont vor der Versfuge steht, ein Adjektiv verwendet, das sonst auch für das Stilideal der „kleinen" Gattungen verwendet werden kann. Die gedankliche Verbindung zwischen der Körpergröße des Verstorbenen und den Abmessungen des Grabes bzw. der Inschrift findet sich auch sonst in der griechischen und römischen Literatur, allerdings wird meistens die geringe Größe des Grabes hervorgehoben, die entweder mit der bedeutenen sozialen Stellung des Verstorbenen kontrastiert (AL [carmina codicis saeculi IX] 436 auf Alexander den Großen und Pompeius Magnus): *Iunxit magnorum casus fortuna virorum: / hic parvo, nullo conditus ille loco*), oder aber, wie in einem Epigramm des Kallimachos (A.P. 7,447 = ep. 11 Pf.), die Übereinstimmung zwischen der Körpergröße des Verstorbenen und der Länge der Grabinschrift bzw. der Größe des Grabes: σύ ντομος ἦ ν ὁ ξεῖνος· ὃ καὶ στίχος οὐ μακρὰ λέξον. Zu einem poetologischen Hintergrund paßt auch die Ablehnung von Kriegen und die Bevorzugung der erotischen Thematik, die für die Liebeselegie typisch ist (beide Bereiche werden in V. 25–6 durch die Begriffe *bella* und *amator* verbunden: *non tu fera bella movebas; / garrulus et placidae pacis amator eras*). Da es sich aber um ein allgemeines Gattungskennzeichen handelt, müssen diese poetologischen Bezüge nicht speziell auf Gallus gemünzt sein.

[283] S. z. B. am. 1,15,29–30: *Gallus et Hesperiis et Gallus notus Eois, / et sua cum Gallo nota Lycoris erit* und den freudlichen Nachruf auf Tibull, am. 3,9.

[284] Im zweiten Iambus des Kallimachos wird die Stimme des Papageis einmal in ironischer Weise mit unangenehmen Personen in Verbindung gebracht. Früher hätten die Tiere wie die Menschen gesprochen, als sie sich aber über die Herrschaft des Zeus beklagten, sei ihnen zur Strafe die Stimme genommen und auf die Menschen übertragen worden. So habe Eudemos die Stimme des Hundes, Philton die Stimme des Esels und eine weitere Person oder Personengruppe, deren Bezeichnung durch eine Lücke im Text verloren ist, die Stimme des Papageis erhalten (ia. 2 Pf. 9,166–7). So seien die Vielredner und Schwätzer entstanden

kluge Tier in erstaunlicher Weise ‚nachgeahmt' habe, macht stutzig. Tatsächlich deckt die Feststellung, daß der Papagei die menschliche Stimme ‚nachgeahmt' habe, gerade im Preis seiner Klugheit auch seine Schwäche auf: Er ist auf die Wiederholung menschlicher Worte angewiesen,[285] gelangt darin aber weder technisch noch gedanklich zur Vollkommenheit. Weder kann er, obwohl es bei flüchtiger Betrachtung so scheinen mag, seine Empfindungen frei formulieren,[286] noch vermag er den charakteristischen Tonfall abzulegen, der ihn als Papagei entlarvt.[287] Wie aber lassen sich die scheinbar widerstreitenden Bewertungen des Papageis (Gelehrigkeit und Überlegenheit gegenüber Artgenossen einerseits, Unselbständigkeit und Schwächen gegenüber menschlicher Kommunikation andererseits) miteinander und mit den offenkundigen Anspie-

(οἱ δὲ πάντες ἄνθρωποι / καὶ πουλύ μυθοι καὶ λάλοι πεφύ κασιν / ἐκεῖθεν) s. dazu Puelma Piwonka (1949) 222–3.

[285] Die Beschränkung auf bloße Imitation der menschlichen Stimme ist in der römischen Antike sprichwörtlich, s. Apuleius, flor. 12,8: *Verum enimvero et corvus et psittacus nihil aliud quam quod didicerunt pronuntiant. Si convicia docueris, conviciabitur diebus ac noctibus perstrepens maledictis: hoc illi carmen est, hanc putat cantionem.* Dazu Köhler (1881, Ndr. 1967) 145 und Hunink (2001) 131 zu Apuleius flor. 12,8.

[286] Der mehrfach ausgesprochene Gedanke, daß der Papagei der Corinna ein vernunft- und sprachbegabtes Wesen sei (V. 18: *vox mutandis ingeniosa sonis*; V. 24: *reddebas* [...] *verba*; V. 26: *garrulus*; V. 29: *sermonis amore*; V. 37. *loquax*, V. 58: *convertit volucres in sua verba pias*), wird dem Leser besonders durch den Abschiedsgruß *Corinna vale* (V. 48) suggeriert, den der Vogel seiner Herrin zuruft. Dieser erhält seine überraschende Wirkung durch die scheinbar ‚passende' Situation, in der er geäußert wird, wodurch der schlichte Charakter der Wortfolge (es handelt sich nicht um einen originellen Gedankengang, sondern um die schlichte Wiederholung einer häufig gebrauchten Formel) in den Hintergrund tritt. Ähnliche Leistungen der in der Antike verbreiteten indischen Papageien sind aus Griechenland bezeugt, wo die Tiere gelegentlich im Eingangsbereich eines Hauses untergebracht wurden und den Besuchern Grußworte zuriefen. Dieselbe Funktion erfüllt die Elster im Haus des Trimalchio, s. o. Anm. 279.

[287] Schmitzer (1997) interpretiert das Adjektiv *blaeso* als Anspielung auf das alexandrinische Ideal der λεπτότης. Bei Kallimachos steht die Erwähnung der von Zeus auf die Menschen übertragenen Papageienstimme jedoch in einer Reihe mit zwei wenig schmeichelhaften Parallelen (der Stimme von Hunden und Eseln). Puelma Piwonka (1949) 223 schließt daraus, „daß mit diesen Stimmen, die sich durch ihre aufdringliche Lautstärke auszeichnen, ganz bestimmte literarische Gattungen ironisch charakterisiert werden sollen, und zwar durchweg solche, die dem Stilideal des [...] λεπτόν feindlich gegenüberstehen". Vor diesem Hintergrund wäre es ungewöhnlich, wenn Ovid gerade durch das bei Kallimachos negativ besetzte Bild des Papageis die alexandrinische Dichtkunst des Gallus hervorheben wollte.

lungen auf den hellenistisch-römischen Literaturbetrieb vereinbaren?

Eine Lösung zeichnet sich ab, wenn man die auffälligste ‚Leistung' des Papageis, den Abschiedsgruß an Corinna, zum Ausgangspunkt nimmt. Es ist die einzige Stelle der Elegie, an der der Eigenname „Corinna" fällt und damit zugleich die *domina* des Papageis mit der *domina* des elegischen Sprechers der Amores identifiziert wird. Schon die Nennung dieses Namens, die dadurch, daß es sich um *ultima verba* handelt, noch hervorgehoben wird,[288] macht es unwahrscheinlich, daß in dem Vogel konkret die Dichter Gallus oder Tibull erkannt werden sollen. Die elegische Geliebte des Gallus heißt Lycoris, die des Tibull Delia bzw. Nemesis, und nur diese Personen könnte der Papagei, wenn er als ‚Stellvertreter' eines der beiden Dichter intendiert wäre, in sinnvoller Weise sterbend grüßen. Will man die These von einem – wie auch immer gearteten – Bezug des Papageis zur hellenistisch-römischen Dichtung aufrechterhalten, so ergibt sich daraus umgekehrt, daß nur der Dichter Ovid, der eine Geliebte namens Corinna in seinen *carmina* besungen hatte, als Sprecher der Worte *Corinna vale* in Frage käme. Der schillernde (V. 21–2), anhängliche (V. 15–7; V. 47–8) und wortgewandte (V. 17–8), allerdings in diesem Kontext unkonventionelle Vogel wäre damit nicht als Stellvertreter ‚der alexandrinischen Poesie' allgemein, sondern als Platzhalter für Ovids Amoresdichtungen zu verstehen. In diesem Fall ließen sich auch jene Bemerkungen, die für einen anderen alexandrinisch-römischen Dichter wenig schmeichelhaft ausfallen würden, organisch in das Gesamtbild integrieren: Sie passen gut zu dem spielerischen Charakter der ovidischen Liebesdichtungen, die sich selbst nicht allzu ernst nehmen (die Umschreibung des Dichters als *tenerorum lusor amorum* in seinem Autoepitaph in trist. 3,3 ist bezeichnend). Betrachtet man das Gedicht aus diesem Blickwinkel, so ergeben sich Folgerungen für die Interpretation der Elegie und ihre Einordnung in das Gesamtwerk der Amores, die am Text überprüft werden müssen.

[288] Den letzten Worten eines Menschen wurde, vor allem, wenn es sich um berühmte Persönlichkeiten handelte, in der Antike besondere Bedeutung beigemessen. Sueton etwa notiert in seinen Kaiserbiographien regelmäßig die letzten Aussprüche der Herrscher, wobei er sich wohl auf eine entsprechende Sammlung stützen konnte. Das Interesse an *ultima verba* ist allerdings schon in Griechenland nachweisbar, s. zur Geschichte der *ultima verba* z.B. GNILKA (1979).

Falls der Papagei als ‚Platzhalter' für die Corinna-Gedichte der Amores zu betrachten wäre, so hätten wir es mit einer Anspielung auf deren mögliches Ende zu tun. Da sich dieses aus der Anordnung der Gedichte nicht ablesen läßt (auch in späteren Elegien tritt Corinna auf), muß diese Möglichkeit offenbleiben. Immerhin deutet auch Properz in Elegie 4,7 (Tod der Cynthia) das Ende seiner Liebesdichtungen an, obwohl Cynthia in der folgenden Elegie 4,8 wieder als Lebende erscheint. Die auffällige Parallele der Papageien-Elegie zu Ovids Trauergedicht für den verstorbenen Dichter Tibull (Ov. am. 3,9), auf die in der Forschung öfter hingewiesen wurde, wäre dann insofern bedeutsam, als der Dichter dort nicht nur als Person, sondern auch vor allem als Vertreter der Gattung Elegie erscheint.[289] Bei allen Gemeinsamkeiten zeigt der Vergleich allerdings auch Unterschiede, die in der Forschung nicht immer berücksichtigt werden. So setzen zwar beide Gedichte nach dem Tod des Protagonisten, aber zu unterschiedlichen Zeitpunkten ein: Während der Vogel der Corinna offenbar eben verstorben ist und die Trauerriten noch bevorstehen (am. 2,6,1–2: *Psittacus, Eois imitatrix ales ab Indis, / occidit; exsequias ite frequenter, aves*), befindet sich der verstorbene Tibull zu Beginn von am. 3,9 bereits auf dem Scheiterhaufen (am. 3,9,5–6: *Ille tui* [sc. *Elegiae*] *vates operis, tua fama, Tibullus / ardet in exstructo, corpus inane, rogo*). Dann beschreibt der Sprecher in einer Reihe mythologischer Bilder die Trauer um den toten Dichter, zugleich aber auch den unsterblichen Ruhm, der ihn und die Mädchen, die er besang, erwarte: Dichtungen nämlich entgehen als einzige dem Scheiterhaufen, wie das Beispiel der homerischen Epen zeige (am. 3,9,28–32). Nach der allgemeinen Klage über die Sterblichkeit der Menschen werden in einem Rückgriff die letzten Ehren hervorgehoben, die Mutter, Schwester und Geliebte dem Dichter erweisen konnten, und die im Vergleich zu einer Bestattung in der Fremde einen gewissen Trost bieten. Auch werde Tibull gewiß ins Elysium eingehen, wo er mit dem Efeukranz bekränzt in Ehren gehalten werde. Die Elegie schließt mit einem traditionellen Wunsch an den Verstorbenen (am. 3,9,67–8: *ossa quieta, precor, tuta requiescite in urna / et sit humus cineri non onerosa tuo*).

[289] Ov. am. 3,9,3–6. Die beiden Elegien sind oft nebeneinandergestellt worden, s. neben den oben genannten Titeln z.B. auch Green (1982) 295 und Hardie (2002) 63.

Die Elegie auf Tibull zeigt also bei aller Trauer einen deutlichen Hinweis auf das Nachleben des verstorbenen Schriftstellers in seinen Werken, wie es auch andere Dichter für sich erhoffen. Im Gedicht auf den Papagei fehlt dieser Zug dagegen.[290] Die Grabinschrift in den letzten beiden Versen ist das einzige Zeugnis für die sprachlichen Fertigkeiten des Papageis, das einige Aussichten auf „Dauerhaftigkeit" hat, doch wird dieser Aspekt nicht hervorgehoben. Stattdessen bezeichnet die Inschrift am Ende der Elegie den Schlußpunkt der im Gedicht beschriebenen Begräbnisfeierlichkeiten. Dies entspricht den römischen Bestattungsbräuchen, bei denen die Errichtung des Grabsteins mit Inschrift am Ende der Feierlichkeiten erfolgte. Die Inschrift stellt damit, ähnlich wie das Epitaph in den Heroidesbriefen der Phyllis und Dido, dem Leser am Schluß der Elegie das fertige Grab vor Augen, überbrückt aber, anders als jenes, nicht einen Teil der Handlung. Im Vordergrund steht vielmehr die pointierte Zusammenfassung der Fertigkeiten des Vogels, der noch aus dem Grab einen Kernbegriff seiner eigenen *laudatio funebris* nachahmt, und so den raffinierten Charakter der Elegie spiegelt. Gleichzeitig wird dem Leser der Eindruck eines Endpunkts vermittelt: Ein Nachleben des Vogels ist nur durch das aus Wohlwollen errichtete, mit einer durchaus raffinierten Inschrift versehene Grab denkbar, nicht aber durch eine Wiedergabe seiner zu Lebzeiten geäußerten Laute und Worte, die sein irdisches Dasein unvergänglich machen. Die Papageienelegie zeigt damit eine statischere Vorstellung von Erinnerung und Nachleben als die Gedichte, in denen sich Dichter ihren eigenen Nachruhm ausmalen, wie es etwa in Ovids Metamorphosen der Fall ist.[291] Auch dies stützt den Gedanken, daß hier nicht das Ende einer Dichterpersönlichkeit, sondern allenfalls das einer zwar charmant-raffinierten, aber nur bedingt wandlungsfähigen Gattung angedeutet wird. Dies geschieht jedoch auf eine spielerische Weise, die das Todesthema geschickt mit literarischen Anspielungen und einer durch die Transposition in die Vogelwelt bewirkten kreativen Verfremdung traditioneller römischer Bräuche verknüpft. Gerade in der Darstellung des Todes und der damit verbundenen ritualiserten Abläufe erweist sich daher

[290] Auch diese Beobachtung stützt die Vermutung, daß die Papageienelegie nicht auf den Tod eines bestimmten Dichters anspielen soll.

[291] Ov. met. 15,878–9: *Ore legar populi, perque omnia saecula fama, / siquid habent veri vatum praesagia, vivam.*

die thematisch eigentlich eng gebundene Gattung Elegie als durchaus vital.

4.2 Weihinschriften

Weihgaben und die damit verbundenen Inschriften stehen idealerweise am Ende eines dreistufigen Prozesses: Ein Mensch in einer schwierigen Situation wendet sich hilfesuchend an eine Gottheit und verspricht ihr nach dem Prinzip *do ut des* eine Gegengabe für ihre Unterstützung. Tritt diese Unterstützung tatsächlich ein, so weiht der Beter schließlich die versprochene Gabe, die in einem inneren Zusammenhang zu der geleisteten Hilfe steht und fügt eine Inschrift hinzu.[292] Damit wird die Bindung zwischen Mensch und Gottheit öffentlich gemacht. Alle drei Schritte werden in den römischen Elegien erwähnt. Die größte Aufmerksamkeit widmen die Dichter nicht der öffentlichkeitswirksamen Weihung, sondern dem privaten Gelöbnis des Betroffenen. Nur viermal (zweimal in Elegien, zweimal in elegisch gefärbten Erzählungen aus den Metamorphosen) werden Weihinschriften von einem Erzählzeitpunkt aus geschildert, der nach der entscheidenden Hilfe des Gottes liegt. In sechs Fällen dagegen steht das göttliche Eingreifen noch aus und der Sprecher zitiert aus einer bedrängten Situation heraus die Inschrift als eine potentielle Gegengabe für die erhoffte Hilfe.

Schon darin zeigt sich das für Elegien typische Interesse an psychischen Vorgängen. Auch die Themenwahl spiegelt die elegische Vorliebe wider: Alle Weihinschriften stehen in Zusammenhang mit Liebesaffairen.

[292] Gelübde, Erfüllung und Weihung der Gabe werden z. B. in konziser Form in einer Weihinschrift aus Epidauros erwähnt, IG IV^2,1 440 = CE 866 = Courtney (1995) 144: *Cutius has auris Gallus tibi voverat olim, / Phoebigena, et posuit sanus ab auriculis.*

4.2.1 Weihinschriften für erhoffte Hilfe

4.2.1.1 Weihinschriften für erhoffte Hilfe in Liebesbeziehungen

Ov. am. 1,11,27–8 (Liebe zu Corinna)

Das erste Beispiel findet sich am Ende der Elegie am. 1,11, die zusammen mit 1,12 ein Gedichtpaar bildet.[293] Der Sprecher will seiner Geliebten Corinna durch die Dienerin Nape eine Einladung zum Rendezvous schicken, wobei die Nape sein Anliegen unterstützen und die Adressatin im Gespräch dazu bringen soll, einen ausführlichen Antwortbrief zu verfassen (am. 1,11,13: *si quaeret quid agam, spe noctis vivere dices*; am. 1,11,19: *nec mora, perlectis rescribat multa iubeto*). Die Unsicherheit über den Ausgang der Affaire zeigt sich an zahlreichen weiteren Aufforderungen an die Dienerin, die jede Verzögerung vermeiden, Corinna zum raschen Lesen drängen, ihre Reaktionen beobachten und sie zu einer positiven Antwort ermutigen soll. Die Anweisungen münden schließlich in das Versprechen, die Täfelchen, falls der Liebesbrief Erfolg hat, mit Lorbeer zu bekränzen, sie im Tempel der Venus zu weihen und mit einer Inschrift zu versehen. Mit dem wörtlich zitierten Distichon, das die Weihgabe begleiten soll, endet die Elegie. Der Kontext lautet (Ov. am. 1,11,19–28, angesprochen ist die Dienerin, die die Geliebte zu einer Antwort ermuntern soll):

Nec mora, perlectis rescribat multa iubeto:
    odi, cum late splendida cera vacat.
Comprimat ordinibus versus oculosque moretur
    margine in extremo littera rasa[294] *meos.*
Quid digitos opus est graphio lassare tenendo?
    Hoc habeat scriptum tota tabella ‚veni'.
Non ego victrices lauro redimire tabellas
    nec Veneris media ponere in aede morer.

[293] Gedichtpaare in der griechischen und römischen Dichtung sind seit einiger Zeit verstärkt behandelt worden. Vgl. zu Ovid z.B. Papaioannou (2008)b; außerdem Kutzko (2006); Davis (1977); Henderson (1991 und 1992); Watson (1983); zu Heroides 6 und 12 als einem Sonderfall aufeinander bezogener Gedichte Verducci (2014) 56–85 und speziell zu Amores 1,11 und 12 mit einem Blick auf mögliche strukturelle Vorbilder bei Properz Dimundo (2000) 239–41; einen Überblick über diese Technik im Hellenismus und in Rom gibt McKeown (1987) II 309.

[294] Ramírez de Verger (2003) konjiziert *lecta*.

Subscribam, ‚Veneri fidas sibi Naso ministras
dedicat. At nuper vilis fuistis acer'.

Die Länge der Weihinschrift ist in der Forschung umstritten. Während Ryan/Perkins (2011), Dimundo (2000) 257, Kenney (1995) und Scarcia (1985) sie mit dem Satz *at nuper vile fuistis acer* enden lassen, betrachten Brandt (1911 [1965]) und Lenz (1965) diesen Ausruf nicht mehr als Bestandteil der Inschrift. Sieht man von diesen Schwierigkeiten ab, so weist die Inschrift die typischen Bestandteile des Weihformulars auf: Genannt werden die Gottheit, der die Dedikation gilt, der Weihende und – allerdings in einer für sich genommen wenig aussagekräftigen Umschreibung – auch der Gegenstand, der im Tempel aufgestellt werden soll. Die Auslassung von für das Verständnis notwendigen Informationen gilt sonst als Anhaltspunkt für die Unterscheidung von historischen und literarischen Inschriften: Wenn der Betrachter den fraglichen Gegenstand vor Augen hat, wie es bei historischen Weihungen im Tempel der Fall ist, wird eine Bezeichnung des Objekts im begleitenden Text oftmals unnötig.[295] Auch der Hinweis auf das Material der Weihgabe, den wir in dem umstrittenen letzten Halbvers der Elegie erhalten, braucht nach diesen Kriterien nicht unbedingt zur Inschrift selbst zu zählen. Die Frage, ob der Ausruf *at nuper vile fuistis acer* zu der imaginierten Weihinschrift gehört, muß daher nach dem Kontext entschieden werden, den die Elegie liefert. Entscheidend ist die Frage, wie die Angabe *nuper vile fuistis acer* zu verstehen ist. Sie muß offenbar zu einem Zeitpunkt gemacht werden, an dem die Täfelchen nicht mehr ‚wertlos', sondern zu höheren Ehren aufgestiegen sind.[296] Da dieser Augenblick aber vom Erzählstandpunkt der rah-

[295] S. dazu z.B. Köhnken (1993). Allerdings existieren umgekehrt auch Fälle, in denen eine archäologisch bezeugte Inschriften Informationen enthält, die der Betrachter auch allein aus dem Anblick des zugehörigen, vor ihm stehenden Objekts gewinnen kann. Das Kriterium der überschüssigen oder fehlenden Informationen kann also die Literarizität eines Epigramms nicht immer eindeutig beweisen, dazu Bettenworth (2007) 74, mißverstanden von Christian [2015] 20. Hinzugefügt wird eine Objektbeschreibung bei archäologisch bezeugten Inschriften vor allem dann, wenn der Weihende dem Objekt bestimmte Attribute zuschreiben oder seine Herkunft näher bestimmen will, wenn eine Zuordnung durch den optischen Eindruck allein nicht möglich ist, oder wenn ein Ensemble zusammengehöriger Stücke präsentiert wird. Dazu oben S. 124–5 mit Anm. 86.

[296] Dimundo (2000) 258 weist darauf hin, daß Ahornholz in der Antike durchaus geschätzt war (dazu Plin. nat. 16,66–68), weshalb sich die Bezeichnung *vilis* nicht auf den reinen Materialwert der Holzes beziehen kann, etwa bevor es zu

menden Elegie betrachtet noch in der Zukunft liegt (der Erfolg der Mission, der die Täfelchen kostbar macht, ist noch nicht eingetreten), kann die Aussage *vile fuistis acer* nur von den bereits im Tempel der Venus geweihten *tabellae* gesagt sein.[297] Folglich muß der Halbvers zu der Inschrift gerechnet werden. Allerdings kann die Anrede an die Schreibtafeln abrupt erscheinen. Nicht Aufforderungen an die *tabellae,* sondern Anweisungen an die Dienerin strukturieren die Elegie. Eine befriedigende Überleitung von den Anreden an die Dienerin zu der Adresse an die Täfelchen in V. 28 kann nur die Inschrift selbst bilden, etwa indem man sinngemäß ergänzt: *Veneri* [*vos*] *fidas sibi Naso ministras / dedicat.*[298] Nicht die Gottheit, der die Weihgabe gilt, oder die künftigen Betrachter sind hier also Adressaten der Inschrift, sondern der geweihte Gegenstand selbst. Daß der umstrittene Halbvers eng mit dem sicher zur Inschrift gehörigen Text verbunden ist, ergibt sich auch aus dem emphatischen *at,* das einen starken Gegensatz zum vorhergehenden Gedankengang suggeriert. Dieser könnte entweder durch *Veneri fidas sibi Naso magistras / dedicat* gebildet werden, oder, wenn man die ‚Inschrift' aus der

Schreibtäfelchen verarbeitet wurde. Den Unterschied zwischen dem unverarbeiteten Rohstoff und dem fertigen Produkt hebt dagegen die Priapstatue in Hor. serm. 1,8,1–3 hervor, wenn sie von sich selbst sagt *olim truncus eram ficulnus, inutile lignum / cum faber, incertus scamnum faeretne Priapum, / maluit esse deum.* Bei Ovid dagegen geht es um die Situation vor und nach dem imaginierten Erfolg der Täfelchen.

297 Darauf verweist auch McKeown (1989) 322. Auch Papaioannou (2008)b 108–9 rechnet den mit *at* eingeleiteten Satz zur Inschrift. Sie deutet die Bezeichnung *acer* („Ahorn") für die Täfelchen als eine weitere Verbindung zwischen den Schreibutensilien und der Dienerin Nape („Waldschlucht"), s. Papaioannou (2008)b 115, vgl. Anm. 298.

298 Papaioannou (2008)b 108, die metapoetische Aussagen in dem Elegienpaar untersucht, weist auf den Rollenwechsel hin, der sich in der Inschrift vollzieht: „The tablets clearly take the place of Nape as the poet's direct adressee". Der Umschwung wird durch die auffällige Wendung *fidas ministras* gekennzeichnet, vgl. zuvor die Beschreibung Napes als *ministeriis* [...] *cognita* (V. 3) und *fida reperta mihi* (V. 6). S. dazu auch Fitzgerald (2000) 60 und Henderson (1991) 78. Nape war zuvor in einer steigernden Litotes als nicht fühllose und – im Verhältnis zu ihrem niedrigen Stand – nicht naive Persönlichkeit dargestellt worden, die wohl auch eigene Erfahrungen in der Liebe habe und deshalb eine geeignete Helferin sei 1,11,9–12, vgl. dazu Ryan/Perkins (2011) 114. Diese Darstellung etabliert eine enge Bindung zwischen Sprecher und Helferin, wie sie auch in der Redesituation zwischen dem Sprecher und den eigentlich unbelebten Täfelchen suggeriert.

rahmenden Elegie löst, durch die Aussage *nec Veneris media ponere in aere morer* (Ov. am. 1,11,24).

Die Schwierigkeit besteht darin, daß hier eine äußerlich unauffällige Dedikation an eine Gottheit in Wirklichkeit auf den geweihten Gegenstand abzielt. Möglich wird dies durch die im rahmenden Gedicht vorbereitete Personifizierung der Täfelchen.[299] Die auffällige Anrede an die *tabellae* am Ende der Elegie schafft hier eine Brücke zum folgenden Gedicht, in dem der Sprecher das Wort ebenfalls direkt an die mittlerweile erfolglos zurückgekehrten Schreibtäfelchen richtet und sie für sein Unglück verflucht.[300] Sie erscheinen dort, ebenso wie der Baum, von dem sie stammen, als personifizierte, zu eigenständigem Handeln befähigte Wesen, die für das vergebliche Liebeswerben haftbar gemacht werden können. Diese Personifizierung führt eine Tendenz aus am. 1,11 fort, wo die Wachstäfelchen, noch ohne direkt angesprochen zu werden, ebenfalls als potentielle „Sieger" (V. 25: *victrices*) in Erscheinung getreten waren. Erst die Personifizierung verleiht dem Weihversprechen seinen spezifischen Gehalt: Die Weihung wird nicht primär als Ehrung für die Göttin dargestellt, in deren Tempel sie vorgenommen werden soll, sondern als Auszeichnung für die Täfelchen, die auf diese Weise einen prominenten Platz erhalten.[301] Die Bedeutung dieses Versprechens läßt sich ebenfalls aus der folgenden ‚Fluchelegie' ablesen, in der den erfolglos heimgekehrten *tabellae* mit dem entgegengesetzten Schicksal gedroht wird: Zur Strafe für ihr Versagen sollen sie verachtet am unglückverheißenden Dreiweg liegen und von der Last eines Wagenrades zermalmt werden (am. 1,12b,13–4: *proiectae triviis iaceatis, inutile lignum, / vosque rotae frangat praete-*

[299] McKeown (1989) 322. Die Anrede an den geweihten Gegenstand allein erscheint dagegen öfter, vgl. A.P. 6,52; 122; 123; 128; 248.

[300] Ov. am. 1,12,7–20, bes. V. 7–8: *ite hinc, difficiles, funebria ligna, tabellae, / tuque, negaturis cera referta notis.* Ein pointierter Kontrast zwischen 1,11 und 1,12 ergibt sich auch durch die Gegenüberstellung von *fidas ministras* (1,11,27) als Bezeichnung der Täfelchen und der Klage über deren „Doppelzüngigkeit" in 1,12,27 (*ergo ego vos rebus duplices pro nomine sensi*), die mit den Bedeutungsebenen von *duplices* spielt, s. Ryan/Perkins (2011) 121.

[301] Ryan/Perkins (2011) 115 verweisen auf die *litterae laureatae*, die von erfolgreichen Generälen an den Senat in Rom gesandt wurden. Dabei muß jedoch beachtet werden, daß die Täfelchen vom Sprecher nicht nur als Symbol seines Sieges, sondern geradezu selbst als Sieger angeredet werden. Der Vergleich verwischt daher in gewisser Weise die Besonderheit der Erzählperspektive bei Ovid.

reuntis onus).[302] Umgekehrt hätten die Täfelchen Nutzen von der in am. 1,11 imaginierten Weihung im Tempel: Sie würden in Ehren gehalten und beachtet und von den Betrachtern mit glücklichen Ereignissen assoziiert. Vor einer Beschädigung wären sie sicher. Das Streben nach Dauerhaftigkeit, das vor allem Ramsby (2007) als Motiv für die in die Elegien eingebetteten Inschriften annimmt, wird hier angedeutet und mit der Aussicht auf Aufmerksamkeit verbunden: Die zerstörerische Gewalt, die den *tabellae* in 1,12,14 angedroht wird, ist nicht zielgerichtet, sondern wird ihnen durch einen vorbeifahrenden Wagen zugefügt, dessen Lenker sich in der Phantasie des Sprechers offenbar nicht weiter um sie kümmert – es ist nicht einmal sicher, ob er sie wahrnimmt.

Die versprochene Weihinschrift erfüllt hier eine ähnliche Funktion wie die imaginierten Dedikationen im Brief der Sappho, des Acontius oder in anderen Gattungen (vgl. auch das Versprechen des Iphis in den Metamorphosen). Der Adressat soll jeweils durch die öffentliche Ehrung zur Hilfeleistung bei einem wichtigen Unternehmen bewogen werden (dazu unten S. 259). Ovid verleiht dieser gängigen Praxis, die sich auch an zahllosen historischen Inschriften nachweisen läßt (vgl. die Formeln *ex voto, votum solvit* etc.), eine neue Wendung, indem er trotz eines äußerlich traditionellen Inschriftenformulars den Weihgegenstand selbst zum quasi-göttlichen Helfer macht. Elegie und Inschrift sind hier nicht voneinander zu trennen: Die Elegie bereitet durch die Anrede an die Täfelchen die Inschrift vor, die ihrerseits eine durch die Elegie erläuterte Pointe bietet: Sie ist keine konventionelle Ehrung für die Göttin Venus, sondern dient der ironischen Überhöhung eines vom elegischen Sprecher geschätzten Gegenstands, der dadurch zugleich als belebtes Gegenüber und als beliebig verfügbares Ding erscheint: Die Täfelchen sind sowohl Adressaten als auch Objekt der Weihung. Diese Vermischung der Ebenen wird durch die Kombination von „elegischem“ und „inschriftlichem“ Gedichtteil hervorgehoben.

[302] Der Versschluß *inutile lignum* findet sich auch bei Horaz 1,8,1 (Rede der Priapstatue, zitiert oben Anm. 296), allerdings erscheint die Situation im Vergleich genau umgekehrt: Bei Horaz steht das ‚nutzlose Holz‘ als Rohstoff am Ausgangspunkt der Erzählung, bei Ovid werden die Täfelchen am Ende des Anbahnungsversuchs aufgrund ihres Mißerfolgs gleichsam zu einer nutzlosen Masse degradiert. Dazu Dimundo (2000) 264–5.

Ov. epist. 20,239–40 (Liebe zu Cydippe)

In einem vergleichsweise fortgeschrittenen Stadium der Liebeswerbung befindet sich Acontius, aus dessen Perspektive der 20. Heroidesbrief (an Cydippe) verfaßt ist.[303] Die Geschichte seiner Liebe zu Cydippe findet sich schon im dritten Buch der Aitia des Kallimachos (Kall. Ait. Frr. 67–75 Pf.), wo sie möglicherweise zu einem genealogischen Aition gehört (so Kenney [1967] 216), oder aber erklären soll, warum Äpfel als Liebesgabe gelten (s. dazu Palmer [1898] 481–3). Andere Dichter erwähnen die Sage selten (s. z.B. Priap. 16,5–6 im Rahmen eines „Apfelkatalogs"), allerdings ist eine spätere Prosafassung des Aristaenetus von Nicaea (um 350 n.Chr.) erhalten.[304] Die Darstellung des Kallimachos gilt daher als Hauptvorlage für den Heroidesbrief.[305] Die Erzählung wird von Ovid[306] als bekannt vorausgesetzt und mit weiteren Details, zu denen auch die Weihgabe gehört, angereichert. Acontius hatte sich in Cydippe verliebt und ihr einen Apfel zugeworfen, in den er heimlich den Schwur „Bei der Artemis, ich werde Acontius heiraten" eingeritzt hatte. Die Amme der Cydippe nahm den Apfel auf und bat das Mädchen, ihr den Text vorzulesen.[307] Als Cydippe die eingeritz-

[303] Die Beziehungen des Briefs zum Antwortschreiben der Cydippe untersucht u.a. Cassanova-Robin (2008).

[304] Dazu Palmer (1898) 479. Catull spielt in carm. 65,19–24 offenbar auf die Sage an, nennt aber keine Namen und beschränkt sich auf das – hier als Bild für Vergeßlichkeit gebrauchte – Fortrollen des Apfels, den ein Mädchen vom Verlobten bekommen und in ihrem Gewandbausch versteckt hatte. Daß der Leser dennoch speziell an Acontius und Cydippe denken soll, ergibt sich aus dem direkten Zusammenhang mit den Werken des Kallimachos, deren Übersetzung der Sprecher von Catull 65 dem Adressaten Hortalus zusendet. S. dazu auch Kyriakidis (2010) o.S.

[305] S. Fornaro (1999) 374. Zu möglichen weiteren Quellen Ovids s. Viarre (1988) 772. Ovid erwähnt die Sage auch in ars 1,457.

[306] Die Echtheit der Doppelbriefe (epist. 16–21) am Ende der Heroides ist umstritten. Während die meisten Forscher annehmen, daß die Briefpaare zwar später als die Einzelbriefe, aber doch von Ovid selbst (vielleicht nach Anregung durch seinen Freund Sabinus) verfaßt wurden (s. z.B. Fornaro [1999] 18, Hintermeier [1993] 190, Kraus [1950/51] und Latta [1963]), haben sich einige, unter ihnen Courtney (1965), der Lattas Echtheitsargumente aufgrund metrischer Erwägungen zurückweist, für eine Fälschung ausgesprochen. S. die Zusammenfassung der Forschungslage bei Hintermeier (1993) 190–5 mit weiterer Literatur.

[307] Die Einführung der Amme ist für den Plot strenggenommen nicht notwendig (Cydippe könnte den Apfel ebensogut selbst aufheben) und verdient daher Aufmerksamkeit. Auffällig ist auch ihre Einbindung in die Handlung. Palmer (1898) 480 nimmt an, daß die Amme nicht lesen könne und den Apfel deshalb direkt

ten Worte ausgesprochen hatte, war sie durch den Schwur gebunden und wurde, sobald sie eine Hochzeit mit einem anderen Mann eingehen sollte, von der Göttin mit Krankheit geschlagen. Während einer dieser Krankheitsschübe, als Cydippe zwar von Acontius' Zuneigung weiß, diese aber noch nicht erwidert und auch die Ursache ihres Leidens noch nicht kennt, ist der Brief des Acontius verfaßt. Darin klärt er Cydippe über den Zorn der Artemis auf, der ihre Heirat mit einem anderen Mann unmöglich machen werde, und beharrt mit Drohungen und Bitten auf seinem Recht, das Mädchen zu besitzen.[308] Wenn Cydippe seine Liebeswerbung erhöre,

an Cydippe weiterreiche, so daß diese, wie es die Handlung erfordert, als erste die Worte der verhängnisvollen Inschrift liest und sich dadurch an Acontius bindet. Der Text der Heroides besagt strenggenommen jedoch nur, daß die Amme sich wundert (epist. 21,109: *mirata*) und Cydippe zur Lektüre auffordert. Ob die Amme selbst lesen kann, ist damit nicht gesagt. Die *nutrix* wird auch am Beginn des Briefs der Cydippe (epist. 21) als Mitwisserin eingeführt, die es ihrer krank daniederliegenden Herrin ermöglicht, Acontius den Brief zu senden (epist. 21,19–20: *ante fores sedet haec quid agamque rogantibus intus, / ut possim tuto scribere ‚dormit' ait*). Diese Rolle erinnert an die treuen Diener der Komödie, die ihren Herren als listige Helfer zur Seite stehen. Hier jedoch ist die Amme gleich in doppelter Hinsicht für den Heroidestext bedeutsam: Sie sorgt in Ovids Fassung durch ihr Eingreifen und ihre Ermunterung zunächst dafür, daß der Schwur der Cydippe zustandekommt und garantiert schließlich durch die Abwehr von Eindringlingen die Entstehung des Briefes, mit dem Cydippe auf Acontius' Schreiben antwortet. Sie personifiziert damit die Anziehungskraft, die die Literatur auf Empfängerin und Schreiberin ausübt. Ihre erfolgreiche Aufforderung an Cydippe, die Inschrift auf dem Apfel zu lesen (epist. 21,109: *perlege*) entspricht der erfolgreichen Aufforderung des Briefschreibers Acontius (epist. 20,3: *perlege*) und faßt damit die Aufforderung, den jeder Text an einen potentiellen Leser richtet, in Worte. Gleichzeitig verkörpert sie, indem sie störende Besucher an Cydippe abweist, auch die Attraktivität der Literatur für die Verfasserin. Eine ähnliche Technik hatte Ovid schon in am. 2,11 angewandt, wo auffällige Beziehungen zwischen der Dienerin eines Briefschreibers und den von ihm verwendeten Schreibtäfelchen hergestellt werden. Die *tabellae* erscheinen dort durch die Einführung der *ministra* gleichsam beseelt, s. dazu oben Anm. 297 und 298. Zu der wiederholten Aufforderung *perlege*, die dazu beitrage, den Acontiusbrief als „Ersatz" für die Inschrift auf dem ursprünglichen Apfel erscheinen zu lassen, s. Barchiesi (1993) 354–5.

308 Die juristischen Termini, mit denen Acontius seine Argumentation untermauert, sind von Kenney (1967) eingehend untersucht worden. Während seine Ausdrucksweise an die römische Rechtssprache erinnert (s. z.B. V. 7: *coniugium pactamque fidem*; V. 21 und 22: *fraude*), steht seine Behauptung, daß Cydippes unfreiwilliger Schwur bindend sei, im Gegensatz zur römischen Rechtsauffassung: „es war ein Grundsatz damaligen römischen Rechts, daß kein Anspruch, der auf *dolus* beruhte, gültig war" (Kenney [1967] 220 mit weiterer Literatur). Cydippe

wolle er im Heiligtum der Artemis auf Delos ein goldenes Abbild jenes Apfels weihen, mit dem er das Mädchen einst überlistete.[309] Die Gabe werde eine erläuternde Inschrift tragen. Der Wortlaut der imaginierten Weihinschrift bildet das vorletzte Distichon der Elegie. Der Textzusammenhang lautet (Ov. epist. 20,235–42):

Quod si contigerit, cum iam data signa sonabunt,
tinctaque votivo sanguine Delos erit,
aurea ponetur mali felicis imago,
causaque versiculis scripta duobus erit:
‚Effigie pomi testatur Acontius huius,
quae fuerint in eo scripta, fuisse rata.‘
Longior infirmum ne lasset epistula corpus
clausaque consueto sit sibi fine, vale!

Die Inschrift soll demnach die Begründung (*causa*, V. 238) für das Weihgeschenk liefern, d.h. sie wäre nach Lessings Terminologie als ‚Aufschluß‘ zu begreifen. Die ausdrückliche Erwähnung der Funktion, die die Inschrift erfüllen soll, fällt vor allem deshalb auf, weil der imaginierte eingravierte Text diesen Anspruch strenggenommen nicht erfüllt. Statt den Hintergrund der Weihung zu schildern, verweist sie nur auf die Gewährung eines Wunsches, der auf dem ursprünglichen Apfel geschrieben stand, aber nicht eigens wiedergegeben wird. Aus dem Rest der Elegie wird zwar deutlich, daß ein von Cydippe geleisteter Schwur bei dem Geschehen eine wichtige Rolle spielt, und daß Acontius sich die Hochzeit mit dem Mädchen wünscht, doch muß der Leser die Geschichte bereits aus einer anderen Vorlage kennen, um den Inhalt des Briefs und damit auch die Inschrift richtig einordnen zu können. Der Begriff *causa*, der betont

hätte also mit ihrem Protest, den sie in ihrem Antwortschreiben vorbringt (Ov. epist. 21,143–4: *non ego iuravi: legi iurantia verba: / vir mihi non isto more legendus eras*), die römischen Juristen auf ihrer Seite. Vgl. dazu z.B. Dig. 50,16,219: *in conventionibus contrahentium voluntas potius quam verba spectari placuit.*

309 Eine goldene Weihgabe (d.h. ein goldenes Standbild) wird in Verg. ecl. 7,35–6 dem Priap versprochen und von der bisherigen, weniger kostbaren Statue aus Marmor abgesetzt. Ausschlaggebend für die Wahl des Materials ist dabei die wirtschaftliche Lage des Sprechers Thyrsis (*nunc te marmoreum pro tempore fecimus; at tu, / si fetura gregem suppleverit, aureus esto*). Im Acontiusbrief spielen derlei materielle Erwägungen dagegen keine Rolle. Gold ist einerseits wegen seines Werts, andererseits aber auch wegen seiner Verbindung zur ‚goldenen‘ Aphrodite im erotischen Kontext ein angemessenes Material für die Weihgabe. Zur Vorstellung der erotische Anziehungskraft verleihenden ‚goldenen Aphrodite‘ in der antiken Literatur s. Schlesier (2014).

am Anfang des Pentameters steht, läßt sich daher als geschickter Hinweis auf die kallimacheischen Aitia verstehen, die die vollständige Erzählung enthielten. Der erzähltechnische Kunstgriff, wichtige Punkte einer bekannten Sage auszulassen und dafür weniger prominente Details auszugestalten oder neu einzuführen, wird von Ovid auch sonst angewandt. Beispiele sind neben der oben besprochenen Caietageschichte die Darstellung des trojanischen Kriegs im zehnten Buch der Metamorphosen oder der Heroidesbrief der Dido, der die Aeneis voraussetzt und Details ausführt, die Vergil nicht behandelt (s.o.). Im Brief des Acontius ist die Auslassung der Inschrift allerdings auch inhaltlich motiviert: Schon zu Beginn seines Schreibens hatte der Verfasser Cydippe versichert, daß sie diesmal keine List fürchten müsse, und sie aufgefordert, den Brief bis zum Ende zu lesen, V. 1–3: *Pone metum! Nihil hic iterum iurabis amanti: / promissam satis est te semel esse mihi. / Perlege!*[310] Dieses Versprechen wird durch die Umschreibung der ursprünglichen Inschrift eingelöst. An ihre Stelle tritt nun die Weihinschrift, in der nicht mehr wie beim originalen Apfel die arglose Leserin, sondern Acontius, d.h. der Stifter, als Sprecher erscheint, wie es auch bei historischen Votivgaben oft der Fall ist. Die Verwendung eines deiktischen Pronomens (*huius*), die äußerlich den Gepflogenheiten bei historischen Weihinschriften entspricht, erhält hier jedoch eine besondere Wendung. *Huius* kann sich nicht auf das im Artemistempel geweihte goldene Abbild beziehen (in diesem Fall müßte die Formulierung *hac effigie pomi* lauten), sondern verweist auf den ursprünglichen Apfel, in den der Schwur eingeritzt war.[311]

[310] Die Sorge, daß Cydippe den Brief erst gar nicht zu Ende lesen könnte, zeigt sich auch im Vergleich mit dem Schreiben des Paris an Helena. Dieser verwendet denselben Imperativ (*perlege*, epist. 16,11–2: der Begriff steht in beiden Briefen am Versanfang), fürchtet aber nicht den Abbruch der Lektüre, sondern will nur eine mögliche negative Gesinnung Helenas verhindern: *nec vultu cetera duro / perlege, sed formae conveniente tuae.*

[311] Ein Apfel als Träger einer Liebesbezeugung erscheint später auch in Philostrats 62. Brief. Dort gibt der Schreiber an, er habe die Worte in einen Apfel eingeritzt, den er nun der Geliebten zukommen lasse, damit sie ihre positive Antwort darunterschreiben könne. Trotz des gleichen auffälligen Beschreibstoffs und die Einbettung der Erzählung in einen Brief ist die Grundsituation von der in Heroides 20 vorausgesetzten verschieden. Der Sprecher in Philostrat ep. 62 überrumpelt die Geliebte nicht durch eine List und verspricht den Göttern bei Erfolg seiner Werbung keine Weihgaben. Expliziter Bezugspunkt ist daher auch nicht der Apfel des Acontius (der dem Leser höchstens indirekt durch die darauf angebrachte Inschrift ins Bewußtsein tritt), sondern der Apfel, den Aphrodite beim

Für den Leser der Elegie ist weder die Erwähnung des natürlichen, noch des nachgebildeten Apfels in der Inschrift erforderlich, da beide schon im vorhergehenden Distichon erwähnt wurden (Ov. epist. 20,237: *aurea ponetur mali felicis imago*). Die erneute Nennung des Abbilds (*effigies*), die betont am Anfang der Inschrift steht, dient hier der Emphase: Da Acontius nicht die originale Frucht opfern kann, weil sie nicht die für eine Votivgabe nötige Dauerhaftigkeit besitzt, liegt der Nachdruck darauf, einen Ersatz zu schaffen, der dem Original möglichst nahe kommt. Dieser ist aus haltbarem und dem ideellen Wert des Apfels entsprechenden Material gefertigt.[312] Das Hyperbaton *pomi* [...] *huius*, dessen Bestandteile durch ihre Stellung vor der Penthemimeres bzw. am Versende hervorgehoben sind, betont dieses Bestreben: Es handelt sich um einen bestimmten, bedeutsamen Apfel, auch wenn der imaginierte Betrachter in Delos nur sein Abbild vorfindet.[313]

Es handelt sich um eine Form von Ringkomposition, bei der das am Anfang der Erzählung stehende Motiv des bei der Liebeswerbung verwendeten Apfels am Ende (hier in leicht abgewandelter Form) wieder aufgenommen wird. Die unterschiedlichen Materialien sind auch insofern signifikant, als natürliche Früchte als typisches Geschenk für Liebende gelten,[314] während ein goldener Apfel z.B. in der Sage von Atalante und Hippomenes (auf die Cydippe in ihrem Antwortbrief selbst hinweist, s. epist. 21,123–4: *Cydippen pomum, pomum Schoeneida cepit: / tu nunc Hippomenes scilicet alter eris?*) vom Bewerber erfolgreich zur Überlistung der künftigen Braut eingesetzt wird. Die von Acontius imaginierte Weihung ließe sich damit als Symbol für den erhofften Abschluß des komplexen Liebeswerbens betrachten, das die erfolgreiche List zusammenfaßt und den

Parisurteil als Siegespreis erhält. Zu Philostrats Apfelbrief s. Rosenmeyer (2001) 329–33.

312 Das kostbare Material stimmt zu dem Hinweis des Acontius, daß er aus einer vornehmen Familie stamme und Vermögen aufzuweisen habe, V. 223–5.

313 Wie aus der rahmenden Elegie hervorgeht, soll die Gabe gestiftet werden, nachdem die Göttin Hilfe geleistet und ihr auf Delos ein Schlachtopfer dargebracht worden ist (V. 235–6). Das Weihgeschenk mit der Inschrift stellt also nur einen Teil der von Acontius gelobten Gegenleistung dar. S. Rosati (1998) 403 Anm. 16.

314 Zahlreiche literarische Belege für Äpfel als Liebesgabe und als Gegenstand der Versuchung bei Gavoille (2004) 209 und Tietz (2013) 290–3. Im Mythos erscheint der Apfel auch als Liebesgabe des Zeus an Hera, Pherekydes fr. 33 Mueller, s. für weitere Belege für diese Sage Littlewood (1967) 148.

Beginn des gemeinsamen Ehelebens markiert.[315] Erhalten bleibt bei der Weihung jedenfalls die charakteristische Kombination von „Schrift" und „Apfel", auf die Ovid die Sage auch zu Beginn der Ars amatoria reduziert, als er zur ersten Annäherung an ein Mädchen Liebesbriefe empfiehlt und Acontius als Beispiel anführt.[316] Andererseits spielt ein goldener Apfel auch im trojanischen Sagenkreis eine wichtige Rolle, wo er nicht das Ende, sondern den Beginn schwerer Auseinandersetzungen bezeichnet: Der von Eris geworfene goldene Apfel führt zum Streit der Göttinnen Hera, Athene und Aphrodite und schließlich zum Parisurteil, das wiederum den Raub der Helena und damit den trojanischen Krieg auslöst. Der versteckte Hinweis auf Paris (der den Sieg schließlich der Aphrodite zusprach), wird durch weitere Verbindungen gestützt: Der Briefwechsel zwischen Paris und Helena, in dem auf das Parisurteil verwiesen wird (Ov. epist. 16,53–86 und epist. 17,115–8), ist ebenfalls Bestandteil der Heroides (epist. 16 und 17). Paris beruft sich bei seinem Werben um Helena auf die Sage von Hippomenes und Atalante (epist. 16,265–6), die auch Cydippe in ihrem Brief zitiert. Acontius selbst nimmt sich, als er Cydippe androht, sie mit Gewalt zu entführen, überdies ausdrücklich den Raub der Helena durch

[315] So auch Kyriakidis (2010) o. S., der den Gegensatz zwischen dem in Bewegung befindlichen echten Apfel und dem „statischen" goldenen Weihgeschenk hervorhebt. Ist die Liebesbeziehung am Anfang gleichsam noch ‚in Bewegung', so hat sie mit der Weihung eine und dem Beginn des Ehelebens eine stabile Phase erreicht. Als illustrativen Vergleich s. Philostrats voraussetzungsreichen 62. Brief an seine Geliebte, in dem der Schreiber einen Liebesschwur erwähnt, den er ihr auf einem Apfel habe zukommen lassen, und den sie beantworten solle, indem sie auf demselben Apfel eine entsprechende Versicherung anbringen solle. Bei dem Apfel handelt es sich offenbar um eine eßbare Frucht, die aber gleichzeitig mit dem (goldenen) Apfel der Eris parallelisiert wird, der den Streit zwischen den Göttinnen und das Parisurteil auslöste. Der mythische Vergleich dient dazu, der Geliebten ein elegantes Komplement zu machen. Die Sage von Acontius und Cydippe, in der das Mädchen durch die unerwartete Inschrift auf dem Apfel überrumpelt wird, erwähnt der Sprecher dagegen wohlweislich nicht, sondern bittet die Geliebte, seine Liebe zu erwidern, indem sie ihm auf demselben Apfel eine entsprechende Botschaft zukommen lasse. Hier wird der Beginn des beiderseitigen Liebesverhältnisses nicht durch die Dauerhaftigkeit des Materials repräsentiert, sondern durch die Identität des Beschreibstoffs. Rosenmeyer (2001) 333–5 bespricht den Philostratbrief, geht dabei jedoch nicht auf den impliziten Kontrast zur Sage von Acontius und Cydippe ein.

[316] Ars 1,455–8: *ergo eat blandis peraretur littera verbis, / exploretque animos primaque temptet iter: / littera Cydippen pomo perlata fefellit, / insciaque est verbis capta puella suis.* Dazu Gavoille (2004) 207–8.

Paris zum Vorbild (V. 49–50: *non sum, qui soleam Paridis reprehendere factum, / nec quemquam, qui vir, posset ut esse, fuit*). Zudem war Paris in einem früheren Heroidesbrief (epist. 5, Oenone an Paris) als Verfasser von in Baumrinde geritzten Liebesschwüren geschildert worden – eine Handlung, die bei Kallimachos (nicht jedoch bei Ovid) dem Acontius zugeschrieben wird. RAMSBY (2007) 127 faßt diesen Umstand als eine spielerische „Episierung“ des Acontius auf, der sich von dem bei Kallimachos geschilderten elegischen zu einem „erwachseneren“, epischeren Helden wandele, und daher seine Liebe nicht mehr in Baumrinde, sondern auf einer regulären Weihgabe im Tempel auf Delos verewige. Gleichzeitig wird Paris in den Heroides vom epischen Helden Homers zum elegischen Liebhaber, der Züge des kallimacheischen Acontius annimmt.[317]

Das anspielungsreiche Gelöbnis gerade eines goldenen Apfels zeigt für den kundigen Leser (zu denen auch Cydippe gehört, wie ihr Verweis auf Atalante zeigt) jedoch auch die Unsicherheit, in der sich Acontius trotz seiner Schläue befindet: Bei Hippomenes und Atalante führt ein goldener Apfel zwar zum Erfolg; der durch den Streit um den goldenen Apfel der Eris ausgelöste und durch das Parisurteil beigelegte Schönheitswettbewerb der Göttinnen hat dagegen weitreichende Folgen, die viele Helden das Leben kosten und keine dauerhafte Verbindung von Braut und Bräutigam bewirken.[318]

Es ist deshalb von Bedeutung, daß es sich im Acontiusbrief um eine imaginierte Votivgabe und eine imaginierte Inschrift handelt: Noch ist nicht entschieden, in welche Richtung sich die Ereignisse

[317] Zu den elegischen Zügen des Paris s. MICHALOPOULOS (2006) 51–2; VIARRE (1999) und unten S. 348–353 zum Brief der Helena an Paris (Ov. epist. 17). In dieser Umgestaltung liegt eine gewisse Ironie. RAMSBY (2007) 127 verweist darauf, daß Acontius sich hier in seiner Verzweiflung ausgerechnet den Brautraub des Paris zum Vorbild nehme, während Paris in epist. 5 und 17 als elegischer Liebhaber gezeigt worden war, „who, to achieve his seductions, has adapted the very skill that brought Acontius success.“ Allerdings sind die Situationen nicht direkt vergleichbar: Bei Oenone, die Paris liebt, ist ein Brautraub nicht erforderlich; in der Affaire mit Helena wird die Schrift auf dem Tisch angebracht, um mit ihr Kontakt aufzunehmen, während die Flucht aus Sparta gegen den Willen des Ehemanns und damit potentiell unter Waffen erfolgen muß.

[318] Das Motiv des „Zankapfels“ hebt auch VIARRE (1988) 784 hervor und verbindet es mit der auffälligen juristischen Terminologie des Briefs: „Ovide développe des arguties juridico-morales typiquement romaines. Il suggère, autour d'une pomme d'amour et de discorde, un climat significatif d'un ‚entre deux mondes‘ auquel il appartient profondément.“

entwickeln werden. Cydippe leidet noch an der geheimnisvollen Krankheit, von der sie der Brief des Acontius, der ihre Ursache aufdeckt, erlösen soll. Die Entscheidung, dauerhaft zu genesen, indem sie in eine Hochzeit mit Acontius einwilligt, liegt in Cydippes Hand: Weitere Listen sind zu diesem Zeitpunkt nicht möglich. Acontius' Brief hat daher trotz der juristisch gefärbten Argumentation bestenfalls Appellfunktion. Diese wird im Text des Briefes mehrfach deutlich[319] und kommt, als zentrales Anliegen des Schreibers, noch einmal im letzten Distichon der Elegie zum Ausdruck. Hier wird der traditionelle Briefschluß, *vale*, pointiert an das Ende gestellt, der übliche Wunsch aber so mit einem Hinweis auf Cydippes Krankheit kombiniert, daß dem Leser die wörtliche Bedeutung des Wortes *vale* bewußt wird, V. 241–2: *longior infirmum ne lasset epistula corpus / clausaque consueto sit sibi fine, vale!* Der Wunsch, daß Cydippe „gesund werden" möge, indem sie der Hochzeit mit Acontius zustimmt, faßt den wichtigsten Punkt des Briefes am Schluß zusammen und nennt zugleich die Vorbedingung für die Realisierung der Weihinschrift. Die Stellung der Inschrift im vorletzten Distichon der Elegie spiegelt das zum Erzählzeitpunkt noch nicht beendete Ringen des Acontius um Cydippe wider, suggeriert aber zugleich, daß das glückliche Ende in greifbare Nähe gerückt ist. Nicht der bleibende Erfolg, wie Ramsby (2007) vermutet, sondern die Unsicherheit der gegenwärtigen Situation kommt so in der Inschrift zum Ausdruck.[320]

[319] S. z. B. V. 11–2: *invenies illic* [sc. auf dem mit dem Schwur beschrifteten Apfel], *id te spondere, quod opto / te potius, virgo, quam meminisse deam*; V. 232–3: *iuncta salus nostra est: miserere meique tuique; / quid dubitas unam ferre duobus opem?*

[320] Ramsbys (2007) 127 Deutung „it [sc. the inscription] brings closure to the story [...], for the offering is given in thanks for what the gods have validated. In obtaining Cydippe, Acontius need no longer carve deceptive messages, for now he leaves proper inscriptions to the goddess" beachtet die Erzählsituation der Elegie nicht. Cydippe ist noch nicht gesundet und hat der Hochzeit noch nicht zugestimmt, d. h. die Handlung, die mit der Übergabe des ursprünglichen Apfels begann, ist zu diesem Zeitpunkt noch nicht abgeschlossen. Vorsichtiger Rosenmeyer (2001) 129: „The Ovidian sculpture of the apple represents the ultimate victory of writing and its elevation to cult-status."

Tib. 1,9,83–4 (Liebe zu Marathus)

In einer unglücklichen und, wie sich später zeigt, höchst komplexen Liebesbeziehung befindet sich auch der Sprecher von Tib. 1,9, der um Errettung aus seiner mißlichen Lage bittet und dafür eine Weihgabe mit Inschrift gelobt. Der Kontext lautet (Tib. 1,9,79–84):

Tum flebis, cum me vinctum puer alter habebit
et geret in regno sceptra superba tuo.
At tua tum me poena iuvet, Venerique merenti
fixa notet casus aurea palma meos.
‚Hanc tibi fallaci resolutus amore Tibullus
dedicat et grata sis, dea, mente rogat.‘[321]

Der Text der imaginierten Weihinschrift weist eine Reihe unvollständiger Angaben auf, die, wenn keine weiteren Informationen hinzukämen, das Verständnis erschweren oder gar unmöglich machen würden. So erfahren wir zwar den Namen des Weihenden (*Tibullus*), den Grund der Weihung und das Geschlecht der Gottheit, doch läßt sich aus der Inschrift allein nicht sicher bestimmen, um welche Göttin es sich handelt. Die Befreiung von einer trügerischen Liebe, die Tibull als Motiv für die Dedikation angibt, ließe sich mit Venus, aber auch mit Diana oder Minerva in Verbindung bringen, die als jungfräuliche Gottheiten amourösen Abenteuern abgeneigt sind. Noch weniger können wir uns aus der Inschrift allein eine Vorstellung von dem Weihgegenstand machen, auf den nur das Demonstrativpronomen *hanc* verweist: Aus literarischen und archäologischen Quellen wissen wir von einer Reihe sehr verschiedener Objekte, die, je nach den Umständen der Weihung, als Votivgaben in Frage kommen.[322]

Unvollständigkeit der Angaben wird bei selbständigen Epigrammen gewöhnlich als Hinweis auf ihre historische Verwendung als

[321] Für die metrischen Besonderheiten, die die Verse 83–4 von Tibulls sonstigen Gepflogenheiten absetzen, vgl. Cartault (1911) und Ross (1969) 129.

[322] Zu den typischen Weihgaben gehören Statuen oder Terrakottafiguren, daneben aber auch Alltagsgegenstände, die zum Teil berufs- oder geschlechtsspezifisch sein können. S. dazu Hansen (1996) bes. 263 und Czech-Schneider (2004). Cicero nat. deor. 3,89 nennt z. B. hölzerne Miniaturschiffe als Weihgabe glücklich heimgekehrter Seeleute. In griechischen Epigrammen werden Frauen, besonders Hetären erwähnt, die der Venus (Kypris) einen Spiegel weihen, s. z. B. A.P. 6,1 (Platon), daneben erscheinen bei Meleager u. a. ein Kranz (AP 5,191,7–8) und eine Lampe (AP 6,162) als Weihgaben an Venus. Zum archäologischen Befund vgl. z. B. Kilian-Dirlmeier (2002).

Inschrift betrachtet, da die aufgeworfenen Fragen (um welche Weihgabe handelt es sich und wem wird sie dargebracht?) durch den monumentalen Kontext, auf den Pronomen wie *hanc* etc. hinweisen, leicht beantwortet werden.[323] Man könnte daher versucht sein, in Anlehnung an die von LESSING entwickelte Epigrammtheorie die beiden der Inschrift unmittelbar vorausgehenden Verse, die die fehlenden Informationen enthalten (die angesprochene Gottheit ist Venus, die Weihgabe ein goldener Palmzweig),[324] als Ersatz für das Monument aufzufassen.

Allerdings zeigt schon die Verwendung des Konjunktivs *notet*, daß sich die Darstellung nicht auf ein bereits bestehendes ‚Denkmal' beziehen kann, und der weitere Kontext bestätigt diesen Eindruck. Wie so oft in der römischen Liebeselegie existiert die Weihgabe bislang nur in der Vorstellung des Sprechers, der die Dedikation von Faktoren abhängig macht, die nicht allein in seiner Macht stehen. Die Votivgabe soll aufgestellt werden, *cum me vinctum puer alter habebit* (Tib. 1,9,79), eine für sich genommen ebenfalls kaum verständliche Aussage, die wiederum durch die vorhergehenden Gedichtteile erläutert wird.

An dieser Stelle zeigt sich, daß die Tendenz, die in den Elegien wörtlich angeführten Inschriften vor allem als ein „elegisches Motiv"

[323] S. dazu oben S. 124 mit Anm. 86.

[324] SCALIGERS Konjektur *parma* für das einheitlich überlieferte *palma* ist nicht erforderlich und wird daher auch von den Herausgebern nicht in den Text genommen (DELLA CORTE [1980] 60 Anm. 82 zieht sie allerdings in Erwägung). DISSEN (1835) 190–1 betrachtet *palma* als Nebenform von *parma*, allerdings ohne Belege anzuführen. Zwar werden schon in vorrömischer Zeit gelegentlich goldene Schilde als Weihgabe erwähnt (s. z. B. die bei Hdt. 1,52 beschriebene Weihung eines goldenen Schildes an Amphiaraos durch Kroisos). In der römischen Republik und im Prinzipat gelten sie vor allem als Ehrenzeichen (s. z. B. den goldenen Schild, den Senat und Volk nach R. Gest. div. Aug. 34 für Augustus in der Kurie anbringen ließen), seltener als Weihgeschenk (aus Bußgeldern ließen die curulischen Ädilen des Jahres 194 v. Chr. goldene Schilde anfertigen und am Jupitertempel aufhängen, dazu FLAIG [2000] 131). Als Weihgeschenk für einen Erfolg in der Liebe ergibt *palma* als weit verbreitetes Siegessymbol jedoch einen besseren Sinn. Vgl. z. B. für dieses Bild im elegischen Kontext Prop. 2,9,39–40 (Anrede an die *Cupidines*): *figite certantes atque hanc mihi solvite vitam! / sanguis erit vobis maxima palma meus* und 4,1,137–40: *militiam Veneris blandis patiere sub armis / et Veneris pueris utilis hostis eris. / num tibi victrices quascumque labore parasti, / eludit palmas una puella tuas* und Hor. carm. 3,20,11–13: *arbiter pugnae posuisse nudo / sub pede palmam / fertur.* SCALIGERS Vorschlag ist möglicherweise durch die unmittelbar folgende Elegie motiviert, in der der Sprecher zum Kriegsdienst eingezogen wird.

zu betrachten, das wie ein Versatzstück eingefügt werden könne, zu kurz greift. Vielmehr ist die Inschrift ein integraler Bestandteil der Elegie, in der sie oft (wie hier durch ihre Stellung am Gedichtende) einen prominenten Platz einnimmt. Welche Funktion erfüllt sie aber dort und warum hat Tibull sie in der vorliegenden Form gestaltet?

Die Elegie 1,9, die nach der *communis opinio* als letzte der drei Marathus-Elegien (Tib. 1,4; 1,8; 1,9) betrachtet wird,[325] ist thematisch eng mit Elegie 1,8 verbunden. Sie ist als wörtliche Rede des Weihenden gestaltet, der sich in einem unglücklichen Liebesverhältnis befindet. Die schrittweise Enthüllung der näheren Umstände entspricht der Erzähltechnik in Tib. 1,8.[326] Da es sich bei der Inschrift um das Schlußdistichon handelt, müßte hier, so läßt der Vergleich mit 1,8 erwarten, ein Schlüssel zum Verständnis des Gedichts zu finden sein.

Den Ausgangspunkt der Elegie 1,9 bildet der Vorwurf an einen Knaben (der in der Forschung wegen der Parallelen zu 1,8 mit Marathus identifiziert wird),[327] seine einst dem Sprecher geleisteten Liebesschwüre verletzt zu haben. Dabei impliziert die Formulierung *si fueras miseros laesurus amores* (Tib. 1,9,1),[328] daß der geliebte Knabe nach Ansicht des Sprechers schon während des Schwurs die Absicht hatte, sein Versprechen zu brechen. Daß materielle Vorteile den Ausschlag gegeben haben, wird in den Versen 7–11 durch einen Vergleich mit den auf Gewinn ausgerichteten Gewerben Ackerbau und Schiffahrt deutlich, doch erst Vers 11 zeigt, daß sich der Knabe offenbar durch Geschenke hat verführen lassen. Noch später stellt sich heraus, daß es sich bei dem Rivalen um einen älteren verhei-

[325] S. McGann (1983) 1997–1999 mit einer Zusammenfassung von Wimmels (1968) Argumentation, vgl. auch Maltby (2011) 95.

[326] Auch in Tib. 1,8 handelt es sich um einen dramatischen Monolog, in dem drei Personen erscheinen (der männliche Sprecher, ein Mädchen namens Pholoe, das vom Sprecher aufgefordert wird, die Liebe des Marathus zu erwidern, sowie Marathus selbst, der den Sprecher einst abgewiesen hatte – s. Tib. 1,4 – und nun unglücklich in Pholoe verliebt ist). Die verwickelte Beziehung zwischen den Personen wird wie in Tib. 1,9 erst nach und nach enthüllt, und wie in Tib. 1,9 spielt das Motiv der Vergeltung eine Rolle: So wie Marathus einst seine Liebhaber abgewiesen habe, werde er nun selbst von Pholoe verschmäht (Tib. 1,8,71–8).

[327] S. Maltby (2002) 322.

[328] Die Wendung entspricht dem Ausdruck *laedere fidem* und wird später von Ovid aufgenommen (s. epist. 7,59 und met. 4,191, dazu Putnam [1973] 137. Dieser weist zu Recht auf die in *miseros* liegende persönliche Note hin, die in der Verletzung des Liebesschwurs die Verletzung des Liebhabers anklingen läßt).

rateten Mann handelt (V. 53–4: *At te, qui puerum donis corrumpere es ausus, / rideat assiduis uxor inulta dolis*) und daß der Knabe zugleich eine erotische Beziehung zu einem Mädchen unterhält, bei der ihn der Sprecher, der sich erst im Schlußdistichon als *Tibullus* identifiziert, aktiv unterstützt haben will (V. 39–44).

Nachdem er den Knaben vor der jedem Eidbrüchigen drohenden göttlichen Strafe gewarnt hat (V. 19–20),[329] die er allerdings nicht zu hart ausfallen lassen möchte (vgl. V. 5–6),[330] beschwört er ihn, wie schon oft, sich nicht von den Geschenken des Reichen betören zu lassen (V. 17–20), und erinnert ihn schließlich an die materielle und sonstige Hilfe, die er ihm bei seinen heterosexuellen Abenteuern geleistet habe (V. 41–4: *O quotiens, verbis ne quisquam conscius esset, / ipse comes multa lumina nocte tuli! / saepe insperanti venit tibi munere nostro / et latuit clausas post adoperta fores*). Nach einer Aufforderung an den Geliebten, sich künftig von ihm, *Tibullus*, fernzuhalten, wenn er vorhabe, seine Liebe weiterhin zu verkaufen (V. 51–2), verwünscht der Sprecher den älteren Rivalen und sein Liebesleben, ehe er sich wieder dem treulosen Knaben zuwendet. Obwohl der ältere Liebhaber in der Vorstellung des Sprechers selbst seiner eigenen Frau aufgrund von Alter und körperlichen Gebrechen so unattraktiv erscheint, daß sie sich um einen jüngeren Freund bemüht, habe sich der Knabe mit ihm eingelassen und die Liebkosungen und Küsse, die *Tibullus* gebühren, gleichsam an diesen verkauft (Tib. 1,9,75–8).

Erst wenn der Sprecher einen neuen Liebhaber gefunden habe, werde sich der Verräter eines besseren besinnen: *tum flebis, cum me vinctum puer alter habebit* (V. 9,79). Das Bild vom gefesselten *amator,*

[329] Die Empörung über die *periuria* des Knaben fällt besonders im Vergleich mit Tib. 1,4 ins Auge, der ersten der sogenannten „Marathus-Elegien", in der der Gott Priap den ratsuchenden Sprecher ausdrücklich darauf hinweist, daß die Schwüre der Verliebten nicht bindend seien, s. Tib. 1,4,21–6: *Nec iurare time: Veneris periuria venti / irrita per terras et freta summa ferunt. / gratia magna Iovi: vetuit Pater ipse valere, / iurasset cupide quidquid ineptus amor: / perque suas impune sinit Dictynna sagittas / affirmes, crines perque Minerva suos.* Diese in der Liebeselegie häufige Vorstellung wird unter anderem von Ovid aufgegriffen, s. Ov. ars 1,631–4: *Nec timide promitte: trahunt promissa puellas; / pollicito testes quoslibet adde deos! / Iuppiter ex alto periuria ridet amantum / et iubet Aeolios inrita ferre Notos.*

[330] Tib. 1,9,5–6: *parcite, caelestes: aequum est impune licere / numina formosis laedere* [*ludere* LUCK] *vestra semel.* Der Gedanke, daß ein Übeltäter wegen seiner Schönheit auf Schonung hoffen könne, findet sich schon bei Theognis 1279–82, vgl. auch Prop. 2,28,1–2: *Iuppiter, affectae tandem miserere puellae: / tam formosa tuum mortua crimen erit,* vgl. Ov. am. 3,3,11–2, 25–6, 41–4.

das in der römischen Liebeselegie öfter erscheint, wird im folgenden Vers wieder aufgenommen und präzisiert: Der neue Geliebte werde hochmütig in jenem „Königreich" herrschen, das eigentlich dem treulosen *puer* zustehe (V. 79–80: *me vinctum puer alter habebit / et geret in regno sceptra superba tuo*). Wenn er durch diese „Bestrafung" des untreuen Liebhabers Genugtuung gefunden habe, werde er die Wendung seines Schicksals auf einer goldenen Palme verewigen, die er für Venus aufstellen wolle (V. 81–2: *at tua tum me poena iuvet, Venerique merenti / fixa notet casus aurea palma meos*). Es folgt der Text der Inschrift.

Vor allem der Schlußteil der Elegie dürfte dazu beigetragen haben, daß in der Forschung wiederholt die Ansicht vertreten wurde, der Knabe habe sich zugunsten des reichen Liebhabers vom Sprecher abgewandt. Dagegen spricht jedoch, daß der von *Tibullus* beklagte Treuebruch offenbar heimlich geschehen ist (s. z.B. V. 2: *clam*; V. 3–4: *siquis primo periuria celat, / sera tamen tacitis Poena venit pedibus*; V. 45–6. *tum miser interii, stulte confisus amari: / nam poteram ad laqueos cautior esse tuos*); und daß der Sprecher den Knaben ausdrücklich auffordert, sich künftig von ihm, *Tibullus*, fernzuhalten – eine Zurückweisung, die nicht erforderlich wäre, wenn der Jüngere sich bereits offen abgewandt hätte. Statt dessen haben wir es offenbar mit einer Beziehung zu tun, die, jedenfalls nach außen, keineswegs beendet, sondern erst in Gefahr geraten ist, als der Sprecher die heimliche Beziehung seines *puer delicatus* zu dem reichen Rivalen entdeckte. Die wörtliche Rede des elegischen Sprechers und der darin enthaltene Text der von ihm imaginierten Inschrift werden also zu einem Zeitpunkt vorgetragen, als über die künftige Entwicklung noch nicht entschieden ist, sondern der Sprecher sich in einem Monolog Klarheit über seine Gefühle zu verschaffen sucht.[331]

Dabei trennt er zwischen homosexuellen und heterosexuellen Liebesbeziehungen: Gegen die Beziehung des Jungen zu einer Frau hat er offenbar so wenig Einwände, daß er ihn dabei sogar unterstützt. Erst die Liebschaft zu dem älteren Mann bringt den Sprecher dazu, den Abbruch der Beziehung zu dem Knaben und eine neue Liebschaft in Erwägung zu ziehen, die in der Inschrift als Befreiung

[331] Gegen die Möglichkeit, daß es sich um eine Rede an anwesende Personen handelt, sprechen die abrupt wechselnden Anreden (an den Knaben und an den Rivalen) mit dem abschließenden Ausruf *huic* [sc. mit dem älteren Rivalen] *tamen accubuit noster puer*, V. 75.

gedeutet wird. Das Bild von Befreiung und Verstrickung hatte der Sprecher schon in V. 46 verwendet, in dem er sich selbst der Unachtsamkeit gegenüber den Fallstricken des Jungen angeklagt hatte: *nam poteram ad laqueos cautior esse tuos.* Während der Sprecher mit der Metapher die Vorstellung eines Wildtieres evoziert, das sich im Netz eines Jägers verfängt, entstammt der Weihgegenstand – eine goldene Palme – nicht dem Bereich der Jagd, sondern dem des sportlichen Wettkampfs. Der Brauch, Sieger durch Palmzweige zu ehren, stammte ursprünglich aus Griechenland, wo Palmen (neben Kränzen) als Preis bei den panhellenischen Agonen verliehen wurden; er wurde aber nach Livius schon im Jahr 292 v. Chr. in Rom übernommen.[332]

Die Wahl der Weihgabe ergänzt und modifiziert hier die Inschrift. Der Sprecher betrachtet sich nicht nur als Opfer, das sich mit knapper Not aus den Fallstricken seines Geliebten befreien konnte, sondern er stellt sich zugleich als Sieger dar, der seinen Erfolg durch die Weihung im Venustempel stolz der Öffentlichkeit präsentieren kann. Die Parallele zum erfolgreichen Athleten stellt sicher, daß die Selbstdarstellung positiv ausfällt: der Kampf mit dem geliebten Knaben ist vorüber, der Weihende ist frei. Diese Deutung wird auch dadurch unterstützt, daß die eingelegte Inschrift hier nicht nur die Elegie, sondern zugleich den Marathus-Zyklus abschließt, s. dazu Maltby (2011) 95.

Die Formulierung *Veneri merenti* (V. 81) ist in diesem Kontext auffällig. Der Dativ (*bene*) *merenti* mit dem entsprechenden Personennamen erscheint vor allem auf Grabinschriften, wo geliebte Verstorbene auf diese Weise bezeichnet werden. Auch strukturell steht die Weihinschrift dem Autoepitaph Tibulls in Elegie 1,3 nahe.[333] Die Weihinschrift, so suggeriert ihre Gestaltung, bezeugt nicht nur den Dank an Venus, sondern zeigt zugleich das Ende der unglücklichen Liebesbeziehung zu dem Knaben, die gleichsam zu Grabe getragen wird. Paradoxerweise endet damit jedoch nicht die Bindung an Venus, da der Sieg über den untreuen Knaben durch die Affaire mit einem neuen Geliebten herbeigeführt werden soll, dem sich der Sprecher unterordnen will. Er verläßt also seine Rolle als *amator*

[332] Liv. 10,47,3: *Eodem anno coronati primum ob res bello bene gestas ludos Romanos spectarunt palmaeque tum primum translato e Graecia more victoribus datae.* S. zu Palmen als Siegespreise Bernstein (1998) 251–4.

[333] Darauf verweist Harrauer (1969) 212, vgl. Tib. 1,3,55: *immiti consumptus morte Tibullus* mit Tib. 1,9,83: *fallaci resolutus amore Tibullus.*

nicht. Dies unterscheidet ihn von anderen Verehrern der Venus, die in den Weihepigrammen der Anthologia Palatina mehrfach erscheinen und sich mit ihrer Weihung von der Liebesgöttin verabschieden (s.o. Anm. 322). Hier zeigt sich die typisch elegische Prägung des Gedichts: Zur elegischen Daseinsform gibt es in der Vorstellungswelt des Sprechers keine Alternative. Der Gedanke, daß eine neue Liebschaft an die Stelle der unglücklichen Beziehung treten soll, ist für ihn aber auch deshalb zentral, da er nur in diesem Fall auf die eifersüchtige Trauer seines jetzt untreuen Geliebten hoffen kann, die ihm Genugtuung verschaffen werde: *Tum flebis, cum me vinctum puer alter habebit* [...] *at tua tum me poena iuvet* (V. 79–81).

Die imaginierte Inschrift – äußerlich ein Dank an Venus, die durch die neue Liebschaft die späte Rache ermöglichte – würde die Demütigung des Knaben festhalten und spielte damit eine wichtige Rolle beim Streben des Sprechers nach Genugtuung. Anders als die Grabinschrift der Dido und der Phyllis sowie die von Phyllis imaginierte ‚Ehren'inschrift für den treulosen Demophoon (s. dazu unten die Einzelinterpretation) nennt sie jedoch nicht den Namen des ‚Übeltäters' und gibt auch keinen Hinweis darauf, um wen es sich handelt. Ein Besucher des Tempels, der über die Hintergründe nicht aus anderer Quelle informiert ist, wird daher stets die „Befreiung" des Stifters als zentrales Anliegen sehen. Nur vom Erzählzeitpunkt der rahmenden Elegie aus, zu dem die Inschrift noch eine Option darstellt, die noch nicht verwirklicht ist, erhält sie den Charakter einer Warnung: Dem untreuen Geliebten – und nur ihm – wird so die drohende Trennung klargemacht. Wenn *Tibullus* sich erst einer neuen Liebe zugewandt habe, werde er vergessen sein: Nicht einmal sein Name erscheint auf der zum Dank geweihten Votivgabe. Für die Aussage der Inschrift ist hier der Wortlaut des Textes ebenso wichtig wie das, was er verschweigt.

Die eingefügten Weihinschriften können also ganz verschiedene Stadien der elegischen Liebeswerbung markieren. Sie bezeichnen nicht unbedingt die ‚Dauerhaftigkeit' des angestrebten Ergebnisses, wie in der Forschung öfter angenommen wurde – in am. 1,11 etwa wird die Inschrift für den Fall einer gelungenen ersten Verabredung gelobt, bei der es natürlich nicht bleiben soll – sondern sie drücken die Bedeutsamkeit aus, die das gewünschte Ereignis für den Sprecher besitzt. Es handelt sich um einen Ausdruck subjektiven, momentanen Erlebens, dessen Wirkung auf die Nachwelt meist nur indirekt thematisiert wird.

4.2.1.2 Weihinschriften für erhoffte Hilfe in Lebensgefahr

Ein häufiger Anlaß für Gelöbnisse ist die Errettung aus Todesnot. Zahlreiche Weihgaben und Votivinschriften dieser Art sind aus der Antike und auch aus späteren Jahrhunderten bekannt. Meist haben die in Gefahr schwebenden Personen selbst eine Weihgabe gelobt und sie nach ihrer Rettung aufgestellt. In den römischen Elegien dagegen kommen ausschließlich eingefügte Weihinschriften für die Rettung des oder der Geliebten vor. Im Mittelpunkt des Interesses steht nicht die Auseinandersetzung mit dem eigenen Tod, sondern das Leid, das durch den drohenden Verlust entsteht. Es handelt sich hier um eine Sonderform der für die römische Elegie typischen unglücklichen oder gefährdeten Liebe. Nicht die Hartherzigkeit der *puella*, sondern die Grausamkeit des Schicksals oder andere widrige Umstände verhindern hier, daß das Paar eine glückliche Liebesbeziehung führen kann.

Prop. 4,3,72 (Weihinschrift für die erhoffte Rettung des Lycotas)[334]

In Prop. 4,3,72, einem Brief, den eine junge Frau namens Arethusa an ihren Geliebten Lycotas schreibt,[335] führen Feldzüge und die daraus resultierende jahrelange Abwesenheit des Mannes zu einer Gefährdung der Liebesbeziehung. Schon im ersten Distichon zweifelt die Schreiberin daran, ob Lycotas unter diesen Umständen

[334] Herrmann (1968)a nimmt an, daß die Elegie, wie das ganze vierte Buch, nicht von Properz stamme. Diese Auffassung wird allerdings von neueren Herausgebern und Kommentatoren nicht geteilt. Zur Forschungslage für diese Elegie s. Janan (2001) 53–5.

[335] Trotz der griechischen Eigennamen handelt es sich um ein römisches Paar: Lycotas befindet sich auf einem Feldzug gegen eine Reihe von Völkern, mit denen Rom im 1. Jh. v. Chr. Krieg führte, und Arethusa plant, nach seiner Rückkehr Waffen an der Porta Capena zu weihen. Rothstein (1898) 202 identifiziert Lycotas wegen des gleichen metrischen Wertes mit dem in Prop. 4,1,93 erwähnten, im Kampf gefallenen Lupercus, dem Sohn der Arria. Allerdings räumt er selbst ein, daß Lycotas und Lupercus nicht gleichaltrig sein können. Grimal (1951) 231–2 vermutet hinter Lycotas ebenfalls einen historischen, allerdings nicht identifizierbaren römischen Offizier. Herrmann (1968)b 650, der das vierte Buch für unecht hält, glaubt, die Wahl des Namens sei durch die Eklogen des Calpurnius Siculus inspiriert, wo dreimal ein Lycotas erwähnt wird (s. Calp. ecl. 6,26; 7,4; 7,55). Flach (2011) 228 verweist darauf, daß Lycotas als höherrangiges Mitglied des augusteischen Heeres zu denken sei, weil er sonst keine Ehe hätte schließen dürfen.

noch ihr Geliebter genannt werden könne (*Haec Arethusa suo mittit mandata Lycotae, / cum totiens absis, si potes esse meus*). Diese Ausgangslage und der folgende Gedankengang verbinden die vorliegende Brieffiktion mit den ovidischen Heroides. Wie die Heroinen weist Arethusa den Empfänger des Briefes darauf hin, daß verwischte Stellen auf dem Papier von ihren Tränen verursacht seien (vgl. z.B. Prop. 4,3,3–4 und Ov. epist. 3,3 und epist. 11,3),[336] und wie Dido hebt sie hervor, daß der Brief von der Hand einer Sterbenden geschrieben sei (Prop. 4,3,6), weshalb einzelne Buchstaben mit unsicheren Strichen gezogen seien.

Die Übereinstimmungen sind so deutlich, daß von einem Einfluß des einen Dichters auf den anderen ausgegangen werden muß. Allerdings ist die Prioritätsfrage bis heute nicht abschließend geklärt.[337] Von den Kommentatoren wenig beachtete Berührungspunkte bestehen zudem zu Vergils zehnter Ekloge, die möglicherweise auch eine Anregung für die auffälligen, bei Properz sonst nicht vorkommenden Namen *Arethusa* und *Lycotas* gegeben hat (s. Verg. ecl. 10,1: *Arethusa*, Verg. ecl. 10,2: *Lycoris*).[338]

[336] S. dazu Hinds (1985) 14–5. Die Spuren der Tränen heben die Besonderheit eines Briefs als Kommunikationsform hervor, dazu Janan (2001) 55: „A letter is the only common instrument of communication that could relay such marks of the body between lovers at a distance."

[337] Die meisten Interpreten sprechen sich für eine Priorität von Prop. 4,3 aus, so z.B. Anderson (1973), Dee (1974), Gärtner (2006), Hinds (1985) 15 und Zimmermann (2000). Hutchinson (2006) 101 neigt dieser Auffassung zu, ohne eine endgültige Entscheidung zu treffen. Aus Ov. trist. 4,10 geht hervor, daß Ovid schon früh die Bekanntschaft des Properz machte. Die Properzelegie 4,3 wurde vermutlich zwischen 23 und 20 v.Chr. verfaßt, da die vier Gedichtbücher nacheinander veröffentlicht wurden und Elegie 3,18 den Tod des Marcellus im Jahre 23 v.Chr. erwähnt. Nach 20 v.Chr., als Augustus die unter Crassus verlorenen Feldzeichen mit diplomatischen Mitteln von den Parthern zurückgewann, wäre die Erwähnung eines Partherfeldzuges unwahrscheinlich, s. Camps (1965) 77. Ovids Hinweis, er habe mit den Heroides ein *ignotum aliis opus* (ars 3,338–9) geschaffen, muß einer Beziehung zwischen Properz 4,3 und den Heroides nicht widersprechen, da Properz' Elegie im Gegensatz zu den Heroides in der Gegenwart und nicht im Bereich des Mythos angesiedelt ist. S. Butler-Barber (1933) 337.

[338] Arethusa erscheint in der Rahmenhandlung von ecl. 10, in der Gallus um seine untreue Geliebte Lycoris klagt. Thematische Berührungen bestehen in der Kriegsthematik (Lycoris ist einem anderen Geliebten auf einen Kriegszug gefolgt, ecl. 10,22–3; Arethusa wünscht sich, ihrem Mann Lycotas auf den Kriegszug zu folgen Prop. 4,3,45–6), und in dem Gedanken, die zarten Arme (bzw. die zarten Füße) der geliebten Person könnten durch die rauhen Bedingungen auf dem Feldzug (speziell die Kälte und die militärische Ausrüstung) aufgescheuert werden, ecl. 10,49 und Prop. 4,3,23–25. Die Ausgestaltung dieser Parallelen variiert

Ein Unterschied zu den Heroidesbriefen zeigt sich in den von Arethusa genannten Völkernamen: Ihr Mann befinde sich im Gesichtsfeld der gegnerischen Baktrer, Neurer,[339] Geten und Britannier, d.h. im Gebiet von Völkern, die nicht in den Bereich des Mythos gehören, sondern als historische Kriegsgegner in Frage kommen, auch wenn Rom zu Lebzeiten des Properz nicht mit allen tatsächlich Krieg führte.[340] Mit diesen ‚realistischen' Details sind Vorwürfe der Arethusa gekoppelt, die sich so oder ähnlich auch bei mythischen elegischen Liebhabern finden: Sei dies (d.h. die ständige Abwesenheit des Geliebten) eheliche Treue? (V. 11: *haecne marita fides* [...] ?) Sie habe unter bösen Vorzeichen und ohne Unterstützung der Götter geheiratet (V. 13–6): An allen Toren hingen ihre Opfergaben, und doch webe sie nun schon den vierten Mantel für seine Feldzüge. Verflucht solle sein, wer Palisaden baute und (Kriegs-)trompeten herstellte, und wer Taue flocht (V. 17–22). Reibe der Riemen seine Arme nicht wund? Scheuere der schwere Speer seine unkriegerischen Hände nicht auf? Aber dies sei noch besser, als daß er Male von den Zähnen eines (fremden) Mädchens trage. Man sage, er sei abgemagert, hoffentlich aus Sehnsucht zu ihr (V. 23–8). Sie dagegen verbringe bittere Nächte und könne den Morgengesang der Vögel kaum abwarten. In Winternächten verrichte sie Wollarbeiten für seine Feldzüge und lerne die Geographie und Eigenheiten der Länder, in denen Krieg geführt werde, kennen.[341] Nur die Schwester sei bei ihr und die Amme, die ihr fälsch-

allerdings so stark, daß sie für das hier behandelte Thema der Weihinschriften nicht unmittelbar relevant sind.

339 *Neuricus* ist eine von Fedeli (1994) und Viarre (2005) übernommene Konjektur von Jacob für das in den Manuskripten überlieferte *hericus, hernicus, henricus* oder *horicos*. Camps (1965) liest *Sericus*, eine von Beroaldus vorgeschlagene Konjektur, die Fedeli (1994) im textkritischen Apparat als *non inepta* bezeichnet. Er zieht jedoch *Neuricus* vor, da die Serer als unkriegerisch galten, s. Plin. nat. 6,20 und Amm. 23,6,67. Hutchinson (2006) liest *Persicus*, eine Konjektur von Dousa jun.

340 Auffällig ist die geographische Reichweite der von Arethusa erwähnten Feldzüge: „she surveys her husband's campaigns so as to place him at every corner of the empire, sometimes more than once (rather implausibly, as often noted – his activities exceed any known military endeavors undertaken in the Augustan period." Janan (2001) 56. Dort auch ein Forschungsüberblick.

341 Das Spinnen von Wolle gehört zu den traditionellen weiblichen Tätigkeiten und wird typischerweise mit Keuschheit und Treue assoziiert (s. das Vorbild der Lucretia, auf das Maltby [1981] in seiner Interpretation hinweist). Das Motiv wird oft als Zeichen für den Kontrast zwischen Cynthia und Arethusa verstanden. In

lich erkläre, daß sein Ausbleiben auf den Winter zurückzuführen sei. Wenn doch die römische Armee auch den Frauen offenstünde, so daß sie wie (die Amazonenkönigin) Hippolyte in den Krieg ziehen könne. Keine Widrigkeit könne sie aufhalten, sie würde eine ‚treue Last' für den Geliebten sein.[342] Jede Liebe sei groß, aber die sich öffentlich zeigende Liebe unter *coniuges* sei noch größer. Dazu möge Venus selbst sie führen. Was nützten ihr orientalische Reichtümer, die doch nicht sprechen könnten? Nur selten empfange sie Besuch. Das Gebell ihrer Hündin erfreue sie, die seinen Platz im Bett eingenommen habe (V. 29–56).

Sie überschütte die Tempel und Wegkreuzungen mit Blumen[343] und verbrenne Kräuter auf sabinischen Feuerstellen. Auf Vorzeichen hin opfere sie Lämmer. Sie bete darum, daß der Kriegsruhm im Osten ihm nicht soviel wert sei. Er möge ihren Ehebund unversehrt bewahren, nur unter dieser Bedingung wünsche sie seine Rückkehr (V. 57–70). Und wenn sie seine Waffen als Votivgabe zur Porta Capena getragen habe, werde sie eine Inschrift daruntersetzen. Der Text lautet (V. 71–2):

Armaque cum tulero portae votiva Capenae,
subscribam: Salvo grata puella viro

Die knappe Form der Inschrift, bei der nicht nur die Eigennamen der Beteiligten, sondern auch der genaue Anlaß der Weihung ausgelassen werden, entspricht einem auch bei historischen Inschriften anzutreffenden Formular. Der Hintergrund erschließt sich dem Betrachter in diesen Fällen oft aus dem Weihgegenstand, und auch

Elegie 3,6 malt sich der Sprecher in einem Gespräch mit dem Sklaven Lygdamus aus, seine *puella*, von der er sich offenbar zeitweilig im Streit getrennt hatte, sehne sich nach ihm und verrichte traurig Wollarbeiten inmitten ihrer Mägde (Prop. 3,6,15–8). Die in der Vorstellung des Sprechers durch das Zerwürfnis erzwungene Beschäftigung mit der Handarbeit unterstreicht hier die Trennung des Paares, während Arethusa, die rechtmäßige Ehefrau des Lycotas, gerade für ihren Mann arbeitet und ihn mit den selbstgewebten Mänteln, die sie ihm schickt, ihre unverbrüchliche Treue zeigt; dazu auch Wyke (1987) 157: „Woolmaking is now [sc. in Prop. 4,3] associated familiarly with the chastity of a *matrona* not, paradoxically, with the enforced continence of a *meretrix*."

342 Der Wunsch, mit dem Geliebten in den Krieg zu ziehen, verbindet Arethusa mit Laodamia, s. dazu und zu anderen Parallelen zwischen den beiden Frauen Viarre (2004) 201.

343 Viarre (2004) 199 stellt mit Verweis auf Sueton Aug. 31,6 fest, daß es sich dabei um eine Form religiöser Devotion handelt, die ausdrücklich von Augustus gefördert wurde.

in der Elegie weisen die Waffen, die der Inschrift beigegeben werden, den Betrachter auf eine glückliche Heimkehr aus dem Krieg hin.

Aus der Elegie und der Inschrift geht hier jedoch nicht hervor, wem die Waffen dargebracht werden sollen. Der Gott, dem die Votivgabe zugedacht ist, wird nicht bezeichnet; nur die Porta Capena, d. h. das Tor, durch das ein aus dem Osten heimkehrender Soldat die Stadt Rom wieder betrat, wird als Ort der Gabe genannt. Viarre (2005) 219 Anm. 813 nimmt im Anschluß an Lachmann (1816) an, daß an Mars gedacht sei. Diese Theorie bietet den Vorzug, daß Waffen auch sonst dem Kriegsgott geweiht werden. Allerdings ist ein Stadttor kein üblicher Ort für eine Dedikation, und der nächstgelegene Marstempel befand sich nicht direkt an der Porta Capena, sondern etwa eine Meile außerhalb des Tores.[344] Eine Parallele zu anderen, den Beginn des Ruhestands anzeigenden Weihungen wäre in diesem Fall auch deshalb nicht gegeben, weil nicht der Soldat selbst, sondern seine Geliebte die Votivgabe verspricht. Deren besonderer Lage würde durch Butler/Barbers (1933) 343 Vorschlag Rechnung getragen, die unter Berufung auf den Heroidesbrief der Laodamia an Protesilaos (Ov. epist. 13,50: *et sua det reduci vir meus arma Iovi* und ebd. V. 144: *referas ista fac arma Iovi*) Jupiter Redux als möglichen Adressaten der Weihung annehmen. Tatsächlich geht im Heroidesbrief der Gedanke an eine Weihung von der auf ihren Ehemann wartenden Arethusa aus, selbst wenn das Ritual selbst von Lycotas vollzogen werden soll. Allerdings ist für Jupiter Redux ebenfalls kein Heiligtum an der Porta Capena bezeugt. Hutchinson (2006) weist jedoch auf den Altar der Fortuna Redux hin, den der Senat im Jahre 19 v. Chr. zum Dank für Augustus' Rückkehr aus dem Osten in der Nähe der Porta Capena geweiht hatte (s. z. B. R. Gest. div. Aug. 11 und RIC I^2. Eine Zusammenstellung der Zeugnisse bietet Coarelli, F.: LTUR 2 [1995] 275 s. v. *Fortuna Redux, Ara*). Die Weihung war mit einem umfangreichen jährlichen Opfer verbunden.[345]

Auch wenn sich der Adressat und das Heiligtum aus der Elegie nicht bestimmen lassen, so scheint der Zusammenhang anzudeuten, daß an die Weihung von Waffen gedacht ist, mit denen der Geliebte im Krieg gekämpft hat. Dieser Gedanke hat Parallelen in den Weihepigrammen der Anthologia Palatina. Dort sind Wei-

[344] Diese Theorie wird deshalb von Butler/Barber (1933) 343 abgelehnt.
[345] S. zum Kult der Fortuna Redux Kajanto (1981) 517–8.

hungen von Waffen oder anderen berufsspezifischen Gerätschaften meist mit der Absicht des Eigentümers verknüpft, sich zur Ruhe zu setzen.[346] Die Weihung erfolgt oft im Tempel eines dem Weihenden nahestehenden Gottes. Der Gedanke, daß die Inschrift pointiert das Ende des Kriegsdienstes und möglicherweise den dauerhaften Ruhestand des Lycotas bezeichnet, ist daher für den Leser der Elegie naheliegend. Diese Auffassung stimmt auch mit der Stellung der eingelegten Inschrift am Ende der Elegie überein: Wie der Gedanke an die glückliche Rettung des Geliebten den von sorgenvollen Überlegungen geprägten Brief beendet, so beendet die Weihung der Waffen die aktive Zeit des Soldaten.

Aus Prop. 4,3 ist jedoch nicht sicher zu erkennen, ob Arethusa wirklich die Waffen, die Lycotas aus dem Krieg zurückbringt, zur Porta Capena tragen will. Aus V. 30 geht hervor, daß sie offenbar auch Waffen ihres Ehemanns zu Hause aufbewahrt, die sie sehnsuchtsvoll küßt. Die Situation läßt an Dido denken, die Waffen des Aeneas in ihrem Gemach aufbewahrt (Verg. Aen. 4,495: *arma viri thalamo quae fixa reliquit*). Zusammen mit dem Ehebett (das Dido kurz vor ihrem Tod küßt, Verg. Aen. 4,659–60: *et os impressa toro ‚moriemur inultae, / sed moriamur' ait*) bilden sie das wichtigste Erinnerungsstück an Aeneas, und zusammen mit den *arma* und dem Ehebett will sich Dido schließlich auf dem Scheiterhaufen verbrennen lassen (Verg. Aen. 4,495–7). Die Parallelen zum Selbstmord der Dido, die in der Forschung bisher nicht beachtet wurde, läßt den Brief der Arethusa in einem sinistren Licht erscheinen.[347] Schon zu Beginn des Briefes hatte sie Lycotas darauf hingewiesen, daß die möglicherweise zittrige Schrift von einer „sterbenden Hand" geschrieben sei (Prop. 4,3,5–6: *aut si qua incerto fallet te littera tractu, / signa meae dextrae iam morientis erunt*). Der Todesgedanke wird später bei der Beschreibung ihrer Hochzeit noch einmal aufgegriffen: Ihre Hochzeitsfackel sei in Wirklichkeit eine Fackel des Todes gewesen, und bei dem Wasser, mit dem sie gemäß römischem Hochzeitsbrauch besprengt worden sei, habe es sich um Was-

[346] S. z.B. A.P. 6,81 (Weihung eines Schildes an Ares).

[347] Daß Properz das Entstehen der Aeneis verfolgte, ergibt sich aus den berühmten Versen Prop. 2,34,65–6: *Cedite Romani scriptores, cedite Grai! / Nescio quid maius nascitur Iliade.* Über Rezitationen, bei denen Vergil am Hof des Augustus und auch vor wenigen anderen, nicht näher genannten Personen aus dem noch unfertigen Werk die Bücher 2, 4 und 6 vortrug, deren Inhalt daher besonders früh bekannt sein konnte, s. die Donatvita 32.

ser der Styx gehandelt (Prop. 4,3,13–5). Diese Vorstellungen rufen die sinistre Abwandlung der Hochzeitsbräuche in Erinnerung, die bei Vergil die Vereinigung von Dido und Aeneas begleitet: Das Zeichen dazu wird von Tellus und der Brautjungfer Iuno gegeben, nicht Fackeln, sondern das Feuer der Blitze erhellt die Szene, und an Stelle der Hochzeitsgesänge heulen die Nymphen (Verg. Aen. 4,166–8). Eine bisher nicht beachtete Parallele zu Dido besteht auch in dem mit tyrischem Purpur gefärbten Kleidungsstück, das die Geliebte selbst für den Mann angefertigt hat (Prop. 4,3,33–4: *castrensia pensa laboro / et Tyria in gladios vellera secta suos*;[348] Verg. Aen. 4,262–4: *Tyrioque ardebat murice laena / demissa ex umeris, dives quae munera Dido / fecerat*). Im Folgenden spricht zwar nichts dafür, daß Arethusa wie Dido Selbstmord begeht. Die Anklänge an die unglückliche Königin bringen dem Leser jedoch zu Bewußtsein, daß die von Arethusa beklagte unsichere Situation ihrer Liebesbeziehung unter anderen Umständen auch die Möglichkeit eines bitteren Endes einschließt.[349]

Der Gedanke an die Waffen ist so formuliert, daß er sich nicht nur auf diesen einen Feldzug beziehen muß, sondern als generelle Haltung der auf den Heimkehrer wartenden Frau gesehen werden kann (Prop. 4,3,30: *si qua relicta iacent, osculor arma tua*). In diesem Fall würde sich die Ankündigung, eine Weihgabe mit Inschrift zu spenden, nicht auf die bloße Heimkehr, sondern auch auf die Gewißheit beziehen, daß Lycotas ihr treu geblieben sei. Dies hatte Arethusa im vorherigen Vers als Voraussetzung für seine Rückkehr in ihren Ehebund verlangt. *Salvus* besäße dann nicht nur die Bedeutung ‚wohlbehalten', wie es für eine Rückkehr aus dem gefährlichen Kriegsgebiet passend erscheint, sondern deutet zugleich darauf hin,

[348] Der Text bietet in V. 34 zahlreiche Schwierigkeiten, doch sind V. 33, der von der eigenhändigen Arbeit der Frau handelt sowie der Begriff *Tyrius* in V. 34 einheitlich überliefert. Bei dem Ausrüstungsgegenstand handelt es sich möglicherweise um einen Gürtel, von dem das Kurzschwert herabhing, s. Butler/Barber (1933) 339–40.

[349] Fedeli/Dimundo/Ciccarelli (2015) 590 verweisen auf die lexikalischen und rhythmischen Anklänge zwischen der die Elegie abschließenden Inschrift und den Anfangsworten der Aeneis: „la collocazione incipitaria di *arma*, posto in evidenza dall'anstrofe e dall'iperbato, si distingue per la memoria virgiliana (Aen. 1,1), che coinvolge anche *viro* in ‚explicit' di pentametro (Hutchinson); il meccanismo allusivo sembra supportato anche dall'analogia fonico-ritmica: *arma virumque cano* ∼ *armaque cum tulero.*

daß Lycotas ihr als Ehemann ‚erhalten' blieb und sich während seiner Abwesenheit keiner anderen Frau zugewandt hat.[350]

Liest man diese Bedeutung mit, so ergibt sich eine typisch elegische Färbung der Weihung, die aber nicht aus der Inschrift, sondern nur aus dem durch die Elegie gelieferten Kontext erschlossen werden kann. Arethusa hatte zuvor darüber geklagt, daß der Krieg nicht nur die äußerliche Attraktivität des Ehemannes beeinträchtige, sondern auch Gefahren für ihre Ehe mit sich bringe. Die Bedrohung durch erotische Abenteuer war ihr sogar noch größer und bedeutsamer erschienen als möglicherweise durch den Militärdienst verursachte körperliche Mängel. Nur wenn er „den Bund ihre Bettes" bewahrt habe, wünsche sie seine Rückkehr.[351]

[350] So schon Camps (1977) 86: „in salvo is a double meaning: ‚safely home' and ‚still hers' ". Hutchinson (2006) und Heyworth (1999) 80 weisen darauf hin, daß *salvus* zwar bei Frauen (s. Prop. 2,9,3; Ov. epist. 16,162), nicht unbedingt aber bei Männern zur Bezeichnung der Keuschheit verwendet wird. Die „Bewahrung" des Ehemanns vor anderen Liebschaften ist hier jedoch indirekt mit der „Bewahrung" des Soldaten vor Verwundung und Tod gleichgesetzt. Zwar äußert Arethusa nicht die Befürchtung, ihr Mann könne im Kampf umkommen, doch wünscht sie seine Rückkehr einzig unter der Bedingung, daß er ihr treu geblieben sei, d.h. der Tod im Kampf könnte aus ihrer Sicht eine Vergeltung für Fehlverhalten in der Liebe darstellen. Prop. 3,12,21–2, wo *salvus* die Hoffnung auf eine wohlbehaltene Rückkehr des Kriegsdienst leistenden Postumus ausdrückt (*nam quocumque die salvum te fata remittent, / pendebit collo Galla pudica tuo*), ist nur bedingt vergleichbar. Die Argumente werden dort nicht wie in Prop 4,3 aus der Sicht der Frau aufgeführt (Galla wird stets mit dem Pronomen *illa* bezeichnet), sondern aus der Perspektive eines dem Mann nahestehenden Sprechers, der Postumus überzeugen will, daß Galla seine lange Abwesenheit nicht verdiene. Der Gedanke der Untreue wird dabei nur in Bezug auf die Frau und nur *ex negativo* erwähnt: Anders als man es von einem unbeobachteten Mädchen im luxusliebenden Rom erwarten könne, sei Galla ihrem Ehemann unbedingt treu, so wie Penelope einst Odysseus treu gewesen sei. Die Gleichsetzung des Postumus mit Odysseus und die Anspielungen auf dessen Aufenthalte bei Kirke (Prop. 3,12,27) und Calypso (Prop. 3,12,31 s. dazu Butler/Barber [1933] 294) legen nahe, daß Postumus es seinerseits mit der ehelichen Treue nicht genau genommen hat. Für Galla jedoch spielt der Gedanke an eine mögliche Rivalin nach der Darstellung des Sprechers keine Rolle. Da ihre Sorge darin besteht, daß der Ehemann im Kampf verwundet werden könnte, ist hier auch *salvus* im Sinne ‚körperlich unversehrt' aufzufassen. Arethusa dagegen sorgt sich um die Treue ihres Ehemanns, während sie die Gefahr der Verwundung oder gar des Todes auf dem Schlachtfeld nicht ausdrücklich erwähnt. Dieser Kontext legt nahe, daß sich *salvus* in der Inschrift auf die ‚Unversehrtheit' seiner Treue bezieht.

[351] Dieser Aspekt würde nach Poliakoff (1987) durch den Ausdruck *pura hasta* unterstützt, der dem Wunsch nach ehelicher Treue unmittelbar vorausgeht (Prop. 4,3,68) und eigentlich eine militärische Auszeichnung bedeutet (s. Serv.

Dabei fällt auf, daß es sich bei den physischen Beeinträchtigungen, die Arethusa fürchtet, nur um geringfügige Unannehmlichkeiten handelt, allerdings solche, die seine körperliche Attraktivität einschränken: Der Riemen der Rüstung könnte seine „zarten Arme" (V. 23: *teneros* [...] *lacertos*) und der schwere Speer seine „unkriegerischen Hände" (V. 24: *imbellis* [...] *manus*) aufgescheuert haben. Dies sei aber immer noch besser, als wenn sie die von den Zähnen einer anderen *puella* an seinem Hals hinterlassenen Male beweinen müsse. Der Kriegseinsatz erhält durch diese typisch elegisch gefärbten Befürchtungen und die gedankliche Verbindung mit einer möglichen anderen Liebschaft eine erotische Konnotation.[352] Von ernsthaften Verwundungen oder der Gefahr, in der Schlacht getötet zu werden, die in Prop. 3,12 als primäre Sorge einer wartenden Ehefrau dargestellt werden,[353] ist dagegen keine Rede. Durch diese Einschränkung, die den Verlust des Geliebten einem Treuebruch vorzieht,[354] unterscheidet sich Arethusa von Galla, die nach Darstellung des Sprechers die Rückkehr ihres Ehemanns nicht an Bedingungen geknüpft hatte.

Die persönliche erotische Beziehung steht auch im Zentrum der Inschrift, mit der der Brief endet. Obwohl Arethusa ihren Ehemann zu Beginn des Briefs noch auf die mit der Hochzeit eingegangene Verpflichtung hingewiesen und ihr Unglück unter Anspielung auf die Hochzeitsriten dargestellt hatte, erscheinen die Eheleute in der Inschrift nicht als *coniuges*, sondern als *puella* und *vir*. Während *vir* in der Liebeselegie gelegentlich den Ehemann bezeichnet, ist *puella* für die Geliebte reserviert. Die Wortwahl verweist den Leser

Aen. 6,760: *id est sine ferro* und Suet. Claud. 28: *Posiden spadonem, quem etiam Britannico triumpho inter militares viros hasta pura donavit*; dazu Fedeli [2015] 588 mit weiteren Parallelen). Er könne hier zugleich als Anspielung auf das von Seitensprüngen „reine" Glied des Lycotas verstanden werden. Für diesen Gebrauch von *hasta* s. Priap. 45,1. Kritisch Viarre (2004) 197.

352 Auch die Gegner, gegen die Lycotas in fernen Ländern kämpft, werden in einer erotisch gefärbten Sprache geschildert. In V. 63–6 bittet Arethusa Lycotas, dem feinen weißen Linnen, das er einem parfümierten gegnerischen Anführer geraubt habe, nicht zu viel Wert beizumessen. S. dazu Janan (2001) 59: „Lycotas' encounter with the enemy oddly resembles the amorous tussles between Propertius and Cynthia, which also focus on struggles over clothing."

353 S. Prop. 3,12,11: *neve tua Medae laetentur caede sagittae*; Prop. 3,12,13–4: *neve aliquid de te flendum referatur in urna: / sic redeunt, illis qui cecidere locis.*

354 Vgl. dazu auch Viarre (2004) 200–1, die den Heroidesbrief der Hero (Ov. epist. 19) kontrastierend vergleicht. Zum möglichen Einfluß auf Ovids Heroides insgesamt s. Gärtner (2006).

trotz der wiederholt hervorgehobenen Stellung Arethusas als Ehefrau auf eine elegische, d.h. eine nicht abgesicherte und damit von den für die Elegie typischen Wechselfällen bedrohte Beziehung. Obwohl Arethusa und Lycotas offenbar *coniuges* sind, d.h. in einer rechtmäßigen Ehe leben, führt die langjährige Trennung dazu, daß diese eine den elegischen Beziehungen vergleichbare Qualität annimmt.[355]

Die elegische Färbung, die die Inschrift nur erahnen läßt, wird durch die Elegie entfaltet, die als Brief stilisiert ist und damit auch auf der Erzählebene als Kommunikationsmittel und Träger der imaginierten Inschrift erscheint. In der Erzählsituation hängt seine Wirksamkeit davon ab, daß sich der Adressat Lycotas so von den Worten der Geliebten angesprochen fühlt, daß sie jeden Gedanken an eine mögliche Rivalin verdrängen. Der Brief vertritt damit Arethusa in einer Situation, in der sich Lycotas noch für oder gegen die Treue zu seiner Frau entscheiden kann.[356] Da der Ausgang noch nicht feststeht, beruht die Wirksamkeit des Briefs vor allem auf seiner Privatheit: Die vertraute Zweisamkeit, die die Wortwahl suggeriert, unterstützt Arethusas Forderung, an ihrer Stelle keine andere Geliebte zu nehmen. Diese Situation unterscheidet diesen Brief vom Heroidesbrief der Dido (Ov. epist. 7). Im Gegensatz zu Lycotas hat sich Aeneas bereits gegen die Liebesbeziehung entschieden, die die Schreiberin in ihrem Brief beschwört. Aus diesem Grund fällt der Brief der Dido insgesamt drohender und anklagender aus: Die von der Königin entworfene Grabinschrift würde die Schuld des Aeneas postulieren und damit sein Bild bei der Nachwelt trüben. Die Tatsache, daß die Inschrift direkt auf dem Grab vorgestellt werden soll, macht die darin beklagten tödlichen Folgen von Aeneas' Handeln augenfällig, doch könnte auch der in geeigneter Form publizierte Brief diese Funktion erfüllen.

Der aus der Perspektive der Arethusa verfaßte Brief könnte in der vorgestellten Erzählsituation dagegen nicht veröffentlicht werden, ohne die für die Argumentation bedeutsame Privatsphäre zwi-

[355] Es ist daher fraglich, ob Arethusas Hinweis auf ihre Wollarbeiten (V. 33–4) wirklich, wie in der Forschung wiederholt angenommen, den Kontrast zu der ebenfalls wollespinnenden Cynthia betonen soll. Vielmehr scheint die Pointe darin zu liegen, daß die lange Abwesenheit des Geliebten, die die Beziehung zu lockern droht, die Grenzen zwischen einer regulären Ehe und einer elegischen, nicht offiziellen Beziehung verschwimmen läßt. Der darin liegende potentiell antimilitärische Zug wird u.a. von Hallet (1971) 141–7 hervorgehoben.

[356] Zum Brief als Ersatz für die körperliche Anwesenheit vgl. oben Anm. 336.

schen den Liebenden zu stören. Das Schreiben soll zur Klärung des Verhältnisses zwischen den *coniuges* beitragen, das sich aus Sicht der Arethusa noch im Fluß befindet. Der Brief würde in der erzählten Welt daher hinfällig, sobald die Bindung zwischen ihnen gesichert ist. Die Dankbarkeit für die Treue, die Arethusa ihrem Mann in Aussicht stellt, muß daher auf andere Weise ausgedrückt werden.

Als Alternative bietet sich die imaginierte Weihinschrift an, weil sie nicht nur ein traditionelles Mittel zur Markierung eines Lebensabschnitts darstellt, sondern zugleich den Anspruch der *puella* auf ihren Geliebten öffentlich kundtut. Der nur im Privatbrief geäußerten Befürchtung, Lycotas könne sich einer anderen Geliebten zugewandt haben, würde in der öffentlich anzubringenden Inschrift nun das glückliche Ende der Trennung gegenübergestellt und nur dieses festgehalten. Das innerhalb des elegischen Rahmens auffällige Fehlen der Eigennamen im Inschriftentext läßt das Ereignis auf der Ebene der erzählten Welt als einen typischen Fall erscheinen, der sich so oder ähnlich auch bei anderen Liebespaaren ereignet hat. Als literarischer und erzähltechnischer Kunstgriff wird die durch Personennamen, Völkerbezeichnungen und Zeitangaben individualisierte Handlung der rahmenden Elegie mit Hilfe der Inschrift auf ihren „typisch elegischen" Kern reduziert: das Verhältnis zwischen *puella* und *vir*, das sich unter Gefährdungen behaupten muß. Zugleich wird die Zweisamkeit der beiden gewahrt: Ein Außenstehender könnte die in einer solchen Inschrift genannten Personen ohne zusätzliche Informationen nicht identifizieren. Die Vagheit der Inschrift spricht gegen die in der Forschung u.a. von Ramsby (2007) vorgebrachte These, daß die in Elegien eingelegten Inschriften vor allem ein Streben nach Dauerhaftigkeit sollten. Für einen solchen Zweck wäre eine so allgemein gehaltene Inschrift jedoch denkbar ungeeignet. Sinnvoll ist selbst ein wenig spezifischer Text dagegen, wenn die in die Elegie eingelegte dazu dient, einen von der Schreiberin für die Zukunft imaginierten Endpunkt der gegenwärtigen unbefriedigenden Situation zu markieren. In dem Augenblick, wo die Weihinschrift gesetzt werden kann, werden die im Brief beschriebenen Sorgen beendet sein, und da es sich um eine subjektive Perspektive auf die Zukunft handelt, kann der imaginierte Text der Inschrift mehr oder weniger spezifisch ausfallen, ohne seinen Effekt in der gegenwärtigen Erzählsituation zu verlieren.

Ein spezifischer Reiz besteht hier in dem kunstvollen Kontrast zwischen der Briefform der Elegie und der darin enthaltenen imaginierten Inschrift: Zunächst wird der Leser durch die Lektüre eines als Privatbrief gestalteten Gedichts zum Mitwisser der inneren Not der Arethusa gemacht. Die imaginierte Inschrift legt dann jedoch nahe, daß die scheinbar so detaillierten „privaten" Informationen nichts weiter seien als ein auf ein allgemeines Grundmuster reduzierbarer „typischer" Fall. Indem die Inschrift dem Einzelschicksal seine Besonderheit nimmt, erleichtert sie dem Leser gleichzeitig die Identifikation mit dem dargestellten Ereignis und ermöglicht ihm eigene Assoziationen. Dank für die Rettung eines Geliebten kann aus vielen Gründen abgestattet werden, die alle durch die Formel *salvo grata puella viro* abgedeckt werden.

Paradoxerweise kann ein Leser aber überhaupt nur auf die Inschrift reagieren, weil es sich bei dem vorgeblich privaten Schreiben samt dem darin imaginierten Weihepigramm in Wahrheit um ein in Buchform publiziertes Gedicht handelt. „Öffentlichkeit" wird hier nicht durch eine Inschrift hergestellt (die überdies in der erzählten Welt noch nicht einmal umgesetzt ist), sondern durch die Herausgabe der Gedichte. Insofern wird hier der Blick des Lesers geschickt auf das Wechselspiel zwischen verschiedenen Graden von Öffentlichkeit und Privatheit gelenkt. Die Inschrift, die zwar öffentlich angebracht wird, deren generelle Formulierung aber einen gewissen Grad von Privatsphäre aufrechterhält, wird durch den rahmenden Privatbrief präzisiert, in den sie eingelegt ist; dieser wiederum erlangt Öffentlichkeit dadurch, daß er Teil einer publizierten Gedichtsammlung ist. Erst Inschrift, Elegie und Elegiensammlung zusammengenommen erfüllen damit die Voraussetzungen von Verständlichkeit, Öffentlichkeit und Nachleben, die von Interpreten, die primär an der postulierten „Dauerhaftigkeit" von eingelegten Inschriften interessiert sind, oft schon für die Aufschrift selbst stillschweigend vorausgesetzt werden. Auf der Erzählebene treffen sie jedoch nicht zu. Vielmehr markiert die Inschrift den Punkt in der Zukunft, an dem für die Schreiberin die typisch elegische Situation der gefährdeten Liebe beendet sein wird, von dem aber noch nicht klar ist, ob er jemals eintreten wird. Da sie also das imaginierte Ende des elegischen Konflikts symbolisiert, ist es naheliegend, daß auch die Inschrift selbst an das Ende der Elegie gestellt wird.

Prop. 2,28,44 (Weihinschrift für die erhoffte Rettung Cynthias)

In Prop. 2,28[357] dagegen bedroht nicht eine räumliche Trennung, sondern eine schwere Krankheit die Liebesbeziehung. Der Sprecher der Elegie erfleht die Hilfe Jupiters für seine mit dem Tode ringende Geliebte Cynthia. Die Ursache der Krankheit ist ihm unklar: Möglicherweise habe Cynthia die Götter verärgert, da es schöne Mädchen bekanntlich mit ihren Schwüren nicht genau nehmen (V. 1–14). Dennoch bestehe Hoffnung, denn auch Io, Ino, Andromeda und Callisto, die sich eine Gottheit zum Feind gemacht hatten, seien später für das erlittene Leid entschädigt worden (V. 15–24). Wenn Cynthia aber sterben sollte, so werde ihr ein Platz im Elysium unter den Heldinnen Homers sicher sein (V. 25–34).

Der nächste Abschnitt (28b) beginnt in resigniertem Ton: Das magische Ritual, das mit Hilfe von Rhombi und brennendem Lorbeer durchgeführt wurde und Heilung bringen sollte,[358] ist eingestellt worden, und ein unglückverheißender Vogelruf läßt den nahen Tod Cynthias befürchten. Das Schicksalsschiff werde sie beide zum Unterweltssee bringen, klagt der Sprecher: Er werde nur weiterleben, wenn auch Cynthia am Leben bleibe (V. 35–42). Wenn sich der Gott nicht eines Menschen allein erbarmen wolle, möge er wenigstens auf zwei Schicksale Rücksicht nehmen. Als Gegenleistung für die Erfüllung seines Wunsches verpflichtet sich der Sprecher dazu, die Rettung des Mädchens durch Jupiter bekanntzumachen. Cynthia selbst werde zu Füßen der Gottheit sitzen und von den überstandenen Gefahren erzählen (V. 43–6).

Der dritte Teil (28c) berichtet von einer letzten Bitte des Sprechers an die Unterweltsgötter und schließlich von der Heilung des Mädchens. In der Unterwelt gebe es bereits so viele schöne Frauen, daß die Götter seiner Geliebten gestatten mögen, in der Oberwelt zu bleiben (V. 47–50). Es folgt eine Aufzählung der verstorbenen Schönen sowie die Aufforderung an die Geliebte, der Diana und der Isis den gebührenden Dank für die Rettung aus Todesgefahr abzustatten (V. 51–62).

[357] Die Elegie wird im Anschluß an Hertzberg (1843–45) in einigen modernen Textausgaben in drei Einzelgedichte (28a–c) geteilt. S. dazu Fedeli (1984) ad loc.

[358] Ein ganz ähnliches Ritual wird in Theocr. id. 2 als Liebeszauber eingesetzt, auch dort unter Verwendung eines *rhombus* (ἴυγξ).

Von dem in V. 43 gelobten Dank des Sprechers ist an dieser Stelle keine Rede mehr. Die Selbstverpflichtung, die er im Augenblick der Krise eingegangen war, lautet (Prop. 2,28,42–4):

Vivam, si vivet; si cadet illa, cadam.
Pro quibus optatis sacro me carmine damno:
Scribam ego ‚per magnum est salva puella Iovem'.

Die konkrete Bedeutung des Gelöbnisses, besonders des Wortes *carmen*, ist in der Forschung umstritten. Die *communis opinio* betrachtet den Begriff als Hinweis auf ein Gedicht, das der Sprecher nach der Rettung Cynthias zu Jupiters Ehre schreiben wolle.[359] In diesem Fall kann der folgende Vers entweder als Inhaltsangabe des Gedichts betrachtet werden, das von der Rettung des Mädchens berichtet („ich verpflichte mich zu einem Gedicht mit religiösem Thema: ich werde [ein Gedicht] ‚Cynthia wurde vom großen Jupiter gerettet' schreiben"),[360] oder als Weihinschrift, die die vom Sprecher gelobten Verse begleitet („ich verpflichte mich zu einem Gedicht mit religiösem Thema: ich werde [dazu]schreiben: ‚Cynthia wurde vom großen Jupiter gerettet' "). In diesem Fall kann das gelobte Gedicht entweder konkret die Rettung Cynthias behandeln,[361] oder allgemein ein Jupiterhymnus sein, dem der Grund seiner Abfassung inschriftlich beigegeben wird. An eine Dedikationsinschrift erinnert vor allem die knappe Formulierung, die sich auf den helfenden Gott und den Empfänger der Hilfe beschränkt.

Fedeli (2005) 806–7 erwägt zögernd die Möglichkeit, *carmen* nicht als ‚Gedicht', sondern als ‚Inschrift' zu verstehen. In dieser Bedeutung wird der Begriff auch in Prop. 2,14,26 verwendet, ebenso an zahlreichen Stellen in Ovids Werken.[362] Die Übersetzung müßte dann lauten: „Ich verpflichte mich zu einer Weihinschrift: Ich werde schreiben: ‚Cynthia wurde vom großen Jupiter gerettet'."

[359] So z.B. Richardson (1977) 292, Yardley (1977) 400 und Giardina (1977) ad loc: „poeta pollicetur se carmen de deo scripturum, si puella servata erit". Für die Wendung *se damnare aliqua re* (sich zu etwas verpflichten) vgl. Simbeck, C.: ThLL V,1 (1909) 20,14–42 s.v. *damno*.

[360] So wird der Vers von Butler/Barber (1933) verstanden.

[361] Gedichte über Heilungen sind auch aus der archäologischen Forschung bekannt, s. Peek (1969) und (1972). Zu den berühmtesten gehören die Iamata aus dem Asklepiosheiligtum in Epidauros s. dazu LiDonnici (1995).

[362] S. z.B. Ov. am. 2,6,60 (Grabinschrift für Papagei), epist.7,194 und fast. 3,547 (Grabinschrift für Dido) u.ö. *Carmen* im Sinne von ‚Weihinschrift' findet sich z.B. in met. 9,793 (Weihinschrift des Iphis).

Ungewöhnlich wäre in diesem Fall jedoch die Beschränkung allein auf die knappe wörtlich zitierte Inschrift. Bei ähnlichen Gelübden verspricht der elegische Bittsteller dem Gott stets eine Weihgabe, deren Anlaß dann in der kurzen Dedikationsinschrift festgehalten wird. In dem flehentlichen Gebet an Jupiter wird jedoch außer dem *sacrum carmen* keine weitere Gabe gelobt. Ein Gedicht – entweder eines, das von Anfang an für eine literarische Verbreitung bestimmt ist und von Cynthias Heilung handelt, oder ein inschriftliches Lobgedicht mit der Erläuterung *per magnum est salva puella Iovem* – muß also hier das eigentliche Geschenk für den Gott bilden.

Auffällig bleibt die Unbestimmtheit der Aussage, die so formuliert ist, daß der Leser hinter dem *sacrum carmen* sowohl ein literarisches Werk als auch einen inschriftlichen Lobpreis vermuten kann. Zwar legen sich die elegischen Sprecher auch sonst nicht immer auf eine konkrete Weihgabe fest, wenn sie ein Gelöbnis ablegen, doch geben sie in solchen Fällen wenigstens den Ort der Weihung an (s. Prop. 2,14,25 und Prop. 4,3,71). Die sprachliche Unbestimmtheit des Versprechens, das sich sowohl auf ein literarisch verbreitetes Dankgedicht als auch auf eine im Tempel angebrachte Votivtafel beziehen könnte, schafft hier einen eleganten Übergang zwischen der Dankesbezeugung des Sprechers der Elegie (durch ein Gedicht, d.h. ein literarisches, nicht ortsgebundenes Kunstwerk) und der in den folgenden Versen beschriebenen Dankesbezeugung Cynthias (durch mündliche Erzählungen im Tempel). Die kurze wörtlich zitierte Weihinschrift übernimmt hier auf mehreren Ebenen eine verknüpfende Funktion: Sie dokumentiert einerseits die Verbindung der beiden Liebenden, da sie vom Mann für die Rettung der *puella* gestiftet wird, andererseits verbände sie als ein ortsgebundener literarischer Text die spezifischen Dankesbekundungen der beiden auf erzähltechnischer Ebene. Die Funktion als markanter Abschluß, die andere Inschriften oft erfüllen, ist hier weniger prominent: Die Aussage *per magnum est salva puella Iovem* soll zwar, wenn die Heilung Cynthias erst einmal erfolgt ist, den Sieg über die Krankheit dokumentieren, doch ist die erwünschte Wirkung zum Erzählzeitpunkt noch nicht eingetreten, so daß nicht die Freude über die Heilung, sondern die Selbstverpflichtungen des Sprechers im Vordergrund stehen, zu denen auch die Inschrift gehört. Es ist daher folgerichtig, daß die Inschrift zwar im Schlußteil der Elegie erscheint, jedoch nicht deren Abschluß bildet.

Auch hier zeigt sich das typisch elegische Interesse an der Beziehung zwischen den Liebenden. Die Inschrift legt das Gewicht nicht auf die spektakuläre Heilung (wie es z.B. in den berühmten Iamata von Epidaurus geschieht), sondern, indem der Geliebte der Kranken als Weihender auftritt, auf die Liebesbeziehung, deren Fortführung durch die Genesung ermöglicht wird.

Ov. am. 2,13,25 (Weihinschrift für die erhoffte Rettung Corinnas)

Auch in Ov. am. 2,13 ringt die Geliebte des elegischen Sprechers mit dem Tode. Anders als in Prop. 2,28 handelt es sich aber nicht um eine gewöhnliche Krankheit,[363] sondern um die Folge einer mißglückten Abtreibung. Die Liebesbeziehung ist daher nicht nur durch den drohenden Tod der *puella* gefährdet, sondern auch durch ihren Versuch, das gemeinsame Kind zu töten. Wie in Properz 2,28 gelobt der verzweifelte Sprecher für die Genesung der Geliebten eine Weihinschrift. Diese soll nur aus den drei Worten *Naso servata Corinna* bestehen, die den komplizierten Sachverhalt nicht ahnen lassen: Genannt werden nur der Stifter und, in verkürzter Weise, der Anlaß der Stiftung. Knappe Formulierungen dieser Art finden sich häufig auch in historischen Weihinschriften.[364] Für Ovid ist eine so wortkarge Dedikationsinschrift ungewöhnlich: Nirgendwo sonst verzichtet er sowohl auf den Namen der angeredeten Gottheit und die Bezeichnung der Weihgabe als auch auf nähere Ausführungen zum Anlaß der Dedikation, so daß der Leser zur Einordnung des Textes auf die Elegie angewiesen ist.[365] Besäße man nur die Inschrift, so könnte allein die typische Kombination von Nominativ und Ablativus absolutus einen Hinweis darauf geben, daß es sich um eine Weihinschrift handelt.

[363] Zur Darstellung kranker *puellae* in der römischen Elegie s. Yardley (1977).

[364] S. z.B. CIL XII 3102 (Inschrift aus der frühen Kaiserzeit): *Nem(auso) Aug(usto) Censor Iugarius ex voto si Iulia superstit[e] decessisset*; und ohne Angabe des Motivs für das Gelöbnis CIL XII 3067 *Iunonib(us) montan(is) Cinnamis V(otum) S(olvit)*. Zu beiden Inschriften vgl. Almar (1990) 152 und 150.

[365] Vgl. demgegenüber die oben besprochene Weihinschrift am. 1,11,27–8, in der die Stichworte *Venus* und *tabellae* Hinweise geben, sowie die Weihinschriften epist. 15,183–4 (Sappho weiht ihre Lyra dem Apoll) und epist. 20,239–40 (Acontius weiht das Abbild eines Apfels aus Dank für die Erfüllung des einst auf einen natürlichen Apfel geschriebenen Schwurs), die allerdings in ihrer Echtheit angezweifelt wurden. Einen Sonderfall stellt die zweimal wiederholte Inschrift *Naso magister erat* dar, bei der es sich nicht um eine Weihinschrift im strengen Sinn handelt, dazu unten S. 287–294.

Die näheren Umstände und der vorausgegangene Abtreibungsversuch ergeben sich nur aus dem Gesamtzusammenhang der Elegie.[366] Der elegische Sprecher verurteilt Corinnas Tat, auch wenn die Sorge um die Freundin den Zorn überwiege, s. am. 2,13,3–4: *illa quidem clam me tantum molita pericli / ira digna mea, sed cadit ira metu.* Als Kritikpunkt erscheint in dieser Elegie jedoch nur die Heimlichkeit, mit der Corinna den gefährlichen Eingriff vorgenommen hat. Die Geliebte wird sogar als fromme Person dargestellt, die sich in vorgeschriebener Weise dem Isiskult gewidmet habe und auch der Hilfe der Ilithyia würdig sei (am. 2,13,17–8: *saepe tibi* [sc. *Isidi*] *sedit certis operata diebus, / qua tingit laurus Gallica turma tuas*; am. 2,13,22: *digna est quam iubeas muneris esse tui* [sc. *Ilithyiae*]).[367] Dagegen vermeidet der Sprecher alles, was die Abtreibung als moralisch verwerfliche Tat erscheinen lassen und die Geliebte daher in den Augen der Göttin diskreditieren könnte. Dies ist besonders im Vergleich mit der folgenden Elegie auffällig, in der das elegische Ich zu einer Invektive gegen Frauen ansetzt, die ihre ungeborenen Kinder töten, und die Tat dabei ausdrücklich als Verstoß gegen das (göttliche) Recht brandmarkt.[368] Die Argumente, die dabei angeführt werden, lassen sich so zusammenfassen:

- Argumentation mit dem Naturrecht:
  a) Die Schwangerschaft ist ein natürlicher Vorgang, vergleichbar den Fruchtständen von Bäumen und Weinstöcken. Sie abzubrechen, ist ein Verbrechen (*fraus*, eigentlich also „Betrug“, am. 2,14,23, vgl. am. 2,14,23–6).[369]
  b) Nicht einmal wilde Tiere töten ihre Jungen, um wie viel weniger dürfen es also Menschen (am. 2,14,35–6).

[366] Am. 2,13,1–2: *Dum labefactat onus gravidi temeraria ventris, / in dubio vitae lassa Corinna iacet.* Zur Abtreibungsthematik s. Gamel (1989) 183–206.

[367] Zur umstrittenen Bedeutung der Verse am. 2,13,17–8 s. Ramírez de Verger (1988) 86–91. Der Isistempel, auf den Ovid sich bezieht, ist offenbar das sogenannte Iseum Campense auf dem Marsfeld, das auch als „ägyptischer“ bzw. „memphitischer“ Tempel bezeichnet wurde, s. Donaldson (2003) 102. Zur Geschichte des Tempels und seinem Kult s. ebd. 96–104.

[368] Am. 2,14,43–4: *di faciles, peccasse semel concedite tuto; / et satis est poenam culpa secunda ferat.*

[369] Der Vergleich von Fötus und reifender Frucht erscheint auch sonst in der antiken Literatur, s. z. B. Plut. Mor. 907C. Für die Verwendung von *fraus* in diesem Zusammenhang s. Tib. 3,5,19–20: *quid iuvat fraudare vitem crescentibus uvis / et modo nata mala vellere poma manu?* S. dazu McKeown (1998) 305 mit weiteren Parallelen.

c) Wenn die Mütter früherer Zeiten ebenfalls Abtreibungen vorgenommen hätten, wäre die Menschheit schon längst ausgestorben. Selbst ein Deukalion, der durch Steinwürfe ein neues Menschengeschlecht hätte hervorbringen können, hätte erst noch erschaffen werden müssen.[370] Insbesondere hätte es weder Helden noch Kaiser gegeben, und auch die angeredete Geliebte hätte das Licht der Welt nie erblickt, ebensowenig wie der elegische Sprecher selbst (am. 2,14,9–22).

- *A maiore ad minus*:
  Es ist widersinnig, daß die Mädchen mythischen Mördern und Frevlern zürnen, wenn sie selbst ihre ungeborenen Kinder töten (am. 2,14,29–34).
  Wenn Mädchen und Frauen vom blutigen Kriegshandwerk befreit sind, sollten sie auch nicht durch eine Abtreibung töten (am. 2,14,1–4).
- Vorwurf der Unverhältnismäßigkeit:
  Die Tötung eines Menschen ist ein zu hoher Preis für den faltenlosen Leib, den die Frauen durch die Verhinderung einer Geburt bewahren wollen (am. 2,14,7–8).
- Warnung vor der eigenen Gefährdung der Frau:
  Oft kommt das Mädchen bei einer versuchten Abtreibung selbst ums Leben und verliert obendrein ihren guten Ruf, da ihr Tod von der öffentlichen Meinung als gerechte Strafe empfunden wird (am. 2,14,37–40).

Es fällt auf, daß von den hier verwendeten Bildbereichen und Gedankengängen nur einer in sehr verkürzter Form in am. 2,13 auftritt: Am Ende der Elegie bittet der Dichter, es möge genügen, daß das Mädchen „in dieser Schlacht" gekämpft habe (V. 26–7), d.h. einmal eine blutige Abtreibung versucht habe, ohne aber auf Rechtmäßigkeit oder Unrechtmäßigkeit ihrer Tat einzugehen. Die anderen Überlegungen zur Abtreibung kommen nicht zur Sprache. An ihrer Stelle stehen Götteranrufe, die keinen unmittelbaren Bezug zum Thema „Abtreibung" aufweisen (V. 7–16) sowie die Erwähnung von Corinnas religiösen Verdiensten, die die erhoffte Hilfe der Isis rechtfertigen (V. 17–22). Hinzu kommt die Argumentation

[370] Am. 2,14,9–12: *quique iterum iaceret generis primordia nostri / in vacuo lapides orbe, parandus erat.* Ramsbys (2007) 100 Übersetzung „those conceived to provide the beginnings of our race would lie, repeatedly, as stones in an empty earth" entstellt den Text.

mit dem Leben des Sprechers, das ebenfalls von Corinnas Wohlergehen abhänge (V. 15–6: *in una parce duobus: / nam vitam dominae tu dabis, illa mihi*).[371]

Der Kontrast zwischen beiden Elegien ist auffällig und ergibt sich aus dem Anlaß und dem Adressaten des jeweiligen Gedichts.[372] Während sich am. 2,13 an Götter richtet, die Corinna aus der Lebensgefahr retten sollen, wendet sich am. 2,14 an ein namentlich nicht genanntes Mädchen, das eben eine Abtreibung vorgenommen hat und davon überzeugt werden soll, diese Tat nicht zu wiederholen.[373] In am. 2,13 muß der Sprecher das Mädchen daher in möglichst positivem Licht erscheinen lassen, während in am. 2,14 eine möglichst dunkle Zeichnung der Abtreibung sinnvoll ist. Die dabei vorgebrachten Argumente sind allgemeiner Natur und werden zu Beginn der Elegie auch auf die *puellae* insgesamt bezogen, vgl. am. 2,14,1–4: *quid iuvat immunes belli cessare puellas* [...] *si* [...] *caecas armant in sua fata manus?* Erst später wechselt der Sprecher zu einer einzelnen Adressatin (am. 2,14,8: *sternetur pugnae tristis harena tuae*), wobei er freilich einräumt, daß diese nicht die erste Frau sei, die ein ungeborenes Kind getötet habe.[374]

Der allgemeine Charakter der düsteren Aussagen, der auch die öffentliche Meinung einbezieht, ist von Bedeutung, weil er voraussetzt, daß sie unabhängig vom konkreten Einzelfall von zahlreichen Zeitgenossen geteilt werden. Sie treffen damit prinzipiell auch auf die Tat der Corinna zu, auf deren Gesundung der Dichter in am. 2,13 hofft. Corinna muß also nicht nur um ihr Leben, sondern auch um ihren guten Ruf fürchten. Durch die Rettung aus Todesgefahr würde gleichzeitig die in am. 2,14,37–40 angedrohte Schmach

[371] Dieser Gedankengang ist auch sonst in der antiken Literatur verbreitet. Ovid selbst verwendet ihn in den Tristien einmal in umgekehrter Form, als der elegische Sprecher um Errettung aus einem Seesturm bittet: trist. 1,2,57–8: *fingite me dignum tali nece, non ego solus / hic vehor. Inmeritos cur mea poena trahit?*

[372] Eine ähnliche Technik zeigt sich z.B. auch im Elegienpaar am. 1,7 und 1,8 (der Dichter weist im ersten Gedicht den Vorwurf der Untreue entrüstet zurück, während die folgende Elegie seine Ausführungen als Lügen entlarvt). S. dazu Bonandini (2005) und zu hellenistischen Gedichtpaaren bei Herondas mit ähnlich „dramatischer“ Wirkung Kutzko (2006).

[373] Gottheiten erscheinen in am. 2,14 nur in den beiden Schlußdistichen, die die vorher geäußerten unheilverheißenden Gedanken abschwächen. Zur Diskussion um die Gedichtgrenze zwischen am. 2,13 und 2,14 siehe z.B. Walter (1986) 306–21.

[374] Am. 2,14,5–6: *quae prima instituit teneros convellere fetus, / militia fuerat digna perire sua.*

eines unehrenhaften Begräbnisses für die Kindsmörderin vermieden.[375]

Die imaginierte Weihinschrift in am. 2,13 hebt die erhoffte Rettung gebührend hervor. Sie dient, wie die gesamte Elegie, zur Überzeugung der angeredeten Gottheiten, da sie zusammen mit den Weihgaben, die der Betende gelobt, deren Macht und Hilfsbereitschaft verherrlichen wird. Gleichzeitig hält der Text, dessen Aufstellung offenbar vor der Götterstatue im Heiligtum, d.h. einem öffentlichen Ort, zu denken ist (s. am. 2,13,24: *ipse feram ante tuos* [sc. *Ilithyiae*] *munera vota pedes*), auch die Erinnerung an Corinna wach, ohne den gesellschaftlich anstößigen Abtreibungsversuch zu erwähnen. Der Sprecher dient so dem Andenken seiner Geliebten in Öffentlichkeit und Nachwelt.

Anders als Dido und Phyllis, die eine endgültige Trennung von ihrem Geliebten hinnehmen müssen und darauf hoffen, daß das von ihnen entworfene Epitaph deren Ruf dauerhaft schädigen werde, wird *Naso* mit der imaginierten Inschrift dafür sorgen, daß seine genesene *puella* ihr Gesicht wahren kann. Die Verbindung der beiden, die trotz der ernsthaften Krise nicht gefährdet werden soll, drückt sich auch in der Inschrift selbst durch die Iuxtaposition der Eigennamen *Naso* und *Corinna* aus. Pointiert ist diesen das entscheidende Wort *servata* vorangestellt, das durch seine Position zwischen Penthemimeres und bukolischer Dihärese metrisch hervorgehoben wird. Die Kürze der Inschrift hebt die wesentlichen Aspekte des Geschehens hervor und ermöglicht zugleich ein taktvolles Verschweigen der kompromittierenden Details.

Die Weihinschrift spiegelt auch die in der Elegie vorherrschende Rollenverteilung wider. Die Erzählperspektive ist durchgehend die des besorgten Liebhabers, während Corinna nicht zu Wort kommt. Sein Gebet gerade an Ilithyia, eine Gottheit, die sonst hauptsächlich von Frauen angerufen wird, unterstreicht seine verzweifelten Rettungsversuche und die Hilflosigkeit der mit dem Tode ringenden Geliebten. Die Einschränkung, daß der Sprecher noch nicht einmal sicher ist, ob das getötete Kind von ihm stammt (am. 2,13,5–6), verleiht seinen Bemühungen zusätzlich Objektivität und Glaubwürdigkeit.

[375] Vgl. am. 2,14,39–40 (über eine Frau, die einem Abtreibungsversuch zum Opfer gefallen ist): *ipsa perit ferturque rogo resoluta capillos, / et clamant ‚merito' qui modo cumque vident.* S. zur Abtreibungsthematik in der römischen Gesetzgebung WATTS (1973).

Diese Darstellungstechnik läßt die Gedanken und Motive, die Corinna zu ihrem Abtreibungsversuch bewogen haben, im Dunkeln. Während ihr Schweigen in am. 2,13 durch die Situation gut motiviert ist (sie ringt noch mit dem Tod, vgl. am. 2,13,2: *in dubio vitae lassa Corinna iacet*), zeigt die korrespondierende Elegie 2,14, die ebenfalls aus der Perspektive des Mannes gesprochen ist, daß es sich zugleich um ein erzähltechnisches Mittel handelt. Verteidigung und Anklage werden auf zwei verschiedene Elegien verteilt und durch die Erzählperspektive miteinander verknüpft. Die wirkungsvolle Gegenüberstellung wäre zweifellos weniger deutlich ausgefallen, wenn der Dichter jeweils auch die Sichtweise der betroffenen Frauen einbezogen hätte. Die imaginierte Weihinschrift, deren Initiator nicht die Gerettete selbst, sondern ihr Geliebter ist, spiegelt diese Erzähltechnik wider.

Es ergibt sich, daß zur sinnvollen Interpretation der Inschriften nicht nur die rahmende Elegie berücksichtigt werden muß, wie schon LAUSBERG hervorgehoben hat, sondern auch andere Elegien aus demselben Textkorpus.

4.2.2 Weihinschriften für bereits geleistete Hilfe

Eingebettete Weihinschriften für bereits geleistete göttliche Hilfe sind in den römischen Elegien selten. Nur zwei Fälle (Prop. 2,14,27–8 und Ov. epist. 15,183–4) gehören diesem Typ an; hinzu kommt eine Votivinschrift aus der elegisch gefärbten Iphis-Erzählung der Metamorphosen. Dieser Befund ist nicht verwunderlich, da sich, wie oben gezeigt, das Interesse der Elegiker eher auf das subjektive Empfinden des *amator* und sein Verhalten in der typischerweise problematischen elegischen Liebesbeziehung richtet, als auf deren Endergebnis. Die Liebesverwicklungen lassen sich dramatischer schildern, wenn der Betroffene noch in einem Konflikt steht, aus dem er sich Rettung und Hilfe erhofft.

Prop. 2,14,27–8 (Weihung durch *Propertius*)

In Properz' Elegie 2,14, in der der *amator* ausnahmsweise eine Weihinschrift für bereits erreichtes Glück stiften will, ist dagegen ein (vorübergehender) Ruhepunkt in der turbulenten elegischen Beziehung eingetreten. Der Liebhaber steht gerade in der Gunst der *puella*, hofft auf deren Fortbestand und blickt auf vergangene

Leiden zurück. Zunächst vergleicht er seine eigenen Erfolge mit denen berühmter Helden. Seine Freude sei größer als die ‚des Atriden' beim Fall Trojas, des Odysseus am Ende seiner Irrfahrten, der Elektra beim Anblick des Orest und der Ariadne nach der Rückkehr des Theseus aus dem Labyrinth des Minotaurus. Sollte ihm noch einmal eine Liebesnacht wie die vergangene gewährt werden, werde er unsterblich sein (V. 1–10). Allerdings habe sich der Erfolg erst nach langen vergeblichen Mühen eingestellt: Solange er sich unterwürfig verhielt (V. 11: *dum demissis supplex cervicibus ibam*), galt er der Geliebten als wertlos, und nun werde die Medizin gleichsam der Asche (eines Verstorbenen) gereicht (V. 11–6). Nur aus der für Verliebte typischen Verblendung habe er den Weg zum Erfolg lange nicht erkannt: Mädchen mit Mißachtung zu strafen, führe schließlich zum Ziel (V. 17–22). Dieser Sieg sei ihm lieber als ein Sieg über die Parther, und er werde für ihn gleichbedeutend mit (Kriegs-)Beute, (gefangenen) Königen und Streitwagen sein: Er werde der Liebesgöttin ‚an ihrer Säule' (d.h. an einer Säule in ihrem Tempel, dazu FEDELI [2005] ad loc.) große Geschenke stiften, und unter seinem Namen eine Inschrift anbringen. Der Textzusammenhang lautet (V. 23–32):

Haec mihi devictis potior victoria Parthis
Haec spolia, haec reges, haec mihi currus erunt.
magna ego dona tua figam, Cytherea, columna,
taleque sub nostro nomine[376] *carmen erit:*
‚Has pono ante tuas tibi, diva, Propertius aedis[377]

[376] Für die Wendung *sub nostro nomine* („unter meinem Namen") vgl. Quint. inst. 1, prooem 7: *duo iam sub nomine meo ferebantur libri artis rhetoricae.* ROTHSTEIN (1920) 305 nimmt dagegen an, daß die Weihgabe „mit einer einfachen Widmungsangabe" angebracht werde, „und unter der eigentlichen Widmung soll sich dann noch ein besonderes Gedicht befinden, dessen Inhalt hier in ungefährer Ausführung mitgeteilt wird". So auch FLACH (2011) 57. Dagegen HEYWORTH (2007) 172: „Propertius' name is included in his dedicatory couplet; it would be bizarre for the poet to say that it will stand above the verses too. The lines are surely imagined as placed beneath the gift to which they immediately refer: probability thus favours the supposition that *nomine* has replaced the dactylic equivalent *munere*." (*Munere* wurde tatsächlich von SCALIGER konjiziert und von LUCK [1964] in den Text seiner Ausgabe übernommen). Für ein wörtliches Verständnis plädiert dagegen wie ROTHSTEIN auch SCHULZ-VANHEYDEN (1970) 93 auf der Grundlage historischer Weihinschriften, die den Namen des Stifters sowohl in einem gesonderten *titulus* als auch in dem folgenden *carmen* nennen, s. z.B. CE 255 und 898.

[377] Der Plural *tuas* [...] *aedis* ist in den Handschriften einheitlich überliefert. Für ‚Tempel' (die einzige Bedeutung, die der Kontext zuläßt) wird jedoch zu Pro-

Exuvias, tota nocte receptus amans.'
Nunc ad te, mea lux, veniet mea litore navis
servata; an mediis sidat onusta vadis?
quod si forte aliqua nobis mutabere culpa,
vestibulum iaceam mortuus ante tuum.[378]

Die imaginierte Inschrift weist einige Eigenschaften auf, die auch aus historischen Weihepigrammen bekannt sind. Typisch ist das einleitende Demonstrativpronomen, das auf die Votivgabe verweist. Auch die Nennung des Stifternamens im Nominativ und die direkte Anrede an die Gottheit finden sich oft (neben der ebenfalls gebräuchlichen Nennung des Götternamens im Dativ) auf historischen Inschriften, ebenso wie ein Verb, das die Setzung der Weihinschrift wiedergibt – häufig allerdings in der dritten Person Singular Perfekt. Seltener ist die ausdrückliche Nennung der Votivgabe, da sie der Betrachter, solange sich Inschrift und Gabe *in situ* befinden, unmittelbar vor Augen hat. Der geweihte Gegenstand wird aber auch in historischen Weihinschriften zuweilen bezeichnet, wenn die Stifter bestimmte Eigenschaften hervorheben wollen (z.B. das kostbare Material oder den inneren Zusammenhang der gewählten Gabe mit dem Anlaß der Stiftung, zu letzterem s. oben Anm. 292).

Obwohl der Weihgegenstand in der Inschrift ausdrücklich als *exuviae* bezeichnet wird, zeigt der übrige Text der Elegie, daß es sich nicht um Kriegsbeute handeln kann. Der Hintergrund der Weihung ist die freundliche Aufnahme bei der *puella*, und so muß es sich bei

perz' Zeit – mit Ausnahme der Wendung *aedes sacrae* – stets der Singular verwendet. Eine Parallele für *aedes* in der Bedeutung ‚Tempel' bietet erst die Aufforderung der Ceres in Apul. met. 6,3 (*decede itaque istis aedibus*). Scaliger konjizierte deshalb *tuam* [...] *aedem*, eine Entscheidung, der nur ein Teil der Herausgeber gefolgt ist. Fedeli, der früher den Plural setzte, schließt sich neuerdings Scaligers Konjektur an (s. Fedeli [2005] ad loc.). Ebd. auch eine zusammenhängende Darstellung der Problematik, vgl. auch Heyworths Kommentar zu den Cynthiagedichten (2007) 172–3.

[378] Der oben gegebene Text der beiden letzten Distichen folgt Fedeli (1984). Heyworth (2007) liest in V. 29–30: *nunc a te est, mea lux, veniatne ad litora navis / servata an mediis sidat onusta vadis.* Die Verse 29–32, mit denen die Elegie endet, gehören zu den problematischsten Stellen im Properztext. Ein Teil der Forscher nimmt an, daß die Elegie mit V. 28 ende, so daß die Inschrift, wie auch sonst oft, das Gedicht abschließe (s. dazu unten S. 272) und Enk (1961) ad loc. Dagegen legt Vaio (1962) einen symmetrischen Aufbau der Elegie nach dem Schema 10:4:4:4:10 zugrunde, bei dem die letzten vier Verse das Gleichgewicht zwischen dem jeweils 10 Verse umfassenden Einleitungs- und Schlußteil sichern. S. die Darstellung der Probleme bei Fedeli (2005) 433–7.

den *exuviae* um einen nicht näher bestimmten anderen Gegenstand handeln, der auf die Liebesnacht verweist.[379] Daß der Stifter einen solchen Gegenstand mit dem Begriff „Beute“ umschreibt, muß dem Betrachter der Weihgabe daher erst durch die Inschrift mitgeteilt werden.[380] In diesem Fall bietet also nicht nur die Elegie den sachlichen Hintergrund für eine sonst unverständliche Inschrift, sondern die geplante Inschrift verweist den Besucher des Tempels auf einen Gedanken (die *militia amoris*), der für die rahmende Elegie wichtig ist, mit einem für eine Liebesnacht gestifteten Weihgegenstand aber nicht zwangsläufig verbunden sein muß. Der Text der Inschrift und die Informationen, die im Text der Elegie geliefert werden, ergänzen sich also in wichtigen Punkten: Aus dem rahmenden Text erfährt der Leser den Hintergrund der imaginierten Votivinschrift, während der präsumptive Betrachter der Inschrift im Tempel immerhin auf das Selbstbild des Weihenden und seine Interpretation der Liebesaffaire schließen kann (der Stifter sieht sich als Sieger in Kampf und Kriegsdienst, während andere gängige elegische Bilder – wie z.B. die Fallenstellerei, auf die der Sprecher von Tib. 1,9 anspielt – nicht zum Tragen kommen).[381] Allerdings weist der elegische Sprecher darauf hin, daß der wörtlich zitierte Text der Inschrift möglicherweise noch nicht deren Endfassung darstellt (*tale* [...] *carmen erit*, vgl. dagegen das Gelöbnis einer Weihinschrift durch Arethusa in Prop. 4,3,71–2: *armaque cum tulero portae votiva Capenae / subscribam ‚salvo grata puella viro‘*). Die Vorläufigkeit des Textes paßt zu der Begeisterung des Sprechers, der im Hochgefühl seines Triumphs einen ersten Versuch macht, seine Erfah-

379 Hellenistische Epigramme mit vergleichbarer Ausgangssituation nennen verschiedene Gegenstände als Weihgaben nach einer gelungenen Liebesnacht. Dazu gehören Sandalen, Busenbänder, Gewänder, Musikinstrumente, eine purpurne Peitsche und Zügel, vgl. A.P. 5,199–201. Bei den römischen Elegikern können die durch eine erotische Beziehung erworbenen *spolia* sowohl einen positiven wie einen negativen Klang annehmen. Für eine negative Bewertung s. Prop. 3,3,12, wo die prächtige Kleidung, die sich eine *matrona* durch sexuelle Freizügigkeit erworben hat, als *spolia opprobrii* bezeichnet wird.

380 Für den Leser der Elegie ist die Gleichsetzung schon durch das Futur *haec spolia, haec reges, haec mihi currus erunt / magna ego dona tua figam, Cytherea, columna* (Prop. 2,14,24–5) vorbereitet: Der Liebeserfolg ist ein Sieg in der *militia amoris* und wird daher auch mit militärischem Vokabular ausgedrückt.

381 Houghton (2013) 352 weist zu recht darauf hin, daß die Inschrift die kurz zuvor in der Elegie angedeuteten Themen der *militia amoris* und des Paraklausithyrons aufgreife und konzis zusammenfasse.

rungen in Worte zu fassen.[382] Erzähltechnisch erlaubt die vorläufige Fassung dem Sprecher, die ihm wichtigen Elemente ohne Rücksicht auf Plausibilität oder Eignung für eine Inschrift aufzuführen. Ungewöhnlich ist z.B. die ausdrückliche Erwähnung des Weihorts *ante tuas aedis*, das heißt an der Vorderfront des Tempels im heiligen Bezirk.[383] Diese Information ist weder für den Betrachter der Weihinschrift erforderlich, da er den Aufstellungsort vor Augen hat, noch für den Leser der Elegie, der über die Weihung ‚an der Säule der Cytherea' aus den vorhergehenden Versen informiert ist.[384] In einem Gelöbnis an Venus hat die Information jedoch einen guten Sinn: Die Augenfälligkeit erhöht den Wert der versprochenen Stiftung und bekräftigt die Absicht des Sprechers, der Gottheit öffentlich für ihre Gunst zu danken.

Wie seit langem bekannt, ähnelt die Inschrift einer imaginierten Inschrift aus einem Epigramm Meleagers. Dort verspricht ein unglücklicher Liebhaber, der Kypris seine Kränze zu weihen und diese mit einer Inschrift zu versehen, falls seine Geliebte einen Nebenbuhler bei sich habe (Meleager A.P. 5,191,5b–8; G.-P. 73,5b–8):[385]

ἐπὶ προθύροισι μαράνας
δάκρυσιν ἐκδήσω τοὺς ἱκέτας στεφάνους
ἐν τάδ' ἐπιγράψας· ‚Κύπρι, σοὶ Μελέαγρος ὁ μύστης
σῶν κώμων, στοργῆς σκῦλα τάδ' ἐκρέμασεν'.

In beiden Gedichten bekundet ein Liebhaber die Absicht, der Liebesgöttin eine Weihgabe zu stiften, die als „Beuterüstung" (σκῦλα bzw. *exuviae*) bezeichnet wird, und sie mit einer Inschrift zu versehen, die sowohl den Stifter als auch die empfangende Gottheit mit Namen nennt. Beide imaginierten Inschriften weisen Parallelen zu historischen Dedikationsinschriften auf (vgl. dazu KÜHN [1906] 23–30).

[382] Die folgende Elegie (2,15) gibt eine detailreichere Beschreibung eines nächtlichen Liebesabenteuers. Ob es sich um die hier besungene Nacht handelt, wird nicht ausdrücklich gesagt, doch sind zwei aufeinander folgende und einander ergänzende Gedichte bei den römischen Elegikern nicht ungewöhnlich, s. Anm. 372.

[383] RICHARDSON (1977) 254: „The dedication is to be made in the sacred precinct, but not in the temple proper."

[384] Prop. 2,14,25: *magna ego dona tua fingam, Cytherea, columna.*

[385] S. dazu SCHULZ-VANHEYDEN (1970) 94–5.

Während der Sprecher der Elegie die Gaben jedoch zum Dank für eine bereits gewährte Gunst gelobt, befindet sich der Sprecher in Meleagers Epigramm erst auf dem Weg zur Geliebten und nimmt sich die Weihung der Kränze für den Fall vor, daß sie untreu geworden ist und einen anderen Mann bei sich hat (Meleager A.P. 5,191,5: ἤ τιν' ἔχει σύγκοιτιν;). Die Sitte, daß Liebhaber die beim nächtlichen *Komos* getragenen Blumenkränze zum Zeichen ihrer unerwiderten Zuneigung an der Tür der Geliebten zurücklassen, wird auch sonst in der Epigrammatik und der elegischen Dichtung erwähnt.[386] Es handelt sich um eine private Handlung, mit der der Verschmähte seine Frustration ausdrückt. Die von Meleager gewählte Metapher σκύλα für die Blumenkränze greift diesen Gedanken auf: Venus erhält die Kränze, so wie sonst ein Gott die Rüstung des im Krieg Besiegten erhält. Das Attribut ἱκέτας unterstreicht die Hilflosigkeit des Unterlegenen.

Indem der Sprecher des hellenistischen Epigramms seine eigenen Kränze wie eine „Kriegsbeute" weiht, gesteht er somit seine Niederlage ein. Auf praktischer Ebene stellt die Inschrift, die dem Kranz beigegeben ist, sicher, daß das Mädchen die Gabe einem bestimmten Liebhaber zuordnen kann. Erst auf diese Weise erhält der verwelkte Kranz die vom Sprecher angestrebte Appellfunktion (s. V. 6: τοὺς ἱκέτας στεφάνους): die Geliebte, die die Nacht mit einem anderen Mann verbrachte, wird wissen, wer sich außerdem um sie beworben hat. Daß nicht nur die Gottheit, sondern auch das Mädchen durch die Widmung angesprochen wird, läßt sich freilich nur daraus ablesen, daß die Weihung an Kypris nicht in deren Tempel, sondern privat an der Haustür der geliebten Frau stattfindet.

Der Sprecher von Prop. 2,14 dagegen tritt nicht als ἱκέτης, sondern im Stil eines militärischen Siegers auf. Seinen Erfolg bei Cynthia bezeichnet er als *victoria* und als Äquivalent zu Kriegsbeute, Königen und Streitwagen.

Die kriegerische Metaphorik ist durch die Vergleiche in den ersten Versen der Elegie vorbereitet, in denen der Sprecher seine Freude mit der des Atridensohnes beim Fall Trojas und des kampf- und irrfahrterprobten Odysseus auf eine Stufe gestellt hatte. Die Anspielung auf den Sieg über die Parther schließlich verleiht der

[386] S. Asklepiades 12 G.-P. = A.P. 5,145 (der Liebhaber befestigt einen mit seinen Tränen benetzten Kranz an der Tür des geliebten Knaben); Ov. am. 1,6,67–8: *at tu, non laetis detracta corona capillis, / dura super tota limina nocte iace!*, Ov. rem. 31–2: *Effice nocturna frangatur ianua rixa, / et tegat ornatas multa corona fores.*

Weihung eine römische Färbung. Nachdem die römischen Legionen unter Crassus ihre Feldzeichen an die Parther verloren hatten, war es P. Ventidius Bassus im Jahre 38 v. Chr. gelungen, einen Sieg über die Parther zu erringen. Die Rückgabe der Feldzeichen und die Befreiung der römischen Gefangenen stand allerdings noch aus und wurde erst im Jahre 22 v. Chr. von Augustus ohne Kampfhandlungen erreicht (der Entschluß zum Partherfeldzug des Jahres 22 v. Chr. wird in Prop. 3,4; 3,5 und 3,12 erwähnt, zur Datierung s. ROTHSTEIN [1920] 280).[387]

Die Reihenfolge *spolia, reges, currus* entspricht der Ordnung des römischen Triumphzugs, bei dem dem Publikum zuerst die Beute und die Gefangenen (in erster Linie die Könige bzw. Würdenträger der unterworfenen Völker) präsentiert wurden,[388] bevor der siegreiche Feldherr selbst in seinem Streitwagen an den Zuschauern vorbeizog. Der Weg führte ihn zum Kapitol, wo er dem Jupiter ein Opfer darbrachte und ihm, wenn er einen feindlichen Feldherrn eigenhändig getötet hatte, dessen Rüstung (*spolia opima*) weihte.[389]

[387] FEDELI (2005) 430 ist skeptisch, ob die Erwähnung der Parther tatsächlich an dieses historische Ereignis erinnern soll. Statt dessen wolle der Sprecher den Sieg über die hartherzige Cynthia allgemein mit dem größten militärischen Erfolg gleichsetzen, auf den die Römer hoffen konnten. Diese Auslegung unterscheidet sich nur unwesentlich von einer Anbindung an den historischen Sieg von 32 v. Chr. Auffällig ist allerdings, daß auch dem Sieg über Cynthia eine Demütigung vorausging: *at dum demissis supplex cervicibus ibam, / dicebar sicco vilior esse lacu* (Prop. 2,14,11–2). Der Umschwung von Demütigung zu Triumph macht die Wiedereroberung der römischen Feldzeichen zu einem treffenden Bild für den jüngsten Umschwung in der Beziehung zu Cynthia.

[388] So z. B. schon RICHARDSON (1977) und FEDELI (2005) 430. Vgl. dazu Prop. 2,1,33 (bei der Beschreibung der Triumphe des Octavians): *regum auratis circumdata colla catenis.*

[389] Aus der römischen Überlieferung sind nur drei Beispiele für die Weihung der prestigeträchtigen *spolia opima* bekannt: Romulus soll den sabinischen Feldherrn Acron eigenhändig erschlagen haben, der Konsul A. Cornelius Cossus tötete der Überlieferung nach Tolumnus, den Feldherrn von Veji, und M. Claudius Marcellus überwand im Jahre 222 v. Chr. den gallischen Häuptling Virdomarus. Alle drei Siege werden von Properz selbst in 4,10,5–44 aufgezählt und sind auch sonst bezeugt, s. allgemein Liv. 1,10,7 und Serv. ad Aen. 6,859. Für den (der Sage angehörenden) Erfolg des Romulus s. Plut. Romul. 16 sowie eine Inschrift auf der Basis eines Romulus-Standbildes in Pompeji (CIL X 809); zu A. Cornelius Cossus Liv. 4,19,5; Valer. Max. 3,2,4, Vir. ill. 25; zu M. Claudius Marcellus Fasti triumph. ad ann. 532, Plut. Marc. 8; Serv. ad Aen. 6,855. Zur Geschichte der *spolia opima* s. FLOWER (2000). Kostbare Beutestücke, bei denen es sich nicht um Rüstungen handeln mußte, wurden aber auch sonst von römischen Feldherren in zeitlichem Zusammenhang mit dem Triumphzug auf dem Kapitol geweiht, s. z. B.

Die Dedikationsinschrift an Venus steht damit an jener Stelle, an der bei der Darstellung eines Triumphzuges die Weihung an Jupiter beschrieben würde. Der militärische wie der erotische Sieger wenden sich dankbar an ihre jeweilige Schutzgottheit, wobei Gabe und begleitende Inschrift den eigenen Erfolg krönen.[390]

Die Dauerhaftigkeit, die die imaginierte Inschrift auf den ersten Blick verheißt, wird jedoch schon zu Beginn der Elegie in Frage gestellt, als der Sprecher sich auf eine Stufe mit dem siegreichen Atriden, dem eben auf Ithaka gelandeten Odysseus, der Orestes begrüßenden Elektra und der über Theseus' Rettung erleichterten Ariadne stellt. Alle vier Beispiele betreffen zunächst einen mit List und Gewalt errungenen Sieg, der eine gefährliche Situation beendet. Agamemnon kann Troja nur mit Hilfe der von Odysseus ersonnenen List des hölzernen Pferdes einnehmen. Odysseus besteht die Gefahren der zehnjährigen Irrfahrt nur mit Hilfe seines Listenreichtums, der ihn auch aus scheinbar ausweglosen Situationen wie dem Kyklopenabenteuer entkommen ließ. Ariadne übergab Theseus den Faden, mit dessen Hilfe er sich aus dem Labyrinth des Minotaurus retten konnte, nachdem er das Ungeheuer im Kampf besiegt hatte.[391] Orest kehrt unerkannt in seine Heimat zurück, wo er die Nachricht von seinem eigenen Tod verkündet und so Aegisth und Klytaimnestra in Sicherheit wiegt, um sie schließlich zu töten. Der Hinweis auf List und Gewalt bereitet die folgenden Ausführungen des erfolgreichen elegischen Liebhabers vor, der auf die Demütigungen zurückblickt, die er von seiner *puella* zu ertragen hatte, solange er sich unterwürfig gab (V. 11–2). Hätte er doch die Umstände, die zum Erfolg führen, früher erkannt! (V. 15–8: *atque utinam non tam sero mihi nota fuisset / condicio!* [...] / *ante pedes caecis lucebat semita nobis: / scilicet insano nemo in amore videt*). Der Weg, der zum Erfolg führe, aber für Verliebte nicht zu erkennen sei, liege in der (berechnenden) Nichtbeachtung der Mädchen: So werde dieje-

Polybius 2,31,3–6 über L. Aemilius Papus, der nach seinem Sieg über die Kelten im Jahre 225 v.Chr. das Kapitol mit dem erbeuteten Schmuck ausstattete. Dazu auch ITGENSHORST (2005) 59–60.

390 Die Anspielung auf den persönlichen Zweikampf der beiden Feldherrn ist nach einer erfolgreichen Liebesnacht auch deshalb geeignet, weil auch der erotische Akt in der Liebesdichtung oft mit einem Zweikampf verglichen wird. Properz verwendet dieses Bild in der unmittelbar folgenden Elegie in einem vergleichbaren Zusammenhang, Prop. 2,15,4–6: *quanta* [...] *sublato lumine rixa fuit! / nam modo nudatis mecum est luctata papillis, / interdum tunica duxit operta moram.*

391 S. dazu Ov. epist. 10 (*Ariadna Theseo*).

nige heute zu ihrem Verehrer kommen, die ihn gestern noch abgewiesen habe (V. 19–20: *hoc sensi prodesse magis: contemnite amantes! / sic hodie veniet, si qua negavit heri*). Der Liebhaber gebärdet sich hier im Hochgefühl seines Erfolges als Vorbild, dessen Taten den mythischen Helden und Heroinen gleichkommen und der deshalb seinen Lesern als Lehrmeister in den Listen der Liebe dienen kann. Derselbe Gedanke wird von Ovid, einschließlich der für die Liebeselegie typischen Kriegs- und Kampfmetaphorik, in der Ars amatoria ausgestaltet.

Allerdings währt die Freude der Protagonisten in den vier mythologischen Beispielen nur kurz: Agamemnon wird nach seiner siegreichen Heimkehr von Klytaimnestra erschlagen, Odysseus muß nach anfänglicher Freude beim Betreten von Ithaka zahlreiche Demütigungen durch die in seinem Haus versammelten Freier hinnehmen, Ariadne wird kurze Zeit später von Theseus verlassen und Orest verfällt nach dem Muttermord den Erinnyen.[392]

Der implizierte Gedanke, daß der gegenwärtige Erfolg nicht von Dauer sein muß, kehrt ausdrücklich in den Schlußversen der Elegie wieder. Der Sprecher warnt darin seine Geliebte, daß er einen weiteren Sinneswandel nicht überleben werde: *quod si forte aliqua nobis mutabere culpa / vestibulum iaceam mortuus ante tuum* (Prop. 2,14,31–2).[393] Die Verse gehören zu den am meisten umstrittenen Stellen in der Properzüberlieferung. POSTGATE (1905) wollte sie als Interpolation ausscheiden, so daß die Elegie, wie es auch sonst häufig vorkommt, mit der Inschrift geendet hätte.[394] Tatsächlich ist aber die Stellung einer wörtlich angeführten Inschrift kurz vor Ende der Elegie auch sonst anzutreffen. Im Brief der gefangenen und mit dem Tode bedrohten Hypermestra an Lynceus (Ov. epist. 14) fol-

[392] So auch HEYWORTH (2007) 172–3, der in der Wahl der mythischen Beispiele die Gefahr einer baldigen Trennung der Liebenden angedeutet sieht (Agamemnon wird getötet werden, Odysseus muß nach seinem Sieg über die Freier weiterreisen, um Poseidon zu besänftigen, Orest und Elektra werden bald getrennt werden und Theseus wird davonsegeln und Ariadne verlassen), während er den Gedanken des listigen Verhaltens, der im Kontext des Liebeswerbens eine wichtige Rolle spielt, übergeht.

[393] Schon zuvor hatte er über das späte Liebesglück geklagt und hinzugefügt: *cineri nunc medicina datur* (Prop. 2,14,16).

[394] Ebenso CAMPS (1967) ad loc. Dagegen HEYWORTH (2007) 172–3: „though verses 27–8 would make a fine climax to the poem, it might be thought more in the Propertian manner to turn from triumph to his anxieties for the future." Gegen die Tilgung auch SHACKLETON BAILEY (1956) 91–2 und SCHULZ-VANHEYDEN (1970) 92 Anm. 1.

gen auf die von ihr entworfene Grabinschrift noch zwei Verse, in denen sie den Abbruch des Briefes mit ihrer Erschöpfung begründet (s. o. S. 118). Hypermestra schwebt in dieser Situation zwar in Lebensgefahr, doch steht ihre Hinrichtung nicht unmittelbar bevor. Die Stellung der Grabinschrift kurz vor, aber nicht am Ende der Elegie sorgt entsprechend dafür, daß dem Leser am Schluß der Elegie nicht das Grab des Mädchens vor Augen steht, als ob ihr Tod schon beschlossene Sache wäre, sondern ihre Erschöpfung, die nach Hilfe von außen verlangt.

Auf ähnliche Weise erhält die Properzelegie ein offenes Ende, das die Fortführung der Liebesgeschichte in den folgenden Gedichten möglich macht. Ein endgültiger Sieg wäre in der Welt der römische Liebeselegie unangemessen.

Ov. epist. 15,183–4 (Weihung durch Sappho)

Auch in dem in seiner Echtheit umstrittenen 15. Heroidesbrief (Sappho an Phaon)[395], in dem ebenfalls eine Weihgabe mit Inschrift für bereits vergangene Ereignisse gestiftet werden soll,

[395] Nachdem man in der Forschung eine Zeitlang sowohl den Brief selbst als auch seine Stellung innerhalb der Sammlung als authentisch angesehen hatte (s. z. B. Comparetti [1876]; Baca [1971]; in neuerer Zeit aber auch Rimell [1999] und Thévenaz [2009], vorsichtiger Galand-Hallyn [1991]), mehren sich in jüngerer Zeit wieder kritische Stimmen, die sich auf die für die Heroides ungewöhnliche Persönlichkeit der Schreiberin (keine mythische, sondern eine historische Person), auf den ungewöhnlichen Anfangs- und Schlußteil (der Brief beginnt, anders als die meisten Heroides, mit einer Reihe von Fragen und endet als einziger mit der Bitte um einen Antwortbrief), auf die von den anderen Heroidesbriefen abweichende Textüberlieferung und auf die auffällige Metrik und Wortwahl berufen (vgl. Tarrant [1981]; Knox [1995] 13–4). Einen Mittelweg schlagen Forscher ein, die einen heute verlorenen, von Ovid stammenden Sapphobrief annehmen, der von einem Fälscher durch das jetzt vorliegende, unabhängig vom Rest der Heroides überlieferte Gedicht ersetzt worden sei. Für diese These gibt es jedoch weder externe noch textimmanente Belege. Thévenaz (2009) 139–41 nimmt aufgrund zahlreicher und wohl kaum zufälliger Parallelen zwischen dem Sapphobrief und Ovids Exildichtung an, daß der verbannte Dichter seinen vorher verfaßten und als Epilog der Heroidessammlung geplanten Sapphobrief so überarbeitet habe, daß er sich besser zur Exilsituation fügte. Für einen Überblick über die frühere Forschung s. Tarrant (1981) und die knappe Zusammenfassung bei Knox (1995) 12–4 mit weiterer Literatur. Zur sonstigen (fragmentarischen) Überlieferung über die unglückliche Liebe Sapphos zu Phaon, auf die möglicherweise auch ein Abschnitt im Kölner Sappho-Papyrus anspielt, vgl. Gronewald/Daniel (2005) 8 mit Anm. 5; vorsichtig bei der Deutung des Papyrus Lundon (2007) 165–6.

scheint gerade ein gewisser Ruhepunkt in der Handlung erreicht zu sein. Anders als in Prop. 2,14 ist jedoch nicht leicht zu erkennen, in welcher Situation sich die Sprecherin Sappho gerade befindet und was den Anlaß für die Votivgabe gegeben hat. Die Dichterin kündigt ohne nähere Erläuterung an, dem Apoll aus Dankbarkeit ihre Lyra weihen und die Gabe mit einer Inschrift folgenden Wortlauts ausstatten zu wollen: ‚*Grata lyram posui tibi, Phoebe, poetria Sappho; / convenit illa mihi, convenit illa tibi*‘ (epist. 15,183–4).

Der Zusammenhang mit einer Weihgabe ist bei dieser Inschrift schon aus der technischen Verwendung der Verbform *posui* (vgl. gr. ἀνέθηκα) ersichtlich.[396] Während jedoch historische Inschriften in der Regel nur ein Demonstrativpronomen enthalten, das auf die dem Betrachter vor Augen stehende Weihgabe verweist,[397] nennt Sappho die geweihte Lyra ausdrücklich im Text der Inschrift. Dies fällt um so mehr auf, als in den unmittelbar vorhergehenden Versen bereits von dem Instrument die Rede war (Ov. epist. 15,181: *Inde chelyn Phoebo* [...] *ponam*), so daß ein einfaches deiktisches Pronomen ausgereicht hätte, um dem Leser der Elegie den Sachverhalt zu verdeutlichen. Die Wiederholung unterstreicht die Bedeutung, die die Lyra für Sappho besitzt. Sie ist auch – als gemeinsames Attribut von Dichterin und Gott – das Thema des zweiten Verses der Inschrift. Dieser liefert, der Typik historischer Inschriften entsprechend, die Begründung, warum gerade dieses Instrument dem Phoebus angemessen sei, d. h. einen Gesichtspunkt, unter dem die Weihung gesehen werden soll. Äußerlich betrachtet erfüllt die Inschrift damit die Kriterien, die Herder an ein Epigramm anlegt: Eine Exposition und eine Perspektive sind, so scheint es, vorhanden. Im Lessingschen Sinne dagegen scheint trotz der erkennbaren Zweiteilung des Gedichts das richtige Verhältnis von „Erwartung“ und „Aufschluß“ zu fehlen. Zwar weckt die erste Hälfte, die sich ohne weiteres als die von Lessing verlangte Vorstellung des Monuments deuten ließe, mit dem betont am Versanfang stehenden, aber nicht näher erläuterten Wort *grata* eine Erwartung („wofür war Sappho dankbar?“). Die zweite Hälfte dagegen deutet durch den Parallelismus *convenit illa mihi, convenit illa tibi* die außergewöhnlichen dichterischen Fähigkeiten Sapphos an, die denen des Apoll gleichgesetzt werden. Da Apoll als Musengott dichterische Gaben verleiht, läßt sich die Weihung als allgemeiner Dank Sapphos für die ihr von

[396] Warum Verducci (2014) 178 die Inschrift für ein Epitaph hält, ist unverständlich.
[397] Vgl. dazu oben S. 124 mit Anm. 86.

Apoll geschenkte Kunstfertigkeit verstehen, doch wird Apoll in der Inschrift nicht ausdrücklich als Urheber dieser Gabe genannt. Der Gedanke wird vielmehr implizit geäußert: Er ergibt sich aus dem Zusammenspiel von *grata* im ersten Vers und dem parallelen Satzbau im zweiten Vers. Der „Aufschluß" ist damit nicht, wie von LESSING gefordert, auf die zweite Gedichthälfte beschränkt, sondern leitet sich aus dem Distichon insgesamt ab.

Die ungenaue Information über den Anlaß der Weihung (die auch durch den Anblick des Monuments nicht bereitgestellt werden könnte), ist eines von mehreren Problemen, die die Inschrift aufwirft, und die bis heute in den Kommentaren nicht befriedigend geklärt sind. Ähnliche Formulierungen finden sich zwar auch in literarischen Epigrammen, in denen Personen die Werkzeuge ihrer Profession weihen, doch werden die entsprechenden Gedichte, wo es aus dem Text nicht eindeutig hervorgeht, meist dahingehend gedeutet, daß die weihende Person auf diese Weise Abschied vom Beruf nehme.[398] Wo, wie häufig in historischen Inschriften, ein kurzer Zusatz über den Anlaß der Weihung informiert (zahlreich bezeugt sind Formeln wie *ex voto* oder *votum solvit*),[399] handelt es sich jedenfalls darum, daß die Weihung das Ende eines Lebensabschnitts besiegelt.

Bei Sappho dagegen scheint, wie aus der rahmenden Elegie hervorgeht, mehr auf dem Spiel zu stehen. Ähnlich wie Phyllis und Dido denkt die Dichterin angesichts ihrer unglücklichen Liebesbeziehung an einen dramatischen Schritt: Sie will sich vom leukadischen Felsen herabstürzen. Während ihre Schicksalsgenossinnen jedoch zum Tod entschlossen scheinen, hofft Sappho auf einen glücklichen Ausgang: Die Luft solle sie, deren Körper kein großes Gewicht habe, tragen, und der ‚weiche' Amor selbst sie mit seinen Flügeln auffangen, damit sie bei dem Sturz nicht zu Tode komme (epist. 15,177–80: *aura, subito / et mea, non magnum, corpora, pondus,*

[398] Vgl. z.B. A.P. 5,159 (Hetären nehmen Abschied vom Beruf: dies ist aus dem Text erkennbar); A.P. 6,62–8 (Schreiber weihen beim Ausscheiden aus dem Beruf ihre Gerätschaften: dies ist aus dem Text erkennbar); A.P. 6,1 (Hetäre weiht ihren Spiegel der Aphrodite. Der Berufsabschied ist im Text nicht ausdrücklich genannt, aber durch die Art der Weihung impliziert). Eine ähnliche Vorstellung liegt auch in Verg. ecl. 7,21–4 zugrunde: Falls die Nymphen dem Corydon seinen Wunsch, ähnlich qualitätvoll zu singen wie Codrus, nicht gewähren, will er seine Flöte an der heiligen Fichte aufhängen, d.h. von seinen musikalischen Ambitionen Abschied nehmen.

[399] Zur Gattungstypik der Weihinschrift vgl. oben S. 57–61.

habe! / Tu quoque, mollis Amor, pennas suppone cadenti, / ne sim Leucadiae mortua crimen aquae!).[400] Erst danach (epist. 15,181: *inde*) wolle sie die Weihinschrift anbringen, die jedoch, obwohl sie mit dem Adjektiv *grata* beginnt, nicht etwa Dankbarkeit für die Rettungstat des Amor und der Aura bezeugt, sondern an Phoebus, den Gott ihrer Dichtkunst, gerichtet ist.[401]

Die in am. 2,18,34 gelieferte Angabe *dat votam Phoebo Lesbis amata lyram* scheint, wenn sie authentisch ist, darauf hinzudeuten, daß tatsächlich entgegen der sonstigen Tradition mit einem Überleben der Dichterin zu rechnen ist.[402] Allerdings wirft der gesamte Passus am. 2,18,21–34 mehr Probleme auf, als er löst. In der ersten Hälfte (am. 2,18,21–6) wird eine Reihe von Heroidesbriefen aufgezählt, die mit einer verderbten, offenbar auf den Sapphobrief bezogenen Angabe schließen: am. 2,18,25–6: *quod* [...] *Dido* [...] / *dicat et* † *Aoniae Lesbis amata lyrae.*† Sodann folgt eine Liste von Antwortbriefen, von denen allerdings nicht alle ein Pendant im ersten Teil

[400] Die hier beschriebene Hoffnung auf ein Überleben steht den sonstigen Überlieferungen über Sappho entgegen, nach denen sich die Dichterin in Selbstmordabsicht vom Felsen stürzt und dabei zu Tode kommt. Das erste erhaltene Zeugnis dafür bietet Menander, fr. 258 K–Th = Men. Leucad. fr. 1 K.-A. Die Legende entstand möglicherweise aus einer Verbindung mit dem „weißen Felsen“, den die Freier in der Odyssee auf dem Weg in den Hades passieren mußten (Hom. Od. 24,11: πὰρ δ᾽ ἴσαν Ὠκεανοῦ τε ῥοὰς καὶ Λευκάδα πέτρην) und den Sappho selbst einmal erwähnt (fr. 211). S. dazu Lefkowitz (1981) 37 und (1973) 16 sowie Nagy (1973) 141–3 und 172–7. Vgl. zur Sage um Sapphos Tod auch Lundon (2007).

[401] Knox (1995) 309 scheint darin einerseits keine Schwierigkeit zu sehen, vgl. seine Erläuterung zu V. 179 „Sappho imagines that a winged Cupido will soften her fall“ mit dem Kommentar zu V. 181–4 „Sappho vows to dedicate her lyre to Apollo if she survives the leap and is released from her love to Phaon“. Andererseits bezeichnet er (1995) 310 die Inschrift doch als „curiously inept in its context, its sole point apparently being to elaborate the conceit just alluded to (181) that Sappho and Apollo employ the same musical instrument. We expect the dedication to be in gratitude for rescuing her from her torture.“ Palmers (1898) Hinweis auf ein Ritual im Tempelbezirk des Apollo in Leukas, bei dem ein Verbrecher mit Flügeln ausgestattet, vom Felsen gestoßen und anschließend wieder aus dem Wasser gezogen wurde (s. Strabo 10,2,9) löst das grundlegende Problem nicht.

[402] Oppel (1968) 88 dagegen nimmt an, daß Sappho nicht mit ihrem Überleben rechne: „Ovid läßt aber keinen Zweifel daran, daß der Sprung Sappho den Tod bringen werde. Jedenfalls hält Sappho selbst den Sprung für ihren sicheren Tod. Nur so ist ihr Beben und ihr inneres Schwanken zu erklären.“ Auf die Problematik der Amoresstelle geht er nicht ein.

haben. Fast alle beziehen sich jedoch direkt auf den Briefverkehr: Penelope ‚erkennt' das Siegel des Odysseus (am. 2,18,29), Phaedra ‚liest' den Brief des Hippolytus (am. 2,18,30), Aeneas ‚schrieb' der unglücklichen Dido (am. 2,18,31), der Antwortbrief an Phyllis ‚ist da' (am. 2,18,32), ein ‚trauriger Brief kommt zu Hypsipyle' (am. 2,18,33). Einzig der Vers, der Auskunft über das an Sappho gerichtete Antwortschreiben geben müßte, enthält keine direkte Anspielung auf das Lesen oder Schreiben von Briefen. Statt dessen konstatiert er die Weihhandlung der Dichterin (am. 2,18,34: *dat votam Phoebo Lesbis amata lyram*). Daß es sich dabei um die Reaktion auf einen Antwortbrief des Phaon handelt, ergibt sich aus den Versen nicht, vielmehr wird der Zusammenhang mit einem Schriftwechsel nur durch die vorhergehende Beispielreihe hergestellt. Die im Vergleich zu den Versen 2,18,29–33 merkwürdig unbestimmte Aussage des Pentameters gewänne nur dann an Deutlichkeit, wenn sie so mit dem in Vers 2,18,26 erwähnten Schreiben der Sappho an Phaon korrespondierte, daß sich etwa aus *Lesbis amata* (V. 2,18,34) der positive Inhalt des Antwortbriefes ableiten ließe. In diesem Fall müßte freilich das Schreiben der Sappho eine zweifelnde Aussage enthalten haben, so daß sich der Gedankengang ergäbe: „Sappho weiß nicht, ob Phaon sie noch liebt und verspricht Apoll ihre Lyra als Weihgabe – Sappho erhält durch Phaons Brief Gewißheit, daß sie geliebt wird und erfüllt daraufhin das Gelübde." Dieser Gedankengang wird durch das in Vers 2,18,26 überlieferte Wortmaterial jedoch nicht gestützt. Vielmehr erscheint Sappho schon hier in irgendeiner Form als „Geliebte"; in der von Kenney (1995) in *cruces* gesetzten Fassung sogar als „Geliebte der Lyra" (*Lesbis amata lyrae y*, PYSO$_b$t; *amica lyrae* pw). Die von Lenz (1976) vorgebrachte Konjektur *Aoniis Lesbis amata deis* kann dieses Problem nicht beseitigen, da hier ebensowenig wie in der von Kenney bevorzugten Version ein Wandel der Situation zwischen Sapphos Schreiben und Phaons Antwort erkennbar ist, der die Weihung des Instruments rechtfertigte. Im Gegenteil wird durch die identische Stellung von (*Lesbis*) *amata* im Hexameter die Kontinuität zwischen den beiden Briefen hervorgehoben. Worauf am. 2,18,34 anspielt, läßt sich also nicht mit Sicherheit sagen, da wir den offenbar als Pendant intendierten Vers 2,18,26 (vgl. auch die an beiden Stellen von PYSw überlieferte Variante *amica* statt *amata*) bisher nicht sicher rekonstruieren können. So wäre es durchaus denkbar, daß der korrupte Schluß von am. 2,18,26 mit Elementen aus 2,18,34 aufgefüllt wurde, die inhaltlich unbefriedigende Wiederholung des Adjektivs *amata* also

aus einem sekundären Heilungsversuch stammt.[403] Andererseits bereitet Vers 2,18,34, obwohl er von den Herausgebern nicht als korrupt oder interpoliert gekennzeichnet wird, erhebliche inhaltliche Schwierigkeiten. Folgt man dem Muster der zuvor erwähnten Briefe, so müßte er den Inhalt des von Phaon verfaßten Antwortschreibens wiedergeben, oder zumindest auf den Brief Bezug nehmen. Dies ist jedoch nicht der Fall. Da die Weihung der Lyra offenbar eine Reaktion auf die positive Antwort des Geliebten darstellt (dies scheint hier die naheliegende Deutung für das Adjektiv *amata* zu sein), so kann sie nicht schon von Phaon selbst dargestellt werden, der ja mit seinem Brief die unterbrochene Beziehung zu der Dichterin erst wieder anknüpft. Die sich daraus ergebenden Probleme hat TARRANT (1981) in seiner Diskussion des Sapphobriefs zusammenhängend dargestellt. Er kommt zu dem Ergebnis, daß sowohl Vers 2,18,26 als auch 2,18,34 interpoliert seien.[404] Da von den ersten sieben in ihrer Echtheit unumstrittenen Heroidesbriefen alle mit Ausnahme von epist. 3 (Briseis an Achill) in den Amoresversen genannt werden, äußert er die Vermutung, die beiden Verse über den Sapphobrief könnten an die Stelle einer kurzen Zusammenfassung von Heroides 3 (und eines entsprechenden Antwortschreibens) getreten sein.[405] Die These, die aus einer detaillierten Analyse der sprachlichen, metrischen und sachlichen Probleme des Sapphobriefes folgt, hat einiges für sich.
Die Widmung der Inschrift an Phoebus bedeutet, wie oben gezeigt, im Zusammenhang mit der von Aura und Amor erhofften Rettung aus Lebensgefahr eine Schwierigkeit. Gewöhnlich werden Weihinschriften einer Gottheit gelobt, wenn sie dem Sprecher eine besondere Gunst erweisen soll. Dies kann die Rettung aus einer Gefahr, die Erfüllung eines Wunsches[406] oder langdauernde Gewogenheit sein. Inhaltlich betrachtet kommt nur der letzte Grund in Frage:

[403] Einen weiteren Anstoß in am. 2,18,26 bildet das von KENNEY ebenfalls in *cruces* gesetzte Adjektiv *Aoniae*, das im Zusammenhang mit Sappho keinen befriedigenden Sinn ergibt.

[404] TARRANT (1981) 149: „The simplest explanation of the facts is that Ovid did not write a letter of Sappho, and that the references to such a letter in am. 2.18.26 and 34 are interpolations. The text of the Amores is hardly a sacred book, and the collection is known to have suffered interpolation in antiquity."

[405] TARRANT (1981) 151–2.

[406] Ov. am. 2,13,25 (der Dichter gelobt ein Weihgeschenk mit Inschrift für die Rettung seiner Freundin, die durch einen Abtreibungsversuch in Lebensgefahr geraten war), dazu oben S. 259–64.

Sappho hat zuvor nicht Apoll, sondern Aura und Amor als Retter bei ihrem lebensgefährlichen Sprung angerufen. Dem Musageten Apoll ist sie andererseits als Dichterin verpflichtet, und so erscheint die Weihung einer Lyra an den lyraspielenden Gott angemessen. Sprachlich ist das Gelübde der Sappho jedoch so formuliert, daß die Votivgabe als Dankgeschenk für die Rettung aus Todesnot erscheint. Welche Vorteile aber hätte der Liebesgott von der Weihung des Musikinstruments an Apoll, die ihn zur Hilfeleistung bewegen könnten? Wie ist es außerdem denkbar, daß die eigentlich angesprochenen Götter Amor und Aura in der zugehörigen Inschrift noch nicht einmal genannt werden? Eine vorläufige Antwort können die oben erwähnten, u.a. in der Anthologia Palatina zahlreich überlieferten Epigramme bieten, in denen der Weihende sein charakteristisches Werkzeug und damit zugleich seinen Beruf aufgibt, um sich einem neuen Lebensabschnitt zuzuwenden. Indem Sappho sich von Apoll und dem Lyraspiel verabschiedet, könnte sie sich zugleich unter den Schutz einer neuen Gottheit stellen, die den veränderten Umständen besser entspricht.

Es wäre also möglich, die Absage an Apoll zugleich als Versprechen an Amor aufzufassen, dem sie in Zukunft zu dienen gedenkt. Diese Absicht wird allerdings in der Inschrift selbst gar nicht und im übrigen Text des Briefes nur in Ansätzen deutlich gemacht. Diese Darstellungsweise steht in Widerspruch zu den sonstigen wörtlich zitierten Inschriften in Ovids Werk, bei denen die beteiligten Personen aus dem Text der Weihung oder aus der Elegie insgesamt eindeutig hervorgehen. Vor allem läßt der Umstand aufhorchen, daß Sappho kurz zuvor die Liebe als Quelle ihrer Inspiration gepriesen hatte. Seit sie unter Liebeskummer leide, seien dagegen ihre Lieder verstummt und könnten nur durch Phaons Rückkehr wieder zum Klingen gebracht werden (V. 197–206). Die Gleichung ‚Abkehr von Phoebus = Hinwendung zu Amor', die die Korrelation *tu Amor pinnas suppone – inde ponam* sinnvoll deuten könnte, und die einen Antagonismus zwischen dem Liebes- und dem Musengott voraussetzt, ist also nach Sapphos eigener Aussage nicht zu halten.[407] Diese

[407] Sie widerspricht außerdem der auch sonst in der Antike verbreiteten Auffassung vom engen Zusammenhang zwischen der Liebe und den schönen Künsten, die sich zum Beispiel bei Tibull und Properz in den Namen ‚Cynthia' und ‚Delia' für die Geliebten des Dichter-Liebhabers ausdrückt. Beide Namen verweisen auf den Geburtsort des Musengottes Apoll, die Insel Delos mit dem sie beherrschenden Berg Kynthos.

spitzt das Zusammenwirken von Musik und Liebe sogar so weit zu, daß sie Phaon einmal mit Apoll, ein anderes Mal mit Amor (und Bacchus) gleichsetzt.[408] Hier zeigt sich eine weitere Schwierigkeit. Auch wenn Apoll der äußerlich erkennbare und Amor der wirkliche Adressat der eingefügten Inschrift ist, so richtet sich doch der Brief, innerhalb dessen die Dichterin die Weihinschrift imaginiert, an ihren Geliebten Phaon. Da Sappho, anders als Phyllis und Dido, offenbar nicht zum Selbstmord entschlossen ist, sondern auf ein Überleben und Rettung aus ihren Liebesqualen hofft, handelt es sich auch, anders als in epist. 2 und 7, um eine ernstgemeinte Anrede.[409] Die Mitteilung „wenn Aura und der Liebesgott mich retten, werde ich meine Lyra dem Apoll weihen" soll also eine bestimmte Wirkung auf Phaon ausüben. Worauf aber hofft Sappho genau?

Die Bilder, mit denen die Dichterin den erhofften Übergang vom lebensgefährlichen Sprung zur Rettung umschreibt (die Luft solle sie tragen und Amor seine Flügel unter sie halten), besitzen in der Art der Darstellung (wenn auch nicht in der Wortwahl) Parallelen in den Metamorphosen Ovids. Als Picus vor Circe zu fliehen versucht, bemerkt er plötzlich, daß er rascher läuft als gewöhnlich, und entdeckt dann Schwingen an seinem Körper, die ihn ohne sein Zutun den latinischen Wäldern zutragen (Ov. met. 14,388–92). Der Leser könnte also bei Sapphos Worten an eine Metamorphose denken.

Allerdings läßt das unmittelbar folgende Gelübde, ihre Lyra zu weihen, falls sie selbst unversehrt bleibe, erkennen, daß Sappho nicht auf eine Metamorphose, sondern auf ein Überleben in Menschengestalt hofft. In diesem Fall aber kann ihre Darstellung nur als Appell an ihren schon früher mit Amor gleichgesetzten Geliebten verstanden werden, selbst einzugreifen: Phaons Hinwendung zu ihr solle sie aus der bedrohlichen Situation, in die sie der Liebeskummer gestürzt hat, erlösen. Dies bedeutet jedoch, daß die gesamte Darstellung von Sturz und Rettung als Metapher aufgefaßt werden muß. Der sie auf seinen Flügeln tragende Amor ist hier nicht als wirklicher Liebesgott verstanden, sondern liefert nur ein Bild für die von Phaon erhoffte Tat. Diese Darstellungsform widerspricht jedoch den sonstigen Beschreibungen Amors bei Ovid, in denen

[408] V. 23–4: *Sume fidem et pharetram, fies manifestus Apollo; / accedant capiti cornua, Bacchus eris.*

[409] Vgl. epist. 15,219, wo die Dichterin auf ein Antwortschreiben hofft: *hoc saltem miserae crudelis epistula dicat.*

sich der Dichter bemüht, die Frage, ob Amor in eigentlicher oder in übertragener Bedeutung zu verstehen sei, zumindest offenzulassen.[410] Hier dagegen sind die Grenzen zwischen dem Geliebten und dem Liebesgott in einer Weise vermischt, daß von Amor in eigentlicher Bedeutung nicht die Rede sein kann.[411]

Während in vergleichbaren Fällen das rahmende Gedicht eine für sich unvollständige Inschrift erläutert und damit gleichsam das Monument, auf dem es angebracht ist, ersetzt, läßt die Elegie hier die Umstände einer für sich genommen einleuchtenden Inschrift zunehmend unklar erscheinen. Wirklicher Adressat ist nicht Phoebus, sondern Amor, der jedoch seinerseits nur eine Metapher für den Geliebten darstellt.

Auch sonst kann der Kontext der Elegie eine darin zitierte Inschrift in neuem Licht erscheinen lassen. Oenone beklagt den Kontrast zwischen den inschriftlichen Liebesschwüren des Paris und seiner tatsächlichen Treulosigkeit und hofft, daß sich ihre Ansprüche eines Tages durchsetzen werden (s. dazu unten S. 343–5). Der Konflikt ist dort durch das unbeständige Verhalten des Geliebten begründet. Im Sapphobrief dagegen liegt das Problem in einer diffusen Gedankenführung, bei der der Leser aus der Elegie zwar Hinweise darauf enthält, daß die Weihung an Phoebus nicht das eigentliche Anliegen der Sappho darstellt, das Verhältnis zwischen Inschrift und Lebenssituation aber nur unklar wiedergegeben wird.

410 Vgl. z.B. den Beginn der Amores, der eine in ihrer Glaubwürdigkeit nur durch *dicitur* eingeschränkte Epiphanie Cupidos schildert (am. 1,1,3–4). Der darin beschriebene ‚Raub' eines Versfußes, der aus epischen Hexametern ein elegisches Distichon macht, hat aber durchaus sichtbare Folgen, wie die metrische Gestalt der Amores zeigt. Auch die folgende wörtliche Rede des Gottes verfehlt ihre Wirkung nicht. Die Gestalt des Amor wird hier also nicht als bloße Chiffre für menschliches Handeln eingeführt, sondern stellt sich als eine vom Menschen unabhängige Instanz dar.

411 Anders verhielte es sich, wenn Sappho den Brief gleichsam als Testament verfaßt hätte, ohne auf Antwort zu hoffen. Wäre sie entschlossen, sich in den Tod zu stürzen, so könnte der letzte Hilferuf an Amor als ein pathetischer Höhepunkt des Schreibens aufgefaßt werden, bei dem zumindest die (wenn auch unwahrscheinliche) Möglichkeit eines göttlichen Eingreifens bestehen bleibt. Hier jedoch, wo der Sprung vom Felsen von der Antwort des Phaon abhängig gemacht wird (epist. 15,119–20: *hoc saltem miserae crudelis epistula dicat / ut mihi Leucadiae fata petantur aquae*), wird der Liebesgott zu einem sprachlichen Bild, das die Wirkung des Geliebten eindringlich beschreibt.

Ov. met. 9,794 (Weihung durch Iphis)

Auf eine konkret erkennbare Hilfeleistung blickt dagegen Iphis in Ovids Metamorphosen zurück. Die Weihinschrift, die das Ereignis festhält, wird am Ende der entsprechenden Sagenerzählung zitiert, mit der das neunte Buch der Metamorphosen schließt. Iphis war als Mädchen geboren worden und hätte deshalb nach einer schon vor der Geburt getroffenen Entscheidung ihres Vaters Ligdus getötet werden sollen (Ov. met. 9,669–84a).[412] In einer Traumerscheinung ermutigte die Göttin Isis die Mutter des Iphis, Telethusa, jedoch, das wahre Geschlecht des Kindes zu verheimlichen und es als Junge aufzuziehen (Ov. met. 9,684b–703). Mit Hilfe einer Amme gelang die Täuschung, bis Ligdus seinen vermeintlichen Sohn eines Tages mit dessen Schulkameradin Ianthe verlobte (Ov. met. 9,704–17). Die beiden waren längst ineinander verliebt: Während Ianthe, die von dem wahren Geschlecht der Iphis nichts wußte, auf eine Heirat hoffte, geriet Iphis über ihre „gleichgeschlechtliche“ Zuneigung zu Ianthe in zunehmende Verzweiflung (Ov. met. 9,718–65). Als Telethusa die Hochzeit auch durch wiederholte Verzögerungstaktiken nicht mehr aufhalten konnte, flehte sie am Tag vor der Vermählung zusammen mit Iphis die Göttin Isis in deren Tempel um Hilfe an. Isis bekundete die Erhörung des Gebets durch ein Beben ihres Altars; und als Iphis den Tempel verließ, verwandelte sie sich in einen jungen Mann und wurde schließlich mit Ianthe vermählt (Ov. met. 9,766–97).[413]

[412] Da Ligdus als ein Mann von untadeligem Charakter beschrieben wird und er über seinen eigenen Tötungsbeschluß weint, kann er kaum durch „contempt for women's lack of strength“ zu dieser Entscheidung gekommen sein, wie Ahl (1985) 153 meint. Ligdus' Erklärung *onerosior altera sors est et vires fortuna negat* (V. 669) muß vielmehr bedeuten, daß die Erziehung (und z. B. die Verheiratung) eines Mädchens für die in armen Verhältnissen lebende Familie zu kostspielig sei, so daß der Vater sein Kind schweren Herzens töten lassen muß (d. h.: das andere Geschlecht ist *für uns* zu belastend und die Kräfte dazu versagt *uns* das Schicksal – es ist hier bezeichnend, daß Ligdus mit der *fortuna* und nicht etwa mit der *natura* argumentiert). Richtig Anderson (1972) 466, irreführend dagegen die Übersetzung von Lombardo (2010) 259: „girls are a much greater burden, *and it is their misfortune to be weak.*“ (meine Hervorhebung). Der lateinische Text ist jedoch so formuliert, daß er für den Leser die körperlichen Unterschiede zwischen Mann und Frau anklingen läßt (d. h. „Kräfte versagt Fortuna *dem Mädchen*“), die im Zentrum der Geschlechtsmetamorphose stehen. Dazu Wheeler (1997) 196–200 mit Hinweis auf ein etymologisches Spiel mit dem Namen Iphis.

[413] Die Sage ist in den uns erhaltenen Texten selten bezeugt. Eine ähnliche Geschichte berichtete (nach Antoninus Liberalis 17) auch Nikander im zweiten

Die Weihinschrift, mit der Iphis der Göttin Isis Dank für ihre Hilfe abstattet, wird kurz nach der wundersamen Verwandlung des Mädchens wiedergegeben. Nachdem der Erzähler die Metamorphose zunächst in der dritten Person geschildert hat (Ov. met. 9, 786–90a: *mater abit templo, sequitur comes Iphis euntem, / quam solita est, maiore gradu; nec candor in ore / permanet, et vires augentur et acrior ipse est / vultus et incomptis brevior mensura capillis, / plusque vigoris adest, habuit quam femina*) geht er schließlich zu einer direkten Anrede über (Ov. met. 9,790b–2: *nam quae / femina nuper eras, puer es. Date munera templis, / nec timida gaudete fide*). Noch im selben Vers wird von der Umsetzung dieser Aufforderung berichtet (Ov. met. 9,792b–4: *dant munera templis, / addunt et titulum, titulus breve carmen habebat: / ‚dona puer solvit quae femina voverat Iphis.*').

In Analogie zu den oben besprochenen Weihinschriften für künftige Hilfe wäre allerdings auch eine andere Position der Inschrift innerhalb der Erzählung denkbar gewesen. Darauf verweist indirekt Bömer, der bei seiner Analyse von V. 794 eine Unstimmigkeit zu entdecken glaubt: Die im Tempel angebrachte Inschrift spreche von *dona*, die der Gottheit gelobt worden seien, doch hätten in der Erzählung weder Iphis noch Telethusa ein solches Gelübde abgelegt. Der Inhalt der Inschrift treffe daher „überhaupt nicht" zu (Bömer [1977] 506). Bömer vermisst mit anderen Worten eine den „Inschriften für erhoffte Hilfe" vergleichbare Situation, bei der der Beter für den Fall der Erhörung eine Votivgabe verspricht und dabei die geplante Inschrift imaginiert. Anderson (1972) 473 stößt sich ebenfalls daran, daß Iphis keine Gelübde geleistet habe, meint aber, daß „it is not difficult to imagine that she did so with Telethusa at the

Buch der Ἑτεροιούμενα. S. dazu und zu den von Ovid vorgenommenen Änderungen Waldner (2009). Auch in der von Antoninus überlieferten und auf Nikander zurückgeführten Version spielt die Geschichte in der kretischen Stadt Phaestus, doch tragen die Hauptpersonen andere Namen (Leukippos statt Iphis, Galateia statt Telethusa, Lampros statt Ligdus). Außerdem bringt dort nicht die geplante Hochzeit das verkleidete Mädchen in Gefahr, sondern ihre weibliche Schönheit, die sich mit zunehmendem Alter nicht mehr verbergen läßt. Als rettende Gottheit erscheint nicht Isis, sondern Leto. Nach Bömer (1977) 469–70 und Wheeler (1997) greift Ovid auf Nikander zurück (möglicherweise über Mittelsmänner, dazu Forbes Irving [1990] 21), dagegen Peters (1908) 14 Anm. 1. Über mögliche Motive für die Neuerungen in Ovids Erzählung s. Wheeler (1997) mit Verweisen auf Graf (1988), und Ahl (1985). S. auch Anderson (1972) 465 zu Leto und Isis. Die römischen Elemente in der Bearbeitung Ovids betont Waldner (2009). Einen Überblick über einige neuere Deutungen des Mythos vor allem im Rahmen von *gender studies* gibt Kamen (2012) 21–22.

time of their desperate appeal to Isis (773ff.)".[414] Beide Kommentatoren übersehen jedoch, daß die Inschrift auch dann nicht genau zu den vorhergehenden Versen passen würde, wenn im Text ein Gelübde der Iphis erwähnt würde. Schließlich hatte der auktoriale Erzähler, der sich nach der Beschreibung der Metamorphose mit einer Anrede in die Erzählung einschaltet, ausdrücklich beide Protagonisten angesprochen. Beide stiften auch nach dem Wortlaut des Textes die entsprechenden Gaben, met. 9,791–2: *Date munera templis – dant munera templis.* Die Inschrift erwähnt aber nur Iphis, während die Mutter fehlt, obwohl sie offenbar zum festen Kreis der Isisverehrerinnen gehört (s. Ov. met. 9,696: Anrede der Isis an Telethusa: *pars o Telethusa mearum*) und die Verbindung zu der rettenden Göttin über sie angeknüpft wird (Isis erscheint zunächst der Telethusa im Traum, und auch das wörtlich zitierte Bittgebet, das die Göttin zum Eingreifen bewegt, wird von Telethusa gesprochen).[415] Bömer und Anderson sehen das Problem also in der Motivierung der Inschrift und damit auf der Handlungsebene: Ein für die Inschrift zentrales Element der Handlung (das Gelübde der Iphis) wird nicht erwähnt, so daß es im Nachhinein ergänzt werden muß. Wollte man dieser Denkrichtung weiter folgen, so stieße man auf ein weiteres Problem: Die öffentliche Weihinschrift im Tempel ist zwar ein gängiger Weg, einer Gottheit Dank abzustatten, die Nennung des Weihenden, die Iphis vornimmt, ist jedoch nicht zwingend. Die Täuschung des Ligdus beruht in der Geschichte darauf, daß niemand außer Telethusa und Iphis selbst wissen, daß der vermeintliche Sohn in Wirklichkeit eine Tochter war, und der Dichter gibt keinen Grund an, warum dieses Geheimnis plötzlich in aller Öffentlichkeit gelüftet werden sollte. Kann man Ovid zutrauen, diese inhaltlichen Schwierigkeiten übersehen zu haben, oder läßt sich ein anderer Grund für die

[414] Waldner (2009) 181–2 verweist auf die Parallelen zwischen der Iphis-Erzählung in den Metamorphosen und Amores 2,13 wo der Sprecher aus Angst um das Leben Corinnas zu Isis gebetet und kurz darauf der Geburtsgöttin Ilithyia eine Weihinschrift versprochen hatte. Mit der Iphis-Erzählung, in der außer Isis auch die Geburtsgöttin Lucina eine Rolle spielt, habe der Sprecher der Amores nun sein Gelübde eingelöst, weshalb ein ausdrückliches Gelübde der Frauen in den Metamorphosen entfalle. Der Sprecher in Amores 2,13 hatte jedoch kein Gedicht oder eine Erzählung über die Göttinnen gelobt, sondern Weihrauch, Weihgaben und die dazugehörende Inschrift *Servata Naso Corinna* (am. 2,13,23–25)

[415] Wheeler (1997) 194 nimmt an, daß der offenbar von Ovid eingeführte Name Telethusa (verwandt mit τελετή, Einweihungsritual) die Verbindung zu Isis hervorheben soll.

Gestaltung der Inschrift finden? Vielversprechender als die Analyse auf der Ebene des Plot scheint die poetologische Betrachtungsweise zu sein. Die charakteristische epigrammatische *brevitas*, die es dem Dichter ermöglicht, wichtige Zusammenhänge zusammenzufassen und unter einem bestimmten Aspekt zu beleuchten, ist dabei relevant.

Die Wortstellung der eingefügten Inschrift hebt den Eigennamen des Spenders hervor (obwohl es sich um das Subjekt des Satzes handelt, steht der Name erst am Ende des Hexameters und ist von dem Hauptverb *solvit* durch einen Relativsatz getrennt). Das vorhergehende zweiteilige Satzgefüge weist eine parallele Struktur auf: Haupt- und Nebensatz bestehen aus jeweils drei Worten, die nach dem Schema Objekt – Prädikativum – finites Verb gegliedert sind. Dadurch erhalten die kontrastierenden Begriffe *puer* und *femina* eine zentrale Position innerhalb ihres Teilsatzes. Der Kontrast zwischen dem früheren und dem späteren Zustand des Sprechers wird erst in dem Eigennamen *Iphis* aufgehoben: Trotz ihrer Metamorphose handelt es sich weiterhin um dieselbe Person, so daß der Mann Iphis nun für die dem Mädchen Iphis zuteil gewordene Hilfe danken kann.[416] Die Identität der Person ist auch für die Hochzeit, die in den auf die Weihinschrift folgenden Versen beschrieben wird, von Bedeutung. Iphis ist immer noch die Person, die seit der gemeinsamen Schulzeit mit Ianthe in wechselseitiger Liebe verbunden ist. Die Metamorphose hat nur die körperlichen Voraussetzungen für die Hochzeit geschaffen.[417] Die Weihinschrift ist hier ein Mittel des auktorialen Erzählers, mit dem die Spannung zwischen Verwandlung und Identität verdeutlicht wird. Ob Telethusa oder Iphis ursprünglich die Bitte an Isis gerichtet hat, und ob sie dabei auch Weihegaben versprach, ist unter diesem Aspekt nicht von Interesse.

Eine Weihinschrift eignet sich besonders gut zur Verdeutlichung dieses Gedankens, weil sie eine Veränderung im Leben einer Person voraussetzt (z.B. die Genesung von einer bedrohlichen Krank-

[416] Gleichzeitig hebt die Inschrift die Ambiguität des als Junge verkleideten Mädchens hervor, s. Wheeler (1997) 199. Dies geschieht auch durch die Wahl der Eigennamen, bei denen Ovid das eindeutig maskuline *Leukippos* der Vorlage durch den nicht auf maskulin oder feminin festgelegten Namen *Iphis* ersetzt hat.

[417] Die Umschlingung der Liebenden in der Hochzeitsnacht wird ebenfalls durch eine kunstvolle Wortstellung abgebildet. Zu dem Satz *potiturque sua puer Iphis Ianthe* (V. 797) s. Wheeler (1997) 200.

heit, die Errettung aus einem Seesturm), die von dem Betroffenen als bedeutsam empfunden und dokumentiert wird. Die von den Kommentatoren inkriminierten *dona* dienen in der Iphissage als Anlaß für die Einführung einer Inschrift.[418] Durch ihre Kennzeichnung als Inschrift wird die Pointe geschickt vom Haupttext abgesetzt, ohne sich ganz von ihm zu lösen. Der Dichter kann so seine Vorliebe für zugespitzte Formulierungen ausspielen. Daß die Inschrift nicht im gleichen Sinn auf der Handlungsebene angesiedelt ist wie z. B. das Gebet der Telethusa oder die folgende Hochzeit mit Ianthe, deutet der Dichter schon dadurch an, daß die Weihung der von der Inschrift begleiteten *dona* so eingeführt wird, als reagierten die Figuren damit auf eine Aufforderung des auktorialen Erzählers.[419] Schon hier vermischen sich die Ebene der Handlung und die des plötzlich als *persona* sprechenden Erzählers der Metamorphosen. Daß der Text der eingefügten Inschrift bei näherem Hinsehen nicht genau zu der vorhergehenden Handlung paßt, ist also durch den Pointencharakter des Verses bedingt, der ihn von der Handlungsebene wegführt. Die Position der Inschrift ist der Anlage des Werks entsprechend gewählt. Da das Thema des Epos Verwandlungen sind, ist Iphis' Lebensgeschichte wegen der Metamorphose relevant, und die Votivinschrift, mit der Mutter und Kind das Ereignis festhalten, faßt den entscheidenden Moment pointiert und damit einprägsam zusammen.

Dies bedeutet zugleich, daß eine Analyse unter dem Aspekt des ‚Gedächtnisses' in diesem Fall wenig sinnvoll ist. Wenn die Inschrift vor allem aus Freude an der pointierten Zusammenfassung eingeführt und dafür sogar die stringente Verknüpfung mit dem Kontext geopfert wurde, so wäre die Frage nach der „Publikumswirkung", die sich z. B. bei der von Phyllis entworfenen Ehreninschrift für Demophoon (Ov. epist. 2) aufdrängt, falsch gestellt. Wir erfahren

[418] In anderen Kontexten kommt dagegen dem Weihgeschenk die entscheidende Bedeutung zu, so z. B. den Schreibtäfelchen, die der Sprecher von am. 1,11 im Venustempel zu weihen verspricht, falls seine Geliebte ihm auf seinen Liebesbrief eine positive Antwort zukommen lasse.

[419] Statt der direkten Anrede *eras* und *es* bietet die zweite Hand von N *erat*, und die dritte Hand von N *est*. Es handelt sich um die *lectio facilior*, durch die die ungewöhnliche Einschaltung des auktorialen Erzählers an dieser Stelle beseitigt wird. Eine direkte Anrede an die Figuren ist jedoch auch bei dem folgenden, einheitlich überlieferten *date munera templis* gegeben, so daß kein Grund besteht, die Lesarten *eras* und *es*, die ANDERSON (1998) in den Haupttext nimmt, zu beseitigen.

nicht, was Iphis über seine Umgebung denkt. Selbst der Gedanke, seinen Dank in Form von Weihgaben abzustatten, ist ihm buchstäblich „von außen“ eingegeben.

Exkurs: Ov. ars 2,744 und 3,182 (‚Weihung‘ durch Liebesschüler)

Einen Sonderfall stellt die knappe Inschrift *Naso magister erat* dar, die sich einmal gegen Ende des zweiten und einmal gegen Ende des dritten Buchs der Ars amatoria findet. Sie beschließt jeweils die Belehrung der Männer[420] bzw. der Frauen und soll von den Lesern bzw. Leserinnen der ‚Liebeskunst‘ angebracht werden, wenn sie mit Hilfe der dort vermittelten Lehren Erfolg bei der Liebeswerbung hatten.[421] Eine Gottheit, von deren Hilfe die Umsetzung der Inschrift abhängig gemacht würde, kommt dabei nicht ins Spiel, so daß es sich nicht um eine Votivinschrift im herkömmlichen Sinn handelt. Der Erfolg, der bei gewöhnlichen Gelöbnissen noch ungewiß ist, wird vielmehr von dem als Liebeslehrer fungierenden Sprecher als sicher vorausgesetzt: Die Aufforderung, eine Inschrift anzubringen, ist nicht in einen Konditionalsatz gefaßt, sondern in einen verallgemeinernden Relativsatz bzw. in eine Aufforderung, die durch den Hinweis *nunc* ergänzt wird und damit auf die Gegenwart und den bereits eingetretenen oder sicher bevorstehenden Nutzen verweist (ars 2,743–4: *sed quicumque meo superarit Amazona ferro, / inscribat spoliis ‚Naso magister erat‘* und ars 3,811–2: *ut quondam iuvenes, ita nunc, mea turba, puellae / inscribant spoliis ‚Naso magister erat‘*). Auf eine Dedikation deutet nur der Hinweis auf die Spolien hin, die als Träger der Inschrift dienen sollen.

Der Satz *Naso magister erat* selbst läßt sich keinem der bekannten Inschriftenformulare zuordnen, so daß er aus sich selbst her-

[420] Auf die von den Männern geforderte Inschrift in ars 2,743–4 folgen zwei weitere Verse, die die Überleitung zum dritten, den *puellae* gewidmeten Buch bilden. Sie werden von den Kommentatoren meist als ein Zusatz gedeutet, der mit der Erweiterung der ursprünglich auf zwei Bücher angelegten Ars amatoria um ein Frauenbuch notwendig geworden sei. Ob es sich tatsächlich um eine spätere Erweiterung handelt, ist jedoch nicht sicher. S. dazu Janka (1997) 511.

[421] Der Wortlaut stellt einerseits eine Anspielung auf Tibull 1,4,75–6 dar, wo sich der Dichter als *magister* in Liebesdichtungen bezeichnet hatte. Andererseits zeigt der Kontext auch die Unterschiede, da der Sprecher in Tibull 1,4 sich hauptsächlich an unglücklich liebende Männer in einer homoerotischen Beziehung richtet, während Ovid ausdrücklich auf Beziehungen zwischen Männern und Frauen abzielt. S. dazu Clément-Nelis/Nelis (2013) 337.

aus nicht als Aufschrift erkennbar ist, noch kann man aus ihm allein den zugrundeliegenden Sachverhalt eindeutig ableiten. Die Lückenhaftigkeit der Aussage zeigt sich gut im Vergleich mit der oben (S. 259) besprochenen Inschrift für die todkranke Corinna, die mit ebenfalls nur drei Worten (*Naso servata Corinna*) nicht nur ihre Gattung (Weihinschrift), sondern auch den Anlaß der Weihung (die Rettung einer Person) andeutet und die menschlichen Protagonisten (den Weihenden und die Gerettete) mit Namen nennt.

Demgegenüber konzentriert sich die Aussage hier auf eine Person, ihren Namen (*Naso*) und ihre Tätigkeit (*magister*) ohne weitere Erläuterung. Erst aus dem Kontext wird deutlich, daß es sich bei der mit *Naso* bezeichneten Person um den Verfasser des Gedichtbuches handelt, an dessen Ende die Inschrift erscheint. Daß diese hervorgehobene Stellung nicht zufällig gewählt ist, ergibt sich aus der wörtlichen Wiederholung der Inschrift am Ende des dritten Buchs. Es handelt sich bei der Inschrift um eine Variante der Sphragis, mit der sich ein Autor pointiert mit namentlicher Nennung (oder einer Umschreibung seines Namens) am Schluß seines Werks (bzw. am Ende von Werkteilen) verewigt.[422] Wie ist die Inschrift, in die das literarische „Siegel“ hier gekleidet wird, zu deuten?

Die Tatsache, daß es sich um eine ‚Inschrift‘ handeln soll, ist hier, ähnlich wie bei den Epitaphen der Phyllis und der Dido in den Heroides, nur aus dem Kontext, nicht allein aus dem Wortlaut der Inschrift erkennbar. Obwohl der Fachbegriff *inscribere* anzeigt, daß an eine Inschrift gedacht ist, läßt die Formulierung nicht erkennen, welche Inschriftengattung der Autor vor Augen hat. Aus römischer Zeit sind für den Umgang mit Spolien, die dem Gegner im Krieg abgenommen wurden, wenigstens zwei Verfahren bekannt. Entweder wurden die Beutestücke, wenn sie einem Aristokraten zufielen, im Atrium des Siegers ausgestellt, wo sie durch eine Aufschrift erläutert werden konnten,[423] oder sie wurden, vor allem, wenn es sich um den offiziellen Anteil des Feldherrn handelte, den Göttern in

[422] S. dazu oben S. 237 die Namensnennung des *Tibullus* am Ende der dritten Marathus-Elegie, Tib. 1,9,83–4.

[423] S. für diesen Brauch z.B. Tib. 1,1,53f–4: *te bellare decet,* [...] *Messalla* [...] / *ut domus hostiles praeferat exuvias*; Prop. 3,9,26 (Anrede an Maecenas): (*licet*) *onerare tuam fixa per arma domum*; dazu JANKA (1997) 510 mit weiteren Parallelen.

einem Tempel als Dankesgabe für den Sieg geweiht.[424] Im ersten Fall handelte es sich um eine epideiktische Inschrift, im zweiten um eine an die Gottheit gerichtete Weihinschrift.[425] In beiden Fällen ist zunächst eine Angabe über den Gegner zu erwarten, dem die Spolien abgenommen wurden, daneben der Name des Siegers bzw. des Weihenden sowie, wenn es sich um eine Votivgabe handelte, der Name der geehrten Gottheit und möglicherweise eine Formel nach dem Muster *donum dedit* oder *votum solvit.* Ein Hinweis auf den Lehrmeister, dem der Sieger seine Kriegskunst verdankt, gehört nicht zum festen Bestandteil solcher Inschriften. Einen Hinweis auf Hilfe bei der Überwindung eines Gegners erscheint meist nur in indirekter Form in Weihinschriften, die ja schon *per definitionem* einen Dank für die vom Gott gewährte Hilfe darstellen.[426]

424 Dieses Verfahren ist vor allem für die *spolia opima* bezeugt, d.h. Beutestücke, die dem feindlichen Feldherrn im Zweikampf mit dem römischen Oberbefehlshaber abgenommen wurden und einen Ehrenplatz im Tempel des Jupiter Capitolinus erhielten. S. dazu oben S. 270 Anm. 389. In der römischen Liebeselegie erscheint dieser Brauch erstmals bei Gallus, wo der militärische Erfolg, der durch die Weihung gleichsam besiegelt wird, offenbar als Voraussetzung für das Wohlergehen des elegischen Sprechers bezeichnet wird (Gallus 145,2–5 Hollis = 2–5 Blänsdorf = 2 Courtney): *Fata* (*fact*]*ạ* Nisbet) *mihi, Caesar, tum erunt mea dulcia, quom tu / maxima Romanae pars eris historiae, / postque tuum reditum multorum templa deorum / fixa legam spolieis deivitiora tueis.* Einen Überblick über die unterschiedlichen Deutungen der Verse mit weiterführender Literatur bei Raymond (2013) 63–4 mit weiterführender Literatur.

425 Janka (1997) 510, der die Inschrift als spielerisches „Votivepigramm" bezeichnet, entscheidet sich bei der Umschreibung ihres Inhalts für eine Anbringung am Haus des Siegers. „Das, lieber Schüler, sollen deine/unsere Siegesinsignien sein, die, mit Inschrift versehen, an den Türpfosten des Hauses deine/unsere Erfolge kundtun." Eine Anbringung am Haus des „Siegers" würde in der Tat die Nennung des Eigennamens des Schülers in der Inschrift überflüssig machen. Auch paßte die Lokalisierung am Haus gut zur Liebesthematik, da die *puella* ja dauerhaft gewonnen werden soll. Allerdings dürfen solche hypothetischen Kontextualisierungen nicht darüber hinwegtäuschen, daß die entsprechenden Verse keine Rückschlüsse über den Standort der Spolien zulassen: Wichtig ist dem Dichter die Nennung des eigenen Namens, nicht eine detaillierte Ausgestaltung des Bildes.

426 Eine Inschrift, die menschliche Unterstützung bei der Auseinandersetzung mit Rivalen würdigt, erwähnt Herodot im dritten Buch der Historien (Hdt. 3,88). Hier ist jedoch nicht nur der listige Helfer Oibares namentlich genannt, sondern auch der Großkönig, der die Inschrift habe setzen lassen. Sogar das Pferd, mit dessen Hilfe die übrigen Kronprätendenten überlistet werden konnten, sei im Original mit Namen aufgeführt worden. Vor allem aber wird das Ereignis, dessen gedacht werden soll (die Eroberung des persischen Königsthrons), in der Inschrift direkt angesprochen, so daß sie mit der von Ovid verwendeten Formu-

Eine Zuordnung der Inschrift zu den Weih- oder epideiktischen Inschriften ist nur möglich, wenn man annimmt, daß der wörtlich zitierte Text das zugrundeliegende Inschriftenformular nur unvollständig reproduziert. Allerdings gestaltet sich eine Ergänzung in die eine oder andere Richtung schwierig, da die Elegie keine entsprechenden Hinweise liefert. Statt dessen wird das Geschehen, wenigstens im zweiten Buch der Ars, in den mythischen Bereich verlagert: Die Gegner, denen die Spolien abgenommen wurden, werden als Amazonen bezeichnet, d. h. als Mitglieder des sagenumwobenen Frauenheers aus dem Osten, gegen das Herakles einst kämpfte.[427] Auch die Person, die die Inschrift nach den Anweisungen des Liebeslehrers anbringen soll, erhält keine individuellen Züge, sondern ist nur durch ihr Geschlecht (*quicumque, puellae*) und den Erfolg in der Liebe charakterisiert, der ihr die Spolien des ‚Gegners' sichert. Schon das verallgemeinernde Personalpronomen *quicumque* deutet an, daß es hier um eine generelle Aufforderung geht. Eine solche widerspricht jedoch der gewöhnlichen Intention einer Inschrift: Deren Zweck ist es gerade, ein bestimmtes Individuum (oder eine fest definierte Gruppe), seine Leistungen und sein Schicksal aus der Menge hervorzuheben und sie im Gedächtnis späterer Generationen weiterleben zu lassen. Die einzige Person, die in der vorliegenden Inschrift ausdrücklich genannt wird, ist der ‚Lehrmeister' Ovid, der eine unbestimmte Zahl von Männern und Frauen zum Erfolg geführt und sich Anspruch auf gebührende Verewigung erworben hat.[428] Die Unbestimmtheit der Inschrift wird dadurch verstärkt, daß die Anweisungen zwar von Spolien sprechen, die der erfolgreiche Liebhaber bzw. das in der Liebe erfolgreiche Mädchen weihen soll, daß aber über die Art der Beutestücke keine Angaben gemacht werden. Bei wirklichen Kriegsspolien handelt es sich meist um Teile

lierung nicht vergleichbar ist. S. zu der Inschrift und zur Erzähltechnik Herodots Köhnken (1990).

427 Das Motiv der Spolien ist außerdem in den vorhergehenden Versen durch die Erwähnung der von Vulkan verfertigten Rüstung Achills (der seine alten Waffen durch den Tod des Patroklos verloren hatte) vorbereitet. V. 741–2: *arma dedit vobis, dederat Vulcanus Achilli*, vgl. Hom. Il. 18, bes. V. 468–617. S. dazu Janka (1997) 508–9.

428 Vgl. als Kontrast die Inschrift, die Aeneas auf dem erbeuteten Schild des Abas zurückläßt, Verg. Aen. 3,287–8: *postibus adversis figo et rem carmine signo: / ‚Aeneas haec de Danais victoribus arma.'*

der Rüstung,[429] doch welche Objekte hat sich der Leser im Liebeskontext vorzustellen?

Der Begriff Beute (*praeda*) erscheint in den Liebeselegien gelegentlich im Zusammenhang mit dem Sieg des Amor über die Menschen. Hier wird mit *praeda* allerdings kein Objekt bezeichnet, sondern die durch die Liebe „erbeutete" Person oder die vom Gott unterworfenen Männer und Frauen, die Amor im Triumphzug mitführt.[430] Da der Triumphzug zugleich auch die Gelegenheit ist, bei der die *spolia* zur Schau gestellt und nach dessen Ende sie geweiht werden, liegt der Schluß nahe, daß mit den *spolia*, von denen der Dichter in seiner Anweisung spricht, keine Objekte, sondern vielmehr die geliebte und endlich eroberte Person selbst gemeint ist.[431] Ein ähnlicher Gedanke findet sich schon bei Meleager, wo sich der Sprecher selbst als Beutestück bezeichnet, das Eros an der Tür seiner Geliebten befestigt und mit einer entsprechenden Inschrift versehen habe. Von einem Lehrmeister ist freilich, da Eros selbst die Inschrift anbringt, bei Meleager keine Rede.[432]

Dies bedeutet, daß es sich bei der Inschrift *Naso magister erat*, die als imaginierte Inschrift präsentiert wird, um eine metaphorische Ausdrucksweise handelt: Der erfolgreiche Liebhaber soll die Rolle, die sein Lehrmeister bei der erfolgreichen Werbung spielte, nicht vergessen, sondern seinen Namen auch weiterhin in Ehren halten.

[429] Vgl. die bei Pausanias erwähnte Weihung von Spolien aus der thrakischen Chersonesos durch Miltiades (entweder der Sieger von Marathon oder dessen Onkel) vgl. dazu Zizza (2006) nr. 37. Weitere Beispiele s. ebd.

[430] S. z.B. Ov. am. 1,3,1–2: *quae nunc me nuper praedata puella est, / aut amet aut faciat, cur ego semper amem* und Ov. am. 1,2,27–32: *ducentur capti iuvenes captaeque puellae: / haec tibi magnificus pompa triumphus erit. / Ipse ego, praeda recens, factum modo vulnus habebo / et nova captiva vincula mente feram; / Mens Bona ducetur manibus post terga retortis / et Pudor et castris quidquid Amoris obest.*

[431] Dieser Gedanke ergibt sich freilich nur im Vergleich mit anderen metaphorischen Aussagen. Auf der Bildebene dagegen wird der Gedanke an militärische Beutestücke durchgehalten. Vor allem die begriffliche Trennung von *Amazona* und *spolia* läßt an ein der gefallenen Kämpferin abgenommenes Rüstungs- oder Kleidungsstück denken, wie etwa den Gürtel der Amazonenkönigin Penthesileia, den Herakles ihr nach siegreich bestandenem Gefecht raubt.

[432] AP 12.23 = 99 G-P: Ἠγρεύθην ⟨ὁ⟩ πρόσθεν ἐγώ ποτε τοῖς δυσέρωσι / κώμοις ἠιθέων πολλάκις ἐγγελάσας· / καί μ᾽ ἐπὶ σοῖς ὁ πτανὸς Ἔρως προθύροισι, Μυΐσκε, / στῆσεν ἐπιγράψας· „σκῦλ᾽ ἀπὸ Σωφροσύνης." Das Epigramm wurde möglicherweise von Properz in seinem Einleitungsgedicht (Prop. 1,1,1–6) aufgegriffen, s. dazu Höschele (2011) 23–24.

Eine vergleichbare Situation, die Ovid möglicherweise als Anregung gedient hat, zeigt Prop. 2,14, in der der Sprecher der Venus nach einer erfolgreichen Liebesnacht mit Cynthia umfangreiche Weihgaben verspricht (Prop. 2,14,27–8: *Has pono ante tuas tibi, diva, Propertius aedis / exuvias, tota nocte receptus amans*, zu dieser Inschrift siehe oben S. 264–73). Auch hier spielt der Dichter bei der Darstellung seiner erotischen Abenteuer mit militärischen Metaphern. Seine Geliebte zu einer gemeinsamen Nacht bewogen zu haben sei ihm lieber als ein Sieg über die Parther: *haec spolia, haec reges, haec mihi currus erunt* (Prop. 2,14,24). Militärische Trophäen, werden hier, wie auch später bei Ovid, als Bild für die erotischen „Eroberungen" des Sprechers eingesetzt.

Warum aber verwendet der Dichter für den Gedanken des Nachruhms hier gerade das Bild der militärisch geprägten Inschrift auf einem Beutestück? Ein naheliegender Grund ergibt sich aus der in der gesamten Liebesdichtung vorherrschenden Kampfmetaphorik, die sich im Schlagwort der *militia amoris* zusammenfassen läßt. Schon zu Beginn der Ars amatoria hatte Ovid den Liebenden als einen Soldaten im Dienst Amors eingeführt (s. ars 1,35–6), und diesen Gedanken im Folgenden auf verschiedene Weise ausgebaut. Der erfolgreiche Liebhaber benötigt ähnliche Tugenden wie der Soldat, da er wie dieser Schmerzen ertragen, mit einem harten Lager vorliebnehmen, Nachtwache halten und gefährliche Situationen tapfer bestehen muß. Es erscheint daher folgerichtig, die Lehren über die Liebeskunst mit einem Bild aus dem militärischen Bereich abzuschließen. Dies kann aber nicht der einzige Grund für die Wahl der Inschriftform sein, da diese nicht nur am Ende der an die Männer gerichteten Bücher erscheint, in denen die Kriegsmetaphorik besonders auffällig ist, sondern auch als Abschluß des Frauenbuches, in welchem Vergleiche aus dem Soldatenleben seltener anzutreffen sind. Bezeichnenderweise fehlt auch in der Einleitung der von den Frauen erbetenen Inschrift (ars 3,811–2) ein Hinweis auf eine spezielle Kampfsituation: Hatte der Dichter in ars 2,743–4 noch gemahnt: „Wer immer mit seinem Schwert eine Amazone besiegt hat, soll eine Inschrift auf den Spolien anbringen ...", so heißt es am Ende des dritten Buches nur: „Wie einst die Jünglinge, so sollen jetzt die Mädchen eine Inschrift auf den Spolien anbringen." Daß auch hier der Gedanke an den Kampf impliziert ist, ergibt sich in erster Linie aus dem Verweis auf das Ende von Buch 2. Die darin angedeutete Gleichstellung von männlichen und weiblichen Liebesschülern zeigt, daß das Versprechen, welches der *magister* Naso den protestierenden *puellae* gegeben hatte,[433] nunmehr eingelöst ist: Auch sie haben, nachdem die Männer mit allen „Waffen" der Liebeskunst ausgestattet sind, ein angemessenes Rüstzeug erhalten, so daß sie den *iuvenes* nicht hilflos ausgeliefert sind. Allerdings hätten dem Dichter außer den *spolia* noch andere militärische Bilder zur Verfügung gestanden, um den „Sieg" des Liebesschülers darzustellen. Dazu gehört z.B. der Triumphzug, auf den die Elegiker, wie oben gezeigt, auch sonst im Rahmen erotischer Metaphorik anspielen. Welchen Vorzug bieten demgegenüber die mit einer Inschrift versehenen Spolien?

Während die meisten offiziellen Siegesbekundungen (wie der Triumphzug oder der Siegeskranz) die Überwindung größerer Personengruppen dokumentieren, gehört der Erwerb von Spolien in den Bereich des Zweikampfs. Spolien werden stets einem individuellen Gegner abgenommen und können, im Gegensatz zum Triumph, der im römischen Recht eine bestimmte Zahl von Gefallenen verlangt, auch dann vorgeführt werden, wenn der Feldzug insgesamt nicht von Erfolg gekrönt war. Da der Sieger die Trophäen persönlich erworben hat, bleiben sie enger als z.B. ein römischer Gesamtsieg, bei dem der Erfolg des *populus Romanus* im Vordergrund steht,[434] mit seiner persönlichen *virtus* verbunden. Das Bild der Beutestücke eignet sich daher besonders gut, um die erfolgreiche Werbung um ein einzelnes Mädchen (bzw. einen einzelnen jungen Mann) darzustellen.

Zugleich ist die Präsentation von Spolien, anders als ein Triumphzug oder eine Akklamation, nicht zeitlich begrenzt. Die Rüstungsstücke können noch nach Generationen im Hause ausgestellt sein und die ruhmreiche Vergangenheit bezeugen. Der Gedanke an Nachruhm kann daher organisch mit der Spolienmetapher verknüpft werden.

[433] Ars 3,1–2: *arma dedi Danais in Amazonas; arma supersunt / quae tibi dem et turmae, Penthesilea, tuae.*

[434] Am deutlichsten tritt diese Einstellung bei Ennius zu Tage, der in seiner Darstellung des punischen Krieges sogar darauf verzichtet, die Feldherren mit Namen zu nennen, um so die Gemeinschaftsleistung des Heeres hervorzuheben. Auch wenn diese extreme Haltung sich bei späteren Autoren nicht durchgesetzt hat, so bleibt doch die Siegessymbolik stets auf Rom als Ganzes bezogen. Dies gilt selbst für die Kaiserzeit, in der allein der *princeps* das Recht auf einen Triumphzug besitzt. Denn auch hier nimmt er, der offiziellen Darstellung zufolge, diese Funktion als Vertreter des römischen Volkes wahr.

Dieses Verständnis, das sich auch anhand der erhaltenen Spolieninschriften belegen läßt, eröffnet daher die Möglichkeit, das vom Dichter schon am Anfang der Ars amatoria (V. 1,1–40) hervorgehobene Beziehungsgeflecht zwischen dem Liebesschüler, der von ihm bezwungenen Geliebten und dem für seine Ausbildung zuständigen Lehrer in einem kohärenten Bild zusammenzufassen.

Die Besonderheit der vom Sprecher geforderten Inschrift besteht darin, daß von den drei involvierten Personen (Schüler/in, Lehrer, Geliebte/r) nur der in den historischen Spolieninschriften nicht genannte ‚Ausbilder' erwähnt, die zentrale Gestalt des Weihenden und die nicht minder bedeutsame Person des Besiegten dagegen nur durch den Begriff *spolia* impliziert werden.[435] Erst durch diese Einschränkung erhält der als Inschrift vorgesehene Satz den Charakter einer Sphragis, während er sich gleichzeitig vom gewöhnlichen Inschriftenformular entfernt. Die abschließende Funktion der eingefügten Inschrift ist hier also gleich in doppelter Hinsicht wirksam. Zum einen greift sie in Form einer Ringkomposition das am Anfang der Ars eingeführte *miles*-Motiv auf und führt es weiter: Dem Leser, der seine Lektüre als „Rekrut" begonnen hatte (ars 1,36: *qui nova nunc primum miles in arma venis*), wird nun der erfolgreiche Abschluß eines „Feldzugs" und damit auch seiner „Ausbildung" vor Augen gestellt: Wer in der Lage ist, Spolien zu gewinnen und heimzubringen, ist kein Neuling mehr. Damit hat der „Liebeslehrer" seine Aufgabe erfüllt: Das „Lehrbuch" ist beendet und verheißt, durch den künftigen Erfolg seiner Leser, dem Verfasser sichtbaren Ruhm.

4.3 Bau- und Ehreninschriften

Inschriften auf öffentlichen Gebäuden und auf Statuen finden sich in den römischen Elegien nur viermal: Zwei Bauinschriften erscheinen in den Fasti, eine Inschrift auf einer Statuenbasis wird in Ovids zweitem Heroidesbrief und eine weitere (falls es sich tatsächlich um eine Inschrift handelt) in Elegie 4,2 des Properz erwähnt.

[435] Öfter wird der Name des ‚Trainers' dagegen in den Epinikien Pindars erwähnt, s. z.B. die dreifache Nennung des berühmten athenischen Ringkämpfers und Trainers Milesias in Ol. 8,54; Nem. 4,93 und Nem. 6,65. Der Name des Trainers wird dort allerdings nicht mit einer Inschrift verknüpft. Zur Rolle des Trainers bei Pindar (bes. in Ol. 8) s. Robbins (1986).

Bei den Bauinschriften handelt es sich um das Wort *Caesar* an der Frontseite des Mars Ultor-Tempels (fast. 5,567–8) und um einen *titulus* zur Erinnerung an Sulla an der Aedes Herculis Custodis auf dem Marsfeld (fast. 6,212).[436] Anlaß der Darstellung ist der jeweilige Kalendertag: Bezüge zur elegischen Liebesthematik, die in anderen Erzählungen der Fasti durchaus eine Rolle spielen, bestehen dagegen nicht. Die Untersuchung der in die Gedichte eingefügten Bauinschriften kann daher ein Korrektiv zu den bisher behandelten Texten bilden. Welche Funktion erfüllen die Inschriften, wenn sie zwar in ein im elegischen Versmaß verfaßtes Gedicht eingelegt sind, aber keine Verbindung zur Liebesthematik haben?

Die beiden Inschriften auf Statuen beziehen sich auf das historische Denkmal des Vertumnus in Rom (die Identifizierung als Inschrift ist hier allerdings nicht sicher, dazu unten S. 316–25) sowie auf eine imaginierte Inschrift, die sich Phyllis in ihrem Brief an Demophoon ausmalt. Hier handelt es sich um die Parodie einer Ehreninschrift. Enttäuscht vom langen Ausbleiben ihres Geliebten vergleicht das Mädchen die ‚Leistungen' des Demophoon unvorteilhaft mit den Taten seines Vaters Theseus und faßt das Ergebnis in Gedanken in einer Inschrift auf Demophoons Ehrenstatue zusammen. Ebenso wie die Bauinschrift am Mars Ultor-Tempel in Ov. fast. 5 gehört dieses Beispiel zu den wenigen Fällen, in denen in der rahmenden Elegie ausdrücklich von einer Publikumsreaktion auf die Inschrift die Rede ist. Diese Fälle sind daher auch für die Frage nach dem Verhältnis von eingebetteten Inschriften und „sozialem Gedächtnis" von Interesse.

Ov. fast. 5,567–8 (Inschrift am Mars Ultor-Tempel)

Die Bauinschrift des von Augustus errichteten und archäologisch gut erforschten Mars Ultor-Tempels[437] ist die einzige in eine römi-

[436] Die Überreste dieses Tempels sind noch nicht gefunden worden, s. Boyle (2003) 268, doch besitzen wir außer Ovids Fasti auch andere literarische Zeugnisse, die seine Datierung auf das Jahr 218 oder früher zulassen. Als Weihedatum geben die Fasti Venusini (Degrassi 13,2,58) in Übereinstimmung mit Ovids Zeugnis den vierten Juni an. Unsicher ist hingegen, welche Rolle Sulla in der Geschichte dieses Tempels spielte. Möglicherweise war er an der Restauration des Gebäudes beteiligt, s. Boyle (2003) 268–9.

[437] Zum Tempel s. Ganzert (1996), der u.a. Gismondis Arbeit aus dem Jahr 1933 korrigiert und präzisiert. Vgl. auch Ganzert/Kockel (1988) 149–99. Zum Bildprogramm des gesamten Komplexes Zanker (1968) 201–3. Mit dem Verhältnis

sche Elegie eingelegte Inschrift, die sich auch archäologisch nachweisen läßt.[438] Allerdings wurde bisher nur ein Fragment mit Resten „von den Buchstabenbettungen aus der obersten Zeile" gefunden (ALFÖLDY [1991] 294), das nachweislich vom Architrav des Tempels stammt. Aus der bekannten Höhe des Architravs (117cm) und der Größe der Buchstaben (23cm) erschließt ALFÖLDY, daß die Inschrift aus drei Zeilen bestand. Die Buchstaben selbst waren aus Bronze gefertigt und wurden in die Vertiefungen eingefügt. Aus den Resten der Bettungen ist zu erkennen, daß in der obersten Zeile eine überstrichene Zahl zu lesen war, die sich als Iterationsziffer aus einer Titulatur deuten läßt. ALFÖLDY (1991) 295–6 rekonstruiert daher für die Inschrift folgenden Wortlaut:

> [Imp(erator) Caesar Divi f(ilius) Augustus pontifex maximus imp(erator) XIII]I c[o(n)s(ul) XIII tribunicia potestate XXI pater patriae]
> Ex Manibiis dono dedit[439]
> Idemque cum C. et L. Caesaribus Filis Cos. designatis principibus iuventutis dedicavit.

Die Weihung an Mars (*Marti Ultori*) müßte demnach oberhalb der Inschrift auf dem Fries gestanden haben (ALFÖLDY [1991] 295).

Im fünften Buch der Fasti wird nur der Name (*Augustus*) *Caesar* aus der Bauinschrift erwähnt. Tempel und Forum sind aus der Perspektive des zur Erde herabgestiegenen Kriegsgottes Mars geschildert,[440] der vor dem Sprecher erscheint und dabei das für ihn charakteristische Waffengeklirr hören läßt (fast. 5,549–50: *fallor, an*

von Jupiter Capitolinus und Mars Ultor (der außer dem Tempel auf dem Augustusforum ein weiteres Heiligtum auf dem Kapitol besaß) befaßt sich u.a. SIEBLER (1988) 169–82.

[438] Zum Fragment der Bauinschrift, das Anfang der 30er Jahre des 20. Jahrhunderts gefunden wurde, s. ALFÖLDY (1991) 294–6. Ebd. (Taf. 1.) auch eine Abbildung.

[439] Einen Hinweis auf die Finanzierung (dessen Wortlaut sich nicht sicher rekonstruieren läßt) entnimmt ALFÖLDY (1991) 295 einer Bemerkung aus den Res gestae, in denen Augustus die Restaurierung von Tempeln aus eigenem Vermögen erwähnt (R. gest. div. Aug. 21). Die Adoptivsöhne könnten in der Inschrift genannt worden sein, da sie den Tempel nach Cassius Dio (55,10,6) zusammen mit Augustus einweihten.

[440] Fast: 5,551–2: *Ultor ad ipse suos caelo descendit honores / templaque in Augusto conspicienda foro.* S. dazu auch BOYLE (2003) 209. Daß das äußere Erscheinungsbild des Mars Ultor-Tempels überhaupt ausdrücklich erwähnt wird, ist auffällig. Gewöhnlich spielt dieses bei den in den Fasti erwähnten Heiligtümern keine Rolle. S. dazu GREEN (2004) 236.

arma sonant? Non fallimur, arma sonabant: / Mars venit et veniens bellica signa dedit.).[441] Das Zögern und dann die Bekräftigung des Erzählers heben die Realität der Erscheinung hervor. Anders als z. B. die Traumerscheinung der Dido vor Anna in fast. 3 wird sein Auftreten nicht als nächtliche Privatoffenbarung, sondern als öffentliches Erscheinen an einem der zentralen Plätze des augusteischen Rom präsentiert.[442] Zudem erscheint Mars nicht auf Bitten des Sprechers, sondern gewährt eine spontane Epiphanie – eine Auszeichnung, die in den Fasti sonst nur Mitgliedern des Kaiserhauses zuteil wird (dazu Riedl [1988] 13–4). Bei der Schilderung seiner Ankunft liegt die Betonung auf dem optischen Eindruck, den Forum und Tempel auf den göttlichen Betrachter machen[443] (fast. 5,559: *perspicit*; 561: *perspicit*; 563: *hinc videt*; 565: *hinc videt*; 567: *spectat*; 568: *visum*), wobei gleich zu Beginn der Ekphrasis das Wohlwollen des Mars hervorgehoben wird (fast. 5,560: *et probat invictas summa tenere deas*). Dieses Wohlwollen ist durch den Zusammenhang gut motiviert. Zuvor hatte der Sprecher festgestellt, daß die Ausmaße des

[441] Das Ertönen charakteristischer Waffen- oder Instrumentenklänge ist auch sonst in der antiken Literatur eine häufige Begleiterscheinung von Epiphanien. In einem Fragment des Maecenas (188 Hollis = 5 Blänsdorf = 5–6 Courtney) ruft etwa der Sprecher die Göttin Cybele herbei und fordert sie auf, ihr Tympanon erklingen zu lassen: ‚*ades*', *inquit*, ‚*o Cybele, fera montium dea / ades et sonante tympano quate flexibile caput.*' Für spezielle Anzeichen einer Epiphanie des Mars vgl. Anm. 442.

[442] Auf die Öffentlichkeit deutet auch das vom Himmel her ertönende Waffengeklirr hin, das in der römischen Literatur als Prodigium gilt und gewöhnlich von mehreren Personen zugleich wahrgenommen wird. In den meisten Fällen kündigt es Kriegsgefahr an (z. B. Verg. georg. 1,474–5: *armorum sonitum toto Germania caelo / audiit*), während das Waffenklirren hier, im augusteischen Rom, das wohlwollende Nahen des Kriegsgottes anzeigt. (Vgl. aber auch Verg. Aen. 8,524–6, wo Venus ihrem Sohn Aeneas mit Waffengeklirr ihre Unterstützung zusichert). Das Klirren von Waffen ist nicht das einzige traditionelle Prodigium für das Wirken des Mars, es bietet sich aber für Ovid an, weil es als akustisches Signal an jedem Ort auftreten kann und zugleich das Nahen des Gottes „vom Himmel her" anzeigt. (Als „hochbedeutsames Vorzeichen" für das Wirken des Mars galt sonst die Bewegung der heiligen Lanzen, die sich wahrscheinlich im *sacrarium* der Regia befanden, s. z. B. für das Jahr 2 v. Chr. das *senatus consultum* bei Gellius, 4,6,2; Liv. 40,19; Obseq. 60 u. ö., vgl auch Cassius Dio 44,17 (dazu Heichelheim, F.M.: RE XIV,2 (1930) 1922 s. v. *Mars*). Andere auf Mars bezogene Prodigien sind dagegen selten (vgl. Liv. 22,1,12 über das Schwitzen von Wolfsstatuen neben einem Abbild des Mars am Tempel des Mars Gradivus an der Via Appia).

[443] Plinius d.Ä. bezeichnet das Augustusforum als eins der großartigsten Architekturkomplexe der Welt, nat. 36,102–3: *Non inter magnifica* (*dicamus*) [...] *forum* [...] *divi Augusti*? Zu seiner Ausstattung vgl. Spannagel (1999).

Tempels der Bedeutung des Kriegsgottes entsprechen, und dabei zugleich Roms Eigenschaft als „Stadt des Marssohnes" (d.h. des Romulus) hervorgehoben, fast. 5,553–4: *et deus est ingens et opus: debebat in urbe / non aliter nati Mars habitare sui.* Die Beziehung zwischen Gott und Tempel wird im Anschluß an die allgemeine Ekphrasis wieder aufgegriffen, als der Blick des Mars, der über den mit Götterbildern geschmückten Giebel (fast. 5,559–60),[444] die mit verschiedenen Waffen geschmückten Türen (fast. 5,561–2) und über die Statuen des Aeneas, der Vorfahren der Julier, des Romulus und verschiedener berühmter Männer auf dem Augustusforum[445] geglitten war (fast. 5,563–6), zum Tempel zurückkehrt, an dem der Name des Augustus zu lesen ist.[446] Der Textzusammenhang lautet (V. 559–70):

perspicit Armipotens operis fastigia summi,
et probat invictas summa tenere deas;
perspicit in foribus diversae tela figurae,
armaque terrarum milite victa suo.
hinc videt Aenean oneratum pondere caro
et tot Iuleae nobilitatis avos;
hinc videt Iliaden umeris ducis arma ferentem,
claraque dispositis acta subesse viris.

444 Die meisten Ausgaben bieten den (einheitlich überlieferten) Text *probat invictas summa tenere deas*, während Peter (1907) das schlechter überlieferte *summos* [...] *deos* liest. Nach einem claudischen Relief an der Ara Pietatis Augustae, das das Giebelfeld des Tempels zeigt, waren dort tatsächlich gleichermaßen Göttinnen (Fortuna, Roma, Venus) wie Götter (Tiber, Mars, Palatinus, außerdem auch Romulus, der in augusteischer Zeit bereits als vergöttlicht galt) abgebildet. S. dazu Kockel LTUR 2 (1985) 291 s.v. *Forum Augustum.* Gegen Peter (1907) plädiert Pighi (1970) mit guten Argumenten dafür, die *invictae deae* als Viktorien (möglicherweise die Viktorien des 1. August) zu deuten, die als Akroterfiguren dienten und ebenfalls auf dem Ara Pietatis-Relief zu erkennen sind. Zustimmend Klodt (1998).

445 Zu diesen Statuenreihen s. Geiger (2008).

446 Herbert-Brown (2009) 138 versteht den Namen *Caesar* (V. 568) als Hinweis auf C. Iulius Caesar: „Was Mars Ultor's view that his huge temple was greater for bearing the Dictator's name (5.563–8) a warning to Augustus not to forsake his Caesarian legacy?" Diese Deutung ist jedoch unwahrscheinlich. Gewöhnlich führt der Pentameter keinen neuen Gedanken ein, sondern greift ein im vorhergehenden Hexameter angeschlagenes Thema variierend auf. Im hier vorliegenden Fall ist die Verbindung zwischen beiden Versen des Distichons durch die Nebenordnung mit *et* am Versanfang zusätzlich betont. Der fragliche Teilsatz *visum lecto Caesare maius opus* im Pentameter variiert hier den im Hexameter genannten Begriff *Augustum nomen*, so daß das Distichon insgesamt die zentralen Bestandteile der Kaisertitulatur wiedergibt, in der der Princeps als *Caesar Divi f. Augustus* erscheint.

spectat et Augusto praetextum nomine templum,
et visum lecto Caesare maius opus.
voverat hoc iuvenis tum cum pia sustulit arma:
a tantis princeps incipiendus erat.

Die Verwendung der Konjunktion *et* in dem Vers *spectat et Augusto praetextum nomine templum* (‚er erblickt auch den Tempel, der mit dem Namen Augustus verbrämt ist') bietet eine Schwierigkeit, die in den Kommentaren und Übersetzungen nicht berücksichtigt wird. In anderen Zusammenhängen verwendet Ovid diese Art des Satzanschlusses, um ein vorher nicht erwähntes Element anzuführen. Der unbefangene Leser könnte demnach zunächst vermuten, daß der Gott seine Aufmerksamkeit nun auf ein neues Gebäude richte. Wie sich kurz darauf zeigt, geht es im Folgenden jedoch weiterhin um den Mars Ultor-Tempel, so daß der Anschluß mit *et* anders erklärt werden muß. Die Kommentatoren und Übersetzer umgehen die Schwierigkeit, indem sie das *et* in der Übersetzung auslassen und den Schwerpunkt, der im lateinischen Text auf dem Wort *templum* liegt, auf die Inschrift übertragen. Auf diese Weise wird der überraschende Bruch im Gedankengang des Textes verwischt.[447]

Zu seiner Erklärung bleiben zwei Möglichkeiten: Entweder hat das Verb *spectat* hier eine ungewöhnliche Bedeutung (‚bemerken') und wird mit AcI konstruiert (‚Der Gott bemerkt auch, daß der Tempel mit dem Namen des Augustus verbrämt [d. h. verziert] ist'); eine Verwendung, für die es keine Parallele zu geben scheint; oder aber der Gott betrachtet tatsächlich einen Teil des Gebäudes, dem er zuvor noch keine Beachtung geschenkt hatte. Diese Auffassung wird dadurch erschwert, daß es sich bei den kurz zuvor erwähnten *fores*, an denen fremdländische Waffen zu sehen sind, offenbar um die Türflügel der *cella* handelt: Andere Türflügel sind in der Anlage des Augustusforums bisher nicht nachgewiesen worden, und auch sprachlich und gedanklich wäre der Übergang von den *fastigia* des Tempels zu den (nicht näher bestimmten) *fores* kaum nachvollziehbar, wenn es sich dabei um andere als um die Tempeltüren handeln sollte. Giebel und Türen des Tempels sind also im

[447] S. z.B. GERLACH (1960): „Vorn an der Tempelfront erblickt er den Namen ‚Augustus' "; HOLZBERG (1995): „An der Front erblickt er den Namen ‚Augustus'." FRAZER (1929) übersetzt die Konjunktion *et*, bezieht aber *spectat* ebenfalls auf das Substantiv *nomen*: „He beholds, too, the name of Augustus on the front of the temple." BÖMER (1957) dagegen faßt den Satz als AcI auf: „Er sieht auch, daß die Front des Tempels mit dem Namen des Augustus versehen ist."

Text bereits erwähnt worden und können daher kaum in die Wendung *spectat et templum* einbezogen sein. Auch die nähere Umgebung und die eng zum Tempelkomplex gehörenden Statuenreihen auf dem Augustusforum sind bereits erwähnt worden (fast. 5,566). Dagegen fehlt eine Schilderung des Gebäudeinneren, das einen Vorraum und die durch die Türen abgetrennte *cella* umfaßte. Versteht man den Begriff *templum* in dieser Weise prägnant, so ergäbe sich eine Reihenfolge, bei der die Erwähnung der Inschrift besser an die vorhergehenden Details angeschlossen wird: Zunächst erblickt der Gott, der sich von oben nähert, den Giebel des Gebäudes und die dort abgebildeten Figuren. Diese plastische Vorstellung entspricht den Verhältnissen in der Aeneis, bei der der vom Himmel herabsteigende Gotter Mercur ebenfalls verschiedene Landmarken erblickt, die entsprechend der Flugrichtung von oben nach unten beschrieben werden.[448] Sodann fällt der Blick des Kriegsgottes auf das Detail, das ihm aufgrund seiner Natur am nächsten steht: Die Spolien, die offenbar in bildlicher Darstellung an der Tür angebracht sind.[449] Von dort wandert sein Blick zu den etwa auf gleicher Höhe stehenden Statuen, deren Basen sich archäologisch in den Interkolumnien der Portiken nachweisen lassen. Erst dann wendet der Gott seine Aufmerksamkeit wieder dem eigentlichen Kultbau zu und erblickt dabei die Inschrift am Architrav. Die ungewöhnliche Reihenfolge der Details, bei der der Gott beim Übergang von den siegreichen Göttinnen am Giebel zu den durch militärische Siege errungenen Waffen an der Tür die Inschrift an der Frontseite zunächst ‚überspringt', hebt nicht nur die Präferenzen des Mars hervor, sondern sorgt zugleich für eine effektvolle Stellung der

[448] Verg. Aen. 4,246–61: *iamque volans apicem et latera ardua cernit / Atlantis duri, caelum qui vertice fulcit, /* [...] */ hic primum paribus nitens Cyllenius alis / constitit; hinc toto praeceps se corpore ad undas / misit, avi similis, quae circum litora, circum / piscosos scopulos humilis volat aequora iuxta. /* [...]. */ ut primum alatis tetigit magalia plantis, / Aenean fundantem arces ac tecta novantem / conspicit.*

[449] Fast. 5,561–2: *perspicit in foribus diversae tela figurae, / armaque terrarum milite victa suo.* Der archäologische Befund gibt keine Klarheit über die genaue Ausgestaltung der Tempeltüren. Bildlicher Schmuck am Eingangsportal von Heiligtümern ist aber in der literarischen Tradition vor und nach Ovid oft belegt. Nach RG 29 ist zu vermuten, daß die von den Parthern zurückerlangten Feldzeichen 2 v.Chr. in den Tempel überführt wurden. Diese waren aber einerseits wohl in der Apsis des Tempels untergebracht, dazu Kockel LTUR 2 (1985) 291 s.v. *Forum Augustum*, und andererseits läßt Ovids Formulierung *armaque terrarum* keine Beschränkung auf einen einzigen Gegner zu. Vielmehr symbolisieren die Waffendarstellungen am Tempel die militärische Beherrschung der ganzen Welt.

Inschrift am Ende der Tempelbeschreibung. Obwohl der Gott sie anfangs nicht beachtet hatte, verfehlt sie nun ihre Wirkung nicht: Die Inschrift mit dem Namen des Augustus läßt den ohnehin riesenhaften Tempel in den Augen des lesenden Gottes noch größer erscheinen (fast. 5,568: *et visum lecto Caesare maius opus*).[450]

Aufschlußreich ist in diesem Zusammenhang ein Vergleich mit Liv. 4,20,5–7. In diesem Kapitel diskutiert Livius die Frage, ob A. Cornelius Cossus, der der Sage nach im Krieg gegen Veji die sogenannten *spolia opima* gewonnen und im Tempel des Jupiter Feretrius geweiht haben soll, zum Zeitpunkt der Weihung nur Militärtribun oder bereits Konsul war. Bei der Abwägung der Argumente erwähnt er auch einen Besuch des Augustus im Tempel des Jupiter Feretrius, bei welchem der *princeps* die auf dem leinenen Brustpanzer angebrachte Dedikationsinschrift des Cossus gelesen und daraus entnommen habe, daß er bei der Weihung amtierender Konsul war. Livius gibt an, er komme zwar selbst zu einer anderen Ansicht, habe aber den Besuch des Augustus und seine Lektüre der Weihinschrift nicht übergehen wollen, weil er es geradezu als Frevel empfunden hätte, den Cossus und seine *spolia* eines kaiserlichen Zeugen zu berauben.[451] Bei Livius ist es also der prominente Leser, der den Ruhm des Stifters und seiner Weihgaben erhöht, während umgekehrt bei Ovid nicht der göttliche Leser der Inschrift, sondern der Stifter des Gebäudes den Glanz des Tempels verstärkt. Beide Autoren setzen voraus, daß die Beteiligung des Augustus, gleich in welcher Funktion, eine Ehre für die jeweiligen Stiftungen bedeute.

Bei Ovid nimmt dieser Gedanke die Form einer Hyperbole an, da nicht ein Feldherr die Leistung eines Vorgängers, sondern ein

[450] Die Einführung des Namens Caesar Augustus gerade an dieser Stelle ist effektvoll, da in den folgenden Versen an das Gelöbnis des Augustus, den Tempel zum Dank für einen Sieg über die Caesarmörder zu errichten, erinnert wird, dazu unten Anm. 456.

[451] Liv. 4,20,6: über die Weihinschrift auf den *spolia opima*: *titulus ipse spoliis inscriptus illos* [sc. *auctores*] *meque arguit consulem ea Cossum cepisse. Hoc ego cum Augustum Caesarem* [...] *ingressum aedem Feretri Iovis, quam vetustate dilapsam refecit, se ipsum in thorace linteo scriptum legisse audissem, prope sacrilegium ratus sum Cosso spoliorum suorum Caesarem, ipsius templi auctorem, subtrahere testem.* Die Hintergründe dieser Episode sind in der Forschung umstritten. Da Augustus dem Licinius Crassus im Jahr 27 n. Chr. die Weihung von *spolia opima* mit der Begründung verweigerte, daß er nicht Konsul sei, wurde die Vermutung geäußert, daß der *princeps* die Weihinschrift auf dem Brustpanzer des Cossus gefälscht habe, um seinem politischen Rivalen eine Auszeichnung leichter abschlagen zu können. Dazu Dessau (1906) 142ff. und Walsh (1961) 14–5.

Gott das Werk eines Menschen bewundert. Hatte er kurz zuvor den Mars Ultor-Tempel als ein Gebäude bezeichnet, dessen Ausmaße der Bedeutung des Kriegsgottes entsprechen, d.h. als Bauwerk, das, um seinen Zweck zu erfüllen, keiner Steigerung mehr bedarf,[452] so läßt jetzt die Stifterinschrift des Augustus den Tempel noch größer erscheinen, d.h. er scheint über sich selbst und damit auch über die seinem Inhaber, dem Kriegsgott, angemessene Größe hinauszuwachsen.

Die Kühnheit der Aussage wird vom Dichter geschickt dadurch gerechtfertigt, daß er sie aus der Perspektive des Mars wiedergibt. Dieser akzeptiert die Tatsache, daß die Bedeutung des ihm geweihten Tempels durch den Namen des Kaisers erhöht wird, und stimmt damit der hervorgehobenen Rolle des Augustus zu.

Auffällig ist dabei, daß weder die Kultstatue des Kriegsgottes, die sich im Inneren der *cella* befand,[453] noch die archäologisch nachgewiesenen Standbilder der Venus und der übrigen Götter ausdrücklich erwähnt werden.[454] Hier nimmt der Sprecher offenbar auf die traditionelle Vorstellung Rücksicht, nach der Gott und Götterstatue identisch sind: Ein Gott, der seinen Tempel besucht, erblickt daher, auch wenn er in der literarischen Darstellung das Gebäude von außen betritt, nie seine eigene Statue.[455] Auf diese Weise läuft die Beschreibung auf die durch die Inschrift verdeutlichte Verbindung zwischen Mars und Augustus, dem Erbauer des Tempels, hinaus, auf dessen Gelübde vor der Schlacht bei Actium, auf dessen

[452] Ov. fast. 5,553–4: *et deus est ingens et opus: debebat in urbe / non aliter nati Mars habitare sui.*

[453] In der Diskussion über das Aussehen der Kultstatue bilden Münzbilder eine wichtige Quelle. Diese lassen vermuten, daß es zwei Typen von Mars Ultor-Statuen gab: Die eine (auf Münzen des Jahres 20 v.Chr.) zeigt einen jugendlichen, bartlosen und unbekleideten Gott (diesem Typus entsprach vermutlich die Statue im Marsheiligtum auf dem Kapitol), während die Statue im Tempel auf dem Augustusforum den Mars als bartlosen Jüngling in Militärtracht darstellte. Dieser Typ erscheint auf Prägungen des 2. Jahrhunderts n.Chr. und wird später im ganzen Reich auf Münzen oft reproduziert. S. dazu Panvini-Rosati (1946).

[454] Die einzige Ausnahme bilden die Götterbilder am Giebel des Tempels, fast. 5,560. An Ov. trist. 2,295–6 entzündete sich eine Diskussion über eine mögliche Kultgruppe im Mars Ultor-Tempel, die neben dem Standbild des Mars mindestens auch eine Statue der Venus umfaßt habe. Diese Theorie läßt sich jedoch weder durch den archäologischen Befund, noch durch die unspezifischen Angaben bei Ovid stützen, dazu Kockel LTUR 2 (1985) 292 s.v. *Forum Augustum.*

[455] Vgl. z.B. die Epiphanie Apolls an seinem Tempel in Kall. hy. 2,1–7.

militärische Erfolge und auf dessen *pietas* sich der Dichter im Folgenden konzentriert.

Nach Ovids Angaben (fast. 5,569–77: *voverat hoc iuvenis tum cum pia sustulit arma: / a tantis princeps incipiendus erat. / [...] Mars, ades et satia scelerato sanguine ferrum / [...]. templa feres et, me victore, vocaberis Ultor*) gelobte Octavian den Tempel vor der Schlacht gegen die Caesarmörder,[456] ein Vorhaben, das er allerdings erst nach einer langen Bauzeit (seit etwa 20 v.Chr. wurde am Augustusforum gearbeitet) im Jahre 2 v.Chr. verwirklichen konnte,[457] wobei er dann auch die

[456] Vgl. Suet. Div. Aug. 29,2: *Aedem Martis bello Philippensi pro ultione paterna suscepto voverat.* HERBERT-BROWN (1994) 97–100 hält Ovids Bericht von Octavians Gelübde vor der Schlacht von Philippi, bei dem bereits der Beiname Ultor angekündigt worden sei, unter Rückgriff auf WEINSTOCKS (1971) 128–32 Argumente für eine Legende. Allenfalls habe er ein früheres Gelübde Caesars aufgegriffen, das dieser bei Pharsalos für den geplanten Partherfeldzug abgelegt habe (Appian BC 2,68,281 berichtet, daß Caesar bei Pharsalos ein Opfer für Mars und Venus dargebracht habe, erwähnt aber kein Gelübde. Sueton Caes. 44,1 spricht von Caesars Plan, einem Marstempel auf dem Marsfeld über dem aufgefüllten See zu errichten, an dem er seine Naumachie abgehalten hatte, datiert dieses Ansinnen aber nicht). Möglicherweise hätten die Triumvirn insgesamt bei Philippi erneut einen Marstempel für den Erfolg der Partherkampagne gelobt; einen Plan, den Octavian/Augustus schließlich ausgeführt und mit der Rache für Caesar verbunden habe. Mars Ultor erscheint jedenfalls frühstens auf Münzen des Jahres 19 v.Chr., d.h. nach der Rückkehr der von den Parthern eroberten Feldzeichen (s. MATTINGLY I [1923] 58. 60. 65. 71. 72). In seinen Res gestae (21) berichtet Augustus nur, daß er den Tempel und das Augustusforum auf Privatgrund (*in privato solo*) aus der Kriegsbeute errichtet habe. Zur Erinnerung an die Wiedererlangung der Feldzeichen von den Parthern wurde zunächst nicht der Mars Ultor-Tempel auf dem Augustusforum, sondern der Marstempel auf dem Kapitol errichtet, s. Cassius Dio 54,8,2–3 und dazu REUSSER LTUR 3 (1996) 230 s.v. *Mars Ultor (Capitolinum)*.

[457] Nach Macrobius spottete Augustus selbst über die langsamen Fortschritte der Bauarbeiten (Macr. 2,4,9: *cum multi Severo Cassio accusante absolverentur, et architectus fori Augusti expectationem operis diu traheret, ita ioculatus est* [*sc. Augustus*]: *,vellem Cassius et meum forum accuset.*'). Das Weihedatum des Tempels ist in der Forschung umstritten. Während die Angaben in Ovids Fasti für den 12. Mai sprechen (s. dazu SIMPSON [1977] 91–4), und die Fasti Maffeiani und die Fasti Furii Philocali für diesen Tag *ludi* zu Ehren des Mars verzeichnen (s. BOYLE [2003] 206), deuten die Zeugnisse des Cassius Dio (55,10,1a und 1b; 60,5,3) und des Velleius Paterculus (2,100,2) auf den ersten August desselben Jahres hin. Dieses Datum wird heute von der Mehrheit der Forscher akzeptiert, welche den von Ovid genannten 12. Mai auf den kleineren Mars Ultor-Tempel auf dem Kapitol beziehen wollen, der zunächst zur Aufnahme der von den Parthern zurückeroberten Feldzeichen bestimmt war, und von dem wir unter anderem durch Cassius Dio (54,8,3) unterrichtet sind (s. z.B. FRAZER [1929] 61–2). Vgl. zum Problem des Weihetages auch SCHEID (1992/93), der für einen Kompromiß eintritt: Der von Ovid erwähnte

von den Parthern zurückeroberten Feldzeichen in dem neu errichteten Kultbau unterbringen ließ (fast. 5,579–80 und 5,595–6).[458] Der Tempel wurde in der Folgezeit zu einem wichtigen politischen Schauplatz und übernahm einige der Funktionen, die zuvor der Iupitertempel auf dem Kapitol erfüllt hatte.[459]

Aufgrund von archäologisch besser bezeugten Parallelen an anderen Tempelbauten augusteischer Zeit können wir, wie ALFÖLDY (1991) gezeigt hat, für die Inschrift ein Weihformular oder eine Mischform zwischen Weih- und Bauinschrift annehmen, da der gesamte Tempel gleichsam ein *ex voto* darstellt.[460]

Ovid legt freilich keinen Wert auf eine nähere Spezifizierung der Inschrift. Dies kann nicht nur darin begründet sein, daß die historische Bauinschrift in Prosa abgefaßt war und sich daher nicht wörtlich in ein elegisches Gedicht integrieren ließ: In einem solchen Fall hätte der Dichter, wie er es z. B. auch in Heroides 2 tut, leicht zu einer Umschreibung greifen und so den Inhalt der Inschrift wenigstens indirekt festhalten können.[461]

Hier jedoch ist der Dichter bestrebt, den Namen des Kaisers, das einzig näher spezifizierte Detail der Inschrift, unter Auslassung

12. Mai sei nach dem Zeugnis der inschriftlichen Fasti der Tag der *ludi in circo* zur Feier der Rückeroberung der von den Parthern geraubten Feldzeichen gewesen (vgl. fast. 5,597) und HANNAH (1997). HERBERT-BROWN (1994) 95 hält unter Berufung auf SIMPSON am 12. Mai als Weihedatum fest.

458 Diese waren zunächst im Marstempel auf dem Kapitol untergebracht, s. Cass. Dio 54,8,2–3. Das Motiv der doppelten Rache greift Ovid unmittelbar nach der Darstellung von Octavians Gelübdes bei Philippi auf, indem er fortfährt: Ov. fast. 5,579–80: *nec satis est meruisse semel cognomina Marti: / persequitur Parthi signa retenta manu.*

459 Augustus legte fest, daß von nun an der Senat im Mars Ultor-Tempel über Krieg und Frieden entscheiden und die Statthalter vor ihrer Abreise in die Provinzen dort opfern sollten. Als Ersatz für den mittlerweile dem Kaiser vorbehaltenen Triumph wurden hier außerdem die Statuen siegreicher Feldherrn aufgestellt. Zur wenigstens teilweisen Ablösung des alten Staatstempels (und damit auch des Iupiter Capitolinus) durch den Bau des Mars Ultor-Tempels s. SIEBLER (1988) 169–73.

460 Als Hinweis auf eine Weihinschrift deutet BOYLE (2003) 209 die unbestimmte Äußerung Ovids: „Mars' gaze culminates in the dedicatory inscription on the temple's facade, featuring the name of Caesar Augustus."

461 Im zweiten Heroidesbrief wird die eindrucksvolle Inschrift für Theseus umschrieben und der viel kürzeren für seinen Sohn Demophoon gegenübergestellt, Ov. epist. 2,69–74: *cum fuerit Sciron lectus torvusque Procustes / et Sinis et tauri mixtaque forma viri / et domitae bello Thebae fusique bimembres / et pulsata nigri regia caeca dei, / hoc tua post illos titulo signetur imago: / ‚Hic est cuius amans hospita capta dolo est.'*

aller anderen Bestandteile an einer markanten Stelle des Gedichts in den Vordergrund zu rücken: Er befindet sich im letzten Vers der aus der Sicht des Gottes gelieferten Tempelbeschreibung und bildet so das Stichwort für die folgende Darstellung der Vorgeschichte des Baus, die nicht mehr aus der Perspektive des Mars, sondern aus der des Erzählers wiedergegeben wird. Die prominente Stellung des Namens entspricht der Aussage im Prooem des zweiten Buchs, der Dichter wolle Festzeiten besingen und sich dabei am Namen und den *tituli* des Kaisers orientieren.[462] Dies entspricht der offiziellen augusteischen Propaganda, die den Kaiser und seine Familie als Erneuerer der Tempel präsentierte. Ovid kommt auf dieses Thema auch sonst zurück, s. bes. das Prooem des ersten Buchs, das Germanicus als Gründer von Altären nennt (fast. 1,13: *Caesaris arma canant alii: nos Caesaris aras*) sowie die Anrede *templorum positor, templorum sancte repostor* für Germanicus in fast. 2,63.

Syntaktisch kommt die Scharnierfunktion des Namens zwischen zwei Abschnitten der Erzählung dadurch zum Ausdruck, daß der auf die Inschrift folgende erste Satz der Vorgeschichte als Subjekt nur die finite Form *voverat* (fast. 5,569) enthält, deren zugehöriges Agens aus dem in der Inschrift enthaltenen Wort *Caesar* (fast. 5,568) ergänzt werden muß.[463]

[462] Fast. 2,7: *idem sacra cano signataque tempora fastis* und fast. 2,15–6: *at tua prosequimur studioso pectore, Caesar, / nomina, per titulos ingredimurque tuos.* Die Frage nach einer Überarbeitung der Fasti im Exil ist seit langem diskutiert worden. Ursprünglich war das Werk Augustus gewidmet (s. trist. 2,549–52: *sex ego Fastorum scripsi totidemque libellos / cumque suo finem mense volumen habet, / idque tuo nuper scriptum sub nomine, Caesar, / et tibi sacratum sors mea rupit opus*). Nach dem Tod des Augustus verfaßte Ovid ein neues Prooem an Germanicus und nahm offenbar auch andere Veränderungen an dem Werk vor, deren Umfang sich aber nicht sicher bestimmen läßt. BÖMER (1958) 79 und andere vermuten, daß der heutige Anfang von Buch 2 (V. 3–18) die ursprüngliche Dedikation an Augustus bildete, die nun an ihrer neuen Position eine Parallele zu dem Germanicus gewidmeten Prooem von Buch 1 darstelle. S. dazu auch FANTHAM (1998) 1–4 und NEWLANDS (2002) 200–1 mit Literatur. Eine umfassende Darstellung der Forschungsprobleme bei GREEN (2004) 15–24, der die Argumente vorsichtig abwägt und einen rezeptionsästhetischen Ansatz bevorzugt, sowie FANTHAM (2006).

[463] Die ausdrückliche Erwähnung des Namens *Caesar*, der durch den Kontext (vgl. *Augusto* [...] *nomine* im vorhergehenden Vers und den Anschluß mit *voverat hoc* im folgenden Vers eindeutig auf Augustus bezogen ist, läßt beim Leser zugleich die Erinnerung an den ermordeten Julius Caesar aufleben, als dessen Rächer sich Augustus inszenierte. Die indirekte Wiedergabe der Inschrift verstärkt so die Aussage der rahmenden Elegie, in der der mit *pietas* gerechtfertigte Kampf gegen

Zugleich korrespondiert der die Figurenperspektive abschließende Vers *et visum lecto Caesare maius opus* (fast. 5,568) inhaltlich mit dem ersten Satz in der Tempelbeschreibung, der die Sicht des Mars widerspiegelt (fast. 5,559–60: *perspicit Armipotens operis fastigia summi, / et probat invictas summa tenere deas*). Nur diese beiden Aussagen enthalten eine direkte Bewertung des Tempels durch den Gott, während die dazwischenliegende Beschreibung aus der Figurenperspektive nur mittelbar auf den günstigen Eindruck hindeutet, den der Bau beim göttlichen Betrachter hinterläßt.

Die Stellung der nur fragmentarisch wiedergegebenen Bauinschrift als prononcierter Abschluß eines Gedichtteils entspricht also in etwa dem Verfahren, das wir schon in anderen Elegien Ovids beobachtet haben. Unterschiede zeigen sich allerdings darin, daß der Dichter auf die vollständige Wiedergabe ihres Inhalts verzichtet und sie, anders als zahlreiche Inschriften in der Liebes- oder der Heroidesdichtung, nicht an das Ende der Elegie setzt.

Gewöhnlich zielen eingefügte Inschriften auf den Kern der jeweiligen Elegie ab, den sie prägnant zusammenfassen. Dies trifft bei näherer Betrachtung auch auf die knapp erwähnte Bauinschrift am Mars Ultor-Tempel zu: Sie beendet die Beschreibung des Tempels und den Bericht über den Anlaß seiner Errichtung, die in der Elegie den größten Raum einnehmen und auf die herausragende Rolle des *princeps* zulaufen. Wie Scheid (1992/93) 127–8 feststellt, stehen dabei nicht die kultischen Handlungen im Vordergrund (diese werden nur summarisch erwähnt), sondern das Bauprogramm des Augustusforums, das nicht den Kult des Gottes abbildet, sondern mit architektonischen Mitteln eine Interpretation der jüngeren römischen Geschichte liefert, die in der Herrschaft des Augustus gipfelt: „Ovid refers to this exegesis, not to the cult of Mars Ultor" (Scheid [1992/93] 128).

Formal bildet die Darstellung des Tempels und seiner Geschichte nur den Hintergrund für die Festlichkeiten des entsprechenden Kalendertags: Nach den Einleitungsversen der Fasti hatte es sich der Dichter zur Aufgabe gemacht, die (Fest-)Zeiten des Jahres und ihre Begründung darzustellen (*Tempora cum causis Latium digesta per annum / [...] canam*, fast. 1,1–2). Dementsprechend liefert die Einweihung des neuen Tempels und des Augustusforums hier zugleich den Anlaß (*causa*) für die Feiern, die in den Wagenrennen im Cir-

die Caesarmörder durch die Umschreibung *pia sustulit arma* (V. 569) umschrieben wird.

cus Maximus gipfeln (fast. 5,597–8: *sollemnes ludos Circo celebrate, Quirites: / non visa est fortem scaena decere deum*). Der wichtigste Abschnitt der Elegie ist daher der Mittelteil, der durch die Inschrift abgeschlossen wird.

Die Tatsache, daß der Dichter, statt die gesamte Inschrift wiederzugeben, nur den Namen des Augustus nennt, lenkt die Aufmerksamkeit des Lesers einerseits auf die neben dem Kriegsgott wichtigste Person der Elegie, zugleich aber auch auf die Bekanntheit der Inschrift selber. Anders als die Grabinschrift der Phyllis oder der Dido, bei denen es sich um imaginierte Epitaphien handelt, weist der Sprecher der Fasti auf eine historische Inschrift hin, die sich noch dazu an einem prominenten Platz im Herzen Roms befindet, so daß jeder Bewohner der Stadt sie kennen oder, wenn er sie nicht vor Augen hat, zumindest leicht aufsuchen könnte. Die lückenhafte Wiedergabe bedeutet eine Form des Understatements, das mit der Vorkenntnis des Lesers rechnet und ihn so in die Präsentation einbezieht. Dasselbe gilt für die Darstellung der Statuen berühmter Männer, die der Gott bei seiner Ankunft in Rom bemerkt.[464]

Diese befanden sich an der Säulenhalle des vor dem Tempel liegenden Augustusforums, dessen rückwärtiger Teil in den vergangenen Jahren ebenfalls eingehend archäologisch untersucht werden konnte.[465] Sie waren mit Inschriften versehen, welche der Dichter in seiner Beschreibung ebenfalls nur streift (fast. 5,565–6: *hinc videt* [sc. *Mars*] [...] *clara* [...] *dispositis acta subesse viris*).[466] Diese Angaben lassen sich durch den archäologischen Befund bestäti-

[464] Fast. 5,563–6: *hinc videt Aenean oneratum pondere caro / et tot Iuleae nobilitatis avos; / hinc videt Iliaden umeris ducis arma ferentem, / claraque dispositis acta subesse viris.* Zu den Statuen s. jetzt Geiger (2008).

[465] Weitgehend unbekannt ist dagegen die Gestaltung des Eingangsbereichs, der unter der heutigen Via dei fori imperiali liegt und deshalb nicht ausgegraben werden konnte. Die literarischen Zeugnisse, die wir aus der Antike über das Augustusforum besitzen, sind bei van Heck (1977) Nr. 208 und bei Ganzert (1996) zusammengestellt.

[466] Vgl. Suet. Aug. 31,5, der die Geehrten als erfolgreiche Feldherrn identifiziert: *Proximum a dis immortalibus honorem memoriae ducum praestitit, qui imperium p.R. ex minimo maximum reddidissent. Itaque* [...] *statuas omnium triumphali effigie in utraque fori sui porticu dedicavit.* Auch Tac. ann. 15,72: *triumphales in foro imagines*; Iuv. 1,129: *triumphales*; und Cassius Dio 55,10,3 deuten in diese Richtung. Die Historia Augusta (Alex. Sev. 28,6) dagegen beschreibt die so verewigten Personen allgemein als *summi viri.* In der Tat befanden sich nicht nur Triumphatoren unter den Geehrten, wie das vollständig erhaltene *elogium* auf Appius Claudius Caecus zeigt. Umgekehrt wurde manchmal ein historisch gesicherter Triumph nicht auf

gen und teilweise präzisieren: Jede Statue war mit einem Namensschild (*titulus*) ausgestattet, unter dem sich eine weitere Inschrift mit den politischen Ämtern und sonstigen wichtigen Leistungen des Dargestellten befand (*elogium*).[467] Aus den erhaltenen Beispielen läßt sich nach SAGE (1979) 195 ein gewisses Schema ablesen:[468] Auf den Namen des Geehrten folgen seine Ämter, beginnend, je nach der Bedeutung für seine individuelle Karriere, mit dem Konsulat, der Diktatur oder der Zensur, während alle übrigen öffentlichen Ämter, einschließlich der Position eines *interrex*, in absteigender Folge genannt werden. Anschließend werden nach den Priesterämtern die militärischen Erfolge einschließlich der Triumphe erwähnt, sodann zivile Ämter und wichtige Bauten, die der *summus vir* errichten ließ. Indem Ovid diese detaillierten Angaben auf die unbestimmten Begriffe *viri* und *clara acta* zusammendrängt, hebt er die Bedeutung des Augustus als der einzig namentlich genannten Person hervor.

Nach Velleius Paterculus (2,39,2) befanden sich auf dem Augustusforum an prominenter Stelle noch weitere Inschriften, die die Namen der vom *princeps* unterworfenen Völker angaben. Dieses Detail, das Ovid ebenso wie die Ehreninschrift *pater patriae* unter

der Inschrift angegeben, wie z.B. bei M.' Valerius Maximus, s. dazu SAGE (1979) 193–4.

467 Die erhaltenen Inschriften sind gesammelt bei DEGRASSI 13,3 und LUGLI (1937). Vgl. auch SAGE (1979) 192–210. Nach Plinius sollen sie von Augustus selbst verfaßt (oder zumindest einzelne Details von ihm in Auftrag gegeben) worden sein, Plin. nat. 22,13: *Aemilianum quoque Scipionem Varro auctor est donatum obsidionali in Africa Manilio consule, III cohortibus servatis totidemque ad servandas eas eductis, quod et statuae eius in foro suo divus Augustus inscripsit*, dazu GANZERT/KOCKEL (1988) 154. Die auf dem Augustusforum gefundenen Statuenbruchstücke lassen sich den Inschriftenfragmenten nicht sicher zuordnen, s. RINALDI TUFI (1981) 84.

468 Gelegentlich wurde über einen möglichen Einfluß der Statueninschriften des Augustusforums auf die anonyme Schrift De viris illustribus spekuliert, die 86 Biographien umfaßt und zusammen mit den Caesares des Aurelius Victor und der Schrift Origo gentis Romanae überliefert ist, s. für diese Theorie z.B. BRACCESI (1973) 1–31. Allerdings haben genauere Vergleiche zwischen den beiden Texten keine Hinweise auf eine solche Abhängigkeit ergeben, s. dazu SAGE (1979). Eine Textausgabe von De viris illustribus bieten PICHLMAYR/GRUENDEL (1961). In welcher Beziehung die Inschriften zu den Annales Maximi (s. Serv. ad Aen. 1,373) stehen, ist unklar. BOYLE (2003) 207 nimmt an, daß die Annales ein Vorbild für die Inschriften gewesen sein könnten.

Augustus' Quadriga unerwähnt läßt,[469] hat sich bisher archäologisch allerdings nicht nachweisen lassen.[470]

Vorkenntnisse des Lesers werden also sowohl bei der Darstellung der Statuen der *viri illustres* als auch bei der Beschreibung des Tempels vorausgesetzt: In beiden Fällen verzichtet der Dichter auf eine vollständige Wiedergabe der historischen Inschriften (bzw. überhaupt auf die Nennung eines darin erhaltenen Begriffs). Die auf den Namen *Caesar* reduzierte Wiedergabe der Inschrift am Mars Ultor-Tempel dient somit der Leserlenkung: nur der Kaiser bleibt dem Gott Mars (und damit auch dem Leser, der das Geschehen aus der Perspektive des Gottes sieht) als Einzelperson im Gedächtnis, während die *viri illustres* als eine zwar von gewöhnlichen Römern abgesetzte, in sich aber homogene Gruppe ohne auffallende Individuen erscheinen. Diese Darstellung ist einerseits der Staatsform des Prinzipats angemessen, die durch die herausragende Stellung eines Einzelnen geprägt ist. Sie schafft andererseits einen Anknüpfungspunkt an das Thema der Fasti, die den Kalender nicht neutral, sondern ausdrücklich in Anbindung an das Kaiserhaus darstellen.[471] Die Inschrift und ihre besondere Präsentation sind daher sowohl auf inhaltlicher als auch auf erzähltechnischer Ebene eng mit dem betreffenden Kalendereintrag und den Fasti insgesamt verknüpft: Obwohl es sich um eine historisierende Inschrift handelt, ist sie kein in die Elegie eingefügter Fremdkörper, sondern wird durch die Art der Präsentation zu einem Teil der elegischen Welt.

[469] Senat, Ritterstand und römisches Volk hatten Augustus diesen Titel im Jahre 2 v. Chr. verliehen. Er wird von Ovid sonst sowohl in den Fasti als auch in seinen anderen Werken häufig zitiert (s. ars 1,197; fast. 1,531; fast. 2,127; fast. 2,637; Pont. 1,1,36, Pont. 3,3,88; trist. 2,39; trist. 2,181; trist. 4,4,13). Indem der Dichter den Titel hier ausläßt, lenkt er die Aufmerksamkeit des Lesers auf die Ehrungen, die Augustus selbst anderen, sowohl Menschen wie Göttern, hat zukommen lassen. Für die Inschrift unter der Quadriga s. R. Gest. div. Aug. 35,1.

[470] Luce (1990) 126 vermutet, die Namen könnten auf den „architraves between the upper and lower rows of columns supporting the porticoes" angebracht gewesen sein, während Nicolet (1991) 42–3 für allegorische Figuren plädiert, die als Repräsentationen der betroffenen *gentes* die Schilde zwischen den Karyatiden schmückten.

[471] Das Prooem zu Buch 2 (zur Forschungsdiskussion s. oben Anm. 462) spricht ausdrücklich davon, den Namen und die Ehrentitel des Kaisers nachvollziehen zu wollen (V. 2,15–6: *at tua prosequimur studioso pectore, Caesar, / nomina, per titulos ingredimurque tuos*).

Ov. fast. 6,212 (Inschrift am Hercules Custos-Tempel)

Auch im sechsten Buch der Fasti im Eintrag zum 4. Juni wird eine historisierende Inschrift zitiert. Obwohl sie sich einem konkreten römischen Tempel (dem Heiligtum des Hercules Custos) zuordnen läßt, sind die Verhältnisse aufgrund des archäologischen und literarischen Befunds weniger klar als bei der Inschrift am Mars Ultor-Tempel: Die Aedes Herculis Custodis, die Ovid auf dem südlichen Campus Martius, am Gelände des Circus Flaminius, lokalisiert, und die offenbar einen auf Sulla verweisenden *titulus* trägt, gewinnt weder aus Ovids Darstellung noch aus den Zeugnissen anderer Autoren klare Gestalt.[472] Einziger genauer bestimmbarer Bezugspunkt ist der unter dem Eintrag für den 3. Juni erwähnte Bellonatempel, der sich im Nordosten des Circus Flaminius befand (seine Reste sind in der Nähe des Apollontempels gefunden worden), und von dem aus gesehen das Heiligtum des Hercules Custos über ‚die andere Seite' des Platzes (*altera pars*) wachte. Der Tempel müßte danach im Sektor O des Gebiets *in circo* zu suchen sein. Viscogliosi (LTUR 3 [1996] 13 s.v. *Hercules Custos, Aedes*) identifiziert zwei mögliche Standorte: Wenn eine Nachricht in der Historia Augusta über eine Herculesstatue, die an (oder in) der Porti-

[472] Bei diesem Tempel und dem ebenfalls am Circus Flaminius gelegenen, von der Porticus Philippi umgebenen Heiligtum des Hercules Musarum (187 von M. Fulvius Nobilior erbaut, dazu Martina [1981]) handelt es sich vermutlich um zwei verschiedene Bauwerke, da Ovid zwei Weihedaten (*dies natales*) angibt. S. dazu Boyle (2003) 269, vgl. Coarelli (1975) 242. Während der Hercules Custos-Tempel nach einem Eintrag in den Fasti Venusini („Herc. Magn. Custod.", s. CIL I^2 pp. 221, 319), die darin mit Ovids Fasti übereinstimmen, am ersten Tag vor den Nonen des Juni (4. Juni) geweiht wurde (nach den Fasti Vallenses, Degrassi Inscr. It. 13,2, 147 handelte es sich um den 12. August, offenbar eine Verwechslung mit der Weihung des Hercules Invictus-Tempels, dazu Coarelli LTUR 3 [1996] 15–17), nennt Ovid als Tag der Einweihung des Hercules Musagetes-Tempels den 30. Juni (fast. 6,797–812). Obwohl dieses Datum nicht korrekt sein kann, da der Monat Juni vor Caesars Kalenderreform nur 29 Tage hatte, so bietet die Tatsache, daß der Dichter überhaupt zwei getrennte Weihedaten anführt, einen Hinweis darauf, daß zwei unterschiedliche Heiligtümer gemeint sind. Als Tag der Einweihung des Hercules Musagetes-Tempels wird heute gewöhnlich der in den Fasti Furii et Philocali und den Fasti Polemii Silvii (Degrassi Inscr. It. 13,2, 249,269) überlieferte 13. Juni angenommen, s. Boyle (2003) 270. Das von Ovid angegebene Datum 30. Juni könnte sich dagegen auf eine Restaurierung und vielleicht eine Neueinweihung in augusteischer Zeit beziehen, dazu Viscogliosi, A.: LTUR 3 (1996) 18. Für eine Identität der Tempel plädieren dagegen Castagnoli (1961) 608 und Goldberg (1995) 130, auch van Heck (1977) Nr. 231,1–5 scheint die beiden Tempel für identisch zu halten.

cus Minucia aufgestellt war,[473] mit der Angabe der (allerdings erst aus dem Jahr 354 n. Chr. stammenden) Fasti Phil. verknüpft werden kann, nach dem am 4. Juni, dem wahrscheinlichen Weihedatum des Hercules Custos-Tempels, Spiele *in Minicia* stattfanden, so könnte der Tempel am Südende der Porticus gelegen haben. Die genaue Begrenzung der Säulenhalle ist unbekannt, und es ist nicht ausgeschlossen, daß sie bis zur Ecke N des Gebietes *in circo* reichte, wo nach dieser Theorie der Tempel gestanden haben könnte, s. Viscogliosi, A.: LTUR 3 (1996) 13.[474] Coarelli (1968) 316–8 dagegen nimmt an, daß das Heiligtum dem Bellonatempel diametral gegenüber gelegen haben müsse und sich seiner Lage nach zum Circus Flaminius so verhielt wie die Ara Maxima zum Circus Maximus. Wenn Livius 40,51,4–6 in der Lesart (sc. *Fulvius Nobilior locavit) et forum et porticum extra portam Trigeminam, et aliam post navalia, et ad fanum Herculis et post Spei ad Tiberum et ad aedem Apollinis Medici* korrekt sei, dann sei das *fanum Herculis* mit dem Hercules Custos-Tempel identisch, da es der einzige Herculestempel sei, der sich durch eine Porticus mit den *navalia* verbinden lasse.[475] Das Heiligtum könne sich demnach unter der Kirche S. Maria in Monticelli befunden haben.[476]

Der Beiname *Custos* (sc. *patriae*) könnte darauf hindeuten, daß der Tempel in einer für Rom bedrohlichen Situation, möglicherweise als Reaktion auf die Gallierkriege der Jahre 225–222 v. Chr. errichtet wurde.[477] Nach Ovid geht seine Gründung auf einen Ora-

[473] Hist. Aug. Comm. 16,5 (über Prodigien, die sich während der Regierungszeit des Commodus ereigneten): *Herculis signum aeneum sudavit in Minicia per plures dies.*

[474] Zustimmend Kardos (2006) 222. Gegen diese Theorie spricht sich Manacorda (1990) aus.

[475] Der Text allerdings läßt diese Deutung kaum zu, da die Ortsbestimmungen *post navalia* und *ad fanum Herculis* durch ein *et* getrennt sind. Es kann sich daher nicht um eine direkte Verbindung zwischen den beiden Orten handeln. Schon Weissenborn (1875) ad loc. bemerkt daher zu Recht, daß zu *et ad fanum Herculis* „wieder *porticum* oder *aliam* zu ergänzen“ sei.

[476] S. aber dagegen Zevi (1976).

[477] So Ziółkowski (1992) 53–5, zurückhaltend, aber ohne Gegenvorschlag Boyle (2003) 268. Die Tatsache, daß die Gründung des Tempels bei Livius nicht erwähnt wird, ließe sich damit erklären, daß sie in die Zeitspanne fiel, die in den verlorenen Büchern behandelt wurde. Das Jahr 218 v. Chr., mit dem die zusammenhängende Schilderung wieder einsetzt, wäre dann ein *terminus ante quem* für die Gründung des Heiligtums. S. Viscogliosi, A.: LTUR 3 (1996) 13 s. v. *Hercules Custos, Aedes.*

kelspruch aus den Sibyllinischen Büchern zurück,[478] ohne daß dieser näher bestimmt würde. Da ein archäologischer Nachweis des Tempels bis zum heutigen Tage fehlt, müssen wir uns für die Beurteilung der Inschrift und ihrer Funktion auf textimmanente Kriterien verlassen.[479] Der Kalendereintrag zum 4. Juni, in dem die Inschrift erwähnt wird, lautet (fast. 6,209–12):

4. C C
Altera pars Circi Custode sub Hercule tuta est,
quod deus Euboico carmine munus habet.
Muneris est tempus qui Nonas Lucifer ante est;
si titulum quaeris, Sulla probavit opus.

Der Eintrag stellt unter den in dieser Studie behandelten Gedichten schon aufgrund seiner Kürze, die ihn äußerlich in die Nähe eines Epigramms rückt, eine Besonderheit dar.[480] Der Gedankengang läßt sich mit Lessings (vor allem an Martial entwickelter) Epigrammtheorie leicht in „Erwartung" und „Aufschluß" gliedern: Der erste Teil des Gedichts beschreibt ein auffälliges Monument nach seiner Lage (fast. 6,209: *altera pars Circi*), nach seinem ‚Besitzer' (fast. 6,209: *sub Hercule*), nach dem Umstand seiner Gründung (fast. 6,210: *Euboico carmine*, d.h. aufgrund eines sibyllinischen Spruchs) und nach seinem Gründungstag (fast. 6,211: *qui Nonas Lucifer ante est*, d.h. am 4 Juni). Es folgt eine an einen nicht näher bestimmten, aber offenbar ortsunkundigen Gesprächspartner gerichtete Anrede, die aus der Darstellung des Monuments hervorgeht, auf die Aufschluß gebende Inschrift hinführt und ihre Wiedergabe zugleich verzögert. Der Gesprächspartner könnte nach einer Bauinschrift am Herculestempel suchen (fast. 6,212: *si titulum quaeris* ...). Allerdings weist der Text nicht, wie bei den Inschriften am Mars Ultor-Tempel und auf dem Augustusforum, auf den Ort hin, an dem der gesuchte *titulus* zu finden wäre, sondern der Sprecher stellt knapp fest: *Sulla probavit opus* (fast. 6,212). Da das

[478] Die Bezeichnung *Euboicum carmen* (V. 6,210) für die Sibyllinischen Bücher (d.h. die Sprüche der cumäischen Sibylle) verweist auf die Gründung Cumaes durch Siedler aus Euboia.

[479] Ob sich auch die textkritisch umstrittenen Verse am. 3,8,51–2 (*templa Quirinus, / Liber et Alcides et modo Caesar habent*) auf diesen Herculestempel beziehen, ist unklar, s. Boyle (2003) 165.

[480] Die Fasti enthalten vor allem im sechsten Buch zwar auch Einträge, die nur aus einem Einzeldistichon bestehen, doch enthält keiner von ihnen eine Inschrift oder eine Anspielung darauf.

Heiligtum wahrscheinlich lange vor Sulla gegründet wurde,[481] wird der *titulus* gewöhnlich als Hinweis auf eine Erneuerung des Tempels durch den Diktator verstanden, für die wir allerdings keine sicheren Zeugnisse besitzen.[482]

Unsicher ist auch die genaue Situation, die der Aussage zugrunde liegt: Sie soll offenbar eine Bauinschrift ersetzen, die dem Gesprächspartner unbekannt und nicht ohne weiteres zugänglich ist. Dabei läßt der Sprecher offen, ob der Dialog in räumlicher Entfernung vom Tempel stattfindet, so daß der Zuhörer nach der Inschrift fragen muß, weil er sie nicht vor Augen hat, ob sie an einem weniger auffälligen Platz angebracht ist, so daß ein Betrachter vor Ort sie nicht gleich findet, oder ob die traditionelle Inschrift am Tempel hier überhaupt fehlt, so daß die Erklärung des Führers sie ersetzt.

Da *quaeris* mit einem Akkusativobjekt gewöhnlich für eine wirkliche Suche gebraucht wird, während *quaerere* im Sinne von ‚fragen' mit einem indirekten Fragesatz konstruiert wird, werden die Gesprächspartner offenbar als vor Ort befindlich vorgestellt, wobei Ovid die Szenerie jedoch weitgehend unbestimmt läßt (ein Zug, der sich in den Fasti häufiger findet).[483] Noch bevor der Besucher präzise formulieren kann, welche Informationen er sich von dem *titulus* erhofft, gibt der ortskundige Führer bereits die Antwort: Sulla hat den Bau gebilligt, d.h. ‚abgenommen' (Peters [1908] ad loc.).[484] Diese Information kommt unerwartet, weil eine Bauinschrift gewöhnlich die Person verzeichnet, auf deren Veranlassung das Gebäude errichtet wurde, oder gelegentlich auch die Zensoren, zu deren Aufgaben die Kontrolle und Instandhaltung von Gebäuden gehörte. Da im Fall des Hercules Custos-Tempels Sulla weder der Stifter noch der diensthabende Zensor war, bekommt der

481 Die Gründung des Tempels geht wohl auf die Zeit vor dem Jahr 189 zurück, in dem auf Anordnung der *decemviri* ein Bild des Hercules in diesem Heiligtum aufgestellt wurde (Liv. 38,35,4). Bömer (1958) 349 betrachtet das Jahr 218 als *terminus ante quem*, in dem ein Lectisternium für Hercules Custos durchgeführt wurde (s. Liv. 21,62,9), ebenso Platner/Ashby (1929) 252.

482 S. Palombi, D.: LTUR 3 (1996) 22 s.v. *Hercules Sullanus* und Littlewood (2006) 68–9.

483 S. Bettenworth (2009) zur Darstellung des Argeerfestes, bei der der Sprecher ein Gespräch mit dem Tiber führt, an dessen Ufern er sich offenbar befindet (s. fast. 5,635–7).

484 S. dazu Liv. 4,22,7 (Abnahme der *Villa publica* auf dem Marsfeld durch die Zensoren des Jahres 435 v.Chr.). Die Form *probaverunt* erscheint mehrfach auf republikanischen Meilensteinen zusammen mit den Namen der Bauherren, wo sie den Abschluß der Straßenarbeiten anzeigt. S. dazu Alföldy (1991) 301.

Betrachter hier also eine andere Information, als er von einem *titulus*, nach dem er offenbar ohne nähere Spezifizierung gefragt hatte, gewöhnlich erwarten kann.[485]

Die auffällige Namensnennung führt Frazer (1929) 157 auf Sullas diktatorische Amtsgewalt zurück, die es ihm erlaubte, Aufgaben anderer Magistrate, zum Beispiel die zensorische Aufsicht über das Bauwesen, an sich zu ziehen. Da Sullas Verehrung für Hercules aus mehreren Quellen bekannt ist (s. z.B. den Bericht Plutarchs, Sulla 35, über ein aufwendiges Fest, das er aus dem zehnten Teil seines Vermögens, den er zuvor dem Hercules geweiht hatte, bestritt, und eine spätantike Nachricht über einen *Hercules Sullanus*, vermutlich einen Schrein, auf dem Esquilin, dazu oben Anm. 482),[486] wäre eine Erneuerung gerade dieses Tempels unter seiner Aufsicht gut erklärlich.[487] Allerdings wirft die an ein Epigramm erinnernde Struktur des Kalendereintrags, der pointiert auf Sullas Namen hinausläuft, die Frage auf, ob der Dichter mit der auffälligen Nennung noch eine andere Absicht verfolgt. Die Antwort wird dadurch erschwert, daß Ovid den Politiker nirgends sonst erwähnt, so daß wir uns kein unmittelbares Bild über sein Verhältnis zu Sulla machen können.

Auffällig ist schon der betonte Rückgriff auf den Exponenten einer Epoche, die in einem besonderen Spannungsverhältnis zum augusteischen Prinzipat steht. Bevor Augustus die institutionalisierte und später von Senat und Volk abgesegnete Alleinherrschaft antrat, hatte faktisch nur Sulla eine ähnliche, institutionell genehmigte Machtvollkommenheit besessen, die er freiwillig wieder zurückgab. Wie Sulla knüpfte auch Augustus wenigstens nominell an republikanische Werte an, und wie bei Sulla gehörte zu seinem Programm die Erneuerung von Heiligtümern (dieser Aspekt wird

485 Allerdings ist bekannt, daß die Restaurierung eines Tempels als wichtiger Einschnitt propagiert werden konnte, der in einigen Fällen sogar mit einer Verlegung des Feiertags für das jeweilige Heiligtum verbunden sein konnte, ewa für den Concordiatempel nach seiner Restaurierung und Weihung durch Tiberius im Jahr 10 n.Chr., dazu Green (2004) 226.

486 Auch Martial und Statius berichten über Sullas Vorliebe für Hercules: Sulla habe auf seinem Tisch eine Herculesstatuette aufgestellt, Stat. silv. 4,6,86–8 (Hercules Epitrapezios Novi Vindicis), vgl. Mart. 9,43. Zur Herculesverehrung Sullas s. z.B. Keaveney (1983) 67 und Hurlet (1993).

487 Bispham/Smith (2000) 112–4 vermuten einen Zusammenhang zwischen Sullas Tätigkeit für die Tempelerneuerung und der Einrichtung stadtrömischer Spiele für den von ihm verehrten Hercules. Auch diese These bleibt jedoch aufgrund der Quellenlage im Ungefähren und trägt daher wenig zur Deutung der Inschrift im Kontext der Fasti bei.

von Ovid selbst in den Fasti hervorgehoben, der darin mit Livius übereinstimmt).[488]

In seinen Res gestae rühmt sich Augustus, er habe das Kapitol und das Pompeiustheater erneuert, ohne seinen Namen auf einer Bauinschrift zu verewigen (d.h. frühere Stifterinschriften wurden ohne Ergänzungen bewahrt).[489] Falls eine solche Erneuerung auch am Hercules Custos-Tempel stattgefunden hat (was sich aufgrund fehlender archäologischer und literarischer Zeugnisse nicht nachweisen läßt),[490] so könnte die prominente Namensnennung Sullas als Hommage an diese demonstrativ pietätvolle Baupolitik des

[488] Ov. fast. 2,63: *templorum positor, templorum sancte repostor*; vgl. Liv. 4,20,7: *Augustum Caesarem, templorum omnium conditorem aut restitutorem.*

[489] R. Gest. div. Aug. 20,1: *Capitolium et Pompeium theatrum utrumque opus impensa grandi refeci sine ulla inscriptione nominis mei.* Im Fall des Kapitolstempels des Iupiter Optimus Maximus bewahrte Augustus nach der Restauration (es handelt dabei sich offenbar um die Beseitigung eines im Jahr 9 entstandenen Schadens durch Blitzschlag, s. Dio 55,1,1) den Namen des Q. Lutatius Catulus, der vom Senat den Auftrag zur Wiederherstellung des 83 v.Chr. abgebrannten Heiligtums erhalten und es im Jahre 69 v.Chr. feierlich wieder eingeweiht hatte (s. dazu Cic. Verr. 2,4,69–70). Im Jahre 46 v.Chr. hatte es zwar einen Senatsbeschluß gegeben, den Namen des Catulus in der Weihinschrift durch den Caesars zu ersetzen (Dio 43,14,6), nachdem Caesar schon im Jahr 62 v.Chr. vergeblich versucht hatte, Catulus wegen der Baukosten zur Rechenschaft zu ziehen und weitere Arbeiten an dem Heiligtum durch Pompeius vornehmen zu lassen (nach Dio 37,44,1–3 hätte dann auch in der Inschrift der Name des Pompeius an Stelle von Catulus' Namen gesetzt werden sollen), doch war dieser Senatsbeschluß nie umgesetzt worden: Der Name des Catulus war noch bis zum Brand des Kapitols im Jahr 69 n.Chr. am Tempel sichtbar, Val. Max. 6,9,6, dazu Baldo (2004) 391. Scheid (2007) 58 deutet Augustus' Zurückhaltung bei der Verwendung von Bauinschriften dennoch als Versuch, sich von Caesars Baupolitik abzugrenzen. Das Pompeiustheater wurde trotz der von Augustus betonten Bescheidenheit als *theatrum Augustum Pompeianum* bekannt, wie CIL VI 9404 (= ILS 7249) belegt. Dazu und zum generell tendenziösen Aufbau der Kapitel 19–20 der Res gestae, in denen sich Augustus (durchaus unter Auslassung der von anderen Familienmitgliedern und den *principes viri* unternommenen Bauprojekte) als Begründer und Schützer zahlreicher bedeutender Kulte in Rom propagiert, s. Cooley (2009) 182–3 und 192 und Volkmann (1969) 32. Zur stadrömischen Baupolitik des Augustus vgl. Favro (2005).

[490] In einem wohl für die Bedürfnisse der Provinzen angefertigten Zusatz zu den Res gestae (35,3) heißt es, Augustus habe 82 Heiligtümer restaurieren lassen. Diese werden aber nicht namentlich genannt: *refecit Capito*[*lium sacra*]*sque aedes* [*nu*]*m*[*ero octoginta*] *duas.* Zur (ungeklärten) Verfasserschaft und zum Zweck der Appendix vgl. Brunt/Moore (1967) 80–1.

Augustus verstanden werden.[491] Falls diese Vermutung richtig ist, so sind zum Verständnis der Inschrift Kenntnisse der Baugeschichte des Tempels erforderlich, die, weil Augustus sich betont zurückhielt, gerade nicht aus dem Monument selbst ablesbar sind.

Wie von Lessing gefordert, erweckt das Denkmal hier die Neugier des Betrachters, aber die Inschrift gibt in diesem Fall keinen vollständigen „Aufschluß" über den Hintergrund: Aussagekräftig wäre in dieser besonderen Situation gerade das, was sie nicht sagt. Ein solches Understatement würde die *pietas* des Augustus hervorheben, kann aber die Zeiten nur überdauern, wenn sichergestellt ist, daß das Wissen um die wahren Verhältnisse weitergegeben wird. Dies ist hier jedoch nicht der Fall. Wenn es sich tatsächlich um ein Understatement handelt, so ahmt der Sprecher der Fasti dieses in seinem literarischen Bericht nach. Der Text des *titulus* allein reicht nicht aus, um den wahren Sachverhalt zu klären und die Erinnerung an eine (mögliche) pietätvolle Handlung der Kaiserfamilie zu bewahren: Damit die gewünschte Information erhalten bleibt, müssen zusätzliche Informationen wie die Res gestae hinzutreten, die Assmann (2002), da es sich um einen von offizieller Seite erstellten und verbreiteten Rechenschaftsbericht handelt, im Bereich des kulturellen Gedächtnisses ansiedeln würde. Wenn die oben vorgetragene Deutung richtig ist, so bestünde die Bescheidenheit des Augustus darin, daß er zwar auf einem strategisch eingesetzten Medium (den systematisch verbreiteten Res gestae) auf die von ihm vorgenommene Restaurierung von Heiligtümern verweist, dafür aber auf eine Erwähnung an einzelnen Tempeln verzichtet. Erst die Verknüpfung mehrerer Informationen führt dazu, daß eine Restaurierung auch im Einzelfall Augustus zugeordnet werden kann.

Exkurs: Prop. 4,2 (Inschrift an der Vertumnusstatue?)

Ein andersartiges stadtrömisches Monument behandelt Properzens Vertumnuselegie. In der Forschung wird diskutiert, ob das Gedicht eine eingelegte Inschrift enthält und welche Verse diese möglicherweise umfaßt. Gerade wegen der unklaren Verhältnisse stellt das

[491] Darauf, daß der Umgang mit der Leistung der Vorgänger bei Restaurierungen in Rom genau beobachtet wurde, deutet die kritische Bemerkung Suetons hin, Domitian habe sehr viele niedergebrannte öffentliche Bauten wiederhergestellt, darunter auch das Kapitol, *sed omnia sub titulo tantum suo ac sine ulla pristini auctoris memoria* (Suet. Dom. 5).

Gedicht ein instruktives Beispiel für die komplexen Beziehungen zwischen Elegie, Epigraphik und Epigrammatik dar. Schon die einleitenden Verse der Elegie sind textkritisch und inhaltlich umstritten. Thema des Gedichts, das mit einer abrupten Anrede an einen anonymen Zuhörer beginnt, ist die Statue des Gottes Vertumnus, die im *vicus Tuscus* im Zentrum Roms aufgestellt war.[492] Wie der Gesprächspartner, so ist auch der Sprecher anfangs nicht genau bezeichnet. Erst ab Vers 4,2,3 spricht unverkennbar Vertumnus selbst, doch ist es naheliegend, auch für das erste Distichon (*Quid mirare meas tot in uno corpore formas? / accipe Vertumni signa paterna dei*) den Gott als Sprecher anzunehmen.[493] In diesem Fall würde sich der textkritisch (bis auf die Entscheidung zwischen *qui* und *quid*) unumstrittene erste Vers *Quid mirare meas tot in uno corpore formas?* auf die Statue des Gottes beziehen, die verschiedene Gestalten in sich vereinigt.

Andererseits ist es möglich, den zunächst nicht näher identifizierten Sprecher mit der *persona* des Dichters gleichzusetzen, die den über die Vielfalt der dichterischen Formen staunenden Leser anredet. *Corpus* ist auch sonst (vgl. z.B. Cic. fam. 5,12,4) als Bezeichnung für ein literarisches Werk belegt, und *forma* kann z.B. für

[492] S. Varro, ling. 5,46; Liv. 44,16,10; Porph. Hor. sat. 1,20,1. Zum Standort der Statue s. auch Welch (2005) 36–42. Eine in der Nähe gefundene Statuenbasis mit der Inschrift *Vortumnus temporibus Diocletiani et Maximiani* (CIL VI 804) deutet möglicherweise auf eine spätere Restaurierung der Statue hin. Die Etymologie des Namens *Vertumnus* ist umstritten; die von Properz zugrundegelegte Herleitung vom Verb *vertere* ist jedenfalls wohl nicht haltbar. Diskutiert werden u.a. eine Herkunft von einem etruskuschen Gentilnomen des Typs *Veltymnus*, oder von der indogermanischen Wurzel **wert* (= wenden), mit Bezug auf den Kreislauf des Jahres. Für eine knappe Zusammenfassung der Forschungsdiskussion mit weiterführender Literatur s. Ferri (2010) 129–30.

[493] So z.B. Welch (2005) 44–5. Der Text folgt der Ausgabe von Fedeli (1984). Die Einführung sprechender Objekte ist bei Properz nicht neu, wie Boldrer (1999) 81 unter Hinweis auf Prop. 1,16 (die Rede einer von ausgeschlossenen Liebhabern belästigten Tür, dazu auch unten S. 335–6) bemerkt. Der Vergleich läßt jedoch auch die Unterschiede zwischen den Gedichten hervortreten. Die Rede der Tür ist nicht durch das Staunen eines Betrachters motiviert, und der einzige Hinweis auf einen möglichen Interlocutor (Prop. 1,16,45: *haec ille* [sc. *dixit*] *et si quae miseri novistis amantes*) kann auch als Seufzer über die lästigen Bittsteller verstanden werden. Während Vertumnus eine Sachfrage (nach seinem Namen und seinem bemerkenswerten Äußeren) behandelt, schildert die Tür ihre unangenehme, ausweglose Situation aus subjektiver Perspektive. Sie steht damit den elegischen Liebesmonologen näher als die Vertumnusrede. Für die Unechtheit der ganzen Elegie plädiert Hermann (1968)a.

die Ausgestaltung einer Rede verwendet werden (s. Quint. Inst. 2,4,15: *forma rectae atque emendatae orationis*). In diesem Fall hätten wir neben der wörtlichen Bedeutung eine metapoetische Aussage vor uns, mit der der Dichter sein Publikum auffordert, die folgende Beschreibung des Vertumnus nicht nur als Selbstvorstellung des Gottes und damit als eine der für das vierte Elegienbuch des Properz typischen aitiologischen Erzählungen zu lesen, sondern zugleich als Erläuterung der eigenen Dichtung.

Diese These ist in der Forschung mehrfach vertreten worden.[494] Die Frage ist für das Verhältnis von Inschrift, Elegie und ‚Gedächtnis' vor allem wegen der zusätzlichen Erzähl- und Bedeutungsebene wichtig, die durch eine Intervention des elegischen Sprechers entstünde. Im Folgenden ist daher darauf zu achten, ob die Rede des Gottes an den Betrachter wenigstens teilweise als Inschrift aufgefaßt werden kann, die ‚Erinnerung' der Römer an Vertumnus also in der Darstellung des Properz durch ein beschriftetes Monument vermittelt wird, dessen Botschaft der Gott in seiner Rede persönlich bestätigt. Falls die Beteiligung einer Inschrift angenommen werden kann, wäre ihr Verhätnis zum rahmenden Gedicht näher zu beleuchten. Daneben stellt sich die Frage, ob der elegische Sprecher bei der Ansprache des Gottes und ggf. in der Inschrift in den Hintergrund tritt, oder ob er im Gegenteil im einleitenden Distichon als eigentlicher Vermittler jener römischen Überlieferung herausgestellt wird.

Die Beantwortung dieser Fragen wird durch die problematische Textüberlieferung erschwert, die auch das erste Distichon betrifft.

Die Hauptschwierigkeiten (neben einer Entscheidung zwischen *Quid mirare* und *Qui mirare* in V. 1) liegen im zweiten Vers. Statt *paterna* bieten F, L, P, D, V *petenda* (‚höre, daß ich die Statue des Gottes Vertumnus bin, die es wert ist, aufgesucht zu werden', von Hanslik [1979] übernommen), das aber von der vierten Hand von F und der zweiten Hand von V korrigiert wurde. Fedeli (1965) nimmt eine Beeinflussung durch Ov. ars 1,114 *rex populo signa petenda dedit* an.

Baehrens konjiziert *petita* (‚die Statue des Vertumnus, die aufgesucht wurde', von Enk [1911] 299–300 gebilligt), Richards schlägt *putanda* vor (‚höre, daß ich als Statue des Vertumnus zu

[494] S. z.B. Deremetz (1986), der die Statue des Vertumnus als Sinnbild der Elegie und ihren Schöpfer Mamurrius als Sinnbild des Dichters auffaßt. Vgl. auch Shea (1988) mit einem Überblick über die Forschungsdiskussion.

erachten bin'), Sandbach nimmt *patere* an (,Höre, daß die Zeichen des Vertumnus offen daliegen'). Fedeli (1984) und Fedeli/Dimundo/Ciccarelli (2015) schließen sich der Lesart von N an (dem als ältester und zuverlässigster Kodex eingestuften Guelferbytanus Gudianus 224) und liest *Quid mirare meas tot in uno corpore formas? / accipe Vertumni signa paterna dei.* Diese Lesart übernehmen auch Boldrer (1999), die eine gute Diskussion der Verse bietet, und Hutchinson (2006). Fedeli deutet *signa* unter Verweis auf Ov. fast. 2,511 als die Zeichen, an denen man Vertumnus erkennen könne (= ,vernimm die von den Vätern überlieferten Kennzeichen des Gottes Vertumnus', ebenso Welch [2005]) und Viarre (2005), die übersetzt: „apprends les titres de famille du dieu Vertumne". In der Parallelstelle fast. 2,511 ist jedoch von der Einsetzung eines Festritus durch Romulus/Quirinus die Rede: die dort erwähnten *sacra paterna* werden so genannt, weil sie dem Quirinus, dem Stammvater Roms, gelten.[495] Die *paterna signa* des Vertumnus dagegen gehören, wenn man *signa* mit Fedeli als ,Kennzeichen' auffaßt, nicht zu den ,Vätern', sondern zur Person des Gottes und können von den Vätern (der Römer) allenfalls an die Nachwelt vermittelt werden. Camps (1965) 72, der *signa* ebenfalls als ,Kennzeichen' versteht, weist selbst darauf hin, daß Vertumnus bei der Aufzählung seiner Eigenschaften seinen Vater nicht erwähnt. Er spricht nur davon, „that he is ,of Tuscans born' and this may explain the epithet *paterna* here". Allerdings ist damit noch nicht erklärt, wie die übrigen, ungewöhnlichen Kennzeichen des Vertumnus mit seiner Herkunft zusammenhängen.[496]

Eine enge sprachliche und sachliche Verbindung von *signa* und *paterna* ergibt sich dagegen, wenn man *signa* mit Rothstein (1898)

[495] Fast. 2,507–12 (der vergöttlichte Romulus erläutert Iulius Proculus das von ihm gewünschte Opfer): *tura ferant placentque novum pia turba Quirinum, / et patrias artes militiamque colant. / iussit et in tenues oculis evanuit auras; / convocat hic populos iussaque verba refert. / templa deo fiunt: collis quoque dictus ab illo est, / et referunt certi sacra paterna dies.*

[496] Die Herkunft des Vertumnus ist in der Forschung ebenfalls umstritten. Ferri (2010) 136–7 betrachtet ihn als einen römischen Gott, da die beiden einzigen Darstellungen, die ihn ausdrücklich als estruskisch identifizieren (Varro und die hier besprochene Stelle bei Properz) innere Widersprüche aufwiesen. Der Hinweis bei Varro LL 5,46 lautet: *Ab eis* [sc. den Gefolgsleuten des etruskischen Feldherrn Caelis, die sich im *vicus Tuscus* angesiedelt hatten] *dictus Vicus Tuscus, et ideo ibi Vortumnum stare, quod is deus Etruriae princeps.*

II 219 und TRÄNKLE (1960) 174 als ‚Statue' auffaßt[497] und aus dem Personalpronomen *meas* in V. 1 einen AcI ergänzt: *accipe Vertumni signa paterna dei* = *acccipe me signa paterna esse Vertumni dei* (‚höre, daß ich die von den Vätern ererbte Statue des Gottes Vertumnus bin'). In ähnlichem Sinn, d.h. auf die Statue bezogen, wird *signa* auch von SHACKLETON-BAILEY (1956) 227 gedeutet („signa, however, is in itself explicable as the locality and other features of the statue").[498] BOLDRER (1999) dagegen will *signa* als „le ‚indicazioni' del dio" auffassen, ohne sie an die Statue selbst zu binden. Bei dieser Auffassung müßte sich *paterna* auf Vertumnus oder dessen Heimat beziehen, eine Überlegung, die HOUSMAN (1893) 123 zu der Konjektur *regna paterna* geführt hat. Die in dem gegebenen Kontext auf den ersten Blick nicht eindeutige, schillernde Bedeutung des Begriffs *signa* paßt gut zu der schwer fasslichen, zwischen verschiedenen Erscheinungsformen changierenden Natur des Gottes, den er beschreibt.
Versteht man *signa* als ‚Statue' oder wenigstens als ‚Kennzeichen einer Statue', so handelt es sich um eine Variante der in selbständigen Epigrammen und Inschriften beliebten Rede eines Denkmals an den Betrachter.[499] Wie hier geht der Anstoß dazu oft vom Passanten aus, der durch eine Frage oder einen staunenden Blick die erklärende Antwort des Standbildes provoziert. Betrachtet man *signa* dagegen allgemein als ‚Kennzeichen' des Gottes, so ist zu Beginn des Gedichtes nicht klar, ob der Gott aus seiner Statue spricht, oder dem Zuhörer möglicherweise in Form einer Epiphanie erschienen ist, wie sie gelegentlich in den römischen Elegien beschrieben werden. Da solche Erscheinungen in der Elegie für gewöhnlich nur erfolgen, wenn der Mensch dem Gott einen Anlaß dazu gibt (z.B. weil er sich Hilfe für sein literarisches Werk erhofft, s. z.B. die Erscheinung des Ianus in Ovid, fast. 1,89–96), so wäre die Situation zu Beginn der Elegie unvollständig und müßte in den folgenden Versen geklärt werden. Dies ist jedoch nicht der Fall.

[497] Es handelte sich in diesem Fall um einen poetischen Plural, ähnlich Ov. fast. 3,45 *Vestae simulacra*.

[498] SHACKLETON-BAILEY (1956) 227 hält die in den Handschriften überlieferten Lesarten *paterna* und *petenda* für verderbt und schlägt statt dessen unter Verweis auf V. 20 (*de se narranti tu modo crede deo*) die Konjektur *accipe Vertumni signa fatente deo* vor.

[499] Zu den Bezügen der Vertumnuselegie insbesondere zu hellenistischen Epigrammen, in denen häufig das Denkmal oder eine darauf angebrachte Figur redet, s. FEDELI/DIMUNDO/CICCARELLI (2015) 399–400.

Der Gott erläutert zwar seine auffällige Gestalt, doch geht daraus nicht hervor, was ihn zu seinem Erscheinen bewogen haben könnte. Geht es dagegen um die bekannte Statue des Vertumnus, so ist ihr die Aufmerksamkeit des Passanten schon aufgrund ihrer auffälligen Gestalt und ihrer prominenten Lage im Zentrum Roms sicher.

In der Elegie stellt sich der Gott Vertumnus in wörtlicher Rede einem Betrachter vor, der sein aus verschiedenen Figuren zusammengesetztes Bildnis bestaunt. Er sei ein etruskischer Gott, der im Krieg zwischen den Volsiniern und Römern zu Rom übergegangen sei und nun in der Nähe des Forums verehrt werde (V. 1–6).[500] Sein Name solle entweder von dem Verb *vertere* stammen, weil in der Nähe einst der Tiber geflossen und dessen Flußlauf später ‚gewendet' d. h. umgekehrt worden sei,[501] oder daher, daß er für die Ernte des ‚wiederkehrenden' Jahres verantwortlich sei: Ihm werden allerlei Früchte geopfert (V. 7–18). Diese Erklärungen beruhten jedoch auf der lügnerischen *fama*: Er heiße vielmehr Vertumnus, weil er sich in jede beliebige Gestalt verwandeln (*vertere*) könne.[502] Nach einer langen Reihe von Beispielen seiner Wandlungsfähigkeit (V. 19–48) kehrt Vertumnus zu seiner Verehrung durch die Römer zurück: Diese hätten einst den Etruskern (nach denen auch der Vicus Tuscus benannt ist) Tribut gezollt, indem sie zum Dank für deren Hilfe gegen den Sabinerkönig Titus Tatius Feldfrüchte herbeibrachten. Er habe verschiedene militärische Niederlagen der Römer gesehen, aber die Hilfe des Vaters der Götter bewirke, daß die Schar der togatragenden Römer auf ewig vor seinen Füßen einherschreite (V. 49–56). Schließlich folgt ein Distichon, das als pointierter Neuansatz zu den sechs Schlußversen (V. 59–64) über-

[500] Diese Angaben stimmen mit den wenigen bei anderen Autoren überlieferten Nachrichten über Vertumnus überein. Varro (ling. 5,46) bezeichnet den Gott als *deus Etruriae princeps*, und Horaz nennt eine wankelmütige Person *Vertumnis quotquot sunt natus iniquis* (sat. 2,7,14). In Rom gab es außerdem auf dem Aventin einen Vertumnustempel, in dem sich ein Bild des M. Fulvius Flaccus befand, welcher 264 v. Chr. die Volsinii (auf dem Gebiet des heutigen Orvieto) besiegt hatte, s. Liv. 44,16,10. Nach der Niederlage wurde ein neues Volsinium gegründet, das am Ort des modernen Bolsena liegt.

[501] Der Stadtteil Velabrum, in dem der Vicus Tuscus lag, war ursprünglich Marschland und auch später noch von Überschwemmungen bedroht (s. Prop. 4,9,5).

[502] Zur Herkunft des Namens und des Gottes s. Marquis (1974), zur Beliebtheit solcher volksetymologischer Ableitungen s. Fedeli/Dimundo/Ciccarelli (2015) 403.

leitet.[503] Wie schon die ersten Verse der Elegie weisen auch diese Schlußverse Parallelen zu historischen Inschriften auf Denkmälern auf und werden deshalb von einigen Herausgebern und Kommentatoren auch schrifttechnisch vom Rest der Elegie abgehoben.[504] Die Verse lauten in FEDELIS Text (1984):

Stipes acernus eram, properanti falce dolatus,
ante Numam grata pauper in urbe deus.
at tibi, Mamurri, formae caelator aenae,
tellus artifices ne terat Osca manus,
qui me tam docilis potuisti fundere in usus.
unum opus est, operi non datur unus honos.

Die Parallelen zur Epigrammatik bestehen vor allem in der Ich-Rede des in seiner Statue präsenten Gottes Vertumnus sowie in der prononcierten Gegenüberstellung seines früheren und seines heutigen Zustandes. Vor der Herrschaft König Numas sei er ein ‚Ahornstamm' (d.h. ein aus Ahornholz gefertigtes Götterbild) gewesen, dann aber habe Mamurrius eine eherne Statue gegossen. Gegenüberstellungen dieser Art werden in der griechischen Epigrammatik oft durch πρόσθε μέν – νῦν δέ ausgedrückt.[505] In der Wendung *stipes acernus eram* erblickt SCHULZ-VANHEYDEN (1970) 79 einen Anklang an den Beginn der Rede des Priap in Hor. sat. 1,8,1 (*olim truncus eram*). Da auch inhaltliche Parallelen zwischen der Selbstdarstellung des Vertumnus und den typischen Attributen und Zuständigkeitsbereichen des Priap bestehen, kann nicht ausgeschlossen werden, daß Properz Anregungen von den Priapea erhalten hat.[506]

[503] V. 57–8: *sex superant versus: te, qui ad vadimonia curris, / non moror: haec spatiis ultima creta meis.*

[504] S. BOLDRER (1999), RICHARDSON (1977), SLAVITT (2002), VIARRE (2005), RAMSBY (2007) 63. RAMSBY bezeichnet die Verse 59–64 irreführend als „dedicatory inscription" (S. 65).

[505] S. z.B. A.P. 6,113; Kall. ep. 5 PF. und A.P. 16,86; 6,99, dazu SCHULZ-VANHEYDEN (1970) 79.

[506] O'NEILL (2000) 274 betrachtet die Wahl gerade dieses Schauplatzes für Elegie 4,2 als bewußten Kontrast zu der patriotisch gefärbten Elegie 4,1. Wie u.a. Bemerkungen bei Horaz (sat. 2,3,226–32 und sat. 2,7,13–1) zeigen, war der Vicus Tuscus übel beleumundet und wurde mit Prostitution in Verbindung gebracht: „By explicitly rejecting a more respectable location and by choosing his statue which stands on the Vicus Tuscus, Vertumnus enters the world of amatory elegy. He resolves the false tension between the amatory and aetiological programs, which the two halves of 4.1 construct as diametric opposites, by accepting a role in both."

Bei aller sprachlichen und sachlichen Verwandtschaft sind jedoch Unterschiede zwischen Hor. sat. 1,8 und Prop. 4,2 erkennbar: Während die hölzerne Statue des Priap von ihrer Vergangenheit als unbehauener Eichenklotz spricht, stellt Vertumnus bei Properz einen Vergleich zwischen einem früheren hölzernen Götterbild und der jetzigen, von dem berühmten Künstler Mamurrius gegossenen Statue an. Dadurch tritt nicht so sehr die Statue als Sprecher hervor, die bei Horaz im Vordergrund steht, sondern die Person des Gottes, der durch aus verschiedenem Material gefertigte Statuen repräsentiert werden kann. Während dem Horazgedicht und zahlreichen, aus der Perspektive von Statuen gesprochenen Epigrammen die konkrete Vorstellung eines mit einer erklärenden Aufschrift versehenen Denkmals zugrundeliegt, tritt hier die prinzipiell nicht an eine bestimmte Statue gebundene Gottheit des Vertumnus in den Vordergrund.

Die Abschwächung der konventionellen Verbindung von Denkmal und zugehöriger Inschrift zeigt sich in der Weise, in der des Künstlers Mamurrius gedacht wird.[507] Die Nennung des Künstlers oder des Stifters gehört zu den wiederkehrenden Elementen der griechischen und lateinischen Epigrammatik und läßt sich sowohl bei literarischen als auch bei außerliterarischen Inschriften nachweisen. Die Form ist nicht genau festgelegt und kann sich im einfachsten Fall auf die Bemerkung XY *fecit* beschränken. Diese Formulierung ist besonders bei Grabinschriften sehr gebräuchlich.[508] In der Regel läßt sich aus dem Text nicht erkennen, ob die Aufschrift vom Künstler oder vom Stifter des Denkmals angebracht wurde.

DeBrohun (2003) 174 deutet den wandelbaren Vertumnus als Ankündigung der größeren Themenvielfalt in Buch 4.

[507] Der Bronzegießer Mamurrius (nach anderer Schreibweise Mamurius) wird u.a. von Ovid erwähnt (fast. 3,260, 383, 389 und 392). Er lebte der Sage nach zu Zeiten König Numas und verfertigte die elf Schilde, die den vom Himmel gefallenen *ancilia*, von deren Unversehrtheit Roms Schicksal abhängen sollte, so genau glichen, daß sie von diesen nicht zu unterscheiden waren. Auf diese Weise konnten die echten Schilde vor Feinden geschützt werden, s. dazu Boldrer (1999) 142–3. Schon Varro vermutete hinter dem Künstlernamen jedoch eine symbolische Gestalt: *Salii quod cantant ‚Mamuri veturi' significant memoriam veterem* (Varro ling. 6,49). Nach heutiger Auffassung geht die Sage vermutlich auf ein Mißverständnis der im Saliergesang vorkommenden Anrufung des Mamers (eine sabinische Namensform für Mars) zurück, s. Rappaport, B.: RE I A,2 (1920) 1892 s.v. *Salii* und Boldrer (1999) 143 mit weiterer Literatur.

[508] Vgl. auch die Parodie bei Martial 9,15: *Inscripsit tumulis septem scelerata virorum / se fecisse Chloe. Quid pote simplicius?*

In der Vertumnuselegie ist die Nennung des Künstlers jedoch nicht nach diesen Vorbildern gestaltet. Wenn der Sprecher in den Versen 61–2 darum bittet, die oskische Erde möge dem Mamurrius nicht ‚die Hände aufscheuern' (*at tibi, Mamurri, formae caelator aenae / tellus artifices ne terat Osca manus*), so läßt er damit einen traditionellen und oft durch Grabinschriften verewigten Wunsch für Verstorbene anklingen, denen ‚die Erde leicht' sein möge.[509] Gelegentlich wird dieser Wunsch damit gerechtfertigt, daß auch der Verstorbene zu Lebezeiten nur eine leichte Last für die Erde gewesen sei und deshalb Anrecht darauf habe, von ihr im Tod nicht bedrückt zu werden, meist aber damit, daß er diese Rücksichtnahme wegen seines tugendhaften Lebens verdiene.[510] Dasselbe Privileg soll dem Mamurrius sein künstlerischer Rang sichern, dessen Erwähnung zugleich den Wert der Statue hervorhebt.

Wenn der Leser sich die Verse 59–64 als Inschrift vorstellen soll, so kann sie in dieser Form erst nach dem Tod des Mamurrius angebracht worden sein, der die Statue passend zu ‚so vielen gelehrten Zwecken' d.h. Erscheinungsformen, hatte gießen können.[511] Gleichzeitig erinnert die Erwähnung des Namens Mamurrius am Ende der Elegie an die Tradition, Mamurrius zum Dank für die Verfertigung der für Roms Schicksal bedeutsamen Kopien der heiligen Schilde am Ende des Saliergesangs namentlich zu nennen.[512] Nach der von Ovid und Festus überlieferten Sagenversion hatte sich Mamurrius selbst diese Belohnung gewünscht und sich damit für einen lebendigen Vortrag und nicht etwa für eine Ehreninschrift entschieden.[513]

[509] Diese Parallele läßt CAMPS (1965) 125 vermuten, daß *terere* hier bedeute „to press hard without any suggestion of friction". Zu den Anspielungen auf die Typik von Grabinschriften in der Vertumnuselegie s. SUITS (1969). Der Hinweis auf die ‚oskische' Erde scheint einen Begräbnisplatz in Zentralitalien, dem Siedlungsgebiet der Osker, anzudeuten. Warum Mamurrius dort bestattet sein sollte, ist nicht zweifelsfrei geklärt. Eine von Johannes Lydus (6.Jh. n.Chr.) aufgezeichnete Legende berichtet von einer Verbannung des Künstlers, was die Bestattung außerhalb Roms erklären könnte, s. BUTLER/BARBER (1933) 336.

[510] Z.B. Meleager 124 G.-P. = A.P. 7,461 (die Verstorbene war leichtgewichtig). Für die Tugend als Argument vgl. EG 103,9–10: β]ῶ[λός] σοι κο[ύφα] Ελεφηνορὶς ὄστεα κρύπτοι / ἀ]ν[θο]φυὴς [μεγάλα]ς εἵνεκα σωφροσύνας (Chalkis, 1.Jh. n.Chr.), weitere Beispiele bei LATTIMORE (1942) 67 mit Anm. 346.

[511] Zur Bedeutung *docilis* = *doctus* s. ROTHSTEIN (1898) 202.

[512] S. dazu DUMÉZIL (1951) 290.

[513] S. Ov. fast. 3,385: *cui Numa munificus ‚facti pete praemia' dixit* und die Antwort des Mamurius 3,389–92: ‚*Merces mihi gloria detur / nominaque extremo carmine nostra*

Die Spannung zwischen der inschriftlichen und der elegischen Form und die Unsicherheit über die genauen Abgrenzungen zwischen der möglichen Inschrift und der wörtlichen Rede des Vertumnus passen gut zu der sprichwörtlichen Wandlungsfähigkeit des Gottes.[514] Wie sich Vertumnus in alle möglichen Gestalten wandeln kann, so kann auch das Gedicht, in dem er sich vorstellt, je nach Blickwinkel einmal als Inschrift und einmal als Elegie erscheinen. Die Doppeldeutigkeit der literarischen Form wird durch die Anfangs- und die Endstellung der epigraphisch geprägten Verse hervorgehoben. An diesen prominenten Stellen wird der Leser der Elegie die Anleihen bei der Epigraphik am wenigsten übersehen können. Die Frage, ob es sich bei den fraglichen Versen um eine eingefügte Inschrift handelt, läßt sich daher mit ja und nein beantworten. Diese Unsicherheit ist gewollt und unterstützt die zentrale Aussage: Die charakteristische Wandelbarkeit des sich selbst vorstellenden Vertumnus.

Ov. epist. 2,74 (Inschrift für die Statue des Demophoon)

Im Gegensatz zur Vertumnuselegie, die ihren Reiz durch das dem Gott angemessene Spiel mit verschiedenen literarischen Formen erhält, ist die in den zweiten Heroidesbrief eingefügte Inschrift für Demophoons Ehrenstatue äußerlich klar erkennbar. Auch hier spiegelt die Inschrift auf der Statuenbasis das „Wesen" der dargestellten Person in charakteristischer, wenn auch nicht objektiver Weise wider: Die Inschrift wird von Phyllis imaginiert, die ihrem lange ausbleibenden Geliebten in einem Brief die Statue vor Augen stellt, die man ihm, wie den übrigen Nachkommen des Aegeus, in Athen errichten werde. Die begleitende Inschrift werde in ungünstiger Weise mit der seines Vaters Theseus kontrastieren. Während unter dem Standbild des berühmten Helden zahlreiche Ehrentitel aufgelistet würden, die er sich durch seine heroischen Taten erworben habe, werde Demophoons Statue einzig den *titulus* ‚*Hic est*

sonent.' / Inde sacerdotes operi promissa vetusto / praemia persolvunt Mamuriumque vocant. Ebenso Paul. Fest. 117 L.

514 Vgl. Hor. sat. 2,7,14 (über eine besonders wandelbare Person): *Vertumnis quotquot sunt natus iniquis* und Porph. Hor. sat. 1,20,1 über Vertumnus: *deus* [...] *praesens vertendarum rerum, hoc est emendarum ac vendendarum.*

cuius amans hospita capta dolo est‘ tragen.[515] Mit diesem Verhalten, so merkt Phyllis an, habe Demophoon sich zwar ebenfalls in die Nachfolge seines Vaters gestellt, der einst Ariadne auf Lemnos zurückgelassen hatte (vgl. Ov. epist. 10: Ariadne Theseo), doch habe er sich aus der Reihe der väterlichen Taten nur dessen Treulosigkeit zur Nachahmung ausgesucht. Der Kontext lautet (Ov. epist. 2,67–78):

Inter et Aegidas, media statuaris in urbe,
magnificus titulis stet pater ante suis;
cum fuerit Sciron lectus torvusque Procrustes
et Sinis et tauri mixtaque forma viri
et domitae bello Thebae fusique bimembres
et pulsata nigri regia caeca dei,
hoc tua post illos titulo signetur imago:
‚Hic est, cuius amans hospita capta dolo est.‘
De tanta rerum turba factisque parentis
sedit in ingenio Cressa relicta tuo;
quod solum excusat, solum miraris in illo:
heredem patriae, perfide, fraudis agis.

Der Kontrast zwischen Vater und Sohn zeigt sich darin, daß die imaginierte Ehreninschrift für Theseus zwar den Minotaurus erwähnt, den Theseus besiegte, die sich daraus entwickelnde unglücklich endende Liebesbeziehung zu Ariadne darin aber nicht zur Sprache kommt. Bei Demophoon dagegen finden sich, so suggeriert der von Phyllis vorgeschlagene Text des *titulus*, keine Heldentaten, die seine Treulosigkeit in den Hintergrund treten lassen könnten. Diesem Gedankengang trägt auch die Form der imaginierten Inschriften Rechnung. Während die Lebensbilanz des Demophoon nicht einmal genügt, um ein einzelnes Distichon oder auch nur einen Hexameter zu füllen – seine Inschrift umfaßt nur einen Pentameter und gibt schon allein dadurch ihre Unzulänglichkeit zu erkennen, da ein Pentameter sonst nie einzeln steht –, benötigt Phyllis zwei Distichen, um die Taten des Theseus in indirekter Rede zu umschreiben. Da die Aufzählung keinen vollständigen Satz bildet, muß man sich die imaginierte Inschrift selbst noch länger vorstellen. Demophoon, so suggeriert schon der einzelne, unheroische Pentameter, kann nicht an den heldenhaften Vater anknüpfen und

[515] Derselbe Vorwurf findet sich auch in Prop. 2,24,43–4. Zu den intertextuellen Beziehungen zwischen Ov. epist. 2 und Ov. epist. 10 (Ariadne an Theseus) vgl. z.B. Fulkerson (2005) 32–6.

wird der Nachwelt nur als elegischer Liebhaber in Erinnerung bleiben. Die Androhung öffentlicher Schmach erhält durch die Formulierung der Inschrift Gewicht, die, anders als bei den oben besprochenen Beispielen, der Gestaltung historischer Inschriften ähnelt. Vor allem das Fehlen einer zentralen Information (des Eigennamens) in Verbindung mit der Einleitung *hic est* macht auch ohne die rahmende Elegie klar, daß es sich um ein (offenbar leicht identifizierbares) Abbild handeln soll. Zugleich setzt die Formulierung *hic est* ein Publikum voraus, das die Statue betrachtet und die auf der Inschrift gegebenen Informationen mit der dargestellten Person verknüpft. Eine ähnliche Formulierung verwendet später Martial, um seine Bekanntheit auszudrücken: *toto legor orbe frequens et dicitur ‚hic est'* (Mart. 5,13,3). Bei Martial ist die öffentliche Aufmerksamkeit positiv besetzt, bei Demophoon dagegen impliziert die Formulierung, daß die Betrachter der Statue mit dem Finger auf den Versager Demophoon zeigen werden.

Eine Form von *capere*, wie sie in der von Phyllis imaginierten Inschrift erscheint, bezeichnet auf historischen Inschriften oft militärische Erfolge, s. z.B. in den Scipionenelogien *Taurasia Cisauna* [...] *cepit* (CIL I 29,30,5 = I^2 6,7,5); *Hec cepit Corsica* (CIL I 32,5 = I^2 8,9,5).[516] Die von Phyllis gewünschte Wirkung der imaginierten Inschrift wird durch den Kontrast mit dem Denkmal gesteigert, das es nicht erläutert, sondern korrigiert. Während eine von der Polis errichtete Statue sonst eine öffentliche Ehrung bedeutet und der Betrachter daher erwarten kann, den Grund für ihre Errichtung auf der Basis zu lesen,[517] enthüllt die Inschrift hier vor aller Augen den wahren Charakter des Demophoon, der keine Ehrung rechtfertigt.[518] Der Gedanke der Öffentlichkeit und die lebhafte Anschau-

516 Vgl. BARCHIESI (1992) 148. Für die *elogia Scipionum* KRUSCHWITZ (2002) 32–48.

517 Dies entspricht der Forderung LESSINGS (1771) 544, daß das Äußere eines Monument auf den Charakter seiner Inschrift vorzubereiten habe.

518 Für die Androhung öffentlicher Schmach durch eine entlarvende Inschrift läßt sich ein Fragment aus der verlorenen Enniustragödie Sabinae vergleichen, in dem die geraubten Sabinerinnen ihre Väter (die im Begriff sind, gegen ihre Ehemänner zu kämpfen) mit einer Frage aufzuhalten versuchen: *cum spolia generis detraxeritis quam inscriptionem dabitis?* (Enn. scaen. 370 VAHLEN, s. dort S. 189 zur Diskussion um die Zuordnung des Fragments). Gemeint ist offenbar die Weihung der Spolien durch den Sieger, bei der auf den Beutestücken die Herkunft vermerkt wurde. Während bei Demophoon die Schmach durch die Athener droht, die ihm eine Statue setzen, aber keine Heldentaten zu berichten haben werden, müßten die sabinischen Väter, wenn sie gegen die Römer kämpfen und eine traditionelle Weihinschrift anbringen wollten, sich selbst der Nachwelt als Mörder

ung, die eine wörtlich zitierte Inschrift vermittelt, wird hier effektvoll durch eine Inschrift ersetzt, deren Inhalt zwar umschrieben, deren genaue Ausgestaltung aber der Phantasie des Lesers überlassen bleibt.

Natürlich ist das von Phyllis entworfene Bild des Demophoon einseitig, jedenfalls wenn man es aus der griechischen Perspektive betrachtet, auf die der Standort der imaginierten Statue in Athen sowie die Anspielungen auf Kallimachos zu deuten scheinen.[519] Demophoon ist zwar keine bedeutende Gestalt der griechischen Mythologie – er wird z.B. bei Homer nicht erwähnt –, aber in den kyklischen Epen und bei späteren Autoren gilt er als erfolgreicher Teilnehmer am trojanischen Krieg.[520] Auf dem Heimweg von Troja befreite er seine Großmutter Aithra aus der Gefangenschaft – eine Erzählung, die in Eur. Tro. 31 erwähnt und auch in der bildenden Kunst dargestellt wird (z.B. auf einem rotfigurigen Krater aus dem 5. Jh. v. Chr., heute im British Museum, E 456). Nach dem trojanischen Krieg kehrte er nach Athen zurück und brachte auch das Palladion dorthin. Dieses soll ihm entweder von Odysseus und Diomedes freiwillig anvertraut worden sein, oder er soll es erbeutet haben, als die Argiver (möglicherweise unter Führung Agamemnons) irrtümlich nachts im Hafen Phaleron landeten und in Unkenntnis ihrer Position das Land plünderten. Als Demophoon herbeieilte, um die ‚Räuber' zu vertreiben, fiel ihm nach dieser Version auch das Palladion in die Hände. Bei dem tragischen nächtlichen Kampf zwischen Athenern und Argivern wurden auf beiden Seiten Männer getötet, so daß sich Demophoon bereiterklärte, vor einem eigens eingerichteten Gerichtshof zu erscheinen, der über unvorsätzlichen Mord urteilen sollte und nach dem Anlaß

ihrer Schwiegersöhne vorstellen. Die Situation wird dadurch verschärft, daß eine solche Weihinschrift gewöhnlich keinen Raum für die Erläuterung der Hintergründe läßt. Überliefert würde in diesem Fall nur der Verwandtenmord, nicht aber seine Motivation.

519 Der Name Athen wird in der Elegie nicht ausdrücklich genannt. Zu den metrischen Schwierigkeiten des Wortes *Atheniensis* im daktylischen Hexameter vgl. NORDEN zu Verg. Aen. 6,21. Zu Beginn der Elegie liegt möglicherweise eine Anspielung auf Kall. Fr. 556 PF. vor, s. BARCHIESI (1992) 147.

520 Demophoon und sein Bruder Akamas gehören zu den Kämpfern, die sich im Trojanischen Pferd verstecken, und er spielt eine wichtige Rolle beim Opfer der Polyxena (vgl. Eur. Hec. 123–9, wo ‚die beiden Söhne des Theseus, Sprößlinge Athens' sich für das Opfer an Achills Grab aussprechen). Zu Demophoon als König von Athen während oder kurz nach dem Trojanischen Krieg vgl. AVERY (1971) 544.

ἐπὶ παλλαδίῳ genannt wurde.[521] Nach Eur. Heraclid. 35 soll er den Thron von Athen mit seinem Bruder Akamas geteilt haben, was ebenfalls ein positives Licht auf ihn wirft. In Euripides' Herakliden nimmt Demophoon als König von Athen die Kinder des Herakles freundlich auf und gewährt ihnen ebenso wie Orest Schutz und Sicherheit, wobei er darauf achtet, daß religiöse Tabus nicht verletzt werden. Eur. Heraclid. 236–52 zeigt, daß seine Motive ehrenhaft sind: Er fühlt sich durch verwandtschaftliche Bande, durch die religiöse Natur der Hikesie und durch die Gunsterweise verpflichtet, die Herakles seinem Vater Theseus erwiesen hatte. Anders als Pelasgos in Aischylos' Version des Mythos zögert Demophoon keinen Augenblick, den Fremden seinen Schutz anzubieten.[522] Iolaus rühmt ihn daraufhin als einen Mann von seltenen Qualitäten, der seinem Vater Theseus in nichts nachstehe und damit als einer von wenigen Männern den Ruhm seiner Vorfahren gewahrt habe.[523] Als die Athener später die Opferung eines adligen Mädchens verlangen, um ihren militärischen Erfolg zu sichern, weigert sich Demophoon, seine eigene Tochter zu töten oder einen anderen Bürger zur Opferung seines Kindes zu zwingen (Eur. Heraclid. 411–9).[524] Die Liebschaft mit Phyllis spielt dagegen in der griechischen Literatur und Kunst nur eine untergeordnete Rolle.[525] Insofern ist Phyllis' Aussage, die Nachwelt werde Demophoon nur als untreuen Liebha-

[521] S. zu den (oft fragmentarischen) Quellen Stoll, H.W.: Roscher I (1884–90) 990 s.v. *Demophon.*

[522] Zu Demophoons Aufnahme der Herakliden siehe Grethlein (2003) 384–5 und Burnett (1976).

[523] Eur. Heraclid. 320–6: ἐγὼ δὲ καὶ ζῶν καὶ θανών, ὅταν θάνω, / πολλῶι σ' ἐπαίνωι Θησέως, ὦ τᾶν, πέλας / ὑφηλὸν ἀρῶ καὶ λέγων τάδ' εὐφρανῶ, / ὡς εὖ τ' ἐδέξω καὶ τέκνοισιν ἤρκεσας / τοῖς Ἡρακλείοις, εὐγενὴς δ' ἀν Ἑλλάδα / σώιζεις πατρώιαν δόξαν, ἐξ ἐσθλῶν δὲ φὺς / οὐδὲν κακίων τυγχάνεις γεγῶς πατρός.

[524] Einige Kommentatoren haben ein ironisches Verständnis der Herakliden favorisiert (S. dazu die Forschungsdiskussion bei Grethlein [2003], bes. 171 und 419). Dies würde das allgemeine Bild Athens betreffen, hätte jedoch keinen Einfluß auf die wichtige Rolle des Demophoon in der Handlung.

[525] Die Geschichte scheint im Hellenismus bekannt gewesen zu sein, ist uns aber nur in Fragmenten faßbar (s. Aischin. 2,3 mit Scholien und Kall. fr. 556 Pf. Sie ist außerdem überliefert bei Ps.-Apollod. 6,16,2–17 und Prokop ep. 47,8–12. Lukian (De saltatione 40,9) nennt nicht Demophoon, sondern dessen Bruder Akamas als Liebhaber der Phyllis. In der griechischen Kunst wird die Affäre mit Phyllis erst seit dem vierten Jahrhundert dargestellt, während andere Details aus Demophoons Leben schon früher erscheinen, s. Kron, U.: LIMC I,1 (1981) 435–46 s.v. *Akamas et Demophon.*

ber kennen, bezogen auf den griechischen Kulturraum, aus dem sie stammt, falsch.

Zentral ist die Liebesgeschichte zwischen Phyllis und Demophoon dagegen in der römischen Tradition, wo sie nahezu zum einzigen Detail aus Demophoons Leben avanciert. Während Theseus sowohl bei Griechen als auch bei Römern als vorbildlicher Held gilt und auch von den römischen Elegikern als solcher geschildert wird, erwähnen Properz und Ovid Demophoon nur als Liebhaber der Phyllis. Während ein griechischer Leser daher die von Phyllis imaginierte Inschrift unter Verweis auf die Tradition zurückweisen würde, dürfte ein Leser der römischen Literatur, insbesondere der Liebeselegie, keinen Anstoß nehmen. Die von Phyllis gewählte Formulierung *media statuaris in urbe* (Ov. epist. 2,67) paßt daher auch besser zur *urbs Roma* als zur Polis Athen. Für die Überzeugungskraft der Inschrift ist hier also das kulturelle Gedächtnis des Lesers der Elegie, nicht das der darin beschriebenen Charaktere entscheidend. In der erzählten Welt ist Phyllis' Vorstellung absurd: Warum sollten die Athener eine Statue ihres angesehenen Königs mit einer beschämenden Inschrift versehen? Sinn und Berechtigung erhält sie nur vor dem Hintergrund eines bestimmten literarischen Bildes des Demophoon, das sich nicht im griechischen, sondern im römischen Kulturkreis entwickelt hatte.

4.4 Graffiti, Dipinti und sonstige Inschriften

Graffiti (eingeritzte Texte) und Dipinti (aufgemalte Texte) bilden wie die Bau- und Ehreninschriften eine kleine Gruppe unter den in die Elegien eingefügten Inschriften. Das erste Graffito (Prop. 1,18,22) erscheint in der Liebesklage des Sprechers um Cynthia, während die drei in den Heroides enthaltenen Beispiele im Zusammenhang mit den amourösen Abenteuern des Paris stehen. Alle sind Liebesschwüre, die auf ein gerade vorhandenes Material (auf Baumrinde bzw. auf einer Tischplatte) geschrieben werden.

4.4.1 Graffiti, Dipinti und sonstige Inschriften in Liebesbeziehungen

Prop. 1,18,22 (Liebe zu Cynthia)

In Prop. 1,18 hat sich der Sprecher in die Waldeinsamkeit zurückgezogen, wo er über die Kaltherzigkeit Cynthias klagt.[526] Die abgeschiedene Gegend erlaube ihm, seinem Herzen ungestraft Luft zu machen, wenn nur die Felsen ein Geheimnis bewahren könnten. Er wisse nicht, wo er mit seiner Klage über Cynthias Hochmut beginnen solle (V. 1–6).[527] Während er einst unter die glücklichen Liebhaber gerechnet wurde, werde ihm nun etwas an seiner Liebe als Makel angerechnet. Der Grund dafür sei ihm unklar; möglicherweise sei Cynthia verzaubert worden. Vielleicht sei sie erzürnt, weil sie ihn zu Unrecht verdächtige, eine andere Geliebte zu haben (V. 7–12). Sein Zorn gegen sie werde durch ihr (ungerechtes) Verhalten noch bitterer gemacht, aber er sei nicht so grausam, immer gegen sie zu wüten, so daß ihre Augen vom Weinen häßlich würden. Vielleicht sei sie aber auch abweisend gegen ihn, weil er zu wenige Zeichen der Liebe (durch Erröten oder durch Liebesschwüre) gegeben habe (V. 13–8). Für diesen Fall ruft der Sprecher die ihn umgebenden Bäume zu Zeugen an, falls einer von ihnen Liebesgefühle kenne, nämlich die Buche und die Fichte, die eine Geliebte des Gottes Pan war.[528] Wie oft, klagt der Sprecher, ertön-

[526] Walde (2008) 124 stellt klar, daß es sich bei der Rede in Prop. 1,18 streng genommen nicht um einen Monolog handelt, der auch in der Gegenwart anderer Menschen gesprochen werden könne, sondern um einen „Solilog“: „A soliloquy in its pure form has no intended outreach to other people and no intended audience.“ Für einen inneren Monolog plädiert Warden (1980) 88. Zu der seit langem geführten Diskussion um mögliche Vorbilder des elegischen Monologs vgl. die Diskussion bei Fedeli (1980) 417–9. Für Prop. 1,18 scheinen hellenistische Vorbilder am wahrscheinlichsten.

[527] Butler/Barber (1933) 180 verweisen auf die Parallele bei Theokrit id. 2,64: νῦν δὴ μούνη ἐοῖσα πόθεν τὸν ἔρωτα δακρύσω; / ἐκ τίνος ἄρξεῦμαι; Dort handelt es sich allerdings um ein städtisches Idyll. Vergleichbar ist also nur die Wortwahl, nicht der Schauplatz.

[528] Der Sage nach wurde Pitys, die Geliebte des Pan, in eine Pinie verwandelt (Lukian, Dial. Deor. 22,4; Nonnos Dion. 42,259). Zu möglichen Quellen des Properz s. Heyworth (2007) 82. Die Einführung der Buche (*fagus*) in Elegie 1,18 dürfte durch die klangliche Ähnlichkeit zu φηγός bedingt sein. Eine Verwechslung der beiden Baumbezeichnungen findet sich schon bei Catull. 64,289 und in Vergils Eclogen (passim), dazu Viarre (2005) 181 Anm. 140.

ten seine Worte (der Liebe) im sanften Schatten der Bäume, und wie oft sei in die Rinde der Bäume (von ihm) der Name ‚Cynthia' geritzt worden (V. 19–22). Vielleicht sei sie aber auch erzürnt, weil ihr ungerechtes Handeln ihm Sorgen bereitet habe, von denen aber nur die schweigsamen Türflügel etwas wüßten.

Das Distichon *an tua quod peperit nobis iniuria curas / quae solum tacitis cognita sunt foribus* (V. 23–4) hat sowohl aus grammatischen, als auch aus inhaltlichen Gründen Anstoß erregt. Nach der überlieferten Textfassung müßte sich das Relativpronomen *quae*, obwohl Neutrum Plural, auf *curas* zurückbeziehen. Zwar kommt ein Wechsel von Femininum zu Neutrum Plural gelegentlich vor (s. dazu LHSz 431 und Löfstedt 2,145 mit Verweis auf Ter. Haut. 876–7 und Cic. fam. 2,8,2), aber in diesen Fällen geht das Bezugswort dem Relativpronomen nicht unmittelbar voraus. Eine frühe Konjektur unbekannter Herkunft setzt daher *dura* statt *curas*, das aber als Substantiv nicht belegt ist. Heyworth (2007) 83 erwägt in seinem Kommentar die Alternativen *verba* oder *probra*, gibt aber zu bedenken, daß Properz nirgends sonst einen Hexameter mit zwei Substantiven auf *-a* enden läßt. (Die einzige mögliche Ausnahme wäre Prop. 4,4,13, wo das schließende *saepta* jedoch auch ein Partizip sein kann). In Ermangelung einer Alternative nimmt er hinter *curas* eine *lacuna* von einem Distichon an, in dem der Begriff *curas* näher erläutert worden sei.

Auch aus inhaltlichen Gründen haben einige Herausgeber (so Hanslik und Goold) das Distichon angezweifelt, weil der Kummer des Sprechers über Cynthias Ungerechtigkeit kein angemessener Grund für Cynthias augenblickliche Verärgerung sein könne. Die frühen anonymen Konjekturen aus der Zeit vor 1600 (*a* für *an*; *quot* für *quod* und *dura* für *curas*), die offenbar diesen Anstoß beseitigen sollten, bieten jedoch keine grammatisch und inhaltlich befriedigende Textfassung. Da schon vorher der Inhalt der möglichen Vorwürfe Cynthias jeweils in einen Fragesatz mit *an* gefaßt wurde (V. 10 und V. 17), wäre zudem ein Anschluß der dritten Möglichkeit mit *an* nur folgerichtig. Der von den Herausgebern inkriminierte Gedanke, daß Cynthia Unmut gegen den Sprecher empfinde, gerade weil sie ihn schlecht behandelt habe, findet sich in ähnlicher Form aber auch sonst in der lateinischen Literatur und gilt dann als typisch für die menschliche Natur, so bei Seneca, dial. 5,29,2: *pertinaciores nos facit iniquitas irae* (ähnlich dial. 4,33,1) und bei Tacitus (über den heimlichen Haß des Domitian gegen Agricola, Agr. 42,3: *proprium humani ingenii est odisse quem laeseris*). Der überlieferte Text ergibt also trotz der grammatischen Auffälligkeit durchaus guten Sinn.

Aus Furcht habe der Sprecher alle Befehle seiner hochmütigen Freundin erfüllt, und nun werde ihm dafür die Waldeinsamkeit mit Quellen, kalten Felsen und einer harten Ruhestätte an einem ungepflegten Weg zuteil. Und was immer er klagend vorzubringen habe, müsse er den Vögeln erzählen. Doch gleich, wie die Geliebte sich auch verhalte: die Wälder tönten vom Namen ‚Cynthia' wider und selbst die verlassenen Steine seien ‚nicht frei von ihrem Namen' (V. 23–32).

Der Sprecher sieht sich in dieser Elegie unter einem Rechtfertigungsdruck, den er mit verschiedenen Beweismitteln zu lindern sucht. Auf den möglichen Vorwurf, keine Treueschwüre geäußert zu haben (V. 17–8: *an quia* [...] *non ulla meo clamat in ore fides*), antwortet er erstmals in V. 21 mit der Rechtfertigung, daß der schattige Wald von seinen Worten widerhalle. Der Kontext lautet (V. 19–22):

Vos eritis testes, si quos habet arbor amores,
fagus et Arcadio pinus amata deo.
Ah, quotiens teneras resonant mea verba sub umbras
Scribitur et vestris ‚Cynthia' corticibus!

Die verbale und die schriftliche Äußerung des Sprechers werden dabei gleichermaßen als Beweismittel angeführt. Sie sind so angeordnet, daß sie sich in aufschlußreicher Weise ergänzen. Zunächst ruft der Liebende die Bäume des Waldes dazu auf, seine häufigen, widerhallenden Worte zu bezeugen. Der Ausruf in V. 19–20 läßt erkennen, warum gerade die Bäume als Helfer gewählt werden: Sie haben selbst Liebeserfahrungen gemacht, so daß der Sprecher auf ihre Sympathie hoffen kann.[529] Die Bitte läßt zunächst nicht erkennen, welche Worte sie genau bezeugen sollen, oder wie die stumme Buche bzw. Fichte dem Wunsch nachkommen soll. Die wörtlich zitierte Inschrift in der Baumrinde stellt schließlich sicher, daß die Bäume wirklich als ‚Zeugen' für den Sprecher auftreten können. Camps (1961) ad loc. übersetzt den Konditionalsatz daher prägnant („any tree that contains love poetry"). Der Sprecher stellt sich damit

[529] In diesem Sinne deutet Shackleton Bailey (1956) 54 das Adjektiv *teneras* in V. 21: „*teneras* may have its literal sense, *umbrae* being understood as foliage [...]; but I think it also points back to the allusion in 19f. The shades or leaves are tender because the trees have known love. Statius (Theb. 6,54) writes *teneraque cupresso* because he thinks of the cypress as compassionating human grief."

in eine bis in die hellenistische Zeit zurückreichende Tradition: In den Aitia des Kallimachos hatte Acontius seine Liebe zu Cydippe durch Inschriften in Baumrinde verewigt,[530] und in Vergils Eklogen (ecl. 5,13) ritzt Mopsus Verse (eines Epikedions) in den Stamm einer *fagus*. Ebenfalls auf Buchen bringt Paris seine Liebesschwüre für Oenone in Ov. epist. 5 an (s. dazu unten Anm. 542). Bei Properz wird der Gedanke jedoch so formuliert, daß die Inschrift gleichsam die „mündliche" Aussage der Bäume ersetzt, die die Anhänglichkeit des Sprechers an Cynthia beweisen soll. Dies zeigt sich auch an der Wahl des Präsens *resonant*: die Worte, auf die der eingeritzte Namenszug verweist, entsprechen seinen gegenwärtig in den Wäldern laut geäußerten Klagen – sie zeigen die augenblickliche Gesinnung des Verfassers.[531] Auch hier ist die in die Elegie eingebettete Inschrift also kein Dokument der Vergangenheit, sondern ein aktuelles Zeugnis. Die Dauerhaftigkeit, die oft als Kennzeichen von Inschriften gilt, ist hier nur bedingt angestrebt. Die Inschrift muß in der literarischen Fiktion selbstverständlich so lange überdauern, daß sie als Beweismittel dienen kann, aber an eine langfristige, vielleicht sogar Jahre überdauernde Wirksamkeit ist offensichtlich nicht gedacht: Die einzige Adressatin ist die kapriziöse Geliebte des Sprechers. Eigenartig ist jedoch der Gedanke, daß die Inschrift die Liebesschwüre eines noch lebenden Sprechers ersetzen soll. Um Cynthias Zorn zu besänftigen, so ließe sich argumentieren, wäre ein mündliches Bekenntnis des Liebenden mindestens ebenso wirksam – dies umso mehr, als sich der vorher zitierte hypothetische Vorwurf Cynthias ausdrücklich darauf bezogen hatte, daß der Sprecher ihr Lob nicht offen genug im Munde führe.

Auch die Lokalisierung der Inschrift ist auffällig. Sie befindet sich in der Waldeinsamkeit, und es ist daher kaum zu erwarten, daß sie eine zahlreiche Leserschaft finden wird. Selbst Cynthia,

[530] S. dazu den Hinweis von Viarre (2005) 181 Anm. 137: Der Monolog „entretient un rapport avec ce que Callimaque suggérait de la souffrance d'Acontius, si l'on en peut juger à travers Aristaen. I,10 qui s'est inspire de l'élégie mettant en scène Acontius et Cydippé". Weitere Parallelen, u.a. in der Epigrammatik, bei Fedeli (1980) 434. Eingehendere Untersuchungen des Motivs bei Doblhofer (1996) und Kruschwitz (2010).

[531] Fedeli (1980) 433 verweist auf die „nota intimistica della scena", die auch durch den Gebrauch des Akkusativs in der Wendung *sub umbras* (statt *sub umbra*) unterstrichen werde. Auch andere Dichter bevorzugen in emotional gefärbten Situationen den Akkusativ mit *sub*, so Catull 65,13; Verg. ecl. 5,15, Hor. carm. 1,17,22 u.ö.

die eigentliche Adressatin, ist nicht vor Ort, um den Treueschwur des Geliebten entziffern und würdigen zu können. Die Inschrift ist damit auf der Erzählebene wenig zweckmäßig. Sie dient also nicht zuerst der Fortführung der Handlung, sondern spiegelt vor allem die verzweifelte Situation des elegischen Sprechers wider. Dieser ist von Cynthia getrennt und sieht zunächst keine Möglichkeit, die Kommunikation mit ihr aufrechtzuerhalten: Statt selbst zu Cynthia zu gehen und ihr seine Liebe zu versichern, verlangt der Sprecher indirekt, so könnte es scheinen, Cynthia solle in den Wald kommen, die Inschrift lesen und sich so seiner Treue vergewissern. Diese Verzweiflung entspricht der Stimmung der beiden vorhergehenden Elegien, die ebenfalls die Trennungserfahrung des elegischen Sprechers darstellen und daher in der Forschung oft zusammen mit Prop. 1,18 als Triptychon behandelt werden.[532] Prop. 1,16 zeigt den Liebhaber als *exclusus amator* vor der Tür der Geliebten, während sie einen Nebenbuhler bei sich hat.[533] Aus der Rede der personifizierten Tür geht hervor, daß der Ausgeschlossene seine Anwesenheit durch Kränze und Fackeln, die er nach einer ergebnislos durchwachten Nacht zurückläßt, bekundet (V. 7–8). Die Tür zitiert auch eine Scheltrede, mit der der Liebhaber sie bedrängt habe, ihn einzulassen oder wenigstens seine Stimme zu dem Mädchen dringen zu lassen. Sie sei hartherzig und habe kein Mitleid für menschlichen Schmerz gezeigt. Auch Geschenke, Gedichte und die Küsse, die er auf ihre Stufen drückte, hätten keine Wirkung gehabt (V. 17–44). In Prop. 1,17 befindet sich der Sprecher auf einer Schiffsreise, die er unternommen hat, um sich von der Geliebten zurückzuziehen. Ein aufkommender Seesturm (V. 5–6) verstärkt sein schon in V. 1–2 ausgedrücktes Verlassenheitsgefühl. Nun erscheint es ihm leichter, die Launen der Cynthia zu ertragen, als hier von unbekannten Wäldern umgebene Strände erblicken und auf die Unterstützung der Dioskuren (als Seenothelfer) hoffen zu müssen (V. 15–8). Wenn ein Tod in der Heimat seinen Kummer beendet hätte, so hätte er wenigstens auf ein Begräbnis durch die Geliebte hoffen können (V. 19–24). Schließlich bittet der Sprecher die Meernymphen um Hilfe und Unterstützung. Er sei ihr Schicksalsgenosse, und wenn

532 S. Walde (2008) 123–4 mit Verweis auf Rieks (1986).

533 Ob es sich bei der Geliebten um Cynthia handelt, geht aus dem Text nicht hervor, es ist aber auch nicht ausgeschlossen. Die Szenerie stellt eine Abwandlung eines elegischen Paraklausithyrons dar und paßt daher gut zu der unglücklichen Liebesbeziehung zu Cynthia.

sie jemals Liebe gefühlt hätten, sollten sie ihm das Gestade günstig stimmen (V. 17,27–8: *si quando vestras labens Amor attigit undas / mansuetis socio parcite litoribus*).

In allen drei Elegien wendet sich der von der Geliebten getrennte Liebhaber an eine Ansprechpartnerin, von der er sich Unterstützung in seinem Leiden erhofft. Die Wahl wird nicht etwa nach der Nähe der jeweiligen Helferin zur Geliebten getroffen, wie es z.B. Ovid in seiner Ars amatoria empfiehlt,[534] sondern nach der Nähe zum Sprecher. Zunächst wendet sich der Liebhaber an die Tür, dann an die Wassernymphen bei seiner Fahrt auf einem von Wäldern umstandenen Gewässer und schließlich an die Bäume des Waldes, in den er sich zurückgezogen hat. Von den beiden letzteren erhofft sich der Sprecher Verständnis, weil sie möglicherweise selbst Liebeserfahrungen hätten.

Aufschlußreich ist auch die wechselnde Szenerie der Elegien. Prop. 1,16 zeigt mit dem Paraklausithyron eine Situation, die das Wesen der unglücklichen, von Rivalen bedrohten elegischen Liebe zu einem hartherzigen Mädchen *in nuce* zusammenfaßt. Seine Klage ist gleichsam der Prototyp eines elegischen Liebes- und Klagegedichts. Die Schiffsreise in Prop. 1,17 spielt auf zahlreiche literarische Vorbilder an,[535] ist aber vor allem als Metapher für die Dichtkunst oder allgemein als Illustration für wechselnde Schicksalsfälle verbreitet. Auch die Szenerie in der Waldeinsamkeit wird in der literarischen Tradition oft mit einer Entscheidungssituation des Dichters, einem inspirierenden Erlebnis oder gar einer „Dichterweihe" in Verbindung gebracht.[536]

[534] In ars 1,350–74 wird dem Liebesschüler geraten, gute Kontakte zu einer vertrauten Dienerin der Geliebten zu knüpfen, die dann positiv auf ihre Herrin einwirken könne.

[535] S. dazu Walde (2008) 134–9.

[536] S. z.B. den Auftritt der personifizierten Elegia und Tragoedia in der Waldeinsamkeit in am. 3,1. Einige der hier erwähnten Details entsprechen der Ortsbeschreibung in Prop. 1,18, vgl. etwa *silva* (am. 3,1,1) und *silvae* (Prop. 1,18,31); *nemoralibus umbris* (am. 3,1,5) und *nemus* (Prop. 1,18,2) bzw. *umbras* (Prop. 1,18,21) und *fons sacer* (am. 3,1,3) und *divini fontes* (Prop. 1,18,27). Allerdings hat die „heilige Quelle" bei Ovid einen positiven Anklang, bei Properz dagegen durch die Verbindung mit *frigidi rupes* eine negative Färbung, was Anlaß zu Konjekturen gegeben hat, dazu Butler/Barber (1933) 181. Als Parallele für eine den Menschen potentiell feindliche heilige Quelle verweist Viarre (2005) 182 Anm. 142 auf das Schicksal des von Quellnymphen ins Wasser gezogenen Hylas, das kurz darauf in Prop. 1,20,32–52 geschildert wird.

Vor diesem Hintergrund erhält die in die Baumstämme geritzte Inschrift eine metapoetische Färbung. Der Text der Inschrift, ‚Cynthia', ist nicht nur der Name der vermißten Geliebten, sondern wahrscheinlich auch der Titel der ihr gewidmeten Gedichtsammlung.[537] Wenn das Graffito als ein auch durch die Umgebung nahegelegter Hinweis auf die Dichtkunst des Sprechers dient, so löst sich der scheinbare Widerspruch zwischen der angestrebten Funktion der Bäume als ‚Zeugen' und ihrem dafür denkbar ungünstigen Standort in der Waldeinsamkeit auf. Die Inschrift ‚Cynthia' verträte damit die Cynthia gewidmete Dichtung, die das eigentliche Zeugnis für die Liebe des Sprechers darstellt. Bezeichnenderweise erwähnt auch Cynthia selbst, als sie nach ihrem Tod vom Sprecher die Vernichtung seiner Liebesdichtung verlangt, als einziges Kennzeichen ihren Namen (Prop. 4,7,77–8: *et quoscumque meo fecisti nomine versus / ure mihi*).

Aufschlußreich für die Wirksamkeit der Inschrift ist auch die Zukunftsorientierung, die in Prop. 1,18 im Vergleich mit den beiden vorhergehenden Elegien hervortritt. In Prop. 1,16 berichtet die Tür von einer in der Vergangenheit liegenden Scheltrede, in der der Liehaber sie für ihre frühere Hartherzigkeit getadelt habe. In Prop. 1,17 bittet der Sprecher um Hilfe in einer gegenwärtigen Notlage, in Prop. 1,18 liegt das erhoffte positive Zeugnis der Bäume noch in der Zukunft: Die Dichtkunst wird die Zuneigung und Treue des Sprechers beweisen, die er auf andere Weise nicht erfolgreich ausdrücken konnte (Prop. 1,18,19: *vos eritis testes*). Im Vergleich zu den Fackeln und Kränzen, die der enttäuschte *exclusus amator* als Zeichen seiner Anwesenheit zurückließ, und die, weil sie unbeschriftet sind, nur durch den Ort, an dem sie gefunden werden, den Bezug zur Geliebten zeigen, ist die Verwendung von Worten flexibel und wirkungsvoll. Diese können selbst abgelegene Orte, die mit Cynthia in keiner Verbindung stehen, durchdringen und ihnen so ihren Stempel aufdrücken. Die Wälder sollen von dem Ruf ‚Cynthia' widerhallen und selbst verlassene Steine nicht frei von ihrem Namen sein (V. 1,18,31–2: *sed qualiscumque es, resonent mihi ‚Cynthia' silvae, / nec deserta tuo nomine saxa vacent*). Die fiktive Inschrift ist daher nur ein erster Schritt auf dem Weg zur vollständigen Durchdringung der Umwelt mit der elegischen Liebe

[537] Diese Anmerkung auch bei Viarre (2005) 181 Anm. 141 mit Hinweis auf die Ähnlichkeit zu Vergil ecl. 10,52–4. Zum Buchtitel Schröder (1999) 78–82.

zu Cynthia.[538] Die Mitteilung durch die (typisch elegische) Schrift in der Baumrinde deutet auf das Mittel der Liebeserklärung hin, die verbale Äußerung (widerhallende Rufe) spiegelt die erhoffte tiefe Wirkung der Gedichte auf die Umgebung. Eine prägnante Zusammenfassung finden die beiden Ebenen in dem Schlußvers *nec deserta tuo nomine saxa vacent* (Prop. 1,18,32).[539] Im Kontext der Elegie bezieht sich der Vers auf das Echo seiner im Wald ertönenden Rufe, die auch von den Felsen widerhallen. Er ist aber so formuliert, daß er an die Kennzeichnung der Steine durch den Namenszug einer Person – d.h. an eine Inschrift – denken läßt. Die dauerhafte Durchdringung und Prägung der Umwelt durch die elegische Liebe zu Cynthia wird also auf der Ebene der elegischen Erzählung mit Hilfe eines speziell elegisch konnotierten Inschriftentyps dargestellt. Während dieses Verfahren auf der Erzählebene wenig aussichtsreich erscheint (wem sollen die Bäume in der Waldeinsamkeit als Zeugen dienen? Wie soll Cynthia von den Liebesschwüren erfahren, wenn sie nicht in ihrer Gegenwart geäußert werden?), erhält es auf einer metaliterarischen Ebene einen guten Sinn: Dem Leser der Elegie, den der Sprecher gleichsam in seine privaten Gedanken einweiht, können die Dichtungen sehr wohl als Beweis für die besondere Beziehung zwischen Cynthia und dem Sprecher dienen. Die „Prägung" der Umwelt wiederum kann auf die elegische Sichtweise der Welt hindeuten, die sich von anderen (z.B. epischen) Deutungen und Idealen unterscheidet. Die Doppeldeutigkeit des Graffitos, die sich in dieser Elegie zeigt, läßt sich auch an anderen eingefügten Inschriften zeigen. Am deutlichsten sind die metaliterarischen und intertextuellen Anspielungen in den Heroides erkennbar, in denen – allerdings unter anderen Voraussetzungen – auch eine in einen Baumstamm geritzte Liebeserklärung erscheint.

[538] Die schriftliche und poetische Äußerung ist damit effektiver und anhaltender als die mündliche Äußerung des *exclusus amator* in Prop. 1,16. Die Worte, die er gegenüber der Tür ausspricht, ähneln der Anrede an die *puella*, haben aber nicht die erwünschte Wirkung.

[539] S. dazu Walde (2008) 133: „The rocks bounce back the poet-lover's own voice – calling out for Cynthia in a mediated form that he is able to hear himself. This echo, this bouncing back, is poetry – [...] as a means of [...] making available experience to a wider public."

Ov. epist. 5,22 und 5,29–30 (Liebe zu Oenone)

Es handelt sich dabei um einen Abschnitt aus dem fünften Heroidesbrief. Dort erinnert sich die Nymphe Oenone[540] daran, wie der mittlerweile untreu gewordene Paris ihren Namen und Liebesschwüre in Baumrinden ritzte bzw. sie mit seinem Sichelmesser verewigte.[541] Zwei dieser Inschriften werden in der Elegie wörtlich zitiert (epist. 5,21–2: *Incisae servant a te mea nomina fagi / et legor ‚Oenone' falce notata tua*; und epist. 5,29–30: *Cum Paris Oenone poterit spirare relicta / ad fontem Xanthi versa recurret aqua*). Sie finden sich auf Buchen und einer Pappel, die zur Abfassungszeit des Briefes noch existieren sollen. Das Material entspricht einerseits dem Anlaß und der Umgebung: Paris führte, als er die Schrift einritzte, noch ein Dasein als Hirte, während Oenone durch ihr Wesen als Nymphe mit der Natur eng verbunden ist. Andererseits charakterisiert die Wahl der Baumrinde als Beschreibstoff, die in der Geschichte von Akontios und Kydippe in Kallimachos' Aitia vorgebildet ist, Paris als elegischen Liebhaber.[542] Der bukolische Rahmen wird durch eine

[540] Die Sage von Paris und Oenone ist in den überlieferten Texten nur spärlich bezeugt. Bei Homer und in den erhaltenen griechischen Tragödien erscheint sie nicht, weshalb meist ein hellenistischer Ursprung angenommen wird (s. Rosati [1998] 126). Fornaro (1999) hält eine Erwähnung in den Cypria oder im Alexandros des Euripides für möglich. Die Grundzüge der Sage überliefern Bion, Lykophron, Apollodoros, Parthenios und in der Spätantike dann in ausführlicherer Form Quintus von Smyrna. Eine Zusammenstellung der Zeugnisse bei Jolivet (2001) 309–14.

[541] Ähnliche Begriffe für das Einritzen von Schriftzeichen in Baumrinde verwendet auch Calpurnius Siculus, ecl. 1,20–21: *O, sed quaenam sacra descripta est pagina fago, / quam modo nescioquis properanti falce notauit*? Das Verb *notare* ist zugleich ein Fachbegriff der Agrimensoren für die Kennzeichnung von Bäumen, die Grundstücksgrenzen markieren. Diese *arbores notatae* tragen jedoch nicht den Namen der Eigentümer, sondern entweder lange Einschnitte oder eingeritzte Zeichen in Form eines X oder eines Gamma. S. dazu Kruschwitz (2010) 58–61 mit Verweisen auf Sic. Flacc. grom. p. 108.12–109.2 Th.; Hyg. grom. p. 76.3–6 Th. und Hyg. grom. p. 90.19–91.2 Th. (über die Form der in die Bäume eingeritzten Zeichen). Die Tradition solcher Grenzbäume spielt daher trotz des Verbs *notare*, das auch bei anderen Inschriftentypen häufiger erscheint, für die Situation im Heroidesbrief keine Rolle.

[542] Das Aitienfragment des Kallimachos, nach dem Akontios seine Zuneigung zu Kydippe auf diese Weise verewigt (Kall. Ait. frg. 73 Pf.), ist das erste elegische Beispiel für die Sitte, Liebesschwüre in Baumrinden zu ritzen. Dieser Brauch ist aber auch sonst gut bezeugt und wird z.B. auch in der griechischen Epigrammdichtung (z.B. A.P. 9,341 [Glaukos]) sowie in einem Aristophanesscholion (Schol. ad Ach. 144) erwähnt. Schließlich erscheint er bei Theokrit im Epithalamion auf

ausführliche Schilderung der gemeinsamen Tätigkeiten hervorgehoben: Die Liebenden lagerten inmitten der Herde auf Gräsern und Laub im Schatten der Bäume, bewohnten eine Hütte mit Betten aus Heu und Stroh, sie jagten gemeinsam und suchten nach den Jungen der Wildtiere (epist. 5,13–20). Während die Wahl der Baumrinde also – ähnlich wie die des Weines und der Tischplatte, die Paris in Ov. epist. 17 benutzt, um mit Helena beim Gastmahl in Sparta eine Liebschaft anzuknüpfen (dazu unten) – durch die Umstände der Begegnung motiviert ist, so unterscheiden sich die Inschriften für Oenone jedoch von der Botschaft an Helena durch ihren potentiellen Adressatenkreis. Während Paris mit den geheimen Botschaften an Helena eine Affäre beginnt, die vor Menelaos und anderen ungebetenen Zeugen verborgen bleiben muß, lebte er seinerzeit mit Oenone zusammen, so daß die Graffiti, die er anbringt, affirmativen Charakter tragen und auch von Vorübergehenden gelesen werden können und sollen.

Während die erste Inschrift nur aus Oenones in einen Baum geritztem Namenszug besteht[543] und daher weder nach Lessings noch nach Herders Kriterien als Epigramm gelten kann,[544] erfüllt

Helena (id. 18,47–8: hier allerdings nur als Absichtserklärung, einen Baum durch die geritzte Aufschrift als Baum der Helena zu kennzeichnen) und wird in den bukolischen Dichtungen Vergils (ecl. 10,53–4) und von Calpurnius Siculus (ecl. 1,20–35) aufgegriffen. Bei Calpurnius ist es sogar der Gott Faunus selbst, der eine Inschrift in Baumrinde hinterläßt. Der Gedanke ist so bekannt, daß er auch für ein literarisches Spiel eingesetzt werden kann. In Anth. Pal. 12,130,1–4 [Verfasserschaft unklar] gibt der Sprecher an, er habe den Namen seines Geliebten gerade nicht in Baumrinde geritzt, sondern trage ihn durch Eros' Einwirkung selbst im Herzen. S. Breed (2006) 71 mit Anm. 61 und Kruschwitz (2010) mit weiteren Belegen, ebenso dazu Doblhofer (1996) zur Nachwirkung dieses Motivs in der europäischen Literatur.

543 Einfache Namensnennungen sind z.B. bei pompejanischen Graffiti sehr häufig. Ihre Funktion ist allerdings nicht immer eindeutig. S. Langner (2001) 23–4 über die von della Corte (CIL IV 7997–10259a) veröffentlichten Wandinschriften: „Namen bilden die beherrschende Gruppe. Ihre Zahl vermehrt sich noch, wenn man die Grüße, Diffamierungen, Tituli memoriales und benannten Anzeigen hinzuzählt. So erklärt sich wohl auch die Funktion der einfachen Namensnennungen. Ein eingeritzter Name kann sowohl den Schreiber als auch eine andere Person, an die der Schreiber gerade dachte, bezeichnen [...]. Häufiger begegnen stadtbekannte Persönlichkeiten und Hetären. Namensnennungen sind also nicht zwingend Tituli memoriales."

544 Ein einzelnes Wort besitzt weder eine metrische Form, die es als Epigramm kennzeichnen würde, noch kann es die von Lessing geforderte Trennung in Erwartung und Aufschluß leisten. Herder wiederum betrachtet zwar eine Inschrift, die

das zweite Graffito (epist. 5,29–30: *Cum Paris Oenone poterit spirare relicta / ad fontem Xanthi versa recurret aqua*) wenigstens die äußeren Bedingungen. Zwar ist es nicht auf einem Monument angebracht, das durch die Worte erläutert würde, doch enthält es ein vollständiges Satzgefüge, das auch nach seiner Länge und metrischen Gestalt (ein elegisches Distichon) nicht hinter anderen als Epigramme qualifizierten Texte zurücksteht. Wenn man von dem ungewöhnlichen Beschreibstoff absieht, müßte es also nach den gleichen Kriterien beurteilt werden können.

Tatsächlich bedarf die Inschrift zu ihrer Verständlichkeit keines Monuments. Vielmehr enthält das fortlaufende Satzgefüge eine allgemeine Aussage, die auf jedem Untergrund oder auch als mündliche Versicherung sinnvoll bliebe. Auch weist sie eine klare Zweiteilung auf, die durch das fortlaufende Satzgefüge (anstelle der sonst oft anzutreffenden zwei Sätze) nicht beeinträchtigt wird. Im ersten Teil, einem mit *cum* eingeleiteten Temporalsatz, wird eine zukünftige Situation der Liebenden vorgestellt (,Paris wird es fertigbringen, Oenone zu verlassen') und mit einem imaginären zeitgleichen Ereignis verknüpft (,das Wasser des Xanthus wird zu seiner Quelle zurückfließen'). Der Vergleich mit dem Adynaton eines gegen seine Richtung strömenden Flusses ist eine im Griechischen wie im Lateinischen beliebte Methode, die Unglaublichkeit oder Unmöglichkeit eines Ereignisses zu bekräftigen.[545] So besagt das Distichon auf den ersten Blick nichts anderes als ,Paris wird Oenone niemals verlassen'. Die durch die Spaltung in Neben- und Hauptsatz suggerierte Zweiteilung des Epigramms existiert also nur auf syntaktischer, nicht aber auf inhaltlicher Ebene. Die zweite Hälfte der Inschrift gibt nicht etwa zusätzliche Informationen zu einem für sich stehenden Sachverhalt, sondern negiert nur den im Hexameter ausgedrückten Gedanken. Auch dieses Graffito des Paris dürfte daher nach LESSINGS Kriterien nicht als „Sinngedicht" gel-

das dazugehörige Denkmal nur „exponiert", als Epigramm und sogar als Grundform der Gattung, doch setzt auch er einen metrischen Text voraus. Zudem befindet sich die von Paris angebrachte Inschrift gerade nicht auf einem Monument, sondern sie verziert einen Baum, der mit dem Namen ,Oenone' keine nähere Verbindung hat. Von einem „lichten Gesichtspunkt" schließlich, der den vom Autor gewünschten Betrachtungswinkel angibt, und den HERDER als konstitutive Eigenschaft des Epigramms ausmacht, kann bei einem einzelnen Namen ebenfalls keine Rede sein: Der Betrachter weiß hier eben nicht, wie er die undifferenzierte Aussage ,Oenone' zu deuten hat.

545 S. dazu OTTO (1890) 139.

ten. Daran ändert auch die von Knox (1995) in seinem Heroideskommentar ad loc. übersehene Tatsache nichts, daß Ovid der bekannten Redewendung hier eine besondere Färbung verleiht. Während die idiomatische Wendung gewöhnlich nur allgemein von ‚Flüssen' oder ‚Quellen' spricht, die gegen ihre natürliche Richtung laufen (vgl. die von Knox selbst angeführten Belege Eur. Med. 410: ἄνω ποταμοῶν ἱερῶν χυροῦσι παγαί; Prop. 1,15,29–31: *multa prius retro*[546] *labentur flumina ponto* [...] *quam tua sub nostro mutetur pectore cura*; Ov. am. 2,1,26 [über die unglaublichen Fähigkeiten von Zaubersprüchen]: *inque suos fontes versa recurrit aqua* und trist. 1,8,1–10: *in caput alta suum labentur ab aequore retro / flumina* [...] *quia sum deceptus ab illo, / laturum misero quem mihi rebar opem*), führt Ovid hier einen spezifischen Fluß, nämlich den trojanischen Xanthus (Skamander) an, der sich im Falle der Treulosigkeit des Paris vom Meer wegbewegen werde. Der trojanische Flußname stellt nicht nur eine enge Verbindung zwischen Paris und dem Oxymoron her, sondern lädt zugleich den Leser ein, sich an das ungewöhnliche Verhalten des Skamander während der durch Paris' Liebschaft mit Helena ausgelösten Schlacht um Troja zu erinnern. Als Achill den Kampf sogar im Strom weiterführt und das Bett des Skamander mit den Leichen Erschlagener verstopft, so daß er nicht mehr ins Meer fließen kann, tritt ihm der erzürnte Flußgott selbst entgegen, greift ihn an und verläßt seinen gewöhnlichen Lauf, um Achill in seinen Fluten zu ertränken. Erst das Eingreifen des Hephaist bringt den Skamander dazu, umzukehren und seine alte Laufrichtung wieder aufzunehmen (Hom. Il. 21,342–82). Die von Paris eingeritzte Inschrift birgt also eine dramatische Ironie, die zwar der Leser, nicht aber Oenone durchschauen kann.[547]

[546] Bei *retro* handelt es sich um eine von Burman vorgebrachte Konjektur. Die Handschriften bieten *vasto*, das auch von Fedeli (1984) in den Haupttext übernommen wird.

[547] Dieser Hinweis auch bei Barchiesi (1999) o. Paginierung, der die Stelle allerdings nur beiläufig behandelt. Ohne dramatische Ironie erscheint das Adynaton in der Argumentation des Odysseus, der mit Hinweis auf seine Klugheit die Waffen des Achill für sich beansprucht, Ov. met. 13,324–7: *ante retro Simois fluet* [...] *quam* [...] *Aiacis stolidi Danais sollertia prosit*. Außer durch den Namen *Simois* (der zweite Fluß bei Troja) wird es durch weitere, ebenfalls mit konkreten Ortsangaben (*Ida, Achaia, Troja*) ausgeschmückte Bilder verstärkt. Die Eigennamen verleihen der Rede Lokalkolorit und illustrieren die Qualitäten des redegewandten Odysseus. Auch in den Epistulae ex Ponto verwendet Ovid die Redewendung in Kombination mit zwei Eigennamen, die den Adressaten sein exotisches Exil vor Augen stellen, Ov. Pont. 4,6,45–50: *et prius hic nimium nobis conterminus Hister / in*

Allerdings erkennt die Nymphe, daß die Graffiti, die Paris' Treueversprechen bezeugen, gleich in mehrfacher Hinsicht von zweifelhafter Dauer sind. Ihr Bestand hängt vom Überleben des Baumes ab, in den sie eingeritzt sind, und um das die verlassene Nymphe bittet: (V. 27: *popule, vive, precor* ...). Doch selbst wenn die Pflanze lange bestehen sollte, kann die Inschrift nur dann lesbar bleiben, wenn das Wachstum der Rinde – ein in freier Natur nahezu unmöglicher Vorgang – gleichmäßig und gerade verläuft.[548] Der Gedanke der Oenone, ihr eingeritzter Name und der Treueschwur des Paris mögen mit der Zeit durch die zum Himmel wachsenden Bäume immer größer werden – gleichsam als Anklage gegen die Treulosigkeit des Geliebten –, ist damit unter normalen Bedingungen unrealistisch. Auch Oenone scheint die Problematik zu empfinden, da sie ausdrücklich darum bittet, daß die Bäume „gerade" wachsen mögen (epist. 5,23–4): *et quantum trunci, tantum mea nomina crescunt. / Crescite et in titulos surgite recta meos.* Die Szenerie erinnert an Vergils zehnte Ecloge, in der der Sprecher seiner Geliebten Lycoris das bukolische Leben ausmalt. Auch dort wachsen die eingeritzten Liebesschwüre mit dem Baum, dokumentieren aber nicht die Ansprüche gegen den Geliebten, sondern symbolisieren die sich steigernde Liebe, Verg. ecl. 10,50–4: *Ibo et Calchidico quae sunt mihi condita versu / carmina pastoris Siculi modulabor avena. / certum est in*

caput Euxino de mare vertet iter [...], *quam quisquam vestrum, qui me doluistis ademptum, / arguat ingratum non meminisse sui.*

548 Diese gleichsam ‚natürliche' Gefährdung des in der Rinde verewigten Treueschwurs ist in der Forschung bisher selten berücksichtigt worden, vgl. z. B. Spoth (1992) 150: „Die Baumstämme bewahren Oenones Namen, von Paris eingeritzt, und lassen ihn immerfort wachsen" und Ramsby (2006) 280 (die den lateinischen Text mißversteht). Die Ineffektivität solcher elegischer, in Baumrinde geritzter Inschriften betont dagegen Hardie (2002) 121–8 und Kruschwitz (2010) 57. Eine mögliche, allerdings bei dem entscheidenden Wort *ramus* textkritisch umstrittene Parallele bietet ein Gedicht des Florus, bei dem das Wachsen der Liebe möglicherweise mit dem durch das Wachsen des Baumes bewirkten Verschwinden der eingeritzten Buchstaben gekoppelt ist (*ramus implet litteras*, s. u. Anm. 549).

silvis inter spelaea ferarum / malle pati tenerisque meos incidere amores / arboribus: crescent illae, crescetis amores.[549]

Der Wunsch nach möglichst großen Buchstaben findet sich auch in den Tristien, dort allerdings, da es sich um einen monumentalen Kontext handelt, ohne das Element des Wachsens. Der exilierte Dichter bittet seine Frau, das von ihm imaginierte Epitaph so einmeißeln zu lassen, daß selbst ein vorübergehender Wanderer den Text leicht lesen könne (trist. 3,3,71–2: *quosque legat versus oculo properante viator, / grandibus in tumuli marmore caede notis*, s. dazu oben S. 53 und 110–9). Das darin ausgedrückte Streben nach möglichst großem Publikum kann allerdings nicht der Grund für Oenones Äußerung sein. Die Inschrift mit ihrem Namen befindet sich wie das Graffito in Properz 1,18 in einem abgelegenen Waldgebiet, so daß die Zahl ihrer Leser durch eine Vergrößerung der Buchstaben nicht wesentlich erhöht werden kann. Auch deutet nichts darauf hin, daß die Nymphe in der Vergangenheit mit den Abmessungen des Graffito unzufrieden war. Entscheidend scheint hier vielmehr der Gedanke des natürlichen Wachstums zu sein: Ohne menschliches Zutun möge sich der Name ‚Oenone' vergrößern und so ihren ‚natürlichen' Anspruch auf Paris dokumentieren.[550] Der einst von Paris aus freiem Entschluß eingeritzte Name soll sich selbst durchsetzen und so immer deutlicher an den ursprünglichen Treueschwur erinnern. Dieser von der Nymphe angestrebte Weg, ihre Ansprüche geltend zu machen, verdeutlicht zugleich die Passivität, zu der sich Oenone verurteilt sieht. In der Tat sind Oenone und Helena die einzigen Personen in Ovids Werk, die eine fiktive, nicht von ihnen verfaßte Inschrift kommentieren und deshalb keinen Einfluß mehr auf deren Gestaltung nehmen können.[551] In

[549] Ein ähnlicher Gedanke möglicherweise auch bei P. Annius Florus 3 FLP = AL 248 R.: *Quando ponebam nouellas arbores mali et piri, / cortici summae notaui nomen ardoris mei. / Nulla fuit exinde finis uel quies cupidinis; / crescit arbor, gliscit ardor, ramus implet litteras.* Statt des überlieferten *ramus*, das Riese (1869) und Shackelton Bailey (1982) in den Haupttext der Anthologia Latina übernehmen, konjizierte Peerlkamp *animus*, das u.a. von Courtney akzeptiert wurde. Courtney (1993) 379 verweist zwar auf Ovids Oenonebrief als mögliche Parallele, stellt jedoch fest: „*ramus* is odd (we expect *truncus*)."

[550] S. dazu auch Lausberg (1982) 335: „Die Berufung auf eine ‚Inschrift' statt auf einen nur mündlichen Schwur soll der Beteuerung ‚urkundlichen' Rang und damit der Klage der verlassenen Geliebten mehr Gewicht geben."

[551] Der Gott Mars betrachtet in den Fasti die Inschrift am Tempel auf dem Augustusforum wohlwollend, kommentiert diese aber nicht.

beiden Fällen werden die Inschriften von Paris angebracht, der auf diese Weise eine geliebte Frau für sich zu gewinnen hofft. Die Besonderheit dieser Situation zeigt sich auch im Folgenden: Nur Paris benutzt in der römischen Elegie das Medium ‚Aufschrift' zur unmittelbaren Kommunikation, und nur in seinem Fall antworten die Angesprochenen darauf. Allerdings zeigt sich in beiden Fällen, daß die durch die Inschrift geweckten Erwartungen nicht zu halten sind. Die Liebe, die der Trojaner schriftlich zusichert, bleibt nicht so lange bestehen, wie von der Geliebten erhofft. Hier relativiert also der übrige Teil der Elegie, aus der wir die entsprechenden Informationen erhalten, die Inschriften, die Paris anbringt.[552]

In diesem Zusammenhang ist von Bedeutung, daß in den Heroides, wie überhaupt in den Werken Ovids, eine in Stein gemeißelte Liebeserklärung fehlt. Dies steht in Widerspruch zum archäologischen Befund, wo unzählige Grab- und sonstige Inschriften die Liebe zwischen Eheleuten, zwischen Eltern, Kindern und Verwandten bezeugen. Dieser Mangel ist kein Zufall: Die amourösen Verbindungen, die Ovid beschreibt, sind in der Regel keine regulären Ehen und können daher nicht auf offiziellen Monumenten verewigt werden.[553] In ihrer Vergänglichkeit und Gefährdung stimmen die

[552] Eine weitere ironische Wendung ergibt sich daraus, daß Oenone nach den Erotica Pathemata des Parthenios später selbst Paris im Stich lassen wird: Als Paris im Kampf um Troja eine schwere Wunde davonträgt und Oenone durch einen Boten bitten läßt, zu ihm zu kommen und ihn zu heilen, lehnt sie zunächst ab. Als sie sich später doch auf den Weg macht, ist Paris bereits gestorben (Erotica Pathemata 4,175[v]). S. dazu Drinkwater (2007) 377–9 und den Partheniosкommentar von Lightfoot (1999) ad loc. Die Kommunikation zwischen Oenone und Paris versagt hier unabhängig von dem verwendeten Medium. Paris' eingeritzte Liebesschwüre garantieren keine dauerhafte Beziehung, Oenones Brief führt nicht dazu, daß Paris zu ihr zurückkehrt, und dem Boten, den Paris schließlich mit einer mündlichen Botschaft sendet, gelingt es zu spät, Oenone zur Hilfeleistung zu bewegen. Daran ändert auch die Tatsache nichts, daß die Kommunikation auf immer direkterem Weg stattfindet: Auf die Inschriften, die Paris an Bäumen anbringt, und die Oenone nicht direkt anreden, antwortet Oenone mit einem direkt an Paris adressierten Brief. Die nächste Kontaktaufnahme von Paris und Oenone erfolgt schließlich nicht mehr über die Schrift, sondern durch eine von einem lebenden Boten übermittelte Nachricht.

[553] Für legale, auf historischen Inschriften verewigte Beziehungen bieten die griechischen und lateinischen Epitaphe zahllose Beispiele. In der lateinischen Dichtung läßt sich die von Marcia gewünschte Grabinschrift *Catonis Marcia* (Lucan. 2,343–5) vergleichen, mit der ihre Stellung als rechtmäßige Ehefrau Catos dokumentiert werden soll, die durch ihre vorübergehende, von Cato arrangierte Hochzeit mit Hortensius gefährdet war: *liceat tumulo scripsisse ‚Catonis / Marcia' nec dubium*

Graffiti zudem zu den gefährdeten und unsicheren elegischen Liebesbeziehungen, die sie bezeugen sollen. So deutet in den Heroides schon die Art der von Paris gewählten Inschrift an, daß der Leser hier nicht dem epischen Helden Homers, sondern einem elegischen Liebhaber begegnet.[554]

Ov. epist. 17,87–8 (Liebe zu Helena)

Auch das dritte Beispiel aus der Gruppe der Graffiti und Dipinti stammt aus den Heroides und ist in die Liebesabenteuer des Paris eingebunden. In ihrem Brief an Paris (epist. 17) erinnert sich Helena, wie dieser, als er von ihr selbst und ihrem Mann Menelaos zum Gastmahl empfangen wurde, mit Wein eine Liebesbotschaft auf den Tisch zeichnete und so die verhängnisvolle Liaison anknüpfte, die den trojanischen Krieg entfachen sollte. Mit ihrem Brief antwortet Helena auf ein Schreiben des Paris (epist. 16), in dem er ihr, während er noch als Gast in Sparta weilte, seine Liebe ausführlich gestanden und die Hintergründe (vor allem das „Parisurteil") dargelegt hatte.[555] Er hatte ihr Treue geschworen und ihr versichert, er habe ihretwegen auf Königreiche und die von Pallas Athene verheißene *virtus* verzichtet (epist. 16,153–68). Er stamme von illustren Ahnen ab und könne ihr in Troja Reichtümer bieten, die sie in Sparta entbehren müsse (epist. 16,173–214). Es folgt eine Beschreibung des Gastmahls, bei dem Paris habe mit ansehen müssen, wie Menelaos Helena umarmte und küßte.[556]

longo quaeratur in aevo / mutarim primas expulsa an tradita taedas. Umgekehrt stellt Dido in ihrem Brief an Aeneas fest, daß sie wegen ihrer Beziehung zu Aeneas nicht als *Elissa Sychaei* auf ihrem Grabstein erscheinen werde (Ov. epist. 7,193: *Nec consumpta rogis inscribar ‚Elissa Sychaei'*). Der Sprecher der Tristien und der Epistulae ex Ponto richtet zwar mehrere elegische Briefe aus dem Exil an seine Ehefrau, faßt seine Zuneigung aber nicht in eine (fiktive oder imaginierte) Inschrift, sondern äußert sie durch direkte Anreden oder schmeichelhafte Vergleiche. In der Grabinschrift, die er für seine eigene Ruhestätte entwirft, wird die Ehefrau nicht erwähnt.

554 S. dazu Ramsby (2007) 127.

555 Zu Ovids Quellen für die in dem Briefpaar dargestellten Ereignisse s. Jacobson (1968).

556 Diese Klagen entsprechen den Beschwerden des elegischen Liebhabers in am. 1,4,1–6: *Vir tuus est epulas nobis aditurus easdem: / ultima cena tuo sit, precor, illa viro. / Ergo ego dilectam tantum conviva puellam / adspiciam? tangi quem iuvet, alter erit, / alteriusque sinus apte subiecta fovebis? / Iniciet collo, cum volet, ille manum?*

Unter verschiedenen Vorwänden habe er, Paris, damals versucht, ihr seine Liebe mitzuteilen (epist. 16,215–62). Nach weiteren Klagen bittet Paris Helena darum, ihn heimlich in ihr Bett aufzunehmen, stellt ihr die Gunst der Venus vor Augen und behauptet, Menelaos habe zwar nicht mit Worten, aber doch durch Taten dem Ehebruch zugestimmt, indem er nach Kreta gereist sei (epist. 16,262–320). Schließlich stellt er ihr die gemeinsame Flucht nach Troja vor Augen und erbietet sich, die Schuld für den Raub auf sich zu nehmen, um ihren guten Ruf zu schonen. Es folgt eine Beschreibung ihrer erhofften Ankunft in Troja und die Versicherung, die Griechen würden wegen des Brautraubes sicher nicht zu den Waffen greifen. Falls dies aber doch geschähe, würden die Trojaner sie besiegen. Auch er selber werde unter den Kämpfern sein. Ein solcher Krieg werde schließlich auch ihr bleibenden Ruhm sichern. Sie möge sich daher entschließen, ihm zu folgen (epist. 16,321–78).

Auf die Darlegungen des Paris antwortet Helena im 17. Heroidesbrief zunächst mit einem Protest, der sich gegen die Kühnheit des Gastfreundes richtet. Allerdings sei sein Verhalten durch die Liebe entschuldigt. Ihre eigene Freundlichkeit dürfe aber nicht als Aufforderung zum Ehebruch mißverstanden werden. Auch ihr Haus könne auf illustre Ahnen zurückblicken und sei nicht auf die Reichtümer Trojas angewiesen. Wenn sie ihm folgen solle, so müsse er selbst, nicht sein Besitz, den Ausschlag geben. Die erwünschtesten Geschenke seien die, die durch den Geber kostbar würden. Noch mehr sei es freilich wert, daß er ihretwegen Mühen und eine weite Seereise auf sich genommen habe (V. 67–74). Auch sein jetziges Verhalten beim Mahl nehme sie genau wahr, auch wenn sie es sich nicht anmerken lasse: die Art, wie er sie anschaue, seine Seufzer und sein Bestreben, aus demselben Becher zu trinken wie sie. Die geheimen Zeichen, die er mit den Fingern oder mit den Augenbrauen gegeben habe, habe sie oft bemerkt und dabei gefürchtet, er könne von Menelaos ertappt werden (V. 75–84). ‚Dieser empfindet keine Scham vor irgendetwas', habe sie oft geflüstert, wenn Paris Kontakt mit ihr aufnahm, und oft habe sie auf der Tischplatte ihren mit Wein geschriebenen Namen und darunter das Wort *amo* gelesen. Daran habe sie zwar nicht glauben wollen, doch habe sie auf diese Weise die geheimen Verständigungsmöglichkeiten gelernt. Wenn sie einen Fehltritt hätte begehen wollen, wäre ihr Herz durch diese Schmeicheleien eingenommen worden. Der Liebesschwur lautet im Kontext (epist. 17,85–92):

Saepe vel exiguo vel nullo murmure dixi:
‚Nil pudet hunc', nec vox haec mea falsa fuit.
Orbe quoque in mensae legi sub nomine nostro,
quod deducta mero littera fecit, ‚amo'.
Credere me tamen hoc oculo renuente negavi:
Ei mihi! iam didici sic ego posse loqui!
His ego blanditiis, si peccatura fuissem,
flecterer, his poterant pectora nostra capi.

Die Vorgehensweise des Trojaners entspricht den Ratschlägen, die Ovid einem geschickten Liebhaber in der Ars amatoria erteilt.[557] Das Eingeständnis Helenas *his ego blanditiis* [...] *poterant pectora nostra capi* scheint schließlich die Aussagen des Liebeslehrers über die Effektivität der Listen zu bestätigen (ars 1,269–70: *prima tuae menti veniet fiducia, cunctas / posse capi: capies, tu modo tende plagas*). Das Mahl, an das sich Paris und Helena in ihren Briefen erinnern, ist damit von Anfang an in einen elegischen Kontext gestellt. Dem entsprechen auch die von Paris gewählten Bezeichnungen *vir* für Menelaos (epist. 16,129) und *puella* für Helena (epist. 16,198; in epist. 17,39 bezeichnet Helena sich selbst als *puella*).[558] Dazu paßt, daß von der Inschrift nur der Begriff *amo* wiedergegeben wird. Entsprechend den von Ovid gegebenen Ratschlägen werden auch die „Materialien" der Inschrift gewählt. Statt der Geliebten etwa ein Schreibtäfelchen mit geheimen Botschaften zuzustecken,[559] ver-

557 Ars 1,569–76: *Hic tibi multa licet sermone latentia tecto / dicere, quae dici sentiat illa sibi, / blanditiasque leves tenui perscribere vino, / ut dominam in mensa se legat illa tuam, / atque oculos oculis spectare fatentibus ignem: / saepe tacens vocem verbaque vultus habet. / Fac primus rapias illius tacta labellis / pocula, quaque bibit parte puella, bibas.* Dieselben Listen auch in Tib. 1,6,19–20, wo der eifersüchtige Liebhaber den Bewacher seiner *puella* mahnt, er möge achtgeben, daß sie keinen Kontakt mit einem Rivalen aufnehme, *neu te decipiat nutu, digitoque liquorem / ne trahat et mensae ducat in orbe notas.* Zum Fehlen des Graffitos in ep. 16 Fischer (1969) 109.

558 S. dazu Micalopoulos (2006) 51–4.

559 Die Kommunikation mit geheimen Liebesbriefen empfiehlt Ovid ars 1,455–6 (für Männer) und ausführlicher ars 3,469–98. Allerdings ist es in der dort vorausgesetzten Situation die Frau, die Kontakt aufnimmt (ars 3,469: *verba vadum temptent abiegnis scripta tabellis*), wobei die Kommunikation nicht durch die Anwesenheit des rechtmäßigen Ehemanns erschwert wird, sondern durch die räumliche Trennung der Geliebten und die Bewachung, unter der die Frau steht. In diesem Fall muß die Verbindung zur Außenwelt durch schriftliche Nachrichten hergestellt werden, die erprobte Diener des Mädchens niederschreiben und überbringen (ars 3,470: *accipiat missas apta ministra notas*; ars 3,485–6: *ancillae puerive manu perarate tabellas / pignora nec puero credite vestra novo*). Ein vom Mann ausgehender

wendet der versierte Liebhaber die für das Bankett angemessenen, darüber hinaus leicht verfügbaren Grundstoffe (den Tisch als Beschreibstoff, Wein anstelle von Tinte). Paris tut damit genau das, was man ihm im Agamemnon des Aischylos vorgeworfen hatte: Er mißbraucht den gastlichen Tisch, der metaporisch für das Gastrecht insgesamt steht, für seine eigensüchtigen Interessen, die im Frauenraub münden (vgl. Aisch. Ag. 399–402).

Die ungewöhnlichen Schreibmaterialien sind auch deshalb geeignet, weil sie sich nicht nur leicht anwenden, sondern auch im Fall der Gefahr schnell löschen lassen. Sie spiegeln damit den geheimen, vergänglichen und stets gefährdeten Charakter der Liebschaften, die sie anknüpfen. Der mit Wein geschriebene Text ist, anders als öffentliche Inschriften, wegen seiner Kurzlebigkeit nicht selbst Träger und Bewahrer der Erinnerung, sondern nur ein Mittel zur Kontaktaufnahme. Damit diese gelingt, muß Paris vor allem dafür sorgen, daß Helena seine Annäherungsversuche in bleibender Erinnerung behält. Dies erreicht er, wie sich aus Helenas Antwortschreiben ergibt, unter anderem durch die für Helena neuartige Art der Kommunikation: Obwohl sie sich zunächst weigert, dem Liebesschwur Glauben zu schenken, räumt sie doch ein, daß sie durch Paris' heimliche Zeichen eine neue Art der Kontaktaufnahme „gelernt" und damit verinnerlicht habe (epist. 17,89–90). Die eigentlich in die Welt des Epos gehörende Helena ist damit unfreiwillig zur elegischen Liebesschülerin geworden. Paris dagegen, der seit Homer ebenfalls der Welt des Epos angehört, hatte sich schon in einem früheren Heroidesbrief (epist. 5) als elegischer Liebhaber erwiesen.[560] Für ihn, anders als für Helena, sind

Briefwechsel liegt dagegen in am. 11 und 12 vor, wobei auch hier die Vermittlung durch eine verschwiegene Dienerin geschieht (am. 1,11,2–4: *Nape / [...] ministeriis furtivae cognita noctis / utilis et dandis ingeniosa notis*).

560 Der Brief der Oenone, in dem Paris zum ersten Mal als elegischer Liebhaber gezeichnet wird, steht in der Heroidessammlung vor dem Briefwechsel zwischen Paris und Helena in Sparta. In der mythischen Chronologie dagegen geht das Briefpaar dem Schreiben der Oenone voraus, da diese ausdrücklich die Ankunft von Paris und Helena in Troja erwähnt (epist. 5,63–74). Dies schließt jedoch nicht aus, daß sich Helena andererseits an die Liebesbeziehung von Oenone und Paris „erinnert": Sie habe Nachforschungen betrieben und kenne seine Untreue gegenüber der früheren Partnerin (epist. 17,195–8). Wie sie die Informationen erhalten hat, wird aus dem Text nicht deutlich, so daß der Leser den Eindruck gewinnen kann, Helena habe, ebenso wie er selbst, die Heroidesbriefe studiert. Es handelt sich hier um ein raffiniertes intertextuelles Spiel, das Ovids Freude an überraschenden Wendungen zeigt. Dazu MICALOPOULOS (2006) 36–42. Die

die typisch elegischen Verhaltensweisen in epist. 16 daher nicht mehr „neu“: Er kann selbst als Lehrmeister fungieren.[561] Allerdings sind seine Kommunikationsversuche beim Gastmahl zunächst nicht von Erfolg gekrönt. Helena nimmt sie zwar wahr und erkennt auch ihren erotischen Inhalt, kann aber nach eigenem Bekunden die auf den Tisch gezeichnete Botschaft [*Helenam*] *amo* nicht glauben und gibt dies Paris durch einen stummen Blickkontakt zu verstehen, epist. 17,89: *Credere me tamen hoc oculo renuente negavi.* Überhaupt werden die geheimen Botschaften, die die Protagonisten austauschen, von beiden unterschiedlich gewertet: GLÜCKLICH (1999) 170 sieht darin eine Kette von Mißverständnissen, die durch Angst verursacht seien und so die Kommunikation störten: „Angst bewirkt auch Mißverständnisse: Die Zeichen des Paris beim Essen und Trinken wertet Helena als unverschämt, Paris als unumgänglich. Die Reaktion Helenas wertet Paris als Weiden an seinen Qualen, Helena erklärt sie mit ihrer Angst vor Entdeckung ihrer Gefühle (81–85).“ Der Text spricht jedoch nicht davon, daß Helena sich vor der Entdeckung ihrer eigenen Gefühle fürchte, sondern nur von ihrer Sorge, Menelaos könne Paris' wenig verhüllte Annäherungsversuche bemerken.[562] Ein ausführlicher Kontakt, bei dem Helena schließlich einer erotischen Liaison nicht mehr abgeneigt scheint, entwickelt sich erst aufgrund des von Paris verfaßten Briefs (epist. 16), auf den Helena in gleicher Weise antwortet. Vergleicht

Übertragung des Raubs der Helena vom epischen in einen elegischen oder epigrammatischen Kontext ist auch bei anderen Autoren zu finden, s. z.B. Martial 12,52, wo das Dreiecksverhältnis von Paris, Menelaos und Helena in einer literarischen Grabinschrift auf einen gewissen Rufus erscheint und mit dem für die elegische Liebesdichtung typischen Begriff *amores* beschrieben wird. Zu dem in der Forschung umstrittenenen Epigramm s. SCHMITZ (2005).

561 Die Präsentation des Paris als elegischer Liebhaber wird dadurch erleichtert, daß er schon in der Ilias als ein Mann geschildert wird, der eher für Liebesabenteuer als für den Krieg geeignet ist, s. Hom. Il. 3,390–4 (Aphrodite, die Paris eben aus dem Zweikampf mit Menelaos gerettet und in das Gemach der Helena versetzt hat, vergleicht ihn mit einem festlich gekleideten Mann, der zum Tanz geht oder sich vom Tanz ausruht).

562 Epist. 17,81–4: *A! Quotiens digitis, quotiens ego tecta notavi / signa supercilio paene loquente dari! / et saepe extimui ne vir meus illa videret, / non satis occultis erubuique notis.* Die Ahnungslosigkeit des Menelaos, der die offenbar kaum verheimlichten Winke und selbst die Schrift auf dem Tisch nicht bemerkt, erinnert an die Naivität des in am. 2,19 beschriebenen *vir,* der seine Frau selbst in die Arme des Nebenbuhlers treibt (und ihn zu der Klage veranlaßt, daß die Affäre dadurch an Reiz verliere).

man die vom „Liebeslehrer“ in der Ars amatoria erteilten Hinweise, so zeigt sich, daß Paris’ geheime Zeichen beim Gastmahl tatsächlich verfrüht sind. Der erste Kontakt, so hatte der *praeceptor amoris* geraten, solle durch Briefe hergestellt werden (ars 1,455–6: *ergo eat et blandis peraretur littera verbis, / exploretque animos primaque temptet iter*). Erst später empfiehlt er den Kontakt durch geheime Zeichen beim Gastmahl (ars 1,565–78). Helena selbst weist Paris am Ende ihres Antwortbriefs auf sein überstürztes Handeln hin, als sie seine Bitte um ein Treffen unter vier Augen ablehnt und stattdessen einen Kontakt über ihre Vertrauten Clymene und Aethra vorschlägt.[563] Auch dies entspricht den Anweisungen der Ars amatoria, wo ebenfalls der Kontakt durch vertraute Dienerinnen der unmittelbaren Begegnung beim Gastmahl vorausgeht (ars 1,351–98).[564] Daß die Inschrift nicht effektiv wirken kann, hängt hier also nicht von den unmittelbaren Umständen beim Gastmahl ab (z.B. von der Frage, ob Paris den Schriftzug unbemerkt anbringen und Helena ihn unbemerkt lesen kann), sondern von den „Regeln“ des Liebeswerbens, die eine erotische Kontaktaufnahme beim Gastmahl erst zu einem späteren Zeitpunkt vorsehen. Obwohl die Verwendung der Schrift als Kommunikationsmittel und die knappe Formulierung [*Helenam*] *amo* Parallelen zu „Inschriften“ suggerieren, ist die Situation also nicht direkt vergleichbar. Der Schriftzug ist weder auf Dauer angelegt, noch darauf, die räumliche oder zeitliche Trennung von Sender und Empfänger (die bei der inschriftlichen Kommunikation typische ‚Zerdehnung‘ s. oben S. 30) zu überbrücken. Der mit Wein gezeichnete Liebesschwur, bei der Paris in der ersten Person schreibt, ist einerseits eine Steigerung der

[563] Epist. 17,261–8: *Quod petis, ut furtim praesentes ista loquamur, / scimus, quid captes colloquiumque voces; / sed nimium properas, et adhuc tua messa in herba est: / haec mora sit voto forsan amica tuo. /* [...] */ cetera per socias Clymenen Aethramque loquamur, / quae mihi sunt comites consiliumque duae.*

[564] Ob der Vorschlag der Helena tatsächlich bedeutet, „that Helen gives up letter-writing as a means of communicating with Paris and proposes an alternative method via her attendants“ (Micalopoulos [2001] 356), geht aus dem Text nicht mit Sicherheit hervor: Vertraute Dienerinnen werden in der Ars amatoria und den Amores sowohl als Überbringerinnen mündlicher Botschaften als auch von Briefen erwähnt, s. z.B. die oben besprochene Rolle der Nape in Ov. am. 1,11. Auf der Ebene der Handlung bedeuten die Verse also zunächst nur, daß Helena einen indirekten Kontakt dem persönlichen Gespräch unter vier Augen vorzieht. Für den Leser der Heroides kann die Aufforderung, sich in Zukunft auf Helenas Vertraute zu verlassen, jedoch auch einen Hinweis darauf geben, daß auf den Briefwechsel kein weiteres Schreiben folgen wird (s. Micalopoulos [2001] 356–7).

mündlichen Kommunikation beim Gastmahl, bei dem er wegen der Anwesenheit des Menelaos seine Zuneigung nur durch das Erzählen von Liebesgeschichten Dritter andeuten konnte.[565] Andererseits stellt der Schriftzug jedoch nur einen unbefriedigenden Ersatz für das direkte mündliche Geständnis dar, das Paris sich wünscht (s. epist. 16,283), das aber in der Öffentlichkeit nicht möglich ist. Wie die mündliche Kommunikation kann die mit Wein gezogene Schrift nur wirken, wenn Sender und Empfänger zur gleichen Zeit am gleichen Ort sind, und wie bei der mündlichen Kommunikation ist darauf zu achten, daß sie zu einem dem Stand der Beziehung angemessenen Zeitpunkt eingesetzt wird. Der Schriftzug des Paris stellt damit einen Sonderfall dar, der trotz seiner elegischen Präsentation nicht ohne weiteres mit anderen in Elegien eingefügten Inschriften zu vergleichen ist.

4.4.2 Graffiti, Dipinti und sonstige Inschriften auf frühere Ereignisse

Die bisher untersuchten Graffiti und Dipinti werden auf fragilem Material angebracht, sind situationsgebunden und dienen vor allem aufgrund der Erzählperspektive (das gegenwärtige Erleben des Sprechers steht im Vordergrund) nicht als Zeugen einer fernen Vergangenheit. In den Fasti findet sich daneben ein Beispiel, in dem ein Grenzstein (möglicherweise mit einer Inschrift oder einer Markierung) die Gedanken des Sprechers auf eine provisorische, mit Blut geschriebene Nachricht lenkt, die in ferner Vergangenheit verfaßt wurde und seitdem schaurige Berühmtheit erlangt hat. Diese ist aber nicht selbst erhalten und ihr Inhalt wird durch den Grenzstein auch nicht vorweggenommen. Es handelt sich um eine komplexe Form der „Wissensvermittlung", deren Analyse interessante Aufschlüsse über das Verhältnis von Elegie und darin enthaltener Inschrift sowie von Literatur und Monument verspricht.

[565] Epist. 16,243–6: *A! quotiens aliquem narravi potus amorem, / ad vultus referens singula verba tuos, / indiciumque mei ficto sub nomine feci! / ille ego, si nescis, verus amator eram.*

Ov. fast. 2,665 (auf den Sieg des Othryades / Fest des Terminus)

Im zweiten Buch der Fasti berichtet der Sprecher am Fest des Terminus (23. Februar) von den segensreichen Eigenschaften des Gottes: Er grenzt Grundstücke ab und sorgt damit für Frieden unter den Nachbarn. Zu dem Fest, das die Anwohner an diesem Tag ausrichten, gehört neben einem feierlichen Mahl auch ein Lobgesang auf Terminus, den der Dichter wörtlich wiedergibt: Der Gott werde nicht von Eifersucht beherrscht und könne auch durch Gold nicht bestochen werden. Wenn er damals die (zwischen Spartanern und Argivern umstrittene) Region Thyreatis abgegrenzt hätte, wären nicht dreihundert Kämpfer getötet worden und man hätte nicht den Namen des Othryades auf den aufgehäuften Waffen gelesen (fast. 2,663–5: *si tu signasses olim Thyreatida terram, / corpora non leto missa trecenta forent, / nec foret Othryades congestis lectus in armis*). Die Erzählung vom Entscheidungskampf zwischen dreihundert Spartanern und Argivern wird in der antiken Literatur häufig erwähnt.[566] Diesen Berichten zufolge überlebte Othryades als einziger Spartaner den Kampf, während zwei Argiver, Alkenor und Chromios, am Leben blieben und nach Hause eilten, um den Sieg zu melden. In der Zwischenzeit jedoch bemächtigte sich Othryades der Rüstungen der Gefallenen und beanspruchte den Sieg für sich.

Während er nach der Version Herodots (Hdt. 1,82) die Beutestücke ins Lager trug, errichtete er nach anderer Fassung, der auch Ovid folgt, aus den Rüstungen ein Tropaion und brachte darauf mit seinem eigenen Blut eine Siegesinschrift an. Dieses Detail, das bei Herodot nicht vorkommt und wohl eine spätere Ausschmückung darstellt, wurde in der bildenden Kunst (s. dazu Guépin [1966]), aber auch bei den Rednern und besonders in der lateinischen Literatur zum beherrschenden (manchmal sogar einzig bekannten) Element der Überlieferung, das zur Illustration typisch spartanischer Tapferkeit und Opferbereitschaft diente.[567] Über den

[566] Einen Überblick über die Quellenlage und die verschiedenen Fassungen bietet die ältere Untersuchung von Kohlmann (1874), vgl. ergänzend jetzt Ceccarelli (2015) zu Chrysermos. Folgt man Herodot als dem ältesten Zeugnis, so dürfte die Schlacht kurz vor 547 v. Chr. stattgefunden haben. Die spätere Tradition, die u. a. von Ephoros, BNJ 70 F 114 = Strabo 12,3,21; Plutarch, Apophth. Lac. 231E, Pausanias 3,7,5 und Solinus 7,9 vertreten wird, verlegt den Zeitpunkt dagegen ins 8. Jahrhundert v. Chr., s. dazu Robertson (1992) 181–4.

[567] Die Blutinschrift erscheint z. B. in einem Fragment aus dem dritten Buch der Peloponnesiaka des Historikers Chrysermus (dessen zeitliche Einordnung

genauen Wortlaut der Inschrift erhalten wir in den Fasti keinen sicheren Aufschluß. In dem entscheidenden Vers *nec foret Othryades congestis lectus in armis* bezieht sich das Partizip *lectus* auf die Person des Othryades und erst indirekt auf die von ihm angebrachte Inschrift. Die Wortwahl zeigt, daß der Eigenname nach der Vorstellung des Sprechers auf den Waffen zu lesen war, und legt als Kasus den Nominativ nahe, schließt aber andere Kasus nicht grundsätzlich aus. Es handelt sich um einen Grenzfall, bei dem sich nicht klar erkennen läßt, ob es sich um eine vollständige wörtliche Wiedergabe der Inschrift (der Name im Nominativ auf einem Tropaion wäre als improvisierte Siegesnachricht durchaus ausreichend), um ein wörtliches Zitat eines Inschriftenteils oder um eine Umschreibung der Inschrift handelt.

Tatsächlich herrscht in der antiken Literatur keine Einigkeit über den Wortlaut der Inschrift. In einem Fragment des Historikers Chysermos lautet die Inschrift Διὶ τροπαιούχῳ (BNJ 287 F 2a = FrGrH Ps-Plut. parall. min. 3A = Moralia 306 A–B = MÜLLER FGrH 4,361,2). Der bei Stobaios fragmentarisch überlieferte Bericht des Geschichtsschreibers Theseus dagegen gibt als Wortlaut Λακεδαιμόνιοι κατ' Ἀργείων an. In einem Scholion zu Stat. Theb. 4,48, wo das Tropaion von den Männern des Othryades errichtet, die Buchstaben aber von ihm selbst geschrieben werden, ist der Text der Inschrift unverständlich, dazu KOHLMANN (1874) 479 und (1876) 302–4.[568]

umstritten ist). Stobaios (Florileg. 7,67 = MUELLER FrGrH 4,519,3 = JACOBY FGrH 3A, 385 = BNJ 287 F 2b) berichtet ebenfalls von der Blutinschrift und führt seine Angaben auf den Geschichtsschreiber Theseus zurück, dessen Lebenszeit jedoch unbekannt ist. Der Bericht bei Suidas ist dagegen wahrscheinlich eine Interpolation, s. KOHLMANN (1874) 470. In der römischen Literatur erscheint die Othryadessage sowohl bei den Rednern (s. z.B. Seneca d.Ä. suas. 2,16: *Gargonius dixit: Othryades, qui perit, ut falleret, revixit, ut vinceret. Licinius Nepos: eius exemplo vobis etiam mortuis vincendum fuit. Antonius Atticus inter has pueriles sententias videtur palmam meruisse; dixit enim: Othryades paene a sepulcro victor digitis vulnera pressit, ut tropaeo Laconem inscriberet. o dignum Spartano atramentum, o virum, cuius ne litterae quidem fuere sine sanguine! Catius Crispus, municipalis orator, cacozelos dixit post relatum exemplum Othryadis: aliud ceteros, aliud Laconas decet; nos sine deliciis educamur, sine muris vivimus, sine vita vincimus*), als auch in der Anekdotensammlung des Valerius Maximus (z.B. Val. Max. 3,2 ext. 4: *Othryadae quoque pugna pariter ac morte speciosa Thyreatium laude quam spatio latius solum cernitur. qui sanguine suo scriptis litteris dereptam hostibus uictoriam tantum non post fata sua in sinum patriae cruento tropaei titulo retulit*).

568 Eine instruktive Parallele aus dem römischen Bereich bietet Ps.-Plutarch Parallela minora 3B unter Berufung auf das 3. Buch der italischen Geschichte des Aristides

In den meisten Überlieferungssträngen hat die Tat des Othryades einen positiven Klang, was sich auch darin zeigt, daß er oft in einem Atemzug mit Leonidas genannt wird.[569] In seinem Bericht über den ersten punischen Krieg etwa schildert Florus die Heldentaten des Konsuls Calpurnius Flamma. Diese seien mit denen des Leonidas und anderer griechischer Heerführer zu vergleichen, *licet nihil scripserit sanguine* (1,18,13–4). Die anhaltende Faszination der grausigen Inschrift zeigt sich möglicherweise auch in Silius Italicus' Punica, wo der römische Soldat Solymus, der kurz vor der Schlacht von Cannae durch eine tragische Verwechslung im Dunkel der Nacht seinen Vater getötet hat, aus Verzweiflung Selbstmord begeht und, entsetzt über das unheilvolle Omen, sterbend auf seinem Schild die mit eigenem Blut geschriebene Warnung *fuge proelia, Varro* hinterläßt (Sil. 9,174–5). Es ist nicht unwahrscheinlich, daß sich Silius von der Othryadesgeschichte anregen ließ, die er aufgrund ihrer Beliebtheit in Rom leicht kennen konnte (diese Vermutung schon bei Kohlmann [1874] 480 und wieder bei Spaltenstein [1990] 18). Neutrale Berichte wie der Strabos (8,376), der die Schlacht nur kurz im Zusammenhang mit den zwischen Argos und Sparta umstrittenen Gebieten erwähnt, ohne auf die Inschrift einzugehen, sind dagegen selten. Auch Kritik an dem Helden ist oft nur indirekt faßbar, wie in dem oben (Anm. 567) zitierten Kommentar des Seneca Rhetor, der einen Ausspruch des Antonius Atti-

von Milet (= Plut. Moralia 306BC = BNJ 286 F 3). Dort schreibt der römische Feldherr Misunius Amblirenus (nach anderer Überlieferung Spurius Postumus) nach der demütigenden Niederlage bei den Caudinischen Pässen die Inschrift Ῥωμαῖοι κατὰ Σαμνιτῶν Διὶ τροπαιούχωι, offenbar eine Kombination aus den verschiedenen für die Inschrift des Othryades überlieferten Formulierungen, s. dazu Schlereth (1931) 21. Zum Epitheton s. Preisendanz, K.: Roscher V (1916) 1265 s.v. *Tropaiouchos*.

569 Eine spartanerfreundliche Variante der Sage macht Othryades wie Leonidas zum Feldherrn der Spartaner (s. außer Chrysermos bei Ps.-Plutarch auch Strabo 8,376, zur Bedeutung dieser Zuschreibung für die Rekonstruktion der Überlieferung van der Valk [1963] 401–3) oder läßt ihn nach der Schlacht Selbstmord begehen, weil er sich schämte, als einziger Überlebender heimzukehren (der Bericht über den Selbstmord findet sich schon bei Herodot, 1,82, vgl. A.P. 7,526 [Nikander von Kolophon]). Nach einer argivischen Tradition dagegen wurde Othryades schließlich vom Sohn des Alkenor getötet, s. die von Pausanias (20,7) beschriebene Statuengruppe im Theater von Argos, die das Ereignis darstellte. In der Anthologia Palatina wiederum sind Grabepigramme für die Gefallenen des Kampfes überliefert, denen zufolge, ähnlich wie bei der Schlacht an den Thermopylen, keiner der Kämpfer die Schlacht überlebte (A.P. 7,244 und 721).

cus (*O dignum Spartano atramentum, o virum, cuius ne litterae quidem fuere sine sanguine*) als den gelungensten in einer Reihe „kindischer Bonmots" über Othryades zitiert.

In dem in den Fasti geschilderten Festgesang zeigt sich eine noch distanziertere Haltung: Die blutige Inschrift hätte erst gar nicht angebracht werden können, wenn es in der umstrittenen Region die unter dem Schutz des am 23. Februar gefeierten Terminus stehenden Grenzsteine gegeben hätte.[570] Auf diese Weise kehrt der Dichter geschickt die traditionelle Deutung der Ereignisse um. Während für die Spartaner selbst und alle, die ‚typisch spartanische' Eigenschaften bewunderten, die Inschrift zum Beweis vorbildlichen Opfermuts geworden war, erscheint sie nun als Symptom einer kriegerischen Epoche, in der Streit, Ehrgeiz und Korruption ständige Gefahren bilden.[571] Von dem Heldenmut, der in dieser Zeit zur Verteidigung der umstrittenen Grenzen nötig war, ist in dieser Fassung keine Rede.[572] Der Gedanke, daß ohne das Wirken des Terminus Haß und Streit herrschen würden, kehrt die traditionelle Vorstellung um, nach der das Fehlen von Grenzsteinen gerade das Kennzeichen des von Frieden und Sicherheit geprägten goldenen Zeitalters sei.[573] Durch die implizite Gegenüberstellung wird die friedliche Atmosphäre der Gegenwart unterstrichen.

Während die Inschrift des Othryades einerseits die Bedeutsamkeit des Terminus für den Leser der Fasti drastisch illustriert, spielt sie andererseits in der Auseinandersetzung um die Bewertung des Kämpfers nur eine untergeordnete Rolle. Schon Othryades selbst

[570] Der Name des Gottes hängt unmittelbar mit der technischen Bezeichnung für den Grenzstein, *cippus terminalis*, zusammen, wodurch für den römischen Leser der Bezug zwischen Terminus und dem unter seinem Schutz stehenden Objekt stets spürbar blieb. Ähnliches findet sich bei zahlreichen abstrakten Namensbildungen für Schutzgottheiten für bestimmte Objekte oder Tätigkeiten.

[571] Vgl. die Beschreibung der Zustände ohne das segensreiche Wirken des Terminus, fast. 2,660–1: *omnis erit sine te litigiosus ager. / nulla tibi ambitio est, nullo corrumperis auro.*

[572] Die Um- oder Abwertung militärischer Tugenden ist für die römische Elegie auch sonst typisch, s. z.B. Prop. 4,1,137–40: *militiam Veneris blandis patiere sub armis / et Veneris pueris utilis hostis eris. / nam tibi victrices quascumque labore parasti, / eludit palmas una puella tuas*; Tib. 1,1,53–6: *Te bellare decet terra, Messalla, marique, / ut domus hostiles praeferat exuvias: / me retinent vinctum formosae vincla puellae, / et sedeo duras ianitor ante fores.*

[573] Vgl. Tib. 1,3,43–4: *non domus ulla fores habuit, non fixus in agris / qui regeret certis finibus arva, lapis,* ähnlich Verg. georg. 1,126 und Sen. Phaedr. 528–9 und bei Ovid selbst am. 3,8,42 und met. 1,136.

verewigt nach der von Ovid erwähnten Fassung seinen Sieg nur deshalb durch eine Inschrift auf der Rüstung, weil er fürchten muß, seinen schweren Verletzungen zu erliegen, bevor Zeugen eintreffen. Auch das Blut, mit dem er die Inschrift anbringt und das in der Sicht seiner Bewunderer seine unübertroffene Tapferkeit beweist, ist in seiner verzweifelten Lage nur ein makabrer Notbehelf. Die Inschrift ist jedenfalls nicht auf Dauer angelegt und dient nur als Ersatz für die mündliche Siegesnachricht, die der Sterbende nicht mehr selbst überbringen kann. Die Geschichte des Othryades wird dann jedoch in erster Linie durch die mündliche Überlieferung und die Literatur, gelegentlich auch durch die bildende Kunst[574] weitergegeben und ausgelegt.

Auch in Ovids Darstellung ist die Inschrift an die mündliche Überlieferung der Festgemeinde gebunden, die den Gott Terminus mit ihrem Lied ehrt. Der blutrünstigen Zeit des Othryades steht das Wirken des Gottes gegenüber, der in dem Lied aufgefordert wird, sich jeder Grenzverletzung entgegenzustellen, indem er den Bauern eine entsprechende Warnung zurufe (fast. 2,677–8: *et seu vomeribus seu tu pulsabere rastris, / clamato ‚tuus est hic ager, ille tuus*‘). Obwohl Terminus am Beginn des Kalendereintrags ausdrücklich mit dem als Grenzmarkierung aufgestellten Stein oder Baumstumpf, d.h. einem stummen Gegenstand, identifiziert wird, soll er seine Aufgabe ‚mündlich‘ ausüben.

Der Gedanke, daß Steine zu den Vorübergehenden ‚sprechen‘, ist schon in der griechischen Epigrammatik häufig anzutreffen. In der Regel liegt die Vorstellung zugrunde, daß ein Wesen (z.B. ein Verstorbener in seinem Grab oder das auf einem Grenzstein dargestellte Tier) das beschriftete Monument nutzt, um mit dem Vorübergehenden Kontakt aufzunehmen. Im Fall des Terminus scheinen im römischen Denken Stein und Gottheit buchstäblich miteinander gleichgesetzt worden zu sein, wie unter anderem die dem Grenzstein dargebrachten Opfer belegen. Ob es sich dabei religionsgeschichtlich um echten Fetischismus handelt, wie meist angenommen wird, oder um die Übertragung einer eigenständigen Gottheit ‚Terminus‘ auf den Grenzstein, ist umstritten und für unser Thema nicht weiter von Belang.[575] Die von Ovid aufgeführten Riten (Dekoration des Grenzsteins mit Girlanden, Spendung von Opferkuchen,

[574] Ob die Statuengruppe, von der Pausanias (20,7) spricht, auch mit einer Inschrift versehen war, ist aus Pausanias' Darstellung nicht zu erkennen.

[575] S. dazu Bömer (1958) 129–30.

Getreide, Bohnen und Wein, Besprengung des Grenzsteins mit dem Blut eines Opfertieres, fast. 2,644–56) sind jedenfalls auch in anderen Quellen bezeugt[576] und sorgen in der außerliterarischen Welt ebenso wie in der literarischen Darstellung Ovids dafür, daß die Wahrung des Grenzverlaufs nicht nur als rechtliche, sondern vor allem als religiöse Pflicht wahrgenommen wird.[577]

Das persönliche Eingreifen des Gottes gegen Grenzverletzer ist daher nur folgerichtig und überlagert hier die Darstellung einer Inschrift, die traditionell zumindest aufwendige Grenzsteine schmückt. Der warnende ‚Aufschrei', der den Sinn der möglichen Inschrift wiedergibt, ist nämlich als Reaktion des Grenzsteins auf die schmerzhafte Berührung mit Pflug und Hacke dargestellt: fast. 2,677–8: *et seu vomeribus seu tu pulsabere rastris, / clamato ‚tuus est hic ager, ille tuus'.* Die Deutung der Markierung als ‚Schrei' und dessen Verknüpfung mit dem spezifischen Augenblick des Anstoßens zeigt, daß die Inschrift primär unter dem Aspekt ihrer Wirkung auf den Rezipienten betrachtet wird. Die Markierungen erwachen erst zum Leben, d.h. entfalten ihre Wirksamkeit, wenn ein geeigneter Rezipient (in diesem Fall ein pflügender Landwirt, der die Ackergrenzen verschieben könnte) nah genug herankommt, um sie wahrzunehmen.[578] Als träte ihnen eine vom Pflug verletzte Gottheit in den Weg, sollen sich die Landarbeiter davor hüten, den Grund und Boden des Nachbarn zu betreten.

Der Nachdruck, den der Dichter auf den ‚Schrei' des Steins legt, läßt freilich auch die Möglichkeit offen, daß es sich bei den Worten *‚tuus est hic ager, ille tuus'* nicht um eine Inschrift, sondern nur um die in dramatische Worte gefaßte Wirkung handelt, die das Anstoßen an den Grenzstein beim betroffenen Landarbeiter auslöst. Daß nicht alle Grenzsteine Inschriften trugen, ist aus der archäologischen Forschung bekannt. In diesem Fall würde sich die Aufforderung *clamato* nicht auf die sprechenden Buchstaben auf dem Stein beziehen, sondern auf das unangenehme Geräusch, das durch den Zusammenstoß zwischen Pflug und Grenzstein erzeugt wird. Die-

[576] S. Hor. epod. 2,59; Dionys. ant. 2,74,2; Plut. qu. R. 15 p. 267C; Plut. Numa 16,2; Tib. 1,1,11–2.

[577] Zu den Hintergründen des Terminalia-Festes vgl. RADKE (1995) und WOODARD (2002).

[578] Über die Art solcher Markierungen, bei denen es sich nicht nur um Texte, sondern auch um andere Formen von Kennzeichnungen (etwa in Form des römischen Zahlzeichens X) handeln kann, sind wir unter anderem durch die Schriften der römischen Landvermesser informiert, s. dazu CAMPBELL (2000).

ses macht den Pflügenden auf den Terminusstein aufmerksam, der schon durch sein bloßes Vorhandensein die Grenze markiert.

Die Inschrift des Othryades ist im Zusammenhang des Terminusfestes nicht wegen ihrer Dauerhaftigkeit, sondern wegen der kriegerischen Umstände, unter denen sie entstanden ist, relevant. Beim Terminusfest wird gerade die Tatsache bejubelt, daß die blutige Inschrift, die aus einem Grenzstreit erwachsen ist, in der Gegenwart, unter dem Schutz des Grenzgottes, nicht mehr vorkommen könne. Ausnahmsweise ist hier also gerade die Vergänglichkeit einer in die Elegie eingelegten Inschrift zentral für das Anliegen des Textes. An ihre Stelle tritt einerseits der Grenzstein, andererseits aber auch die mündliche Überlieferung, die die Erinnerung an die unsicheren Lebensumstände vor der Herrschaft des Terminus wachhält und so dazu beiträgt, daß das segensreiche Wirken des Gottes auch zukünftig geschätzt wird. Die Inschrift entfaltet also paradoxerweise ihre Wirkung gerade dadurch, daß sie in ihrem „monumentalen" Kontext vernichtet wird und nur in der mündlichen und schließlich (in den Fasti, die nach eigener Aussage über die zeitgenössischen Bräuche informieren wollen) auch in der literarischen Überlieferung überlebt. Die Bedeutung von mündlich vermittelten Informationen ist in den Fasti auch sonst zu spüren[579] und kehrt in der Darstellung des Terminus wieder, die den Grenzstein als sprechendes und warnendes Gegenüber des pflügenden Bauers einführt. Der Zusammenhang zwischen Gegenwart und Vergangenheit, Mündlichkeit und Schriftlichkeit machen die Besonderheit dieser Präsentation aus. In der vergangenen und gleichzeitig „gegenwärtigen" Inschrift des Othryades spiegelt sich dieses komplexe Verhältnis im Kleinen.

Ein Sonderfall: Ov. met. 10,214–6 (auf den Tod des Hyacinthus)

Eine außergewöhnliche eingefügte „Inschrift" steht auch im Zentrum der Hyacinthussage, die mehrfach in Ovids Werken erwähnt wird. Es handelt sich nicht um eine einmalig auf einem bestimmten Objekt angebrachte Schrift, sondern um eine Blattzeichnung, die der Gott Apoll zur Erinnerung an den tragischen Tod seines Geliebten Hyacinthus auf einer Blume erscheinen ließ. Die Inschrift bildet fortan ein Charakteristikum der Pflanze und wird von jedem Exemplar dieser Art reproduziert. Da die auf den Blättern lesba-

[579] S. dazu Bettenworth (2009) 103–4.

ren Buchstaben in den Bereich der Flora und nicht in einen monumentalen Kontext gehören, sind sie nur bedingt mit den übrigen in dieser Studie behandelten eingelegten Inschriften vergleichbar. Der Sonderfall ist jedoch instruktiv für die Geschicklichkeit, mit der Ovid das in der Forschung oft als ‚dauerhaft' und damit als tendenziell unveränderlich betrachtete Kommunikationsmittel „Inschrift" an das Thema „Metamorphosen" angepaßt hat.

Die Sage von Hyacinthus, der durch eine Unachtsamkeit seines Liebhabers Apoll zu Tode kam, worauf sein vergossenes Blut sich in eine Blume verwandelte, die von dem Gott eine auffällige Blattzeichnung erhielt, behandelt der Dichter sowohl in den Metamorphosen (met. 10,162–219 und 13,395–7) als auch in den Fasti (fast. 5,223–4). Die Geschichte ist schon in der griechischen Literatur häufig bezeugt und wird dort als so bekannt vorausgesetzt, daß oft nur kurze Anspielungen genügen. Auch die auffällige Maserung des *hyacinthus*, in der man die griechischen Buchstaben AI AI zu erkennen glaubte, wird oft erwähnt. Das Muster wurde offenbar als so einprägsam empfunden, daß es bei Theokrit geradezu zum Epitheton der bis heute nicht eindeutig identifizierten Blume werden konnte (s. id. 10,28, wo die Pflanze als ἁ γραπτὰ ὑάκινθος bezeichnet wird, vgl. für den römischen Bereich Plin. nat. 21,66: *Hyacinthum comitatur fabula duplex, luctum praeferentis eius quem Apollo dilexerat aut ex Aiacis cruore editi, ita discurrentibus venis ut Graecarum litterarum forma AI legatur inscriptum*).[580]

[580] Auf die „Inschrift", aber nicht auf deren genaue Gestalt gehen z. B. Nikander, Theriaca 902–6, Philargyrius Verg. ecl. 3,106 und Claud. rapt. 2,131–6 ein. Dort schildert der auktoriale Erzähler, wie Proserpina und ihre Freundinnen Blumen pflücken: *te quoque, flebilibus maerens Hyacinthe figuris, / Narcissumque metunt, nunc incluta germina ueris, / praestantes olim pueros: tu natus Amyclis, /* [...] *te disci perculit error, /* [...] *te fronte retusa / Delius* [...] *luget.*). Die Hyacinthussage ist auch bei Apollodor 1,16–7 und 3,116 und Pausanias 3,19,3 überliefert. Pausanias spricht jedoch nicht von einer Metamorphose, sondern nur vom Grab des Hyakinthos in Amyklai. Der Name ὑάκινθος / *hyacinthus* konnte vermutlich mehrere Pflanzen bezeichnen. In der modernen Forschung sind unter anderem die Meerzwiebel, Schwertlilie, Siegwurz, Türkenbund, Rote Lilie und Rittersporn vorgeschlagen worden, s. zu diesem Problem Bissinger (1879/80), Gow (1965) zu Theokr. 10,28 und Lembach (1970) 174–9 mit weiterführender Literatur. Eine Erklärung, warum dieser Mythos gerade mit der *hyacinthus*-Pflanze verbunden ist, legt Schmitz (2014) vor, der eine Verbindung zum Mythos um Apoll Delphinios herstellt, für den ebenfalls die Beziehung zu einem Knaben überliefert ist. Da die Blattform der *hyacinthus*-Blume in der Antike mit der Gestalt eines Delphins verglichen wurde (s. Ps-Pedanius Dioscurides 3.73a), konnte diese in besonderer Weise die fortdauernde Beziehung zwischen dem Gott und dem Jüngling aus-

Im zehnten Buch der Metamorphosen wird die Geschichte von Orpheus berichtet. Der Knabe Hyacinthus sei von seinem Liebhaber Apoll versehentlich durch einen Diskuswurf getötet worden, und aus dem Blut sei die Blume entstanden, auf deren Blättern der trauernde Apoll zu Ehren des Verstorbenen seinen Klageruf *AIAI* verewigt habe, met. 10,214–6: *non satis hoc Phoebo est (is enim fuit auctor honoris) / ipse suos gemitus foliis inscribit et AI AI / flos habet inscriptum.*

In den Fasti erscheint die Geschichte dagegen nur kurz unter dem Eintrag zum zweiten Mai, wo die Vegetationsgöttin Flora die ‚Hyazinthe' unter den Blumen nennt, die sie hervorgebracht habe (fast. 5,223–4: *prima Therapnaeo feci de sanguine florem, / et manet in folio scripta querella suo*). In dieser Fassung, in der Apoll nicht erwähnt wird, scheint die Blattzeichnung die Klage des sterbenden Hyacinthus wiederzugeben, aus dessen Blut die neue Blume entstand.[581]

Die unterschiedlichen Urheber der Blume entsprechen den unterschiedlichen Interessen der Erzähler. Orpheus bezeichnet Apoll ausdrücklich als seinen Vater (met. 10,167 bei der Anrede an Hyacinthus: *te meus ante omnes genitor dilexit*) und stellt daher die Person des Gottes gebührend heraus. Flora dagegen, die von ihren eigenen Taten berichtet, hat die für sie charakteristische schöpferische Kraft im Blick. Ihre Darstellung ist allerdings so knapp gehalten, daß sie nur für einen Leser mit Vorkenntnissen verständlich ist: Wer sich hinter dem ‚Therapnaeischen Blut' verbirgt und wessen

drücken. In Ovids Versionen spielt die Blattform (im Gegensatz zur Blattzeichnung) allerdings keine Rolle mehr.

581 Die oben zitierte Formulierung des Plinius (nat. 21,66: *Hyacinthum comitatur fabula duplex, luctum praeferentis eius quem Apollo dilexerat*) ist vor diesem Hintergrund mehrdeutig. Der Begriff *luctus*, der oft die langanhaltende Trauer um einen Verstorbenen bezeichnet, legt für *eius* einen Genitivus objectivus und daher die im zehnten Buch der Metamorphosen präsentierte Version nahe („Trauer um den, den Apoll geliebt hatte"), für diese Konstruktion vgl. Kemper: ThLL VII (1977) 1742–3 s.v. *luctus*. Ein Genitivus subiectivus („Die Trauer dessen, den Apoll geliebt hatte") ist weniger wahrscheinlich, aber durchaus nicht unmöglich, da gerade die Bewohner der Unterwelt, die eines unglücklichen Todes gestorben sind, als anhaltend Trauernde beschrieben werden, vgl. Verg. Aen. 6,440–4 (über die *lugentes campos*, die allerdings nicht von Verunglückten bewohnt werden, sondern von denen, die durch eine unerfüllte Liebe ums Leben kamen). Die Doppeldeutigkeit kann von Plinius intendiert sein, der auf die Alternative Hyacinthus – Aias hinauswill, ohne innerhalb der Hyacinthusüberlieferung noch einmal zu differenzieren.

Klage auf dem Blatt ‚eingeschrieben bleibt', wird in den Fasti nicht thematisiert. Erst in der Zusammenschau mit den Metamorphosen (die auch sonst zahlreiche Querverbindungen zu den Fasti aufweisen) wird dem Leser das Zusammenspiel mehrerer Gottheiten bei der Erschaffung der auffälligen Blume bewußt.

Dieses Zusammenwirken ist geschickt gestaltet. Tatsächlich stellt Orpheus' Erzählung im zehnten Buch der Metamorphosen Apolls Beteiligung an der Erschaffung der Blume nur mit allgemeinen Worten dar. Sie ist von ihm gewünscht, da sie ihm wenigstens eine gewisse Gemeinschaft mit Hyacinthus ermöglicht, s. met. 10,204–6: *semper eris mecum memorique haerebis in ore. / te lyra pulsa manu, te carmina nostra sonabunt, / flosque novus scripto gemitus imitabere nostros.* Doch erst bei dem auf den Blättern angebrachten Muster wird Apoll ausdrücklich selbst aktiv: *non satis hoc Phoebo est (is enim fuit auctor honoris): / ipse suos gemitus foliis inscribit* (met. 10,214–5). Die Parenthese kann ἀπὸ κοινοῦ sowohl auf die Erschaffung der Blume als auch auf ihre besondere Ausschmückung bezogen werden.[582] Die Beziehung zu der eingefügten Inschrift wird durch die Wendung *auctor honoris* hervorgehoben, die die Klage des Gottes *mea dextera leto / inscribenda tuo est. Ego sum tibi funeris auctor* (met. 10,198–9) wiederaufnimmt und der ungewollten Zerstörung des Lebens seine dauerhafte Ehrung entgegensetzt: Erst durch die Blattzeichnung wird die Blume sichtbar mit dem Schicksal des Hyacinthus und der Reue Apolls verknüpft. Diese Darstellung schließt nicht aus, daß bei der Erschaffung der neuen Blume auch die Göttin Flora beteiligt ist, in deren Zuständigkeitsbereich die Pflanze fällt. Die ‚Inschrift' als kulturell bedingtes Zeichensystem wird dagegen nicht von der Naturgottheit, sondern von Apoll, dem Gott der Literatur und Musik, hinzugefügt.

Obwohl das von Ovid verwendete Vokabular und die Absicht Apolls, den getöteten Knaben zu ehren, eine Parallele zwischen der Blattzeichnung und anderen eingefügten ‚Inschriften' herstellt, besitzt das Muster auf der Pflanze Eigenheiten, die sich nur bedingt mit denen von gewöhnlichen Inschriften vergleichen lassen. Der Geschädigte trägt hier auch nach der Metamorphose Spuren des von dem Gott verursachten Unfalls an seinem Körper, die auf jeder Hyazinthe sichtbar bleiben. Der Junge selbst scheint keinen Einfluß auf seine neue Gestalt zu haben, und wir erfahren nicht, wie sich

[582] Für ersteres entscheidet sich BULLE (1898).

das Ereignis aus seiner Sicht darstellt. Die weitervermittelte Erinnerung ist hier aus der Perspektive des Gottes gedacht, und sie trägt dazu bei, ihn als Verursacher des Unglücks zu entlasten. Da er selbst unter dem Tod des Knaben leidet, kann ihm niemand kaltblütigen Mord unterstellen.

Ähnlich verhält es sich in der kurzen Erwähnung der Inschrift in den Fasti, wo die Göttin Flora davon spricht, daß ,die Klage' in der Blume erhalten bleibe. Gleichgültig, ob es sich dabei um die Klage des Jungen oder, wie durch met. 10,215 nahegelegt, des Gottes handelt, bewahrt die auf dem Blütenblatt sichtbare ,Inschrift' Spuren des früheren Lebens des Verwandelten.[583] Der genaue Hintergrund der Inschrift *AIAI* ist für den uneingeweihten Betrachter aus der Blattzeichnung allein allerdings nicht zu erkennen. Das Problem wird indirekt in der Vorhersage Apolls aufgegriffen, der dem Hyacinthus ankündigt, es werde eine Zeit kommen, in der der stärkste Held sich dieser Blume zugesellen und im selben Blatt zu lesen sein werde (met. 10,207–8: *tempus et illud erit, quo se fortissimus heros / addat in hunc florem folioque legatur eodem*). Die Rede ist von Aias, dessen Selbstmord in Buch 13 der Metamorphosen geschildert wird: Die mit dem Blut des Helden getränkte Erde bringt aus dem Rasenboden jene purpurfarbene Blume hervor, die zuerst aus der Wunde des Oebaliden, d.h. des Hyacinthus, entstanden war. (met. 13,395–6: *purpureum viridi genuit de caespite florem, / qui prius Oebalio fuerat*

[583] Der Gedanke, daß ein Erlebnis, von dem nur ein Individuum betroffen ist, Auswirkungen auf die gesamte Gattung haben kann, ist in den Metamorphosen öfter anzutreffen: Parallelen zeigen sich z.B. zur Daphne-Geschichte, in der Apoll ebenfalls die Metamorphose seiner Geliebten bewirkt. Die glänzende Erscheinung der Daphne bleibt auch nach ihrer Verwandlung in einen Lorbeerbaum erhalten, met. 1,552: *ora cacumen habet: remanet nitor unus in illa.* Wie bei der Verwandlung des Hyacinthus verfolgt Apoll auch bei Daphne das Ziel, die geliebte Person immer bei sich zu haben, s. met. 1,557–9: *,at quoniam coniunx mea non potes esse, / arbor eris certe' dixit, ,mea. semper habebunt / te coma, te citharae, te nostrae, laure, pharetrae'*, dazu auch HENNEBÖHL (2005) 361–2. Die Federzeichnung der Schwalben verweist in den Metamorphosen auf das Blutvergießen, das der Verwandlung der Procne vorausging: met. 6,669–70: *neque adhuc de pectore caedis / excessere notae, signataque sanguine pluma est*). Der Gedanke ist auch sonst in der Antike verbreitet. In Heliodors Aithiopika (10,14,7) begegnet z.B. die Vorstellung, daß Bilder oder Gegenstände, die eine Frau während des Geschlechtsakts wahrnimmt, das Aussehen des so empfangenen Kindes und aller Nachkommen beeinflussen können, s. dazu BETTENWORTH (2013).

de vulnere natus).[584] Die Pflanze trägt auch hier auf ihren mittleren Blättern die charakteristische Zeichnung, die jedoch durch den Zusammenhang mit Aias eine zusätzliche Bedeutung erfährt: *littera communis mediis pueroque viroque / inscripta est foliis, haec nominis, illa querellae* (met. 13,397–8).[585] Die Buchstaben *AIAI*, die zu diesem Zeitpunkt schon zum Wesen der Blume gehören, erhalten, ganz so wie es Apoll im zehnten Buch vorhergesagt hatte, eine zusätzliche Bedeutung, indem sie den Namen des Aias anklingen lassen.[586] Tatsächlich paßt die aus dem Boden entsprossene Blume mit der klagenden Aufschrift *AIAI* gut zum tragischen Schicksal des Helden, der zunächst in einer von Athene verhängten Verblendung statt seiner Feinde eine Viehherde abgeschlachtet und sich, als er wieder zu sich gekommen war, aus Verzweiflung über die Schmach in sein Schwert gestürzt hatte. Die Verbindung zwischen dem Namen und dem Klageruf wird schon in Sophokles' Aias hergestellt, wo der Held selbst ausruft: αἰαῖ τίς ἂν ποτ' ᾤεθ ᾧδ ἐπώθυμον / τοὐμὸν ξυνοίσειν ὄνομα τοῖς ἐμοῖς κακοῖς; / νῦν γὰρ πάρεστι καὶ δὶς αἰάζειν ἐμοί. (Soph. Aias 430–2). Die Vagheit der Inschrift, die sich aus ihrer Kürze ergibt, eröffnet dem Dichter hier die Möglichkeit, zwei konkurrierende aitiologische Überlieferungen zu harmonisieren: Die Inschrift bezieht sich sowohl auf Hyacinthus als auch auf Aias, und ihre Doppeldeutigkeit ist von ihrem Urheber, der als Orakelgott in die Zukunft sehen kann, von Anfang an intendiert. Die dop-

[584] Nach Euphorion (fr. 36 MEIN.) wuchs die Hyazinthe nicht unmittelbar nach dem Selbstmord des Aias, sondern erst auf seinem Grab.

[585] Die Interpreten denken entweder an *AI* als Abkürzung von ‚Aias', oder, wenn die Zeichnung als *AIAI* gelesen wird, an den griechischen Vokativ des Namens. In der von Ovid präsentierten Fassung, in der allgemein ‚die Erde' die Blume hervorbringt, ohne daß sie zuvor personifiziert worden wäre oder an der Metmorphose mitgewirkt hätte (*tellus* wird daher auch in den Ausgaben mit Minuskeln gedruckt, s. met. 13,394–6: *rubefactaque sanguine tellus / purpureum viridi genuit de caespite florem*) ist der Vokativ jedoch nicht durch den Textzusammenhang motiviert. Der Singular *littera* ist hier als ‚Inschrift' zu verstehen, s. HOPKINSON (2000) ad loc. Eine eigenartige Parallele zeigt sich auf einem etruskischen *stamnos* aus dem frühen vierten Jahrhundert, auf dem Aias unmittelbar vor seinem Selbstmord dargestellt ist. Zu seinen Füßen wächst eine Pflanze, deren Stengel mit AIFAM („Ainaś") beschrieben ist (s. GOW [1950] zu Theokr. 10,28).

[586] Dieselbe doppelte Bedeutung findet sich auch in einem Fragment des ‚Hyacinthus' des Euphorion (fr. 40 POWELL). Eine weitere Variante, nach der die Zeichnung der Blume auf den Namen Hyacinthus hinweise, ist dagegen nur bei Philarg. ad Verg. Aen. 3,63 überliefert, der möglicherweise die Musterung als Y interpretierte. Pausanias 2,35,5 bringt die Inschrift mit dem Demeterkult in Verbindung.

pelte und zugleich harmonisierende Erklärung des Blütenmusters ist eine typisch ovidianische Wendung, die in keiner anderen Version der Hyacinthussage belegt ist. Die verschiedenen Interpretationen ein und derselben Inschrift müssen sich nicht ausschließen, sondern enthalten jeweils ein Stück Wahrheit.[587] Der Leser wird so ermutigt, seine eigenen Vorkenntnisse über die (sehr verbreitete) Deutung des Blumenmusters als ‚Inschrift' mit dem Bericht der Metamorphosen zu vergleichen.

In der Tat entsteht die primäre Verbindung zwischen der Blume und dem Verstorbenen in beiden Fällen nicht durch die Blattzeichnung, sondern durch die purpurne Farbe der Blüte, die der des vergossenen Blutes ähnelt. Bei Hyacinthus erwächst die Blume sogar unmittelbar aus dem Blut des Knaben (met. 10,210–2: *ecce cruor, qui fusus humo signaverat herbas, / desinit esse cruor, Tyrioque nitentior ostro / flos oritur*), während bei Aias ‚die vom Blut rotgefärbte Erde aus grünem Rasen' die schon aus der früheren Metamorphose bekannte purpurne Blüte hervorbringt, deren Farbe den gewaltsamen Tod des Helden widerspiegelt (met. 13,394–6: *rubefactaque sanguine tellus / purpureum viridi genuit de caespite florem, / qui prius Oebalio fuerat de vulnere natus*). Da jedoch auch andere Blumen eine purpurne Blüte aufweisen, reicht die Farbe allein nicht aus, um die neue Pflanze mit dem tragischen Schicksal bestimmter Menschen zu verbinden. Dies leistet erst die Blattzeichnung. Bedeutsam ist dabei weniger der Text der kurzen ‚Inschrift' als vielmehr die Tatsache, daß sich das Muster auf den Blütenblättern überhaupt als Buchstaben – d.h. als Bestandteil der menschlichen Kultur – deuten läßt.

In den Metamorphosen wird die zum Verständnis der Blattzeichnung erforderliche Hintergrundinformation durch das rahmende Lied des Orpheus, des Dichters und Sängers par excellence, geliefert. Der Gesang ist nach Orpheus' eigenem Bekunden in leichtem Ton gehalten. Er steht am Ende einer dreijährigen Trauerzeit nach dem Verlust Eurydikes und spart die Liebe zwischen Mann und Frau, die Orpheus Leid gebracht hatte, aus. Stattdessen widmet er sich der Darstellung von Liebesbeziehungen zwischen Män-

[587] Eine ähnliche Einstellung läßt sich auch aus den Doppelerklärungen in den Fasti erschließen, wo oft verschiedene Aitien für ein und denselben Sachverhalt nebeneinander stehen und erst zusammengenommen ein Gesamtbild ergeben. S. dazu Loehr (1996). Bei Plinius nat. 21,66 erscheinen beide Sagenversionen dagegen wieder als konkurrierende Deutungen, s. oben S. 360.

nern und Knaben und Geschichten über von unerlaubter Leidenschaft ergriffene Mädchen (met. 10,152–4). Die Geschichten selbst weisen jedoch Parallelen zu Orpheus' eigenem Schicksal auf: Auch in der Hyacinthuserzählung verursacht ein Liebender versehentlich den Tod der geliebten Person. Dasselbe gilt für die vorhergehende Geschichte über Cyparissus und den Hirsch (met. 10,106–42), die noch vom auktorialen Erzähler berichtet wird und durch den Zypressenbaum motiviert ist, unter dem Orpheus sitzt. Während Cyparissus sich in seinem Gram gewünscht hatte, ewig trauern zu können, und deshalb von Apoll in die mit Begräbnissen assoziierte Zypresse verwandelt wurde, drückt Apoll selbst seinen vergleichbaren Wunsch nach dem Tod des Hyacinthus durch die Inschrift auf den Blütenblättern aus.

Gerade die Kürze und Unvollständigkeit der Inschrift macht daher die Hyazinthe mit anderen durch eine Metamorphose entstandenen Pflanzen vergleichbar. Alle bedürfen der Auslegung, die die spezifische Verbindung zwischen ihren Eigenschaften und den Umständen der Metamorphose erhellt. Es ist daher passend, daß die Inschrift an zwei der drei Stellen (met. 10 und fast. 5) nicht durch den auktorialen Erzähler, sondern aus der Perspektive einer wenigstens indirekt beteiligten Person (Orpheus und Flora) gedeutet wird. Flora antwortet mit ihrer Erzählung auf eine Frage des elegischen Sprechers, der sie für seine dichterischen Erläuterungen des römischen Festkalenders um eine Selbstvorstellung gebeten hatte. Die mündliche Darstellung der Inschrift ist damit von Anfang an eng mit der literarischen Produktion verbunden.

Im Gegensatz zu Flora trägt Orpheus sein Lied überhaupt nicht vor einem menschlichen Publikum vor, das den Inhalt weitergeben und damit eine lebendige Tradition begründen könnte, sondern befindet sich in der Waldeinsamkeit. Das eigentliche Medium, durch welches der zum Verständnis der Inschrift erforderliche Hintergrund verewigt wird, ist daher auch hier die literarische Tradition, zu der auch die Metamorphosen selbst gehören.

Im dreizehnten Buch der Metamorphosen schließlich berichtet nicht eine Figur, sondern der auktoriale Erzähler vom Tod des Aias und der aus seinem Blut erwachsenen Blume. Ort und nähere Umstände des Selbstmordes werden nicht näher beleuchtet (in der Aiastragödie des Sophokles ist dagegen klar, daß der Held allein stirbt). Ohne menschliche Zeugen aber liegt der Nachdruck auf der literarischen Tätigkeit, die allein (allenfalls unterstützt durch die göttliche Inspiration) die Ereignisse erhellen kann.

Der Mythos um Hyacinthus ist eine Erzählung mit aitiologischen Zügen, die eine auffällige Beobachtung aus der Pflanzenwelt erklärt. Daß die Zeichnung auf der Blume tatsächlich eine, wenn auch zunächst rätselhafte, Inschrift sei, wird dabei stets vorausgesetzt. In dieser Hinsicht stellt die Inschrift einen Sonderfall dar: Ein natürliches Phänomen wird sekundär durch seine Deutung als Inschrift (d.h. als eine willentlich angebrachte Mitteilung) mit dem Eingreifen eines Gottes in Verbindung gebracht.

Typisch für den Umgang der Elegiker mit Inschriften ist dagegen, daß wir nichts über die Reaktion späterer Betrachter erfahren, und daher allenfalls Spekulationen darüber anstellen können, ob die von Apoll angebrachte Inschrift den von dem Gott angestrebten Zweck der Ehrung erfüllt. Selbst aitiologisches Interesse spielt in der Darstellung Ovids nur eine untergeordnete Rolle: Ausgangspunkt der Erzählung ist nicht die rätselhafte Inschrift und ihre Herkunft, sondern die unglücklich endende Liebe zwischen Apoll und Hyacinthus.[588]

Die Deutung des Blumenmusters als Inschrift ergänzt und erweitert die für die Metamorphosen typische Darstellung der belebten und unbelebten Natur. Aus einer Verwandlung hervorgegangene Pflanzen, Tiere und Steine bewahren nicht nur allgemein Eigenschaften ihres früheren Lebens, sondern können von den Göttern auch so gestaltet werden, daß sie der Kommunikation mit einer bestimmten Menschengruppe dienen. Damit die Blattzeichnung überhaupt eine Wirkung entfalten kann, ist es erforderlich, daß die Adressaten die griechischen Buchstabenformen, in denen die Klage *AIAI* auf der Blume erscheint, lesen und sie als Klagelaut identifizieren können. Selbst wenn Exemplare der *hyacinthos*-Pflanze außerhalb des griechischen Kulturraums wachsen, bindet sie die griechische ‚Inschrift' an das griechische Mutterland, in dem sie zuerst entstand. Personen außerhalb des griechischen Kulturraums können dagegen erst auf Umwegen auf die Besonderheit der Blume aufmerksam werden, wenn sie Kenntnisse der griechischen Sprache oder des griechischen Mythos erworben haben.

Ein solcher Prozeß findet unter anderem in den Metamorphosen statt. Die Darstellung des Mythos in lateinischer Sprache ermög-

[588] Auch in der von Apollodor 1,3,3 überlieferten abweichenden Fassung steht der Aspekt der Knabenliebe im Vordergrund: Der erste Liebhaber des Hyacinthus ist Thamyris, erst danach folgt die Liebschaft mit Apoll.

licht es potentiell auch Lesern ohne entsprechende Vorbildung,[589] das Muster auf der Blume im Sinne der Hyacinthussage korrekt zu identifizieren. Die dichterische Wiedergabe erweitert damit den der Sage nach von Apoll avisierten Adressatenkreis. Nicht nur für Griechen, sondern auch für Römer kann die Blume nun zu einem Gegenstand mit mythischem Hintergrund werden, obwohl sie eine andere Schrift besitzen und der Klageruf in der lateinischen Literatur traditionell nicht *ai*, sondern *ei*, *vae* oder *eheu* lautet.[590]

Die durch die Inschrift evozierte ‚Erinnerung' an ein mythisches Geschehen wird somit als ein flexibles, aus vielen Quellen gespeistes Geschehen gedeutet. Der ursprüngliche Sinn der Inschrift kann durch neue Ereignisse angereichert (und damit potentiell überlagert) werden. Welche Deutung vom jeweiligen Leser der Inschrift bevorzugt wird, ergibt sich demnach aus seinem durch Literatur und Kunst gespeisten Vorwissen. An der Hyacinthusinschrift lassen sich damit trotz ihrer Besonderheiten auch Eigenschaften zeigen, die für in Elegien eingebettete Inschriften typisch sind.

Exkurs: Prop. 3,13,43–6 – eine Inschrift?

Ob die Verse Prop. 3,13,43–6 als Inschrift zu verstehen sind, hängt von der Beurteilung eines textkritischen Problems ab. In FEDELIS Ausgabe lautet der Textzusammenhang (Prop. 3,13,41–6):

Dique deaeque omnnes, quibus est tutela per agros,
Praebebant vestri[*s*] *verba benigna foci*[*s*]:
‚*Et leporem, quicumque venis, venabere, hospes,*
Et si forte meo tramite quaeris, avem:
et me Pana tibi comitem de rupe vocato,
sive petes calamo praemia, sive cane.'

Die Verse gehören zu einem Schmähgedicht auf Geldgier und Luxus in Rom, von denen besonders die Mädchen und Frauen befallen seien. Die Elegie gliedert sich in drei Teile: Im ersten Abschnitt (V. 1–14) beklagt der Sprecher die Habsucht der römi-

[589] Ovid setzt bei seinen Lesern selbstverständlich griechische Sprachkenntnisse voraus. Sie sind aber für das Verständnis der Hyacinthusgeschichte nicht zwingend erforderlich.

[590] Obwohl die Majuskeln A und I in griechischer und lateinischer Schrift ähnlich aussehen, muß man nach dem Zeugnis des Plinius (o. Anm. 587) davon ausgehen, daß die Blumenzeichnung eindeutig als griechisch zu identifizieren und damit einem nichtrömischen Kulturkreis zugeordnet war.

schen Frauen und Mädchen: Mit sexueller Freizügigkeit erwerben sie sich Reichtümer und kennen bei ihren Forderungen kein Maß. Sodann folgt ein positives Gegenbild, das aus den Verhältnissen an fernen Orten und zu fernen Zeiten geschöpft ist. Die Untreue der Römerinnen steht in Gegensatz zu den Sitten der östlichen Völker, bei denen sich die treuen Witwen beim Tod des Ehemanns sogar auf seinem Scheiterhaufen verbrennen (V. 15–24). Ihre Geldgier wiederum unterscheidet die gegenwärtigen Frauen und Mädchen von früheren Zeiten, in denen die Ernte und der Baumbestand in Rom Reichtum bedeuteten. Mit einfachen Geschenken konnte man damals die Gunst der Mädchen gewinnen, das Lager bestand aus Fell und Gras, von einer Fichte beschattet, und man konnte dort straflos die Göttinnen nackt erblicken. Der Widder brachte selbst die gesättigten Schafe in die Hürde des Schäfers zurück (25–40). Es folgen die Verse 41–6, in denen entweder die Götter und die Göttinnen des Feldes selbst oder ihre Altäre (*foci*) den Menschen gegenüber Wohlwollen ausdrücken.

Gegen diese idyllische Frühzeit setzt der Sprecher im dritten Teil (V. 47–66) eine Reihe bedrückender Bilder aus Gegenwart und mythischer Vergangenheit, die nicht mehr nur die Frauen, sondern ganz Rom betreffen und seinen Untergang wahrscheinlich machen: Die geweihten Stätten in den heiligen Hainen liegen nun verlassen da, und statt der *pietas* werde nur das Gold verehrt. Gold verdränge die Zuverlässigkeit und korrumpiere die Gesetze. Als Brennus das Heiligtum von Delphi ausrauben wollte, bezeugten Blitze, die die Türschwellen in Brand setzten, seine frevlerische Habgier, und ein Erdbeben und plötzlicher Schneefall trafen sein Heer. Es folgen die Freveltaten des Polymestor, der den jüngsten Sohn des Priamos aus Habgier umbringen ließ, obwohl er unter dem Schutz der Gastfreundschaft stand, und der Eriphyle, die ihren Gatten Amphiaraus gegen Belohnung an die Feinde verriet.

Auch Rom, so sagt der Sprecher voraus, werde durch seinen eigenen Wohlstand zugrundegehen, doch finde er keinen Glauben, so wie auch Kassandra einst keinen Glauben gefunden habe, als sie den Untergang Trojas voraussagte. Die Raserei der Kassandra sei für ihre Heimatstadt und ihren Vater Priamos nützlich gewesen, und ihre erfolglose Rede habe die Götter als wahrhaftig erwiesen.

Die Verse 43–6 stehen an dem durch *at nunc* (V. 47) markierten Übergang zwischen der Beschreibung der frommen Lebensführung der Frühzeit und der Klage über die Frevel der Gegenwart. Diese Stellung entspricht einer typischen Position von eingefügten

Inschriften in anderen Elegien. Ob es sich um eine Inschrift handelt, ist jedoch in der Forschung wegen der schwierigen Überlieferungsverhältnisse von V. 42 umstritten.

Die Handschriftengruppe v bietet in V. 41–2 die Lesart *dique deaeque omnnes, quibus est tutela per agros / praebebant vestris verba benigna focis.* In diesem Fall wäre *di deaeque* als Nominativ und Subjekt zu *praebebant* aufzufassen: ‚Alle Götter und Göttinnen, die die Fluren beschützen, boten Euren Altären wohlwollende Worte dar.' Wie diese wohlwollenden Äußerungen aufzufassen sind, wird nicht genau gesagt: Da die Verse die glückliche Frühzeit beschreiben, können sie einerseits auf den unmittelbaren Kontakt zwischen Menschen und Göttern verweisen, die in dieser Epoche noch direkt miteinander kommunizieren (verdeutlicht u.a. in der Bemerkung, in früheren Zeiten habe man die Göttinnen noch ungestraft nackt sehen dürfen, V. 3,13,38). Flach (2011) 176 interpretiert daher (unter Verweis auf AP 9,337, s. dazu unten): „Freundliche Worte liehen sie [sc. die Schutzgötter der Felderwirtschaft] Haus und Herd der Bauern, weil sie ihren Segen dazu gaben, dass Pan [...] sich allen Vorbeikommenden als Jagdgehilfe anbietet." Die Formulierung der Verse schließt aber nicht aus, daß die gütigen Worte in irgendeiner Form an den *foci* selbst oder in ihrer Umgebung festgehalten sind (z.B. in Form einer Inschrift). Die Hauptschwierigkeit liegt in dem Pronomen *vestris.* Dieses setzt eine scharfe Trennung zwischen dem Sprecher und den angeredeten, gottvergessenen Römern voraus. Eine solche gedankliche Trennung erfolgt tatsächlich am Ende des Gedichts, als sich der Sprecher mit Kassandra vergleicht, die ihre Mitbürger vergeblich vor dem Untergang der Stadt warnte, den sie als einzige voraussah (Prop. 3,13,61–6). In dem den Versen vorausgehenden Abschnitt und den unmittelbar folgenden Distichen wird dagegen nicht zwischen *ego* und *vos* unterschieden. Der Sprecher beklagt die verderbten Verhältnisse in Rom, aus denen er sich, wie es scheint, nicht lösen kann. Nur einmal, im ersten Vers der Elegie, redet er eine Personengruppe in der zweiten Person Plural an (V. 1: *quaeritis*). Wie sich zeigt, teilen die Fragenden dort jedoch seine Mißbilligung: Sie möchten erfahren, warum die Mädchen sich eine Liebesnacht teuer bezahlen lassen, und kommen damit nicht als die Adressaten in Frage, von denen sich der Sprecher mit dem Ausdruck *vestris focis* kritisch abhebt.

Dieses Problem würde durch die Überlieferung *nostris* [...] *focis* der Handschriftengruppe w behoben. In dieser Fassung reiht sich der Sprecher in die Personengruppe ein, die die Altäre für die

Götter erbaut hat, genauso wie er sich auch in den vorhergehenden Versen trotz seiner Mißbilligung nicht ausdrücklich aus der römischen Gesellschaft seiner Zeit ausschließt. Dennoch kommt auch hier das Possessivpronomen an hervorgehobener Stelle vor der Versfuge überraschend. BUTLER/BARBER (1933) 296 erwägen daher den Ausfall eines Distichons vor V. 41, in dem das Subjekt zu *vestris* im Vokativ eingeführt worden sein könnte. Sie nehmen diese Möglichkeit aber nicht in ihren Haupttext auf, sondern entscheiden sich für die Lesart *vestris* [...] *focis*. Daneben sind schon früh eine Reihe von Konjekturen vorgebracht worden, die *vestris* durch ein auf *focis* bezogenes Adjektiv ersetzen.[591] HEINSIUS plädiert für *festis* [...] *focis*, AYRMAN für *castis* [...] *focis*, HEYWORTH für *dextris*, BAEHRENS für *iustis* [...] *focis*. Diesem Vorschlag schließt sich SHACKLETON BAILEY (1956) unter Verweis auf Catull. 64,397 und Avien. Arat. 304 an. An beiden Stellen wird die Gerechtigkeit als Voraussetzung für einen Besuch der Götter bei den Menschen genannt, wie er in der goldenen Frühzeit vor der Flucht der Iustitia häufig vorkam. In diesem Fall wäre der Ausdruck *verba praebere focis* als Umschreibung für den Besuch der Götter auf Erden zu verstehen, der bei Catull und Arat mit *visere*, *succedere* oder, *ex negativo*, mit *nec se contingi patiuntur lumine claro* wiedergegeben wird. Der Vergleich zeigt allerdings auch, daß die Formulierung *verba praebere focis* merkwürdig unbestimmt bleibt. Als Dativobjekt zu *verba praebere* wäre gewöhnlich ein Mensch zu erwarten, vgl. das von W. EHLERS in ThLL X,2 (1983) 383,60 s.v. *praebeo* aufgeführte Beispiel Cic. Brut. 242: *Cosconius verborum copiam* [...] *praebebat populo*. Im gleichen Zusammenhang wird auch die hier behandelte Properzstelle genannt, das Dativobjekt *focis* jedoch nicht mitzitiert. HEYWORTH (2007) 353–4 erwägt deshalb, aus *quibus est tutela per agros* (V. 41) den Begriff *agrestes* als Subjekt zu erschließen und *di deaeque* als Vokativ aufzufassen: ‚Alle Götter und Göttinnen, die das Land beschützen, die Landbewohner boten euren Altären wohlwollende Worte.' *Agrestes* steht jedoch nicht im Text, und den Relativsatz, aus

[591] RICHARDSON (1977) setzt *vestris* im Haupttext in *cruces* und bemerkt in den Anmerkungen (S. 375–6) resigniert: „No suitable emendation for this clearly corrupt word suggests itself. The couplet must mean that the gods who are in charge of the countryside offered benediction on those who worshiped at their modest shrines, 43–6 serving as an example of the sort of inscription one might find in a woodland sanctuary. Thus we might fill the gap with *cultis*, or *solis*, or any of a dozen adequate epithets, but there is no way of deciding among them."

dem die Ergänzung *agrestes* abgeleitet ist, würde der Leser natürlicherweise auf das vorhergehende *di deaeque* beziehen: Die Erweiterung der Götterbezeichnung durch einen den Zuständigkeitsbereich bezeichnenden Relativsatz gehört schon in der griechischen Literatur zu den Formeln religiöser Sprache. Eine enge Parallele bietet etwa Verg. georg. 1,21: *di deaeque omnes, studium quibus arva tueri* (sc. *adeste*).

Barber hat daher die Konjektur *vestri* [...] *foci* vorgebracht: „sc. ‚your altars', inscribed with the greeting which follows" (Butler/Barber [1933] 297). Diese Lesart ist unter anderem von Hanslik (1979), Fedeli (1984) und Viarre (2005) akzeptiert worden. *Di deaeque omnes* wäre auch in diesem Fall als Vokativ aufzufassen: ‚Alle Götter und Göttinnen, die die Fluren beschützen, Eure Altäre boten wohlwollende Worte dar.' Die Sitte, Inschriften auf Altären anzubringen, ist auch sonst im ganzen römischen Reich bezeugt.[592]

Eine Schwierigkeit ergibt sich allerdings daraus, daß, wenn es sich bei *di deaeque* um einen Vokativ handelt, die von Barber als Inschrift gedeuteten Verse 43–6 als wörtliche Rede aller dieser Götter aufgefaßt werden müßten, während die Verse aus der Perspektive nur eines Gottes, am ehesten des Pan, gesprochen werden, s. V. 44: *meo tramite*, V. 45: *me*. Es ist zwar möglich, die Verse als ein Beispiel für die *verba benigna* zu interpretieren, die auf den verschiedenen Altären für die Naturgottheiten angebracht waren. In diesem Fall wäre allerdings gewöhnlich ein einschränkendes Pronomen wie *talia* zu erwarten.

Da bisher keine überzeugende Lösung für die grammatischen und inhaltlichen Schwierigkeiten vorgebracht werden konnte, soll bei der Interpretation zunächst die von Barber vorgeschlagene Konjektur *vestri* [...] *foci* zugrundegelegt werden, die bei größtmöglicher Nähe zum Wortbestand der Handschriften eine grammatisch saubere und durch die Vergilparallele gestützte Übersetzung ermöglicht. Während die Lesart *di deaeque omnes* [...] *praebebant vestris verba benigna focis* die Form des Kontakts zwischen Menschen und Göttern unbestimmt läßt (eine Inschrift ist nicht ausgeschlossen, aber die Formulierung könnte auch im Sinne einer direkten, für die

[592] S. z.B. Broderick (1931) [Rom]; Fishwick (1982) [Britannien]; Austen (1979) [Britannien]; Clarke (1992/93) [Syrien] und zu den fünf bei Pausanias erwähnten Beispielen Zizza (2006). Die von Heyworth (2007) 353 aufgestellte Behauptung: „Altars do not normally provide words" widerspricht dem literarischen und archäologischen Befund.

Frühzeit charakteristischen Kommunikation aufgefaßt werden, bei der die Götter angesichts der Opferaltäre wohlwollende Worte sprechen), legt sich BARBER mit der von ihm vorgeschlagenen Konjektur auf die *foci* als Träger der Verse 43–6 fest. Dafür spricht vor allem das Indefinitpronomen *quicumque*, das keine bestimmte Gruppe (etwa eine Festversammlung, die zu Ehren der Götter Rituale an den *foci* ausführt) im Auge hat, sondern eine beliebige Person, die als Gast und als Jäger auf das Heiligtum trifft.

In diesem Fall richten sich die Verse an einen nach Hasen oder Vögeln jagenden Besucher, der sich den Sprecher der Inschrift als Begleiter herbeirufen möge, gleich ob er mit der Leimrute (*calamus*) oder mit dem Hund jage. Die meisten Interpreten nehmen Pan als Sprecher an, was durch den Ausdruck *et me Pana* [...] *vocato* nahegelegt wird.[593] Demgegenüber hat sich die im 18. Jahrhundert von AYRMANN vorgebrachte Hypothese, Diana als Sprecherin anzunehmen, nicht durchsetzen können. Zwar ist die Jagdgöttin als Begleiterin eines Jägers nicht ungewöhnlich, doch weist im Text nichts auf sie hin. Ferner müßte für diese Interpretation der Ausdruck *me Pana* als Aufzählung gelesen werden (= *et me, et Pana*), wofür weder der Kontext noch die Wortstellung spricht. Es handelt sich um den Beginn des Verses, so daß zwischen *me* und *Pana* keine Zäsur eintreten kann.

Der Bezug auf Pan wird auch durch eine Parallele zu Leonidas 29 G-P. (A.P. 9,337) gestützt. In diesem hellenistischen Epigramm, das Properz als Vorbild gedient haben dürfte und auch sonst in der Antike kopiert wurde (s. Erucius, A.P. 9,824 und Satyrus, A.P. 10,11), ist eindeutig Pan der Sprecher.[594]

Εὐάγρει, λαγόθηρα, καὶ εἰ πετεεινὰ διώκων
   ἰξευτὴς ἥκεις τοῦθ' ὑπὸ δισσὸν ὄρος,
κἀμὲ τὸν ὑληωρὸν ἀπὸ κρημνοῖο βόασον
   Πᾶνα· συναγορεύω καὶ κυσὶ καὶ καλάμοις.

[593] Eine ländliche Gottheit, die sich durch eine Inschrift äußert, findet sich auch bei Florus (Florus 3 FLP = AL 248 R.). Dort ist es Faunus, der ein Graffiti in einer Baumrinde hinterlassen hat.

[594] Der Grund für die Popularität des Epigramms ist nicht geklärt. Da das Gedicht künstlerisch und inhaltlich unauffällig ist, vermuten GOW-PAGE (1965) 339, daß es seine Beliebtheit seinem außerliterarischen Kontext verdankt: So könnte es auf dem Sockel einer bekannten Statue oder an einem bekannten Ort angebracht gewesen sein. Diese Theorie läßt sich jedoch nicht erhärten.

In beiden Gedichten spielt die Jagd auf Hasen und Vögel (die bei Leonidas durch das typische Jagdgerät, den κάλαμος, angedeutet wird) eine zentrale Rolle. Diese Tiere bilden in der hellenistischen Epigrammatik und der römischen Liebeselegie die bevorzugte Jagdbeute des *amator*. In Elegie 2,19 zeichnet Properz ein bukolisches Idyll, in dem sich Cynthia auf dem Lande aufhält, während ihr Liebhaber an den Clitumnusquellen mit Hunden und Leimrute auf die Jagd geht, um nach wenigen Tagen wieder zu ihr zurückzukehren. Die Verse kreisen um den Gegensatz zwischen der Jagd auf ‚riesige Löwen' und ‚Wildschweine', die der Sprecher für sich ablehnt, und dem Erlegen von Vögeln und ‚zarten Hasen', die er als geeignete Beute empfindet (Prop. 2,19,19–24: *incipiam captare feras et reddere pinu / cornua et audaces ipse monere canis; / non tamen ut vastos ausim temptare leones / aut celer agrestis comminus ire sues. / Haec igitur mihi sit lepores audacia mollis / excipere et structo figere avem calamo*).[595]

Die geringe Größe der Beute und ihre Zartheit entsprechen dem unheroischen Wesen des elegischen Liebhabers, der sich nicht mit Helden wie dem Löwentöter Herakles messen will. Zugleich weist die Wahl der Adjektive auf den Gegensatz der den beiden Bereichen zugeordneten Dichtungsgattungen hin: Dem großen Heldenepos steht die zarte Liebesdichtung gegenüber. Eine Parallele zwischen den Elegien 2,19 und 3,13 besteht auch darin, daß zusammen mit der Jagd jeweils ein Waldheiligtum erwähnt wird. In Prop. 2,19,17–8 erklärt der Sprecher: *iam nunc me sacra Dianae / suscipere et Veneri⟨s⟩ ponere vota iuvat*, in Prop. 3,13 folgt auf die Anrede an den *hospes* der Frühzeit der resignierte Satz *at nunc desertis cessant sacraria lucis* (V. 47), mit dem zugleich die eben beschriebenen *foci* lokalisiert werden.

Der Hinweis auf die für die Liebeselegie typische Beute fügt sich in den Kontext von Prop. 3,13 ein, deren Ausgangspunkt die Klage über die Käuflichkeit römischer Mädchen bildet. In der Frühzeit stellte neben anderen einfachen Gaben ein buntgefiederter Vogel ein willkommenes Geschenk dar (s. Prop. 3,13,27–32). In der von *luxuria* und der Gier nach Reichtum geprägten Gegenwart dagegen kann ein Liebhaber, der Hasen und Vögeln nachjagt, nicht mehr auf Erfolg bei den Mädchen hoffen.

Die Abkehr von den früheren Tugenden der Bescheidenheit und der *pietas* träte deutlich hervor, wenn die fraglichen Versen tatsäch-

595 Butler/Barber (1933) 223 verstehen *calamus* als ‚Pfeil'. S. dagegen Shackleton Bailey (1956) 100–1.

lich als eingefügte Inschrift gedacht sind. Die Waldheiligtümer, zu denen auch die *foci* gehören, sind weiterhin vorhanden, und mit ihnen auch die auf ihnen angebrachten wohlwollenden Worte, mit denen sich der Gott Pan (und mit ihm alle Götter und Göttinnen des Feldes) den Menschen als Gefährten anbieten. Nicht die Götter haben sich aus Abscheu vor den Menschen von der Erde zurückgezogen, wie es sonst in den Sagen vom Ende des Goldenen Zeitalters der Fall ist, sondern die Menschen lassen die *sacraria*, an denen sie die Nähe der Götter erfahren könnten, veröden. Da sie am Luxus des Stadtlebens interessiert sind, gibt es für die ländlichen Heiligtümer keine Besucher und für die Inschrift keine Leser mehr. Während in der römischen Geschichte gelegentlich die Überführung einer Gottheit (bzw. ihres Kults) von einer Stadt in die andere belegt ist, zum Beispiel nach einer militärischen Niederlage (s. die Übertragung des Junokults von Veji nach Rom, Liv. 5,22,4–7) oder aufgrund einer Prophezeiung (s. die Überführung des Kults der Magna Mater nach Rom),[596] so kommt doch die Verlagerung eines Waldheiligtums in die Stadt nicht in Frage, da diese nicht im Zuständigkeitsbereich der Naturgottheiten liegt.[597] Zudem ist auch der Inhalt der eingefügten Inschrift auf die freie Natur bezogen: Die Aufforderung, sich den Gott zum Jagdgefährten zu wählen, verliert in der Stadt ihren Sinn.

Damit ist, in der Darstellung der Elegie, ein wichtiger Teil der kulturellen Kontinuität gefährdet. Weil sich der Lebensstil gewandelt hat, ist nicht nur die frühere Schlichtheit und Frömmigkeit verlorengegangen: Auch die Zeugnisse, in denen sie zum Ausdruck kommt, sind nicht mehr allgemein zugänglich. Ein ähnlicher Gedanke findet sich auch sonst in der römischen Elegie, wenn beispielsweise Ovid in den Fasti die prunkvollen Tempel seiner Zeit mit den schlichten Heiligtümern der Frühzeit vergleicht (fast. 1,201–2). Der Unterschied besteht darin, daß in diesem Beispiel die ursprünglichen schlichten Bauten unwiederbringlich verloren sind, daß aber der Kult in den neuen, prunkvollen Gebäuden fortgesetzt wird. Die *sacraria* in Prop. 3,13 dagegen sind zwar prinzipiell noch zugänglich,

[596] S. dazu Schmidt (1909) 1–3 und Doren (1955).

[597] Vgl. umgekehrt die Klage des Sprechers in Iuvenals Romsatire über die Einfriedung der Quelle im Tal der Egeria, die die Gottheit weniger gegenwärtig erscheinen lasse, Iuv. 3,18–20.

verfallen aber, weil sich das Interesse der Römer an der Verehrung der Götter abgeschwächt hat.[598]

Anders als andere Inschriften dienen die Worte auf den Altären nicht dazu, einen ehemaligen Zustand zu bewahren oder wiederherzustellen, sondern eine bestehende Haltung des Betrachters zu verstärken. Die *foci*, die für Pan und andere Waldgötter errichtet werden, sind schon für sich genommen ein Kennzeichen der *pietas*. Wird eine Inschrift hinzugefügt, so unterstützt sie für den frommen Besucher die Heiligkeit des Ortes, weil sie eine Antwort der dort verehrten Gottheiten impliziert. Das Indefinitivpronomen *quisquis* hält dabei den Adressatenkreis offen und unterstreicht so den Anspruch der ländlichen Götter auf das gesamte, auf Hasen und Vögel gerichtete Jagdwesen.

Nur wenn die Menschen bereits eine grundsätzliche Bereitschaft zeigen, die ländlichen Götter zu verehren und ihr Herrschaftsgebiet aufzusuchen, kann die Inschrift daher eine identitätsstiftende, die kulturelle Erinnerung formende Funktion übernehmen. Nur in diesem Fall wird sich der Besucher durch das Pronomen *quisquis* in eine große Gruppe der *hospites* eingebunden fühlen. Teilt er die Verehrung der Götter dagegen nicht, so wird ihm die Inschrift wegen der Unbestimmtheit als irrelevant oder als Anmaßung erscheinen.

Eine verallgemeinernde Anrede wie hier durch *quicumque* ist typisch für historische Inschriften, bei denen möglichst viele Individuen persönlich angesprochen und in eine innere Beziehung zu der in der Inschrift genannten Person treten sollen. Am auffälligsten ist dies bei den oben besprochenen Inschriften auf Gräbern, die oft zu einem Segenswunsch oder zum ehrenden Gedenken an den Verstorbenen auffordern, und die, um dieses Ziel zu erlangen, gern an gut frequentierten Plätzen wie den Ausfallstraßen der Städte angelegt wurden.

Entsprechend setzt der Wortlaut Prop. 3,13,42–6 einen nicht näher spezifizierten Jäger als Leser voraus, ist also nicht etwa nur an Eingeweihte gerichtet. Doch trotz des allgemeinen Adressatenkreises bleibt den ‚wohlwollenden Worten' im gegenwärtigen Rom jegliches Publikum versagt. Handelt es sich bei Prop. 3,13,43–6

[598] Die Klage über verfallene Heiligtümer wird auch von anderen römischen Dichtern häufig geäußert: Horaz warnt die Römer in carm. 3,6,1–4, sie würden für die Vergehen ihrer Vorfahren büßen müssen, bis sie die Tempel erneuert hätten. Wie bei Properz geht auch dort der Verfall der Tempel mit einem allgemeinen Sittenverfall, besonders der Mädchen, einher (Hor. carm. 3,6,21–8).

um eine Inschrift, so tritt der Frevel der gegenwärtigen Generation deutlich zutage. Das Bild der verlassenen Altäre bereitet das Bild des Sehers (*haruspex*) vor, mit dem der Sprecher der Elegie sein Wirken auf eine Stufe mit den Prophezeiungen der Kassandra stellt (Prop. 3,13,59–66). Auch diese habe ihrem Vaterland rechtzeitig das drohende Verderben geweissagt, aber keinen Glauben gefunden, weshalb auch er selbst sich keine Hoffnungen auf Erfolg mache. Entscheidend ist dabei, daß die Gefahr rechtzeitig und konkret benannt und zuerst mit einem bestimmten Verhalten und dann auch mit bestimmten Objekten verbunden wird: Kassandra sagt zunächst den Untergang der Stadt durch das Verhalten des Paris voraus und weist dann auf die Gefahr durch das trojanische Pferd hin (Prop. 3,13,63–4). Eine vergleichbare Situation ergibt sich für die Warnungen des Sprechers von Prop. 3,13 am ehesten, wenn nach der allgemeinen Anklage gegen das habsüchtige Verhalten der römischen Mädchen auf ein konkretes Objekt hingewiesen wird, das für jeden, der die Warnungen ernst nimmt, zugänglich ist. Aus diesem Grund liegt es nahe, die textkritisch schwierigen Verse als eine Inschrift zu betrachten, die der Sprecher als zu den ländlichen Altären gehörig präsentiert.

4.5 Einleitungsepigramme

Der Brauch, Gedichtsammlungen mit separaten Einleitungsepigrammen zu versehen, entwickelte sich in hellenistischer Zeit. In der augusteischen Literatur bilden die Amores allerdings das einzige Beispiel, bei denen ein solches Gedicht vorgeschaltet ist: Vier Verse kündigen die vorliegende Fassung der Elegiensammlung als eine gekürzte (und verbesserte) Ausgabe an.[599] Darüber hinaus enthalten die Tristien drei Distichen, die der Dichter als Einleitung für die Metamorphosen empfiehlt. In beiden Fällen handelt es sich um erläuternde Zusätze, die dem Leser das Werk erschließen. Diese konnten nicht nur am Beginn des Haupttextes stehen, sondern

[599] S. McKeown (1989) II 1. Dort auch Beispiele für hellenistische Epigramme, in denen personifizierte Bücher als Sprecher auftreten und die als Einleitungsgedichte gedient haben könnten. Zweifel an der Historizität der zweiten Auflage äußern u.a. Ginsberg (1983) 7–49 und Holzberg (1997) und (^{3}2005). Zu weiteren Implikationen dieser Hypothese für die Analyse der Amores vgl. z.B. Weinlich (1999) 182. Für eine bewußte Ambiguität als grundlegendes Prinzip des Einleitungsepigramms plädiert Jansen (2012).

auch in Form eines *titulus* außen an der Schriftrolle angebracht werden. Sie stehen damit den Epigrammen („Aufschriften") im eigentlichen Wortsinn nahe.

Ov. am. 1,1,1–4 (Einleitungsepigramm der Amores)

Die Einleitungsverse der Amores sind wie ein erläuternder Zusatz konzipiert und suggerieren eine zweite, von fünf auf drei Bücher reduzierte Auflage des Werks.[600] Die Verse lauten:

Qui modo Nasonis fueramus quinque libelli,
tres sumus; hoc illi praetulit auctor opus;
ut iam nulla tibi nos sit legisse voluptas,
At levior demptis poena duobus erit.

Solche *extra ordinem*[601] gesetzten poetischen ‚Vorworte' finden sich seit hellenistischer Zeit auch bei anderen Dichtern, wobei sie seit dem ersten Jh. n.Chr. auch durch einen Prosabrief ergänzt oder ersetzt werden können.[602] Ihr Zweck ist es, dem Leser Informationen zu vermitteln, die nach dem Willen des Autors außerhalb der fiktiven Welt der folgenden Gedichte stehen sollen.

Die Tatsache, daß die Verse ihrer Bestimmung nach auf die Welt des Lesers ausgerichtet sind und diesem zusätzliche Informationen vermitteln, rückt sie in die Nähe historischer Inschriften, die dem Betrachter einen bestimmten Gegenstand erläutern. Diese können auf dem Objekt selbst angebracht sein, wobei der Gegenstand nicht selten selbst als Sprecher auftritt.

600 Als *terminus ante quem* für eine solche, nicht unumstrittene zweite Auflage (so deutet Holzberg [1997] und [^{3}2005] 41–3 den Hinweis auf eine von fünf auf drei reduzierte Bücherzahl als witzige Anspielung auf das kallimacheische Ideal des „kleinen" Buchs, zumal die Elegien des Properz und die Oden des Horaz, zu denen sich in Aufbau und Inhalt der Amores ebenfalls Bezüge finden lassen, vier Bücher umfaßten) dient gewöhnlich die Publikation des dritten Buchs der Ars amatoria, wo von „drei Büchern" Amores die Rede ist (ars 3,343: *deve tribus libris titulus quos signat amorum*). Allerdings ist das in L und einigen neueren Handschriften überlieferte *tribus* (das Ramírez de Verger [2003] in seiner Ausgabe in den Haupttext nimmt) wie auch die Umgebung des Wortes textkritisch umstritten (Kenney [1994] übernimmt z.B. Müllers Konjektur *tener*).

601 Die Formulierung *extra ordinem paginarum* für ein einleitendes Epigramm verwendet z.B. Martial 9 praef.

602 S. Citroni (1975) 3–4. Zur hellenistischen Tradition vgl auch McKeown (1998) II 1.

Dieses Prinzip wählt auch Ovid, wenn er die drei Bücher der Amores das Wort in eigener Sache ergreifen läßt.[603] ‚Die wir eben noch fünf Bücher des Naso waren, sind nun drei: Dieses Werk zog der Dichter jenem vor', berichten die *volumina* einem zunächst nicht näher bestimmten Adressaten. Der Ausdruck *qui modo*, der betont am Versanfang steht und den Gegensatz zwischen dem früheren und dem gegenwärtigen Zustand hervorhebt, erinnert an ähnliche Formulierungen in griechischen und lateinischen Grabinschriften.[604] Während dort aber der gegenwärtige, unglückliche Zustand des Verstorbenen mit seinem früheren glücklichen Leben verglichen wird, stellt in den Amores der gegenwärtige Zustand des Werks eine Verbesserung dar. Diese für den Leser unerwartete Wendung hebt die Qualität der Überarbeitung hervor. Auffällig ist hier das Fehlen des Buchtitels, einer für einen potentiellen Leser zentralen Information. Martial nennt im Einleitungsepigramm seines Werks nicht nur seinen eigenen Namen, sondern auch die Werkgattung und dazu eine nähere Bestimmung, die ihren Witz und Scharfsinn hervorhebt.[605] Erst V. 3 zeigt, daß sich Ovids Epigramm an einen versierten Leser richtet: Es handelt sich nicht um einen Neuling, der über den Inhalt und den Titel der Bücher informiert werden müßte, sondern um eine Person, die schon die erste Auflage gelesen und, so nehmen die personifizierten *volumina* an, nicht für gut befunden hatte. Die Aussage: *Qui modo Nasonis fueramus quinque libelli / tres sumus* dient also der Wiedererkennung: Einem Leser, der sich an der Fünfzahl orientiert, wird versichert, daß das nunmehr dreibändige Werk im Kern identisch mit der früheren Auflage

[603] Ungewöhnlich ist die Einführung dreier Sprecher, die die Verse gleichsam im Chor rezitieren. Gewöhnlich kommt allenfalls ein einzelnes Buch zu Wort; und auch bei sprechenden Gegenständen handelt es sich zumeist um einen einzelnen Gesprächspartner. Die Besonderheit ergibt sich daraus, daß nicht wie sonst auf den Inhalt eines bestimmten, noch zur Publikation anstehenden Buches hingewiesen wird, sondern auf eine Eigenschaft, die alle Bände einer bereits publizierten Gedichtsammlung betrifft. Die besondere Ausgangssituation nimmt hier also Einfluß auf die Sprecherrollen.

[604] S. außer den bei McKeown (1989) II 4 aufgeführten griechischen Beispielen vor allem CE 1065: *Atrox o Fortuna, truci quae funere gaudes, / quid mihi tam subito Maximus eripitur? / qui modo iucundus gremio superesse solebat, / hic lapis in tumulo nunc iacet ecce miser*; CE 55,10–3: *quae modo nobilium ludos decoravi choro / et Graeca in scaena prima populo apparui, / en hoc in tumulo cinerem nostri corporis / infistae* [sic] *Parcae deposierunt carmine.*

[605] Mart. epigramma 1,1–3: *Hic est quem legis, ille, quem requiris, / toto notus in orbe Martialis / argutis epigrammaton libellis.*

sei, wobei die Änderungen auf den Autor selbst und nicht etwa auf einen Interpolator zurückzuführen seien.[606] Dennoch ist das Fehlen des Titels auffällig, da auch das Martialepigramm einen Leser voraussetzt, der den Autor bereits kennt und nach ihm fragt: Trotzdem wird der Titel „Epigrammata“ ausdrücklich genannt. Wie der Name *Martialis* selbst scheint der Hinweis auf den Titel dort gerade einen Anreiz für die Stammleserschaft zu bilden. In den Amores ist das auffällige Verschweigen des Titels dagegen mit dem Hinweis auf das mögliche Mißfallen des Lesers gekoppelt. Es handelt sich um eine spielerisch gestaltete *captatio benevolentiae*: Dem künftigen Leser, dem Mißvergnügen an einer ersten Auflage unterstellt wird, wird nun bei der gekürzten Version der Titel ‚Amores‘ gar nicht erst zugemutet.[607] Die Thematik ergibt sich allerdings klar aus Elegie 1,1, in der Cupido den mit Plänen für ein Epos beschäftigten Dichter dazu bringt, stattdessen Liebesgedichte zu schreiben.[608] Das Mißfallen, das dem Leser unterstellt wird, bedeutet allerdings, wie V. 2 zeigt, keine Distanz zum Dichter. Auch dieser habe, ähnlich wie der hier imaginierte Leser, die ursprüngliche Fassung für unbefriedigend gehalten, so daß er sie durch Straffung zu verbessern trachtete.[609]

Während der veränderte äußere Umfang gebührend hervorgehoben wird, enthalten die Verse keine inhaltlichen Aussagen über die Art der Modifikation, was in der Forschung immer wieder zu

[606] Ein vergleichbarer, mit einer Namensnennung verbundener Hinweis, daß der folgende Text vom selben Autor stamme und damit die Fortsetzung seines dichterischen Schaffens bilde, findet sich auch in am. 2,1,1–2: *hoc quoque composui Paelignis natus aquosis / ille ego nequitiae Naso poeta meae*, dazu JANSEN (2012) 3. Das Einleitungsepigramm stimmt damit zu der Art, wie Ovid auch sonst gelegentlich Werke oder Werkabschnitte einführt.

[607] In der antiken Überlieferung ist der Titel ‚Amores‘ nur bei Ovid selbst (ars. 3,343–4) sowie möglicherweise einmal in der Historia Augusta bezeugt (SHA Ael. 5,9, dort könnte der Begriff allerdings auch allgemein „Liebesdichtungen“ bedeuten). Ein alternativer Titel ist allerdings weder aus der Antike noch aus späterer Zeit bekannt, s. dazu MCKEOWN (1987) I 103–7 und SCHRÖDER (1999) 83.

[608] Der Name *Amor* fällt erst in V. 1,15. In den Metamorphosen hatte der Sprecher dagegen schon in den Anfangsversen den Titel des Werks elegant umschrieben, met. 1,1–2: *in nova fert animus mutatas dicere formas / corpora*.

[609] MCKEOWN (1989) II 3 äußert sich verwundert über die implizite Selbstkritik: „Nowhere else in the *Amores*, or in any of the other works written before his exile, does he express such a depreciatory opinion of his poetic talent, even in this obviously ironic way.“

Spekulationen über die Gestalt der Erstauflage geführt hat.[610] Dieses Verfahren ist ungewöhnlich, da poetische Vorworte meist nicht das Äußere des Buchs, sondern seinen Inhalt beschreiben. Wenn doch einmal das Aussehen des *liber* geschildert wird, so zeigt dieses in der Regel eine direkte Verbindung zum Inhalt des Buchs. Ovid selbst wendet diesen Kunstgriff in der Einleitungselegie der Tristien an, in der er ausführlich den schmuck- und trostlosen Anblick des Buches beschreibt, das seinen traurigen Inhalt spiegele (trist. 1,1,3–14), und greift diese Technik am Beginn des dritten Buchs wieder auf, wo der nach Rom entsandte Gedichtband selbst in wörtlicher Rede seine trauriges Erscheinungsbild kommentiert (trist. 3,1,11–16).

Das Einleitungsepigramm der Amores enthält somit einerseits zentrale Informationen für den künftigen Leser (z.B. den Namen des Autors), während andere (Titel des Werks und Art der Kürzung) fehlen. Das Fehlen wichtiger Informationen wird, wie oben gezeigt, bei der Bewertung selbständiger Inschriften als Indiz für ihre Historizität gewertet, weil sich in diesem Fall die fehlenden Details aus dem Monument ergäben, das der Betracher vor Augen hat. Die in dem Einleitungsepigramm fehlenden Informationen lassen sich dagegen nur teilweise durch einen Blick auf den Gegenstand, den sie begleiten, erschließen. Das Thema des Werks ergibt sich aus Elegie 1,1; die Frage, nach welchen Kriterien die Kürzung einer Gedichtsammlung vorgenommen wurde, kann aber, wie auch die moderne Forschungsdiskussion über diese Frage zeigt, nur durch einen detaillierten Vergleich zwischen der ersten und der zweiten Auflage geklärt werden. Steht die erste Auflage nicht zur Verfügung, so geben die Schriftrollen der zweiten Fassung, auf die das Epigramm hinführt, in dieser Frage keine Auskunft.

Statt eines „Aufschlusses" über die in V. 1–2 aufgeworfenen Fragen erhält das Epigramm in V. 3 eine neue Wendung, die den Leser auf selbstironische Weise auf die Lektüre einstimmt.[611] Die Junktur *nulla voluptas* bringt in negativer Form einen Begriff ins Spiel, der für die Liebesgedichte von Bedeutung ist und damit auf das

[610] S. McKeown (1989) II 1–3 und Tarrant (2002) 13 und 28–9.

[611] Die Scherzhaftigkeit des Epigramms wird in der Forschung hervorgehoben, s. z.B. Wilkinson (1955), zitiert in italienischer Übersetzung von Scarcia (1985) 9: „L'epigramma introduttivo [...] è gaio e disarmante quanto conviene."

Thema des Werks hindeutet.[612] Der Gedanke der „Kürzung“, der so auffällig alle vier Verse des Einleitungsepigramms beherrscht, bereitet zugleich die erzwungene „Kürzung“ des ursprünglich geplanten Epos durch Amor in den ersten Versen von am. 1,1 vor: Dort ‚raubt‘ der Gott einen Versfuß, um den Dichter zur Arbeit an der ihm genehmen „kleinen“ Gattung der Liebesgedichte zu bewegen. Kürzungen, so kann der Leser spätestens bei der Lektüre der ersten Elegie folgern, können nicht nur im Interesse des Dichters (und eines mißvergnügten Publikums) liegen, sondern überhaupt im Interesse derer, die kleine Gattungen und mit ihnen das hellenistische Stilideal schätzen. Sie dienen damit der Qualität der Amores. Wer bei der Lektüre dieses Stoffes keine *voluptas* empfindet, wird freilich auch die gesteigerte Qualität nicht schätzen können, die die Anhänger der „kleinen Form“ darin erkennen. Für solche Leser bleibt nur der „Trost“ der geringeren Quantität, der freilich am Kern des Werks vorbeigeht: Für die betreffenden Rezipienten bedeutet Kürze allenfalls ein „kleineres Übel“. Hinter der von McKeown als eine für Ovid ungewöhnliche Bescheidenheitsäußerung erklärten „Selbstkritik“ verbirgt sich also die raffinierte Kritik an einem Leser, der ein literarisches Werk und seine Prämissen nicht richtig einzuordnen vermag. Das Einleitungsepigramm weist damit durch die Art, wie es über eine zweite Auflage der Amores informiert, auf die zentralere Frage von „Quantität“ und „Qualität“ hin, die für das Selbstverständnis der hellenistischen Dichter und ihrer römischen Nachfolger so bedeutsam ist.[613]

Das Einleitungsepigramm erläutert also durchaus den „Gegenstand“, dem es beigegeben ist, ähnlich wie eingelegte Inschriften. Der Kern des kurzen Gedichts geht aber über eine äußerliche „Beschreibung“ des Amoresbuchs hinaus und zielt statt dessen auf einen poetologischen Aspekt, der sich dem Leser nur erschließt, wenn er auch die Elegie 1,1 betrachtet und das dahinterliegende Dichtungsverständnis kennt, oder bereit ist, sich damit (z.B. durch

[612] Der Begriff *voluptas* erscheint noch viermal in den Amores und neunmal in der Ars amatoria, oft als Synonym für *amor*.

[613] In diesem Zusammenhang kann der Komparativ *levior*, der betont am Versanfang steht, als Anspielung auf die für die kleinen Gattungen typische λεπτότης verstanden werden: Durch die Kürzung kommt das Werk dem Ideal der „kleinen“ Gattungen noch näher. In diesem Sinne verwendet Ovid das Adjektiv auch sonst, s. am. 1,1,19 (in der Diskussion zwischen Amor und dem Dichter, der lieber ein Epos als Liebesgedichte schreiben möchte): *nec mihi materia est numeris levioribus apta*. S. dazu McKeown (1989) 6 und 22.

die gewissenhafte Lektüre der Amores) vertraut zu machen. Die Frage einer zweiten Auflage, die durch die Andeutung auf eine bereits bestehende Bekanntheit des Autors zumindest plausibel eingeführt wird, ist für die Aussage des Epigramms damit weniger zentral als das darin enthaltene poetische Programm, das sich nicht nur in den Einleitungsversen selbst, sondern auch in den übrigen Elegien der Sammlung verfolgen läßt.

Ov. trist. 1,7,35–40 (Einleitungsepigramm für die Metamorphosen)

Das in den Tristien enthaltene Einleitungsepigramm (trist. 1,7,35–40) bezieht sich nicht auf das Werk, in dem es zitiert wird, sondern auf Ovids Metamorphosen. Es ist durch die rahmende Elegie gut vorbreitet. In trist. 1,7 beklagt der *poeta exsul* sein Verbannungsschicksal und betrachtet die verschiedenen Möglichkeiten, mit denen ein in Rom verbliebener Freund die Erinnerung an ihn aufrechterhalten könne. Wenn er eine mit Kränzen geschmückte Büste von ihm besitze, wie es bei Dichtern üblich sei, so möge er den bacchischen Efeu herabnehmen, der sich für seine traurige Lage nicht schicke. Möglicherweise besitze der Freund auch einen Ring mit einem eingravierten Portrait Ovids, den er wieder und wieder am Finger drehen könne, um die Erinnerung an den fernen Freund zu bewahren. Das beste Bild des Verbannten aber böten weder eine Büste noch eine Gemme, sondern die Metamorphosen, die der Freund immer wieder lesen möge.

Der Gedanke, daß seine Werke die Erinnerung an den Dichter dauerhafter sichern als jedes Denkmal, ist nicht neu: er findet sich bekanntlich in Horaz' berühmtem *exegi monumentum aere perennius* (carm. 3,30) und wird von anderen Dichtern oft wiederholt.[614] In

[614] Auch in anderen Gattungen ist er verbreitet, s. z. B. in späterer Zeit den berühmten Schluß von Tacitus' Agricola, wo zu der literarischen Überlieferung als Grundlage des Nachruhms noch die aktive Imitation durch die Nachgeborenen hinzutritt, welche bei Ovid, dessen kaiserlicher Widersacher noch lebt, natürlich keine zentrale Rolle spielen kann (Agr. 46,3–4: *ut vultus hominum, ita simulacra vultus imbecilla ac mortalia sunt, forma mentis aeterna, quam tenere et exprimere non per alienam materiam et artem, sed tuis ipse moribus possis. quidquid ex Agricola amavimus, quidquid mirati sumus, manet mansurumque est in animis hominum in aeternitate temporum, fama rerum; nam multos veterum velut inglorios et ignobilis oblivio obruit: Agricola posteritati narratus et traditus superstes erit*). Zur Geschichte dieses Gedankens s. Achcar (1991), zu Horaz carm. 3,30 Korzeniewski (1972) und Pöschl (1967).

den Tristia erhält er jedoch durch die sechs Verse, die der Sprecher den Metamorphosen voranzustellen bittet, eine neue Wendung. Der Text des Einleitungsepigramms lautet:

‚orba parente suo quicumque volumina tangis,
his saltem vestra detur in urbe locus.
quoque magis faveas, non sunt haec edita ab ipso,
sed quasi de domini funere rapta sui.
quidquid in his igitur vitii rude carmen habebit,
emendaturus, si licuisset, erat.‘

Die Anrede *quicumque* für den potentiellen Leser entspricht der Tradition archäologisch und literarisch bezeugter Inschriften und Epigramme. Auffällig ist dagegen die Umschreibung *quicumque volumina tangis.* Andere Einleitungen für Gedichtsammlungen reden den Leser gewöhnlich direkt als solchen an. Ovid selbst hatte unmittelbar zuvor den Adressaten der Elegie 1,7, der, wenn es ihm gut erscheine, das Einleitungsepigramm den Metamorphosen voranstellen solle, als *lector* bezeichnet (trist. 1,7,31–2: *en veniam pro laude peto, laudatus abunde, / non fastiditus si tibi, lector, ero*). Zu Beginn des dritten Tristienbuchs (trist. 3,1,2) legt er der Buchrolle die Bitte *da placidam fesso, lector amice, manum* in den Mund, und bittet zu Beginn des vierten (trist. 4,1,1–2): *Siqua meis inerunt, ut erunt, vitiosa libellis / excusata suo tempore, lector, habe.* Auch Martial redet später seinen Leser im Einleitungsgedicht seiner Epigrammsammlung (das sich möglicherweise auf ein beigefügtes Portrait des Dichters bezieht) unmittelbar an: *hic est quem legis ille, quem requiris, / toto notus in orbe Martialis* [...] *cui lector studiose,* [...] *dedisti viventi decus atque sentienti* (Mart. 1,1,1–5). Dagegen beschränkt sich Ovid an dieser Stelle auf das Berühren, das weder die Lektüre der Gedichte, noch überhaupt Interesse an ihnen voraussetzt.

Diese Form der Anrede, die für die Einleitung eines literarischen Werks ungewöhnlich erscheint, ist bei historischen Grab- und Weihinschriften und in selbständigen Epigrammen häufig anzutreffen. Obwohl die angeredete Person, um die Botschaft wahrnehmen zu können, die Verse gelesen haben muß, wird sie dort normalerweise nicht als ‚Leser‘ angesprochen. Stattdessen wird der Kontakt als mündliche Kommunikation zwischen dem Leser und dem Sprecher des Epigramms dargestellt, die sich gewöhnlich aus einer Zufallsbegegnung ergibt: Der Leser ist ein ‚Wanderer‘ oder ein ‚Fremder‘, der einem Ziel zustrebt und kein primäres Interesse an der Inschrift hat, oder er erscheint als Besucher eines Tempels, der wegen des

Heiligtums, aber nicht primär wegen der Inschriften gekommen ist.[615]

In trist. 1,7 ist ein übergeordneter Kontext für die Begegnung nicht auszumachen: Der Dichter legt sich nicht darauf fest, bei welcher Gelegenheit ein potentieller Adressat, den er um Asyl für seine Metamorphosenbücher bittet, mit den *volumina* in Berührung gekommen sein kann. Diese Zurückhaltung entspricht der allgemeinen Vorsicht, die für das Werk eines in Ungnade gefallenen Dichters angebracht ist. Der Adressat, der das den Metamorphosen vorangestellte Epigramm liest und sich entscheiden muß, ob er als Fürsprecher des Werks auftreten will, wird damit nicht auf die Rolle eines begeisterten Ovidlesers festgelegt. Die Unverbindlichkeit der Anrede ist dazu geeignet, Zögernde davon zu überzeugen, für die Metamorphosenbücher Partei zu ergreifen.

Der Verzicht auf die Anrede *lector* fügt sich in die Bildersprache der Elegie ein. Während in trist. 3,1 das Buch als Buch spricht,[616] erscheinen die Metamorphosenbücher in dem Einleitungsepigramm nicht nur als ‚Schriftrollen', sondern zugleich als ‚Waisenkinder' des verbannten Dichters (*orba parente* [...] *volumina*). In V. 43 versichert der Sprecher, der in Ungnade gefallene Dichter habe die Bücher nicht selbst herausgegeben, sondern sie seien gleichsam in letzter Minute von seinem Scheiterhaufen gerissen worden (trist. 1,7,37–8: *quoque magis faveas, non sunt haec edita ab ipso, sed quasi de domini funere rapta sui*). Obwohl die Metapher der Feuerbestattung gut zu der Vorstellung von den Büchern als ‚Waisen' paßt, erscheint der Dichter hier nicht mehr als *parens*, sondern als *dominus* der Schriftrollen.[617] Die Bezeichnung bildet den Übergang zum abschließenden Distichon, in dem der aus der Perspek-

[615] S. dazu Meyer (2007) 191; dort auch eine instruktive Diskussion der komplexen Darstellung von Lesen und Schreiben im hellenistischen Epigramm.

[616] Trist. 3,1,1: *Missus in hanc venio miseri liber exsulis urbem.*

[617] Beide Bilder sind durch die früheren Elegien des Buches vorbereitet, s. z.B. trist. 1,1,118, wo die Metamorphosenbücher ebenfalls als Kinder (*pignora*) des Sprechers bezeichnet werden, und trist. 1,1, wo die Bezeichnung *dominus* für ‚Verfasser' schon im ersten Distichon erscheint und später mehrfach wiederholt wird (trist. 1,1,1–2: *parve – nec invideo – sine me, liber, ibis in urbem, / ei mihi! quo domino non licet ire tuo*). Andererseits erscheint das Buch in derselben Elegie als Kind des Dichters, das in der Bibliothek der Hauptstadt seine ‚Geschwister', die übrigen Werke des Autors, vorfinden wird, s. trist. 1,1,107–8: *aspicies illic positos ex ordine fratres / quos studium cunctos evigilavit idem* und trist. 1,1,115: *siqua est tibi cura parentis.*

tive des Dichters redende Sprecher versichert, er habe alle Unfertigkeiten der Gedichte verbessern wollen, wenn es ihm nur gestattet gewesen wäre.

Obwohl die Metapher der Bücher als ‚Waisenkinder' also nicht stringent durchgehalten wird, ist die Tendenz zur Vermenschlichung der Metamorphosenbücher erkennbar. Geht es Horaz in carm. 3,30 um die Dauerhaftigkeit der Erinnerung, die am ehesten durch die Dichtung gewährleistet werden kann, so lenkt Ovid die Aufmerksamkeit vom Thema ‚Erinnerung', das im ersten Teil der Elegie angedeutet wird, auf die Zuverlässigkeit des Dichterportraits. Während Büste und Gemme auf das äußere Erscheinungsbild des Poeten beschränkt sind, impliziert die Metapher vom Dichter als ‚Vater' der Metamorphosen eine innere Verbindung, d.h. eine ‚Familienähnlichkeit' zwischen Dichter und Dichtung. Tatsächlich vergleicht Ovid die durch die Verbannung eingetretene negative Wendung seines Schicksals mehrfach mit den von ihm beschriebenen mythischen Verwandlungen: Wie sich die in den Metamorphosen behandelten Wesen plötzlich in einer anderen, oft unvorteilhaften Gestalt wiederfinden, so sieht sich auch der Dichter plötzlich vom gefeierten römischen Literaten zum von Vergessenheit bedrohten *poeta exsul* degradiert (s. z.B. trist. 1,1,117–22: *sunt quoque mutatae, ter quinque volumina, formae* / [...]. *His mando dicas, inter mutata referri* / *fortunae vultum corpora posse meae;* / *namque ea dissimilis subito est effecta priori,* / *flendaque nunc, alio tempore laeta fuit*).[618]

Die Ähnlichkeit zwischen dem Schicksals des ‚Vaters' der Metamorphosen und seinem literarischen ‚Kind' wird jedoch in dem Einleitungsepigramm nicht deutlich ausgedrückt. Auch wird weder der Dichter oder überhaupt der Werktitel genannt, was sonst ein Zweck solcher Einleitungen ist.[619] Der römische Betrachter, der mit den Buchrollen in Berührung kommt und das Einleitungsepigramm studiert, muß also nicht nur bereits wissen, wer der Verfasser ist, sondern es wird auch vorausgesetzt, daß er wenigstens das Thema des Werks kennt. Ebenso setzen die Verse voraus, daß der Adressat womöglich eine Abneigung gegen den Dichter hegt und beschwichtigt werden muß. In diesem Fall kennt der Leser nicht nur den Namen des Verfassers, sondern besitzt auch Hintergrundwissen

[618] Hinds (1985) 20 mit Anm. 27 weist darauf hin, daß der Begriff *volumina* selbst schon die Konnotation des Wandels enthält.

[619] Vgl. für ein literarisches Einleitungsepigramm mit der Nennung von Dichter und Werk Mart. 1,1,1–3.

über ihn, dessen Herkunft aber unklar bleibt und das den Dichter in negativem Licht erscheinen läßt. Der Adressat des Epigramms kann daher nicht identisch mit den Freunden sein, die am Anfang von trist. 1,7 erwähnt wurden und die Ovids Andenken durch Büsten oder Gemmen lebendig zu erhalten suchen.

Das Fehlen grundlegender Informationen und die Unvollständigkeit des Gedankengangs machen das Epigramm für eine Stellung am Beginn der Metamorphosen ungeeignet. Es gehört thematisch zu dem erst in den Tristien entwickelten Selbstverständnis des Verbannten und kann nicht leicht aus diesem Kontext gelöst werden.[620] Andererseits ersetzt die Elegie trist. 1,7 nicht, wie es gelegentlich bei anderen eingelegten Inschriften der Fall ist, den materiellen Kontext, d.h. in diesem Fall die Buchrolle, die die Aufschrift tragen soll. Zwar werden die Metamorphosen durch Umschreibung ihres Themas und eine Anspielung auf den Beginn des Werkes eindeutig identifiziert (trist. 1,7,13: *carmina mutatas hominum dicentia formas*, vgl. met. 1,1–2: *in nova fert animus mutatas dicere formas / corpora*), aber das Einleitungsepigramm ist nicht in die Beschreibung der Buchrolle eingefügt, sondern in die Reflektionen des Dichters über mögliche Leserreaktionen. Das Werk sei unvollkommen und werde daher möglicherweise den Unwillen des Publikums erregen (trist. 1,7,27–32). Nur in Verbindung mit der literarischen Selbstreflexion des Dichters und seiner Verteidigungsrede an den imaginären Leser ergibt die Aufschrift guten Sinn. Die enge Verbindung zwischen Elegie und Epigramm zeigt sich auch darin, daß das einleitende Distichon, das die Aufschrift erst als solche kennzeichnet (trist. 1,7,33–4: *hos quoque sex versus in primi fronte libelli, / si praeponendos esse putabis, habe*), ausgelassen werden könnte, ohne daß der Text dadurch unverständlich würde. Eine solche Auslassung ist z.B. bei dem oben besprochenen Grabepigramm trist. 3,3,73–6 und bei zahlreichen weiteren elegischen Inschriften nicht möglich. Warum aber wählt der Sprecher dann die Form eines *titulus*? Der Gedanke an die Dauerhaftigkeit, der bei einigen anderen imaginierten Inschriften eine Rolle zu spielen scheint, kann hier nicht von Bedeutung sein, da ein an der Metamorphosenausgabe

620 So hat auch keiner der Handschriftenschreiber versucht, den Vorschlag des Dichters wörtlich zu nehmen und das Epigramm an den Anfang der Metamorphosen zu stellen.

angebrachtes Einleitungsepigramm auf demselben vergänglichen Beschreibstoff überliefert würde wie das Gedicht, dessen Überlieferungsgeschichte es fortan teilt. Die Formulierung als *titulus* muß sich daher aus einer Funktion ergeben, die nur eine Inschrift, nicht aber eine Elegie wie trist. 1,7 erfüllen kann. Beide sind zunächst nicht nur durch die Thematik (die Verbannung des Verfassers der Metamorphosen und die negativen Auswirkungen auf die Qualität des Werks) verbunden, sondern auch durch den unbestimmten Adressatenkreis. Während zahlreiche andere Verbannungselegien sich an bestimmte Personen richten, von denen einige, wie Perilla, namentlich genannt, andere, wie die Ehefrau des Dichters, durch ihre familiäre Beziehung genau definiert sind, wendet sich trist. 1,7 an jede beliebige Person, die eine Büste des Verbannten oder eine Gemme mit seinem Abbild in Ehren hält. Obwohl der Adressatenkreis damit potentiell offen ist, sind zumindest die an den Besitzer des Rings gerichteten Verse als eine private Anrede formuliert, die vor anderen geheimgehalten werden muß (trist. 1,7,5–13: *hoc tibi dissimula, senti tamen, optime, dici / [...] grata tua est pietas, sed carmina maior imago / sunt mea, quae mando qualiacumque legas, / carmina mutatas hominum dicentia formas*). Diesem vertrauten Leser stellt der Schreiber auch ein Exemplar seiner Metamorphosen zu, die er zunächst habe vernichten wollen, um deren Fortleben er aber jetzt bitte. Während die erste Aufforderung zur Lektüre noch an die freundlich gesinnte Einzelperson gerichtet ist (trist. 1,7,11–2: *carmina* [...] *quae mando qualiacumque legas*), zielt der Wunsch nach einem Weiterleben der Metamorphosen, der dem Freund offenbart wird, letztlich auf eine größere Leserschaft (trist. 1,7,25–6: *non ignava legentum / otia delectent admoneantque mei*). Dazu muß aber auch das Eingeständnis ihrer literarischen Unzulänglichkeiten und die Erklärung ihrer Unfertigkeit öffentlich gemacht werden.

Das Streben nach einer öffentlichen *captatio benevolentiae* wird durch die Wahl eines *titulus*, der sich nicht an den engen Freundeskreis, sondern an potentielle Leser und damit an eine breite Öffentlichkeit richtet, dichterisch ausgedrückt. Der Übergang von der privaten, elegischen Sphäre zur öffentlich orientierten Inschrift läßt sich an diesem Beispiel gut verfolgen. Während der letzte Vers der rahmenden Elegie noch an den freundlich gesinnten Adressaten gerichtet ist, dem der Sprecher so viel Vertrauen entgegenbringt, daß er ihm sogar die Entscheidung zur Veröffentlichung des Einleitungsepigramms anheimstellt (trist. 1,7,34: *si praeponendos* [sc.

hos sex versus] esse putabis, habe),[621] richtet sich der erste Vers der Inschrift an jede beliebige Person, die mit den Metamorphosen in Berührung kommt. Aus dem öffentlichen, nicht auf die treuen Verehrer beschränkten Adressatenkreis erklärt sich auch, warum die stilistischen Unzulänglichkeiten der Metamorphosen sowohl im Einleitungsepigramm als auch im Rest der Elegie erwähnt werden, die Editionstätigkeit aber nur in der Aufschrift ausdrücklich von der des Verfassers getrennt wird: Nur die Öffentlichkeit hat möglicherweise Vorbehalte gegen den Dichter, so daß sie damit besänftigt werden muß, daß er das Werk wenigstens nicht selbst veröffentlicht hat. Der heimliche Verehrer dagegen kann zwar möglicherweise Anstoß an stilistischen Unvollkommenheiten des Werks nehmen, hat aber gegen die Verfasserschaft nichts einzuwenden und kommt nach Einschätzung des elegischen Ichs sogar als Herausgeber der Metamorphosen in Frage.

Die Position der eingefügten Inschrift am Ende der Elegie trist. 1,7 sorgt dafür, daß die ‚Veröffentlichung' des schon zur Vernichtung bestimmten Werks gleichsam das letzte Wort in dieser Angelegenheit bildet. Einmal dem Publikum übergeben, leben die Metamorphosen fort, wie es der Dichter gewünscht hatte (s. V. 25: *nunc precor ut vivant*).[622]

Zugleich wird mit diesem Abschluß ein Distichon an die prominente Stelle am Gedichtende gerückt, das die Schuld an den Unzulänglichkeiten der Metamorphosen nicht dem Verfasser, sondern einer (hier nicht näher benannten) höheren Gewalt zuschreibt. Während der Sprecher im elegischen Teil des Gedichts von der

621 Evans (1983) 43 verweist auf die Ringkomposition, die durch die rahmenden Bitten an den Freund erreicht wird: Während er die festlichen Kränze von Ovids Büste abnehmen soll (trist. 1,7,1–2), soll er den Metamorphosen die vorsichtig-entschuldigende Einleitung hinzufügen (trist. 1,7,33–4). Die beiden Bitten sind durch ein von den Kommentatoren oft bemerktes Wortspiel verknüpft: die Kränze sollen von den *tempora* (Schläfen) der Büste entfernt, die sechs neuen Verse der *frons* (Vorderseite, aber auch Stirn) des Buches hinzugefügt werden. Zu diesem und dem Wortspiel mit *temporibus* (‚Schläfen' aber auch ‚Zeit') in trist. 1,7,4 s. Hinds (1985) 24–5.

622 Die Bitte um ein Fortleben des Werkes greift auf die Metamorphosen selbst zurück, die mit der Hoffnung auf ein durch sein literarisches Schaffen gewährleistetes Nachleben des Dichters schließen (met. 15,879: *siquid habent veri vatum praesagia, vivam,* dazu Hinds [1985] 24: „the subjects of the verbs *vivant* in trist. 1.7.25 and *vivam* in met. 15.879 are, ultimately, one and the same").

infelix fuga des Dichters gesprochen hatte,[623] die die Arbeit unterbrach (V. 14), und sich anklagte, er selbst habe seine unschuldigen Werke verbrennen wollen (V. 19–20), so liegt die Betonung nun darauf, daß es ihm nicht gestattet gewesen sei, die Verbesserungen, vor deren Ausführung er stand, auch umzusetzen. Ein Leser, der seine Lektüre durch stilistische Unzulänglichkeiten beeinträchtigt sieht, wird daher von Anfang an auf einen anderen Verursacher hingewiesen: dessen Person wird auf immer mit den *vitia* der Metamorphosen verbunden sein. Das Einleitungsepigramm bleibt nur so lange aktuell, wie der verbannte Sprecher keine Möglichkeit hat, die Unfertigkeiten der Metamorphosen zu beheben. Ein Leser, der ernsthaftes Interesse an einer verbesserten Ausgabe hat, wird sich demnach für die Rückkehr des Dichters einsetzen müssen. Ebenso wird der Kaiser, wenn die vielsagend auf ‚höhere Gewalt' weisende Inschrift nicht dauerhaft mit den unfertigen Metamorphosen verbunden bleiben soll, seine Anordnungen überdenken müssen. Ob der Sprecher von trist. 1,7 einen solchen Erfolg des Einleitungsepigramms in Betracht zieht, geht aus dem Gedicht nicht hervor. Die Metaphern, die für die Verbannung verwendet werden (s. trist. 1,7,38: *de domini funere rapta* und den Vergleich zwischen dem Dichter und Althaea, trist. 1,7,17–20, die schließlich selbst aus Verzweiflung über ihre Tat in den Tod ging), schaffen jedenfalls eine resignierte Stimmung. Überhaupt geht die Beteiligung des Kaisers an der Verbannung nicht unmittelbar aus trist. 1,7 hervor, sondern ergibt sich erst aus der Kenntnis der anderen, in den Tristia und den Epistulae ex Ponto verstreuten (und ebenfalls in wichtigen Punkten lückenhaften) Angaben über das Schicksal des Dichters. Die eingelegte Inschrift am Ende von 1,7 läßt daher mehr Fragen offen als sie beantwortet und regt so zur Lektüre weiterer ‚Verbannungselegien' an. Zugleich sorgt sie für eine neue, negative Lesart der Metamorphosen. Hatten deren Schlußverse ursprünglich hoffnungsvoll auf die Zukunft verwiesen, indem sie dem Sprecher gleichsam als letzte „Verwandlung" ein Fortleben in seinem Werk prophezeiten,[624] so erscheint diese Hoffnung nun trügerisch: Der

[623] Die Doppeldeutigkeit des Ausdrucks *fuga* (‚Flucht' oder ‚Verbannung') vermeidet eine direkte Schuldzuweisung an den Kaiser, wie sie in den rechtlich eindeutigen Begriffen *relegatio* oder *exilium* liegt (zwei Sanktionen, die nur vom Kaiser verhängt werden konnten).

[624] Ov. met. 15,878–9: *ore legar populi, perque omnia saecula fama, / siquid habent veri vatum praesagia, vivam.*

Sprecher fühlt sich bereits als Verstorbener; sein eigenes unfertiges Werk hat ihn überdauert und kann sein Nachleben nicht gewährleisten. Das in den Tristien enthaltene Einleitungsepigramm überträgt damit eine eher für die Elegie als für das Epos typische, pessimistische Weltsicht auf die Metamorphosen und beeinflußt dadurch nicht so sehr die Rezeption von trist. 1,7, als vielmehr die eines anderen literarischen Werks. Es führt gleichsam eine Wandlung der Metamorphosen vom positiv getönten zum resigniert gefärbten Werk herbei.[625] Diese Funktion ist für eine in die Elegien eingefügte Inschrift einzigartig.

4.6 Andere Erwähnungen von Inschriften

Außer den Inschriften, die ganz oder teilweise wörtlich zitiert werden, enthalten die römischen Elegien eine Reihe von Hinweisen auf inschriftliche Texte im weitesten Sinn, über deren Wortlaut wir entweder nichts erfahren oder die nicht als wörtliches Zitat im Text erscheinen. Ein markantes Beispiel (die Elogien für die *summi viri* auf dem Augustusforum) wurde oben im Zusammenhang mit der Inschrift am Mars Ultor-Tempel erwähnt. Andere Beispiele sind der Namenszug, den die in eine Kuh verwandelte Io mit ihrem Huf in den Sand zeichnet (Ov. met. 1,649–50: *littera pro verbis, quam pes in pulvere duxit, / corporis indicium mutati triste peregit*), der Name des Aesacos auf seinem Grabstein (met. 12,1–3) und die elaborierte Umschreibung, die der Sprecher von Prop. 2,1 für seinen Tod wählt (Prop. 2,1,71–2: *quandocumque igitur vitam mea fata reposcent / et breve in exiguo marmore nomen ero ...*). In Prop. 1,17 malt sich der auf der Flucht vor Cynthia befindliche Sprecher die Alternative aus, daß er daheimgeblieben, an der Liebeskrankheit zugrundegangen und

[625] S. dazu Hinds (1985) 25: „Coming after these depressing lines [sc. nach dem Einleitungsepigramm] *in nova fert animus ...* (*Met.* 1,1) will no longer be able to engender quite the same frisson of excitement that it does in the original version of the Metamorphoses. [...] by *rewriting* its opening lines, Ovid will force us to *reread* the entire poem in a slightly different light.“ Die Neufassung des Anfangs der Metamophosen, die der Sprecher von trist. 3,3 vorschlägt, korrespondiert mit einem Hinweis auf ein ebenfalls negativ gefärbtes, neues Ende. In trist. 1,1 hatte der Verbannte darauf hingewiesen, daß die pötzliche negative Wendung seines Schicksals unter die Verwandlungen gerechnet werden könne (trist. 1,1,117–22). Eine solche Metamorphose würde angesichts des chronologischen Aufbaus des Epos am Ende des Werks zu finden sein, s. dazu Hinds (1985) 20–1.

von der Geliebten bestattet worden wäre. Dabei erwähnt er nur den Grabstein, von dem wir nicht erfahren, ob und mit welcher Inschrift er gedacht werden soll (Prop. 1,17,19–20: *illic si qua meum sepelisset fata dolorem, / ultimus et posito staret amore lapis* ...).

Da der Text dieser Inschriften nicht zitiert, sondern nur auf seine Existenz verwiesen wird, gehören diese Stellen nicht zum Untersuchungsgegenstand. Dennoch soll als Ausblick ein Beispiel kurz vorgestellt werden, bei dem gerade das Verschweigen (und nicht wie sonst das Zitieren) des Inschriftentextes die Aussage des Gedichts unterstützt.

Eine nicht zitierte Inschrift: Ov. fast. 2,529–30 (Kurientafeln)

Es handelt sich um die Angaben auf den Tafeln, die auf dem Forum den Standort der einzelnen Kurien des römischen Volkes bezeichnen (fast. 2,529–30). Anders als Inschriften auf Stein werden die Tafeln mit den Namen der jeweiligen Kurie provisorisch angebracht, damit die Teilnehmer der Kurialversammlung ihre Standorte finden.

Ovid erwähnt sie bei der Darstellung eines Festes, das mit den Feierlichkeiten für Quirinus zusammenfällt und als *Stultorum festa* (fast. 2,513) bezeichnet wurde.[626] Es war der Göttin Fornax gewidmet und war mit dem Dörren des Getreides verbunden.[627] Dieses hatte nach Darstellung Ovids früher oft durch die Dummheit der Bauern Schaden genommen, welche das Korn beim Dörren verkohlen ließen oder gar ihre Hütten versehentlich in Brand setzten (fast. 2,521–4).[628] So sei ein jährliches Opfer eingerichtet worden, das vom *curio maximus* mit der entsprechenden Formel angekün-

[626] S. dazu Festus 304L und Robinson (2011) 329.

[627] S. Festus 73L.: *Fornacalia sacra erant, cum far in fornaculis torrebant.* und 82 L.: *Fornacalia feriae institutae sunt farris torrendi gratia, quod ad fornacem, quae in pistrinis erat, sacrificium fieri solebat.* Ovid erwähnt das Fest auch beiläufig im Eintrag zu den Vestalia am 9. Juni (fast. 6,313–14): *sola prius furnis torrebant farra coloni / (et Fornacali sunt sua sacra deae).* S. dazu auch Lact. inst. 1,20,35 (im Zusammenhang mit ‚lächerlichen' paganen Götternamen): *Quis non rideat Fornacem deam vel potius doctos viros celebrandis Fornacalibus operari.* Als Begründer dieses Festes galt König Numa, s. Plin. nat. 18,7–8. Das Fest gehört laut Festus zu den sogenannten *popularia sacra,* die nicht von bestimmten Kurien, sondern von allen Bürgern begangen wurden, 298L s.v. *popularia sacra.*

[628] Die Ungeschicklichkeit der Landbevölkerung wird damit begründet, daß die geistig beweglicheren Männer aufgrund des Kriegsdienstes keine Zeit fanden, landwirtschaftliche Tätigkeiten auszuüben.

digt und selbst vom dummen Teil des Volkes am Abend vollzogen werde. Die entsprechenden Verse, mit denen der Kalendereintrag endet, lauten (fast. 2,525–32):

facta dea est Fornax: laeti Fornace coloni
orant ut fruges temperet illa suas.
curio legitimis nunc Fornacalia verbis
maximus indicit nec stata sacra facit:
inque foro, multa circum pendente tabella,
signatur certa curia quaeque nota,
stultaque pars populi quae sit sua curia nescit,
sed facit extrema sacra relata die.

Zentraler Punkt für das Namensaition dieses denkwürdigen Festes ist also die Dummheit der Beteiligten: Wie der Landbevölkerung, die das Fest begründete, grundlegendes bäuerliches Wissen fehlte, so daß sie nicht einmal Getreide dörren konnte, so fehlen einem Teil des zeitgenössischen Volkes in Rom grundlegende politische Kenntnisse: Die Betroffenen kennen nicht einmal den Namen der eigenen Kurie, so daß ihnen auch die zahlreichen Hinweistafeln am Versammlungsplatz nichts nützen. Bezeichnend ist dabei, daß nicht etwa fehlende Lesefertigkeiten, sondern schieres Unwissen das Auffinden des korrekten Standortes verhindert. Die eigene Kurienzugehörigkeit ist in diesem Teil des Volkes in Vergessenheit geraten. Indem Ovid die Hinweistafeln zwar erwähnt, ihre Aufschrift aber nur indirekt, ihre Zahl nur unbestimmt (fast. 2,529: *multa* [...] *tabella*) und das System ihrer Anordnung gar nicht wiedergibt, erzielt er ein unscharfes Bild der räumlichen Gegebenheiten, das gleichsam die Orientierungslosigkeit der *stulti* widerspiegelt. Wenn das familieninterne Wissen um die Kurienzugehörigkeit abgerissen ist, können weder die Inschriften auf den Tafeln noch Ovids literarisches Schaffen den Betroffenen helfen, ihren angemessenen Platz auf dem Forum zu finden.

Allerdings vermag die Literatur, wie die Elegie zeigt, selbst aus diesem Nichtwissen noch Identität zu stiften. Die Tatsache, daß es sich um einen Festtag mit feierlichen Opfern handelt, wird nämlich deutlich eingeschärft: Selbst der ‚törichte Teil des Volkes', der an der regulären Versammlung nicht teilnehmen kann, vollzieht am Abend die vorgeschriebenen Riten. Als kurioser Sonderfall bleiben diese *stulti*, obwohl sie ihren angestammten Platz im Volk vergessen haben, Teil der Gemeinschaft und des gesellschaftlichen Lebens. Dieser Platz wird ihnen unter anderem durch die Aufnahme in

Ovids Kalender gesichert, in dem ihr Fest gleichberechtigt mit anderen, ehrwürdigeren Feiern des römischen Jahres erklärt wird.

5. Ergebnisse

In der neueren Forschung, vor allem in den Kommentaren zu den römischen Elegien, wird mehrfach die Ansicht geäußert, daß die in die Gedichte des Tibull, Properz und Ovid eingelegten Inschriften ein „literarisches Motiv" dieser Gattung seien. Vor allem eingefügte Grabepigramme hätten sich wegen der Elegie und Epigramm gemeinsamen Todesthematik leicht etablieren können. In der Regel werden zur Untermauerung dieser Theorie aber nur einzelne Beispiele angeführt, die nicht im Kontext der jeweiligen Elegie betrachtet werden. Auch werden gewöhnlich nur Inschriften desselben Typs (z. B. Grabinschriften oder Weihinschriften) miteinander verglichen. Insgesamt gelten solche Inschriften oft als epigrammatische „Zutaten" zur rahmenden Elegie, die in den meisten modernen Textausgaben auch drucktechnisch vom Rest des Gedichtes abgesetzt werden.

Die Auswertung aller in die Werke des Properz, Tibull und Ovid wörtlich wiedergegebenen Inschriften hat dagegen gezeigt, daß sie ein untrennbarer Bestandteil der Elegie sind. Es handelt sich nicht um Einsprengsel aus einer anderen Gattung (der Epigrammdichtung) oder gar um Zitate aus dem Corpus historischer Inschriften (wenngleich in den Fasti zweimal Teile historischer Inschriften zitiert werden), sondern die Inschriften tragen selbst „elegischen" Charakter. Dies gilt auch dann, wenn sie, was häufig vorkommt, Anleihen aus dem Formular historischer Inschriften enthalten (z. B. *hic situs est* bei Grabinschriften oder die Verwendung von Demonstrativpronomen, die auf die Votivgabe verweisen, bei Weihinschriften). Im Autoepitaph des Lygdamus (Tib. 3,2,29–30) werden die Anspielungen auf historische Epitaphe für eine überraschende Pointe genutzt: Das Partizip *ereptus*, das auf archäologisch bezeugten Grabinschriften für den durch den Tod entrissenen Verstorbenen verwendet wird, bezeichnet hier den Verlust der Geliebten an einen Rivalen. Eine traditionelle Formulierung wird so auf eine typisch elegische Situation umgemünzt.

Bei den Epitaphen, dem häufigsten Typ der Inschriften innerhalb von Elegien, zeigt sich die elegische Färbung an einer auffälligen Gestaltung, die von dem für historische Inschriften typischen Befund abweicht. Im Autoepitaph des Propertius (Prop. 2,13,35–6) fehlt z.B. der Name des Verstorbenen, der bei historischen Grabinschriften die zentrale Information darstellt und nur ausgelassen wird, wenn der Tote (z.B. ein angespülter Schiffbrüchiger) tatsächlich unbekannt ist. In der Properzelegie malt sich der Sprecher jedoch seine Bestattung durch die Geliebte aus. An die Stelle des Namens tritt in dem Epitaph die Umschreibung *unius servus amoris*, die auf diese Weise hervorgehoben wird. Die Wortwahl verweist auf das *servitium amoris*, das in zahlreichen römischen Elegien thematisiert wird. Der Sprecher stellt sein Schicksal mit Hilfe der imaginierten Inschrift als *exemplum* dar, mit dem sich viele Leser identifizieren können (S. oben S. 106). Einen vergleichbaren Effekt erreicht in Ov. trist. 3,3 der verbannte Dichter, der den Leser seines Autoepitaphs (hier in Anlehnung an historische Inschriftenformulare) mit dem allgemeinen Ausdruck *quisquis amasti* anredet (S. oben S. 115).

Da die Inschriften in den Elegien keine Fremdkörper bilden, sondern unmittelbar in die Argumentation und den Gedankengang der Elegie eingebunden sind, läßt sich die von Lessing für selbständige literarische Epigramme entwickelte Theorie auf sie nur mit Einschränkungen anwenden. So kann die nach Lessing für Epigramme (bzw. „Sinngedichte") charakteristische Abfolge von „Erwartung" und „Aufschluß" in den innerelegischen Inschriften, je nach dem Gedankengang der Elegie, auch umgekehrt werden. Im Autoepitaph der Dido (Ov. epist. 7 und fast. 3) wird z.B. zuerst Aeneas als Verursacher eines gewaltsamen Todes, und erst danach der Name der Verstorbenen („Dido") genannt. Dies entspricht dem Gedankengang des rahmenden Gedichts, in dem die Schuld des Aeneas im Vordergrund steht. Nach Lessing, der sich bei der Entwicklung seiner Theorie an der Wirkung von Monumenten auf Betrachter orientiert, müßte dagegen zuerst die Verstorbene genannt werden (dies entspräche dem Grabmonument, auf das ein Passant aufmerksam wird, und das den Wunsch nach weiteren Informationen weckt). Erst dann dürfte der überraschende Grund für den Tod angegeben werden (dies entspräche der Grabinschrift, die der Betrachter beim Näherkommen bemerkt, und die seine Neugier befriedigt).

Mehrfach haben Kommentatoren darauf hingewiesen, daß eingebettete Inschriften oft am Ende der Elegie stehen. Wie die vorliegende Studie zeigt, handelt es sich zwar nicht um die Mehrheit der Fälle (11 von 33 Inschriften, darunter 4 von 12 Grabinschriften, 5 von 11 Weihinschriften, 1 von 2 Bauinschriften und 1 von 2 Einleitungsepigrammen), doch ist die Zahl hoch genug, um Aufmerksamkeit zu erregen. Bei Autoepitaphen, die der elegische Sprecher bzw. die elegische Sprecherin entwirft, dient die Endstellung zuweilen dazu, einen aus der Ich-Perspektive nicht darstellbaren Handlungsteil (den Tod des Sprechers) elegant zu überbrücken. Dies ist im 7. Heroidesbrief der Fall, in dem Dido ihren Selbstmord androht und schließlich ihre eigene Grabinschrift imaginiert. Obwohl Dido nicht ihren eigenen Tod schildern kann, hat der Leser doch am Ende des Gedichts ihr Grabmal und damit das Resultat ihrer im Heroidesbrief vorgebrachten Todesgedanken vor Augen. Die Anspielungen auf die Aeneis, in der Didos Sterben aus auktorialer Perspektive beschrieben wird, verstärken diesen Eindruck. Ähnliches gilt für das ebenfalls am Ende der Elegie stehende Autoepitaph der Phyllis (Ov. epist. 2, s. oben S. 145). Umgekehrt kann die Stellung einer eingefügten Grabinschrift kurz *vor* Ende der Elegie dem Leser verdeutlichen, daß die Situation verzweifelt ist, aber nicht tödlich enden wird. Im vierzehnten Heroidesbrief bittet die eingekerkerte Hypermestra den flüchtigen Lynceus um Rettung aus Lebensgefahr und entwirft schließlich sogar ihre eigene Grabinschrift, in der ihr unverdienter Tod beklagt wird. Der Brief endet jedoch nicht mit dem Epitaph, sondern mit Hypermestras Hinweis, daß sie durch ihre Schwäche am Weiterschreiben gehindert werde. Ihre Gedanken bleiben also nicht beim Tod stehen, sondern richten sich auf die erhoffte Fortsetzung der Kommunikation mit Lynceus. Tatsächlich bleibt Hypermestra in den uns bekannten Sagenversionen am Leben – diesem Sachverhalt trägt die Position der Inschrift Rechnung (S. oben S. 149–52).

Inschriften, die nicht am Ende, sondern im Innern der Elegie erscheinen, schließen oft eine Sinneinheit ab. Dabei handelt es sich nicht immer um einen Abschnitt der „Handlung“ (viele Elegien enthalten, wie vor allem die Forschung zu den Heroides gezeigt hat, keinen plot im engeren Sinn), sondern auch um eine Sinneinheit im Gedankengang des elegischen Sprechers bzw. der Sprecherin. Indem die Sprecher die Inschrift imaginieren, stellen sie dem Leser den erhofften oder befürchteten Ausgang des Geschehens vor Augen und versetzen sich zugleich in eine Situation, in der die gegenwärtige Krise ein positives oder negatives Ende gefunden haben wird. Der Sprecher, der in Ov. am. 2,13 um die nach einer Abtreibung mit dem Tode ringende Corinna bangt und für ihre Rettung eine Weihgabe mit der Inschrift *Naso servata Corinna* verspricht, unterstreicht durch das Gelöbnis nicht nur den Ernst der Situation, sondern er stellt dem Leser die erhoffte Rettung zugleich plastisch vor Augen, indem er die Inschrift nicht nur allgemein in Aussicht stellt, sondern sie auch wörtlich anführt. Diese ist allerdings so formuliert, daß der Abtreibungsversuch, der Corinnas Ruf schädigen könnte, für einen Betrachter, der nur die Inschrift vor Augen hat, nicht erkennbar ist (S. oben S. 260). Andererseits kann die Inschrift dazu beitragen, daß eine vom Sprecher vorgestellte Handlung einen markanten Abschluß erhält: Dies ist z.B. bei der Grabinschrift auf den sprachbegabten Papagei der Corinna in am. 2,6 der Fall. Der elegische Sprecher fordert in diesem Gedicht die anderen Vögel zu Trauer- und Begräbnisfeierlichkeiten auf und fügt am Schluß der Elegie eine Bemerkung zum Grab an, dessen Epitaph er wörtlich zitiert. Die auf dem fertigen *tumulus* gedachte Inschrift bezeichnet hier das noch in der Zukunft liegende Ende der in der Elegie chronologisch aufgeführten Trauerriten. Als Sprecher der Grabinschrift erscheint der verstorbene Vogel selbst, der einen wichtiges Begriff aus der rahmenden Elegie an gleicher Stelle im Vers wörtlich wiederholt (V. 19 und V. 61: *placuisse*), s. dazu oben S. 216–17. Das Epitaph überbrückt hier, anders als die Grabinschriften der Dido und der Phyllis, nicht einen schwer darstellbaren Handlungsteil, sondern faßt eine zentrale Aussage der Elegie, nämlich die Fähigkeit des Papageis, menschliche Sprache zu imitieren, pointiert zusammen. Die Freude an der pointierten Ausdrucksweise ist gerade bei den eingebetteten Inschriften in Ovids Werk deutlich erkennbar. Ein markantes Beispiel bietet das mit einer Inschrift versehene Weihgeschenk des Iphis für seine Geschlechtsmetamorphose. Auf die Votivgabe legt der Dichter keinen Wert: Aus dem Text der Metamorphosen, in dem nur allgemein von *munera* (met. 9,791–2) die Rede ist, erfahren wir nicht, welchen Gegenstand Iphis gestiftet hat. Die Inschrift dagegen wird wörtlich zitiert (met. 9,794). Sie weist eine kunstvolle Wortstellung auf, bei der zunächst die entscheidenden Begriffe *vir* und *femina* genannt werden. Der Eigenname Iphis, den die junge Frau auch nach der Geschlechtsmetamorphose beibehält, weil er auch als Männername gebraucht werden kann, steht an betonter Stelle am Versende. So hebt der Dichter pointiert die Identität von Iphis' Person hervor, die trotz des veränderten Geschlechts erhalten bleibt (S. oben S. 285–86).

Eine andere Art von Zuspitzung liegt vor, wenn Inschriften nicht vollständig, sondern nur in Auszügen zitiert werden. Dies trifft sicher auf die durch archäologische Forschung wenigstens in Bruchstücken nachgewiesene Bauinschrift am Mars Ultor-Tempel zu, von der in fast. 5,567–8 nur der Name (*Augustus*) *Caesar* wörtlich wiedergegeben wird. Die *summi viri*, deren mit Elogien geschmückte Statuen auf dem Augustusforum in unmittelbarer Nähe des Tempels aufgestellt waren, werden dagegen nicht mit Namen, sondern nur summarisch erwähnt. Die Vorrangstellung des *princeps* unter den großen Persönlichkeiten Roms wird so durch die Gestaltung der eingefügten Inschrift gespiegelt (S. oben S. 307–308). Auch die mit Wein geschriebene Liebeserklärung des Paris an Helena in Ov. epist. 17 wird verkürzt wiedergegeben: Nur der Ausdruck *amo* erscheint wörtlich im Text, während die Ergänzung *Helenam* umschrieben wird (epist. 17,87–8, Helena schreibt: *Orbe quoque in mensae legi sub nomine nostro, / quod deducta mero littera fecit, ‚amo*'). Damit wird die Rolle des Paris als „Liebhaber" hervorgehoben, die auf die elegische Umgestaltung des homerischen Helden verweist (S. oben S. 348–349). Ob die mit Blut gezeichnete Inschrift auf den von Othryades erkämpften Beutestücken in fast. 2,665 vollständig wiedergegeben wird, läßt sich aus dem Text nicht sicher erkennen, s. oben S. 353–354. Die ausschnittsweise Wiedergabe der Inschriften lenkt die Aufmerksamkeit des Lesers auf ein bedeutsames Detail, ohne daß der Dichter dies aufwendig betonen muß. Die Inschriften erfüllen hier eine wichtige Funktion in der Erzählökonomie.

Die Frage nach der übergreifenden Funktion der wörtlich angeführten Inschriften, die in den auf Einzelfälle konzentrierten Kommentaren gewöhnlich nicht gestellt wird, hat in jüngster Zeit vor allem Ramsby (2007) aufgeworfen. Sie kommt zu dem Ergebnis, daß das Streben nach „Dauerhaftigkeit" ein zentraler Gesichtspunkt für das Verständnis des Phänomens sei (S. oben S. 25). Die philologische Interpretation der Elegien hat allerdings gezeigt, daß die meisten elegischen Sprecher nicht auf die Dauerhaftigkeit einer Inschrift eingehen. Wenn sie doch einmal deren Wirkung antizipieren – wie es im Epos Marcia tut (Lucan. 2,343–5), s. dazu oben S. 107–8 – so steht nicht die lange Zeitspanne im Vordergrund, die die Inschrift überdauern werde, sondern der erhoffte Effekt auf den Leser, der den Text zu einem nicht näher bestimmten zukünftigen Zeitpunkt rezipieren solle. Der verbannte Sprecher in Ovid trist. 3,3 bittet seine Frau, seine Grabinschrift in möglichst großen Lettern einmeißeln zu lassen, damit sie leicht gelesen werden könne, und Cynthias Geist trägt ihrem Geliebten in Prop. 4,7 auf, ihre Grabinschrift so anzubringen, daß sie von einem aus Rom kommenden Reisenden entziffert werden könne. Schon dieser Umstand spricht dagegen, daß „Dauerhaftigkeit" einen Schlüssel zum Verständnis der eingefügten Inschriften liefert. Dagegen bietet Cynthias Wunsch, daß der künftige Leser „aus der Stadt (Rom)" kommen solle (V. 84), einen interessanten Hinweis. Aus der Elegie ist zunächst nicht zu erkennen, warum sie sich nicht alle Passanten als Leser wünschen sollte, unabhängig davon, in welche Richtung sie reisen. Eine Lösung ergibt sich, wenn man die in Aussicht genommene Position des Grabes in der Nähe von Tibur in ländlicher Umgebung als Absage an die vor allem im vierten Elegienbuch augusteisch geprägte Dichtung des Properz auffaßt. Wer sich für Cynthia entscheidet, muß sich von Properzens Selbststilisierung als „römischer Kallimachos" lösen. Betrachtet man nicht nur die Elegie 4,7, in der die Inschrift vorkommt, sondern die Gedichtsammlung insgesamt, so zeigt sich, daß die vorhergehende Elegie 4,6 zahlreiche stadtrömische Elemente enthält. Der Leser der Grabinschrift in Prop. 4,7 kommt also bei fortlaufender Lektüre tatsächlich auf überraschende Weise „aus Rom": Cynthias Wunsch ist damit auf ingeniöse Weise erfüllt. Dieser Kunstgriff nimmt ein auch in Sammlungen selbständiger Epigramme verbreitetes Darstellungsprinzip auf, bei denen der Leser gleichsam durch die literarische Landschaft „wandert" (S. dazu oben S. 171). Wie das Beispiel zeigt, muß bei der Interpretation der innerhalb elegischer Texte erscheinenden Inschriften immer auch die Gedichtsammlung als ganze beachtet werden.

Auffällig ist der Umstand, daß eingefügte Inschriften in den römischen Elegien in der Regel nicht als Zeugnisse der Vergangenheit dienen, wie es bei epigraphischen Texten, die in anderen Gattungen, insbesondere der griechischen und römischen Geschichtsschreibung und im Roman, zitiert werden, oft der Fall ist. In den römischen Elegien dagegen werden die meisten eingefügten Inschriften von den Sprechern (und Sprecherinnen) nur imaginiert, d.h. ihre Umsetzung liegt zum Erzählzeitpunkt noch in der Zukunft. Die meisten anderen im Rahmen elegischer Texte vorkommenden Inschriften sind zum Erzählzeitpunkt gerade erst angebracht worden, d.h. auch sie bezeugen keine ferne Vergangenheit, sondern ein erst kurz zurückliegendes Ereignis. Ob der Leser annehmen soll, daß die imaginierten Inschriften in der erzählten Welt auch umgesetzt werden, geht aus dem Text nicht hervor, und wir erhalten gewöhnlich auch keine Hinweise darauf, ob und wie lange die in der erzählten Welt bereits umgesetzten Inschriften die

Zeit überdauern (S. oben S. 83–87). Daß es den Dichtern nicht vorrangig um die Darstellung von „Dauerhaftigkeit" geht, zeigt sich schließlich darin, daß die eingefügten Inschriften nicht immer den Endpunkt einer Entwicklung bezeichnen. Weihinschriften werden zum Beispiel von den elegischen Sprechern am Beginn, während und am Ende einer Liebesbeziehung gelobt, wobei sie jeweils die möglichen Wechselfälle des Schicksals in ihre Überlegungen einbeziehen (S. oben S. 195–197).

In den Elegien finden sich zudem eine Reihe von Inschriften, die in der dichterischen Darstellung auf vergänglichem Material angebracht sind und schon deshalb Zweifel an der These der Dauerhaftigkeit aufkommen lassen: Der elegische Sprecher in Prop. 1,18, der sich aus Kummer über die gespannte Beziehung zu Cynthia in die Waldeinsamkeit zurückgezogen hat, ritzt den Namen seiner Geliebten in die Rinde der Bäume (S. oben S. 331). Im fünften Heroidesbrief erwähnt Oenone ihren Namenszug, den der mittlerweile untreu gewordene Paris einst als Liebesbeweis ebenfalls in die Rinde von Bäumen geschnitten hatte (S. oben S. 339–346). Obwohl es sich nicht um dauerhaftes Material handelt, gehen beide Sprecher ausdrücklich auf die Wirkung ein, die sie sich von den Inschriften erhoffen: Der Sprecher von Prop. 1,18 betrachtet den Schriftzug als Beweis seiner Liebe, und Oenone hofft, daß der Namenszug in den Bäumen im Laufe der Zeit größer werden und so ihren Anspruch auf Paris dokumentieren werde. Für den Leser der Elegie ist jedoch erkennbar, daß ein auf lebenden und noch wachsenden Bäumen angebrachter Schriftzug nicht dauerhaft lesbar bleiben, die Hoffnung der Sprecher sich also nicht oder nicht dauerhaft erfüllen wird. Die Hoffnung auf Dauer und ihre voraussehbare Vergeblichkeit spiegelt hier die typische Vergänglichkeit der elegischen Liebesbeziehung wider. Dazu paßt, daß ein Graffito auf Baumrinde schon seit hellenistischer Zeit eine typisch elegische Form der Inschrift darstellt. Paris verhält sich im fünften Heroidesbrief ähnlich wie Acontius in den Aitia des Kallimachos. Die Gestalt des Paris erhält so auch durch die Art der gewählten Inschrift eine elegische Färbung (S. oben S. 339–340). Dagegen wählt Acontius im 20. Heroidesbrief (an Cydippe) für seine Weihinschrift einen goldenen Apfel, d.h. ein kostbares und haltbares Material, das auch der „hohen" epischen Gattung angemessen wäre (S. oben S. 234). Die ursprüngliche Inschrift auf dem natürlichen Apfel, der als traditionelles Liebesgeschenk gut in den elegischen Kontext passen würde, wird dagegen nicht wörtlich zitiert: Acontius versichert Cydippe in dem Brief sogar mehrfach, die erste Inschrift, mit der er sie gegen ihren Willen an sich gebunden hatte, nicht wiederholen zu wollen (Ov. epist. 20,1–3). Das Verschweigen dieser eigentlich für die Sage von Acontius und Cydippe zentralen Inschrift dient einem intertextuellen Spiel, durch das der Leser auf frühere Sagenfassungen und zugleich auf die Neuartigkeit der von Ovid gewählten Erzählperspektive und des Erzählzeitpunkts verwiesen wird (Acontius schreibt seinen Brief nach der erfolgreichen List, aber vor der Hochzeit mit Cydippe, s. dazu oben S. 335–336).

In einem Fall entfaltet eine Inschrift ihre Wirkung sogar erst dadurch, daß sie zum Erzählzeitpunkt *nicht* mehr existiert: Im zweiten Buch der Fasti schildert der elegische Sprecher im Eintrag zum Terminusfest einen Lobgesang zu Ehren des Gottes, der Grenzstreitigkeiten verhindere. Als Kontrast zum segensreichen Wirken des Terminus wird darin ein Konflikt aus früheren Zeiten angeführt: Nach einer Auseinandersetzung zwischen Spartanern und Argivern um die Region Thyreatis sei es zu einem Entscheidungskampf gekommen. Als einziger Spartaner überlebte Othryades, der schwerverwundet auf dem Schlachtfeld zurückblieb, während die überlebenden Argiver nach Hause eilten, um ihren Erfolg zu melden. In der Zwischenzeit errichtete Othryades jedoch aus den Rüstungen der getöteten Feinde ein Tropaion, schrieb darauf mit seinem eigenen Blut seinen Namen und beanspruchte so den Sieg für sich. Zu solchen Exzessen hätte es nicht kommen können, wenn der Gott Terminus damals anwesend gewesen wäre, fast. 2,663–5: *si tu signasses olim Thyreatida terram / corpora non leto missa trecenta forent, / nec foret Othryades congestis lectus in armis.* Der Anlaß für den Festtag ist hier die Beobachtung, daß diese und vergleichbare Inschriften nunmehr der Vergangenheit angehören. Solange Terminus über die Grenzsteine wache, werde es zu solchen Konflikten nicht mehr kommen (s. dazu oben S. 356).

Angesichts des Gegensatzes zwischen dem oft als Monolog oder als Privatbrief gestalteten Gedicht und der darin angeführten, prinzipiell auf Öffentlichkeit ausgerichteten Inschrift stellt sich die Frage nach dem Adressatenkreis und damit nach dem ‚Gedächtnis', das die Inschriften möglicherweise bei der Nachwelt sichern sollen (dazu oben S. 75–87). Da die elegischen Sprecher nur selten auf den genauen Adressatenkreis eingehen, ist dieser Ansatz nicht für alle eingefügten Inschriften gleich aussichtsreich. Er bietet aber in einigen Fällen, wie beim Autoepitaph der Dido (Ov. epist 7) und der von Phyllis imaginierten Inschrift für die Statue des Demophoon interessante Ergebnisse (Ov. epist 2). Die Inschrift auf der Statue, die die Athener nach Phyllis' Vorstellung einst für Demophoon errichten würden, werde unvorteilhaft mit der Ehreninschrift für seinen Vater Theseus kontrastieren: Während Theseus eine Reihe von Heldentaten vorzuweisen habe, könne auf Demophoons Statue nur vermerkt werden, daß er durch eine List seine Geliebte überwunden habe, Ov. epist. 2,74: ‚*Hic est cuius amans hospita capta dolo est.*' Diese unheroische Einschätzung von Demophoons Leben dürfte jedoch für athenische Leser, wie Phyllis sie sich ausmalt, nicht unbedingt plausibel wirken: In der griechischen Mythologie ist Demophoon auch in anderen Zusammenhängen bekannt. Bei Euripides, Hec. 123–9 und Tro. 31 wird er z.B. als Teilnehmer des trojanischen Krieges erwähnt. Glaubwürdig ist ihre Behauptung dagegen vor dem Hintergrund der römischen Literatur: Hier erscheint Demophoon fast ausschließlich als Liebhaber der unglücklichen Phyllis. Die ‚Erinnerung', auf die die Elegie abzielt, ist also nicht so sehr die der Figuren in der erzählten Welt, als vielmehr die des augusteischen Lesers: Die Erzählung erhält so auf subtile Weise eine römische Färbung (S. oben S. 329–30).

Ähnliches gilt für die Grabinschrift der Dido in Ov. epist. 7. Das eingefügte Epitaph, das Aeneas die Schuld am Tod der Königin gibt, vermittelt eine Sicht der Ereignisse, die zwar aus karthagischer, nicht aber aus römischer Perspektive akzeptabel erscheint. Die kanonische römische Version der Ereignisse, deren Kenntnis auch im Heroidesbrief vorausgesetzt wird, ist Vergils Aeneis, in der Aeneas Didos Tod nicht bewußt herbeiführt, sondern im Gegenteil ihr Land widerwillig auf ausdrücklichen Befehl der Götter verläßt. Das in den Heroidesbrief eingelegte Epitaph suggeriert dem römischen Leser damit, daß die karthagische Königin versucht habe, eine verzerrte, für den römischen Ahnherrn ungünstige Version des Geschehens in Umlauf zu bringen. Das eingefügte Epitaph bestätigt hier indirekt das Klischee von der karthagischen *perfidia*, die zu Verleumdung neige, indem es geschickt Teile des römischen kollektiven Gedächtnisses aktiviert (S. dazu oben S. 140–2). In die gleiche Richtung zielt die wörtliche Wiederholung des für Aeneas belastenden Epitaphs im Fasti-Eintrag zum Fest der Anna Perenna. Die rätselhafte Wassernymphe wird hier mit Didos Schwester Anna gleichgesetzt, die nach ihrer Flucht aus Karthago in Latium gestrandet und von Aeneas, vor dem sie sich anfangs fürchtete, freundlich aufgenommen worden sei. Erst Lavinias Eifersucht habe sie zur Flucht an den Fluß bewegt, wo sie sich in eine Wassergottheit verwandelt habe. Das am Anfang der Erzählung wiederholte Epitaph der Dido, das ein düsteres Bild von Aeneas zeichnet und so den Grund für Annas Befürchtungen in Erinnerung ruft, steht hier nicht nur im Kontrast mit dem anschließend gezeigten gastfreundlichen Verhalten des römischen Ahnherrn, sondern auch mit dem pietätvollen Verhalten seiner Nachfahren: Obwohl Dido die Gründerin der Rom feindlich gesonnenen Stadt Karthago ist, zögern die Römer nicht, ihrer Schwester göttliche Ehren zu erweisen und sie bis in die Gegenwart des elegischen Sprechers (d.h. bis in augusteische Zeit) zu verehren. Hier bestätigt die mit dem Epitaph eingeleitete Erzählung die für das römische Selbstbild wichtige Tugend der *pietas* (S. oben S. 140–1) und widerlegt so indirekt das negative Bild, das Dido in ihrer Grabinschrift von Aeneas entworfen hatte.

Bei den meisten in den Elegien wörtlich angeführten Inschriften steht jedoch nicht der künftige Leserkreis der Gedichtsammlung, der den Inhalt der Inschrift dem kulturellen Gedächtnis zuführen könnte, im Mittelpunkt des Interesses, sondern der Adressat der Elegie, innerhalb derer die Inschrift erscheint. Im Brief der Heroine Hypermestra an Lynceus, der auch ein Autoepitaph der Hypermestra enthält, das ihren zu erwartenden ungerechtfertigten Tod beklagt, wird der Leser beispielsweise dazu angeregt, über die mögliche Reaktion des Lynceus nachzudenken, während die Rezeption der Grabinschrift durch die Nachwelt wenig Interesse erfährt (S. oben S. 150–1). Die Hypermestra-Elegie sagt, wie die Briefe der Phyllis und der Dido, nichts über eine Umsetzung der Inschrift oder über einen möglichen Leserkreis aus. Das Gedächtnis der Nachwelt ist allenfalls als eine abstrakte Größe präsent, wenn etwa die Sprecherinnen damit drohen, daß die Grabinschrift eine den Geliebten bloßstellende Version der Ereignisse bieten werde. Keine der drei Heroinen plant jedoch, die ungünstige Darstellung des Geschehens gezielt zu verbreiten oder sie an Institutionen wie Tempel oder Bibliotheken zu übergeben, die das Andenken daran bewahren könnten.

In einem Fall, in dem eine imaginierte Weihinschrift am Tempel der Venus die erhoffte Befreiung von einer trügerischen Liebe feiern soll (Tib. 1,9,83–4), bleibt es ebenfalls bei einer allgemeinen Aussage: *Tibullus*, der Sprecher der Elegie, der sich von einem geliebten Knaben betrogen fühlt, malt sich den Zeitpunkt aus, an dem er einen neuen Geliebten gefunden haben werde. Dann werde der Knabe seine Untreue bereuen. Zum Dank für die Befreiung von der unerfüllten Liebe und die Eroberung eines anderen Geliebten werde der Sprecher eine Weihinschrift stiften. Der Name des untreuen Knaben wird im Text der imaginierten Inschrift jedoch nicht genannt. Statt eine öffentliche Bloßstellung anzudrohen, lenkt der Sprecher die Aufmerksamkeit auf die antizipierte Beziehung zu einem neuen Liebhaber. Die Warnung an den treulosen Knaben ergibt sich nicht aus der geplanten Inschrift, sondern aus dem Text der rahmenden Elegie (S. dazu oben S. 242–3).

Die Ergebnisse dieser Studie wurden anhand von Versen gewonnen, die im Text eindeutig als wörtlich zitierte Inschriften definiert sind oder mit einiger Sicherheit als solche gedeutet werden können. Sie lassen sich aber auch mit Gewinn auf Stellen anwenden, die zwar epigrammatischen Charakter tragen, aber keine eingefügten Inschriften sind.

Als Beispiel sei der Schlußvers von Prop. 2,1 angeführt (Prop. 2,1,78: *Huic misero fatum dura puella fuit*). In der Elegie denkt der Sprecher, der sich im ersten Vers der Elegie als Liebesdichter zu erkennen gegeben hatte (Prop. 2,1,1: *quaeritis unde mihi totiens scribantur amores*), an sein Lebensende und bittet Maecenas, einst an seinem Grab innezuhalten, wenn die nahgelegene Straße ihn dorthin führe. Die Vorstellung des eigenen Todes ist eng mit dem Gedanken an die Grabinschrift verknüpft: Der Sprecher wird nach seinem Tod durch seinen auf dem Grab verzeichneten Namen repräsentiert werden; die Inschrift steht für die verstorbene Person (Prop. 2,1,71–2: *quandocumque igitur vitam mea fata reposcent / et breve in exiguo marmore nomen ero*).[629] Am Grab solle Maecenas seinen Reisewagen anhalten, er solle über dem Grabstein weinen und (mitleidige) Worte sprechen. Die vollständige Anweisung lautet (Prop. 2,1,75–8):

Si te forte meo ducet via proxima busto,
esseda caelatis siste Britanna iugis,
taliaque illacrimans mutae iace verba favillae:
‚Huic misero fatum dura puella fuit‘

Die Aufforderung *talia* [...] *mutae iace verba favillae* wird in der Forschung übereinstimmend als ‚wirf der stummen Asche solche

[629] Die Adjektive *brevis* und *exiguus*, die hier mit dem marmornen Grabstein und dem darauf verzeichneten Eigennamen verbunden sind, sind schon lange als metapoetischer Hinweis auf die von Properz vertretene ‚kleine‘ Gattung verstanden worden, s. dazu HOUGHTON (2013) 350–1.

Worte zu' verstanden.[630] Für den Ausdruck *verba iacere* besitzen wir eine Parallele in Prop. 4,11,84, wo die verstorbene Cornelia den am Grab weinenden Paullus bittet: *ut responsurae* [sc. *mihi*] *singula verba iace*: ‚Wirf mir einzelne Worte zu, als ob ich antworten könnte.' Der Vergleich legt für das Epitheton *mutae* einen adversativen Sinn nahe: Maecenas soll mitleidige Worte von der Art ‚diesem Unglücklichen wurde ein hartherziges Mädchen zum Verhängnis' äußern, obwohl die Asche stumm ist und nicht darauf antworten kann. Dieser Gedanke erscheint auch sonst in der römischen Liebesdichtung,[631] doch wird der prägnante Sinn, den *mutae* hier einnimmt, in der Forschung in der Regel nicht deutlich.[632]

Unterschiede zur Cornelia-Elegie bestehen in der Genauigkeit der Anweisung (Cornelia bittet um nicht näher definierte, einzelne Worte, während der Sprecher von Prop. 2,1 den Inhalt der Äußerung festlegt) und in der Stellung der Äußerung des Trauernden innerhalb der Elegie. In der Cornelia-Rede erfolgt sie im letzten Drittel (in Vers 84 von insgesamt 102 Versen), während sie in Prop. 2,1 den Schlußvers füllt.

Die Stellung am Ende des Gedichts sowie Inhalt und Formulierung (die Verwendung des Demonstrativpronomens *huic* und die Angabe der Todesursache) rücken Prop. 2,1,78 in die Nähe von Grabinschriften. Fedeli (2005) 104 kommentiert: „Nella sua epigrammatica concisione, il v. 78 tende a sostituire, nella chiusa della prima elegia del II libro, con le parole pronunciate da Mecenate l'epigramma funebre inciso sulla tomba [...] Quello di Mecenate, dunque, è un epitaffio ideale, che ha la caratteristica di non essere scritto, ma pronunciato." Maecenas befindet sich in der Vorstellung des Sprechers bei seinem mitleidigen Ausruf am Grab, das, wie wir aus V. 72 wissen, zu diesem Zeitpunkt bereits eine Grabinschrift trägt, die mindestens aus dem Namen des Verstorbenen besteht.

[630] Lowrie (2009) 181: „And toss off such words, crying over my mute ash", Slavitt (2002) 50: „pay my dust, if you will, this tribute".

[631] Giardina (1977) ad loc. verweist auf die Parallelen bei Catull. 101,1–4: *Multas per gentes et multa per aequora vectus / advenio has miseras, frater, ad inferias, / ut te postremo donarem munere mortis / et mutam nequiquam alloquerer cinerem* und Tibull 2,6,33–34: *Illius ad tumulum fugiam supplexque sedebo / et mea cum muto fata querar cinere.*

[632] S. z.B. Kühn (1961) 96–8 mit ansonsten aufschlußreichen Beobachtungen zur Funktion des Maecenasteils der Elegie. Näher am adversativen Sinn Katz (2004) 85: „shout these words to the mute ember", und Willige (1960) 57: „und nur ein Wort wirf hin unter Tränen der schweigenden Asche".

Faßt man den Satz *mutae iace verba favillae* zugleich als indirekte Aufforderung zur Lektüre der Grabinschrift auf, die auf die Identität des Verstorbenen verweist, so ergibt sich daraus auch ein prägnanteres Verständnis der Aufforderung *iace verba.* Die Asche ist ‚stumm', weil sie zu keiner Lautäußerung mehr fähig ist. Äußern kann sie sich allenfalls durch Worte, die auf dem Grabstein eingemeißelt sind, und die der Betrachter laut liest, oder durch die er, wie es der Sprecher von Maecenas erhofft, zu einer mitfühlenden Äußerung im Sinne des Toten angeregt wird. Der Leser leiht dem Verstorbenen gleichsam seine Stimme.

Bei den in elegische Texte inkorporierten Inschriften handelt es sich also nicht um ein starres „literarisches Motiv", sondern um ein Instrument, das die Dichter flexibel einsetzen, um wichtige Details hervorzuheben, anders schwer darstellbare Handlungsteile wiederzugeben, den Gedankengang einer Elegie zu gliedern oder die in den Elegien dargestellten Personen zu charakterisieren. Welcher Aspekt im Vordergrund steht, muß jeweils in der Einzelinterpretation geklärt werden. Die Analyse der eingefügten Inschriften kann helfen, die Kernaussagen der jeweiligen Elegie besser zu verstehen. Sie zeigt die enge Verbindung zwischen eingefaßter Inschrift und einfassendem Gedichtrahmen: Beide bilden eine Einheit, die nicht künstlich aufgelöst werden kann.

Literaturverzeichnis

Abkürzungen

ANRW Aufstieg und Niedergang der römischen Welt. Berlin 1972ff.

BNJ Brill's New Jacoby. Leiden (online-Ressource).

CE II 1–2: Carmina Latina Epigraphica, ed. F. Buecheler. II,3: Supplementum, cur. A. Lommatzsch. Leipzig 1895–1926.

CIL Corpus Inscriptionum Latinarum, consilio et auctoritate Academiae Litterarum Regiae Borussiae editum. Leipzig u.a. 1862–1943. Editio altera 1983ff.

DNP Der Neue Pauly. Enzyklopädie der Antike. Hrsg. von H. Cancik und H. Schneider. Stuttgart u.a. 1996ff.

ILLRP Inscriptiones Latinae liberae rei publicae, ed. A. Degrassi. 2 Bde., Florenz ²1965.

ILS Dessau, Hermann: Inscriptiones Latinae selectae. 4. Aufl. Berlin 1974.

LHSz Leumann, M; Hofmann, J.B.; Szantyr, A.: Lateinische Grammatik auf der Grundlage des Werkes von Fr. Stolz und J.H. Schmalz, 3 Bde. München 1965–1979 (= HdA II,2).

LIMC Lexicon Iconographicum Mythologiae Classicae. Hrsg. von J.C. Balty. Düsseldorf 1990.

LTUR Lexicon Topographicum Urbis Romae, a cura di Eva Margareta Steinby (Soprintendenza Archeologica di Roma). 6 Bde. Rom 1993–2000.

OLD Glare, P.G.W.: Oxford Latin Dictionary. 2 Bde. Oxford ²2012.

RAC Reallexikon für Antike und Christentum. Begründet von F. J. Dölger, Stuttgart 1950ff.

RE Pauly/Wissowa, Realencyclopädie der classischen Altertumswissenschaft, Stuttgart 1893ff.

SGO Steinepigramme aus dem griechischen Osten. Hrsg. von Reinhold Merkelbach und Josef Stauber. Stuttgart 1998ff.

ThLL Thesaurus Linguae Latinae. Ed. iussu et auctoritate consilii ab academiis societatibusque diversarum nationum electi. Stuttgart 1991ff. (begründet Leipzig 1900ff.).

Textausgaben und Kommentare

Ovid

Amores und Ars amatoria

Brandt, Paul: P. Ovidii Nasonis Amorum libri tres, erklärt von P.B. Leipzig 1911 [Ndr. Hildesheim 1963].

Ovid, The Erotic Poems: The Amores, the Art of Love, Cures for Love, on Facial Treatment for Ladies. Transl. Peter Green. London 1982.

Hollis, A.S.: Ovid, Ars Amatoria, Book I. Oxford 1977.

Janka, Markus: Ovid, Ars Amatoria, Buch 2. Kommentar. Heidelberg 1997.

P. Ovidi Nasonis Amores, Medicamina faciei femineae, Ars amatoria, Remedia amoris. Iteratis curis ed. E.J. Kenney. Oxford ²1995.

Amores. A Commentary on Book One. Text, Prolegomena and Commentary by James C. McKeown. 2 Bde. Leeds 1987–1989 (= ARCA 20 und 22).

Amores. A Commentary on Book Two. Text, Prolegomena, and Commentary by James C. McKeown. Leeds 1998 (= ARCA 36).

Ovid, Die Liebeselegien. Lateinisch und Deutsch von F.W. Lenz. Berlin ³1976. (= Schriften & Quellen der Alten Welt 15).

P. Ovidius Naso, Carmina amatoria: Amores, Medicamina faciei femineae, Ars amatoria, Remedia amoris edidit Antonio Ramírez de Verger. München, Leipzig 2003.

Ryan, Maureen B.; Perkins, Caroline A.: Ovid's Amores, Book One: A Commentary. Norman 2011 (= Oklahoma series in classical culture 41).

Publio Ovidio Nasone, Amori. Introduzione di L. P. Wilkinson, traduzione di L. Canali, apparati critici e note di R. Scarcia. Mailand 1985 (= Biblioteca universale Rizzoli 521: BUR poesia).

Fasti

Ovidius, Fasti. Recc. E.H. Alton; D.E.W. Wormell; E. Courtney. Stuttgart, Leipzig 1997.

P. Ovidius Naso, Die Fasten. Herausgegeben, übersetzt und kommentiert von Franz Bömer. 2 Bde. Heidelberg 1957–1958.

Ovid, Fasti. Book IV. Edited by Elaine Fantham. Cambridge 1998.

P. Ovidius Naso, Fastorum libri sex. Publius Ovidius Naso. Ed. with a Translation and Commentary by Sir James George Frazer. 5 Bde. London 1929.

P. Ovidius Naso, Fasti. Lat.-dt. hrsg. von Wolfgang Gerlach. München 1960.

Green, Steven J.: Ovid, Fasti 1: A Commentary. Leiden 2004 (= Mnemosyne Suppl. 251).

P. Ouidius Naso, Fasti = Festkalender. Lat.-dt. auf der Grundlage der Ausg. von Wolfgang Gerlach neu übers. und hrsg. von Niklas Holzberg. Zürich 1995.

Littlewood, R. Joy: A Commentary on Ovid: Fasti Book VI. Oxford 2006.

P. Ovidi Nasonis Fastorum libri sex. Für die Schule erklärt von Hermann Peter. Abt. 1: Texte und Kommentare enthaltend. Leipzig [4]1907.

P. Ovidii Nasonis Fastorum libri, recensuit Ioannes Baptista Pighi, 2 Bde. Turin 1973.

Robinson, Matthew: A Commentary on Ovid's Fasti Book 2. Oxford 2011.

Halieutica et al.

P. Ovidii Nasonis Halieutica, fragmenta, Nux, incerti Consolatio ad Liviam. Iterum ed. Fridericus Waltharius Lenz. Turin 1956.

Heroides

Barchiesi, Alessandro: P. Ovidii Nasonis Epistulae Heroides 1–3. Florenz 1992.

P. Ovidius Naso, Heroidum epistula IX. Deianira Herculi. A cura di Sergio Casali. Florenz 1995.

P. Ovidii Nasonis Epistulae Heroidum ed. H. Dörrie. Berlin, New York 1971 (= TuK 6).

Rez. Goold, G.P.: Gnomon 46 (1974) 475–484.

–: Der Brief der Sappho an Phaon. Mit literarischem und kritischem Kommentar im Rahmen einer motivgeschichtlichen Studie. München 1975 (= Zetemata 68).

Publio Ovidio Nasone, Heroides. A cura di P. Fornaro. Turin 1999.

Kenney, E.J.: Ovid, Heroides XVI–XXI. Cambridge 1996.

Knox, Peter: Ovid, Heroides. Select Epistles. Cambridge 1995.

Micalopoulos, Andreas N.: Ovid Heroides 16 and 17. Introduction, Text and Commentary. Cambridge 2006 (= ARCA 47).

P. Ovidi Heroides, with the Greek Translation of Planudes edited by the late Arthur Palmer. Oxford 1898 [Ndr. Hildesheim 1967].

P. Ovidii Nasonis Heroidum Epistula VII, Dido Aeneae. A cura di Lisa Piazzi. Florenz 2007 (= Biblioteca Nazionale. Serie dei Classici Greci e Latini. Testi con Commento Filologico 13).

Reeson, James: Ovid, Heroides 11, 13 and 14. A Commentary. Leiden, Boston, Köln 2001 (= Mnemosyne Suppl. 221).

Publio Ovidio Nasone, Lettere di eroine. Introd., trad. e note di G. Rosati. Mailand [2]1998.

Metamorphosen

Ovid, Metamorphoses. Books 6–10. Ed. with Introduction and Commentary by W.S. Anderson. Norman 1972.
–: Ovidius Metamorphoses. Editio stereotypa editionis secundae (1981). Stuttgart, Leipzig 1998.
Ovidio, Metamorfosi. Volume I (Libri I–II). A cura di Alessandro Barchiesi con un saggio introduttivo di Charles Segal. Testo critico basato sull'edizione oxoniense di Richard Tarrant. Traduzione di Ludovica Koch. Mailand 2005.
P. Ovidii Nasonis Metamorphoses. Kommentar von Franz Bömer. 7 Bde. Heidelberg 1969–1986. Bd. 8: Addenda u. Corrigenda zusammengestellt von U. Schmitzer. Heidelberg 2006.
Ovid, Verwandlungen. Übersetzt von Constantin Bulle. Bremen 1898.
Ovid, Metamorphoses I–IV. Edited with Translation and Notes by D.E. Hill. Warminster 1985.
Ovid, Metamorphoses. Book 13. Ed. by Neil Hopkinson. Cambridge, New York 2000.
Ovid, Metamorphoses. Translated by Stanley Lombardo, introduction by W.R. Johnson. Indianapolis, Cambridge 2010.

Tristia

Ovidius, Tristia. Edidit J.B. Hall. Stuttgart 1995.
P. Ovidi Nasonis Tristium libri quinque, Ibis, Ex Ponto libri quattuor, Halieutica Fragmenta rec. brevique adnotatione critica instruxit S.G. Owen. Oxford 1915.

Properz

Propertius, Carmina ed. E.A. Barber. Oxford ^{2}1953.
Boldrer, Francesca: L'elegia di Vertumno (Properzio 4.2). Introduzione, testo critico e commento. Amsterdam 1999 (= Supplementi di Lexis 4).
Butler, H.E.; Barber, E.A.: The Elegies of Propertius. Oxford 1933.
Sextus Propertius, Elegies. Edited by William Anthony Camps. 4 Bde. Cambridge 1961–1967.
Dimundo, Rosalba: Properzio 4,7: Dalla variante di un modello letterario alla costante di una unità tematica. Bari 1990.
Enk, Petrus Johannes: Ad Propertii carmina commentarius criticus. Zutphaniae 1911.
Fedeli, P.: Properzio, Elegie. Libro IV. Testo critico e commento. Bari 1965.
–: Il primo libro delle Elegie. Introduzione, testo critico e commento. Florenz 1980.

–: Sexti Properti elegiarum libri IV. Edidit Paulus Fedeli. Stuttgart 1984.
–: Properzo, Il libro di Cinzia (Elegie I) con testo a fronte. A cura di Paolo Fedeli e Rosalba Dimundo. Traduzione di Angelo Tonelli. Venedig 1994.
–: Properzio, Elegie. Libro II. Introduzione, testo e commento. Cambridge 2005 (= ARCA 45).
–: Properzio, Elegie. Libro IV. Introd. di Paolo Fedeli, comm. di Paolo Fedeli, Rosalba Dimundo, Irma Ciccarelli. 2 Bde. Nordhausen 2015 (= Studia Classica et Medievalia 7).
Properz, Elegien. Lateinisch und Deutsch herausgegeben, eingeleitet und übersetzt von Dieter Flach. Darmstadt 2011.
–: Properz, Elegien. Kommentar von Dieter Flach. Darmstadt 2011.
Sexti Properti Elegiarum Liber II, ed. brevi commentario instruxit Johannes Carolus Giardina. Turin 1977.
–: Properzio, Elegie. A cura di G. Giardina. Rom 2005.
Propertius, Elegiae. Ed. and transl. by G. P. Goold. Cambridge/Mass. 1990.
Propertius, Elegiarum libri IV. Ed. R. Hanslik. Leipzig 1979.
Properz, Gedichte. Lateinisch und deutsch von Rudolf Helm. Darmstadt ^{4}1986.
Hertzberg, W.A.B.: Sex. Aurelii Propertii Elegiarum libri 4. Codicibus partim denuo collatis, partim nunc primum excussis recensuit quaestionum Propertianarum libris tribus et commentariis illustravit. Halle 1843–45.
Heyworth, Stephen J.: Cynthia. A Companion to the Text of Propertius. Oxford, New York 2007.
–: Sexti Properti Elegos critico apparatu instructos. Oxford 2007.
–: A Commentary on Propertius Book 3. Oxford 2011.
Hutchinson, Gregory: Propertius Elegies Book 4. Cambridge 2006.
The Complete Elegies of Sextus Propertius. Translated by Vincent Katz. Princeton 2004.
Lachmann, Karl.: Sexti Aureli Propertii carmina. Leipzig 1816.
Properz und Tibull: Liebeselegien lat. u. dt., neu hrsg. u. übersetzt von Georg Luck. Zürich, Stuttgart 1964.
Corpus poetarum latinorum a se aliisque denuo recognitorum et brevi lectionum varietate instructorum ed. Iohannes [John] Percival Postgate. Bd. II,1. London 1905.
Richardson, L. Jr.: Propertius, Elegies I–IV, Edited with Introduction and Commentary. Norman/Oklahoma 1977 [Ndr. 2006].
Rothstein, Max: Die Elegien des Sextus Propertius, erklärt von M. R. Zweiter Teil: Drittes und Viertes Buch. Berlin 1898.
Shackleton Bailey, David R.: Propertiana. Cambridge 1956.
Propertius in Love: The Elegies. Translated by David R. Slavitt; Foreword by Matthew S. Santirocco. Berkeley/California 2002.
Properce, Élégies. Texte établi, traduit et commenté par Simone Viarre. Paris 2005.

Properz, Elegien: Lateinisch und deutsch von Wilhelm Willige. München 1960.

Tibull

Tibullo, Le elegie. A cura di Francesco Della Corte. Verona 1980.

Albii Tibulli carmina ex recensione Car. Lachmanni passim mutata explicuit Ludophus Dissenius. Göttingen 1835.

Tibullo, Le elegie. Traduzione di Luca Canali. Con un saggio di Antonio La Penna. Introduzione e commento di Luciano Lenaz. Mailand [5]2000.

Albii Tibulli aliorumque carmina. Edidit Georg Luck. Stuttgart [2]1998.

Maltby, Robert: Tibullus: Elegies. Text, Introduction and Commentary. Chippenham 2002 (= ARCA 41).

Murgatroyd, P.: A Commentary on the First Book of Elegies of Albius Tibullus. Pietermaritzburg 1980.

Lygdamus, Corpus Tibullianum III.1–6: Lygdami elegiarum liber: Edition and Commentary by Fernando Navarro Antolín, transl. by J.J. Zoltowski. Leiden 1996 (= Mnemosyne Suppl. 154).

Commento a Tibullo, Elegie, Libro I, a cura di Raffaele Perrelli. Soveria Mannelli 2002 (= Studi di filologia antica e moderna 12).

Putnam Michael C. J.: Tibullus. A Commentary. Norman 1973.

Smith, Kirby Flower: The Elegies of Albius Tibullus. The Corpus Tibullianum. Edited with Introduction and Notes on Books I, II, and IV, 2–14. New York, Cincinnati, Chicago 1913.

Albius Tibullus und Lygdamus, Elegiae. Übersetzt und erklärt von Johann Heinrich Voss. Tübingen 1810.

Vergil

Aeneis

Austin, R.G.: P. Vergili Maronis Aeneidos Liber Quartus. With a Commentary. Oxford 1955.

Fordyce, C.J.: P. Vergili Maronis Aeneidos Libri VII–VIII. With a Commentary. Introduction by P.G. Walsh, Ed. by J. Christie. Oxford 1977.

The Aeneid. Translated by John William Mackail. London 1885 [Ndr. London 1953].

Mynors, R.A.B.: P. Vergili Maronis opera. Oxford [10]1990.

Norden, E.: P. Vergilius Maro, Aeneis Buch VI. Darmstadt [4]1957.

Pease, Arthur Stanley: Publi Vergili Maronis Aeneidos liber quartus. Cambridge/Mass. 1935 [Ndr. Darmstadt 1967].

Servii grammatici qui feruntur in Vergilii carmina commentarii rec. G. Thilo et H. Hagen. Bde. 1–2. Leipzig 1881–1884.

Williams, R. Deryck.: The Aeneid of Virgil. Books 1–6. Edited with Introduction and Notes. London 1973.

Andere

Campbell, Brian: The Writings of the Roman Land Surveyors [Agrimensores]: Introduction, Text, Translation and Commentary. London 2000 (= Journal of Roman studies monograph 9).

Apuleius of Madauros, Florida. Edited with a Commentary by Vincent Hunink. Amsterdam 2001.

Res gestae Divi Augusti. Translated with an Introduction and Commentary by P.A. Brunt und J.M. Moore. Oxford 1967.

Res gestae Divi Augusti. Das Monumentum Ancyranum. Herausgegeben und erklärt von Hans Volkmann. Berlin ²1969.

Res gestae Divi Augusti. Hauts faits du divin Auguste. Texte établi et traduit par John Scheid. Paris 2007.

Res gestae Divi Augusti. Text, Translation, and Commentary by Alison E. Cooley. Cambridge 2009.

Callimachus. Edidit Rudolfus Pfeiffer. 2 Bde. Oxford 1949–1953.

Catulli Veronensis Liber edidit Werner Eisenhut. Leipzig 1983.

M. Tulli Ciceronis scripta quae manserunt omnia, Fasc. 4. Brutus. Recogn. Henrica Malcovati. Leipzig ²1970.

M. Tulli Ciceronis scripta quae manserunt omnia 8, Fasc. 26–29. Orationes pro T. Annio Milone; pro M. Marcello; pro A. Ligario; pro rege Deiotaro, recogn. Alfred Klotz. Editio maior. Leipzig 1918.

M. Tulli Ciceronis scripta quae manserunt omnia 1, Fasc. 2. Rhetorici libri duo qui vocantur de inventione recognovit Eduardus Stroebel. Leipzig 1915.

Cicéron, La république. Texte établi et trad. par Esther Bréguet. Paris 1980.

M. Tulli Ciceronis in C. Verrem Actionis Secundae Liber Quartus (De Signis). A cura di Gianluigi Baldo. Florenz 2004.

Diggle, James: Euripides' Phaethon, edited with Prolegomena. Cambridge 1970.

L. Annaei Flori quae exstant Henrica Malcovati iterum edidit. Rom 1972.

Von der Muehll, P.: Homeri Odyssea. Editio stereotypa editionis tertiae (1962). Stuttgart 1984.

De Jong, Irene: A Narratological Commentary on the Odyssey. Cambridge 2001.

Q. Horati Flacci opera. Edidit D.R. Shackleton Bailey. Editio tertia. Stuttgart 1995.

Q. Horatius Flaccus, Oden und Epoden. Erläutert von Adolf Kiessling und Richard Heinze mit einem Nachwort und bibliographischen Nachträgen von Erich Burck. Berlin ^{10}1960.

L. Caelius Firmianus Lactantius, Divinarum institutionum libri septem, edd. Eberhard Heck et Antonie Wlosok. Fasc. I: Libri I et II. Leipzig, München 2005.

Gotthold Ephraim Lessing, Werke in drei Bänden. Bd. III hrsg. von H.G. Göpfert. München, Wien 1982.

Titi Livi ab urbe condita libri, erkl. von W. Weissenborn und M. Müller. Bd. 9, H. 1: Buch XXXVIIII–XXXX. Berlin ^{2}1875.

Lucan, De Bello Civili Book II. Edited by Elaine Fantham. Cambridge 1992.

M. Valerii Martialis Epigrammaton liber I. Introduzione, testo, apparato critico e commento a cura di Mario Citroni. Florenz 1975.

Marco Valerio Marziale, Epigrammi. Saggio introduttivo di Mario Citroni, trad. di Mario Scandola, note di Elena Merli. 2 Bde. Mailand 1996.

Parthenios of Nicaea, The Poetical Fragments and the Erotica Pathemata. Edited with Introduction and Commentary by J.L. Lightfoot. Oxford 1999.

Zizza, Cesare: Le iscrizioni nella periegesi di Pausania. Commento ai testi epigrafici. Pisa 2006.

Petronii Arbitri Satyricon Reliquiae, quartum edidit Konrad Mueller. Stuttgart, Leipzig 1995.

Pline l'Ancien, Histoire Naturelle Livre XXI. Texte établi, traduit et commenté par Jacques André. Paris 1969.

M. Fabi Quintiliani Institutionis oratoriae libri duodecim rec. brevique adn. critica instruxit M. Winterbottom. Tomus I et II. Oxford 1970.

L. Annaei Senecae Oratorum et rhetorum sententiae, divisiones, colores, ed. Lennart Håkanson. Leipzig 1989.

Dingel, Joachim: Senecas Epigramme und andere Gedichte aus der Anthologia Latina. Ausgabe mit Übersetzung und Kommentar. Heidelberg 2007.

Silius Italicus, La Guerre Punique. Tome I: Livres I–IV. Texte ét. et trad. par P. Miniconi et G. Devallet. Paris 1979. Tome II: Livres V–VIII. Texte ét. et trad. par J. Volpilhac (Livre V), P. Miniconi et G. Devallet (Livres VI–VIII). Paris 1981. Tome III: Livres IX–XIII Texte ét. et trad. par J. Volpihac-Lenthéric (Livres IX–X), M. Martin (Livres XI–XII), P. Miniconi, G. Devallet (Livre XIII). Paris 1984.

Spaltenstein, François: Commentaire des Punica de Silius Italicus. Livres 1–8. Genf 1986. Livres 9–17. Genf 1990.

C. Suetonius Tranquillus, Opera Vol. I. De Vita Caesarum libri VIII recensuit Maximilian Ihm. Leipzig 1933.

P. Cornelii Taciti libri qui supersunt. T. 1. Ab excessu divi Augusti libri, ed. Henricus Heubner. Stuttgart 1994.

P. Cornelii Taciti libri qui supersunt. T. 2, fasc. 3. Agricola, ed. Iosephvs Delz. Stuttgart 1983.

Theocritus. Edited with Translation and Commentary by A.S.F. Gow. 2 Bde. Cambridge 1950.

Valerii Maximi Factorum et dictorum memorabilium libri novem, iterum recensuit Carolus Kempf. Leipzig 1888.

M. Terenti Varronis De lingua latina quae supersunt edd. Georg Goetz; F. Schöll. Leipzig 1910.

Horsfall, N.M.: Virgil, Aeneid 7: a Commentary. Leiden 2000.

Sexti Aurelii Victoris liber de Caesaribus, praecedunt Origo gentis Romanae et Liber de viris illustribus Urbis Romae, subsequitur Epitome de Caesaribus. Recensuit Fr. Pichlmayr, editio stereotypa correctior editionis primae addenda et corrigenda collegit et adiecit R. Gruendel. Leipzig 1961.

Anthologien und Inschriftensammlungen

Anthologia Graeca. Griechisch-Deutsch, ed. Hermann Beckby. 4 Bde. München 1957–1958.

Fragmenta Poetarum Latinorum post W. Morel et K. Büchner, ed. J. Blänsdorf. Stuttgart, Leipzig 1995.

Courtney, Edward: The Fragmentary Latin Poets. Oxford 1993.

–: Musa Lapidaria. A Selection of Latin Verse Inscriptions. Atlanta 1995 (= American Classical Studies 36).

Inscriptiones Italiae Academiae Italicae consociatae ediderunt: Unione Accademica Nazionale. Bde. XIII: Fasti et Elogia Fasciculus 1–3 curavit Atilius Degrassi. Rom 1937 ff.

Friedländer, Paul: Epigrammata. Greek Inscriptions in Verse; From the Beginnings to the Persian Wars. Bearbeitet von Herbert B. Hoffleit. Berkeley/California 1948.

The Greek Anthology. Hellenistic Epigrams. Edited by A.S.F. Gow and D.L. Page. 2 Bde. Cambridge 1965.

Hollis, Adrian S.: Fragments of Roman Poetry c. 60 BC–AD 20. Oxford 2007.

Jacoby, Felix: Die Fragmente der griechischen Historiker (FGrHist). Berlin 1923 ff.

LiDonnici, Lynn R.: The Epidaurian Miracle Inscriptions. Text, Translation and Commentary. Atlanta 1995 (= Texts and Translations 36. Graeco-Roman Series 11).

Merkelbach, Reinhold: Steinepigramme aus dem griechischen Osten. Bde 1–5. München, Stuttgart 1998–2004.

Fragmenta historicorum Graecorum. Collegit, disposuit, notis et prolegomenis illustravit, indicibus instruxit Carolus Müllerus. Paris 1841 ff.

Peek, Werner: Inschriften aus dem Asklepieion von Epidauros. Berlin 1969 (= Abhandlungen der sächsischen Akademie der Wissenschaften zu Leipzig. Phil.-hist. Klasse 60,2).
–: Neue Inschriften aus Epidauros. Berlin 1972 (= Abhandlungen der sächsischen Akademie der Wissenschaften zu Leipzig. Phil.-hist. Klasse 63,5).
Anthologia latina sive poesis latinae supplementum, ediderunt Franciscus Buecheler et Alexander Riese. 2 Bde. Leipzig 1869–1926.
Anthologia Latina I: Carmina in codicibus scripta, Fasc. 1: Libri Salmasiani aliorumque carmina ed. D.R. Shackleton Bailey. Stuttgart 1982.
Walser, Gerold: Römische Inschriftkunst. Römische Inschriften für den akademischen Unterricht und als Einführung in die lateinische Epigraphik. Stuttgart [2]1993.

Lexika, Handbücher, Datenbanken

Barchiesi, Alessandro: Enciclopedia Virgiliana I (1984) 604 s.v. *Caieta*
Biblioteca Teubneriana Latina BTL-2. München 2002.
Ceccarelli, Paola: Brill's New Jacoby. Editor in Chief: Ian Worthington (University of Missouri). Brill Online 2015. Reference. Universitaets- und Stadtbibliothek Koeln. 17 August 2015 ⟨http://referenceworks.brillonline.com/entries/brill-s-new-jacoby/chrysermos-of-corinth-287-a287⟩ s.v. *Chrysermos of Corinth (287).*
Coarelli, F.: LTUR 2 (1995) 275 s.v. *Fortuna Redux, Ara.*
–: LTUR 3 (1996) 15–17 s.v. *Hercules Invictus, Ara Maxima.*
Escher, J.: RE I,1 (1893) 221–45 s.v. *Achilleus.*
Fleischer, C.: Roscher I (1884–1890) 49 s.v. *Achilleus.*
Heichelheim, F.M.: RE XIV,2 (1930) 1919–1964 s.v. *Mars.*
Katholische Universität Eichstätt, Lehrstuhl für Alte Geschichte, J. Malitz (Hrsg.): Gnomon Online. Eichstätter Informationssystem für die Klassische Altertumswissenschaft. Eine Auswahl aus der Gnomon CD-ROM 2001 mit besonderer Berücksichtigung der Jahre seit 1998 sowie altertumswissenschaftliche Bestände der Universitätsbibliothek Eichstätt und Neuerwerbungen der Bayerischen Staatsbibliothek.
Kockel, V.: LTUR 2 (1985) 289–295 s.v. *Forum Augustum.*
Kron, U.: LIMC I,1 (1981) 435–446 s.v. *Akamas et Demophon.*
Latte, Kurt: Römische Religionsgeschichte. München 1960 (= HdAW 5,4).
Malherbe, Abraham J.: RAC 14 (1988) 559–583 s.v. *Herakles.*
Mattingly, H.: Coins of the Roman Empire in the British Museum. 6 Bde. London 1923–1962.
Palombi, D.: LTUR 3 (1996) 21–22 s.v. *Hercules Sullanus.*
Platner, S.B.; Ashby, T.: A Topographical Dictionary of Ancient Rome. London 1929.
Preisendanz, K.: Roscher V (1916) 1265 s.v. *Tropaiouchos.*

Rappaport, B.: RE I A,2 (1920) 1874–1899 s. v. *Salii.*
Reusser, Ch.: LTUR 3 (1996) 230–231 s. v. *Mars Ultor (Capitolinum).*
Roscher, W.H.: Ausführliches Lexikon der griechischen und römischen Mythologie, fortgesetzt und abgeschlossen von K. Ziegler. 6 Haupt- und 4 Supplementbände. Leipzig 1884–1937.
Schur, W.: RE XII,1 (1923) 1000–7 s. v. *Lavinia.*
Stoll, H.W.: Roscher I (1884–1890) 988–991 s. v. *Demophon.*
Touchefeu-Meynier, O.: LIMC VII 1 (1994) 433–4 s. v. *Polyxene.*
Université Catholique de Louvain (Hrsg.): Cetedoc Library of Christian Latin Texts. Louvain-la-Neuve 1991 (Datenbank auf CD-Rom).
Viscogliosi, A.: LTUR 3 (1996) 13–14 s. v. *Hercules Custos, Aedes.*
Zevi, F.: LTUR 3 (1999) 281–285 s. v. *Sepulcrum (Corneliorum) Scipionum.*

Sekundärliteratur

Achcar, Francisco: As fontes do topos horaciano Exegi monumentum. In: Zelia de Almeida Cardoso (Hrsg.): Mito, religião e sociedade (atas do II congresso nacional de estudios clássicos). São Paulo 1991. 191–195 [non vidi].
Adamietz, Joachim: Zu Ovids Dido-Brief. WJB 10 (1984) 121–134.
Ahl, F.: Metaformations: Soundplay and Wordplay in Ovid and Other Classical Poets. Ithaca/New York 1985.
Alföldy, Géza: Augustus und die Inschriften: Tradition und Innovation: die Geburt der imperialen Epigraphik. Gymnasium 98 (1991) 289–324.
Almar, Knud Paasch: Inscriptiones Latinae: Eine illustrierte Einführung in die lateinische Epigraphik. Odense 1990.
Aloni, Antonio: Elegy: Forms, functions and communication. In: Budelmann, Felix (Hrsg.): The Cambridge Companion to Greek Lyric. Cambridge, New York 2009. 168–188.
Anderson, W.S.: The Heroides. In: J.W. Binns (Hrsg.): Ovid. London 1973. 49–83.
Anderson, R.D.; Parsons, P.J.; Nisbet, R.G.M.: Elegiacs by Gallus from Qaṣr Ibrîm. JRS 69 (1979) 125–155.
André, Jacques: Les mots à redoublement en Latin. Paris 1978 (= Études et Commentaires 90).
Assmann, Aleida: Vier Formen des Gedächtnisses. Erwägen, Wissen, Ethik 13 (2002) 183–190.
Assmann, Jan: Kollektives Gedächtnis und kulturelle Identität. In: Assmann, J.; Hölscher, Tonio (Hrsgg.): Kultur und Gedächtnis, Frankfurt 1988.
–: Das kulturelle Gedächtnis. Schrift, Erinnerung und politische Identität in frühen Hochkulturen. München 1992.
Auerbach, Erich: Mimesis. Dargestellte Wirklichkeit in der abendländischen Literatur. Bern 1946.

Austen, P.S.; Breeze, D.J.: A New Inscription from Chesters on Hadrian's Wall. ArchAel 7 (1979) 115–126.

Avery, Harry C.: Euripides' Heracleidai. AJPh 92 (1971) 539–565.

Baca, A.R.: Ovid's Epistle from Sappho to Phaon (Heroides 15). TAPhA 102 (1971) 29–38.

Balensiefen, Lilian: Überlegungen zu Aufbau und Lage der Danaidenhalle auf dem Palatin. MDAI(R) 102 (1995) 189–209.

Baker R.J.: A Literary Burnt Offering (Propertius 4.7.77–78). CPh 68 (1973) 286–289.

Ball, R.J.: Tibullus the Elegist. A Critical Survey. Göttingen 1983.

Barchiesi, Alessandro: Future Reflexive: Two Modes of Allusion and Ovid's Heroides. HSCPh 95 (1993) 333–365.

–: The Poet and the Prince: Ovid and Augustan Discourse. Berkeley/California 1997.

–: Vers une histoire à rebours de l'élégie latine: les Héroïdes ‚doubles' (16–21). Electronic Antiquity 5 (1999) ohne Paginierung.

Bass, R.C.: Some Aspects of the Structure of the Phaethon Episode in Ovid's Metamorphoses. CQ 27 (1977) 402–408.

Bearzot, C.: L'uso dei documenti in Tucidide. In: Biraschi, A.M. u.a. (Hrsgg.): L'uso dei documenti nella storiografia antica. Neapel 2003. 265–314.

Behrwald, Ralf; Witschel, Christian: Rom in der Spätantike: historische Erinnerung im städtischen Raum. Beiträge zu einem internationalen interdisziplinären Kolloquium in Heidelberg 2006. Stuttgart 2012 (= Heidelberger althistorische Beiträge und epigraphische Studien 51).

Bernstein, Frank: Ludi Publici: Untersuchungen zur Entstehung und Entwicklung der öffentlichen Spiele im republikanischen Rom. Stuttgart 1998 (= Hermes EZ 119).

Bettenworth, Anja: The Mutual Influence of Inscribed and Literary Epigram. In: Bing, Peter; Bruss, Jon S. (Hrsgg.): Brill's Companion to Hellenistic Epigram. Leiden, Boston 2007. 69–93.

–: Mythos und Erinnerung in Ovids Fasti. In: Schmitz, Christine; Bettenworth, Anja (Hrsgg.): Mensch – Heros – Gott: Weltentwürfe und Lebensmodelle im Mythos der Vormoderne. Stuttgart 2009. 103–118.

–: Die doppelte Andromeda: Eine umstrittene Wiederholung in Heliodors Aithiopika und ihr Einfluß auf die Deutung des Romans. RhM 156 (2013) 194–211.

Bettini, M.: L'epitaffio di Virgilio, Silio Italico e un modo d'intendere la letteratura. Dialoghi di Archeologia 9/10 (1976/1977) 439–448.

Bing, Peter: Theocritus' Epigrams on the Statues of Ancient Poets. A&A 34 (1988) 117–123. Zitiert als: Bing (1988)a.

–: The Well-Read Muse. Present and Past in Callimachus and the Hellenistic Poets. Göttingen 1988 (= Hypomnemata 90). Zitiert als: Bing (1988)b.

–: The Un-Read Muse? Inscribed Epigram and Its Readers in Antiquity. In: Harder, M.A.; Regtuit, R.F.; Wakker, G.C. (Hrsgg.): Hellenistic Epigrams. Leuven 2002 (= Hellenistica Groningana 6). 39–66.

Bing, Peter; Bruss, Jon: Introduction. In: Bing, Peter; Bruss, Jon (Hrsgg.): Brill's Companion to Hellenistic Epigram. Leiden, Boston 2007. 1–26.

Biraschi, A.M. u.a. (Hrsgg.): L'uso dei documenti nella storiografia antica. Perugia 2003.

Bispham, Edward; Smith, Christopher: Religion in Archaic and Republican Rome and Italy: Evidence and Experience. Edinburgh 2000.

Bissinger, Gustav: Welche Blume hat man sich unter dem Hyacinthos der Alten zu denken? Programm der kgl. bayer. Studienanstalt zu Erlangen zum Schlusse des Schuljahres 1879/80.

Boas, Henriette: Aeneas' Arrival in Latium. Amsterdam 1938.

Bömer, Franz: Ovid und die Sprache Vergils. Gymnasium 66 (1959) 268–288.

Bonandini, Alice: „Cypassis", „Nape", „Bagoas": „nomina ficta" a sorpresa nelle coppie elegiache ovidiane. ARF 7 (2005) 59–70.

Booth, Joan: Negotiating with the Epigram in Latin Love Elegy. In: Keith, Alison (Hrsg.): Latin Elegy and Hellenistic Epigram. Cambridge 2011. 51–65.

Bowie, Ewen: From Archaic Elegy to Hellenistic Sympotic Epigram? In: Bing, Peter; Bruss, Jon (Hrsgg.): Brill's Companion to Hellenistic Epigram. Leiden, Boston 2007. 95–112.

Boyd, Barbara Weiden: The Death of Corinna's Parrot Reconsidered. Poetry and Ovid's Amores. CJ 82 (1987) 199–207.

Boyle, A.J.: Ovid and the Monuments. A Poet's Rome. Victoria 2003.

Braccesi, Lorenzo: Introduzione al De viris illustribus. Bologna 1973 (= Il mondo antico. Studi di storia e di storiografia I).

Breed, Brian W.: Pastoral Inscriptions. Reading and Writing in Virgil's Eclogues. London 2006.

Bright, D.E.: Haec mihi fingebam. Tibullus in His World. Leiden 1978.

Broderick, B.F.: The Forum Stele in the Lapis Niger in Rome. New York 1931.

Broege, V.: Ovid's Autobiographical Use of Mythology in the Tristia and Epistulae ex Ponto. EMC 16 (1972) 37–42.

Brugnoli, G.: Anna Perenna. In: Gallo, I.; Nicastri, L. (Hrsgg.): Cultura, poesia, ideologia nell'opera di Ovidio. Neapel 1991. 147–168.

Buchmann, J.: Untersuchungen zur Rezeption hellenistischer Epigrammatik in der Lyrik des Horaz. Diss. Konstanz 1975.

Bühler, Winfried: Ein unbekanntes, Kaiser Hadrian zugeschriebenes Epigramm (Mitteilungen aus griechischen Handschriften 6). ZPE 31 (1978) 55–60.

Busine, Aude: The Discovery of Inscriptions and the Legitimation of New Cults. In: Dignas, B.; Smith, R.R.R. (Hrsgg.): Historical and Religious Memory in the Ancient World. Oxford 2012. 241–256.

Cahoon, Leslie: The Parrot and the Poet. The Function of Ovid's Funeral Elegies. CJ 80 (1984) 27–35.

–: Psittacus Redux: Boyd's Bird and Mine or Some Thoughts on Aims and Methods in Literary Studies. CJ 86 (1990/1991) 368–376.

Cairns, Francis: Tibullus: A Hellenistic Poet at Rome. Cambridge 1979.

–: Tibullus 2.6.27–40: Nemesis' Dead Sister. Eranos 98 (2000) 65–74.

–: Philodemus AP 5.123, the Epigrammatic Tradition, and Propertius 1.3. In: Keith, Alison (Hrsg.): Latin Elegy and Hellenistic Epigram. Cambridge 2011. 33–50.

Cantarella, Eva: Marriage and Sexuality in Republican Rome: A Roman Conjugal Love Story. In: Craven Nussbaum, Martha; Sihvola, Juha (Hrsgg.): The Sleep of Reason: Erotic Experience and Sexual Ethics in Ancient Greece and Rome. Chicago 2002. 269–282.

Capasso, Mario: Il ritorno di Cornelio Gallo. Il papiro di Qaṣr Ibrîm venticinque anni dopo. Neapel 2003 (= Gli album del Centro di Studi Papirologici dell'Università degli Studi di Lecce 5).

Cartault, A.: Le distique élégiaque chez Tibulle, Sulpicia, Lygdamus. Paris 1911 (= Bibl. Fac. Lettr. Univ. Paris 17).

Cassanova-Robin, Héléne: Duel singulier dans les Héroïdes d'Ovide (XX et XXI): symétries et divergences autour de l'herméneutique du signe. Euphrosyne 36 (2008) 71–86.

Castagnoli, Ferdinando: Rez. von: La pianta marmorea di Roma antica. Forma Urbis Romae, a cura di Carettoni G.; Colini A. M.; Cozza L.; Gatti G.; Rom 1960. Gnomon 33 (1961) 604–610.

Chiai, Gian Franco: The Origins and Deeds of Our Gods: Inscriptions and Local Historical-Religious Memories in the Hellenistic and Roman Word. In: Cusumano, Nicola u.a. (Hrsgg.): Memory and Religious Experience in the Greco-Roman World. Stuttgart 2013 (= Potsdamer Altertumskundliche Beiträge 45).

Christian, Timo: Gebildete Steine. Zur Rezeption literarischer Techniken in den Versinschriften seit dem Hellenismus. Göttingen 2015 (= Hypomnemata 197).

Cicerale, M.G.: Struttura e oratoria forense nella IV,11 di Properzio. AFLB 21 (1978) 19–38.

Claassen, Jo-Marie: Exile, Death and Immortality. Voices from the Grave. Latomus 55 (1996) 571–590.

Clarke, Graeme; Hilliard, Tom: A Lime-Stone Altar from North Syria. MedArch 5/6 (1992/1993) 111–115.

Coarelli, F.: L' ‚ara di Domizio Enobarbo' e la cultura artistica in Roma nel II secolo a. C. DArch 2 (1968) 302–368.

–: Rom. Ein archäologischer Führer. Freiburg 1975.

Colton, Robert E.: Parrot Poems in Ovid and Statius. CB 43 (1967) 71–78.

Comparetti, Domenico: Sulla autenticità della epístola ovidiana di Saffo a Faone. Florenz 1876.

Copley, F.O.: Exclusus amator. Madison 1956 (= TAPhA Monographs 17).

Corbier, Mireille: Donner à voir, donner à lire: mémoire et communication dans la Rome ancienne. Paris 2006.

Courtney, E.: Ovidian and Non-Ovidian Heroides. BICS 12 (1965) 63–66.

Courtney, J.; James, Paula: The Role of the Parrot in Selected Texts from Ovid to Jean Rhys. Telling a Story from a Different Viewpoint. Lewiston u.a. 2006.

Cugusi, Paolo: Un possibile tema dei Carmina Latina Epigraphica. L'aureus titulus. AFLC 3 (1980–1981) 5–9.

–: Aspetti letterari dei Carmina Latina Epigraphica. Bologna ²1996.

–: Ricezione del codice epigrafico e interazione tra carmi epigrafici e letteratura latina nelle età repubblicane e augustea. In: Kruschwitz, Peter (Hrsg.): Metrische Inschriften der römischen Republik. Berlin 2007. 1–61.

Curtis, R.I.: In Defense of Garum. CJ 78 (1983) 232–240.

Czech-Schneider, Raphaela: Werkstoff und Format: Zur Bedeutung der dinglichen Erscheinungsformen von Weihgaben in der griechischen Kultpraxis. In: Gebauer, Jörg; Metzler, Daniel; Grabow, Eva (Hrsgg.): Bildergeschichte (Festschrift Klaus Stähler). Möhnesee 2004. 99–110.

Davies, Glenys: The Significance of the Handshake Motif in Classical Funerary Art. AJA 89 (1985) 627–640.

–: Idem ego sum discumbens, ut me videtis: Inscription and Image on Roman Ash Chests. In: Newby, Zarah; Leader-Newby, Ruth (Hrsgg): Art and Inscriptions in the Ancient World. Cambridge 2007. 38–59.

Davis, J.T.: Dramatic Pairings in the Elegies of Propertius and Ovid. Bern 1977 (= Noctes Romanae 15).

Day, A.A.: The Origins of Latin Love Elegy. Oxford 1938.

DeBrohun, Jeri Blair: Roman Propertius and the Reinvention of Elegy. Ann Arbor 2003.

Dee, James H.: Arethusa to Lycotas. Propertius 4.3. TAPhA 104 (1974) 81–96.

Deremetz, A.: L'élégie de Vertumne, l'œuvre trompeuse. REL 64 (1986) 116–149.

Dessau, Hermann: Livius und Augustus. Hermes 41 (1906) 142–151.

Dettmer, H.: The Corpus Tibullianum (1974–1980). ANRW II 30. 3 (1983) 1962–1975.

Díaz de Cerio Diez, M.: La evolución de un género: elementos estructurales de los epigramas dedicados a animales de Ánite de Tegea. Emerita 66.1 (1998) 119–149.

–: Estructura discursiva en el epigrama funerario: la evolución de un género. Habis 30 (1999) 189–204.

Dietrich, Jessica Shaw: Dead Parrots Society. AJPh 123 (2002) 95–110.
Dilthey, C.: De Callimachi Cydippa. Leipzig 1863.
Dimundo, Rosalba: L'elegia allo specchio: studi sul I libro degli Amores di Ovidio. Bari 2000.
Dinter, Martin: Inscriptional Intermediality in Latin Elegy. In: Keith, Alison (Hrsg.): Latin Elegy and Hellenistic Epigram. Cambridge 2011. 7–18.
–: Inscriptional Intermediality in Latin Literature. In: Liddel, Peter; Low, Polly (Hrsgg.): Inscriptions and their Uses in Greek and Latin Literature. Oxford 2013. 303–316.
Dion, Jeanne: Immortalité poétique et immortalité politique: Ennius et les Scipions. In: Champeaux, J.; Chassignet, M. (Hrsgg.): Aere perennius. En homage à Hubert Zehnacker. Paris 2006. 383–394.
Doblhofer Ernst: Ovids Spiel mit Zweifel und Verzweiflung. Stilistische und literaturtypologische Betrachtungen zu Tristia und Ex Ponto. WJA 4 (1978) 121–141.
–: „Ich schnitt' es gern in alle Rinden ein". Zur Geschichte eines antiken Motivs. A&A (1996) 174–188.
Döpp, Siegmar: Virgilischer Einfluss im Werk Ovids. München 1968.
Donaldson, Malcolm Drew: The Cult of Isis in the Roman Empire. Lampeter 2003 (= Studies in Classics 22).
Drinkwater, Megan O.: Which Letter? Text and Subtext in Ovid's „Heroides". AJPh 128 (2007) 367–387.
Due, O.: Changing Forms. Copenhagen 1974.
Dumézil, Georges: Propertiana. Latomus 10 (1951) 289–302.
Dyer, R.R.: Cicero at Caieta in Vergil's *Aeneid.* Latomus 54 (1995) 290–297.
Eisenberger, H.: Studien zur Odyssee. Wiesbaden 1973 (= Palingenesia 7).
Eisenhut, Werner: Die poetische Situation in der Cornelia-Elegie des Properz (IV,11). WJA 4 (1949–1950) 53–59.
Engels, Johannes: Funerum Sepulcrorumque Magnificentia: Begräbnis- und Grabluxusgesetze in der griechisch-römischen Welt mit einigen Ausblicken auf Einschränkungen des Funeralen und Sepulkralen Luxus im Mittelalter und in der Neuzeit. Stuttgart 1998 (= Hermes EZ 78).
Enk, P.J.: Lucubrationes Propertianae. Mnemosyne 14 (1961) 38–41.
Erll, Astrid: Kollektives Gedächtnis und Erinnerungskultur. Stuttgart, Weimar ²2011.
Ernout, A.: Properziana. In: de Jonge, P. u.a. (Hrsgg.): Ut pictura poesis. Studia Latina P. J. Enk septuagenario oblata. Leiden 1955. 66–74.
Ery, K.K.: Investigations on the Demographic Source Value of Tombstones Originating from the Roman Period. Alba Regia 10 (1969) 51–67.
Evans, H.B.: Publica carmina: Ovid's Books from Exile. London 1983.
Fabiani, R.: Epigrafi in Erodoto. In: Biraschi, A.M. u.a. (Hrsgg.): L'uso dei documenti nella storiografia antica. Neapel 2003. 161–185.
Fantham, Elaine: Ovid, Germanicus, and the Composition of the Fasti. In: Knox, Peter (Hrsg.): Ovid. Oxford 2006. 373–414.

Fantuzzi, Marco; Hunter, Richard: Tradition and Innovation in Hellenistic Poetry. Cambridge 2004.

Favro, Díane: Making Rome a World City. In: Galinsky, Karl (Hrsg.): The Cambridge Companion to the Age of Augustus. Cambridge 2005. 234–263.

Fedeli, Paolo: Properzio 1,3. Interpretazione e proposte sull'origine dell' elegia latina. MH 31 (1974) 23–41.

–: Il poeta lapicida. In: Piérart, Marcel; Curty, Olivier (Hrsgg.): Historia testis. Mélanges d'épigraphie, d'histoire ancienne et de philologie offerts à Tadeusz Zawadski. Fribourg 1989. 79–96.

Fentress, James; Wickham, Chris J.: Social Memory. Oxford u.a. 1992.

Ferri, Giorgio: Tutela urbis. Il significato e la concezione della divinità tutelare cittadina nella religion romana. Stuttgart 2010 (= Potsdamer Altertumswissenschaftliche Beiträge 32).

Fischer, U.: Ignotum hoc aliis ille novavit opus. Beobachtungen zur Darstellungskunst Ovids in den Heroides unter besonderer Berücksichtigung der Briefpaare Her. 16 und 17 (Paris und Helena) und Her. 20 und 21 (Acontius und Cydippe). Berlin 1969.

Fishwick, D.: On AE 1977,506. Britannia 12 (1982) 302–303.

Fitzgerald, William: Slavery and the Roman Literary Imagination. Cambridge 2000.

Flaig, Egon: Lucius Aemilius Paulus: militärischer Ruhm und familiäre Glücklosigkeit. In: Hölkeskamp, Karl-Joachim; Stein-Hölkeskamp, Elke (Hrsgg.): Von Romulus zu Augustus: Große Gestalten der römischen Geschichte. München 2000. 131–146.

Fleischmann, Petra; Schmitzer, Ulrich: „... iunctae solacia mortis" und „una in urna" (Ov. met. 5, 73 und 11, 706): Beiträge zur Geschichte eines nicht nur elegischen Topos. Aufgrund von Vorarbeiten von Franz Bömer ausgeführt von P.F. und U.Sch. Gymnasium 113 (2006) 529–545.

Flory, Marleen Boudreau: Where Women Precede Men. Factors Influencing the Order of Names in Roman Epitaphs. CJ 79 (1984) 216–224.

Flower, Harriet I.: The Tradition of the „Spolia opima": M. Claudius Marcellus and Augustus. ClAnt 19 (2000) 34–64.

Fohlen, Georges: Les circonstances de la mort dans les épitaphes grecques métriques. In: Mélanges offerts à M. le professeur Victor Magnien. Toulouse 1949. 29–34.

Forbes Irving, P.M.: Metamorphosis in Greek Myths. Oxford 1990.

Foulon, Albert: Sur l'interprétation d'un distique controversé de Properce (Élégies IV, 11,101–102). In: Foulon, Albert (Hrsg.): Au miroir de la culture antique. Mélanges offerts au président René Marache. Rennes 1992. 223–230.

Fowler, Robert L.H.: The Death of Neoptolemos. In: Reitz, Christiane; Walter, Anke (Hrsgg.): Von Ursachen sprechen. Eine aitiologische Spuren-

suche/Telling origins. On the lookout for aetiology. Hildesheim, Zürich, New York 2014 (= Spudasmata 162). 79–104.
Fränkel, Hermann: Ovid. A Poet Between Two Worlds. Berkeley/California 1945.
Friedländer, Paul: Geschichtswende im Gedicht. Interpretationen historischer Epigramme. SIFC 16 (1938) 89–120.
Frings, Irene: Mantua me genuit – Vergils Grabepigramm auf Stein und Pergament. ZPE 123 (1998) 89–100.
–: Das Spiel mit eigenen Texten. Wiederholung und Selbstzitat bei Ovid. München 2005 (= Zetemata 124).
Fulkerson, Laurel: The Ovidian Heroine as Author: Reading, Writing, and Community in the „Heroides". Cambridge, New York 2005.
Gabathuler, Matthäus: Hellenistische Epigramme auf Dichter. St. Gallen 1937 (Diss. Basel 1937).
Galand-Hallyn, Perrine: Corinne et Sappho: Elocutio et Inventio dans les Amours et les Héroïdes d'Ovide. BAGB (1991) 336–358.
Galletier, É.: Étude sur la poésie funéraire romaine d'après les inscriptions. Paris 1922.
Ganzert, Joachim; Kockel, Valentin: Augustusforum und Mars Ultor-Tempel. In: Kaiser Augustus und die verlorene Republik: Eine Ausstellung im Martin-Gropius-Bau, Berlin, 7. Juni–14. August 1988. Hrsg. von Mathias René Hofter, Martin-Gropius-Bau. Antikenmuseum Berlin. Mainz 1988. 149–200.
Ganzert, Joachim: Der Mars-Ultor-Tempel auf dem Augustusforum in Rom. Mit einem Beitrag von Peter Herz. Mainz 1996 (= DAI Rom Sonderschriften 11).
Gärtner, Thomas: Properz IV 3 und die Gattungsgenese der ovidischen Heroidenbriefe. Hermes 134 (2006) 211–236.
Gatz, Bodo: Weltalter, goldene Zeit und sinnverwandte Vorstellungen. Hildesheim 1967 (= Spudasmata 17).
Gavoille, Élisabeth: Acontius et Cydippe: un piège épistolaire (Ovide, Heroïdes XX–XXI). In: Nadjo, Léon; Gavoille, Élisabeth (Hrsgg.): Epistulae antiquae III. Actes du IIIe colloque international „l'épistolaire antique et ses prolongements européens". Université François-Rabelais (Tours, 25–27 septembre 2002). Louvain, Paris 2004. 207–228.
Geiger, Joseph: The First Hall of Fame: A Study of the Statues on the Forum Augustum. Leiden, Boston 2008 (= Mnemosyne Suppl. 295).
Gentili, B.: Epigramma ed elegia. In: L'épigramme grecque. Genf 1967 (= Entretiens de la Fondation Hardt sur l'antiquité classique. Tome XIV).
Giebel, Marion: Ovid. Mit Selbstzeugnissen und Bilddokumenten. Hamburg 1991.
Ginsberg, Warren: The Cast of Character: The Representation of Personality in Ancient and Medieval Literature. Toronto, London 1983.
Giuliani, C.F.: Tivoli. Il santuario di Ercole Vincitore. Tivoli 2004.

Gnilka, Christian: Ultima verba. JbAC 22 (1979) 5–21.
Goerdt, Ch.: Der Mythos von der goldenen Zeit und schlechteren Zeiten. AU 43 (2000) 51–62.
Goldberg, Sander M.: Epic in Republican Rome. Oxford 1995.
Gómez Pallarès, Joan: Ovidius Epigraphicus: Tristia, Lib. 1, con excursus a 3,3 y 4,10. In: Schubert, W. (Hrsg.): Ovid, Werk und Wirkung. FS M. v. Albrecht. Frankfurt a.M. u.a. 1999 (= Studien zur Klassischen Philologie 100). 755–773.
Goold, G.P.: Noctes Propertianae. HSCPh 71 (1967) 59–106.
Gowing, Alain M.: Empire and Memory: The Representation of the Roman Republic in Imperial Culture. Cambridge 2005.
Graf, F.: Ovide, les Métamorphoses et la véracité du mythe. In: Calame, C. (Hrsg.): Métamorphoses du mythe en Grèce antique. Genf 1988. 57–70.
Green, Steven J.: Playing with Marble: The Monuments of the Caesars in Ovid's „Fasti". CQ 54 (2004) 224–239.
Grethlein, Jonas: Asyl und Athen: die Konstruktion kollektiver Identität in der griechischen Tragödie. Stuttgart 2003 (= Drama: Beiträge zum antiken Drama und seiner Rezeption. Beiheft 21).
Griessmair, Ewald: Das Motiv der mors immatura in den griechischen metrischen Grabinschriften. Innsbruck 1966 (= Commentationes Aenipontanae 18).
Grilli, A.: Sul nuovo Diogene di Enoanda. CErc 35 (2005) 195–200.
Grimal Pierre: Les campagnes de Lycotas et le texte de l'élégie de Properce. REA 58 (1951) 222–233 .
–: Les intentions de Properce et la composition du livre IV des Élégies. Brüssel 1953 (= Collection Latomus 12).
–: Properce et l'au delà. In: Rome, la littérature et l'histoire. Rom 1986. (= Collection de l'École Française de Rome 93) 467–478.
Grisart, A.: La publication des Métamorphoses. Une source du récit d'Ovide (Tristes I, 7, 11–40). In: Atti del Conv. intern. Ovidiano, II: Sulmona, maggio 1958. Ist. di Studi Rom. (Hrsg.). Rom 1959. 125–156.
Grondona, M.: Gli epigrammi di Tibullo e il congedo delle elegie (su Properzio e Virgilio). Latomus 36 (1977) 3–29.
Gronewald, Michael; Daniel, Robert W.: Lyrischer Text (Sappho-Papyrus). ZPE 154 (2005) 7–12, wiederabgedruckt in: Abhandlungen der Nordrhein-Westfälischen Akademie der Wissenschaften und der Künste, Sonderreihe Papyrologica Coloniensia VII/11 Kölner Papyri [P. Köln] bearbeitet von Charikleia Armoni, Michael Gronewald, Klaus Maresch, Giuseppina Azzarello. Paderborn, München, Wien, Zürich 12–19.
Guépin J.P.: Othryadès. BVAB 41 (1966) 57–76.
Gutzwiller, Kathryn J.: Poetic Garlands: Hellenistic Epigrams in Context. Berkeley/California 1998.
Halbwachs, Maurice: Individual Consciousness and Collective Mind. American Journal of Sociology 44 (1939) 812–822.

–: La mémoire collective et le temps. Cahiers internationaux de sociologie 2 (1947) 3–31, wiederabgedruckt in: Cahiers internationaux de sociologie 101(1996) 45–65.
–: La mémoire collective. Paris 1950.
Hallett, Judith: Book IV: Propertius' Recusatio to Augustus and Augustan Ideals. Diss. Harvard 1971 [non vidi].
–: Propertius' Recusatio to Augustus and Augustan Ideals. Diss. Summary. HSCPh 76 (1972) 287–288.
–: Queens, Princeps and Women of the Augustan Elite: Propertius' Cornelia-Elegy and the Res Gestae Divi Augusti. In: Winkes, Rolf (Hrsg.): The Age of Augustus. Conference held at Brown University, Providence, Rhode Island, 1982. Louvain la Neuve, Providence/Rhode Island 1986 (= Archaeologica Transatlantica 5). 73–88.
Hammerstaedt, Jürgen: Zum Text der epikureischen Inschrift des Diogenes von Oinoanda. Epigraphica Anatolica 39 (2006) 1–48.
Hannah, Robert: The Temple of Mars Ultor and 12 May. MDAI(R) 104 (1997) 527–535.
Hansen, Svend: Weihgaben zwischen System und Lebenswelt. In: Gehrke, Hans-Joachim; Möller, Astrid (Hrsgg.): Vergangenheit und Lebenswelt: Soziale Kommunikation, Traditionsbildung und historisches Bewusstsein. Tübingen 1996 (= ScriptOralia 90). 257–271.
Hardie, Philip: Ovid's Poetics of Illusion. Cambridge 2002.
Harich, Henriette: Catonis Marcia: stoisches Kolorit eines Frauenporträts bei Lucan (II,326–350). Gymnasium 97 (1990) 212–223.
Harrauer, Hermann: 1. Die Komposition der Elegien des 1. Buches bei Tibull; 2. Eine Untersuchung der bei Tibull seltenen Wörter im Hinblick auf ihren Sprachwert. Diss Wien 1969 (masch.) [non vidi].
–: A Bibliography to Propertius. Hildesheim 1973.
Hartmann, Andreas: Cui vetustas fidem faciat: Inscriptions and Other Material Relics of the Past in Graeco-Roman Antiquity. In: Liddel, Peter; Low, Polly (Hrsgg.): Inscriptions and their Uses in Greek and Latin Literature. Oxford 2013. 33–63.
Hartz, Cornelius: Catulls Epigramme im Kontext hellenistischer Dichtung. Berlin 2007 (= BzA 246).
Harzer, Friedmann: Iste ego sum? Ovids poetische Briefschrift zwischen Dichtung und Wahrheit. Poetica 29 (1997) 26–47.
Heinze, Richard: Ovids elegische Erzählung. Leipzig 1919 (= Berichte über die Verhandlungen der Sächsischen Akademie der Wissenschaften zu Leipzig, Philologisch-Historische Klasse 71,7).
Heldmann, Konrad: Ovids Sabinus-Gedicht (am. 2, 18) und die Epistulae Heroidum. Hermes 122 (1994) 188–219.
Helm, R.: Properz 1,21. RhM 95 (1952) 272–283.
Helmbold, W.C.: Nugae propertianae I. Univ. of California Publications in Classical Philology 13 (1949) 389–406.

Helzle, Martin: Mr and Mrs Ovid. G&R 36 (1989) 183–193.

Henderson, John: Wrapping Up the Case: Reading Ovid, Amores, 2, 7 (+8) I. MD 27 (1991) 37–88.

–: Wrapping Up the Case: Reading Ovid, Amores, 2, 7 (+8), II. MD 28 (1992) 27–83.

Henneböhl, Rudolf: „Stumm vor Schmerz ist die Lyra“: der Gesang des Orpheus und die Entstehung der Liebeselegie: zur Aussageabsicht des zehnten Buches der Metamorphosen Ovids. Gymnasium 112 (2005) 345–374.

Herber, Franz-Rudolf: Ovids elegische Erzählkunst in den Fasten. Diss Saarbrücken 1994.

Herbert-Brown, Geraldine: Ovid and the Fasti. An Historical Study. Oxford 1994.

–: Fasti: The Poet, the Prince, and the Plebs. In: Knox, Peter E. (Hrsg.): A Companion to Ovid. Malden/MA 2009. 120–139.

Herescu, N.I.: Le sens de l'épitaphe ovidienne. In: Herescu, N.I. (Hrsg.): Ovidiana. Recherches sur Ovid. Paris 1958. 420–442.

Herrmann, Leon: Sex superant versus: ⟨Pseudo⟩-Properce, Élégies IV,2,57–8. Latomus 27 (1968) 617–621. Zitiert als: Hermann (1968)a

–: Notes de lecteur: ⟨Pseudo⟩-Properce 4,3,1. Latomus 27 (1968) 650. Zitiert als: Hermann (1968)b

Herrlinger, Gerhard: Totenklage um Tiere in der antiken Dichtung. Stuttgart 1930 (= Tübinger Beiträge zur Altertumswissenschaft 8).

Hess, Peter: Das Epigramm. Stuttgart 1989 (= Sammlung Metzler, Realien zur Literatur 248).

Hezel, O.: Catull und das griechische Epigramm. Stuttgart 1932 (= Tübinger Beiträge zur Altertumswissenschaft 17).

Hinds, Steven: Booking the Return Trip. Ovid and Tristia 1. PCPhS 31 (1985) 13–32.

Hintermeier, Cornelia M.: Die Briefpaare in Ovids Heroides. Tradition und Innovation. Stuttgart 1993 (= Palingenesia 41).

Höschele, Regina: The Traveling Reader: Journeys Through Ancient Epigram Books. TAPhA 137 (2007) 333–369.

–: Inscribing Epigrammatists' Names: Meleager in Propertius and Philodemus in Horace. In: Keith, Alison (Hrsg.): Latin Elegy and Hellenistic Epigram. Cambridge 2011. 19–31.

Hofmann, Heinz: The Unreality of Ovid's Tomitan Exile Once Again. LCM 12 (1987) 23.

Holzberg, Niklas: Ovid. Dichter und Werk. München ^{3}2005.

–: Playing with His Life: Ovid's ‚Autobiographical‘ References. Lamps 30 (1997) 4–19, wiederabgedruckt in: Knox, Peter (Hrsg.): Oxford Readings in Ovid. Oxford 2006. 51–68.

–: Die römische Liebeselegie. Eine Einführung. Darmstadt ^{6}2015.

Houghton, L.B.T.: Ovid's Dead Parrot Sketch: „Amores" II.6. Mnemosyne 53 (2000) 718–720.

–: Tot monvmenta? Rez. Ramsby, T.R: Textual Permanence. Roman Elegists and the Epigraphic Tradition. London 2007. CR 59 (2009) 142–143.

–: Epitome and Eternity: Some Epitaphs and Votive Inscriptions in the Latin Love Elegists. In: Liddel, Peter; Low, Polly (Hrsgg.): Inscriptions and their Uses in Greek and Latin Literature. Oxford 2013. 349–364.

Housman, A.E.: The manuscripts of Propertius [I]. JPh 21 (1893) 101–160 (= Classical Papers I 232–276).

Hubbard, Margaret: Propertius. London 1974.

Hübner, E.: Zu Propertius. In: Comment. Philol. Theodor Mommsen. Berlin 1872. 98–113.

Hunter, Richard: Callimachus and Heraclitus. MD 28 (1992) 113–123.

Hurlet, Frédéric: La dictature de Sylla. Monarchie ou magistrature republicaine; essay d'histoire constitutionnelle. Brüssel, Rom 1993 (= Études de philologie, d'archéologie et d'histoire anciennes 30).

Hutchinson, G.O.: The Catullian Corpus, Greek Epigram, and the Poetry of Objects. CQ 53 (2003) 206–221.

Itgenshorst, Tanja: Tota illa pompa. Der Triumph in der römischen Republik. Göttingen 2005.

Iodice di Martino, Maria Grazia: Effetti parodici nella poesia dell'esilio di Ovidio: il motivo del libro „vivente". AION(filol) 18 (1996) 85–92.

Jacobson, Howard: Ennian Influence in Heroides 16 and 17. Phoenix 22 (1968) 299–303.

Jacoby, Friedrich: Zur Entstehung der römischen Elegie. RhM 60 (1905) 38–105, wiederabgedruckt in: Jacoby, Friedrich. Kleine philologische Schriften II. Berlin 1961. 65–121.

James, Paula: Two poetic and parodic parrots in Latin Literature. In: Courtney, J.; James, Paula (Hrsgg.): The Role of the Parrot in Selected Texts from Ovid to Jean Rhys. Lewiston u.a. 2006. 1–32.

Jaeger, Mary: Cicero and Archimedes' Tomb. JRS 92 (2002) 49–61.

Janan, Micaela: The Politics of Desire: Propertius IV. Berkeley/California 2001.

Jansen, Laura: On the Edge of the Text Preface and Reader in Ovid's Amores. Helios 39 (2012) 1–28.

Jolivet, Jean-Christophe: Allusion et fiction dans l'épistolaire dans les héroïdes. Recherches sur l'intertextualité ovidienne. Rom 2001 (= Collection de l' École Française de Rome 289).

Kästner, Erich: Kurz und bündig: Epigramme. Köln u.a. 1965.

Kajanto, Iiro: Fortuna. ANRW II 17,1 (1981) 512–558.

Kamen, Deborah: Naturalized Desires in the Metamorphosis of Iphis. Helios 39 (2012) 21–36.

Kardos, Marie-José: Topographie et poésie dans les Fastes d'Ovide. In: Champeaux, J.; Chassignet, M. (Hrsgg.): Aere perennius. En homage à Hubert Zehnacker. Paris 2006. 213–225.

Kearns, E.: The Return of Odysseus: A Homeric Theoxeny. CQ 32 (1982) 2–8.

Keaveney, A.: Sulla and the Gods. In: Deroux, C. (Hrsg.): Studies in Latin Literature and Roman History III. Brüssel 1983 (= Collection Latomus 180). 44–79.

Keith, Alison: Latin Elegiac Collections and Hellenistic Epigram Books. In: Keith, Alison (Hrsg.): Latin Elegy and Hellenistic Epigram. Cambridge 2011. 99–115.

Kenney, E.J.: Liebe als juristisches Problem. Über Ovids Heroides 20 und 21. Philologus 111 (1967) 212–232.

Kese, W.: Untersuchungen zu Epikedion und Consolatio in der römischen Dichtung (von Catullus bis Statius). Göttingen 1950.

Kilian-Dirlmeier, Imma: Kleinfunde aus dem Athena Itonia-Heiligtum bei Philia (Thessalien). Mainz 2002.

Knox, Peter E.: Phaethon in Ovid and Nonnos. CQ 38 (1988) 536–551.

Köhler, Carl Sylvio: Das Tierleben im Sprichwort der Griechen und Römer, nach Quellen u. Stellen in Parallele mit d. dt. Sprichwort. Leipzig 1881 [Ndr. Hildesheim 1967].

Köhnken, A.: Der listige Oibares. Dareios' Aufsteig zum Großkönig. RhM 113 (1990) 115–137, wiederabgedruckt in: Bettenworth, A. (Hrsg.): Adolf Köhnken: Darstellungsziele und Erzählstrategien in antiken Texten. Berlin 2006. 452–470.

– Gattungstypik in kallimacheischen Weihepigrammen. In: Dalfen, J.; Petersmann, G.; Schwarz, F.F. (Hrsgg.): Religio Graeco-Romana. Festschrift für Walter Pötscher. Graz 1993. (= Grazer Beiträge Suppl. 5) 119–130, wiederabgedruckt in: Bettenworth, A. (Hrsg.): Adolf Köhnken: Darstellungsziele und Erzählstrategien in antiken Texten. Berlin 2006. 226–237.

Kohlmann, P.: Othryades. Eine historisch-kritische Untersuchung. RhM 29 (1874) 463–480.

–: Die Inschrift des Othryades beim Statiusscholiasten. RhM 31 (1876) 302–304.

Kolb, Anne; Fugmann, Joachim: Tod in Rom. Grabinschriften als Spiegel römischen Lebens. Mainz 2008 (= Kulturgeschichte der antiken Welt 106).

Korzeniewski, D.: Exegi monumentum. Hor. carm. 3, 30 und die Topik der Grabgedichte. Gymnasium 79 (1972) 380–388.

Kotlińska-Toma, Agniezka: Women in the Hellenistic Family: The Evidence of Funerary Epigrams. In: Laurence, Ray; Strömberg, Agneta (Hrsgg.): Families in the Greco-Roman World. Norfolk 2012. 106–120.

Kraus, W.: Die Briefpaare in Ovids Heroiden. WS 65 (1950–51) 54–77.

Krevans, Nita: The Arrangement of Epigrams in Collections. In: Bing, Peter; Bruss, Jon (Hrsgg.): Brill's Companion to Hellenistic Epigram. Leiden, Boston 2007. 131–146.

Kristeva, Julia: Desire in Language: A Semiotic Approach to Literature and Art. New York 1980.

Krókowski, J.: Elegie und Epigramm. Properz 1,1. Eos 55 (1965) 142–151.

Kropp, Amina: Magische Sprachverwendung in vulgärlateinischen Fluchtafeln (defixiones). Tübingen 2008 (= ScriptOralia 135).

Kruschwitz, Peter: Carmina Saturnia Epigraphica. Stuttgart 2002 (= Hermes EZ 84).

–: Phaethon, Clymene und Merops: zu Ov. met. 1, 762–764. GB 24 (2005) 151–154.

– (Hrsg.): Metrische Inschriften der römischen Republik. Berlin 2007.

–: Writing On Trees: Restoring a Lost Facet of the Graeco-Roman Epigraphic Habit. ZPE 173 (2010) 45–62.

Kühn, H.: Topica epigrammatum dedicatoriorum Graecorum. Diss. Breslau 1906.

Kühn, Josef-Hans: Die Prooimion-Elegie des zweiten Properz-Buches. Hermes 89 (1961) 84–105.

Kutzko, David: The Major Importance Of A Minor Poet: Herodas 6 and 7 As a Quasi-Dramatic Diptych. In: Harder, M.A.; Regtuit, R.F.; Wakker, G.C. (Hrsgg.): Beyond the Canon. Leuven 2006 (= Hellenistica Groningana 11). 167–184.

Kyriakidis, Stratis: Heroides 20 and 21. Motion and emotions. Leeds International Classical Studies 9 (2010) ohne Paginierung.

Lambrino, S.: Tomis, cité gréco-gète, chez Ovide. In: Ovidiana. Recherches sur Ovide. Publ. à l'occasion du bimillénaire de la naissance du poète par Herescu N. I. avec le concours de Adamesteanu D., Christea V. et Lozovan E. Paris 1958. 379–390.

Lange, Dorothy K.: Cynthia and Cornelia: Two Voices from the Grave. In: Deroux, Carl (Hrsg.): Studies in Latin Literature and Roman History I. Paris 1979 (= Collection Latomus 164). 335–342.

Langner, M.: Antike Graffitizeichnungen. Motive, Gestaltung und Bedeutung. Wiesbaden 2001 (= Palilia 11).

Langslow, David: Archaic Latin Inscriptions and Greek and Roman Authors. In: Liddel, Peter; Low, Polly (Hrsgg.): Inscriptions and their Uses in Greek and Latin Literature. Oxford 2013. 167–195.

La Penna, A.: Movimento e ritmo epigrammatico nelle elegie di Properzio. Maia 3 (1950) 9–15.

Lascu, N.: L'epitaffio di Ovidio (Epigrafia e poesia), III. In: Studi classici in onore di Quintino Cataudella. Facoltà di lettere e filosofia. Catania 1972. 331–338.

Latta, B.: Die Stellung der Doppelbriefe (Heroides 16–21) im Gesamtwerk Ovids. Diss. Marburg 1963.

Lattimore, Richmond: Themes in Greek and Latin Epitaphs. Urbana 1942.

Lausberg, Marion: Ein epigrammatisches Motiv in Ovids Metamorphosen. GB 10 (1981) 181–191.

–: Das Einzeldistichon. Studien zum antiken Epigramm. Münster 1982.

Lee-Stecum, Parshia: Powerplay in Tibullus: Reading Elegies Book I. Cambridge 1998.

Lefèvre, Eckard: Die Metamorphose des Catullischen Sperlings in einen Papagei bei Ovid (Amores 2, 6) und dessen Apotheose bei Statius, Strozzi, Lotichius, Beza und Passerat. In: Schubert, W. (Hrsg.): Ovid, Werk und Wirkung. FS M. v. Albrecht. Frankfurt a.M. u.a. 1999 (= Studien zur Klassischen Philologie 100). 111–135.

Lefkowitz, Mary: Critical Stereotypes and the Poetry of Sappho. GRBS 14 (1973) 113–123.

–: The Lives of the Greek Poets. Baltimore 1981.

Lehmann, René; Ochsner, Florian; Sebald, Gerd (Hrsgg.): Formen und Funktionen sozialen Erinnerns. Sozial- und kulturwissenschaftliche Analysen. Wiesbaden 2013.

Lembach, Kurt: Die Pflanzen bei Theokrit. Heidelberg 1970 (= Bibliothek der klassischen Altertumswissenschaft 37).

Leo, Friedrich: Elegie und Komödie. RhM 55 (1900) 604–611.

Levin, D.N.: Hellenistic Echoes in Propertius' First Elegy. GB 3 (1975) 215–221.

Lévy, Johanne: L'inspiration augustéenne et nationale dans le livre IV des Elégies de Properce, ou l'irrévérence sous la révérence. In: Delignon, Bénédict; Roman, Yves (Hrsgg.): Le poète irrévérencieux. Modèles hellénistiques et réalités romaines. Paris 2009 (= Collection du Centre d'Études et de Recherches sur l'Occident Romain – CEROR 32).

Lier, Bruno: Topica carminum sepulcralium latinorum. Philologus 62 (1903) 445–477 und 563–603.

–: Topica carminum sepulcralium latinorum. Philologus 63 (1904) 54–65 und 445–477.

Lissberger, Ewald: Das Fortleben der römischen Elegiker in den Carmina Epigraphica. Diss. Tübingen 1934.

Littlewood, A.R.: The Symbolism of the Apple in Greek and Roman Literature. HSPh 72 (1967) 147–181.

Liveley, Genevieve; Salzman-Mitchell, Patricia (Hrsgg.): Latin Elegy and Narratology. Fragments of Story. Columbus 2008.

Löfstedt, Einar: Syntactica. Studien und Beiträge zur historischen Syntax des Latein. 2 Bde. Lund 1928–1933.

Loehr, Johanna: Ovids Mehrfacherklärungen in der Tradition aitiologischen Dichtens. Stuttgart, Leipzig 1996 (= BzA 74).

Lowrie, Michèle: Cornelia's Exemplum. Form and Ideology in Propertius 4.11. In: Liveley, Genevieve; Salzman-Mitchell, Patricia (Hrsgg.): Latin Elegy and Narratology. Columbus 2008. 165–179.

–: Writing, Performance, and Authority in Augustan Rome. Oxford 2009.

Luce, T. James: Livy, Augustus, and the Forum Augustum. In: Raaflaub, Kurt; Toher, Mark (Hrsgg.): Between Republic and Empire: Interpretations of Augustus and his Principate. Berkeley/California 1990. 123–138.

Luck, Georg: Witz und Sentiment im griechischen Epigramm. In: L'épigramme grecque. Genf 1967 (= Entretiens de la Fondation Hardt sur l'antiquité classique. Tome XIV). 387–408.

Lueneburg, Albert: De Ovidio sui imitatore. Diss. Jena 1888.

Lugli, Giuseppe: I monumenti antichi di Roma e suburbio. Bde. 1–3 und suppl. Rom 1931–1940.

Lupaş, Liana: Denumirile mormîntului în latină. Studii Clasice 5 (1963) 111–135.

Lundon, John: „Il nuovo testo lirico nel nuovo papiro di Saffo." In: Bastianini, G.; Casanova, A. (Hrsgg.): Papiri di Saffo e Alceo: Atti del convegno internazionale di studi, Firenze, 8–9 giugno 2006. Florenz 2007 (= Studi e Testi di Papirologia 9). 149–166.

MacMullen, R.: The Epigraphic Habit in the Roman Empire. AJPh 103 (1982) 233–246.

Maltby, Robert: Love and Marriage in Propertius 4.3. PLLS 3 (1981) 243–247.

–: The Influence of Hellenistic Epigram on Tibullus. In: Keith, Alison (Hrsg.): Latin Elegy and Hellenistic Epigram. Cambridge 2011. 87–97.

Manacorda, Daniele: Il tempio di Vulcano in Campo Marzio. DArch 8 (1990) 35–51.

Marcovich, M.: Que fin perseguia Ovidio en su epitafio? Humanidades 2 (1960) 407–416.

Mari, Zaccaria: Forma Italiae. Regio I. Bde XVII, pars tertia. Florenz 1983.

Marquis, E.C.: Vertumnus in Propertius 4,2. Hermes 102 (1974) 491–500.

Martina, Mario: Aedes Herculis Musarum. Dialoghi di Archeologia NS 3,1 (1981) 49–68.

Martin-Kilcher, Stefanie: Mors immatura in the Roman World. A Mirror of Society and Tradition. In: John Pearce; Martin Millet; Manuela Struck (Hrsgg.): Burial, Society and Context in the Roman World. Oxford 2000. 63–77.

Maurer, Jörg: Untersuchungen zur poetischen Technik und den Vorbildern der Ariadne-Epistel Ovids. Frankfurt a.M. u.a. 1990 (= Studien zur Klassischen Philologie 49).

McGann, M.J.: The Marathus Elegies of Tibullus. ANRW II 30,3 (1983) 1976–1999.

McKay, Alexander G.: Aeneas' Landfall in Hesperia. G&R 14 (1967) 3–11.

Mehringer, G.: Zu Properz IV,11 (Cornelia Elegie). Zeitschrift für die österreichische Mittelschule 1 (1924) 380–382.

Meyer, Doris: Inszeniertes Lesevergnügen. Das inschriftliche Epigramm und seine Rezeption bei Kallimachos. Stuttgart 2005 (= Hermes EZ 93).

–: The Act of Reading and Writing in Hellenistic Epigram. In: Bing, Peter; Bruss, Jon S. (Hrsgg.): Brill's Companion to Hellenistic Epigram. Leiden, Boston 2007. 187–210.

Meyer, Ernst: Einführung in die lateinische Epigraphik. Darmstadt 1973.

Mócsy, András: Das schätzungsweise angegebene Lebensalter auf römischen Grabinschriften. Altertum 12 (1966) 108–111.

Mommsen, Theodor: Römisches Strafrecht. Leipzig 1899 (= Systematisches Handbuch der deutschen Rechtswissenschaft: Abt. 1, Teil 4).

Morelli, Alfredo M.: Hellenistic Epigram in the Roman World: From the Beginnings to the End of the Republican Age. In: Bing, Peter; Bruss, Jon S. (Hrsgg.): Brill's Companion to Hellenistic Epigram. Leiden, Boston 2007. 521–542.

Murgia, Ch.E.: Ovid Fasti 3.557–58. CPh 82 (1987) 151–153.

Murnaghan, S.: Disguise and Recognition in the Odyssey. Princeton 1987.

Myers, K. Sara: Ovid's tecta ars: Amores 2.6: Programmatics and the Parrot. EMC 34 (1990) 367–374.

Nadeau, Yves: Catullus' Sparrow, Martial, Juvenal and Ovid. Latomus 43 (1984) 861–868.

Nagle, Betty Rose: The Poetics of Exile. Program and Polemic in the Tristia and Epistulae ex Ponto of Ovid. Brüssel 1980 (= Collection Latomus 170).

Nagy, Gregory: Phaethon, Sappho's Phaon, and the White Rock of Leukas. HSPh 77 (1973) 137–178.

Navarro Antolín, F.: El suicidio como motivo literario en los elegíacos latinos. Emerita 65 (1997) 41–55.

Nelis-Clément, Jocelyne; Nelis, Damien: Petronius' epigraphic habit. Dictynna 2 (2005) 1–27.

–: Furor epigraphicus: Augustus, the poets, and the inscriptions. In: Liddel, Peter; Low, Polly (Hrsgg.): Inscriptions and their Uses in Greek and Latin Literature. Oxford 2013. 317–348.

Nethercut, W.R.: Notes on the Structure of Propertius, Book IV. AJPh 89 (1968) 449–464.

Oesterle, Günther: Erinnerung, Gedächtnis, Wissen: Studien zur kulturwissenschaftlichen Gedächtnisforschung. Göttingen 2005.

O'Hara, James: True Names. Vergil and the Alexandrian Tradition of Etymological Wordplay. Ann Arbor 1996. Zitiert als: (1996)a.

–: Vergil's Best Reader? Ovidian Commentary on Vergilian Etymological Wordplay. CJ 91 (1996) 255–276. Zitiert als: (1996)b.

Oliensis, Ellen: Return to Sender: The Rhetoric of Nomina in Ovid's Tristia. Ramus 26 (1997) 172–193.

O'Neill, Kerill Neil: Propertius 4.2: Slumming with Vertumnus? AJPh 121 (2000) 259–277.

Oppel, E.: Ovids Heroides. Studien zur inneren Form und zur Motivation. Diss. Erlangen-Nürnberg 1968 (masch.).

Otis, Brooks: Ovid as an Epic Poet. Cambridge 1970.

Otto, August: Die Sprichwörter und sprichwörtlichen Redensarten der Römer. Leipzig 1890 [Ndr. Hildesheim 1965].
Panvini-Rosati, F.: Il tipo di Marte Ultore sulle monete romane. Numismatica 12 (1946) 97–105.
Papaioannou, Sophia: Redesigning Achilles. ‚Recycling' the Epic Cycle in the ‚Little Iliad' (Ovid, Metamorphoses 12,1–13.622). Berlin, New York 2008 (= UALG 89). Zitiert als: Papaioannou (2008)a.
Rez.: Ziogas, Ioannis, BMCRev 10 (2008) nicht paginiert.
–: Self-Reflection on Elegy Writing, in Two Parts: The Metapoetics of Diptych Elegies in Ovid, Amores 1.11+12. In: Liveley, Genevieve; Salzman-Mitchell, Patricia (Hrsgg.): Latin Elegy and Narratology. Columbus 2008. 105–122. Zitiert als: Papaioannou (2008)b.
Paratore, E.: Osservazioni sui rapporti fra Catullo e gli epigrammisti dell' Antologia. In: Miscellanea di studi alessandrini in memoria di Augusto Rostagni. Turin 1963. 562–587.
Pellegrino, C.: Per l'interpretazione di Properzio I,21. Latomus 54 (1995) 613–624.
Perea, Sabino: Anna Perenna: religión y ejemplaridad mítica. ETF(hist) 11 (1998) 185–219.
Peters, H.: Symbola ad Ovidii artem epicam cognoscendam. Diss. Göttingen 1908.
Pfaff-Reydellet, Maud: Ovids Fasti: Der Kaiser tritt in den öffentlichen Kalender ein. In: Bendlin, A.; Rüpke, Jörg (Hrsgg.): Römische Religion im historischen Wandel. Diskursentwicklung von Plautus bis Ovid. Stuttgart 2009 (= Potsdamer Altertumswissenschaftliche Beiträge 17). 157–169.
Pfohl, Gerhard: Untersuchungen über die attischen Grabinschriften. Diss. Erlangen 1953.
–: (Hrsg.): Das Epigramm. Zur Geschichte einer inschriftlichen und literarischen Gattung. Darmstadt 1969.
Pinotti, Paola: Properzio e Vertumno: anticonformismo e restaurazione augustea. In: Atti del Colloquium Propertianum (tertium), Assisi, 29–31 maggio 1981, a cura di Vivona S.: Accad. Properziana del Subasio 1983. 75–96, wiederabgedruckt in: Pinotti, Paola: ‚Primus ingredior': Studi su Properzio. Bologna 2004 (= Testi e manuali per l'insegnamento universitario del latino 84). 45–66.
Pitcher, R.A.: Martial's Debt to Ovid. In: Grewing, F. (Hrsg.): Toto notus in orbe. Perspektiven der Martial-Interpretation. Stuttgart 1998 (= Palingenesia 65). 59–76.
Podossinov, Alexander: Ovids Dichtung als Quelle für die Geschichte des Schwarzmeergebietes. Konstanz 1987 (= Xenia 19).
Pöschl, Viktor: Die Dichtkunst Virgils. Bild und Symbol in der Aeneis. Wien 1964.
–: Die Horazode Exegi monumentum (C. 3,30). GIF 20 (1967) 261–272.

Poliakoff, Michael B.: The Weapons of Love and War. A Note on Propertius iv. 3. ICS 12 (1987) 93–96.

Puelma, Mario: Epigramma – epigramma: Aspekte einer Wortgeschichte. MH 53.2 (1996) 123–139.

–: Epigramma: osservazioni sulla storia di un termine greco-latino. Maia 49.2 (1997) 189–213.

Puelma Piwonka, M.: Lucilius und Kallimachos. Zur Geschichte einer Gattung der hellenistisch-römischen Poesie. Frankfurt a.M. 1949.

Radford, Robert S.: The Ovidian Authorship of the Lygdamus Elegies. CPh 22 (1927) 356–371.

Radke, Gerhard: Beobachtungen zum römischen Kalender. RhM 106 (1963) 313–335.

–: Römische Feste im Monat März. Tyche 8 (1993) 129–142.

–: Die letzten drei römischen Feste im Februar. GB 21 (1995) 71–83.

Rahn, H.: Ovids elegische Epistel. A&A 7 (1958) 105–120, wiederabgedruckt in: v. Albrecht, M.; Zinn, E. (Hrsgg.): Ovid. Darmstadt 1968. 476–501.

Rajewsky, Irina O.: Intermedialität. Tübingen 2002.

Ramsby, Teresa R.: Striving for Permanence: Ovid's Funerary Inscriptions. CJ 100 (2004–2005) 365–391.

–: The Use of Text in Paris' Seductions in Heroides 5 & 7. NECJ 33 (2006) 279–284.

–: Textual Permanence. Roman Elegists and the Epigraphic Tradition. London 2007.

Raubitschek, Anthony Erich: Das Denkmal-Epigramm. In: L'épigramme grecque. Genf 1968 (= Entretiens sur l'antiquité classique 14). 1–36.

Raymond, Emmanuelle: Caius Cornelius Gallus: ‚The inventor of Latin love elegy'. In: Thorsen, Thea S. (Hrsg.): The Cambridge Companion to Latin Love Elegy. Cambridge 2013. 59–67.

Reitzenstein, E.: Wirklichkeitsbild und Gefühlsentwicklung bei Properz. Philologus Suppl. 29,2 (1936) 3–16, wiederabgedruckt als: Epigramm oder Elegie? In: Eisenhut, W. (Hrsg.): Properz. Darmstadt 1975 (= WdF 237). 68–83.

–: Über die Elegie des Propertius auf den Tod der Cornelia. Wiesbaden 1970.

Riedl, Rita: Mars Ultor in Ovids Fasten. Amsterdam 1988 (= Heuremata 10).

Rieks, R.: Entwicklungsstadien der römischen Elegie. Dialog Schule–Wissenschaft: Klassische Sprachen und Literaturen 20 (1986) 100–122.

Riesenweber, Th.: Uneigentliches Sprechen und Bildermischung in den Elegien des Properz. Berlin 2007 (= UALG 86).

Rimell, Vicky: Epistolary Fictions: Authorial Identity in Heroides 15. PCPhS 45 (1999) 109–135.

Rinaldi Tufi, Sergio: Frammenti delle statue dei *summi viri* nel foro di Augusto. Dialoghi di Archeologia 3 (1981) 69–84.

Robbins, E.: The Broken Wall, the Burning Roof and Tower. Pindar, Ol. 8.31–46. CQ 36 (1986) 317–321.

Robertson, N.: Festivals and Legends: The Formation of Greek Cities in the Light of Public Ritual. Toronto 1992.

Rösler, Wolfgang: Der Schluß der Hiketiden und die Danaiden-Trilogie des Aischylos. RhM 136 (1993) 1–22.

Rohde, Alfred: De Ovidi arte epica. Diss. Berlin 1929.

Rosati, Gianpiero: Sabinus, the Heroides and the Poet-Nightingale: Some Observations on the Authenticity of the Epistula Sapphus. CQ 46 (1996) 207–216.

Rose, G.: The Unfriendly Phaeacians. TAPhA 123 (1969) 387–406.

Rosenmeyer, Patricia: Ovid's Heroides and Tristia: Voices from Exile. Ramus 26 (1997) 29–56.

–: Ancient Epistolary Fiction. The Letter in Greek Literature. Cambridge 2001.

Ross, D.O.: Style and Tradition in Catullus. Cambridge/Mass. 1969.

Rossi, Laura: The Epigrams Ascribed to Theocritus. A Method of Approach. Groningen 2001 (= Hellenistica Groningana 5).

Rudhardt, Jean: Le mythe de Phaéthon. Kernos 10 (1997) 83–95.

Rüpke, Jörg: Ovids Kalenderkommentar. Zur Gattung der *libri fastorum*. A&A 40 (1994) 125–136.

–: Kalender und Öffentlichkeit. Die Geschichte der Repräsentation und religiösen Qualifikation von Zeit in Rom. Berlin 1995.

Rupprecht, Hermann: Dido oder Elissa. Eine Vermutung über den Gebrauch dieser Namen bei Vergil und Ovid. Gymnasium 66 (1959) 246–250.

Sage, M.: The Elogia of the Augustus Forum and the De viris illustribus. Historia 28 (1979) 192–210.

Sandbach, F.H.: Some Problems in Propertius. CQ 56 (1962) 263–276.

Scamuzzi, U.: L'ipogeo degli Scipioni in Roma. Il sarcofago di Lucio Cornelio Scipione Barbato. RSC 5 (1957) 248–268.

Scheid, J.: Myth, Cult and Reality in Ovid's Fasti. PCPS 38 (1992/93) 118–131.

Schindler, Claudia: Per carmina laudes. Untersuchungen zur spätantiken Verspanegyrik von Claudian bis Coripp. Berlin, New York 2009 (= BzA 253).

Schlereth, Joseph: De Plutarchi quae feruntur Parallelis minoribus. Diss. Freiburg 1931.

Schlesier, Renate: „Goldene Aphrodite". Zu einem Paradigma der antiken Literatur. In: Sakoparnig, A.; Wolf-Steiner, A.; Bohm, J. (Hrsgg.): Paradigmenwechsel. Wandel in den Künsten und Wissenschaften. Berlin, Boston 2014. 259–276.

Schmid, Wolf: Elemente der Narratologie. Berlin ^{2}2008.

Schmidt, Ernst: Kultübertragungen. Gießen 1909 (= Religionsgeschichtliche Versuche und Vorarbeiten 8,2).

Schmidt, Manfred G.: Einführung in die lateinische Epigraphik. Darmstadt 2004.

Schmidt, V.: Hic ego qui iaceo: Die lateinischen Elegiker und ihre Grabinschrift. Mnemosyne 38 (1985) 307–333.

Schmitz, Christine: Drei entführte Frauen und ein verlassener Entführer. Martial, Epigramm 12,52. Gymnasium 112 (2005) 229–240.

Schmitz, Philip: Ἐπεὶ ἦ πολυώνυμος ἔσται: Apollons Epiklesen ‚Delphinios' und 'Branchiades' und der Hyakinthos-Mythos, in: Reitz, Ch.; Walter, A. (Hrsgg.): Von Ursachen sprechen. Eine aitiologische Spurensuche/Telling origins. On the lookout for aetiology. Hildesheim 2014. 397–428.

Schmitz, Thomas A.: Moderne Literaturtheorie und antike Texte. Eine Einführung. Darmstadt ^{2}2006.

Schmitzer, Ulrich: Gallus im Elysium: ein Versuch über Ovids Trauerelegie auf den toten Papagei Corinnas (am. 2, 6). Gymnasium 104 (1997) 245–270.

–: Literarische Stadtführungen von Homer bis Ammianus Marcellinus und Petrarca. Gymnasium 108 (2001) 515–537.

Schneider, Hans-Christian: Tiere, Tod und Jenseitsvorstellungen am Beispiel des culex der Appendix Vergiliana. Laverna 5 (1994) 134–147.

Schneider, Josef: De versuum in duobus Tibulli carminibus ordine immutando. Schulprogramm Königlich Katholisches Gymnasium Gleiwitz 1872.

Schröder, Bianca-Jeanette: Titel und Text. Zur Entwicklung lateinischer Gedichtüberschriften. Mit Untersuchungen zu lateinischen Buchtiteln, Inhaltsverzeichnissen und anderen Gliederungsmitteln. Berlin 1999 (= UALG 54).

Schrumpf, Stefan: Bestattung und Bestattungswesen im Römischen Reich. Ablauf, soziale Dimension und ökonomische Bedeutung der Totenfürsorge im lateinischen Westen. Bonn 2006.

Schulz-Vanheyden, E.: Properz und das griechische Epigramm. Münster 1970.

Scodel, Ruth: Horace, Lucilius, and Callimachean Polemic. HSPh 91 (1987) 199–215.

–: Inscription, Absence and Memory. SIFC 10 (1992) 57–76.

Šubrt, Jiří; Pfeiferová, Štěpánka: Kollektives Gedächtnis und historisches Bewusstsein. In: Lehmann, René; Ochsner, Florian; Sebald, Gerd (Hrsgg.): Formen und Funktionen sozialen Erinnerns. Sozial- und kulturwissenschaftliche Analysen. Wiesbaden 2013. 49–64.

Sehlmeyer, Markus: Stadtrömische Ehrenstatuen der republikanischen Zeit: Historizität und Kontext von Symbolen nobilitären Standesbewußtseins. Stuttgart 1999 (= Historia EZ 130).

Seibert, Simone: Ovids verkehrte Exilwelt. Spiegel des Erzählers – Spiegel des Mythos – Spiegel Roms. Göttingen 2014.
Shea, C.: The Vertumnus-Elegy and Propertius IV. ICS 13 (1988) 63–71.
Siebeck, Cornelia: «In ihrer kulturellen Überlieferung wird eine *Gesellschaft* sichtbar»? – Eine kritische Auseinandersetzung mit dem Assmannschen Gedächtnisparadigma. In: Lehmann, René; Ochsner, Florian; Sebald, Gerd (Hrsgg.): Formen und Funktionen sozialen Erinnerns. Sozial- und kulturwissenschaftliche Analysen. Wiesbaden 2013. 65–90.
Siebler, M.: Studien zum Augusteischen Mars Ultor. München 1988 (= Münchener Arbeiten zur Kunstgeschichte und Archäologie 1).
Siedschlag, E.: Ovidisches bei Martial. RFIC 100 (1972) 156–161.
Simpson, J.: The Date of the Dedication of the Temple of Mars Ultor. JRS 67 (1977) 91–94.
Skempis, Marios: Caieta's Undying Fame: Aeneid 7.1–7. MH 67 (2010) 114–126.
Skutsch, Otto: Zu dem neuen Epigramm auf den Nachruhm Achills. ZPE 33 (1979) 34.
Spannagel, Martin: Exemplaria principis: Untersuchungen zur Entstehung und Ausstattung des Augustusforums. Heidelberg 1999.
Spoth, Friedrich: Ovids Heroides als Elegien. München 1992 (= Zetemata 89).
Stahl, Hans-Peter: Propertius, Love and War: Individual and State under Augustus. Berkeley/California 1985.
Stanzel, Franz K.: Theorie des Erzählens. Göttingen [8]2008.
Stein-Hölkeskamp, Elke; Hölkeskamp, Karl-Joachim (Hrsgg.): Die römische Welt. Erinnerungsorte der Antike. München 2006.
–: Die griechische Welt. Erinnerungsorte der Antike. München 2010.
Stroh, Wilfried: Die römische Liebeselegie als werbende Dichtung. Amsterdam 1971.
Strubbe, J.H.M.: Epigrams and Consolation Decrees for Deceased Youths. Ant.Class. 67 (1998) 45–75.
Suerbaum, Werner: Untersuchungen zur Selbstdarstellung älterer römischer Dichter. Hildesheim 1968 (= Spudasmata 19).
–: Die fiktiven Grabepigramme der republikanischen Dichter (mit Ausblick auf solche der Augusteischen Zeit): Literaturhistorische Überlegungen. In: Kruschwitz, Peter (Hrsg.): Metrische Inschriften der römischen Republik. Berlin 2007. 63–96.
Suits, Th.A.: The Vertumnus Elegy of Propertius. TAPhA 100 (1969) 475–486.
Szelest, Hanna: Ovid und Martial. In: Schubert, Werner (Hrsg.): Ovid, Werk und Wirkung. FS M. v. Albrecht. Frankfurt a.M. u.a. 1999 (= Studien zur Klassischen Philologie 100). 861–864.
Takahashi, H.: Cornelia Departing. Prop. iv,11,102. Cultura antiqua 36 (1984) 23–38.

Tarrant, Richard J.: The Authenticity of the Letter of Sappho to Phaon (Heroides XV). HSPh 85 (1981) 133–153.

–: Ovid and Ancient Literary History. In: Hardie, Philip (Hrsg.): The Cambridge Companion to Ovid. Cambridge 2002. 13–33.

Ter Vrugt-Lenz, Johanna: Mors immatura. Groningen 1960.

Thévenaz, Olivier: Auctoris nomina Sapphous: noms et creations d'une persona littéraire dans l'Héroïde XV ovidienne. In: Biville, Frédérique; Vallat, Daniel (Hrsgg.): Onomastique et intertextualité dans la littérature latine. Lyon 2009 (= Collection de la maison de l'Orient et de la méditerranée 41; Série linguistique et philologique 5). 121–142.

Thomas, Richard: Propertius and Propertian Elegy's Epigram Riffs: Radical Poet/Radical Critics. In: Keith, Alison (Hrsg.): Latin Elegy and Hellenistic Epigram. Cambridge 2011. 67–85.

Thompson, K.: Public and Private in Vergil's Aeneis. Amherst 1989.

Tietz, Werner: Dilectus ciborum. Essen im Diskurs der römischen Antike. Göttingen 2013 (= Hypomnemata 193).

Toynbee, J.M.C.: Animals in Roman Life and Art. Ithaca/NY 1973.

Tränkle, H.: Die Sprachkunst des Properz und die Tradition der lateinischen Dichtersprache. Wiesbaden 1960.

Trypanis, C.A.: Ovid and Anyte. CPh 65 (1970) 52.

Tzifopoulos, Yannis Z.: Inscriptions as Literature in Pausanias' *Exegesis* of Hellas. In: Liddel, Peter; Low, Polly (Hrsgg.): Inscriptions and their Uses in Greek and Latin Literature. Oxford 2013. 149–166.

Vaio, J.: The Authenticity and Relevance of Propertius II,14,29–32. CPh 57 (1962) 236–238.

van der Valk, M.: Researches on the Text and the Scholia of the Iliad 1. Leiden 1963.

van Doren, M.: Peregrina sacra. Offizielle Kultübertragungen im alten Rom. Historia 3 (1955) 488–497.

van Heck, A.: Breviarium Urbis Romae antiquae. Leiden 1977.

Verducci, Florence: Ovid's Toyshop of the Heart: Epistulae Heroidum. Princeton 1985. [Ndr. 2014].

Viarre, Simone: Acontius et Cydippe, ou la métamorphose d' un theme alexandrine dans les Héroïdes d'Ovide. Latomus 47 (1988) 772–784.

–: La poétique des genres dans les Héroïdes XVI et XVII d'Ovide. Helmantica 50 (1999) 753–768.

–: Messages extrêmes dans les Héroïdes d'Ovide. In: Nadjo, Léon; Gavoille, Élisabeth (Hrsgg.): Epistulae antiquae I. Actes du Ier colloque „Le genre l'épistolaire antique et ses prolongements". Université François-Rabelais, Tours, 18–19 septembre 1998. Louvain, Paris ^{2}2002. 209–221.

–: Properce IV,3: l'image épistolaire incertaine d'un couple romain sous l'Empire. In: Nadjo, Léon; Gavoille, Élisabeth (Hrsgg.): Epistulae antiquae III. Actes du IIIe colloque international „l'épistolaire antique et ses prolongements européens". Université François-Rabelais, Tours, 25–27 septembre 2002. Louvain, Paris 2004. 193–205.

von Albrecht, Michael: Der verbannte Ovid und die Einsamkeit des Dichters im frühen XIX. Jahrhundert. Arcadia 6 (1971) 16–43, wiederabgedruckt in: von Albrecht, Michael: Rom. Spiegel Europas. Heidelberg 1988. 433–469.

Walde, Christine: Narration in a Standstill: Propertius 1.16–18. In: Liveley, Genevieve; Salzman-Mitchell, Patricia (Hrsgg.): Latin Elegy and Narratology. Columbus 2008. 123–141.

Waldner, Katharina: Zwischen Kreta und Rom: Ovids Bearbeitung eines aitiologischen Mythos aus Nikanders *Heteroiumena* (Ant. Lib. 17) in den Metamorphosen (9,666–797). In: Bendlin, A.; Rüpke, Jörg (Hrsgg.): Römische Religion im historischen Wandel. Diskursentwicklung von Plautus bis Ovid. Stuttgart 2009 (= Potsdamer Altertumswissenschaftliche Beiträge 17). 171–186.

Walsh, P.G.: Livy. His Historical Aims and Methods. Cambridge 1961.

Walter, H.: Zur Gedichtgrenze zwischen Ovid Am. 2,13 und 14. RhM 129 (1986) 306–321.

Walter, Uwe: *Memoria* und *res publica*. Zur Geschichtskultur im republikanischen Rom. Frankfurt a.M. 2004 (= Studien zur Alten Geschichte 1).

Warburg, Aby: Gesammelte Schriften. Abt. 2, Bd. 1: Der Bilderatlas Mnemosyne. Hrsg. von Martin Warnke. Berlin ^{4}2012.

Warden, J.: Fallax opus. Poet and Reader in the Elegies of Propertius. Toronto 1980.

Waszink, J.H.: Mors immatura. VChr 3 (1949) 107–112. Zitiert als Waszink (1949)a.

–: Two Remarks on Roman Poets (Lucr. III 14–16; Prop. IV 11,102). Mnemosyne 4 (1949) 68–71. Zitiert als Waszink (1949)b.

Watson, P.: Ovid Amores 2,7 and 8. The disingenuous defence. WS 17 (1983) 91–103.

Watts, W.J.: Ovid, the Law and Roman Society on Abortion. AClass. 16 (1973) 89–101.

Weeber, Karl-Wilhelm: Das 4. Properz-Buch. Interpretationen zu seiner Eigenart und seiner Stellung im Gesamtwerk. Diss. Bochum 1977.

Weinlich, Barbara: Ovids Amores. Gedichtfolge und Handlungsablauf. Stuttgart, Leipzig 1999 (= BzA 128).

Weinstock, Stephan: Divus Iulius. Oxford 1971.

Welch, Tara S.: The Elegiac Cityscape. Propertius and the Meaning of Roman Monuments. Columbus 2005.

Wheeler, Stephen M.: Changing Names: The Miracle of Iphis in Ovid *Metamorphoses* 9. Phoenix 51 (1997) 190–200.

Wilkinson, L.P.: Ovid Recalled. Cambridge 1955.

Williams, Gareth D.: Conversing After Sunset: A Callimachean Echo in Ovid's Exile Poetry. CQ 41,1 (1991) 169–177.

Wimmel, Walter: Kallimachos in Rom. Die Nachfolge seines apologetischen Dichtens in der Augusteerzeit. Wiesbaden 1960 (= Hermes EZ 16).
–: Der frühe Tibull. München 1968 (= Studia et Testimonia Antiqua 6).
Wittaker, H.: Pausanias and His Use of Inscriptions. SO 66 (1991) 171–186.
Wölfflin, E.: De Scipionum Elogiis. RPh 14 (1890) 113–122.
Woodard, Roger: The Disruption of Time in Myth and Epic. Arethusa 35 (2002) 83–98.
Wyke, Maria: The Elegiac Women at Rome. PCPhS 33 (1987) 153–178.
Yardley, J.C.: The Roman Elegists, Sick Girls, and the Soteria. CQ 27 (1977) 394–401.
–: Roman Elegy and Funerary Epigram. EMC 40 (1996) 267–273.
Zadorojnyi, Alexei V.: Shuffling Surfaces: Epigraphy, Power, and Integrity in the Graeco-Roman Narratives. In: Liddel, Peter; Low, Polly (Hrsgg.): Inscriptions and their Uses in Greek and Latin Literature. Oxford 2013. 365–386.
Zanker, Paul: Forum Augustum. Das Bildprogramm. Tübingen 1968 (= Monumenta artis antiquae 2).
–; Ewald, B.C.: Mit Mythen leben. Die Bilderwelt der römischen Sarkophage. München 2004.
Zarker J.W.: Studies in the Carmina Latina Epigraphica. Princeton 1958.
Zevi, F.: L'identificazione del tempio di Marte „in circo“ e altre osservazioni. In: L'Italie préromaine et la Rome républicaine. Mélanges offerts à Jacques Heurgon. Paris 1976. 1047–1066.
Zgoll, Christian: Badefreuden und Liebesleiden. Zur Interpretation und Stellung der 5. Elegie im Lygdamus-Zyklus (3,1–6). RhM 145 (2002) 108–119.
Zimmermann, Bernhard: Properz 4, 3 und Ovids „Heroides“. MH 57 (2000) 130–135.
Zingerle, A.: Martials Ovidstudien. Innsbruck 1877.
Ziólkowski, Adam: The Temples of Mid-Republican Rome and their Historical and Topographical Context. Rom 1992 (= Saggi di storia antica 4).

Index Nominum

Index rerum

Index locorum

Der Index verzeichnet die Stellen im Haupttext. Fettgedruckte Zahlen beziehen sich auf in den Elegien wörtlich zitierte Inschriften.